American Literature

*Prepared by special committee
under the auspices of the
Instituto Internacional de Literatura Iberoamericana*

JOHN E. ENGLEKIRK

University of California, Los Angeles

IRVING A. LEONARD

University of Michigan

JOHN T. REID

United States Information Agency

JOHN A. CROW

University of California, Los Angeles

An Anthology of SPANISH AMERICAN LITERATURE

Volume 2

John E. Englekirk
Irving A. Leonard
John T. Reid
John A. Crow

©1968

by PRENTICE-HALL, Inc.,
Englewood Cliffs, New Jersey

Printed in the United States of America

ISBN: 0-13-038794-0

Library of Congress Catalog Card Number: 68-11957

10 9 8 7 6 5 4 3 2 1

PRENTICE-HALL INTERNATIONAL, INC., *London*
PRENTICE-HALL OF AUSTRALIA, PTY. LTD., *Sydney*
PRENTICE-HALL OF CANADA, LTD., *Toronto*
PRENTICE-HALL OF INDIA PRIVATE LIMITED, *New Delhi*
PRENTICE-HALL OF JAPAN, INC., *Tokyo*

PREFACE

IN THIS second edition, the *Anthology* has been revised to serve as a companion volume to the third edition of the *Outline History of Spanish American Literature* published by the same committee under the auspices of the Instituto Internacional de Literatura Iberoamericana (New York, Appleton-Century-Crofts, 1965).

Because of the addition of twenty-four important authors to the *Outline History* (those marked with a single or double asterisk), the problem of space became even more acute in the preparation of this revised edition of the *Anthology*. Consequently, the editors had to subject themselves to further restrictions in the choice and scope of materials. It was decided to abide by the policy of not including excerpts from novels or plays. Only two exceptions have been added to those (all prior to the romantic period) of the first edition. These added exceptions are of the contemporary novelists Agustín Yáñez and Alejo Carpentier—Eduardo Mallea is represented by an essay. The selections from Yáñez and Carpentier are self-sustained units of unusual artistic and thematic significance. It is heartening to note that this inescapable gap in any anthology is being covered by a growing number of adequate text editions of novels and plays.

Furthermore, in the selection of materials, the editors did not adhere slavishly to the pattern of starred authors adopted for the *Outline History*. Here, too, space restrictions dictated that several recommended authors (La Avellaneda, Díaz Mirón, F. García Calderón, López Albújar, Arrieta) be excluded from the *Anthology*. On the other hand, in the interest of offering more samplings of contemporary writing of highest readability for the student, it was decided to include selections from three authors (Arreola, Rulfo, Benedetti) not given individual attention in the *Outline History*. Obviously, in perpetrating these deviations, the editors have followed the golden rule of practicing what they preach: the *Outline History* was not designed as a straitjacket for the imaginative teacher. And, with equal conviction, the same should be said for the *Anthology*.

Further liberties were taken in the arrangement of the authors and their writings. These departures from the order established in the *Outline History* would appear to provide a more natural and effective grouping of the materials for purposes of classroom reading and discussion. For example, from a pedagogical standpoint it seems advisable to carry through on the development of romanticism in Argentina from Echeverría to modernism rather than to adhere strictly to the genre-country-chronological arrangement that was considered more appropriate for the *Outline History*. It is hoped that a number of similar rearrangements will prove equally helpful to both student and teacher.

In writing the introductory paragraphs before the selections from each author, the editors attempted to avoid all unnecessary duplication of information already given in the *Outline History;* more stress was placed on the interpretation and critique of the material presented. More attention has been given to words and idioms of limited frequency or uncommon meaning, and more notes have been provided for biographical, historical, and cultural references and allusions. Some duplication or overlap in the notes seemed desirable. Dates of publication of the works from which the selections have been made and the dates of composition of some of the individual selections have been entered in the introductory paragraphs and in many cases repeated after the selection. Discreet repetition here, as in the case of the notes, was deemed pedagogically sound. Although some difference in emphasis and in technique may be evident in the several sections, it is hoped that a reasonable degree of uniformity has been attained and that the *Anthology* is the more valuable for being the expression of the taste and judgment of more than one compiler.

Finally, the committee wishes to thank all those many colleagues who contributed toward the reshaping of the *Outline History* and made helpful suggestions for preparing this revised edition of the *Anthology*. The committee also wishes to make grateful acknowledgment to the individual authors who have kindly consented to the inclusion of their work in this anthology.

J. E. E.

Contents

vii

PART THREE.   FROM THE MEXICAN REVOLUTION TO THE PRESENT

A.   POETRY—POSTMODERNISM

Enrique Banchs 500

Elogio de una lluvia. Romance de la bella. Romance de cautivo. Cancioncilla. Balbuceo. Carretero. El voto. La estatua. Como es de amantès necesaria usanza. Entra la aurora en el jardín . ... Tornasolando el flanco. Sé de una fuente.

Delmira Agustini 507

Desde lejos. El intruso. La barca milagrosa. Lo inefable. Las alas. Tu boca. Cuentas de mármol. Cuentas de sombra. Cuentas de fuego. Cuentas de luz. Cuentas falsas. Tu amor.

Alfonsina Storni 512

Cuadrados y ángulos. Peso ancestral. Bien pudiera ser. Veinte siglos· Moderna. Hombre pequeñito. La que comprende. El ruego. Soy. El engaño. Tú que nunca serás. Una voz. Dolor. Epitafio para mi tumba. El hombre. Faro en la noche.

Juana de Ibarbourou 518

La hora. El fuerte lazo. La cita. La inquietud fugaz. Vida-Garfio. La espera. Rebelde. Estío. Salvaje. La pequeña llama. Cenizas. Días sin fe. Atlántico. Despecho.

Gabriela Mistral 524

La maestra rural. El niño solo. Meciendo. Yo no tengo soledad. Piececitos. Suavidades. Ruth. Los sonetos de la muerte. El ruego. In memoriam. Tres árboles. La pajita. La memoria divina. Todas íbamos a ser reinas. La otra. Lámpara de Catedral.

Luis Carlos López 535

Cromo. Hongos de la riba. Medio ambiente. Muchachas solteronas. A mi ciudad nativa. Siesta del trópico. Versos a la luna. Versos para ti. Égloga tropical.

José Eustasio Rivera 540

TIERRA DE PROMISIÓN: *Prólogo. Primera parte. Segunda parte. Tercera parte.*

Rafael Arévalo Martínez 544

Oración. Ananké. El señor que lo veía. Retrato de mujer. Los hombres-lobos. Ropa limpia. Oración al Señor. Entrégate por entero. Cadenas. EL HOMBRE QUE PARECÍA UN CABALLO.

Ramón López Velarde 555

Cuaresmal. El retorno maléfico. La suave patria.

B. POETRY—VANGUARDISMO

Pablo Neruda 563

Puentes. Poema 15. Poema 20. Arte poética. Barcarola. Alturas de Macchu Picchu. Oda al aire. Oda a la alcachofa. Oda al otoño. Oda al diccionario. Oda al limón. Testamento de otoño.

D. PROSE—FICTION

TWO

FROM INDEPENDENCE TO THE MEXICAN REVOLUTION

C. MODERNISM (1882-1910)

~~~~Manuel González-Prada

PERU, 1848–1918 While the modernists were building their sequestered castles of escape and the traditionalist Ricardo Palma was emptying the treasure chest of Peru's colonial past, another Peruvian, who liked to sign his name Manuel G. Prada, began his ceaseless attacks on all that was outworn and rotten in Spanish American life. In the war against Chile (1879–1881) González-Prada had fought bravely on the field of battle; then, after the defeat of his country, he shut himself up in his house for the entire three years of the Chilean occupation. He would not appear on the streets to see a foreign foot profane his native soil. This self-imposed incarceration helped to crystallize his thoughts, and during the later reconstruction years of 1886–1891 he gathered around him a group of talented young men known as the *Círculo Literario*, who under his leadership nurtured the defiant nationalism of their defeated country. But this was only a single phase of the great man's career. He denounced the despoliation of the land and the exploitation of the Indians and peons by the landowners, the Church and the State, preached with apostolic fervor his gospel of national anarco-socialism and individual decency, challenged all the romantic quackeries of irrational thinking, railed at injustice and inequality wherever he found them. Students, workers, and intellectuals were his devoted followers and friends, but his name was anathema to those who sat in the high places.

Seldom in literature has a man's language so completely given expression to the passions of his heart. He was a master of irony and of diatribe. He ridiculed the sonorous vapidities of his Spanish contemporaries Juan Valera, Emilio Castelar, Núñez de Arce. His own style was at least two generations in advance of the bejewelled modernist effusions then in vogue. There was a unique eloquence and poetry in his sharp pen, whether he was composing light reproof or relentless invective. While other poets wrote of a fantastic world of art, González-Prada concerned himself with the fundamental social problems of the real world around him and with those deeper, intangible realities: right and wrong, life and death. He acknowledged no cult, but was a firm believer in the potential decency of the organism, man. He was anti-Spanish, anti-Peruvian, anti-Catholic, anti-ruling class; yet the best that was Spanish or Peruvian or Catholic or aristocratic in his nation and in his people was united in him with a nobility which gainsaid all pessimism and gave buoyancy to every hope. González-Prada did not live for the present and his writing was not circumscribed by its scope. He projected himself into the future as one who has no fear of the end. He cut through the weed-ridden thinking of his generation to let in the light of truth and of that true justice on which all the hopes of democracy must depend.

∽∾ DISCURSO EN EL POLITEAMA[1]

This selection is from a speech which González-Prada wrote as part of a celebration held in the Teatro Politeama of Lima the night of July 29, 1888, in order to gather funds to contribute to the ransoming of the provinces of Tacna and Arica, which had been taken over by Chile. It was later published in the collection *Páginas libres* (Paris, 1894).

I

Los que pisan el umbral de la vida se juntan hoy para dar una lección a los que se acercan a las puertas del sepulcro. La fiesta que presenciamos tiene mucho de patriotismo y algo de ironía: el niño quiere rescatar con el oro lo que el hombre no supo defender con el hierro.

Los viejos deben temblar ante los niños, porque la generación que se levanta es siempre acusadora y juez de la generación que desciende. De aquí, de estos grupos alegres y bulliciosos, saldrá el pensador austero y taciturno; de aquí, el poeta que fulmine las estrofas de acero retemplado; de aquí, el historiador que marque la frente del culpable con un sello de indeleble ignominia.

Niños, sed hombres temprano, madrugad a la vida, porque ninguna generación recibió herencia más triste, porque ninguna tuvo deberes más sagrados que cumplir, errores más graves que remediar ni venganzas más justas que satisfacer.

En la orgía de la época independiente, vuestros antepasados bebieron el vino genero-so y dejaron las heces. Siendo superiores a vuestros padres, tendréis derecho para escribir el bochornoso epitafio de una generación que se va, manchada con la guerra civil de medio siglo, con la quiebra fraudulenta y con la mutilación del territorio nacional.

Si en estos momentos fuera oportuno recordar vergüenzas y renovar dolores, no acusaríamos a unos ni disculparíamos a otros. ¿Quién puede arrojar la primera piedra?

La mano brutal de Chile despedazó nuestra carne y machacó nuestros huesos; pero los verdaderos vencedores, las armas del enemigo, fueron nuestra ignorancia y nuestro espíritu de servidumbre.

2

Sin especialistas, o más bien dicho, con aficionados que presumían de omniscientes, vivimos de ensayo en ensayo: ensayos de aficionados en Diplomacia, ensayos de aficionados en Economía Política, ensayos de aficionados en Legislación y hasta ensayos de aficionados en Táctica y Estrategia. El Perú fue cuerpo vivo, expuesto sobre el mármol de

[1] This speech was read by Miguel Urbina, an Ecuadorian political exile, who had requested the honor as a personal favor from his friend González-Prada. Urbina was a wonderful public speaker, and Prada despised talking before an audience. However, he did deliver all his other addresses personally, and as the years passed he came eventually to have a higher regard for oratory.

un anfiteatro, para sufrir las amputaciones de cirujanos que tenían ojos con cataratas seniles y manos con temblores de paralítico. Vimos al abogado dirigir la hacienda pública, al médico emprender obras de ingeniatura, al teólogo fantasear sobre política interior, al marino decretar en administración de justicia, al comerciante mandar cuerpos de ejército . . . ¡Cuánto no vimos en esa fermentación tumultuosa de todas las mediocridades, en esas vertiginosas apariciones y desapariciones de figuras sin consistencia de hombre, en ese continuo cambio de papeles, en esa Babel, en fin, donde la ignorancia vanidosa y vocinglera se sobrepuso siempre al saber humilde y silencioso!

Con las muchedumbres libres aunque indisciplinadas de la Revolución, Francia marchó a la victoria; con los ejércitos de indios disciplinados y sin libertad, el Perú irá siempre a la derrota. Si del indio hicimos un siervo, ¿qué patria defenderá? Como el siervo de la Edad Media, sólo combatirá por el señor feudal.

Y, aunque sea duro y hasta cruel repetirlo aquí, no imaginéis, señores, que el espíritu de servidumbre sea peculiar a sólo el indio de la puna: también los mestizos de la costa recordamos tener en nuestras venas sangre de los súbditos de Felipe II mezclada con sangre de los súbditos de Huayna-Cápac. Nuestra columna vertebral tiende a inclinarse.

La nobleza española dejó su descendencia degenerada y despilfarradora:[2] el vencedor de la Independencia legó su prole[3] de militares y oficinistas. A sembrar el trigo y extraer el metal, la juventud de la generación pasada prefirió atrofiar el cerebro en las cuadras de los cuarteles y apergaminar la piel en las oficinas del Estado. Los hombres aptos para las rudas labores del campo y de la mina, buscaron el manjar caído del festín de los gobiernos, ejercieron una insaciable succión en los jugos del erario nacional y sobrepusieron el caudillo que daba el pan y los honores a la patria que exigía el oro y los sacrificios. Por eso, aunque siempre existieron en el Perú liberales y conservadores, nunca hubo un verdadero partido liberal ni un verdadero partido conservador, sino tres grandes divisiones: los gobiernistas, los conspiradores y los indiferentes por egoísmo, imbecilidad o desengaño. Por eso, en el momento supremo de la lucha, no fuimos contra el enemigo un coloso de bronce, sino una agrupación de limaduras de plomo; no una patria unida y fuerte, sino una serie de individuos atraídos por el interés particular y repelidos entre sí por el espíritu de bandería. Por eso, cuando el más oscuro soldado del ejército invasor no tenía en sus labios más nombre que Chile, nosotros, desde el primer general hasta el último recluta, repetíamos el nombre de un caudillo, éramos siervos de la Edad Media que invocábamos al señor feudal.

Indios de punas y serranías, mestizos de la costa, todos fuimos ignorantes y siervos; y no vencimos ni podíamos vencer.

3

Si la ignorancia de los gobernantes y la servidumbre de los gobernados fueron nuestros vencedores, acudamos a la Ciencia, ese redentor que nos enseña a suavizar la tiranía de la Naturaleza, adoremos la Libertad, esa madre engendradora de hombres fuertes.

No hablo, señores, de la ciencia momificada que va reduciéndose a polvo en nuestras universidades retrógradas: hablo de la Ciencia robustecida con la sangre del siglo, de la Ciencia con ideas de radio gigantesco, de la Ciencia que trasciende a juventud y sabe a miel de panales griegos, de la Ciencia positiva que en sólo un siglo de aplicaciones industriales produjo más bienes a la Humanidad que milenios enteros de Teología y Metafísica.

Hablo, señores, de la libertad para todos, y principalmente para los más desvalidos. No forman el verdadero Perú las agrupaciones de criollos y extranjeros que habitan la faja de tierra situada entre el Pacífico y los Andes;

---

[2] despilfarradora: *wastrel.*

[3] legó su prole: *bequeathed its litter.*

la nación está formada por las muchedumbres de indios diseminadas en la banda oriental de la cordillera. Trescientos años ha que el indio rastrea en las capas inferiores de la civilización, siendo un híbrido con los vicios del bárbaro y sin las virtudes del europeo: enseñadle siquiera a leer y escribir, y veréis si en un cuarto de siglo se levanta o no a la dignidad de hombre. A vosotros, maestros de escuela, toca galvanizar una raza que se adormece bajo la tiranía del juez de paz, del gobernador y del cura, esa trinidad embrutecedora del indio.

Cuando tengamos pueblo sin espíritu de servidumbre, y militares y políticos a la altura del siglo, recuperaremos Arica y Tacna, y entonces y sólo entonces marcharemos sobre Iquique y Tarapacá,[4] daremos el golpe decisivo, primero y último.

Para ese gran día, que al fin llegará porque el porvenir nos debe una victoria, fiemos sólo en la luz de nuestro cerebro y en la fuerza de nuestros brazos. Pasaron los tiempos en que únicamente el valor decidía de los combates: hoy la guerra es un problema; la Ciencia resuelve la ecuación. Abandonemos el romanticismo internacional y la fe en los auxilios sobrehumanos: la Tierra escarnece a los vencidos, y el Cielo no tiene rayos para el verdugo.

En esta obra de reconstitución y venganza no contemos con los hombres del pasado: los troncos añosos y carcomidos produjeron ya sus flores de aroma deletéreo y sus frutas de sabor amargo. ¡Que vengan árboles nuevos a dar flores nuevas y frutas nuevas! ¡Los viejos a la tumba, los jóvenes a la obra! * * *

(Páginas libres, 1894)

La muerte y la vida

* * * La Naturaleza no aparece injusta ni justa, sino creadora. No da señales de conocer la sensibilidad humana, el odio ni el amor: infinito vaso de concepción, divinidad en interminable alumbramiento, madre toda seno y nada corazón, crea y crea para destruir y volver a crear y volver a destruir. En un soplo desbarata la obra de mil y mil años; no ahorra siglos ni vidas, porque cuenta con dos cosas inagotables: el tiempo y la fecundidad. Con tanta indiferencia mira el nacimiento de un microbio como la desaparición de un astro, y rellenaría un abismo con el cadáver de la Humanidad para que sirviera de puente a una hormiga.* * *

Hay modos y modos de morir: unos salen de la vida, como espantadizo reptil que se guarece en las rajaduras de una peña;[5] otros se van a lo tenebroso,[6] como águila que atraviesa un nubarrón cargado de tormentas. Es indigno de un hombre morir demandando el último puesto en el banquete de la eternidad, como el mendigo pide una migaja de pan a las puertas del señor feudal que siempre le vapuló sin misericordia. Vale más aceptar la responsabilidad de sus acciones y lanzarse a lo desconocido como, sin papeles ni bandera, el pirata se arroja a las inmensidades del mar.* * *

La duda, como noche polar, lo envuelve todo; lo evidente, lo innegable, es que en el drama de la existencia todos los individuos representamos el doble papel de verdugos y víctimas. Vivir significa matar a otros; crecer, asimilarse el cadáver de muchos. Somos un cementerio ambulante donde miriadas de seres se entierran para darnos vida con su muerte.* * *

---

[4] Iquique y Tarapacá: Tacna, Arica, and Tarapacá were Peruvian provinces taken over by Chile after the war. Iquique is the capital of the province of Tarapacá. The so-called "Tacna-Arica controversy" between Peru and Chile was not settled until 1929, when through direct negotiation of the two countries, Peru lost Arica but regained Tacna and received six million dollars and certain other considerations from Chile.

[5] se guarece . . . peña: *takes shelter in the fissures of a cliff.*

[6] se van . . . tenebroso: *depart for the gloomy regions.*

Cuando se ve sonreír a los niños, cuando se piensa que mañana morirán en el dolor o vivirán en amarguras más acerbas que la muerte, un inefable sentimiento de conmiseración se apodera de los corazones más endurecidos. Si un tirano quería que el pueblo de Roma poseyera una sola cabeza, para cercenársela de un tajo;[7] si un humorista inglés deseaba que las caras de todos los hombres se redujeran a una sola, para darse el gusto de escupirla, ¿quién no anhelaría que la Humanidad tuviera un solo rostro, para poderla enjugar todas sus lágrimas? * * *

Ninguna luz sobrehumana nos alumbró en nuestra noche, ninguna voz amiga nos animó en nuestros desfallecimientos, ningún brazo invisible combatió por nosotros en la guerra secular con los elementos y las fieras: lo que fuimos, lo que somos, nos lo debemos a nosotros mismos. Lo que podamos ser nos lo deberemos también. Para marchar, no necesitamos ver arriba, sino adelante.

No pedimos la existencia; pero, con el hecho de vivir, aceptamos la vida. Aceptémosla, pues, sin monopolizarla ni quererla eternizar en nuestro beneficio exclusivo: nosotros reímos y nos amamos sobre la tumba de nuestros padres; nuestros hijos reirán y se amarán sobre la nuestra.

(Páginas libres, 1894)

ᔕᕁᔕDISCURSO EN EL ENTIERRO DE LUIS MÁRQUEZ[8]

Aunque existir no sea más que vacilar entre un mal cierto y conocide—la vida, y otro mal dudoso e ignorado—la muerte, amamos la roca estéril en que nacemos, a modo de aquellos árboles que ahondan sus raíces en las grietas de los peñascos; suspiramos por un Sol que ve con tanta indiferencia nuestra cuna como nuestro sepulcro; y sentimos la desolación de las ruinas cuando alguno de los nuestros cae devorado por ese abismo implacable en que nosotros nos despeñaremos mañana.***

Platón, después de medio siglo de meditaciones y desvelos, supo tanto sobre la vida y la muerte, como sabe hoy el labrador que mece la cuna de sus hijos o se reclina en la piedra que marca la fosa de sus abuelos. Pasaron siglos de siglos, pasarán nuevos siglos de siglos; y los hombres quedaremos siempre mudos y aterrados ante el secreto inviolable de la cuna y del sepulcro. ¡Filosofías! ¡Religiones! ¡Sondas arrojadas a profundizar lo insondable! ¡Torres de Babel levantadas para ascender a lo inaccesible! Al hombre, a este puñado de polvo que la casualidad reúne y la casualidad dispersa, no le quedan más que dos verdades: la pesadilla amarga de la existencia y el hecho brutal de la muerte.* * *

¡Adiós, amigo! Tú, que de los labios destilabas la miel ática de los chistes, probaste ya el acibarado veneno de la agonía. Tú atravesaste ya por el tenebroso puente que nos lleva de este mundo al país de que ningún viajero regresó jamás. Tú sabes ya si la Naturaleza es amiga bondadosa que nos acoge en su seno para infundirnos sueño de felices visiones, o madre sin entrañas que guarda para sí la salud, la juventud y la eternidad, reservando para sus hijos las enfermedades, la vejez y la nada.* * *

(Páginas libres, 1894)

---

[7] para . . . tajo: *to lop it off with a single blow.* This saying is attributed to the emperor Caligula (12 B.C.– A.D. 41). The English satirist, Jonathan Swift, is said to have paraphrased his words.

[8] Luis Márquez was one of González-Prada's closest friends; for a time he presided over the group *Círculo Literario.* He died in 1888. González-Prada's funeral oration scandalized a great many Peruvians, who did not see eye to eye with his unorthodox ideas.

∾∾La fuerza

Cuando se dijo: *La fuerza está sobre el derecho,*[9] los sentimentales de ambos mundos lanzaron un grito de horror, como si hubieran nacido en un planeta de rosas sin espinas, de animales sin garras y de hombres sin atavismos de fiera. Sin embargo, la célebre frase (atribuida sin razón a Bismarck) no sancionaba un principio, reconocía un hecho.* * *

Hablemos sin hipocresía ni fórmulas estereotipadas. ¿Por qué figurarse a los hombres más buenos de lo que generalmente son? ¿Por qué imaginarnos a las naciones más civilizadas de lo que en realidad se encuentran? Verdad, convergemos hacia una tierra de paz y misericordia; pero todavía no llegamos: en el viaje nos acometemos, nos herimos y nos devoramos. El hombre, individualmente, suele perfeccionarse hasta el grado de convertirse en una especie de semidiós; colectivamente, no ha pasado hasta hoy de un idiota o de una fiera. La elevación moral no parece un rasgo característico de la especie, sino más bien el don excepcional de unos cuantos individuos. No hubo pueblo-Sócrates ni nación-Aristóteles. En los momentos críticos, las naciones más civilizadas revelan alma de patán: sus más delicadas y graves cuestiones las dilucidan y las zanjan a puñetazos.[10] En la fauna internacional, todas las manos cogen, todas las mandíbulas muerden, aunque la mano se llame Inglaterra, aunque la mandíbula se llame Francia.

No glorifiquemos la debilidad ni la flaqueza, siguiendo las tradiciones de una religión depresiva y envilecedora; por el contrario, volviendo a las buenas épocas del paganismo, ensalcemos el desarrollo simultáneo de la fuerza intelectual y física, y veamos en el equilibrio de ambas el supremo ideal de la perfección. ¿De qué nos sirve la constitución de un Hércules, si poseemos la masa cerebral de un cretino? ¿Qué nos vale la inteligencia de un Platón, si tenemos un organismo degenerado y enfermo?

El débil maldiciendo la fuerza, nos hace pensar en el eunuco renegando de la virilidad. Si la fuerza consuma las iniquidades, sirve también para reivindicar los derechos. Todos los privilegios y todos los abusos se basan en la fuerza; con la fuerza tienen que ser destruidos. ¿Nos figuraremos que un banquero de la Cité[11] se despojará de sus bienes, con sólo estimular la caridad cristiana? ¿Nos imaginaremos que un Zar de Rusia se humanizará, con sólo invocarle los sentimientos filantrópicos? Nada pidamos a la caridad ni a la filantropía: se hallan en bancarrota; esperémoslo todo de la justicia; pero no de la justicia armada con los simples argumentos del sociólogo, sino de la justicia encarnada en el brazo de las muchedumbres.

Lo repetimos: no basta la fuerza del brazo; y la máxima antigua de *alma sana en cuerpo sano,* debe traducirse hoy por *alma fuerte en cuerpo fuerte.* Porque fuerza no es únicamente el vapor que mueve la hélice del buque, el hacha que golpea en el tronco del árbol o la dinamita que pulveriza las rocas: fuerza es el escrito razonable y honrado; fuerza, la palabra elocuente y libre; fuerza, la acción desinteresada y generosa. El poder interior del hombre se realza con el prestigio de lo desconocido y misterioso: calculamos la potencia del músculo; pero ¿cómo medimos la fuerza de un cerebro? ¿Cómo podemos saber lo que realizará mañana un pensamiento arrojado a germinar hoy en el cráneo de las multitudes? ¡Cuántas veces la Humanidad se agita y marcha, inconscientemente, al empuje de una idea lanzada hace tres o cuatro mil años!

Como una muestra de la enorme desproporción entre la fuerza del alma y la fuerza del cuerpo, ahí están los obreros de ambos mundos, los siervos del feudalismo capitalista. Llevan el vigor en el músculo; pero como esconden la debilidad en el cerebro, sirven de eterno juguete a los avisados y astutos. En vez de unirse y apresurar la hora de las reivindi-

---

[9] *La fuerza . . . derecho: Might makes right.*
[10] las zanjan a puñetazos: *they settle with blows.*

[11] Cité: *Paris.*

caciones sociales, se dividen, se destrozan y se prostituyen en las rastreras luchas de la política: no ejercen derechos de hombre, y rabian por gollerías de ciudadanos;[12] carecen de pan, y reclaman el sufragio; no comen, y votan. ¡Pobre rebaño que se congratula y satisface con la facultad de elegir a sus trasquiladores!

No; los obreros no alcanzan a comprender que si practicaran la solidaridad de clase, si tuvieran un solo arranque de energía, si dieran unos cuantos golpes con la piqueta y el hacha, no tardaría mucho en venir por tierra el edificio de todos los abusos y de todas las iniquidades. Pero no se atreven: el miedo a lo que no debe temerse y el respeto a lo que no merece respetarse, les conserva eternamente inmóviles y sujetos. Más que un rebaño, las muchedumbres son gigantes encadenados con telarañas.

(La idea libre, May 4, 1901, later reissued in Anarquía, 1936)

EL INDIVIDUO

These paragraphs are taken from *Anarquía*, 1936, and were not printed until that date. They were written some time between the years 1910 and 1918.

La Roma clásica nos legó al Dios-Estado: la Roma medioeval nos impuso a la Diosa-Iglesia. Contra esos dos mitos combate hoy el revolucionario en las naciones católicas. Quiere derrumbar a la Iglesia (bamboleante ya con los golpes de la Reforma, de la Enciclopedia y de la Revolución Francesa) para levantar en sus ruinas el monumento de la Ciencia. Quiere destronar al Estado (sacudido ya por los embates de la propaganda anarquista) para establecer la sola autonomía del individuo. En resumen: el revolucionario moderno pretende emancipar al hombre de todo poder humano y divino, sin figurarse con algunos librepensadores que basta someter lo religioso a lo civil o desarraigar del pueblo la religión para alcanzar la suma posible de libertades. Concediendo al Estado lo roído a la Iglesia,[13] disminuimos la tiranía celeste para aumentar la profana, escapamos al fanatismo del sacerdote para caer en la superstición del político, dejamos a la Diosa-Iglesia para idolatrar al Dios-Estado.

A fuerza de mencionar las ideas absolutas, algunos teólogos de la Edad Media concluyeron por creerlas tan realidad como los seres y las cosas tangibles; a fuerza de elucubrar sobre el Estado, los políticos de hoy acaban por reconocerle una personalidad más efectiva que la del individuo. El estadista moderno reproduce al realista medioeval, puede habérselas con Duns Scot.[14] No habiendo más realidad que el individuo, el Estado se reduce a una simple abstracción, a un concepto metafísico; sin embargo, esa abstracción, ese concepto encarnado en algunos hombres, se apodera de nosotros desde la cuna, dispone de nuestra vida, y sólo deja de oprimirnos y explotarnos al vernos convertidos en cosa improductiva, en cadáver. Con su triple organización de caserna, oficina y convento, es nuestro mayor enemigo. El sabio repite: "La especie es nada; el individuo es todo." El político responde: "El Estado es todo; el individuo es nada."* * *

En el corazón del civilizado se oculta siempre un salvaje, más o menos adormecido: el más apacible no desmiente la selva donde sus abuelos se devoraron unos a otros. Mas ¿la Humanidad no puede existir sin beber sangre? ¿El Estado subsistirá siempre como freno y castigo? ¿Eternamente reinarán el

---

[12] rabian . . . ciudadanos: *are crazy to enjoy all the superficial niceties of citizens.*

[13] lo roído a la Iglesia: *what is taken away from the Church.*

[14] Duns Scot: Joannes Duns Scotus (1265?–1308), Scottish scholastic theologian; famous opponent of Thomas Aquinas.

juez, el carcelero, el policía y el verdugo? Con excepción de algunos refractarios, perversos por naturaleza y más enfermos que delincuentes, la especie humana es educable y corregible. Si abunda el atavismo del mal, no puede afirmarse que falta el del bien. Nuestros millares de ascendientes ¿no encierran ninguno bueno? Dada la perfectibilidad humana, cabe en lo posible la existencia de una sociedad basada en la Anarquía, sin más soberano que el individuo. Media más distancia del salvaje prehistórico al hombre moderno que del hombre moderno al *individuo* de la futura sociedad anárquica.

El Estado con sus leyes penales, la Iglesia con sus amenazas póstumas, no corrigen ni moralizan; la Moral no se alberga en biblias ni códigos, sino en nosotros mismos: hay que sacarla del hombre. El amor a nuestro yo, la repugnancia a padecer y morir, nos infunden el respeto a la vida ajena y el ahorro del dolor, no sólo en el hombre sino en los animales. Por un egoísmo reflejo, el negativo precepto cristiano de "No hacer a otro lo que no quisiéramos que nos hiciera a nosotros," se sublima en el positivo consejo humano de "Hacer el bien a todos los seres sin aguardar recompensa."

The following selection is the greater part of an address read before a workers' federation in Lima on May 1, 1905, which later appeared in the book *Horas de lucha* (Lima, 1908). In it González-Prada defines the mutual duties of the workers and intellectuals in the struggle for power. These ideas were basic in helping to establish the APRA (*Alianza Popular Revolucionaria Americana*) movement and its "*Frente Único de Trabajadores Manuales e Intelectuales.*" The APRA movement was founded in 1923 by Raúl Haya de la Torre, and still exists as a strong social and political force in Latin America today. APRA is strongly pro-Indian, anti-ruling class, pro-democratic, anti-dictator, pro-collectivist, anti-concentration of wealth. It has always been anti-imperialist and was for many years strongly opposed to the United States.

* * * Cuando preconizamos la unión o alianza de la inteligencia con el trabajo no pretendemos que a título de una jerarquía ilusoria, el intelectual se erija en tutor o lazarillo[15] del obrero. A la idea que el cerebro ejerce función más noble que el músculo, debemos el régimen de las castas: desde los grandes imperios de Oriente, figuran hombres que se arrogan el derecho de pensar, reservando para las muchedumbres la obligación de creer y trabajar.

Los intelectuales sirven de luz; pero no deben hacer de lazarillos, sobre todo en las tremendas crisis sociales donde el brazo ejecuta lo pensado por la cabeza. Verdad, el soplo de rebeldía que remueve hoy a las multitudes, viene de pensadores o solitarios. Así vino siempre. La justicia nace de la sabiduría, que el ignorante no conoce el

derecho propio ni el ajeno y cree que en la fuerza se resume toda la ley del Universo. Animada por esa creencia, la Humanidad suele tener la resignación del bruto: sufre y calla. Mas de repente, resuena el eco de una gran palabra, y todos los resignados acuden al verbo salvador, como los insectos van al rayo de sol que penetra en la oscuridad del bosque.

El mayor inconveniente de los pensadores: figurarse que ellos solos poseen el acierto y que el mundo ha de caminar por donde ellos quieran y hasta donde ellos ordenen. Las revoluciones vienen de arriba y se operan desde abajo. Iluminados por la luz de la superficie, los oprimidos del fondo ven la justicia y se lanzan a conquistarla, sin detenerse en los medios ni arredrarse con los resultados. Mientras los moderados y los teóricos se imaginan evoluciones geométricas

---

[15] lazarillo: *blind man's guide.*

o se enredan en menudencias y detalles de forma, la multitud simplifica las cuestiones, las baja de las alturas nebulosas y las confina en terreno práctico. Sigue el ejemplo de Alejandro:[16] no desata el nudo; le corta de un sablazo.

¿Qué persigue un revolucionario? Influir en las multitudes, sacudirlas, despertarlas y arrojarlas a la acción. Pero sucede que el pueblo, sacado una vez de su reposo, no se contenta con obedecer el movimiento inicial, sino que pone en juego sus fuerzas latentes, marcha y sigue marchando hasta ir más allá de lo que pensaron y quisieron sus impulsores. Los que se figuraron mover una masa inerte, se hallan con un organismo exuberante de vigor y de iniciativas; se ven con otros cerebros que desean irradiar su luz, con otras voluntades que quieren imponer su ley. De ahí un fenómeno muy general en la Historia: los hombres que al iniciarse una revolución parecen audaces y avanzados, pecan de tímidos y retrógrados en el fragor de la lucha o en las horas del triunfo. Así, Lutero retrocede acobardado al ver que su doctrina produce el levantamiento de los campesinos alemanes; así, los revolucionarios franceses se guillotinan unos a otros porque los unos avanzan y los otros quieren no seguir adelante o retrogradar. Casi todos los revolucionarios y reformadores se parecen a los niños: tiemblan con la aparición del ogro que ellos solos evocaron a fuerza de chillidos. Se ha dicho que la Humanidad, al ponerse en marcha, comienza por degollar a sus conductores; no comienza por el sacrificio pero suele acabar con el ajusticiamiento, pues el amigo se vuelve enemigo, el propulsor se transforma en rémora.

Toda revolución arribada tiende a convertirse en gobierno de fuerza, todo revolucionario triunfante degenera en conservador. ¿Qué idea no se degrada en la aplicación? ¿Qué reformador no se desprestigia en el poder? Los hombres (señaladamente los políticos) no dan lo que prometen, ni la realidad de los hechos corresponde a la ilusión de los desheredados. El descrédito de una revolución empieza el mismo día de su triunfo, y los deshonradores son sus propios caudillos.

Dado una vez el impulso, los verdaderos revolucionarios deberían seguirle en todas sus evoluciones. Pero modificarse con los acontecimientos, expeler las convicciones vetustas y asimilarse las nuevas, repugnó siempre al espíritu del hombre, a su presunción de creerse emisario del porvenir y revelador de la verdad definitiva. Envejecemos sin sentirlo, nos quedamos atrás sin notarlo, figurándonos que siempre somos jóvenes y anunciadores de lo nuevo, no resignándonos a confesar que el venido después de nosotros abarca más horizonte por haber dado un paso más en la ascensión de la montaña. Casi todos vivimos girando alrededor de féretros que tomamos por cunas o morimos de gusanos, sin labrar un capullo ni transformarnos en mariposa. Nos parecemos a los marineros que en medio del Atlántico decían a Colón: "No proseguiremos el viaje porque nada existe más allá." Sin embargo, más allá estaba la América.

Pero al hablar de intelectuales y de obreros, nos hemos deslizado a tratar de revolución. ¿Qué de raro? Discurrimos a la sombra de una bandera que tremola entre el fuego de las barricadas, nos vemos rodeados por hombres que tarde o temprano lanzarán el grito de las reivindicaciones sociales, hablamos el primero de mayo, el día que ha merecido llamarse la pascua de los revolucionarios.[17] La celebración de esta pascua, no sólo aquí sino en todo el mundo civilizado, nos revela que la Humanidad cesa de agitarse por cuestiones secundarias y pide cambios radicales. Nadie espera ya que de un parlamento nazca la felicidad de los desgraciados ni que de un gobierno llueva el maná para satisfacer el hambre de todos los vientres. La

---

[16] Alejandro: Reference is to the knot tied by Gordius, king of Phrygia. An oracle declared that whosoever should untie this Gordian knot would be master of Asia. Alexander the Great, being unable to untie it, cut it with his sword. The phrase has since come to mean "to slice through difficulties of any kind."

[17] The first of May is celebrated by many workers' groups with labor demonstrations and parades, having been designated as a holiday in 1889 by the Second Socialist International.

oficina parlamentaria elabora leyes de excepción y establece gabelas[18] que gravan más al que posee menos; la máquina gubernamental no funciona en beneficio de las naciones, sino en provecho de las banderías dominantes.

Reconocida la insuficiencia de la política para realizar el bien mayor del individuo, las controversias y luchas sobre formas de gobierno y gobernantes quedan relegadas a segundo término, mejor dicho, desaparecen. Subsiste la *cuestión social*, la magna cuestión que los proletarios resolverán por el único medio eficaz: la revolución. No esa revolución local que derriba presidentes o zares y convierte una república en monarquía o una autocracia en gobierno representativo; sino la revolución mundial, la que borra fronteras, suprime nacionalidades y llama la Humanidad a la posesión y beneficio de la tierra.

Si antes de concluir fuera necesario resumir en dos palabras todo el jugo de nuestro pensamiento, si debiéramos elegir una enseña luminosa para guiarnos rectamente en las sinuosidades de la existencia, nosotros diríamos: *Seamos justos.* Justos con la Humanidad, justos con el pueblo en que vivimos; justos con la familia que formamos y justos con nosotros mismos, contribuyendo a que todos nuestros semejantes cojan y saboreen su parte de felicidad, pero no dejando de perseguir y disfrutar la nuestra.

La justicia consiste en dar a cada hombre lo que legítimamente le corresponde; démonos, pues, a nosotros mismos la parte que nos toca en los bienes de la Tierra. El nacer nos impone la obligación de vivir, y esta obligación nos da el derecho de tomar, no sólo lo necesario, sino lo cómodo y lo agradable. Se compara la vida del hombre con un viaje en el mar. Si la Tierra es un buque y nosotros somos pasajeros, hagamos lo posible para viajar en primera clase, teniendo buen aire,

buen camarote y buena comida, en vez de resignarnos a quedar en el fondo de la cala, donde se respira una atmósfera pestilente, se duerme sobre maderos podridos por la humedad y se consumen los desperdicios de bocas afortunadas. ¿Abundan las provisiones? pues todos a comer según su necesidad. ¿Escasean los víveres? pues todos a ración, desde el capitán hasta el ínfimo grumete.

La resignación y el sacrificio innecesar'amente practicados, nos volverían injustos con nosotros mismos. Cierto, por el sacrificio y la abnegación de almas heroicas, la Humanidad va entrando en el camino de la justicia. Más que reyes y conquistadores, merecen vivir en la Historia y en el corazón de la muchedumbre los simples individuos que pospusieron su felicidad a la felicidad de sus semejantes, los que en la arena muerta del egoísmo derramaron las aguas vivas del amor. Si el hombre pudiera convertirse en sobrehumano, lo conseguiría por el sacrificio. Pero el sacrificio tiene que ser voluntario. No puede aceptarse que los poseedores digan a los desposeídos: sacrifíquense y ganen el cielo, en tanto que nosotros nos apoderamos de la Tierra.

Lo que nos toca, debemos tomarlo porque los monopolizadores difícilmente nos lo concederán de buena fe y por un arranque espontáneo. Los 4 de Agosto[19] encierran más aparato que realidad: los nobles renuncian a un privilegio, y en seguida reclaman dos; los sacerdotes se despojan hoy del diezmo, y mañana exigen el diezmo y las primicias.[20] Como símbolo de la propiedad, los antiguos romanos eligieron el objeto más significativo —una lanza. Este símbolo ha de interpretarse así: la posesión de una cosa no se funda en la justicia sino en la fuerza; el poseedor no discute, hiere; el corazón del propietario encierra dos cualidades del hierro: dureza y frialdad. Según los conocedores del idioma hebreo, Caín significa *el primer propietario*. No

[18] gabelas: *taxes.*
[19] Los 4 de Agosto: On August 4, 1789, the French Constituent Assembly consisting of the nobles, the clergy, and the third estate met together. With a great burst of enthusiasm evoked by the ideals of the French Revolution the nobles and clergy spontaneously renounced their feudal privileges. A few days later the Declaration of the Rights of Man was made. However, after the first ardors had cooled off a bit both nobles and clergy began recouping the lost ground.
[20] diezmo y primicias: *tithe and first-fruits.*

extrañemos si un socialista del siglo XIX, al mirar en Caín el primer detentador[21] del suelo y el primer fratricida, se valga de esa coincidencia para deducir una pavorosa conclusión: *La propiedad es el asesinato.*

Pues bien: si unos hieren y no razonan, ¿qué harán los otros? Desde que no se niega a las naciones el derecho de insurrección para derrocar a sus malos gobiernos, debe concederse a la Humanidad ese mismo derecho para sacudirse de sus inexorables explotadores. Y la concesión es hoy un credo universal: teóricamente, la revolución está consumada porque nadie niega las iniquidades del régimen actual, ni deja de reconocer la necesidad de reformas que mejoren la condición del proletariado. (¿No hay hasta un socialismo católico?) Prácticamente, no lo estará sin luchas ni sangre, porque los mismos que reconocen la legitimidad de las reivindicaciones sociales, no ceden un palmo en el terreno de sus conveniencias: en la boca llevan palabras de justicia, en el pecho guardan obras de iniquidad.

Sin embargo, muchos no ven o fingen no ver el movimiento que se opera en el fondo de las modernas sociedades. Nada les dice la muerte de las creencias, nada el amenguamiento del amor patrio, nada la solidaridad de los proletarios, sin distinción de razas ni de nacionalidades. Oyen un clamor lejano, y no distinguen que es el grito de los hambrientos lanzados a la conquista del pan; sienten la trepidación del suelo, y no comprenden que es el paso de la revolución en marcha; respiran en atmósfera saturada por hedores de cadáver, y no perciben que ellos y todo el mundo burgués son quienes exhalan el olor a muerto.

Mañana, cuando surjan olas de proletarios que se lancen a embestir contra los muros de la vieja sociedad, los depredadores y los opresores palparán que les llegó la hora de la batalla decisiva y sin cuartel. Apelarán a sus ejércitos; pero los soldados contarán en el número de los rebeldes; clamarán al cielo, pero sus dioses permanecerán mudos y sordos. Entonces huirán a fortificarse en castillos y palacios, creyendo que de alguna parte habrá de venirles algún auxilio. Al ver que el auxilio no llega y que el oleaje de cabezas amenazadoras hierve en los cuatro puntos del horizonte, se mirarán a las caras y sintiendo piedad de sí mismos (los que nunca la sintieron de nadie) repetirán con espanto: *¡Es la inundación de los bárbaros!* Mas una voz, formada por el estruendo de innumerables voces, responderá: *No somos la inundación de la barbarie, somos el diluvio de la justicia.*[22]

González-Prada with his colossal individualism had little in common with the modernist writers, but some critics have called him a precursor of that movement because both his poetry and his prose broke so clearly with the sacrosanct and classic Spanish past. As far back as the 1870's when his contemporaries were worshipping at the shrines of romantic Musset,[23] Espronceda, Bécquer, and Hugo, he "initiated the cult of the German poets." His first poems written at this time were ballads and *lieder* in Germanic style. He also translated selections from Goethe, Schiller, Heine, Lessing, von Platen, Uhland, Müller, Herder, and others among the Germans, as well as Dumas, Mérimée, Gautier, Hugo, and Martin, among the French. He brought to Hispanic verse revitalizing

---

21 detentador: *deforciant,* i.e. one who withholds wrongly or holds off by force.
22 An interesting comparison here would be with the final lines of the famous American poem "The Man with the Hoe" by Edwin Markham:
"O masters, lords and rulers in all lands,
  how will the Future reckon with this man?
  How answer his brute question in that hour
  when whirlwinds of rebellion shake the world?
  How will it be with kingdoms and with kings—

with those who shaped him to the thing he is—
  when this dumb Terror shall reply to God
  after the silence of the centuries?"
23 In *Grafitos* he wrote of Alfred de Musset:
"Leído a saltos, embriaga;
  mas de un tirón, empalaga."
In the same collection there are verses illustrating González-Prada's likes and dislikes among a wide variety of writers of different lands.

importations of form and meter from France, England, Italy, Germany, and the East. The most notable of these were: the *rondel* (in its various forms known as the *rondeau, rondelet, triolet, virelai,* and *villanelle*), the Spenserian stanza, the *rispetto, balata, estornelo, gacela, laude,* the Malayan *pantum,* and Persian quatrains such as those made famous in English by Edward Fitzgerald's translation of Omar Khayyam.[24] Among his own poetic inventions by far the most interesting was the *polirritmo sin rima,* or free verse with varying accents and rhythms all welded to the functional harmony of a whole. He was the first poet in the Spanish language to make extensive use of the French *rondel* and its variations, or of free verse meters.

The variety and flexibility of Prada's poetry, at a time when Hispanic verse was goutish and stiff with the accumulated gluttonies of tradition, bear witness to the iconoclastic spirit of the man. He wrote with equal ease barbs of humorous verse and satire, lyrics of trivial or enduring love, mordant epigrams, Peruvian ballads based on Indian legends, liquid-flowing free verse of many rhythms, carefully wrought sonnets and *rondels.* In many of these he couched the shattering dynamite of his anarchistic social ideas. He was one of the most cosmopolitan of Hispanic poets, yet he remained close to the fountain of popular inspiration. Quevedo and Góngora are called to mind by some of his poems, and the dagger-like lyrics of García Lorca, who did not begin to write until after Prada's death, are suggested by others. The most amazing single quality which runs through all his poetry is a feeling of closeness with the present epoch.

The following selections are all taken from the *Antología poética* of González-Prada (Mexico, 1940), edited by Carlos García-Prada, in which there is an excellent study and copious notes on the author's poetry.

⌒⌒⌒TRIOLET

Los bienes y las glorias de la vida
o nunca vienen o nos llegan tarde.
Lucen de cerca, pasan de corrida,
los bienes y las glorias de la vida.

5 ¡Triste del hombre que en la edad florida
coger las flores del vivir aguarde!
Los bienes y las glorias de la vida
o nunca vienen o nos llegan tarde.

(*Minúsculas,* 1901)

⌒⌒⌒TRIOLET

Desde el instante del nacer, soñamos;
y sólo despertamos, si morimos.
Entre visiones y fantasmas vamos:
desde el instante del nacer, soñamos.

5 El bien seguro, por el mal dejamos;
y hambrientos de vivir, jamás vivimos:
desde el instante del nacer, soñamos;
y sólo despertamos, si morimos.

(*Minúsculas,* 1901)

⌒⌒⌒TRIOLET

Tus ojos de lirio dijeron que sí,
tus labios de rosa dijeron que no.
Al verme a tu lado, muriendo por ti,
tus ojos de lirio dijeron que sí.

5 Auroras de gozo rayaron en mí;
mas pronto la noche de luto volvió:
tus ojos de lirio dijeron que sí,
tus labios de rosa dijeron que no.

(*Minúsculas,* 1901)

[24] Among the many Persian quatrains which appear in the collection *Exóticas* (Lima, 1911) are several stanzas of *The Rubaiyat* which González-Prada translated into Spanish from Fitzgerald's English version of the poem.

∾ RONDEL

Naturaleza, aliento de mi aliento,
inmarcesible flor de lo Infinito,
eterna vida que respiro y siento
en las volubles ráfagas del viento
5 y en los clavados montes de granito.

Son tuyas la constancia y la firmeza,
tuyos los soles de oro y de topacio,
que triunfas en el tiempo y el espacio,
Naturaleza.

10 Cifrando en viejos mitos la esperanza,
te olvida el hombre y al error se lanza:
huye de ti, siguiendo lo imposible;
y eres amor, Divinidad, belleza,
y lo eres todo, pura, incorruptible
15 Naturaleza.

(Minúsculas, 1901)

∾ COSMOPOLITISMO

¡Cómo fatiga y cansa, cómo abruma,
el suspirar mirando eternamente
los mismos campos y la misma gente,
los mismos cielos y la misma bruma!

5 Huir quisiera por la blanca espuma
y a Sol lejano calentar mi frente.
¡Oh, si me diera el río su corriente!
¡Oh, si me diera el águila su pluma!

Yo no seré viajero arrepentido
10 que al arribar a playas extranjeras
exhale de sus labios un gemido.

Donde me estrechen generosas manos,
donde me arrullen tibias Primaveras,
ahí veré mi patria y mis hermanos.

(Minúsculas, 1901)

∾ RONDEL

Humanidad, los odios y venganzas
en vano arrojan un clamor de guerra;
que henchida de ilusiones y esperanzas,
tú, por la ruina y el estrago, avanzas
5 a iluminar y redimir la Tierra.

Sobre la hiel de los rencores viertes
un bálsamo de amor y de piedad,
última Diosa de las almas fuertes,
Humanidad.

10 El miope ser de corazón rastrero[25]
oponga saña y dolo[26] al extranjero.
Patria, feroz y sanguinario mito,
execro yo tu bárbara impiedad;
yo salvo[27] las fronteras, yo repito:
15 Humanidad.[28]

(Minúsculas, 1901)

[25] rastrero: *grovelling, niggardly.*
[26] oponga saña y dolo: *let him oppose with unseeing rage and deceit.*
[27] yo salvo: *I leap across.*
[28] In the article *Perú y Chile* from *Páginas libres*, González-Prada states essentially the same idea in these words: "Nada tan hermoso como derribar fronteras y destruir el sentimiento egoísta de las nacionalidades para hacer de la Tierra un solo pueblo y de la Humanidad una sola familia. El patriotismo es la pasión de los necios y la más necia de todas las pasiones. Pero, mientras llega la hora de la paz universal, mientras vivimos en una comarca de corderos y lobos, hay que andar prevenidos para mostrarnos corderos con el cordero y lobos con el lobo . . . Si de nuestros padres heredamos un territorio grande y libre, un territorio grande y libre debemos legar a nuestros descendientes, ahorrándoles la afrenta de nacer en un país vencido y mutilado, evitándoles el sacrificio de recuperar a costa de su sangre los bienes y derechos que nosotros no supimos defender a costa de la nuestra. Nada tan cobarde como la generación que paga sus deudas endosándolas (*passing them on for payment*) a las generaciones futuras."

ᨆTRIOLET

Algo me dicen tus ojos;
mas lo que dicen no sé.
Entre misterio y sonrojos,
algo me dicen tus ojos.

5 ¿Vibran desdenes y enojos,
o hablan de amor y de fe?
Algo me dicen tus ojos;
mas lo que dicen no sé.

(*Minúsculas*, 1901)

ᨆTRIOLET

Para verme con los muertos,
ya no voy al camposanto.
Busco plazas, no desiertos,
para verme con los muertos.

5 ¡Corazones hay tan yertos!
¡Almas hay que hieden tanto!
Para verme con los muertos,
ya no voy al camposanto.

(*Minúsculas*, 1901)

ᨆRONDEL

Aves de paso que en flotante hilera
recorren el azul del firmamento,
exhalan a los aires un lamento
y se disipan en veloz carrera,
5 son el amor, la gloria y el contento.

¿Qué son las mil y mil generaciones
que brillan y descienden al ocaso,
que nacen y sucumben a millones?
Aves de paso.

10 Inútil es, oh pechos infelices,
al mundo encadenarse con raíces.
Impulsos misteriosos y pujantes
nos llevan entre sombras, al acaso,
que somos ¡ay! eternos caminantes,
15   aves de paso.

(*Minúsculas*, 1901)

ᨆLAUDE

Todo goce, todo ría,
con la luz del nuevo día.

Monte, selva, mar y llano
alcen himno tan pagano
5 que hasta el pecho del anciano
se estremezca de alegría.

Y ¡oh Sol, hemos de perderte!
Lo espantoso de la muerte
es no verte más, no verte,
10 oh gloriosa luz del día.

(*Exóticas*, 1911)

ᨆEPISODIO

Feroces picotazos,[29] estridentes aleteos,[30]
con salvajes graznidos de victoria y muerte.
Revolotean[31] blancas plumas
y el verde campo alfombran con tapiz de
5   armiño;
en un azul de amor, de paz y gloria,
bullen alas negras y picos rojos.

(Polirritmo sin rima)

Sucumbe la paloma, triunfa el ave de rapiña;
mas, luminoso, imperturbable, se destaca el
10   firmamento,
y sigue en las entrañas de la eterna Madre
la gestación perenne de la vida.

(*Exóticas*, 1911)

---

[29] picotazo: *vicious snap of a bird's beak.*
[30] aleteo: *flapping of the wings.*

[31] revolotean: *flutter* (earthward).

ᘠEL MITAYO[32]

—"Hijo, parto: la mañana
reverbera en el volcán;
dame el báculo de chonta,[33]
las sandalias de jaguar."

5 —"Padre, tienes las sandalias,
tienes el báculo ya:
mas ¿por qué me ves y lloras?
¿A qué regiones te vas?"

—"La injusta ley de los Blancos
10 me arrebata del hogar:
voy al trabajo y al hambre,
voy a la mina fatal."

—"Tú que partes hoy en día,
dime ¿cuándo volverás?"
15 —"Cuando el llama de las punas[34]
ame el desierto arenal."

—"¿Cuándo el llama de las punas
las arenas amará?"
—"Cuando el tigre de los bosques
20 beba en las aguas del mar."

—"¿Cuándo el tigre de los bosques
en los mares beberá?"
—"Cuando del huevo de un cóndor
nazca la sierpe mortal."

25 —"¿Cuándo del huevo de un cóndor
una sierpe nacerá?"
—"Cuando el pecho de los Blancos
se conmueva de piedad."

—"¿Cuándo el pecho de los Blancos
30 piadoso y tierno será?"
—"Hijo, el pecho de los Blancos
no se conmueve jamás."

(Baladas peruanas, 1935)

ᘠGRAFITOS

CERVANTES

Aunque chillen los pedantes
y arruguen todos el ceño,[35]
lo declaro yo: Cervantes
suele producirme sueño.

5 *El Quijote* se volviera
Obra divina en verdad,
si otro Cervantes pudiera
reducirle a la mitad.

LA ACADEMIA ESPAÑOLA

Esa caduca institución linfática,
a pesar de su lema estrafalario,[36]
no sabe definirnos la Gramática
ni logra componer el Diccionario.

MISCELLANEOUS "GRAFITOS"

Impío fue, traidor y mujeriego,
mas en Castilla conquistó la fama
de batallar sin tregua ni sosiego
por su Dios, por su Rey y por su Dama.[37]

* * *

5 Al leer las necias páginas
de muchísimos clerófobos[38]
yo me crispo y me espeluzno[39]
que para más de un jumento
libertad de pensamiento
10 es libertad de rebuzno.

* * *

Las mujeres honradas
y hasta impecables,
quieren ser respetadas,
no respetables.

[32] mitayo: Indian serving his *mita* or enforced labor.
[33] báculo de chonta: *staff of hardwood palm.*
[34] punas: *mountain highlands.*
[35] arruguen . . . ceño: *all knit their brows.*
[36] estrafalario: *extravagant.* The extravagant motto referred to is: "*Limpia, fija y da esplendor.*"
[37] González-Prada's anti-Spanish zeal reaches its high water mark in the poem *A España* which was written in Madrid in 1897; it appears in the collection *Libertarias.* The first stanza of this poem is indicative of its feeling:
"Tierra fósil, mundo arcaico,
eres el triple mosaico
de torero, chulo y cura;
eres fatídico huerto
donde el fruto sabe a muerto,
la flor hiede a sepultura."
[38] clerófobos: *priest haters.*
[39] me . . . espeluzno: *my muscles twitch and I tear my hair.*

* * *

15 Ella me dice *no*; mas yo pensando
en cómo me lo dice, digo *¿cuándo?*

* * *

Ese Dios que nunca siente
el clamor de cuantos gimen
es el cómplice del crimen
20 o el testigo indiferente.

* * *

Los hombres protestamos
de parentesco alguno con el mono,

y en Darwin descargamos
toda la hiel de un señoril encono;
25 los hombres protestamos;
pero ¿sabemos si protesta el mono?

* * *

¿En tu presencia, el hombre, oh Creador,
acusado será o acusador?

* * *

Vida, cuento narrado por un tonto,
30 posees un gran bien: concluyes pronto.

(Grafitos, 1937)

〜〜EL PERÚ

¡Abyección y podredumbre!
bajo el peso de la infamia,
viene y va la muchedumbre.

5   ¿Dónde aquí la noble idea?
En el fango de la charca
todo se hunde o chapotea.[40] * * *

Y si aquí rodó mi cuna,
soy aquí tan extranjero
como en Londres o en la Luna.

10   A mi pueblo y a mis gentes,
¿qué me liga, qué me enlaza?
Yo me siento de otro mundo,
yo me siento de otra raza.[41]

(Libertarias, 1938)

---

[40] se hunde o chapotea: *sinks or gets splattered with mud.*
[41] Poem number 12 from the book *Trozos de vida*
(Paris, 1933) concludes with these often quoted lines:

"Tú me achicas, tú me ahogas,
aire infecto de la patria."

~~~~José Martí

CUBA, 1853–1895   Once when Martí was asked for his autograph while riding to the railroad station in a rickety coach, he took out a small card and wrote: "El único autógrafo digno de un hombre es el que deja escrito con sus obras." This anecdote is characteristic of Martí in two ways: first, he was a man of action whose deeds were his supreme autograph; second, his heroic devotion to the cause of Cuban independence forced him to do most of his writing in spare and frenzied moments on his way to catch a train, to deliver a speech, or to attend a revolutionary meeting. As a result, his work is marked with a spontaneity and zeal which contrast strongly with the contemplative aloofness of most of the modernists.

Rubén Darío, the greatest of the modernist poets, who had met Martí in New York and had been greatly impressed by his oratory, thought that the Cuban might have made better use of his life than to sacrifice it for his country's freedom. When he learned that Martí had fallen in battle, pierced by three bullets, Darío exclaimed in anguish: "Oh, maestro, ¿qué has hecho?"

Martí had the orator's supreme gift of stirring the emotions of his hearers, even when his vocabulary and phrasing were beyond their comprehension. One old fighter for Cuban independence, after hearing him speak, remarked: "No; yo no le entendía mucho lo que dijo; ¡pero tenía ganas de llorar!"

The following selection, *Los pinos nuevos*, was an oration delivered by Martí before the Cuban colony at Tampa, Florida, on November 27, 1891. It was the twentieth anniversary of the death before a firing squad of eight Cuban medical students, who in 1871 were accused of having desecrated the tomb of a Spaniard whose newspaper was strongly pro-Spanish and anti-Cuban. Very soon after the speech a group of Cuban patriots in New York City organized a revolutionary band known also as "Los pinos nuevos."

~~~LOS PINOS NUEVOS

Cubanos:

Todo convida esta noche al silencio respetuoso más que a las palabras: las tumbas tienen por lenguaje las flores de resurrección que nacen sobre las sepulturas: ni lágrimas pasajeras ni himnos de oficio son tributo propio a los que con la luz de su muerte señalaron a la piedad humana soñolienta el imperio de la abominación y la codicia. Esas orlas[1] son de respeto, no de muerte; esas banderas están a media asta, no los corazones. Pido luto a mi pensamiento para las frases breves que se esperan esta noche del viajero que viene a estas palabras de improviso, después de un día atareado de creación: y el pensamiento se me niega al luto. No siento hoy como ayer romper coléricas al pie de esta tribuna, coléricas y dolorosas, las olas de la mar que trae de nuestra tierra la agonía y la ira, ni es llanto lo que oigo, ni manos suplicantes las que veo, ni cabezas caídas las que escuchan, ¡sino cabezas altas! y afuera, de esas puertas repletas, viene la ola de un pueblo que marcha. ¡Así el sol, después de la sombra de la noche, levanta por el horizonte puro su copa de oro!

Otros lamenten la muerte necesaria; yo creo en ella como la almohada, y la levadura, y el triunfo de la vida. La mañana después de la tormenta, por la cuenca del árbol desarraigado echa la tierra fuente de frescura, y es más alegre el verde de los árboles y el aire está como lleno de banderas, y el cielo es un dosel de gloria azul, y se inundan los pechos de los hombres de una titánica alegría. Allá, por sobre los depósitos de la muerte, aletea, como redimiéndose, y se pierde por lo alto de los aires, la luz que surge invicta[2] de la podredumbre. La amapola más roja y más leve crece sobre las tumbas desatendidas. El árbol que da mejor fruto es el que tiene debajo un muerto.

Otros lamenten la muerte hermosa y útil, por donde la patria saneada rescató su complicidad involuntaria con el crimen, por donde se cría aquel fuego purísimo e invisible en que se acendran para la virtud y se templan para el porvenir las almas fieles. Del semillero de las tumbas levántase impalpable, como los vahos del amanecer, la virtud inmortal, orea la tierra tímida, azota los rostros viles, empapa el aire, entra triunfante en los corazones de los vivos: la muerte da jefes, la muerte da lecciones y ejemplos, la muerte nos lleva el dedo por sobre el libro de la vida. ¡Así, de esos enlaces continuos e invisibles, se va tejiendo el alma de la patria!

La palabra viril no se complace en descripciones espantosas; ni se ha de abrumar el arrepentido por fustigar al malvado; ni ha de convertirse la tumba del mártir en parche de pelea; ni se ha de decir, aun en la ciega hermosura de las batallas, lo que mueve las almas de los hombres a la fiereza y al rencor. ¡Ni es de cubanos, ni será jamás, meterse en la sangre hasta la cintura, ni avivar con un haz de niños muertos, los crímenes del mundo; ni es de cubanos vivir, como el chacal en la jaula, dándole vueltas al odio! Lo que anhelamos es decir aquí con qué amor entrañable, un amor como purificado y angélico, queremos a aquellas criaturas que el decoro levantó de un rayo hasta la sublimidad, y cayeron, por la ley del sacrificio, para publicar al mundo indiferente aún a nuestro clamor, la justicia absoluta con que se irguió la tierra contra sus dueños: lo que queremos es saludar con inefable gratitud, como misterioso símbolo de la pujanza patria, del oculto y seguro poder del alma criolla, a los que, a la primera voz de la muerte, subieron sonriendo, del apego y cobardía de la vida común al heroísmo ejemplar.

¿Quién, quién era el primero en la procesión del sacrificio, cuando el tambor de muerte redoblaba y se oía el olear de los sollozos, y bajaban la cabeza los asesinos; quién era el primero con una sonrisa de paz en los labios, y el paso firme, y casi alegre, y todo él como ceñido ya de luz? Chispeaba por los corredores de las aulas un criollo dadivoso y fino, el bozo en flor[3] y el pájaro en el alma,

---

[1] orlas: *border* (of flowers on a grave).

[2] invicta: *unconquered, unsullied.*

[3] criollo dadivoso . . . bozo en flor: *courteous, generous creole . . . with a beginning beard.* Martí is now commenting on the young, mischievous student with rings on his fingers who went to his death with a challenge and heroism which aptly became his martyrdom. After the students were executed it was proved that they were not guilty of the crime attributed to them, and they were called "*los inocentes*"; their tombs were revered in Cuba as the cradle of Cuban independence.

ensortijada la mano, como una joya el pie, gusto todo y regalo y carruaje, sin una arruga en el ligero pensamiento: ¡y el que marchaba a paso firme a la cabeza de la procesión, era el niño travieso y casquivano de las aulas felices, el de la mano de sortijas y el pie como una joya! ¿Y el otro, el taciturno, el que tenían sus compañeros por mozo de poco empuje y de avisos escasos?[4] ¡Con superior beldad se le animó el rostro caído, con soberbio poder se le levantó el ánimo patrio,[5] con abrazos firmes apretó, al salir a la muerte, a sus amigos, y con la mano serena les enjugó las lágrimas! ¡Así, en los alzamientos por venir, del pecho más obscuro saldrá, a triunfar, la gloria! ¡Así, del valor oculto crecerán los ejércitos de mañana! ¡Así, con la ocasión sublime, los indiferentes y culpables de hoy, los vanos y descuidados de hoy, competirán en fuego con los más valerosos! . . . El niño de diez y seis años iba delante, sonriendo, ceñido como de luz, volviendo atrás la cabeza, por si alguien se le acobardaba.[6] * * *

> Martí next calls to mind the horrible treatment of Cubans who had been imprisoned by the Spanish regime: their being driven along at saber point on forced labor when they were utterly exhausted, their being lashed unmercifully inside the prison yards to the beat of a loud playing band which drowned out their cries of pain so that they would not be heard by passersby, etcetera.

¡Pues éstos son otros horrores más crueles, y más tristes, y más inútiles, y más de temer que los de andar descalzo! ¿O recordaré la madrugada fría, cuando de pie, como fantasmas justiciadores, en el silencio de Madrid dormido, a la puerta de los palacios y bajo la cruz de las iglesias clavaron los estudiantes sobrevivientes el padrón de vergüenza nacional,[7] el recuerdo del crimen que la ciudad leyó espantada? ¿O un día recordaré, un día de verano madrileño, cuando al calce de un hombre seco y lívido, de barba y alma ralas, muy cruzado y muy saludado y muy pomposo, iba un niño febril, sujeto apenas por brazos más potentes, gritando al horrible codicioso: "¡Infame, infame!" ¡Recordaré al magnánimo español, huésped querido de todos nuestros hogares, laureado aquí en efigie junto con el heroico vindicador, que en los dientes de la misma suerte, prefiriendo al premio del cómplice la pobreza del justo, negó su espalda al asesinato! Dicen que sufre, comido de pesar en el rincón donde apenas puede consolarlo de la cólera del vencedor pudiente el cariño de los vencidos miserables. ¡Sean para el buen español, cubanas agradecidas, nuestras flores piadosas!

Y después ¡ya no hay más, en cuanto a tierra, que aquellas cuatro osamentas que dormían, de Sur a Norte, sobre las otras cuatro que dormían de Norte a Sur: no hay más que un gemelo de camisa,[8] junto a una mano seca: no hay más que un montón de huesos abrazados en el fondo de un cajón de plomo! ¡Nunca olvidará Cuba, ni los que sepan de heroicidad olvidarán, al que con mano augusta detuvo, frente a todos los riesgos, el sarcófago intacto, que fue para la patria manantial de sangre! ¡al que bajó a la tierra con sus manos de amor, y en acerba hora de aquellas que juntan de súbito al hombre con la eternidad, palpó la muerte helada, bañó de llanto terrible los cráneos de sus compañeros! El sol lucía en el cielo, cuando sacó en sus brazos de la fosa los huesos venerados. ¡Jamás cesará de caer el sol sobre el sublime vengador sin ira!

¡Cesen ya, puesto que por ellos es la patria más pura y hermosa, las lamentaciones que sólo han de acompañar a los muertos inútiles! Los pueblos viven de la levadura heroica. El mucho heroísmo ha de sanear el mucho crimen; donde se fue muy vil, se ha de ser muy grande; por lo invisible de la vida

---

[4] avisos escasos: *slight intellectual endowments.*
[5] ánimo patrio: *patriotism.*
[3] por si alguien se le acobardaba: *lest anyone should turn coward.*

[7] padrón . . . nacional: *note of infamy.* Surviving students later affixed bulletins containing news of the executions, to doors of palaces and churches in Madrid.
[8] gemelo de camisa: *cuff-link.*

corren magníficas leyes. Para sacudir al mundo, con el horror extremo de la inhumanidad y la codicia que agobian a su patria, murieron, con la poesía de la niñez y el candor de la inocencia, a manos de la [5] inhumanidad y la codicia. Para levantar con la razón de su prueba irrecusable el ánimo medroso de los que dudan del arranque y virtud de un pueblo en apariencia indiferente y frívolo, salieron riendo del aula descuidada, [10] o pensando en la novia y el pie breve, y entraron a paso firme, sin quebrantos de rodilla ni temblores de brazos, en la muerte bárbara. Para unir en concordia, por el respeto que impone en unos el remordi- [15] miento y la piedad que moverán en otros los arrepentidos, las dos poblaciones que han de llegar por fatalidad inevitable a un acuerdo en la justicia o a un exterminio violento, se alzó el vengador con alma de perdón, y [20] aseguró, por la moderación de su triunfo, su obra de justicia. ¡Mañana, como hoy en el destierro, irán a poner flores en la tierra libre, ante el monumento de perdón, los hermanos de los asesinados, y los que, poniendo el honor sobre el accidente del país, no quieren llamarse hermanos de los asesinos!

Cantemos hoy, ante la tumba inolvidable, el himno de la vida. Ayer lo vi a la misma tierra, cuando venía, por la tarde hosca, a este pueblo fiel. Era el paisaje húmedo y negruzco; corría turbulento el arroyo cenagoso; las cañas, pocas y mustias, no mecían su verdor quejosamente como aquellas queridas por donde piden redención los que las fecundaron con su muerte, sino se entraban, ásperas e hirsutas, como puñales extranjeros, por el corazón: y en lo alto de las nubes desgarradas, un pino, desafiando la tempestad, erguía entero, su copa. Rompió de pronto el sol sobre un claro del bosque, y allí al centelleo de la luz súbita, vi por sobre la hierba amarillenta erguirse, en torno al tronco negro de los pinos caídos, los racimos gozosos de los pinos nuevos: ¡Eso somos nosotros: pinos nuevos!

◈ Nuestra América

This essay was first published in *El partido liberal*, of Mexico, January 30, 1891. However, Martí had stated the same ideas several times previously, once in a speech before the delegates of the International American Conference gathered in New York in 1889. As a result of his elevated "Spanish-Americanism" he became the leading representative of the southern countries in the United States. Many of them made him their official consul or delegate.

At the same time, Martí was the finest interpreter of North America for these nations of the south. His articles for *La nación* of Buenos Aires and other leading Spanish American periodicals often treated different aspects of life and culture in the United States.

On one occasion when Martí was in Washington as the delegate of Uruguay to the International Monetary Conference of 1891 an indelible impression was made on his mind by the eagle he had seen in the conference hall, which clasped in its immense claws all the flags of the American Republics. The memory of this sight came back to him time after time as a deep presentiment.

In the opening paragraphs of *Nuestra América* Martí accuses Latin America of a provincialism which leads its citizens to believe that the universal order of things is all for the best, provided that any given individual citizen is prosperous. He then points out the shameless attitude, entirely too current in those countries "which must be saved by their Indians," of wanting to deny and forsake the sick Indian mother who gave them birth, and of being ashamed of the carpenter who was their father. "They are men and do not want to do the work of men." Martí continues his essay in the following words:

* * * Ni ¿en qué patria puede tener un hombre más orgullo que en nuestras repúblicas dolorosas de América, levantadas entre las masas mudas de indios, al ruido de pelea del libro con el cirial, sobre los brazos 5 sangrientos de un centenar de apóstoles? De factores tan descompuestos, jamás, en menos tiempo histórico, se han creado naciones tan adelantadas y compactas. Cree el soberbio que la tierra fue hecha para 10 servirle de pedestal, porque tiene la pluma fácil o la palabra de colores y acusa de incapaz e irremediable a su república nativa, porque no le dan sus selvas nuevas modo continuo de ir por el mundo de gamonal[9] 15 famoso, guiando jacas de Persia y derramando champaña. La incapacidad no está en el país naciente, que pide formas que se le acomoden y grandeza útil, sino en los que quieren regir pueblos originales, de com- 20 posición singular y violenta, con leyes heredadas de cuatro siglos de práctica libre en los Estados Unidos, de diecinueve siglos de monarquía en Francia. Con un decreto de Hamilton no se le para la pechada al potro 25 del llanero.[10] Con una frase de Sieyés[11] no se desestanca la sangre cuajada de la raza india. A lo que es, allí donde se gobierna, hay que atender para gobernar bien: y el buen gobernante en América no es el que sabe 30 cómo se gobierna el alemán o el francés, sino el que sabe con qué elementos está hecho su país, y cómo puede ir guiándolos en junto, para llegar, por métodos e instituciones nacidas del país mismo, a aquel estado 35 apetecible, donde cada hombre se conoce y ejerce, y disfrutan todos de la abundancia que la Naturaleza puso para todos en el pueblo que fecundan con su trabajo y defienden con sus vidas. El gobierno ha de nacer del país. El espíritu del gobierno ha de ser el del país. La forma del gobierno ha de avenirse a la constitución propia del país. El gobierno no es más que el equilibrio de los elementos naturales del país.

Por eso el libro importado ha sido vencido en América por el hombre natural. Los hombres naturales han vencido a los letrados artificiales. El mestizo autóctono ha vencido al criollo exótico. No hay batalla entre la civilización y la barbarie, sino entre la falsa erudición y la naturaleza. El hombre natural es bueno y acata y premia la inteligencia superior, mientras ésta no se vale de su sumisión para dañarle, o le ofende prescindiendo de él, que es cosa que no perdona el hombre natural, dispuesto a recobrar por la fuerza el respeto de quien le hiere la susceptibilidad o le perjudica el interés. Por esta conformidad con los elementos naturales desdeñados han subido los tiranos de América al poder; y han caído en cuanto les hicieron traición. Las repúblicas han purgado en las tiranías su incapacidad para conocer los elementos verdaderos del país, derivar de ellos la forma de gobierno y gobernar con ellos. Gobernante, en un pueblo nuevo, quiere decir creador.

En pueblos compuestos de elementos cultos e incultos, los incultos gobernarán, por su hábito de agredir y resolver las dudas con su mano, allí donde los cultos no aprendan el arte del gobierno. La masa inculta es perezosa, y tímida en las cosas de la inteligencia, y quiere que la gobiernen bien; pero si el gobierno le lastima, se lo sacude y gobierna ella. ¿Cómo han de salir de las universidades los gobernantes, si no hay universidad en

---

[9] gamonal: *big landowner.* The typical *gamonal* lived high from the income produced by the robbed land and exploited Indians of his estate.

[10] no se le para . . . llanero: *one does not stop the onrush of the plainsman's colt.*

[11] Abbé Emmanuel Joseph Sieyés: French political pamphleteer who edited the "Oath of the Tennis-Court," the "Rights of Man," and the French Constitution of 1791.

América, donde se enseñe lo rudimentario del arte del gobierno, que es el análisis de los elementos peculiares de los pueblos de América? A adivinar salen los jóvenes al mundo, con antiparras yankees o francesas, y aspiran a dirigir un pueblo que no conocen. En la carrera de la política habría de negarse la entrada a los que desconocen los rudimentos de la política. El premio de los certámenes no ha de ser para la mejor oda, sino para el mejor estudio de los factores del país en que se vive. En el periódico, en la cátedra, en la academia, debe llevarse adelante el estudio de los factores reales del país. Conocerlos basta, sin vendas ni ambages; porque el que pone de lado, por voluntad u olvido, una parte de la verdad, cae a la larga por la verdad que le faltó, que crece en la negligencia, y derriba lo que se levanta sin ella. Resolver el problema después de conocer sus elementos, es más fácil que resolver el problema sin conocerlos. Viene el hombre natural, indignado y fuerte, y derriba la justicia acumulada de los libros, porque no se la administra en acuerdo con las necesidades patentes del país. Conocer es resolver. Conocer el país, y gobernarlo conforme al conocimiento, es el único modo de librarlo de tiranías. La universidad europea ha de ceder a la universidad americana. La historia de América, de los incas a acá, ha de enseñarse al dedillo,[12] aunque no se enseñe la de los arcontes[13] de Grecia. Nuestra Grecia es preferible a la Grecia que no es nuestra. Nos es más necesaria. Los políticos nacionales han de reemplazar a los políticos exóticos. Injértese en nuestras repúblicas el mundo; pero el tronco ha de ser el de nuestras repúblicas. Y calle el pedante vencido; que no hay patria en que pueda tener el hombre más orgullo

que en nuestras dolorosas repúblicas americanas.

Con los pies en el rosario, la cabeza blanca y el cuerpo pinto de indio y criollo, vinimos, denodados, al mundo de las naciones. Con el estandarte de la Virgen salimos a la conquista de la libertad. Un cura,[14] unos cuantos tenientes y una mujer alzan en México la república, en hombros de los indios. Un canónigo español,[15] a la sombra de su capa, instruye en la libertad francesa a unos cuantos bachilleres magníficos, que ponen de jefe de Centro América contra España al general de España. Con los hábitos monárquicos, y el Sol por pecho, se echaron a levantar pueblos los venezolanos por el Norte y los argentinos por el Sur. Cuando los dos héroes chocaron, y el continente iba a temblar, uno, que no fue el menos grande, volvió riendas.[16] Y como el heroísmo en la paz es más escaso, porque es menos glorioso que el de la guerra; como al hombre le es más fácil morir con honra que pensar con orden; como gobernar con los sentimientos exaltados y unánimes es más hacedero que dirigir, después de la pelea, los pensamientos diversos, arrogantes, exóticos o ambiciosos; * * * como la constitución jerárquica de las colonias resistía la organización democrática de la República, o las capitales de corbatín dejaban en el zaguán al campo de bota-de-potro,[17] o los redentores biblógenos[18] no entendieron que la revolución que triunfó con el alma de la tierra, desatada a la voz del salvador, con el alma de la tierra había de gobernar, y no contra ella ni sin ella, entró a padecer América, y padece, de la fatiga de acomodación entre los elementos discordantes y hostiles que heredó de un colonizador despótico

---

[12] ha . . . dedillo: *must be well taught.*

[13] arcontes: *archons, magistrates.*

[14] The priest was Father Miguel Hidalgo (1753–1811) whose impassioned plea for a Mexican rebellion before his congregation in the small town of Dolores on Sept. 16, 1810, is known as the *grito de Dolores* (cry from Dolores). It is the Patrick Henry speech of Mexico, and the war of Mexican independence begins with that date.

[15] The liberal Spanish priest José María Castilla played a prominent role in Guatemala's struggle for independence.

[16] volvió riendas: *gave in.* This was San Martín, who

gave way to Bolívar and unselfishly effaced himself from the American scene in order that a single head might lead South America to independence. San Martín was the Argentine who came from the south, and Bolívar was the Venezuelan who came from the north. They met in Guayaquil and after a brief meeting San Martín returned to Argentina and then left for France.

[17] las capitales . . . de bota-de-potro: *the dandified cities kept the country clodhoppers waiting in the hall,* i.e., disregarded them entirely.

[18] biblógenos: *bookish.*

y avieso, y las ideas y formas importadas que han venido retardando, por su falta de realidad local, el gobierno lógico. El continente descoyuntado durante tres siglos por un mando que negaba el derecho del hombre al ejercicio de su razón, entró, desatendiendo o desoyendo a los ignorantes que lo habían ayudado a redimirse, en un gobierno que tenía por base la razón; la razón de todos en las cosas de todos, y no la razón universitaria de uno sobre la razón campestre de otros. El problema de la independencia no era el cambio de formas, sino el cambio de espíritu. Con los oprimidos había que hacer causa común, para afianzar el sistema opuesto a los intereses y hábitos de mando de los opresores. El tigre, espantado del fogonazo,[19] vuelve de noche al lugar de la presa. Muere echando llamas por los ojos y con las zarpas al aire. No se le oye venir, sino que viene con zarpas de terciopelo. Cuando la presa despierta, tiene al tigre encima. La colonia continuó viviendo en la república; y nuestra América se está salvando de sus grandes yerros—de la soberbia de las ciudades capitales, del triunfo ciego de los campesinos desdeñados, de la importación excesiva de las ideas y fórmulas ajenas, del desdén inicuo e impolítico de la raza aborigen—por la virtud superior, abonada con sangre necesaria, de la república que lucha contra la colonia. El tigre espera, detrás de cada árbol, acurrucado en cada esquina. Morirá, con las zarpas al aire, echando llamas por los ojos.

* * * Éramos una visión, con el pecho de atleta, las manos de petimetre y la frente de niño. Éramos una máscara, con los calzones de Inglaterra, el chaleco parisiense, el chaquetón de Norte América y la montera de España. El indio, mudo, nos daba vueltas alrededor, y se iba al monte, a la cumbre del monte, a bautizar sus hijos. El negro, oteado,[20] cantaba en la noche la música de su corazón, solo y desconocido, entre las olas y las fieras. El campesino, el creador, se revolvía, ciego de indignación, contra la ciudad desdeñosa, contra su criatura. Éramos charreteras y togas, en países que venían al mundo con la alpargata en los pies y la vincha en la cabeza.[21] El genio hubiera estado en hermanar, con la caridad del corazón y con el atrevimiento de los fundadores, la vincha y la toga; en desestancar al indio; en ir haciendo lado al negro suficiente; en ajustar la libertad al cuerpo de los que se alzaron y vencieron por ella. Nos quedó el oidor, y el general; y el letrado, y el prebendado. * * *

Los jóvenes de América se ponen la camisa al codo, hunden las manos en la masa, y la levantan con la levadura de su sudor. Entienden que se imita demasiado, y que la salvación está en crear. Crear es la palabra de pase de esta generación. El vino, de plátano; y si sale agrio, ¡es nuestro vino! * * * En pie, con los ojos alegres de los trabajadores, se saludan, de un pueblo a otro, los hombres nuevos americanos. Surgen los estadistas naturales del estudio directo de la naturaleza. Leen para aplicar, pero no para copiar. Los economistas estudian la dificultad en sus orígenes. Los oradores empiezan a ser sobrios. Los dramaturgos traen los caracteres nativos a la escena. Las academias discuten temas viables. La poesía se corta la melena zorrillesca y cuelga del árbol glorioso el chaleco colorado.[22] La prosa, centelleante y cernida[23] va cargada de idea. Los gobernadores, en las repúblicas de indios, aprenden indio.

Martí mentions the desire of some of the republics to recoup lost centuries and the tendency of others to forget the principles of their birth under the great lure of poisonous luxury, the enemy of liberty.

---

[19] fogonazo: *gunfire, powder flash.*

[20] oteado: *spied on.*

[21] charreteras . . . cabeza: *golden epaulets and togas in countries which came into the world wearing rough sandals on their feet and cloth Indian coverings on their heads.*

[22] La poesía . . . colorado: *The poet* (poetry) *cuts off his Zorrillan locks and hangs his red vest on the tree of glory.* The romanticists (Zorrilla) affected flowing locks and (Théophile Gautier) a cerise red waistcoat.

[23] centelleante y cernida: *sparkling and sifted of chaff.*

* * * Otras repúblicas acendran, con el espíritu épico de la independencia amenazada, el carácter viril. Otras crían, en la guerra rapaz contra el vecino, la soldadesca[24] que puede devorarlas. Pero otro peligro corre, acaso, nuestra América, que no le viene de sí, sino de la diferencia de orígenes, métodos e intereses entre los dos factores continentales, y es la hora próxima en que se le acerque, demandando relaciones íntimas, un pueblo emprendedor y pujante que la desconoce y la desdeña.[25] * * * El desdén del vecino formidable, que no la conoce, es el peligro mayor de nuestra América; y urge, porque el día de la visita está próximo, que el vecino la conozca, la conozca pronto, para que no la desdeñe. Por ignorancia llegaría, tal vez, a poner en ella la codicia. Por el respeto, luego que la conociese, sacaría de ella las manos. Se ha de tener fe en lo mejor del hombre y desconfiar de lo peor de él. Hay que dar ocasión a lo mejor para que se revele y prevalezca sobre lo peor. Si no, lo peor prevalece. Los pueblos han de tener una picota para quien les azuza a odios inútiles, y otra para quien no les dice a tiempo la verdad.

No hay odio de razas, porque no hay razas. Los pensadores canijos, los pensadores de lámpara, enhebran y recalientan las razas de librería,[26] que el viajero justo y el observador cordial buscan en vano en la justicia de la Naturaleza, donde resalta, en el amor victorioso y el apetito turbulento, la identidad universal del hombre. El alma emana, igual y eterna, de los cuerpos diversos en forma y en color. Peca contra la Humanidad el que fomente y propague la oposición y el odio de las razas. Pero en el amasijo[27] de los pueblos se condensan, en la cercanía de otros pueblos diversos, caracteres peculiares y activos, de ideas y de hábitos, de ensanche y adquisición, de vanidad y de avaricia, que del estado latente de preocupaciones nacionales pudieran, en un período de desorden interno o de precipitación del carácter acumulado del país, trocarse en amenaza grave para las tierras vecinas, aisladas y débiles, que el país fuerte declara perecederas e inferiores. Pensar es servir. Ni ha de suponerse, por antipatía de aldea, una maldad ingénita y fatal al pueblo rubio del continente, porque no habla nuestro idioma, ni ve la casa como nosotros la vemos, ni se nos parece en sus lacras políticas, que son diferentes de las nuestras; ni tiene en mucho a los hombres biliosos[28] y trigueños, ni mira caritativo, desde su eminencia aún mal segura, a los que, con menos favor de la Historia, suben a tramos heroicos la vía de las repúblicas; ni se han de esconder los datos patentes del problema que puede resolverse, para la paz de los siglos, con el estudio oportuno y la unión tácita y urgente del alma continental. ¡Porque ya suena el himno unánime; la generación actual lleva a cuestas, por el camino abonado por los padres sublimes, la América trabajadora; del Bravo a Magallanes,[29] sentado en el lomo del cóndor, regó el Gran Semí,[30] por las naciones románticas del continente y por las islas dolorosas del mar, la semilla de la América nueva!

---

[24] crían . . . soldadesca: *breed . . . bands of undisciplined troops.*

[25] No one knew better than Martí the problems in the way of inter-American cooperation. Except for brief sojourns out of the country Martí was in the United States during the years 1881–1895. He learned English well and wrote several articles in it for the *New York Sun* and other North American publications. As a translator for the publishing house of Appleton and Company he made translations from the Spanish, and he was for a time a teacher of that language in one of New York's private schools. Throughout this entire period he was also the most tireless and unselfish worker for Cuban independence. It was by far the most active period of his life in both deeds and writing. Mainly between 1882 and 1891 he wrote some 200 articles for *La nación* of Buenos Aires, reporting to the Argentines on the course of events in the United States.

[26] Los pensadores . . . librería: *Weak thinkers, bookish thinkers string together and rewarm into life the races as they are represented on library shelves.*

[27] amasijo: *kneading, mixing.*

[28] biliosos: *quick and ill tempered.*

[29] del Bravo a Magallanes: *from the Río Bravo (Río Grande) to the Straits of Magellan.*

[30] regó . . . Semí: *the Great Sower has scattered.*

THE POETRY OF JOSÉ MARTÍ

Martí's poems, as he himself often pointed out, were spontaneous outbursts. His *Versos libres*, written mostly in 1882 and published posthumously in 1913, carry a brief preface in prose which contains these words: "Tajos son éstos de mis propias entrañas—mis guerreros.— Ninguno me ha salido recalentado, artificioso, recompuesto, de la mente; sino como las lágrimas salen de los ojos y la sangre sale a borbotones de la herida . . . Van escritos, no en tinta de academia, sino en mi propia sangre."

His *Versos sencillos* (New York, 1891), several of which are given in the following pages, have a similar brief introduction which begins: "Mis amigos saben como se me salieron estos versos del corazón. Fue aquel invierno de angustia, en que por ignorancia, o por fe fanática, o por miedo, o por cortesía, se reunieron en Washington, bajo el águila *temible*, los pueblos hispanoamericanos." Martí then decries the suggestion that Cuba be separated from the Spanish American family of nations to come under the control of the United States. He goes on to say that his physical condition was such during that winter that the doctor sent him off to the mountains, and it was there that the following poems were written.

VERSOS SENCILLOS

I

Yo soy un hombre sincero
de donde crece la palma;
y antes de morirme, quiero
echar mis versos del alma.

5 Yo vengo de todas partes,
y hacia todas partes voy:
arte soy entre las artes;
en los montes, monte soy.

Yo sé los nombres extraños
10 de las yerbas y las flores,
y de mortales engaños,
y de sublimes dolores.

Yo he visto en la noche oscura
llover sobre mi cabeza
15 los rayos de lumbre pura
de la divina belleza.

Alas nacer vi en los hombros
de las mujeres hermosas,
y salir de los escombros,
20 volando, las mariposas.

He visto vivir a un hombre
con el puñal al costado,
sin decir jamás el nombre
de aquella que lo ha matado.

25 Rápida, como un reflejo,
dos veces vi el alma, dos:
cuando murió el pobre viejo,
cuando ella me dijo adiós.

Temblé una vez—en la reja,
30 a la entrada de la viña—,
cuando la bárbara abeja
picó en la frente a mi niña.

Gocé una vez, de tal suerte
que gocé cual nunca: cuando
35 la sentencia de mi muerte
leyó el alcaide llorando.

Oigo un suspiro a través
de las tierras y la mar,
y no es un suspiro: es
40 que mi hijo va a despertar.

Si dicen que del joyero
tome la joya mejor,
tomo a un amigo sincero
y pongo a un lado el amor.

45 Yo he visto al águila herida
volar al azul sereno,
y morir en su guarida
la víbora del veneno.

Yo sé bien que cuando el mundo
50 cede, lívido, al descanso,
sobre el silencio profundo
murmura el arroyo manso.

Yo he puesto la mano osada,
de horror y júbilo yerta,
55 sobre la estrella apagada
que cayó frente a mi puerta.

Oculto en mi pecho bravo
la pena que me lo hiere:
el hijo de un pueblo esclavo
60 vive por él, calla y muere.

Todo es hermoso y constante,
todo es música y razón,
y todo, como el diamante,
antes que luz es carbón.

65 Yo sé que el necio se entierra
con gran lujo y con gran llanto,
y que no hay fruta en la tierra
como la del camposanto.

Callo, y entiendo, y me quito
70 la pompa del rimador;
cuelgo de un árbol marchito
mi muceta de doctor.

VII

Para Aragón, en España,[31]
tengo yo en mi corazón
un lugar todo Aragón,
franco, fiero, fiel, sin saña.

5 Si quiere un tonto saber
por qué lo tengo, le digo
que allí tuve un buen amigo,
que allí quise a una mujer.

Allá, en la vega florida,
10 la de la heroica defensa,
por mantener lo que piensa
juega la gente la vida.

Y si un alcalde lo aprieta
o lo enoja un rey cazurro,[32]
15 calza la manta el baturro[33]
y muere con su escopeta.

Quiero a la tierra amarilla
que baña el Ebro lodoso,[34]
quiero el Pilar[35] azuloso
20 de Lanuza y de Padilla.[36]

Estimo a quien de un revés
echa por tierra a un tirano;
lo estimo, si es un cubano;
lo estimo, si aragonés.

25 Amo los patios sombríos
con escaleras bordadas;
amo las naves calladas
y los conventos vacíos.

Amo la tierra florida,
30 musulmana o española,
donde rompió su corola
la poca flor de mi vida.

[31] Martí spent some of the pleasantest days of his life in Zaragoza, Aragon, from his eighteenth to his twenty-first year. Just prior to this period he had been convicted of treason against the Spanish regime in Cuba and had been sentenced to six years in prison, but after serving one year his sentence was commuted to exile, and he left Cuba for Spain. He obtained the degrees of *Doctor en Derecho* and *Doctor en Filosofía y Letras* from the University of Zaragoza, took part in public meetings, collaborated on the *Diario de los avisos*, and made many fast friends while in Aragon.

[32] rey cazurro: *sulky king.*

[33] calza la manta el baturro: *the baturro* (or Aragonese peasant) *puts on his rough cape.*

[34] Ebro lodoso: *muddy Ebro river.*

[35] Pilar: the famous "pillar" on which the Aragonese "*Virgen del Pilar*" appeared.

[36] Lanuza and Padilla, Aragonese heroes.

IX

Quiero, a la sombra de un ala,[37]
contar este cuento en flor:
la niña de Guatemala,
la que se murió de amor.

5   Eran de lirios los ramos,
y las orlas de reseda
y de jazmín; la enterramos
en una caja de seda.

    . . . Ella dio al desmemoriado[38]
10 una almohadilla de olor;[39]
él volvió, volvió casado;
ella se murió de amor.

    Iban cargándola en andas
obispos y embajadores;
15 detrás iba el pueblo en tandas,
todo cargado de flores.

    . . . Ella, por volverlo a ver,
salió a verlo al mirador:

él volvió con su mujer:
20 ella se murió de amor.

    Como de bronce candente
al beso de despedida,
era su frente: ¡la frente
que más he amado en mi vida!

25   . . . Se entró de tarde en el río,
la sacó muerta el doctor:
dicen que murió de frío:
yo sé que murió de amor.

    Allí, en la bóveda helada,[40]
30 la pusieron en dos bancos:
besé su mano afilada,
besé sus zapatos blancos.

    Callado, al oscurecer,
me llamó el enterrador:
35 ¡nunca más he vuelto a ver
a la que murió de amor!

XXIII

Yo quiero salir del mundo
por la puerta natural:
en un carro de hojas verdes
a morir me han de llevar.

5   No me pongan en lo obscuro
a morir como un traidor:
¡Yo soy bueno, y como bueno
moriré de cara al Sol!

XXV

Yo pienso, cuando me alegro
como un escolar sencillo,
en el canario amarillo—
¡que tiene el ojo tan negro!

5   Yo quiero, cuando me muera,
sin patria, pero sin amo,
tener en mi losa un ramo
de flores—¡y una bandera!

XXXIV

¡Penas! ¿Quién osa decir
que tengo yo penas? Luego,
después del rayo, y del fuego,
tendré tiempo de sufrir.

5   Yo sé de un pesar profundo
entre las penas sin nombres:

¡la esclavitud de los hombres
es la gran pena del mundo!

    Hay montes, y hay que subir
10 los montes altos; ¡después
veremos, alma, quién es
quien te me ha puesto al morir!

[37] a . . . ala: *in the shadow of a protecting wing.* The story related in this poem is based more or less on an actual occurrence. When Martí was teaching in Guatemala one of his students, María García Granados, responded with more than intellectual fire, and when Martí (who returned her love in a purely fraternal fashion) left for Mexico to marry his fiancée, who was a Cuban girl, María Granados was consumed with despair. Shortly after the return of Martí and his bride to Guatemala, María died.

[38] desmemoriado: *forgetful man.*
[39] almohadilla de olor: *perfumed pad, sachet bag.*
[40] bóveda helada: *icy vault, crypt.*

XXXVII

Aquí está el pecho, mujer,
que ya sé que lo herirás:
¡más grande debiera ser,
para que lo hirieses más!

5   Porque noto, alma torcida,
que en mi pecho milagroso,
mientras más honda la herida,
es mi canto más hermoso.

XXXIX

Cultivo una rosa blanca,
en julio como en enero,
para el amigo sincero
que me da su mano franca.

5   Y para el cruel que me arranca
el corazón con que vivo,
cardo ni ortiga cultivo:
cultivo la rosa blanca.

Manuel Gutiérrez Nájera

Mexico, 1859–1895   Gutiérrez Nájera possessed an innate sensuous elegance and refinement which made his poems symphonies in color. Drinking destroyed him while he was still young, but there is not a trace of debasing alcohol in his song. He was a great admirer of many French poets, particularly of Alfred de Musset, but Nájera's art is so highly personalized that every outside influence is remoulded in his own architectural pattern. Blanco-Fombona, the Venezuelan critic, said of him: "La elegancia literaria parece en él don de hada buena. Tuvo, desde la cuna, el sentido de lo gracioso, de lo delicado, de lo exquisito, tanto en el sentimiento como en la expresión." Sometimes his lines sparkle with intimate conversational charm; at others, they play intense elegiac music in a minor key. A deep religious sentiment pervades them all despite much skepticism of religious forms. At a very early age, like many another artist before and after him, Nájera made his discovery that sorrow is the lord of life, but this never prevented him from facing with restraint and grace the eternal verities over which his little will had no control. Every country in Spanish America responded to Nájera, and when he died before the completion of his thirty-sixth year his loss was universally mourned.

LA DUQUESA JOB[1]

A Manuel Puga y Acal

En dulce charla de sobremesa,[2]
mientras devoro fresa tras fresa
y abajo ronca tu perro Bob,
te haré el retrato de la duquesa
5 que adora a veces el Duque Job.[3] * * *

　　Mi duquesita, la que me adora,
no tiene humos de gran señora:
es la griseta de Paul de Kock.[4]

No baila *Boston*,[5] y desconoce
10 de las carreras el alto goce,
y los placeres del *five o'clock*.[6]

　　Pero ni el sueño de algún poeta,
ni los querubes que vio Jacob,[7]
fueron tan bellos cual la coqueta
15 de ojitos verdes, rubia griseta
que adora a veces el Duque Job. * * *

[1] La Duquesa Job: the poet's friend.
[2] charla de sobremesa: *afterdinner chat*.
[3] el Duque Job: Gutiérrez Nájera's journalistic pseudonym.
[4] griseta de Paul de Kock: grisette or free-mannered girl of working class appearing in many of the romantic tales by the French novelist Paul de Kock (1794–1871).
[5] *Boston*: the *Boston waltz*, a slow dance.
[6] del *five o'clock*: *five o'clock tea*.
[7] Jacob: *Genesis XXVIII*, 12.

Desde las puertas de la Sorpresa[8]
hasta la esquina del Jockey Club,
no hay española, yankee o francesa,
20 ni más bonita, ni más traviesa
que la duquesa del Duque Job.* * *

Si alguien la alcanza, si la requiebra,
ella, ligera como una cebra,
sigue camino del almacén;[9]
25 pero ¡ay del tuno si alarga el brazo!
Nadie le salva del sombrillazo[10]
que le descarga sobre la sien!

¡No hay en el mundo mujer más linda!
Pie de andaluza, boca de guinda,
30 *esprit* rociado de Veuve Clicqot;[11]
talle de avispa, cutis de ala,
ojos traviesos de colegiala
como los ojos de Luise Theó![12]

Ágil, nerviosa, blanca, delgada,
35 media de seda bien retirada,
gola de encaje, corsé de ¡crac!
nariz pequeña, garbosa, cuca,
y palpitantes sobre la nuca
rizos tan rubios como el cognac.* * *

40 ¡Y los domingos! . . . ¡Con qué alegría
oye en su lecho bullir el día
y hasta las nueve quieta se está!
¡Cuál se acurruca la perezosa
bajo la colcha color de rosa
45 mientras a misa la criada va! * * *

Toco; se viste; me abre; almorzamos;
con apetito los dos tomamos
un par de huevos y un buen beefsteak,
media botella de rico vino,
50 y en coche juntos, vamos camino
del pintoresco Chapultepec.[13]

Desde las puertas de la Sorpresa
hasta la esquina del Jockey Club,
no hay española, yankee o francesa,
55 ni más bonita ni más traviesa
que la duquesa del Duque Job!

(1884; *Poesías completas*, 1953)

PARA ENTONCES

Quiero morir cuando decline el día,
en alta mar y con la cara al cielo;
donde parezca un sueño la agonía,
y el alma, un ave que remonta el vuelo.

5 No escuchar en los últimos instantes,
ya con el cielo y con la mar a solas,
más voces ni plegarias sollozantes
que el majestuoso tumbo de las olas.

Morir cuando la luz triste retira
10 sus áureas redes de la onda verde,
y ser como ese sol que lento expira:
algo muy luminoso que se pierde.

Morir, y joven: antes que destruya
el tiempo aleve la gentil corona;
15 cuando la vida dice aún: "soy tuya,"
¡aunque sepamos bien que nos traiciona!

(1887; *Poesías completas*, 1953)

DE BLANCO

¿Qué cosa más blanca que cándido lirio?
¿Qué cosa más pura que místico cirio?
¿Qué cosa más casta que tierno azahar?

¿Qué cosa más virgen que leve neblina?
5 ¿Qué cosa más santa que el ara divina de
gótico altar?

---

[8] la Sorpresa: a well-known department store in Mexico City.
[9] almacén: *store*.
[10] sombrillazo: *blow with the parasol*.

[11] Veuve Clicqot: a brand of French champagne.
[12] Louise Theó: popular French operetta singer.
[13] Chapultepec: beautiful Mexican park.

De blancas palomas el aire se puebla,
con túnica blanca, tejida de niebla,
se envuelve a lo lejos feudal torreón;
erguida en el huerto la trémula acacia
10 al soplo del viento sacude con gracia su níveo
  pompón.[14]

¿No ves en el monte la nieve que albea?[15]
La torre muy blanca domina la aldea,
las tiernas ovejas triscando se van,
de cisnes intactos el lago se llena,
15 columpia su copa la enhiesta azucena,
y su ánfora inmensa levanta el volcán.

Entremos al templo: la hostia fulgura;[16]
de nieve parecen las canas del cura,
vestido con alba de lino sutil;
20 cien niñas hermosas ocupan las bancas,
y todas vestidas con túnicas blancas
en ramos ofrecen las flores de abril.

Subamos al coro: la virgen propicia
escucha los rezos de casta novicia,
25 y el cristo de mármol expira en la cruz;
sin mancha se yerguen las velas de cera;
de encaje es la tenue cortina ligera
que ya transparenta del alba la luz.

Bajemos al campo: tumulto de plumas
30 parece el arroyo de blancas espumas
que quieren, cantando, correr y saltar;
la airosa mantilla de fresca neblina

terció la montaña; la vela latina
de barca ligera se pierde en el mar.

35 Ya salta del lecho la joven hermosa,
y el agua refresca sus hombros de diosa,
sus brazos ebúrneos,[17] su cuello gentil;
cantando y risueña se ciñe la enagua,
y trémulas brillan las gotas de agua
40 en su árabe peine de blanco marfil.

¡Oh mármol! ¡Oh nieves! ¡Oh inmensa
  blancura
que esparces doquiera tu casta hermosura!
¡Oh tímida virgen! ¡O casta vestal!
Tú estás en la estatua de eterna belleza;
45 de tu hábito blando nació la pureza,
¡al ángel das alas, sudario al mortal!

Tú cubres al niño que llega a la vida,
coronas las sienes de fiel prometida,
al paje revistes de rico tisú.
50 ¡Qué blancos son, reinas, los mantos de
  armiño!
¡Qué blanca es, ¡oh madres! la cuna del niño!
¡Qué blanca, mi amada, qué blanca eres tú!

En sueños ufanos de amores contemplo
alzarse muy blancas las torres de un templo
55 y oculto entre lirios abrirse un hogar;
y el velo de novia prenderse a tu frente,
cual nube de gasa[18] que cae lentamente,
y viene a tus hombros su encaje a posar.

(1888; *Poesías completas*, 1953)

ᙍᙍMIS ENLUTADAS[19]

Descienden taciturnas las tristezas
  al fondo de mi alma,
y entumecidas, haraposas brujas,[20]
  con uñas negras
5   mi vida escarban.

De sangre es el color de sus pupilas,
  de nieve son sus lágrimas;
hondo pavor infunden . . . yo las amo
  por ser las solas
10   que me acompañan.

Aguárdolas ansioso si el trabajo
  de ellas me separa,
y búscolas en medio del bullicio,
  y son constantes,
15   y nunca tardan.

En las fiestas, a ratos se me pierden
  o se ponen la máscara,
pero luego las hallo, y así dicen:
  —¡Ven con nosotras!
20   —¡Vamos a casa!

14 níveo pompón: *snowy flower.*
15 albear: *to shine whitely.*
16 la hostia fulgura: *the Eucharist shines.*
17 ebúrneos: *ivory white.*
18 nube de gasa: *filmy cloud.*

19 enlutadas: here used as a simile, the word means
literally *persons in mourning.*
20 entumecidas, haraposas brujas: *benumbed, ragged
old witches.*

Suelen dejarme cuando sonriendo
   mis pobres esperanzas,
como enfermitas ya convalecientes,
   salen alegres
25   a la ventana.

Corridas huyen, pero vuelven luego
   y por la puerta falsa
entran trayendo como nuevo huésped
   alguna triste,
30   lívida hermana.

Ábrese a recibirlas la infinita
   tiniebla de mi alma,
y van prendiendo en ella mis recuerdos
   cual tristes cirios
35   de cera pálida.

Entre esas luces, rígido, tendido,
   mi espíritu descansa;
y las tristezas, revolando en torno,
   lentas salmodias
40   rezan y cantan.

Escudriñan del húmedo aposento
   rincones y covachas,[21]
el escondrijo do guardé cuitado
   todas mis culpas,
45   todas mis faltas.

Y urgando mudas, como hambrientas lobas,
   las encuentran, las sacan,
y volviendo a mi lecho mortuorio
   me las enseñan
50   y dicen: habla.

En lo profundo de mi ser bucean,[22]
   pescadoras de lágrimas,
y vuelven mudas con las negras conchas
   en donde brillan
55   gotas heladas.

A veces me revuelvo contra ellas
   y las muerdo con rabia,
como la niña desvalida y mártir
   muerde a la harpía
60   que la maltrata.

Pero en seguida, viéndose impotente,
   mi cólera se aplaca,
¿qué culpa tienen, pobres hijas mías,
   si yo las hice
65   con sangre y alma?

Venid, tristezas de pupila turbia,
   venid, mis enlutadas,
las que viajáis por la infinita sombra,
   donde está todo
70   lo que se ama.

Vosotras no engañáis: venid, tristezas,
   ¡oh mis criaturas blancas
abandonadas por la madre impía,
   tan embustera,
75   por la esperanza!

Venid y habladme de las cosas idas,
   de las tumbas que callan,
de muertos buenos y de ingratos vivos . . .
   voy con vosotras,
80   vamos a casa.

(1890; *Poesías completas*, 1953)

⟨≈⟩PAX ANIMAE[23]

¡Ni una palabra de dolor blasfemo!
Sé[24] altivo, sé gallardo en la caída,
¡y ve, poeta, con desdén supremo
todas las injusticias de la vida!

5   No busques la constancia en los amores,
no pidas nada eterno a los mortales,
y haz, artista, con todos tus dolores,
excelsos monumentos sepulcrales.

En mármol blanco tus estatuas labra,
10 castas en la actitud, aunque desnudas,
y que duerma en sus labios la palabra . . .
y se muestren muy tristes . . . ¡pero mudas!

¡El nombre! . . . ¡Débil vibración sonora
que dura apenas un instante! ¡El nombre! . . .
15 ¡Ídolo torpe que el iluso adora!
¡Última y triste vanidad del hombre!

---

[21] covacha: *nook* or *cranny*.
[22] bucean: *they search*.

[23] Pax animae (Latin): *Peace to the soul*.
[24] Sé: imperative *Be*.

¿A qué pedir justicia ni clemencia
—si las niegan los propios compañeros—
a la glacial y muda indiferencia
20 de los desconocidos venideros?

¿A qué pedir la compasión tardía
de los extraños que la sombra esconde?
¡Duermen los ecos en la selva umbría
y nadie, nadie a nuestra voz responde!

25 En esta vida el único consuelo
es acordarse de las horas bellas,
y alzar los ojos para ver el cielo . . .
cuando el cielo está azul o tiene estrellas.

Huir del mar y en el dormido lago
30 disfrutar de las ondas el reposo . . .
Dormir . . . soñar . . . el Sueño, nuestro mago,
¡es un sublime santo mentiroso!

. . . ¡Ay! Es verdad que en el honrado
        pecho
pide venganza la reciente herida . . .;
35 pero . . . ¡perdona el mal que te hayan hecho!
¡todos están enfermos de la vida!

Los mismos que de flores se coronan
para el dolor, para la muerte nacen . . .
Si los que tú más amas te traicionan
40 ¡perdónalos, no saben lo que hacen!

Acaso esos instintos heredaron,
y son los inconscientes vengadores
de razas o de estirpes que pasaron
acumulando todos los rencores.

45 ¿Eres acaso el juez? ¿el impecable?
¿Tú la justicia y la piedad reúnes?
. . . ¿Quién no es un fugitivo responsable
de alguno o muchos crímenes impunes?

¿Quién no ha mentido amor y ha pro-
        fanado
50 de una alma virgen el sagrario augusto?
¿Quién está cierto de no haber matado?
¿Quién puede ser el justiciero, el justo?

¡Lástimas y perdón para los vivos!
Y así de amor y mansedumbre llenos,
55 seremos cariñosos, compasivos . . .
¡y alguna vez, acaso, acaso buenos!

¿Padeces? Busca a la gentil amante,
a la impasible e inmortal belleza,
y ve apoyado, como Lear errante,
60 en tu joven Cordelia: la tristeza.

Mira: se aleja perezoso el día . . .
¡Qué bueno es descansar! El bosque obscuro
nos arrulla con lánguida armonía . . .
El agua es virgen. El ambiente es puro.

65 La luz, cansada, sus pupilas cierra;
se escuchan melancólicos rumores,
y la noche, al bajar, dice a la tierra:
—¡Vamos . . . ya está . . . ya duérmete . . . no
        llores!

Recordar . . . perdonar . . . haber amado . . .
70 ser dichoso un instante, haber creído . . .
y luego . . . reclinarse fatigado
en el hombro de nieve del olvido.

Sentir eternamente la ternura,
que en nuestros pechos jóvenes palpita,
75 y recibir, si llega, la ventura,
como a hermosa que viene de visita.

Siempre escondido lo que más amamos;
¡siempre en los labios el perdón risueño;
hasta que al fin, ¡oh tierra! a ti vayamos
80 con la invencible laxitud del sueño!

Ésa ha de ser la vida del que piensa
en lo fugaz de todo lo que mira,
y se detiene, sabio, ante la inmensa
extensión de tus mares, ¡oh Mentira!

85 Corta las flores, mientras haya flores,
perdona las espinas a las rosas . . .
¡También se van y vuelan los dolores
como turbas de negras mariposas!

Ama y perdona. Con valor resiste
90 lo injusto, lo villano, lo cobarde . . .
¡Hermosamente pensativa y triste
está al caer la silenciosa tarde!

Cuando el dolor mi espíritu sombrea
busco en las cimas claridad y calma,
95 ¡y una infinita compasión albea
en las heladas cumbres de mi alma!

(1890; *Poesías completas*, 1953)

Non omnis moriar

¡No moriré del todo, amiga mía!
de mi ondulante espíritu disperso
algo, en la urna diáfana del verso,
piadosa guardará la Poesía.

5   ¡No moriré del todo! Cuando herido
càiga a los golpes del dolor humano,
ligera tú, del campo entenebrido
levantarás al moribundo hermano.

   Tal vez entonces por la boca inerme
10 que muda aspira la infinita calma,
oigas la voz de todo lo que duerme
con los ojos abiertos en mi alma.* * *

   Al ver entonces lo que yo soñaba,
dirás de mi errabunda poesía:
15 —Era triste, vulgar lo que cantaba . . .
mas, ¡qué canción tan bella la que oía!

   Y porque alzo en tu recuerdo notas
del coro universal, vívido y almo;[25]
y porque brillan lágrimas ignotas
20 en el amargo cáliz de mi salmo;

   porque existe la Santa Poesía
y en ella irradias tú, mientras disperso
átomo de mi ser esconda el verso,
¡no moriré del todo, amiga mía!

(Poesías completas, 1953)

Gutiérrez Nájera's Prose

With modernism, Mexican prose, and with it the prose of Spanish America as a whole, acquired a pliableness which it did not have before. The Mexican writer Julio Jiménez Rueda says: "La gracia, la agilidad, la delicadeza matizan la obra de los escritores que pertenecen al grupo que colaboró en *Revista azul* y *Revista moderna*, y son cualidades eminentes en la prosa de Manuel Gutiérrez Nájera." It is noteworthy that both of these journals were published in Mexico, and that Nájera was the founder and guiding genius of the first. Even a casual reading of any example of highly involved Spanish prose of the generation preceding Nájera will show how thorough a renovation was effected in it by the editor of the *Revista azul*. There is an intimate warmth and friendliness to this Mexican's prose which may at times suggest chattiness, but which never degenerates to small talk. Nájera writes with complete openness and sincerity, and sincerity is never small. He developed a new literary *genre* in Spanish: the *crónica* or *sketch* which more than once suggests its spiritual kinship (but that is all) with the writing of Washington Irving. The sketch which follows, *Rip-Rip*, is Nájera's version of the legend of Rip Van Winkle.

Rip-Rip

Este cuento yo no lo vi; pero creo que lo soñé. ¡Qué cosas ven los ojos cuando están cerrados! Parece imposible que tengamos tanta gente y tantas cosas dentro . . . porque, cuando los párpados caen, la mirada, como una señora que cierra su balcón, entra a ver lo que hay en casa. Pues bien, esta casa mía, esta casa de la señora mirada que yo tengo,

---

[25] almo: *creating, vivifying.*

o que me tiene, es un palacio, es una quinta, es una ciudad, es un mundo, es el universo . . . pero un universo en el que siempre están presentes el presente, el pasado y el futuro. A juzgar por lo que miro cuando duermo, pienso para mí, y hasta para ustedes, mis lectores: ¡Jesús! ¡qué de cosas han de ver los ciegos! Esos que siempre están dormidos ¡qué verán! El amor es ciego, según cuentan. Y el amor es el único que ve a Dios.

¿De quién es la leyenda de Rip-Rip? Entiendo que la recogió Washington Irving, para darle forma literaria en alguno de sus libros. Sé que hay una ópera cómica con el propio título y con el mismo argumento. Pero no he leído el cuento del novelador e historiador norteamericano, ni he oído la ópera . . . pero he visto a Rip-Rip.

Si no fuera pecaminosa la suposición, diría yo que Rip-Rip ha de haber sido hijo del monje Alfeo. Este monje era alemán, cachazudo, flemático y hasta presumo que algo sordo; pasó cien años, sin sentirlos, oyendo el canto de un pájaro. Rip-Rip fue más yankee, menos aficionado a músicas y más bebedor de whiskey; durmió durante muchos años.

Rip-Rip, el que yo vi, se durmió, no sé por qué, en alguna caverna en la que entró . . . quién sabe para qué.

Pero no durmió tanto como el Rip-Rip de la leyenda. Creo que durmió diez años . . . tal vez cinco . . . acaso uno . . . en fin su sueño fue bastante corto: durmió mal. Pero el caso es que envejeció dormido,[26] porque eso pasa a los que sueñan mucho. Y como Rip-Rip no tenía reloj, y como aunque lo hubiese tenido no le habría dado cuerda cada veinticuatro horas; como no se habían inventado aún los calendarios, y como en los bosques no hay espejos, Rip-Rip no pudo darse cuenta de las horas, los días o los meses que habían pasado mientras él dormía, ni enterarse de que era ya un anciano. Sucede casi siempre: mucho tiempo antes de que uno sepa que es viejo, los demás lo saben y lo dicen.

Rip-Rip, todavía algo soñoliento y sintiendo vergüenza por haber pasado toda una noche fuera de su casa—él que era esposo creyente y practicante—se dijo, no sin sobresalto:—¡Vamos al hogar!

Y allá va Rip-Rip con su barba muy cana (que él creía muy rubia) cruzando a duras penas aquellas veredas casi inaccesibles. Las piernas flaquearon; pero él decía:—¡Es el efecto del sueño! ¡Y no, era efecto de la vejez, que no es suma de años, sino suma de sueños!

Caminando, caminando, pensaba Rip-Rip:—¡Pobre mujercita mía! ¡Qué alarmada estará! Yo no me explico lo que ha pasado. Debo de estar enfermo . . . muy enfermo. Salí al amanecer . . . está ahora amaneciendo . . . de modo que el día y la noche los pasé fuera de casa. Pero ¿qué hice? Yo no voy a la taberna: yo no bebo . . . Sin duda me sorprendió la enfermedad en el monte y caí sin sentido en esa gruta . . . Ella me habrá buscado por todas partes . . . ¿Cómo no, si me quiere tanto y es tan buena? No ha de haber dormido . . . Estará llorando . . . ¡Y venir sola, en la noche, por estos vericuetos![27] Aunque sola . . . no, no ha de haber venido sola. En el pueblo me quieren bien, tengo muchos amigos . . . principalmente Juan, el del molino. De seguro que, viendo la aflicción de ella, todos la habrán ayudado a buscarme. Juan principalmente. Pero ¿y la chiquita? ¿Y mi hija? ¿La traerán? ¿A tales horas? ¿Con este frío? Bien puede ser, porque ella me quiere tanto y quiere tanto a su hija y quiere tanto a los dos, que no dejaría por nadie sola a ella, ni dejaría por nadie de buscarme.[28] ¡Qué imprudencia! ¿Le hará daño? . . . En fin, lo primero es que ella . . . pero, ¿cuál es ella? . . .

Y Rip-Rip andaba, andaba . . . y no podía correr.

Llegó por fin, al pueblo, que era casi el mismo . . . pero que no era el mismo. La torre de la parroquia le pareció como más blanca; la casa del Alcalde, como más alta;

---

[26] envejeció dormido: *he grew old while asleep.*
[27] vericuetos: *rough and wild places.*
[28] que no dejaría por nadie . . . buscarme: *she wouldn't leave her alone for anybody nor could anybody keep her from searching for me.*

la tienda principal, como con otra puerta; y las gentes que veía, como con otras caras. ¿Estaría aún medio dormido? ¿Seguiría enfermo?

Al primer amigo a quien halló fue al señor Cura. Era él: con su sombrero alto, que era lo más alto de todo el vecindario; con su Breviario siempre cerrado; con su levitón que siempre era sotana.

—Señor Cura, buenos días.

—Perdona,[29] hijo.

—No tuve yo la culpa, señor Cura . . . no me he embriagado . . . no he hecho nada malo . . . La pobrecita de mi mujer . . .

—Te dije ya que perdonaras. Y anda; ve a otra parte, porque aquí sobran limosneros.

¿Limosneros? ¿Por qué le hablaba así el Cura? Jamás había pedido limosna. No daba para el culto, porque no tenía dinero. No asistía a los sermones de cuaresma, porque trabajaba en todo tiempo de la noche a la mañana. Pero iba a la misa de siete todos los días de fiesta, y confesaba y comulgaba[30] cada año. No había razón para que el cura lo tratase con desprecio. ¡No la había!

Y lo dejó ir sin decirle nada, porque sentía tentaciones de pegarle . . . y era el cura.

Con paso aligerado por la ira siguió Rip-Rip su camino. Afortunadamente la casa estaba muy cerca . . . Ya veía la luz de sus ventanas . . . Y como la puerta estaba más lejos que las ventanas, acercóse a la primera de éstas para llamar, para decirle a Luz:— ¡Aquí estoy! ¡Ya no te apures!

No hubo necesidad de que llamara. La ventana estaba abierta: Luz cosía tranquilamente, y, en el momento en que Rip-Rip llegó, Juan—el del molino—la besaba en los labios.

—¿Vuelves pronto, hijito?

Rip-Rip sintió que todo era rojo en torno suyo. ¡Miserable! ¡Miserable! . . . Temblando como un ebrio o como un viejo entró en la casa. Quería matar pero estaba tan débil, que al llegar a la sala en que hablaban ellos, cayó al suelo. No podía levantarse, no podía

hablar; pero sí podía tener los ojos abiertos, muy abiertos para ver cómo palidecían de espanto la esposa adúltera y el amigo traidor.

Y los dos palidecieron. Un grito de ella— ¡el mismo grito que el pobre Rip-Rip había oído cuando un ladrón entró en la casa!— y luego los brazos de Juan que lo enlazaban, pero no para ahogarlo, sino piadosos, caritativos, para alzarlo del suelo.

Rip-Rip hubiera dado su vida, su alma también por poder decir una palabra, una blasfemia.

—No está borracho, Luz, es un enfermo.

Y Luz, aunque con miedo todavía, se aproximó al desconocido vagabundo.

—¡Pobre viejo! ¿Qué tendrá? Tal vez venía a pedir limosna y se cayó desfallecido de hambre.

—Pero si algo le damos, podría hacerle daño. Lo llevaré primero a mi cama.

—No, a tu cama, no, que está muy sucio el infeliz. Llamaré al mozo, y entre tú y él lo llevarán a la botica.

La niña entró en esos momentos.

—¡Mamá, mamá!

—No te asustes, mi vida, si es un hombre.

—¡Qué feo, mamá! ¡Qué miedo! ¡Es como el coco![31]

Y Rip oía.

Veía también; pero no estaba seguro de que veía. Esa salita era la misma . . . la de él. En ese sillón de cuero y otate[32] se sentaba por las noches cuando volvía cansado, después de haber vendido trigo de su tierrita en el molino de que Juan era administrador. Esas cortinas de la ventana eran su lujo. Las compró a costa de muchos ahorros y de muchos sacrificios. Aquél era Juan, aquélla, Luz . . . pero no eran los mismos. ¡Y la chiquita no era la chiquita!

¿Se había muerto? ¿Estaría loco? ¡Pero él sentía que estaba vivo! Escuchaba . . . veía . . . como se oye y se ve en las pesadillas.

Lo llevaron a la botica en hombros, y allí lo dejaron, porque la niña se asustaba de él. Luz fue con Juan . . . y a nadie extrañó que

---

[29] perdona: *forgive me* (for not having anything to give you). See page 315, note 9.

[30] comulgaba: *he received the Sacrament.*

[31] el coco: *the bogey-man.*

[32] otate: *reed.*

fueran del brazo y que ella abandonara, casi moribundo, a su marido. No podía moverse, no podía gritar, decir: —¡Soy Rip!

Por fin, lo dijo, después de muchas horas, tal vez de muchos años, o quizá de muchos siglos. Pero no lo conocieron, no lo quisieron conocer.

—¡Desgraciado! ¡es un loco! dijo el boticario.

—Hay que llevarlo al señor alcalde, porque puede ser furioso[33]—dijo otro.

Sí, es verdad, lo amarraremos si resiste.

Y ya iban a liarlo; pero el dolor y la cólera habían devuelto a Rip sus fuerzas. Como rabioso can acometió a sus verdugos, consiguió desasirse de sus brazos, y echó a correr. Iba a su casa . . . ¡iba a matar! Pero la gente lo seguía, lo acorralaba. Era aquello una cacería y era él la fiera.

El instinto de la propia conservación se sobrepuso a todo. Lo primero era salir del pueblo, ganar el monte, esconderse y volver más tarde, con la noche, a vengarse, a hacer justicia.

Logró por fin burlar a sus perseguidores. ¡Allá va Rip como lobo hambriento! ¡Allá va por lo más intrincado de la selva! Tenía sed . . . la sed que han de sentir los incendios. Y se fue derecho al manantial . . . a beber, a hundirse en el agua y golpearla con los brazos . . . acaso, acaso a ahogarse. Acercóse al arroyo, y allí a la superficie, salió la muerte a recibirlo. ¡Sí; porque era la muerte en figura de hombre, la imagen de aquel decrépito que se asomaba en el cristal de la onda! Sin duda venía por él ese lívido espectro. No era de carne y hueso, ciertamente; no era un hombre, porque se movía a la vez que Rip, y esos movimientos no agitaban el agua. No era un cadáver, porque sus manos y brazos torcían y retorcían. ¡Y no era Rip, no

era él! Era como uno de sus abuelos que se le aparecían para llevarlo con el padre muerto.

—Pero ¿y mi sombra?—pensaba Rip—. ¿Por qué no se retrata mi cuerpo en ese espejo? ¿Por qué veo y grito, y el eco de esa montaña no repite mi voz sino otra voz desconocida?

¡Y allá fue Rip a buscarse en el seno de las ondas! Y el viejo, seguramente, se lo llevó con el padre muerto, porque Rip no ha vuelto!

* * *

¿Verdad que éste es un sueño extravagante?

Yo veía a Rip muy pobre, lo veía rico, lo miraba joven, lo miraba viejo; a ratos en una choza de leñador, a veces en una casa cuyas ventanas lucían cortinas blancas; ya sentado en aquel sillón de otate y cuero; ya en un sofá de ébano y raso . . . no era un hombre, eran muchos hombres . . . tal vez todos los hombres. No me explico cómo Rip no pudo hablar; ni cómo su mujer y su amigo no lo conocieron, a pesar de que estaba tan viejo; ni por qué antes se escapó de los que se proponían atarlo como a loco; ni sé cuántos años estuvo dormido o aletargado en esa gruta.

¿Cuánto tiempo durmió? ¿Cuánto tiempo se necesita para que los seres que amamos y que nos aman nos olviden? ¿Olvidar es delito? ¿Los que olvidan son malos? Ya veis qué buenos fueron Luz y Juan cuando socorrieron al pobre Rip que se moría; la niña se asustó; pero no podemos culparla: no se acordaba de su padre, todos eran inocentes, todos eran buenos . . . y sin embargo, todo esto da mucha tristeza.

Hizo muy bien Jesús el Nazareno en no resucitar más que a un solo hombre, y eso a un hombre que no tenía mujer, que no tenía hijas y que acababa de morir. Es bueno echar mucha tierra sobre los cadáveres.

(*Cuentos color de humo*, 1898)

---

[33] furioso: *violent*.

~~~Julián del Casal

CUBA, 1863–1893   Julián del Casal was shut off from the world of reality by tuberculosis as surely as he would have been by prison bars. Through the window of his disease he watched normal people with normal, healthy emotions pass by, and this made him as sick in soul as he already was in body. To take the place of the real world which he did not know, Casal built for himself a secluded world of oriental art, of sensory perceptions, of imaginary wanderings. This make-believe creation was not strong enough to give him satisfaction, but it was sufficiently highly colored and finely wrought to bring out beautiful poetry. However, there was always in the background of his thought, with great black claws and ubiquitous wings, the shadow of impending annihilation, the final dread of being flicked out without having once experienced the joyful lust of living.

~~~NOSTALGIAS

Suspiro por las regiones
donde vuelan los alciones
    sobre el mar,
y el soplo helado del viento
5 parece en su movimiento
    sollozar;
donde la nieve que baja
del firmamento, amortaja[1]
    el verdor
10 de los campos olorosos
y de ríos caudalosos
    el rumor;
donde ostenta siempre el cielo,
a través de aéreo velo,
15   color gris,
es más hermosa la luna
y cada estrella más que una
    flor de lis.

Otras veces sólo ansío
20 bogar en firme navío
    a existir
en algún país remoto,
sin pensar en el ignoto
    porvenir.
25 Ver otro cielo, otro monte,
otra playa, otro horizonte,
    otro mar,
otros pueblos, otras gentes
de maneras diferentes
30   de pensar.
¡Ah! si yo un día pudiera,
con qué júbilo partiera
    para Argel,[2]
donde tiene la hermosura
35 el color y la frescura
    de un clavel.

[1] amortaja: *puts a shroud over.*

[2] Argel: *Algiers.*

Despúes fuera en caravana
por la llanura africana
    bajo el sol
40 que, con sus vivos destellos,
pone un tinte a los camellos
    tornasol.
    Y cuando el día expirara
mi árabe tienda plantara
45   en mitad
de la llanura ardorosa,
inundada de radiosa
    claridad.
    Cambiando de rumbo luego,
50 dejar el país del fuego
    para ir
hasta el imperio florido
en que el opio da el olvido
    del vivir.
55   Vegetar allí contento
de alto bambú corpulento
    junto al pie,
o aspirando en rica estancia

la embriagadora fragancia
60   que da el té.* * *
    Cuando tornara el hastío[3]
en el espíritu mío
    a reinar,
cruzando el inmenso piélago[4]
65 fuera al taitiano[5] archipiélago
    a encallar.* * *
    Así errabundo viviera
sintiendo toda quimera
    rauda huir,
70 y hasta olvidando la hora
incierta y aterradora
    de morir.

    Mas no parto. Si partiera,
al instante yo quisiera
75   regresar.
¡Ay! ¿Cuándo querrá el Destino
que yo pueda en mi camino
    reposar?

(*Nieve,* 1892)

⌇ELENA[6]

Luz fosfórica entreabre claras brechas
en la celeste inmensidad, y alumbra
del foso en la fatídica penumbra
cuerpos hendidos por doradas flechas.

5 Cual humo frío de homicidas mechas,[7]
en la atmósfera densa se vislumbra
vapor disuelto que la brisa encumbra
a las torres de Ilión, escombros hechas.

Envuelta en veste de opalina gasa,
10 recamada de oro, desde el monte
de ruinas hacinadas en el llano,

indiferente a lo que en torno pasa,
mira Elena hacia el lívido horizonte
irguiendo un lirio en la rosada mano.

(*Nieve,* 1892)

⌇RONDELES

I
De mi vida misteriosa,
tétrica y desencantada,
oirás contar una cosa
que te deje el alma helada.

5 Tu faz de color de rosa
se quedará demacrada,
al oír la extraña cosa
que te deje el alma helada.
Mas sé para mí piadosa,

[3] hastío: *surfeit, weary boredom.*
[4] piélago: *high sea.*
[5] taitiano *Tahitian.*
[6] This picture of Helen of Troy, as well as several other sonnets in a similar style, was inspired by a series of ten paintings by the French artist Gustave Moreau (1826–1898) reproduced in the Havana cultural journal

La Habana elegante. The sonnets are all Parnassian in style, coldly chiseled and polished in the manner of the French J. M. de Heredia (1842–1905). Moreau represented in the history of painting more or less what the Parnassian style of writing did in poetry.
[7] homicidas mechas: *murderous torches.*

10 si de mi vida ignorada,
   cuando yo duerma en la fosa,
   oyes contar una cosa
   que te deje el alma helada.

2

   Quizás sepas algún día
   el secreto de mis males,
   de mi honda melancolía
   y de mis tedios mortales.
5 Las lágrimas a raudales
   marchitarán tu alegría,
   si a saber llegas un día
   el secreto de mis males.

3

   Quisiera de mí alejarte,
   porque me causa la muerte
   con la tristeza de amarte
   el dolor de comprenderte.
5 Mientras pueda contemplarte
   me ha de deparar la suerte,
   con la tristeza de amarte
   el dolor de comprenderte.
   Y sólo ansío olvidarte,
10 nunca oírte y nunca verte,
   porque me causa la muerte
   con la tristeza de amarte
   el dolor de comprenderte.

(*Bustos y rimas*, 1893)

NIHILISMO (FRAGMENTOS)

   Voz inefable que a mi estancia llega
   en medio de las sombras de la noche,
   por arrastrarme hacia la vida, brega
   con las dulces cadencias del reproche.

5 ¿A qué llamarme al campo del combate
   con la promesa de terrenos bienes,
   si ya mi corazón por nada late
   ni oigo la idea martillar mis sienes?

   Nadie extrañe mis ásperas querellas:
10 mi vida, atormentada de rigores,
   es un cielo que nunca tuvo estrellas,
   es un árbol que nunca tuvo flores.

   De todo lo que he amado en este mundo
   guardo, como perenne recompensa,
15 dentro del corazón, tedio profundo;
   dentro del pensamiento, sombra densa.

   Nada del porvenir a mi alma asombra
   y nada del presente juzgo bueno;
   si miro al horizonte, todo es sombra,
20 si me inclino a la tierra, todo es cieno.

   Ansias de aniquilarme sólo siento,
   o de vivir en mi eternal pobreza,
   con mi fiel compañero, el descontento,
   y mi pálida novia, la tristeza.

(*Bustos y rimas*, 1893)

RECUERDO DE LA INFANCIA

   Una noche mi padre, siendo yo niño,
   mirando que la pena me consumía,
   con las frases que dicta sólo el cariño,
   lanzó de mi destino la profecía,
5 una noche mi padre, siendo yo niño.

   Lo que tomé yo entonces por un reproche
   y, extendiendo mi cuello sobre mi hombro,
   me hizo pasar llorando toda la noche,
   hoy inspira a mi alma terror y asombro
10 lo que tomé yo entonces por un reproche.

   —"Sumergida en profunda melancolía
   como estrella en las brumas de la alborada,
   gemirá para siempre—su voz decía—
   por todos los senderos tu alma cansada,
15 sumergida en profunda melancolía.

   "Persiguiendo en la sombra vana quimera
   que tan sólo tu mente de encantos viste,
   te encontrará cada año la primavera
   enfermo y solitario, doliente y triste,
20 persiguiendo en la sombra vana quimera.

"Para ti la existencia no tendrá un goce
ni habrá para tus penas ningún remedio
y, unas veces sintiendo del mal el roce,
otras veces henchido de amargo tedio,
25 para ti la existencia no tendrá un goce.

"Como una planta llena de estéril jugo
que ahoga de sus ramas la florescencia,
de tu propia alegría serás verdugo
y morirás ahogado por la impotencia
30 como una planta llena de estéril jugo."

Como pájaros negros por azul lago
nublaron sus pupilas mil pensamientos,
y, al morir en la sombra su vago acento,
vi pasar por su mente remordimientos
35 como pájaros negros por azul lago.

(*Bustos y rimas,* 1893

∾PÁGINAS DE VIDA[8]

—Yo soy como esas plantas que ignota
   mano
siembra un día en el surco por donde marcha,
ya para que la anime luz de verano,
ya para que la hiele frío de escarcha.* * *

5 Mas como nada espero lograr del hombre,
y en la bondad divina mi ser confía,
aunque llevo en el alma penas sin nombre,
no siento la nostalgia de la alegría.

¡Ígnea columna[9] sigue mi paso cierto!
10 ¡Salvadora creencia mi ánimo salva!
¡Yo sé que tras las olas me aguarda el puerto!
¡Yo sé que tras la noche surgirá el alba!

Tú, en cambio, que doliente mi voz
   escuchas,
sólo el hastío llevas dentro del alma:
15 juzgándote vencido por nada luchas
y de ti se desprende siniestra calma.* * *

Si hubiéramos más tiempo juntos vivido,
no nos fuera la ausencia tan dolorosa.
¡Tú cultivas tus males, yo el mío olvido!
20 ¡Tú lo ves todo en negro, yo todo en rosa!* * *

Genio errante, vagando de clima en clima,
sigue el rastro fulgente de un espejismo,
con el ansia de alzarse siempre a la cima,
mas también con el vértigo que da el abismo.
        * * *

25 Doblegado en la tierra luego de hinojos,
miro cuanto a mi lado gozoso existe
y pregunto, con lágrimas en los ojos,
¿por qué has hecho ¡oh Dios mío! mi alma
   tan triste?

(*Bustos y rimas,* 1893)

---

[8] This poem describes the farewell conversation between Casal and Rubén Darío, the Nicaraguan poet, who was passing through Havana in 1892. The two poets are talking on board Darío's ship, which is about to set sail, and Darío, slightly exhilarated by alcohol, is doing the talking and comparing his outlook on life to Casal's. The last two stanzas are Casal's own reflections.

[9] Ígnea columna (Latin): *pillar of fire* (The Lord went before the children of Israel in a "pillar of fire." Cf. *Exodus* XIII, 21–22.)

~~~~~José Asunción Silva

COLOMBIA, 1865–1896   A few days before his death, Silva consulted a doctor friend of his on the pretext of some illness or other, and asked the doctor to sketch the position of his heart on his underclothes. It was the organ by which he had lived and by which he was to die, for he committed suicide by firing a bullet through it one Sunday morning when his family was at church. Near his death bed were three books: *The Triumph of Death* by d'Annunzio, *Trois stations de psychothérapie* by Maurice Barrès, and a number of the trilingual London journal *Cosmó-polis*. These books may have had a profound effect on Silva, but the cause of his suicide must be sought in the years of his self-torture and embitterment, and not in the pages of some one else's writing. As the Colombian critic Baldomero Sanín Cano points out, Silva pretended to enjoy life to its fullest, but he only managed to "convertir su organismo en la más delicada y exquisita máquina de sufrir."

Perhaps the most notable characteristic of Silva's poetry is its interior rhythm, that fine invisible thread of feeling which makes the reader (whether he be pessimist or optimist) feel that his own life and Silva's are on a single strand. Unamuno, who edited the first full book of Silva's poems in 1908, has this to say: "Comentar a Silva es algo así como ir diciendo a un auditorio de las sinfonías de Beethoven, lo que va pasando según las notas resbalan a sus oídos. Cada cual vierte en ellas sus propios pesares, quereres y sentires." The great Spanish writer then adds: "Y gusto de Silva porque fue el primero en llevar a la poesía hispano-americana, y con ella a la española, ciertos tonos y ciertos aires, que después se han puesto en moda, degradándose."

Silva's most biting poems were the *Gotas amargas* which he refused to have published; however, he did often shock his listeners by reciting them. Many are lost, but some of them were gathered together after his death; they deal mainly with bitter social satire, philosophical ironies, and sex. Physical sex and even venereal disease crop out rather frequently among them.

Other poems of Silva are lyric recollections of childhood, outbursts of physical passion and spiritual despair, expressions of pathos, humor, and irony, sometimes all mingled in one.

LOS MADEROS DE SAN JUAN

. . . Y aserrín[1]
aserrán,
los maderos
de San Juan
5 piden queso,
piden pan;
los de Roque,
Alfandoque;
los de Rique,
10 Alfeñique;
los de Trique,
Triquitrán.
¡Triqui, triqui, triqui, tran!
¡Triqui, triqui, triqui, tran! . . .

15 Y en las rodillas duras y firmes de la abuela
con movimiento rítmico se balancea el niño,
y entrambos agitados y trémulos están . . .
La abuela se sonríe con maternal cariño,
mas cruza por su espíritu como un temor extraño
20 por lo que en el futuro, de angustia y desengaño,
los días ignorados del nieto guardarán . . .

Los maderos
de San Juan
piden queso,
25 piden pan;
¡Triqui, triqui, triqui, tran!

¡Esas arrugas hondas recuerdan una historia
de largos sufrimientos y silenciosa angustia!,
y sus cabellos blancos como la nieve están;
30 . . . de un gran dolor el sello marcó la frente mustia,
y son sus ojos turbios espejos que empañaron
los años, y que a tiempo las formas reflejaron
de seres y de cosas que nunca volverán . . .

. . . Los de Roque,
35 Alfandoque . . .
¡Triqui, triqui, triqui, tran!

Mañana, cuando duerma la abuela, yerta y muda,
lejos del mundo vivo, bajo la oscura tierra,
donde otros, en la sombra, desde hace tiempo están,
40 del nieto a la memoria, con grave voz que encierra
todo el poema triste de la remota infancia,
pasando por las sombras del tiempo y la distancia,
de aquella voz querida las notas volverán . . .

. . . Los de Rique,
45 Alfeñique . . .
¡Triqui, triqui, triqui, tran! . . .

En tanto, en las rodillas cansadas de la abuela
con movimiento rítmico se balancea el niño,
y entrambos agitados y trémulos están . . .
50 La abuela se sonríe con maternal cariño,
mas cruza por su espíritu como un temor extraño
por lo que en el futuro, de angustia y desengaño,
los días ignorados del nieto guardarán . . .

---

[1] aserrín . . . aserrán: an attempt to suggest the sound of the saw cutting a log or *madero*.

. . . Los maderos
55 de San Juan
piden queso,
piden pan;
los de Roque,
Alfandoque;

60 los de Rique,
Alfeñique;
los de Trique,
Triquitrán,
¡Triqui, triqui, triqui, tran!

(*Poesías completas*, 1952)

CREPÚSCULO

Junto de la cuna aún no está encendida
la lámpara tibia que alegra y reposa,
y se filtra opaca, por entre cortinas,
de la tarde triste la luz azulosa.

5 Los niños cansados suspenden sus juegos,
de la calle vienen extraños ruidos,
en estos momentos, en todos los cuartos,
se van despertando los duendes dormidos.

La sombra que sube por los cortinajes,
10 para los hermosos oyentes pueriles,
se puebla y se llena con los personajes
de los tenebrosos cuentos infantiles.

Flota en ella el pobre Rin Rin Renacuajo,[2]
corre y huye el triste Ratoncito Pérez,[3]
15 y la entenebrece la forma del trágico
Barba Azul,[4] que mata sus siete mujeres.

En unas distancias enormes e ignotas,
que por los rincones obscuros suscita,
andan por los prados el Gato con Botas,[5]
20 y el lobo que marcha con Caperucita.[6] * * *

Del infantil grupo se levanta leve
argentada y pura una vocecilla
que comienza: "Entonces se fueron al baile
y dejaron sola a Cenicentilla.[7] * * *"

25 Con atento oído las niñas la escuchan,
las muñecas duermen en la blanca alfombra,
medio abandonadas, y en el aposento
la luz disminuye, se aumenta la sombra.

¡Fantásticos cuentos de duendes y hadas,
30 llenos de paisajes y de sugestiones,
que abrís a lo lejos amplias perspectivas
a las infantiles imaginaciones!

¡Cuentos que nacisteis en ignotos tiempos
y que vais volando por entre lo obscuro,
35 desde los potentes arios primitivos,
hasta las enclenques razas del futuro! * * *

¡Cuentos más durables que las convicciones
de graves filósofos y sabias escuelas,
y que rodeasteis con vuestras ficciones
40 las cunas doradas de las bisabuelas!

¡Fantásticos cuentos de duendes y hadas,
que pobláis los sueños confusos del niño!
El tiempo os sepulta por siempre en el alma
y el hombre os evoca con hondo cariño.

(*Poesías completas*, 1952)

RISA Y LLANTO

Juntos los dos reímos cierto día . . .
¡ay, y reímos tanto
que toda aquella risa bulliciosa
se tornó pronto en llanto!

5 ¡Después, juntos los dos, alguna noche
lloramos mucho, tanto,
que quedó como huella de las lágrimas
un misterioso encanto!

[2] Rin Rin Renacuajo: a frog who has many adventures.
[3] Ratoncito Pérez: a greedy little mouse who invites the other animals to his wedding and is drowned in a stew.

[4] Barba Azul: *Blue Beard.*
[5] Gato con Botas: *Puss in Boots.*
[6] Caperucita: *Little Red Riding Hood.*
[7] Cenicentilla: *Cinderella.*

Nacen hondos suspiros, de la orgía
10 entre las copas cálidas;
y en el agua salobre de los mares
se forjan perlas pálidas.

(*Poesías completas,* 1952)

⌘NOCTURNO[8] (III)

Una noche,
una noche toda llena de murmullos, de perfumes y de músicas de alas;
una noche
en que ardían en la sombra nupcial y húmeda las luciérnagas fantásticas,
5 a mi lado lentamente, contra mí ceñida toda, muda y pálida,
como si un presentimiento de amarguras infinitas
hasta el más secreto fondo de las fibras te agitara,
por la senda florecida que atraviesa la llanura
caminabas;
10 y la luna llena
por los cielos azulosos, infinitos y profundos esparcía su luz blanca;
y tu sombra
fina y lánguida,
y mi sombra,
15 por los rayos de la luna proyectadas,
sobre las arenas tristes
de la senda se juntaban;
y eran una,
y eran una,
20 y eran una sola sombra larga,
y eran una sola sombra larga,
y eran una sola sombra larga. . . .

Esta noche
solo; el alma
25 llena de las infinitas amarguras y agonías de tu muerte,
separado de ti misma por el tiempo, por la tumba y la distancia,
por el infinito negro
donde nuestra voz no alcanza,
mudo y solo
30 por la senda caminaba . . .
Y se oían los ladridos de los perros a la luna,
a la luna pálida,
y el chirrido
de las ranas . . .

[8] This *nocturno* was greeted with stupefaction by some and with deep admiration by others. Soon, however, all came to applaud its remarkable rhythm, which was considered something entirely new in the Spanish language. Silva later pointed out to a friend that he had obtained it from the well-known Spanish fabulist Iriarte. The poem was inspired by the death of the poet's sister.

35   Sentí frío. Era el frío que tenían en tu alcoba
tus mejillas y tus sienes y tus manos adoradas,
entre las blancuras níveas
de las mortuorias sábanas.
Era el frío del sepulcro, era el hielo de la muerte,
40   era el frío de la nada.
Y mi sombra,
por los rayos de la luna proyectada,
iba sola,
iba sola,
45   iba sola por la estepa solitaria;
y tu sombra esbelta y ágil,
fina y lánguida,
como en esa noche tibia de la muerta primavera,
como en esa noche llena de murmullos, de perfumes y de músicas de alas,
50   se acercó y marchó con ella,
se acercó y marchó con ella,
se acercó y marchó con ella . . . ¡Oh las sombras enlazadas!
¡Oh las sombras de los cuerpos que se juntan con las sombras de las almas!
¡Oh las sombras que se buscan en las noches de tristezas y de lágrimas!

(*Poesías completas*, 1952)

⌒ᴡ⌒ESTRELLAS FIJAS

Cuando ya de la vida
el alma tenga, con el cuerpo, rota,
y duerma en el sepulcro
esa noche más larga que las otras,

5   mis ojos, que en recuerdo
del infinito eterno de las cosas,
guardaron sólo, como de un ensueño,
la tibia luz de tus miradas hondas,

al ir descomponiéndose
10 entre la obscura fosa,
verán, en lo ignorado de la muerte,
tus ojos . . . destacándose en la sombra.

(*Poesías completas*, 1952)

⌒ᴡ⌒OBRA HUMANA

En lo profundo de la selva añosa,
donde una noche, al comenzar de mayo,
tocó en la vieja enredadera hojosa
de la pálida luna el primer rayo,

5   pocos meses después la luz de aurora,
del gas en la estación, iluminaba
el paso de la audaz locomotora,
que en el carril durísimo cruzaba.

Y en donde fuera en otro tiempo el nido,
10 albergue muelle del alado enjambre,
pasó por el espacio un escondido
telegrama de amor por el alambre.

(*Poesías completas*, 1952)

¿ . . . ?

¿Por qué de los cálidos besos,
de las dulces idolatradas
en noches jamás olvidadas
nos matan los locos excesos?

5   ¿Son sabios los místicos rezos
y las humildes madrugadas
en las celdas sólo adornadas
con una cruz y cuatro huesos?

¡No, soñadores de infinito!
10 De la carne el supremo grito
hondas vibraciones encierra;

dejadla gozar de la vida
antes de caer, corrompida,
en las negruras de la tierra.

(Poseías completas, 1952)

MARIPOSAS

En tu aposento tienes,
en urna frágil,
clavadas mariposas
que, si brillante
5 rayo de sol las toca,
parecen nácares
o pedazos de cielo,
cielos de tarde,
o brillos opalinos
10 de alas suaves;
y allí están las azules
hijas del aire

fijas para siempre
las alas ágiles,
15 las alas, peregrinas
de ignotos valles
que, como los deseos
de tu alma amante,
a la aurora parecen
20 resucitarse,
cuando de tus ventanas
las hojas abres
y da el sol en tus ojos
y en los cristales.

(Poseías completas, 1952)

ORACIÓN

En el aposento estrecho,
en la blanca pared fijo,
tiene muy cerca del lecho
donde duerme, un crucifijo
5 que, como a dulces abrazos
llamando al ánima vil,
tiende los rígidos brazos
sobre una cruz de marfil.

Y de espinas coronada
10 dobla la cabeza inerte,
de noble expresión, helada
por el beso de la muerte.
En ese sitio, amorosa
la oración de ritmo breve
15 va de sus brazos de rosa
hacia los brazos de nieve.

(Poesías completas, 1952)

ARS

El verso es vaso santo; poned en él tan sólo 5
un pensamiento puro,
en cuyo fondo bullan hirvientes las imágenes
como burbujas de oro de un viejo vino obscuro.

Allí verted las flores que la continua lucha
ajó del mundo frío,
recuerdos deliciosos de tiempos que no vuelven,
y nardos empapados en gotas de rocío.

Para que la existencia mísera se embalsame
10 cual de una ciencia ignota,
    quemándose en el fuego del alma enternecida
    de aquel supremo bálsamo, ¡basta una sola
    gota!

(*Poesías completas,* 1952)

⌒⌒⌒. . . ? . . .

Estrellas que entre lo sombrío
de lo ignorado y de lo inmenso,
asemejáis en el vacío
jirones pálidos de incienso;
5 nebulosas que ardéis tan lejos
en el infinito que aterra,
que sólo alcanzan los reflejos
de vuestra luz hasta la tierra;
astros que en abismos ignotos
10 derramáis resplandores vagos,

constelaciones que en remotos
tiempos adoraron los magos;
millones de mundos lejanos,
flores de fantástico broche,
15 islas claras en los oceanos
sin fin ni fondo de la noche;
¡estrellas, luces pensativas!
¡Estrellas, pupilas inciertas!
¿Por qué os calláis si estáis vivas,
20 y por qué alumbráis si estáis muertas?

(*Poesías completas,* 1952)

⌒⌒⌒Un poema

Soñaba en ese entonces en forjar un poema,
de arte nervioso y nuevo, obra audaz y suprema.
Escogí entre un asunto grotesco y otro trágico,
llamé a todos los ritmos con un conjuro mágico,
5 y los ritmos indóciles vinieron acercándose,
juntándose en las sombras, huyéndose y buscándose,
ritmos sonoros, ritmos potentes, ritmos graves,
unos cual choque de armas, otros cual canto de aves;
de Oriente hasta Occidente, desde el Sur hasta el Norte
10 de metros y de formas se presentó la corte.* * *
Complacido en mis versos, con orgullo de artista,
les di olor de heliotropos y color de amatista . . .
Le mostré mi poema a un crítico estupendo . . .
Lo leyó cuatro veces, y me dijo . . . ¡No entiendo!

(*Poesías completas,* 1952)

⌒⌒⌒Psicopatía

El parque se despierta, ríe y canta
en la frescura matinal. La niebla,
donde saltan aéreos surtidores,
de arco iris se puebla,
5 y en luminosos vuelos se levanta.
Su olor esparcen entreabiertas flores;

suena en las ramas verdes el pío, pío
de los alados huéspedes cantores;
brilla en el césped húmedo rocío.
10 ¡Azul el cielo! ¡Azul! Y la süave
brisa que pasa, dice:
¡Reíd! ¡Cantad! ¡Amad! ¡La vida es fiesta,

es calor, es pasión, es movimiento!
Y forjando en las ramas una orquesta,
15 con voz grave lo mismo dice el viento,
y por entre el sutil encantamiento
de la mañana sonrosada y fresca,
de la luz, de las yerbas y las flores,
pálido, descuidado, soñoliento,
20 sin tener en la boca una sonrisa,
y de negro vestido
un filósofo joven se pasea,
olvida luz y olor primaverales,
e impertérrito sigue su tarea
25 de pensar en la muerte, en la conciencia
y en las causas finales.
Lo sacuden las ramas de azalea,
dándole al aire el aromado aliento
de las rosadas flores;
30 lo llaman unos pájaros, del nido
do cantan sus amores,
y los cantos risueños
van, por entre el follaje estremecido,
a suscitar voluptuosos sueños,
35 y él sigue su camino, triste, serio,
pensando en Fichte, en Kant, en Vogt, en
Hegel,[9]
y del *yo* complicado en el misterio.

La chicuela del médico que pasa,
una rubia adorable, cuyos ojos
40 arden como una brasa,
abre los labios húmedos y rojos,
y le pregunta al padre, enternecida:
—Aquel señor, papá, ¿de qué está enfermo,
qué tristeza le anubla así la vida?
45 Cuando va a casa a verle a usted, me duermo;
tan silencioso y triste . . . ¿Qué mal sufre? . . .
Una sonrisa el profesor contiene,
mira luego una flor, color de azufre,
oye el canto de un pájaro que viene,
50 y comienza de pronto, con descaro:
—Ese señor padece un mal muy raro,
que ataca rara vez a las mujeres
y pocas a los hombres, ¡hija mía!
Sufre este mal: *pensar* . . . ésa es la causa

55 de su grave y sutil melancolía . . .
El profesor después hace una pausa,
y sigue:—En las edades
de bárbaras naciones,
serias autoridades,
60 curaban este mal dando cicuta,[10]
encerrando al enfermo en las prisiones,
o quemándolo vivo . . . ¡Buen remedio!
Curación decisiva y absoluta
que cortaba de lleno la disputa
65 y sanaba al paciente . . . mira el medio . . .
la profilaxia, en fin . . . antes; ahora
el mal reviste tantas formas graves,
la invasión se dilata aterradora,
y no lo curan polvos ni jarabes;
70 en vez de prevenirlo, los gobiernos
lo riegan y estimulan;
tomos gruesos, revistas y cuadernos
ya dispersan el germen homicida . . .
El mal, gracias a Dios, no es contagioso,
75 y lo adquieren muy pocos; en mi vida
sólo he curado a dos. Les dije:
                                —Mozo,
váyase usted a trabajar de lleno,
en una fragua negra y encendida,
o en un bosque espesísimo y sereno;
80 machaque hierro, hasta arrancarle chispas,
o tumbe viejos troncos seculares,
y logre que lo piquen las avispas;
si lo prefiere usted, cruce los mares
de grumete en un buque, duerma, coma,
85 muévase, grite, forcejee y sude,
mire la tempestad cuando se asoma,
y los cables de popa ate y anude,
hasta hacerse diez callos en las manos,
y limpiarse de ideas el cerebro.
90 Ellos lo hicieron y volvieron sanos.
—Estoy tan bien, doctor . . . —¡Pues lo
celebro! . . .
Pero el joven aquel es caso grave
como conozco pocos,
más que cuantos nacieron piensa y sabe;
95 irá a pasar diez años con los locos,
¡y no se curará sino aquel día

---

[9] Fichte, Kant, Vogt, Hegel: German philosophers of the 18th and 19th centuries.
[10] cicuta: *hemlock*. Socrates was condemned to die and made to drink a potion of poisonous hemlock because the elders of Athens said he had had a bad influence on the young men of that city, by teaching them to think too much and to call into question too many of the standards and ideas sanctioned by custom.

en que duerma a sus anchas
en una angosta sepultura fría,
lejos del mundo y de la vida loca,
100 entre un negro ataúd de cuatro planchas,
con un montón de tierra entre la boca![11]

(*Poesías completas*, 1952)

∿∿DÍA DE DIFUNTOS[12]

La luz vaga . . . opaco el día . . .
La llovizna cae y moja
con sus hilos penetrantes la ciudad desierta y
    fría;
por el aire, tenebrosa, ignorada mano arroja
5 un obscuro velo opaco, de letal melancolía,
y no hay nadie que en lo íntimo no se aquiete
    y se recoja,
al mirar las nieblas grises de la atmósfera
    sombría,
y al oír en las alturas
melancólicas y obscuras
10 los acentos dejativos
y tristísimos e inciertos
con que suenan las campanas,
las campanas plañideras que les hablan a los
    vivos
de los muertos.

15 Y hay algo de angustioso y de incierto
que mezcla a ese sonido su sonido,
e inarmónico vibra en el concierto
que alzan los bronces al tocar a muerto
por todos los que han sido.
20 Es la voz de una campana
que va marcando la hora,
hoy lo mismo que mañana,
rítmica, igual y sonora;
una campana se queja
25 y la otra campana llora,
ésta tiene voz de vieja
y ésa de niña que ora.
Las campanas más grandes que dan un doble
    recio
suenan con acento de místico desprecio;

30 mas la campana que da la hora
ríe, no llora;
tiene en su timbre seco sutiles ironías;
su voz parece que habla de goces, de alegrías,
de placeres, de citas, de fiestas y de bailes,
35 de las preocupaciones que llenan nuestros días;
es una voz del siglo entre un coro de frailes,[13]
y con sus notas se ríe
escéptica y burladora
de la campana que ruega,
40 de la campana que implora,
y de cuanto aquel coro conmemora;
y es que con su retintín
ella midió el dolor humano
y marcó del dolor el fin.
45 Por eso se ríe del grave esquilón
que suena allá arriba con fúnebre son;
por eso interrumpe los tristes conciertos
con que el bronce santo llora por los muertos.
No le oigáis, oh bronces, no le oigáis, cam-
    panas,
50 que con la voz grave de ese clamoreo
rogáis por los seres que duermen ahora
lejos de la vida, libres del deseo,
lejos de las rudas batallas humanas;
seguid en el aire vuestro bamboleo,
55 ¡no la oigáis, campanas! . . .
Contra lo imposible, ¿qué puede el deseo?

Allá arriba suena,
rítmica y serena,
esa voz de oro,
60 y sin que lo impidan sus graves hermanas
que rezan en coro,
la campana del reloj

---

[11] This final line reads in the original poem: "Con un puño de cal entre la boca," referring to the custom of the people of Bogotá of encasing the corpse in lime.
[12] See page 299, note 1. On this day it is still customary in some parts of Spain and Spanish America to toll the church bells all day long in memory of the dead. Compare this poem with *The Bells* by Edgar Allan Poe.
[13] *es una voz . . . frailes: it is a layman's voice in a chorus of friars.*

suena, suena, suena ahora
y dice que ella marcó,
65 con su vibración sonora,
de los olvidos la hora;
que después de la velada
que pasó cada difunto
en una sala enlutada
70 y con la familia junto
en dolorosa actitud,
mientras la luz de los cirios
alumbraba el ataúd
y las coronas de lirios;
75 que después de la tristura,
de los gritos de dolor,
de las frases de amargura,
del llanto desgarrador,
marcó ella misma el momento
80 en que con la languidez
del luto, huyó el pensamiento
del muerto, y el sentimiento,
seis meses más tarde . . . o diez.

Y hoy, día de los muertos . . . ahora que
flota
85 en las nieblas grises la melancolía,
en que la llovizna cae gota a gota
y con sus tristezas los nervios embota,
y envuelve en un manto la ciudad sombría;
ella, que ha marcado la hora y el día
90 en que a cada casa lúgubre y vacía
tras el luto breve volvió la alegría;
ella, que ha marcado la hora del baile
en que al año justo un vestido aéreo
estrena la niña, cuya madre duerme
95 olvidada y sola en el cementerio;
suena indiferente a la voz de fraile
del esquilón grave a su canto serio;
ella, que ha medido la hora precisa
en que a cada boca que el dolor sellaba

100 como por encanto volvió la sonrisa,
esa precursora de la carcajada;
ella, que ha marcado la hora en que el viudo
habló de suicidio y pidió el arsénico,
cuando aún en la alcoba recién perfumada
105 flotaba el aroma del ácido fénico;
y ha marcado luego la hora en que mudo
por las emociones con que el gozo agobia,
para que lo unieran con sagrado nudo
a la misma iglesia fue con otra novia;
110 ¡ella no comprende nada del misterio
de aquellas quejumbres que pueblan el aire,
y lo ve en la vida todo jocoserio;[14]
y sigue marcando con el mismo modo,
el mismo entusiasmo y el mismo desgaire[15]
115 la huida del tiempo que lo borra todo!

Y eso es lo angustioso y lo incierto
que flota en el sonido;
ésa es la nota irónica que vibra en el concierto
que alzan los bronces al tocar a muerto
120 por todos los que han sido.
Es la voz fina y sutil
de vibraciones de cristal
que con acento juvenil,
indiferente al bien y al mal,
125 mide lo mismo la hora vil
que la sublime y la fatal,
y resuena en las alturas
melancólicas y obscuras
sin tener en su tañido
130 claro, rítmico y sonoro,
los acentos dejativos
y tristísimos e inciertos
de aquel misterioso coro
con que suenan las campanas . . .
135 ¡las campanas plañideras,
que les hablan a los vivos
de los muertos! . . .

(Poesías completas, 1952)

⌒⌖⌒LA RESPUESTA DE LA TIERRA

Era un poeta lírico, grandioso y sibilino[16]
que le hablaba a la tierra una tarde de invierno,
frente de una posada y al volver de un camino:

---

[14] jocoserio: *half serious, half ludicrous.*
[15] desgaire: *indifference.*
[16] poeta . . . sibilino: The poet referred to was a
friend of Silva's of whom he said " . . . a ese señor le
ha dado la chifladura panteísta y vive hablando con
todos los astros."

—Oh madre, oh tierra!—díjole,—en tu girar eterno
5 nuestra existencia efímera tal parece que ignoras.
Nosotros esperamos un cielo o un infierno,
sufrimos o gozamos en nuestras breves horas,
e indiferente y muda, tú, madre sin entrañas,
de acuerdo con los hombres no sufres y no lloras.
10 ¿No sabes el secreto misterioso que entrañas?
¿Por qué las noches negras, las diáfanas auroras?
Las sombras vagarosas y tenues de unas cañas
que se reflejan lívidas en los estanques yertos,
¿no son como conciencias fantásticas y extrañas
15 que les copian sus vidas en espejos inciertos?
¿Qué somos? ¿A do vamos? ¿Por qué hasta aquí vivimos?
¿Conocen los secretos del más allá los muertos?
¿Por qué la vida inútil y triste recibimos?
¿Hay un oasis húmedo después de estos desiertos?
20 ¿Por qué nacemos, madre, dime, por qué morimos?
¿Por qué? Mi angustia sacia y a mi ansiedad contesta.
Yo, sacerdote tuyo, arrodillado y trémulo,
en estas soledades aguardo la respuesta.

La tierra, como siempre, displicente y callada,
25 al gran poeta lírico no le contestó nada.

(*Poesías completas,* 1952)

⌇IDILIO

Ella lo idolatraba, y él la adoraba.
—¿Se casaron al fin?
—No, señor: Ella se casó con otro.
—Y ¿murió de sufrir?
5 —No, señor: De un aborto.

—Y el pobre aquel infeliz
¿le puso a la vida fin?
No, señor: Se casó seis meses antes
del matrimonio de ella, y es feliz.

(*Poesías completas,* 1952)

Rubén Darío

NICARAGUA, 1867–1916   Rubén Darío became Latin America's greatest and most cosmopolitan literary voice. His work effected a revolution in the outmoded and high-flown poetic ideals which preceded him. Darío did not stand alone as the single source of these innovations, but he was the focus of greatest brilliance, strength, and duration among Spanish American writers.

His *Azul*, first published in Chile in 1888 (second edition with additions, Guatemala, 1890), attracted the attention of the Spanish critic and novelist Juan Valera, who proclaimed it the work of a fine cosmopolitan artist, not bounded by the narrow limits of Spanish American provincialism. Darío himself in his *Historia de mis libros* points out the principal influences embodied in *Azul*: French writers of the *Parnasse contemporain*[1] (1866), particularly Catulle Mendès (with his lyrical prose fantasies), Gautier, Flaubert (of *The Temptation of Saint Anthony*), and Paul de Saint Victor, with their "inédita y deslumbrante concepción del estilo." Darío was accustomed to the "clisé español del siglo de oro, y a su indecisa poesía moderna," and found the French writers a mine to explore and apply to his own style in Spanish. He read all of these men in translation. He also utilized Baralt's *Diccionario de galicismos*, which he said he had practically memorized, in order to find new phrases and metaphors.

As for the title of the book Darío says: "el azul era para mí el color del ensueño, el color del arte, un color helénico y homérico, color oceánico y firmamental . . . Concentré en ese color célico[2] la floración espiritual de mi primavera artística." Darío did not then know Victor Hugo's phrase: "l'Art, c'est l'azur."

---

[1] *Parnasse contemporain:* This was the name of a review edited by Catulle Mendès (1841–1909) and Xavier de Ricard (1843–1913), and in 1866 the first anthology of these Parnassian writers was published under the same name. Two more anthologies were published later by these same Parnassians.

[2] célico: *heavenly.*

∿∿EL REY BURGUÉS[3] (CANTO ALEGRE)

¡Amigo!, el cielo está opaco, el aire frío, el día triste. Un cuento alegre . . . así como para distraer las brumosas y grises melancolías, helo aquí:

Había en una ciudad inmensa y brillante [5] un rey muy poderoso, que tenía trajes caprichosos y ricos, esclavas desnudas, blancas y negras; caballos de largas crines, armas flamantísimas, galgos rápidos y monteros con cuernos de bronce,[4] que llenaban el viento [10] con sus fanfarrias. ¿Era un rey poeta? No, amigo mío; era el Rey Burgués.

Era muy aficionado a las artes el soberano, y favorecía con gran largueza a sus músicos, a sus hacedores de ditirambos,[5] pintores, [15] escultores, boticarios, barberos y maestros de esgrima.

Cuando iba a la floresta, junto al corzo o jabalí herido y sangriento, hacía improvisar a sus profesores de retórica canciones alusivas; [20] los criados llenaban las copas del vino de oro que hierve, y las mujeres batían palmas con movimientos rítmicos y gallardos. Era un Rey-Sol,[6] en su Babilonia llena de músicas, de carcajadas y de ruido de festín. Cuando se [25] hastiaba de la ciudad bullente, iba de caza atronando el bosque con sus tropeles; y hacía salir de sus nidos a las aves asustadas, y el vocerío repercutía en lo más escondido de las cavernas. Los perros de patas elásticas iban [30] rompiendo la maleza en la carrera, y los cazadores, inclinados sobre el pescuezo de los caballos, hacían ondear los mantos purpúreos y llevaban las caras encendidas y las cabelleras al viento.

El rey tenía un palacio soberbio, donde había acumulado riquezas y objetos de arte maravillosos. Llegaba a él por entre grupos de lilas y extensos estanques, siendo saludado por los cisnes de cuellos blancos antes que por los lacayos estirados. Buen gusto. Subía por una escalera llena de columnas de alabastro y de esmaragdina,[7] que tenía a los lados leones de mármol, como los de los troncos salomónicos.[8] Refinamiento. A más de los cisnes, tenía una vasta pajarera, como amante de la armonía, del arrullo,[9] del trino; y cerca de ella iba a ensanchar su espíritu, leyendo novelas de M. Ohnet,[10] o bellos libros sobre cuestiones gramaticales, o críticas hermosillescas.[11] Eso sí: defensor acérrimo[12] de la corrección académica en letras, y del modo lamido[13] en artes; alma sublime, amante de la lija[14] y de la ortografía.

¡Japonerías! ¡Chinerías! Por lujo y nada más.

Bien podía darse el placer de un salón digno del gusto de un Goncourt[15] y de los millones de un Creso:[16] quimeras de bronce con las fauces abiertas y las colas enroscadas, en grupos fantásticos y maravillosos; lacas de Kioto con incrustaciones de hojas y ramas de una flora monstruosa, y animales de una fauna desconocida; mariposas de raros abanicos junto a las paredes; peces y gallos de colores; máscaras de gestos infernales y con ojos como si fuesen vivos; partesanas[17] de hojas antiquísimas y empuñaduras con dragones devorando flores de loto; y en conchas [35] de huevo[18] túnicas de seda amarilla, como

---

[3] Darío says there is some influence of Daudet in this sketch which was, however, more directly inspired by Eduardo MacClure, hard-boiled editor of *La época*, the Chilean paper on which the poet worked.

[4] monteros . . . bronce: *beaters with bronze horns* (who scared up game for the King).

[5] ditirambos: *verses of praise;* much sound and little worth.

[6] Rey-Sol: allusion to Louis XIV of France who was called the *roi-soleil.*

[7] esmaragdina: mineral of emerald green.

[8] troncos salomónicos: like the columns of Solomon's house; cf. I *Kings*, VII, 2–6.

[9] arrullo: *cooing.*

[10] Georges Ohnet (1848–1918), a French novelist who praised the bourgeoisie.

[11] hermosillescas: from the name of José Gómez Hermosilla (1771–1837), whose book on how to write verse was a well-known text on the subject.

[12] acérrimo: *vigorous.*

[13] modo lamido: *trite manner.*

[14] lija: *smooth words.*

[15] The brothers Edmond (1822–1896) and Jules de Goncourt (1830–1870) were French novelists who extolled the idea of "art for art's sake" and were connoisseurs and collectors of Oriental art.

[16] Creso: *Cræsus,* the Lydian king renowned for his wealth.

[17] partesanas: *battle-axes.*

[18] conchas de huevo: *cases of hollow wood.*

tejidas con hilos de araña, sembradas de garzas rojas y de verdes matas de arroz; y tibores,[19] porcelanas de muchos siglos, de aquellas en que hay guerreros tártaros con una piel que les cubre hasta los riñones, y que llevan arcos estirados y manojos de flechas.

Por lo demás, había el salón griego, lleno de mármoles, diosas, musas, ninfas y sátiros; el salón de los tiempos galantes, con cuadros del gran Watteau[20] y de Chardin;[21] dos, tres, cuatro, ¡cuántos salones!

Y Mecenas[22] se paseaba por todos, con la cara inundada de cierta majestad, el vientre feliz y la corona en la cabeza, como un rey de naipe.

Un día le llevaron una rara especie de hombre ante su trono, donde se hallaba rodeado de cortesanos, de retóricos y de maestros de equitación y de baile.

—¿Qué es eso?—preguntó.

—Señor, es un poeta.

El rey tenía cisnes en el estanque; canarios, gorriones, senzontes[23] en la pajarera: un poeta era algo nuevo y extraño.

—Dejadle aquí.

Y el poeta:

—Señor, no he comido.

Y el rey:

—Habla y comerás.

Comenzó:

—Señor, ha tiempo que yo canto el verbo del porvenir. He tendido mis alas al huracán, he nacido en el tiempo de la aurora: busco la raza escogida que debe esperar, con el himno en la boca y la lira en la mano, la salida del gran sol. He abandonado la inspiración de la ciudad malsana, la alcoba llena de perfumes, la musa de carne que llena el alma de pequeñez y el rostro de polvos de arroz. He roto el arpa adulona de las cuerdas débiles contra las copas de Bohemia y las jarras donde espumea el vino que embriaga sin dar fortaleza; he arrojado el manto que me hacía parecer histrión, o mujer, y he vestido de modo salvaje y espléndido: mi harapo es de púrpura. He ido a la selva, donde he quedado vigoroso y ahito de leche fecunda y licor de nueva vida; y en la ribera del mar áspero, sacudiendo la cabeza bajo la fuerte y negra tempestad, como un ángel soberbio, o como un semidiós olímpico, he ensayado el yambo, dando al olvido el madrigal.

He acariciado a la gran Naturaleza, y he buscado el calor del ideal, el verso que está en el astro, en el fondo del cielo, y el que está en la perla, en lo profundo del Océano. ¡He querido ser pujante! Porque viene el tiempo de las grandes revoluciones, con un Mesías todo luz, todo agitación y potencia, y es preciso recibir su espíritu con el poema que sea arco triunfal, de estrofas de acero, de estrofas de oro, de estrofas de amor.

¡Señor, el Arte no está en los fríos envoltorios de mármol, ni en los cuadros lamidos, ni en el excelente señor Ohnet! ¡Señor, el Arte no viste pantalones, ni habla en burgués, ni pone los puntos en todas las íes! Él es augusto, tiene mantos de oro, o de llamas, o anda desnudo, y amasa la greda con fiebre, y pinta con luz, y es opulento, y da golpes de ala como las águilas, o *zarpazos* como los leones. Señor, entre un Apolo y un ganso, preferid el Apolo, aunque el uno sea de tierra cocida y el otro de marfil.

¡Oh, la poesía!

¡Y bien! Los ritmos se prostituyen, se cantan los lunares de las mujeres y se fabrican jarabes poéticos. Además, señor, el zapatero critica mis endecasílabos, y el señor profesor de farmacia pone puntos y comas a mi inspiración. Señor, ¡y vos lo autorizáis todo esto! . . . El ideal, el ideal . . .

El rey interrumpió:

—Ya habéis oído. ¿Qué hacer?

Y un filósofo al uso:[24]

—Si lo permitís, señor, puede ganarse la

---

[19] tibores: *china jars.*

[20] Jean Antoine Watteau (1684–1721), French painter of elegant court life.

[21] Jean Chardin (1699–1779), French painter of still life and domestic scenes.

[22] Mecenas: famous Roman patron of the arts. Here the king himself is meant.

[23] senzonte = censontli *or* censontle (Mexican), the mocking bird of southern Mexico and Central America.

[24] al uso: *of the kind then in vogue.*

comida con una caja de música; podemos colocarle en el jardín, cerca de los cisnes, para cuando os paseéis.

—Sí—dijo el rey; y dirigiéndose al poeta: —Daréis vueltas a un manubrio. Cerraréis la boca. Haréis sonar una caja de música que toca valses, cuadrillas y galopes, como no prefiráis moriros de hambre. Pieza de música por pedazo de pan. Nada de jerigonzas[25] ni de ideales. Id.

Y desde aquel día pudo verse a la orilla del estanque de los cisnes al poeta hambriento que daba vueltas al manubrio; tiririrín, tiririrín . . . , ¡avergonzado a las miradas del gran sol! ¿Pasaba el rey por las cercanías? ¡Tiririrín, tiririrín! . . . ¿Había que llenar el estómago? ¡Tiririrín! Todo entre las burlas de los pájaros libres que llegaban a beber rocío en las lilas floridas; entre el zumbido de las abejas que le picaban el rostro y le llenaban los ojos de lágrimas . . . , ¡lágrimas amargas que rodaban por sus mejillas y que caían a la tierra negra!

Y llegó el invierno, y el pobre sintió frío en el cuerpo y en el alma. Y su cerebro estaba como petrificado, y los grandes himnos estaban en el olvido, y el poeta de la montaña coronada de águilas no era sino un pobre diablo que daba vueltas al manubrio: ¡tiririrín!

Y cuando cayó la nieve se olvidaron de él el rey y sus vasallos; a los pájaros se les abrigó, y a él se le dejó al aire glacial que le mordía las carnes y le azotaba el rostro.

Y una noche en que caía de lo alto la lluvia blanca de plumillas cristalizadas, en el palacio había festín, y la luz de las arañas reía alegre sobre los mármoles, sobre el oro y sobre las túnicas de los mandarines de las viejas porcelanas. Y se aplaudían hasta la locura los brindis del señor profesor de retórica, cuajados de dáctilos, de anapestos y de pirriquios,[26] mientras en las copas cristalinas hervía el champaña con su burbujeo luminoso y fugaz. ¡Noche de invierno, noche de fiesta! Y el infeliz, cubierto de nieve, cerca del estanque, daba vueltas al manubrio para calentarse, tembloroso y aterido, insultado por el cierzo, bajo la blancura implacable y helada, en la noche sombría, haciendo resonar entre los árboles sin hojas la música loca de los galopes y cuadrillas; y se quedó muerto, pensando en que nacería el sol del día venidero, y con él el ideal . . . , y en que el Arte no vestiría pantalones, sino manto de llamas o de oro . . . hasta que al día siguiente lo hallaron el rey y sus cortesanos, al pobre diablo de poeta, como gorrión que mata el hielo, con una sonrisa amarga en los labios, y todavía con la mano en el manubrio.

¡Oh, mi amigo! El cielo está opaco, el aire frío, el día triste. Flotan brumosas y grises melancolías. . . .

Pero ¡cuánto calienta el alma una frase, un apretón de manos a tiempo! Hasta la vista.

(Azul, 1888)

❧EL VELO DE LA REINA MAB[27]

La reina Mab, en su carro hecho de una sola perla, tirado por cuatro coleópteros de petos dorados y alas de pedrería, caminando sobre un rayo de sol, se coló por la ventana de una boardilla donde estaban cuatro hombres flacos, barbudos e impertinentes lamentándose como unos desdichados.

Por aquel tiempo, las hadas habían repartido sus dones a los mortales. A unos habían dado las varitas misteriosas que llenan de oro las pesadas cajas del comercio; a otros, unas espigas maravillosas que, al desgranarlas, colmaban las trojes de riqueza; a otros, unos cristales que hacían ver en el riñón de la madre tierra oro y piedras preciosas; a quienes, cabelleras espesas y músculos de Goliat,[28] y mazas enormes para machacar el hierro encendido, y a quienes, talones fuertes

---

[25] jerigonza: *gibberish.*
[26] pirriquios: *pyrrhics,* feet composed of two short syllables.

[27] Queen Mab, according to Shakespeare in *Romeo and Juliet,* is the Fairies' Midwife, the bringer of dreams.
[28] Goliat: *Goliath.*

y piernas ágiles para montar en las rápidas caballerías que se beben el viento y que tienden las crines en la carrera.

Los cuatro hombres se quejaban. Al uno le había tocado en suerte una cantera; al otro, el iris; al otro, el ritmo; al otro, el cielo azul.

La reina Mab oyó sus palabras. Decía el primero:—¡Y bien! ¡Heme aquí en la gran lucha de mis sueños de mármol! Yo he arrancado el bloque y tengo el cincel. Todos tenéis, unos, el oro; otros, la armonía; otros, la luz. Yo pienso en la blanca y divina Venus, que muestra su desnudez bajo el plafón color de cielo. Yo quiero dar a la masa la línea y la hermosura plástica; y que circule por las venas de la estatua una sangre incolora como la de los dioses. Yo tengo el espíritu de Grecia en el cerebro, y amo los desnudos en que la ninfa huye y el fauno tiende los brazos. ¡Oh Fidias![29] Tú eres para mí soberbio y augusto como un semidiós, en el recinto de la eterna belleza, rey ante un ejército de hermosuras que a tus ojos arrojan el magnífico quitón,[30] mostrando la esplendidez de la forma en sus cuerpos de rosa y de nieve.

Tú golpeas, hieres y domas al mármol, y suena el golpe armónico como un verso, y te adula la cigarra, amante del sol, oculta entre los pámpanos de la viña virgen. Para ti son los Apolos rubios y luminosos, las Minervas severas y soberanas. Tú, como un mago, conviertes la roca en simulacro y el colmillo del elefante en copa del festín. Y al ver tu grandeza, siento el martirio de mi pequeñez. Porque pasaron los tiempos gloriosos. Porque tiemblo ante las miradas de hoy. Porque contemplo el ideal inmenso y las fuerzas exhaustas. Porque a medida que cincelo el bloque, me ataraza[31] el desaliento.

Y decía el otro:—Lo que es hoy romperé mis pinceles. ¿Para qué quiero el iris y esta gran paleta de campo florido, si a la postre mi cuadro no será admitido en el salón? ¿Qué abordaré? He recorrido todas las escuelas, todas las inspiraciones artísticas. He pintado el torso de Diana y el rostro de la Madona. He pedido a las campiñas sus colores, sus matices; he adulado a la luz como a una amada, y la he abrazado como a una querida. He sido adorador del desnudo, con sus magnificencias, con los tonos de sus carnaciones[32] y con sus fugaces medias tintas. He trazado en mis lienzos los nimbos de los santos y las alas de los querubines. ¡Ah, pero siempre el terrible desencanto! ¡El porvenir! ¡Vender una Cleopatra en dos pesetas para poder almorzar!

Y yo, ¡que podría en el estremecimiento de mi inspiración trazar el gran cuadro que tengo aquí adentro! . . .

Y decía el otro:—Perdida mi alma en la gran ilusión de mis sinfonías, temo todas las decepciones. Yo escucho todas las armonías, desde la lira de Terpandro[33] hasta las fantasías orquestales de Wagner. Mis ideales brillan en medio de mis audacias de inspirado. Yo tengo la percepción del filósofo que oyó la música de los astros. Todos los ruidos pueden aprisionarse, todos los ecos son susceptibles de combinaciones. Todo cabe en la línea de mis escalas cromáticas.

La luz vibrante es himno, y la melodía de la selva halla un eco en mi corazón. Desde el ruido de la tempestad hasta el canto del pájaro, todo se confunde y enlaza en la infinita cadencia.

Entretanto, no diviso sino la muchedumbre que befa y la celda del manicomio.[34]

Y el último:—Todos bebemos del agua clara de la fuente de Jonia.[35] Pero el ideal flota en el azul; y para que los espíritus gocen de su luz suprema, es preciso que asciendan. Yo tengo el verso que es de miel, y el que es de oro, y el que es de hierro candente. Yo soy el ánfora del celeste perfume: tengo el amor. Paloma, estrella, nido, lirio, vosotros conocéis mi morada. Para los vuelos inconmensurables tengo alas de águila que parten a

[29] Fidias: *Phidias*, Greek sculptor (500–430 B.C.).
[30] quitón: *chiton, undergarment.*
[31] ataraza: *attacks.*
[32] carnaciones: *natural colors.*
[33] Terpandro: Terpander, seventh-century B.C., Greek musician who is said to have added three strings to the four-stringed lyre.
[34] muchedumbre . . . manicomio: *the mocking crowd and the cell of the insane asylum.*
[35] fuente de Jonia: *Ionian fountain,* Greek poetry. Homer was a native of Ionia.

golpes mágicos el huracán. Y para hallar consonantes, los busco en dos bocas que se juntan; y estalla el beso, y escribo la estrofa, y entonces, si veis mi alma, conoceréis a mi musa. Amo las epopeyas, porque de ellas brota el soplo heroico que agita las banderas que ondean sobre las lanzas y los penachos que tiemblan sobre los cascos; los cantos líricos, porque hablan de las diosas y de los amores; y las églogas, porque son olorosas a verbena y a tomillo,[36] y al santo aliento del buey coronado de rosas. Yo escribiría algo inmortal; mas me abruma un porvenir de miseria y de hambre.

Entonces, la reina Mab, del fondo de su carro, hecho de una sola perla, tomó un velo azul, casi impalpable, como formado de suspiros, o de miradas de ángeles rubios y pensativos. Y aquel velo era el velo de los sueños, de los dulces sueños, que hacen ver la vida de color de rosa. Y con él envolvió a los cuatro hombres flacos, barbudos e impertinentes. Los cuales cesaron de estar tristes, porque penetró en su pecho la esperanza, y en su cabeza el sol alegre, con el diablillo de la vanidad, que consuela en sus profundas decepciones a los pobres artistas.

Y desde entonces, en las boardillas de los brillantes infelices, donde flota el sueño azul, se piensa en el porvenir como en la aurora, y se oyen risas que quitan la tristeza, y se bailan extrañas farandolas[37] alrededor de un blanco Apolo, de un lindo paisaje, de un violín viejo, de un amarillento manuscrito.

(*Azul*, 1888)

CAUPOLICÁN

Es algo formidable que vio la vieja raza:
robusto tronco de árbol al hombro de un campeón
salvaje y aguerrido, cuya fornida maza
blandiera el brazo de Hércules, o el brazo de Sansón.

Por casco sus cabellos, su pecho por coraza,
pudiera tal guerrero, de Arauco en la región,
lancero de los bosques, Nemrod que todo caza,
desjarretar un toro, o estrangular un león.

Anduvo, anduvo, anduvo. Le vio la luz del día,
le vio la tarde pálida, le vio la noche fría,
y siempre el tronco de árbol a cuestas del titán.

"¡El Toqui, el Toqui!"[38] clama la conmovida casta.
Anduvo, anduvo, anduvo. La Aurora dijo: "Basta,"
e irguióse la alta frente del gran Caupolicán.[39]

(*Azul*, 1890)

WALT WHITMAN

En su país de hierro vive el gran viejo,
bello como un patriarca, sereno y santo.
Tiene en la arruga olímpica de su entrecejo,
algo que impera y vence con noble encanto.

Su alma del infinito parece espejo;
son sus cansados hombros dignos del manto;
y con arpa labrada de un roble añejo,
como un profeta nuevo canta su canto.

[36] tomillo: *thyme*.
[37] farandola: dance of southern France.
[38] Araucanian word for "war leader"; cf. pages 46—48.

[39] Darío says that this selection "inició la entrata del soneto alejandrino a la francesa en nuestra lengua."

Sacerdote, que alienta soplo divino,
10 anuncia en el futuro tiempo mejor.
   Dice al águila: "¡Vuela!" "¡Boga!," al
marino,

y "¡Trabaja!," al robusto trabajador.
¡Así va ese poeta por su camino
15 con su soberbio rostro de emperador!

(Azul, 1890)

❧PROSAS PROFANAS

Darío's second great work *Prosas profanas* was first published in Buenos Aires in 1896. The title indicates the kind of poetry found in this work, and is derived from a combination of three sources: (1) certain old Spanish poets, Gonzalo de Berceo particularly, had used the word *prosa* to mean "poem in the vernacular" or in Spanish rather than in Latin; (2) in the Roman Catholic liturgy, beginning in the early tenth century, certain sequences called *proses* were Latin hymns made by setting words to the *music* of the Alleluias; (3) the word *profanas*, of course, suggested that Darío's poems were "not sacred," hence profane in that sense. So far as influences were concerned the strongest came from the French Symbolists, Verlaine and Mallarmé. Verlaine had voiced the creed of these writers in his lines: "Music above all else, and after music, shade." The sound of words now became a fetish with Darío, and the work *Prosas profanas* established the *modernista* renovation throughout Spanish America. The *modernista* ideal was to synthesize perfectly the finely wrought sculpture of Parnassian verse with Symbolist nuances and word-music.

In his preface to *Prosas profanas* Darío decries the lack of widespread artistic appreciation in the New World, and deigns to express only a one-sentence manifesto (Wagner's advice to Augusta Holmes, his disciple): "*Lo primero, no imitar a nadie, y, sobre todo, a mí. Gran decir.*"

Darío then adds these words of personal reflection:

"¿Hay en mi sangre alguna gota de sangre de África, o de indio chorotega o nagrandano? Pudiera ser, a despecho de mis manos de marqués; mas he aquí que veréis en mis versos princesas, reyes, cosas imperiales, visiones de países lejanos o imposibles; ¡qué queréis!, yo detesto la vida y el tiempo en que me tocó nacer; y a un presidente de República no podré saludarle en el idioma en que cantaría a ti, ¡oh Halagabal!, de cuya corte—oro, seda, mármol—me acuerdo en sueños . . .

(Si hay poesía en nuestra América, ella está en las viejas cosas: en Palenque y Utatlán, en el indio legendario, y en el inca, sensual y fino, y en el gran Moctezuma de la silla de oro. Lo demás es tuyo, demócrata Walt Whitman.)

Buenos Aires; Cosmópolis.

¡Y mañana! * * *

¿Y la cuestión métrica? ¿Y el ritmo?

Como cada palabra tiene una alma, hay en cada verso, además de la armonía verbal, una melodía ideal. La música es sólo de la idea, muchas veces."

ᐷᐸᐷ ERA UN AIRE SUAVE

Era un aire suave, de pausados giros;
el hada Harmonía ritmaba sus vuelos;
e iban frases vagas y tenues suspiros
entre los sollozos de los violincelos.* * *

5 La marquesa Eulalia risas y desvíos
daba a un tiempo mismo para dos rivales:
el vizconde rubio de los desafíos
y el abate joven de los madrigales.* * *

¡Ay de quien sus mieles y frases recoja!
10 ¡Ay de quien del canto de su amor se fíe!
Con sus ojos lindos y su boca roja,
la divina Eulalia ríe, ríe, ríe.

Tiene azules ojos, es maligna y bella;
cuando mira, vierte viva luz extraña:
15 se asoma a sus húmedas pupilas de estrella
el alma del rubio cristal de Champaña.

Es noche de fiesta, y el baile de trajes
ostenta su gloria de triunfos mundanos.
La divina Eulalia, vestida de encajes,
20 una flor destroza con sus tersas manos.* * *

¿Fue acaso en el Norte o en el Mediodía?
Yo el tiempo y el día y el país ignoro,
pero sé que Eulalia ríe todavía,
¡y es cruel y eterna su risa de oro![40]

ᐷᐸᐷ SONATINA

La princesa está triste . . . ¿qué tendrá la princesa?
Los suspiros se escapan de su boca de fresa,
que ha perdido la risa, que ha perdido el color.
La princesa está pálida en su silla de oro,
5 está mudo el teclado de su clave sonoro;
y en un vaso olvidada se desmaya una flor.

El jardín puebla el triunfo de los pavos reales.
Parlanchina, la dueña dice cosas banales,
y vestido de rojo piruetea el bufón.
10 La princesa no ríe, la princesa no siente;
la princesa persigue por el cielo de Oriente
la libélula[41] vaga de una vaga ilusión.

¿Piensa acaso en el príncipe de Golconda[42] o de China,
o en el que ha detenido su carroza argentina[43]
15 para ver de sus ojos la dulzura de luz,
o en el rey de las islas de las rosas fragantes,
o en el que es soberano de los claros diamantes,
o en el dueño orgulloso de la perlas de Ormuz?[44]

¡Ay! la pobre princesa de la boca de rosa
20 quiere ser golondrina, quiere ser mariposa,
tener alas ligeras, bajo el cielo volar;
ir al sol por la escala luminosa de un rayo,
saludar a los lirios con los versos de Mayo,
o perderse en el viento sobre el trueno del mar.

[40] This poem is written in twelve syllable verse, the form used by Juan de Mena in his ponderous couplets in the fifteenth century, and later used again by the Spanish romanticists. Darío gives it a new fluidity. Eulalia is the eternal woman, a combination of Eve and Lillith, who as Darío says "ríe, ríe, ríe, desde el instante en que tendió a Adán la manzana paradisíaca."

[41] libélula: *dragon-fly*.

[42] Golconda: city of India famous for its lavishness.

[43] carroza argentina: *silvery carriage*.

[44] Ormuz: Persian city noted for its wealth.

25   Ya no quiere el palacio, ni la rueca de plata,
ni el halcón encantado, ni el bufón escarlata,
ni los cisnes unánimes en el lago de azur.
Y están tristes las flores por la flor de la corte;
los jazmines de Oriente, los nelumbos[45] del Norte,
30   de Occidente las dalias y las rosas del Sur.

    ¡Pobrecita princesa de los ojos azules!
Está presa en sus oros, está presa en sus tules,
en la jaula de mármol del palacio real;
el palacio soberbio que vigilan los guardas,
35   que custodian cien negros con sus cien alabardas,
un lebrel que no duerme y un dragón colosal.

    ¡Oh, quién fuera hipsipila que dejó la crisálida!
(La princesa está triste. La princesa está pálida.)[46]
¡Oh visión adorada de oro, rosa y marfil!
40   ¡Quién volara a la tierra donde un príncipe existe
(La princesa está pálida. La princesa está triste.)
más brillante que el alba, más hermoso que Abril!

    ¡Calla, calla, princesa—dice el hada madrina—
en caballo con alas hacia acá se encamina,
45   en el cinto la espada y en la mano el azor,
el feliz caballero que te adora sin verte,
y que llega de lejos, vencedor de la Muerte,
a encenderte los labios con su beso de amor!

ꙮ EL CISNE[47]

    Fue en una hora divina para el género humano.
El Cisne antes cantaba sólo para morir.
Cuando se oyó el acento del Cisne wagneriano
fue en medio de una aurora, fue para revivir.

5   Sobre las tempestades del humano oceano
se oye el canto del Cisne; no se cesa de oír,
dominando el martillo del viejo Thor germano
o las trompas que cantan la espada de Argantir.

    ¡Oh Cisne! ¡Oh sacro pájaro! Si antes la blanca Helena
10   del huevo azul de Leda brotó de gracia llena,
siendo de la Hermosura la princesa inmortal,

    bajo tus blancas alas la nueva Poesía
concibe en una gloria de luz y de armonía
la Helena eterna y pura que encarna el ideal.

[45] nelumbo: a species of lotus with a yellow flower.
[46] *Oh, would that the cocoon might break its enclosure!*
    (*The princess grows sad in her pallid composure.*)
[47] The swan, because of its beauty, grace, and apparent indifference to external reality, was chosen as the symbol for modernist poetry. Helen of Troy was said to have been born of the union of Zeus and Leda. Zeus appeared before Leda in the form of a swan. Because of her God-part inherited from Zeus, Helen was immortal and came to represent the eternal verity or beauty of art.

༤ᴡᴄCANTOS DE VIDA Y ESPERANZA

Cantos de vida y esperanza (Madrid, 1905) was Darío's third great book. In his preface to this work he reiterates his respect for the aristocracy of thought and the nobility of art, and decries "la mulatez intelectual." He remarks that "El movimiento de libertad que me tocó iniciar en América se propagó hasta España, y tanto aquí como allá el triunfo está logrado." He defends his use of the hexameter by pointing out that Horace, Carducci, and Longfellow (in *Evangeline*) had all used it to great advantage. And as for free verse, Darío comments that in Spain since the days of Quevedo and Góngora the only liberators of rime had been "los poetas del 'Madrid cómico' y los libretistas del género chico." Other Spanish poetry was in general stiff-jointed and mummified.

Many of the poems in *Cantos de vida y esperanza* make mention of Darío's own poetic history, and the *Yo soy aquel . . .* traces his poetic development from the beginning. In *Los cisnes* he begins by pointing out that the swan's neck forms an eternal question, not mere grace and indifference, which he then phrases in these words:

> Yo interrogo a la Esfinge que el porvenir espera
> con la interrogación de tu cuello divino.
>
> ¿Seremos entregados a los bárbaros fieros?
> ¿Tantos millones de hombres hablaremos inglés?
> ¿Ya no hay nobles hidalgos ni bravos caballeros?
> ¿Callaremos ahora para llorar después?

The Spanish American War followed by North American intervention in Panama and practical appropriation of the Canal Zone caused Darío to feel a shudder of prophetic uneasiness. In the final paragraph of his preface to *Cantos de vida y esperanza* he reiterates the same thought, and makes a clear reference to President Theodore Roosevelt who had loudly boasted: "I took Panama." Darío writes:

"Si en estos cantos hay política, es porque parece universal. Y si encontráis versos a un presidente, es porque son un clamor continental. Mañana podremos ser yanquis (y es lo más probable); de todas maneras, mi protesta queda escrita sobre las alas de los inmaculados cisnes, tan ilustres como Júpiter."

༤ᴡᴄYO SOY AQUEL . . . [48]

Yo soy aquel que ayer no más decía
el verso azul y la canción profana,
en cuya noche un ruiseñor había
que era alondra de luz por la mañana.

5 El dueño fui de mi jardín de sueño,
lleno de rosas y de cisnes vagos;
el dueño de las tórtolas, el dueño
de góndolas y liras en los lagos;

y muy siglo diez y ocho y muy antiguo
10 y muy moderno; audaz, cosmopolita;
con Hugo fuerte y con Verlaine ambiguo,
y una sed de ilusiones infinita.

Yo supe de dolor desde mi infancia,
mi juventud . . . ¿fue juventud la mía?
15 Sus rosas aún me dejan su fragancia
—una fragancia de melancolía . . .

[48] In his *Historia de mis libros* Darío says: "Si *Azul* simboliza el comienzo de mi primavera, y *Prosas pro-* *fanas* mi primavera plena, *Cantos de vida y esperanza* encierra las esencias y savias de mi otoño."

Potro sin freno se lanzó mi instinto,
mi juventud montó potro sin freno;
iba embriagada y con puñal al cinto;
20 si no cayó, fue porque Dios es bueno.

En mi jardín se vio una estatua bella;
se juzgó mármol y era carne viva;
un alma joven habitaba en ella,
sentimental, sensible, sensitiva.* * *

25 Como la Galatea[49] gongorina
me encantó la marquesa verleniana,
y así juntaba a la pasión divina
una sensual hiperestesia humana;

todo ansia, todo ardor, sensación pura
30 y vigor natural; y sin falsía,
y sin comedia y sin literatura . . . :
si hay un alma sincera, ésa es la mía.

La torre de marfil tentó mi anhelo;
quise encerrarme dentro de mí mismo,
35 y tuve hambre de espacio y sed de cielo
desde las sombras de mi propio abismo.

Como la esponja que la sal satura
en el jugo del mar, fue el dulce y tierno
corazón mío, henchido de amargura
40 por el mundo, la carne y el infierno.

Mas, por gracia de Dios, en mi conciencia
el Bien supo elegir la mejor parte;
y si hubo áspera hiel en mi existencia,
melificó toda acritud el Arte.

45 Mi intelecto libré de pensar bajo,
bañó el agua castalia el alma mía,
peregrinó mi corazón y trajo
de la sagrada selva la armonía.* * *

Vida, luz y verdad, tal triple llama
50 produce la interior llama infinita;
el Arte puro como Cristo exclama:
¡Ego sum lux et veritas et vita![50]

Y la vida es misterio, la luz ciega
y la verdad inaccesible asombra;
55 la adusta perfección jamás se entrega,
y el secreto ideal duerme en la sombra.

Por eso ser sincero es ser potente;
de desnuda que está, brilla la estrella;
el agua dice el alma de la fuente
60 en la voz de cristal que fluye de ella.

Tal fue mi intento, hacer del alma pura
mía, una estrella, una fuente sonora,
con el horror de la literatura
y loco de crepúsculo y de aurora.

65 Del crepúsculo azul que da la pauta
que los celestes éxtasis inspira,
bruma y todo menor—¡toda la flauta!
y Aurora, hija del Sol—¡toda la lira!

Pasó una piedra que lanzó una honda;
70 pasó una flecha que aguzó un violento.
La piedra de la honda fue a la onda,
y la flecha del odio fuése al viento.

La virtud está en ser tranquilo y fuerte;
con el fuego interior todo se abrasa;
75 se triunfa del rencor y de la muerte,
¡y hacia Belén . . . la caravana pasa!

---

[49] Galatea was the statue of a woman made by Pygmalion, a king of Cyprus. He fell in love with it and at his prayer Aphrodite gave it life. In his *Fábula de Polifemo y Galatea*, Góngora had given his conception of Galatea in these terms:

Oh bella Galatea, más süave
que los claveles que troncó la aurora,
blanca más que las plumas de aquel ave
que dulce muere y en las aguas mora.

[50] *¡Ego . . . vita!* (Latin): *I am the light and the truth and the life.* Cf. *St. John* XIV, 6.

ᨒCANCIÓN DE OTOÑO EN PRIMAVERA[51]

A Martínez Sierra

Juventud, divino tesoro,
¡ya te vas para no volver!
Cuando quiero llorar, no lloro,
y a veces lloro sin querer . . .

5   Plural ha sido la celeste
historia de mi corazón.
Era una dulce niña, en este
mundo de duelo y aflicción.

Miraba como el alba pura;
10   sonreía como una flor.
Era su cabellera obscura
hecha de noche y de dolor.

Yo era tímido como un niño.
Ella, naturalmente, fue,
15   para mi amor hecho de armiño,
Herodías y Salomé . . .

Juventud, divino tesoro,
¡ya te vas para no volver . . .!
Cuando quiero llorar no lloro,
20   y a veces lloro sin querer . . .

La otra fue más sensitiva
y más consoladora y más
halagadora y expresiva,
cual no pensé encontrar jamás.

25   Pues a su continua ternura
una pasión violenta unía.
En un peplo de gasa pura
una bacante se envolvía . . .

En sus brazos tomó mi ensueño
30   y lo arrulló como a un bebé . . .
Y le mató, triste y pequeño,
falto de luz, falto de fe . . .

Juventud, divino tesoro,
¡te fuiste para no volver!
35   Cuando quiero llorar, no lloro,
y a veces lloro sin querer . . .

Otra juzgó que era mi boca
el estuche de su pasión;
y que me roería, loca,
40   con sus dientes el corazón

poniendo en un amor de exceso
la mira de su voluntad,
mientras eran abrazo y beso
síntesis de la eternidad;

45   y de nuestra carne ligera
imaginar siempre un Edén,
sin pensar que la Primavera
y la carne acaban también . . .

Juventud, divino tesoro,
50   ¡ya te vas para no volver!
Cuando quiero llorar, no lloro,
y a veces lloro sin querer.

¡Y las demás; en tantos climas,
en tantas tierras siempre son,
55   si no pretextos de mis rimas,
fantasmas de mi corazón!

En vano busqué a la princesa
que estaba triste de esperar.
La vida es dura. Amarga y pesa.
60   ¡Ya no hay princesa que cantar!

Mas a pesar del tiempo terco,
mi sed de amor no tiene fin;
con el cabello gris, me acerco
a los rosales del jardín . . .

[51] The *Historia de mis libros* tells us what Darío had been reading since the publication of *Prosas profanas* in 1896, and how he had thrown off weighty form for spontaneous and simply expressed feeling:

"Al escribir *Cantos de vida y esperanza* yo había explorado no solamente el campo de poéticas extranjeras, sino también los cancioneros antiguos, la obra ya completa, ya fragmentaria de los primitivos de la poesía española, en los cuales encontré riqueza de expresión y de gracia que en vano se buscarán en harto celebrados autores cercanos. A todo esto agregad un espíritu de modernidad con el cual me compenetraba en mis incursiones poliglóticas y cosmopolitas. En unas palabras liminares y en la introducción en endecasílabos se explica la índole del nuevo libro. La historia de una juventud llena de tristezas y de desilusión, a pesar de las primaverales sonrisas; la lucha por la existencia, desde el comienzo, sin apoyo familiar, ni ayuda de mano amiga; la sagrada y terrible fiebre de la lira; el culto del entusiasmo y de la sinceridad, contra las añagazas y traiciones del mundo, del demonio y de la carne; el poder dominante e invencible de los sentidos, en una idiosincrasia calentada a sol de trópico en sangre mezclada de español y chorotega o nagrandano; la simiente del catolicismo contrapuesta a un tempestuoso instinto pagano; complicado con la necesidad psicofisiológica de estimulantes modificadores del pensamiento, peligrosos combustibles, supresidores de perspectivas afligentes, pero que ponen en riesgo la máquina cerebral y la vibrante túnica de los nervios."

65   Juventud, divino tesoro,
¡ya te vas para no volver! . . .
Cuando quiero llorar, no lloro,
y a veces lloro sin querer . . .

¡Mas es mía el Alba de oro!

Un soneto a Cervantes

Horas de pesadumbre y de tristeza
paso en mi soledad. Pero Cervantes
es buen amigo. Endulza mis instantes
ásperos, y reposa mi cabeza.

5   Él es la vida y la naturaleza,
regala un yelmo de oros y diamantes
a mis sueños errantes.
Es para mí: suspira, ríe y reza.

Cristiano y amoroso y caballero
10 parla como un arroyo cristalino.
¡Así le admiro y quiero,

viendo cómo el destino
hace que regocije al mundo entero
la tristeza inmortal de ser divino!

Letanía de nuestro señor Don Quijote

Rey de los hidalgos, señor de los tristes,
que de fuerza alientas y de ensueños vistes,
coronado de áureo yelmo[52] de ilusión;
que nadie ha podido vencer todavía,
5   por la adarga al brazo, toda fantasía,
y la lanza en riste, toda corazón.

Noble peregrino de los peregrinos,
que santificaste todos los caminos
con el paso augusto de tu heroicidad,
10 contra las certezas, contra las conciencias
y contra las leyes y contra las ciencias,
contra la mentira, contra la verdad . . .

Caballero errante de los caballeros,
barón de varones, príncipe de fieros,
15 par entre los pares, maestro, ¡salud!
¡Salud, porque juzgo que hoy muy poca tienes,
entre los aplausos o entre los desdenes,
y entre las coronas y los parabienes
y las tonterías de la multitud! * * *

20   ¡Ruega por nosotros, hambrientos de vida,
con el alma a tientas, con la fe perdida,
llenos de congojas y faltos de sol,
por advenedizas almas de manga ancha
que ridiculizan el ser de la Mancha,
25 el ser generoso y el ser español!

¡Ruega por nosotros, que necesitamos
las mágicas rosas, los sublimes ramos
del laurel! Pro nobis ora,[53] gran señor.
(Tiembla la floresta del laurel del mundo,
30 y antes que tu hermano vago, Segismundo,[54]
el pálido Hamlet te ofrece una flor.)

¡Ruega generoso, piadoso, orgulloso;
ruega casto, puro, celeste, animoso;
por nos intercede, suplica por nos,
35 pues casi ya estamos sin savia, sin brote,
sin alma, sin vida, sin luz, sin Quijote,
sin pies y sin alas, sin Sancho y sin Dios.

---

[52] áureo yelmo: the golden helmet of Mambrino which was supposed to have rendered its wearer invisible. Don Quixote called a barber's basin Mambrino's helmet, and fought to obtain it. His complete faith in the helmet and in many other things in which he places a belief that physically does not belong to them gives Don Quixote the strength of idealism which has made him immortal to later generations.

[53] *Pro nobis ora* (Latin): *pray for us*, a recurring phrase in the litanies of the church. Darío and Unamuno both make a religion of quixotism. The willingness to face ridicule in order to stand up for one's beliefs is quixotism's road to immortality.

[54] Segismundo: the protagonist of Calderón's *La vida es sueño*.

De tantas tristezas, de dolores tantos,
de los superhombres de Nietzsche, de cantos
40 áfonos, recetas que firma un doctor,
de las epidemias de horribles blasfemias
de las Academias,
¡líbranos, señor!

De rudos malsines,
45 falsos paladines,
y espíritus finos y blandos y ruines,
del hampa que sacia
su canallocracia[55]
con burlar la gloria, la vida, el honor,
50 del puñal con gracia,
¡líbranos, señor!

Noble peregrino de los peregrinos,
que santificaste todos los caminos
con el paso augusto de tu heroicidad,
55 contra las certezas, contra las conciencias
y contra las leyes y contra las ciencias,
contra la mentira, contra la verdad . . .

¡Ora por nosotros, señor de los tristes,
que de fuerza alientas y de ensueños vistes,
60 coronado de áureo yelmo de ilusión;
que nadie ha podido vencer todavía,
por la adarga al brazo, toda fantasía,
y la lanza en ristre, toda corazón!

ᨒAY, TRISTE DEL QUE UN DÍA . . .

Ay, triste del que un día en su esfinge 5
interior
pone los ojos e interroga. Está perdido.
Ay del que pide eurekas al placer o al dolor.
Dos dioses hay, y son: Ignorancia y Olvido.

Lo que el árbol desea decir y dice al viento,
y lo que el animal manifiesta en su instinto,
cristalizamos en palabra y pensamiento.
Nada más que maneras expresan lo distinto.

ᨒDE OTOÑO

Yo sé que hay quienes dicen: ¿Por qué no 5
canta ahora
con aquella locura armoniosa de antaño?
Ésos no ven la obra profunda de la hora,
la labor del minuto y el prodigio del año.

Yo pobre árbol, produje, al amor de la brisa,
cuando empecé a crecer, un vago y dulce son.
Pasó ya el tiempo de la juvenil sonrisa:
¡dejad al huracán mover mi corazón!

ᨒLO FATAL[56]

Dichoso el árbol que es apenas sensitivo,
y más la piedra dura, porque ésa ya no siente, 5
pues no hay dolor más grande que el dolor de
ser vivo,

ni mayor pesadumbre que la vida consciente.
Ser, y no saber nada, y ser sin rumbo cierto,
y el temor de haber sido y un futuro terror . . .
y el espanto seguro de estar mañana muerto,
y sufrir por la vida y por la sombra y por

[55] canallocracia: rule of the *canaille*, the vulgar and
worthless.
[56] Recalling the mood under which *Lo fatal* (and
other poems of a similar nature) were written, Darío
says in his *Historia de mis libros*: "En *Lo fatal*, contra mi
arraigada religiosidad y a pesar mío, se levanta como
una sombra temerosa un fantasma de desolación y de
duda. Ciertamente en mí existe desde los comienzos de

mi vida, la profunda preocupación del fin de la
existencia, el terror a lo ignorado, el pavor de la tumba
o más bien, del instante en que cesa el corazón su
ininterrumpida tarea y la vida desaparece de nuestro
cuerpo. En mi desolación me he lanzado a Dios como a
un refugio, me he asido de la plegaria como de un
paracaídas."

lo que no conocemos y apenas sospechamos,
10 y la carne que tienta con sus frescos racimos,
y la tumba que aguarda con sus fúnebres
ramos,
y no saber adónde vamos,
¡ni de dónde venimos . . .!

Nocturno (I)

Quiero expresar mi angustia en versos que abolida
dirán mi juventud de rosas y de ensueños,
y la desfloración amarga de mi vida
por un vasto dolor y cuidados pequeños.

5 Y el viaje a un vago Oriente por entrevistos barcos,
y el grano de oraciones que floreció en blasfemia,
y los azoramientos del cisne entre los charcos,
y el falso azul nocturno de inquerida bohemia.

Lejano clavicordio que en silencio y olvido
10 no diste nunca al sueño la sublime sonata;
huérfano esquife, árbol insigne, obscuro nido
que suavizó la noche de dulzura de plata . . .

Esperanza olorosa a hierbas frescas, trino
del ruiseñor primaveral y matinal,
15 azucena tronchada por un fatal destino,
rebusca de la dicha, persecución del mal . . .

El ánfora funesta del divino veneno
que ha de hacer por la vida la tortura interior,
la conciencia espantable de nuestro humano cieno
20 y el horror de sentirse pasajero, el horror

de ir a tientas, en intermitentes espantos,
hacia lo inevitable desconocido, y la
pesadilla brutal de este dormir de llantos
¡de la cual no hay más que Ella que nos despertará!

Nocturno (II)

Los que auscultasteis[57] el corazón de la noche;
los que por el insomnio tenaz habéis oído
el cerrar de una puerta, el resonar de un coche
lejano, un eco vago, un ligero ruido . . .

---

[57] Los que auscultasteis: *You who listened to.*

5   en los instantes del silencio misterioso,
cuando surgen de su prisión los olvidados,
en la hora de los muertos, en la hora del reposo,
¡sabréis leer estos versos de amargor impregnados! . . .

Como en un vaso vierto en ellos mis dolores
10 de lejanos recuerdos y desgracias funestas,
y las tristes nostalgias de mi alma, ebria de flores
y el duelo de mi corazón, triste de fiestas.

Y el pesar de no ser lo que yo hubiera sido,
la pérdida del reino que estaba para mí,
15 el pensar que un instante pude no haber nacido,
y el sueño que es mi vida desde que yo nací.

Todo esto viene en medio del silencio profundo
en que la noche envuelve la terrena ilusión
y siento como un eco del corazón del mundo
20 que penetra y conmueve mi propio corazón.

～～MARCHA TRIUNFAL

¡Ya viene el cortejo![58]
¡Ya viene el cortejo! Ya se oyen los claros clarines.
La espada se anuncia con vivo reflejo;
ya viene, oro y hierro, el cortejo de los paladines.

5   Ya pasa debajo los arcos ornados de blancas Minervas y Martes,
los arcos triunfales en donde las Famas erigen sus largas trompetas,
la gloria solemne de los estandartes,
llevados por manos robustas de heroicos atletas.
Se escucha el ruido que forman las armas de los caballeros,
10 los frenos que mascan los fuertes caballos de guerra,
los cascos que hieren la tierra
y los timbaleros[59]
que el paso acompasan con ritmos marciales.
¡Tal pasan los fieros guerreros
15 debajo los arcos triunfales!

Los claros clarines de pronto levantan sus sones,
su canto sonoro,
su cálido coro,
que envuelve en un trueno de oro
20 la augusta soberbia de los pabellones.
Él dice la lucha, la herida venganza,
las ásperas crines,
los rudos penachos, la pica, la lanza,

---

[58] cortejo: a parade in honor of triumphant heroes.   [59] timbalero: *kettledrummer.*

la sangre que riega de heroicos carmines
25 la tierra;
los negros mastines
que azuza la muerte, que rige la guerra.

Los áureos sonidos
anuncian el advenimiento
30 triunfal de la Gloria;
dejando el picacho[60] que guarda sus nidos,
tendiendo sus alas enormes al viento,
los cóndores llegan. ¡Llegó la victoria!

Ya pasa el cortejo.
35 Señala el abuelo los héroes al niño:
Ved cómo la barba del viejo
los bucles de oro circunda de armiño.
Las bellas mujeres aprestan coronas de flores,
y bajo los pórticos vense sus rostros de rosa,
40 y la más hermosa
sonríe al más fiero de los vencedores.
¡Honor al que trae cautiva la extraña bandera;
honor al herido y honor a los fieles
soldados que muerte encontraron por mano extranjera!
45 ¡Clarines! ¡Laureles!

Las nobles espadas de tiempos gloriosos,
desde sus panoplias saludan las nuevas coronas y lauros:—
Las viejas espadas de los granaderos, más fuertes que osos,
hermanos de aquellos lanceros que fueron centauros:—
50 Las trompas guerreras resuenan;
de voces los aires se llenan . . .
—A aquellas antiguas espadas,
a aquellos ilustres aceros,
que encarnan las glorias pasadas . . .

55 Y al sol que hoy alumbra las nuevas victorias ganadas,
y al héroe que guía su grupo de jóvenes fieros,
al que ama la insignia del suelo materno,
al que ha desafiado, ceñido el acero y el arma en la mano,
los soles del rojo verano,
65 las nieves y vientos del gélido invierno,
la noche, la escarcha
y el odio y la muerte, por ser por la patria inmortal,
saludan con voces de bronce las trompas de guerra que tocan la marcha
triunfal . . .

[60] picacho: *mountain top, crag.*

⌒⌒⌒A Roosevelt[61]

¡Es con voz de la Biblia, o verso de Walt Whitman,
que habría que llegar hasta ti, cazador!
¡Primitivo y moderno, sencillo y complicado,
con un algo de Wáshington y cuatro de Nemrod![62]
5   Eres los Estados Unidos,
eres el futuro invasor
de la América ingenua que tiene sangre indígena,
que aún reza a Jesucristo y aún habla en español.

Eres soberbio y fuerte ejemplar de tu raza;
10   eres culto, eres hábil; te opones a Tolstoy.[63]
Y domando caballos, o asesinando tigres,
eres un Alejandro-Nabucodonosor.
(Eres un profesor de Energía,
como dicen los locos de hoy.)

15   Crees que la vida es incendio,
que el progreso es erupción;
que en donde pones la bala
el porvenir pones.

No.

20   Los Estados Unidos son potentes y grandes.
Cuando ellos se estremecen hay un hondo temblor
que pasa por las vértebras enormes de los Andes.
Si clamáis, se oye como el rugir del león.
Ya Hugo a Grant lo dijo: "Las estrellas son vuestras."
25   (Apenas brilla, alzándose, el argentino sol
y la estrella chilena se levanta . . .) Sois ricos.
Juntáis al culto de Hércules el culto de Mammón;
y alumbrando el camino de la fácil conquista,
la Libertad levanta su antorcha en Nueva York.

30   Mas la América nuestra que tenía poetas
desde los tiempos viejos de Netzahualcoyotl,[64]
que ha guardado las huellas de los pies del gran Baco;[65]
que el alfabeto pánico en un tiempo aprendió;

[61] Darío was no compromiser with United States imperialism in Latin America, but he did admire Theodore Roosevelt's tremendous strength and energy. In *Todo al vuelo* (Madrid, 1912) he writes:
"Está en París, de vuelta de África, el yanqui extraordinario . . . ¡maravilloso ejemplar de humanidad libre y bravía! Pueden los escritores de humor y de malas intenciones presentarle como el hombre-estuche, genuina encarnación del espíritu y de las tendencias de su colosal país. . . . Es el hombre 'representativo' del gran pueblo adolescente, que parece hubiera comido el food-of-gods wellsiano y cuyo gigantismo y cuyas travesuras causan la natural inquietud en el vecindario."

[62] con . . . Nemrod: *with something of Washington in you and considerably more of Nimrod.* Nimrod was a legendary hunter and also the earth's first great imperialist. Cf. *Genesis*, X, 8–10.

[63] Leo Tolstoy (1828–1910), the great Russian novelist, preached and lived a life of abnegation and nonresistance.

[64] Aztec ruler and first Mexican poet known by name (1403–1470).

[65] del gran Baco: Bacchus, god of wine, was reputed to have learned the alphabet of Pan (*alfabeto pánico*) from the Muses.

que consultó los astros, que conoció la Atlántida,[66]
35 cuyo nombre nos llega resonando en Platón;
que desde los remotos momentos de su vida
vive de luz, de fuego, de perfume, de amor;
la América del grande Moctezuma, del Inca,
la América fragante de Cristóbal Colón,
40 la América católica, la América española,
la América en que dijo el noble Guatemoc:[67]
"Yo no estoy en un lecho de rosas"; esa América
que tiembla de huracanes y que vive de amor;
hombres de ojos sajones y alma bárbara, vive.
45 Y sueña. Y ama, y vibra; y es la hija del Sol.
Tened cuidado. ¡Vive la América española!
Hay mil cachorros sueltos del León español.
Se necesitaría, Roosevelt, ser, por Dios mismo,
el Riflero terrible y el fuerte Cazador
50 para poder tenernos en vuestras férreas garras.

Y, pues contáis con todo, falta una cosa: ¡Dios!

⚬⚬⚬EL CANTO ERRANTE

El canto errante (Madrid, 1907) shows no diminution of poetic fire in Rubén Darío. The poet now identifies himself with universal feelings and expression; he has intensified and culled his own personal reactions and shorn off all weary sound and tinsel. He is completely mature.

It is fitting that this work, which contains his *Salutación al águila*, a song of praise to the North American eagle and the United States, should begin with these words:

"El mayor elogio hecho recientemente a la Poesía y a los poetas ha sido expresado en lengua 'anglosajona' por un hombre insospechable de extraordinarias complacencias con las nueve musas. Un yanqui. Se trata de Teodoro Roosevelt.

"Ese Presidente de República juzga a los armoniosos portaliras con mucha mejor voluntad que el filósofo Platón. No solamente les corona de rosas; mas sostiene su utilidad para el Estado y pide para ellos la pública estimación y el reconocimiento nacional. Por esto comprenderéis que el terrible cazador es un varón sensato."

Darío ends his introduction to *El canto errante* with these unadorned words: "Construir, hacer, ¡oh juventud! Juntos para el templo; solos para el culto. Juntos para edificar; solos para orar. Y la constancia no será la menor virtud, que en ella va la invencible voluntad de crear.

---

[66] Atlántida: Atlantis, in Greek legend, a large island in the western sea, the seat of a powerful race. Plato (427?–347? B.C.), in his dialogues, the *Timaeus* and the *Critias*, describes Atlantis as an ideal state. Some students of American history have claimed that it was the great Mayan civilization which gave rise to the legend of Atlantis.

[67] Guatemoc: also called Guatemozín, Cuauhtémoc, and Cuacthémoc, nephew of Moctezuma and last emperor of the Aztecs (died 1525). The Spaniards tortured him in an effort to find out where his treasure was hidden. When they applied fire to his feet he is said to have remarked, in one of history's famous understatements, that he was not lying on a bed of roses.

Mas si alguien dijera: 'Son cosas de ideólogos,' o 'son cosas de poetas,' decir que no somos otra cosa. Es expresar: además del cerdo y del cisne, que nos han adjudicado ciertos filósofos, tenemos el ángel.

"Tener ángel,[68] ¡Dios mío! Pido exégetas[69] andaluces.

"Resumo: La poesía existirá mientras exista el problema de la vida y de la muerte. El don de arte es un don superior que permite entrar en lo desconocido de antes y en lo ignorado de después, en el ambiente del ensueño o de la meditación. Hay una música ideal, como hay una música verbal. No hay escuelas, hay poetas. El verdadero artista comprende todas las maneras y halla la belleza bajo todas las formas. Toda la gloria y toda la eternidad están en nuestra conciencia."

⌇SALUTACIÓN AL ÁGUILA[70]

May this grand Union have no end!—Fontoura Xavier

Bien vengas, mágica Águila de alas enormes y fuerte,
a extender sobre el Sur tu gran sombra continental,
a traer en tus garras, anilladas de rojos brillantes,
una palma de gloria del color de la inmensa esperanza,
5   y en tu pico la oliva de una vasta y fecunda paz.

Bien vengas, oh mágica Águila, que amara tanto Walt Whitman,
quien te hubiera cantado en esta olímpica jira,
Águila que has llevado tu noble magnífico símbolo
desde el trono de Júpiter hasta el gran continente del Norte.

10   Ciertamente, has estado en las rudas conquistas del orbe.
Ciertamente, has tenido que llevar los antiguos rayos.
Si tus alas abiertas la visión de la paz perpetúan,
en tu pico y tus uñas está la necesaria guerra.

¡Precisión de la fuerza! ¡Majestad adquirida del trueno!
15   Necesidad de abrirle el gran vientre fecundo a la tierra,
para que en ella brote la concreción de oro de la espiga,
y tenga el hombre el pan con que mueve su sangre.

No es humana la paz con que sueñan ilusos profetas;
la actividad eterna hace precisa la lucha;
20   y desde tu etérea altura tú contemplas, divina Águila,
la agitación combativa de nuestro globo vibrante.

Es incidencia la Historia. Nuestro destino supremo
está más allá del rumbo que marcan fugaces las épocas.
Y Palenque y la Atlántida no son más que momentos soberbios
25   con que puntúa Dios los versos de su augusto Poema.* * *

[68] tener ángel: an Andalusian expression meaning "*to have a deep soul, fine feelings.*"
[69] exégeta: *interpreter* (particularly one gifted in interpreting Scriptural phrases).

[70] Darío was appointed Secretary of Nicaragua's delegation to the third Pan-American conference held in Rio de Janeiro in 1906 where this poem was written.

E pluribus unum! ¡Gloria, victoria, trabajo!
Tráenos los secretos de las labores del Norte,
y que los hijos nuestros dejen de ser los retores[71] latinos,
y aprendan de los yanquis la constancia, el vigor, el carácter.

30   Dinos, Águila ilustre, la manera de hacer multitudes
que hagan Romas y Grecias con el jugo del mundo presente,
y que, potentes y sobrias, extiendan su luz y su imperio,
y que, teniendo el Águila y el Bisonte y el Hierro y el Oro,
tengan un áureo día para darle las gracias a Dios.

35   Águila, existe el Cóndor. Es tu hermano en las grandes alturas.
Los Andes le conocen y saben que, cual tú, mira al Sol.
May this grand Union have no end!, dice el poeta.
Puedan ambos juntarse en plenitud, concordia y esfuerzo.* * *

40   ¡Salud, Águila! Extensa virtud a tus inmensos revuelos,
reina de los azures, ¡salud, gloria, victoria y encanto!
¡Que la Latina América reciba tu mágica influencia
y que renazca un nuevo Olimpo, lleno de dioses y de héroes!

45   ¡Adelante, siempre adelante! ¡Excelsior! ¡Vida! ¡Lumbre!
¡Que se cumpla lo prometido en los destinos terrenos,
y que vuestra obra inmensa las aprobaciones recoja
del mirar de los astros y de lo que Hay más Allá!

❧ NOCTURNO (III)

    Silencio de la noche, doloroso silencio
nocturno . . . ¿Por qué el alma tiembla de tal manera?
Oigo el zumbido de mi sangre;
dentro mi cráneo pasa una suave tormenta.
5 ¡Insomnio! No poder dormir, y, sin embargo,
soñar. Ser la auto-pieza
de disección espiritual, ¡el auto-Hamlet!
Diluir mi tristeza
en un vino de noche
10 en el maravilloso cristal de las tinieblas . . .
Y me digo: ¿A qué hora vendrá el alba?
Se ha cerrado una puerta . . .
Ha pasado un transeunte . . .
Ha dado el reloj trece horas . . . ¡Si será Ella![72] . . .

❧ SUM . . .

Yo soy en Dios lo que soy   que perseverando hoy,
y mi ser es voluntad   existe en la eternidad.

---

[71] retores: *rhetoricians, orators.*   [72] The *Ella* is death herself.

5 Cuatro horizontes de abismo
  tiene mi razonamiento,
  y el abismo que más siento
  es el que siento en mí mismo.* * *

   Aun lo humilde me subyuga
10 si lo dora mi deseo.
   La concha de la tortuga
   me dice el dolor de Orfeo.[73]

   Rosas buenas, lirios pulcros,
   loco de tanto ignorar,
15 voy a ponerme a gritar
   al borde de los sepulcros:

    ¡Señor que la fe se muere!
   Señor mira mi dolor.
    ¡Miserere! ¡Miserere! . . .[74]
20 Dame la mano, Señor.

❧Versos de Otoño

   Cuando mi pensamiento va hacia ti, se perfuma;
   tu mirar es tan dulce, que se torna profundo.
   Bajo tus pies desnudos aún hay blancor de espuma,
   y en tus labios compendias la alegría del mundo.
5   El amor pasajero tiene el encanto breve,
   y ofrece un igual término para el gozo y la pena.
   Hace una hora que un nombre grabé sobre la nieve;
   hace un minuto dije mi amor sobre la arena.
   Las hojas amarillas caen en la alameda,
10 en donde vagan tantas parejas amorosas.
   Y en la copa de Otoño un vago vino queda
   en que han de deshojarse, Primavera, tus rosas.

❧¡Eheu![75]

   Aquí, junto al mar latino,
   digo la verdad:
   Siento en roca, aceite y vino,
   yo mi antigüedad.

5 ¡Oh qué anciano soy, Dios santo!
   ¡Oh qué anciano soy! . . .
   ¿De dónde viene mi canto?
   Y yo, ¿adónde voy?

   El conocerme a mí mismo
10 ya me va costando

   muchos momentos de abismo
   y el cómo y el cuándo . . .

   Y esta claridad latina,
   ¿de qué me sirvió
15 a la entrada de la mina
   del yo y el no yo? . . .

   Nefelibata[76] contento
   creo interpretar
   las confidencias del viento,
20 la tierra y el mar . . .

---

[73] Orfeo: *Orpheus*, a Thracian poet and musician, son of Apollo and Calliope, who, with his lyre, could charm beasts and move the trees and rocks. When his wife Eurydice died, he descended to Hades and so pleased Pluto with his music that the god allowed him to lead her back to earth on condition that he should not look behind, but Orpheus did look back and Eurydice vanished among the shades.

[74] *Miserere* (Latin): *have mercy* (upon us), a recurrent phrase in the Litany.

[75] ¡Eheu!: The first word of Horace's famous ode (Book II, no. xiv): Eheu, fugaces . . . labuntur anni (Latin): *Alas, the fleeting years glide by*.

[76] Nefelibata: for Nefebilata, a lover of the clouds, a person lost among the clouds.

Unas vagas confidencias
del ser y el no ser,
y fragmentos de conciencias
de ahora y de ayer.

25 Como en medio de un desierto
me puse a clamar;
y miré el sol como muerto
y me eché a llorar.

REVELACIÓN

En el acantilado[77] de una roca
que se alza sobre el mar, yo lancé un grito,
que de viento y de sol llenó mi boca;

a la visión azul de lo infinito,
5 al poniente magnífico y sangriento,
al rojo sol todo milagro y mito.

Y sentí que sorbía en sal y viento
como una comunión de comuniones,
que en mí hería sentido y pensamiento.

10 Vidas de palpitantes corazones,
luz que ciencia concreta en sus entrañas,
y prodigios de las constelaciones.* * *

Y con la voz de quien aspira y ama,
clamé: "¿Dónde está el dios que hace del lodo
15 con el hendido pie brotar el trigo

que a la tribu ideal salva en su exodo?"
Y oí dentro de mí: "Yo estoy contigo,
y estoy en ti y por ti; yo soy el Todo."

POEMA DEL OTOÑO

Tú que estás la barba en la mano
meditabundo,
¿has dejado pasar, hermano,
la flor del mundo?

5 Te lamentas de los ayeres
con quejas vanas:
¡aún hay promesas de placeres
en los mañanas!

Aún puedes casar la olorosa
10 rosa y el lis,
y hay mirtos para tu orgullosa
cabeza gris.* * *

Tú has gozado de la hora amable,
y oyes después
15 la imprecación del formidable
Eclesiastés.[78]

El domingo de amor te hechiza;
mas mira cómo
llega el miércoles de ceniza;
20 Memento, homo . . .[79]

Por eso hacia el florido monte
las almas van,
y se explican Anacreonte[80]
y Omar Kayam.

25 Huyendo del mal, de improviso
se entra en el mal
por la puerta del paraíso
artificial.

Y, no obstante, la vida es bella,
30 por poseer
la perla, la rosa, la estrella
y la mujer.

Lucifer brilla. Canta el ronco
mar. Y se pierde
35 Silvano[81] oculto tras el tronco
del haya verde.

Y sentimos la vida pura,
clara, real,
cuando la envuelve la dulzura
40 primaveral.

---

[77] acantilado: *steep side.*
[78] la imprecación . . . Eclesiastés: The reference is to the famous verse 2, Chapter I of *Ecclesiastes*: *Vanity of vanities . . . all is vanity!*
[79] *Memento, homo* (Latin): The complete phrase is "Memento, homo, mori," *Remember, man, that you must die.*

[80] Anacreonte: The Greek poet Anacreon (565–478 B.C.), like the Persian Omar Khayyam, sang of the joys of love and wine.
[81] Silvano: *Silvanus*, rural deity, genius of the woods, fields, flocks, and homes of herdsmen. He is represented as a cheerful old man often holding a shepherd's pipe and carrying a branch.

¿Para qué las envidias viles
y las injurias,
cuando retuercen sus reptiles
pálidas furias?

45   ¿Para qué los odios funestos
de los ingratos?
¿Para qué los lívidos gestos
de los Pilatos?

¡Si lo terreno acaba, en suma,
50 cielo e infierno,
y nuestras vidas son la espuma
de un mar eterno!

Lavemos bien de nuestra veste
la amarga prosa;
55 soñemos en una celeste
mística rosa.

Cojamos la flor del instante;
¡la melodía
de la mágica alondra cante
60 la miel del día! * * *

¡Adolescencia! Amor te dora
con su virtud;
goza del beso de la aurora,
¡oh juventud!

65   ¡Desventurado el que ha cogido
tarde la flor!
Y ¡ay de aquel que nunca ha sabido
lo que es amor!

Yo he visto en tierra tropical
70 la sangre arder,
como en un cáliz de cristal,
en la mujer.

Y en todas partes, la que ama
y se consume
75 como una flor hecha de llama
y de perfume.

Abrasaos en esa llama
y respirad
ese perfume que embalsama
80 la Humanidad.

Gozad de la carne, ese bien
que hoy nos hechiza,
y después se tornará en
polvo y ceniza.

85   Gozad del sol, de la pagana
luz de sus fuegos;
gozad del sol, porque mañana
estaréis ciegos.

Gozad de la dulce armonía
90 que a Apolo invoca;
gozad del canto, porque un día
no tendréis boca.

Gozad de la tierra, que un
bien cierto encierra;
95 gozad, porque no estáis aún
bajo la tierra.

Apartad el temor que os hiela
y que os restringe;
la paloma de Venus vuela
100 sobre la Esfinge.

Aún vencen muerte, tiempo y hado
las amorosas;
en las tumbas se han encontrado
mirtos y rosas.* * *

105   Vive el bíblico Adán robusto,
de sangre humana,
y aún siente nuestra lengua el gusto
de la manzana.

Y hace de este globo viviente
110 fuerza y acción,
la universal y omnipotente
fecundación.

El corazón del cielo late
por la victoria
115 de este vivir, que es un combate
y es una gloria.

Pues aunque hay pena y nos agravia
el sino adverso,
en nosotros corre la savia
120 del universo.

Nuestro cráneo guarda el vibrar
de tierra y sol,
como el ruido de la mar
el caracol.

125 La sal del mar en nuestras venas
va a borbotones;
tenemos sangre de sirenas[82]
y de tritones.[83]

130 En nosotros la vida vierte
fuerza y calor.
¡Vamos al reino de la Muerte
por el camino del Amor!

(*Poema del otoño*, 1910)

---

[82] sirenas: *sirens, women of the sea* with enticing songs who lure mariners to their destruction on the rocks.

[83] tritones: *tritons*, demigods of the sea.

~~~~Manuel Díaz Rodríguez

VENEZUELA, 1868–1927   This Venezuelan modernist was a critic, short story writer, and novelist. His prose fiction shows the influence of Nájera, but lacks the Mexican's intimate directness and simplicity. Díaz Rodríguez loved the exotic and the fantastic; his brief novel, *Sangre patricia* (1902), is the finest example of his art. It is a story of emotional loss in which there are intermingled—and not always in proper proportions—philosophical discussion, fantasy, and character delineation in a high-pitched key. The author never again equalled the fine beginning which made this work unique in Latin American literature.

~~~EL MODERNISMO

Modernismo en literatura y arte no significa ninguna determinada escuela de arte o literatura. Se trata de un movimiento espiritual muy hondo a que involuntariamente obedecieron y obedecen artistas y escritores [5] de escuelas de semejantes.[1] De orígenes diversos, los creadores del modernismo lo fueron con sólo dejarse llevar, ya en una de sus obras, ya en todas ellas, por ese movimiento espiritual profundo.

Anunciado por la pintura de los prerrafaelistas ingleses[2] en su reacción contra el pseudoclasicismo, el arte modernista se delineó y afirmó cuando simbolistas y decadentes reaccionaron con doble reacción en [15] literatura contra el naturalismo ilusorio y contra el cientificismo dogmático. Naturalmente, los primeros observadores no se percataron[3] del movimiento profundo, sino de su fenómeno revelador, de su manifestación más aparente y externa, que fue una fresca esplendidez primaveral del estilo. De ahí que haya quienes vean todavía en el modernismo algo superficial, una simple cuestión de estilo, ya sea una modalidad nueva de éste como quieren algunos, ya sea una verdadera manía del estilismo, como grotescamente se expresan los autores incapaces de estilo, que [10] es como si dijéramos los eunucos del arte. En realidad sí hubo y hay una cuestión de estilo, y hasta una completa evolución del estilo, si sólo tenemos en cuenta el modernismo español y quitamos a esta última palabra su limitación peninsular, para volverla a su debida amplitud, suficiente a contener toda la raza repartida por España y América. En tal sentido es de observar, y bueno es decirlo porque muchos afectan desconocerlo, cóm$_0$

---

[1] de semejantes: *of like-natured members.*

[2] The English Pre-Raphaelites were a brotherhood of painters and poets of the middle 19th century in England who strove to avoid the academic in art and who wanted to present life and beauty in the manner of the Italian artists prior to Raphael. Founders of the school were W. Holman Hunt, Rossetti, and Millais. One characteristic of the school was the use of unrelated raw colors in juxtaposition.

[3] no se percataron: *weren't aware of.*

se dio el caso de una especie de inversa conquista en que las nuevas carabelas,[4] partiendo de las antiguas colonias, aproaron las costas de España. De los libros recién llegados por entonces de América, la crítica militante[5] peninsular decía que estaban, aunque asaz bien pergeñados,[5] enfermos de la manía modernista. Semejante expresión equivalente de la otra ya apuntada o *manía del estilismo*, se produjo varias veces en España, bajo la[10] pluma de un conocido profesional de las letras.[6]

Pero esta evolución del estilo, digna de estudiarse en el modernismo español, puede tenerse por vana contingencia[7] cuando se estudia el modernismo en general y su alma profunda nutrida, por dos corrientes incontrastables, una de las cuales da al estilo su ingenuidad y sencillez, mientras la otra le da savia y fuerza místicas.

(*Camino de perfección*, 1908)

---

[4] carabelas: *caravels, trade ships.*
[5] bien pergeñados: *skilfully written.*
[6] un conocido . . . letras: Valle-Inclán and others.

[7] puede . . . contingencia: *may be considered of incidental importance.*

⌒⌒⌒José Enrique Rodó

URUGUAY, 1872–1917   José Enrique Rodó was the intellectual and spiritual voice of Latin America from the time of the publication of *Ariel* in 1900 to the time of his death in 1917. He gave canalization to that vast torrent of spiritual convulsions which hitherto had made up his America's history. He also gave a perspective to the conception of the United States which is still generally accepted in the other republics of our hemisphere. Rodó believed that the Anglo–Saxon gift to world civilization was liberty, and that the Greco–Roman (hence Latin) gift was culture. The first was marred and jeopardized by a materialism which had nearly snuffed out culture, and the second was in peril of destruction by a lack of order which might result in chaos. Rodó's *Ariel* was an attempt to bring these two poles together.

He gets the title of his book from the character Ariel in Shakespeare's *The Tempest*. Ariel represents that part of the human being which is not the slave of its body, that is, free will, idealism, appreciation of beauty, creative genius. Rodó begins his essay by introducing the venerable old master Prospero (the author) who is taking leave of a group of his students after a long period of work together. His words to them make up the book. Prospero's introductory words, briefly, may be summarized as follows: "Develop so far as possible not any single aspect, but the plenitude of your being. Our capacity to understand must be limited only by the impossibility of understanding souls that are narrow. A man who is carried away by the partial appearance of things, and whose point of view is wrong, is heading straight for mediocrity. Specialization is frequently synonymous with a limited horizon." The essay then continues in the following paragraphs:

⌒⌒ARIEL

Por desdicha, es en los tiempos y las civilizaciones que han alcanzado una completa y refinada cultura donde el peligro de esa limitación de los espíritus tiene una importancia más real y conduce a resultados más temibles. Quiere, en efecto, la ley de evolución, manifestándose en la sociedad como en la Naturaleza por una creciente tendencia a la heterogeneidad, que, a medida que la cultura general de las sociedades avanza, se limite correlativamente la extensión de las aptitudes individuales y haya de ceñirse el campo de acción de cada uno a una especialidad más restringida. * * * Augusto Comte[1] ha señalado bien este peligro de las civilizaciones avanzadas. Un alto estado de perfeccionamiento social tiene para él un grave inconveniente en la facilidad con que suscita la aparición de espíritus deformados y estrechos; de espíritus "muy capaces bajo un aspecto único, o monstruosamente ineptos bajo todos los otros." El empequeñecimiento de un cerebro humano por el comercio continuo de un solo género de ideas, por el ejercicio indefinido de un solo modo de actividad, es para Comte un resultado comparable a la mísera suerte del obrero a quien la división del trabajo de taller obliga a consumir en la invariable operación de un detalle mecánico todas las energías de su vida. En uno y otro caso, el efecto moral es inspirar una desastrosa indiferencia por el aspecto general de los intereses de la humanidad.* * *

No menos que a la solidez, daña esa influencia dispersiva a la *estética* de la estructura social. La belleza incomparable de Atenas,[2] lo imperecedero[3] del modelo legado por sus manos de diosa a la admiración y el encanto de la Humanidad, nacen de que aquella ciudad de prodigios fundó su concepción de la vida en el concierto de todas las facultades humanas, en la libre y acordada expansión de espíritu.

todas las energías capaces de contribuir a la gloria y al poder de los hombres. Atenas supo engrandecer a la vez el sentido de lo ideal y el de lo real; la razón y el instinto, las fuerzas del espíritu y las del cuerpo. Cinceló las cuatro fases del alma. Cada ateniense libre describe en derredor de sí, para contener su acción, un círculo perfecto, en el que ningún desordenado impulso quebrantará la graciosa proporción de la línea. Es atleta y escultura viviente en el gimnasio, ciudadano en el Pnix,[4] polemista y pensador en los pórticos. Ejercita su voluntad en toda suerte de acción viril y su pensamiento en toda preocupación fecunda. Por eso afirma Macaulay que un día de la vida pública del Ática[5] es más brillante programa de enseñanza que los que hoy calculamos para nuestros modernos centros de instrucción. Y de aquel libre y único florecimiento de la plenitud de nuestra naturaleza, surgió el *milagro griego*, una inimitable y encantadora mezcla de animación y de serenidad, una primavera del espíritu humano, una sonrisa de la historia.

* * * Yo os ruego que os defendáis, en la milicia de la vida, contra la mutilación de vuestro espíritu por la tiranía de un objetivo único e interesado. No entreguéis nunca a la utilidad o a la pasión sino una parte de vosotros. Aun dentro de la esclavitud material, hay la posibilidad de salvar la libertad interior: la de la razón y el sentimiento. No tratéis, pues, de justificar por la absorción del trabajo o el combate la esclavitud de vuestro espíritu.

As symbolic of this idea, Rodó tells the story of an Oriental King whose palace was the gathering place for travelers and merchants from all over the world. The King was hospitable and friendly and all classes had free access to his dwelling which was in a very real sense the *casa del pueblo*. However, there was one isolated room into which no one but the King himself was permitted to enter. There an aura of religious silence reigned always, and there the King took refuge from the noise of the world and communed with the infinite. Even after the old King's death this room was respected and closed forever in memory of its having once been the Ultima Thule of his soul.

---

[1] Auguste Comte (1798–1857), French philosopher, founder of positivism.
[2] Atenas: *Athens*.
[3] lo imperecedero: *the imperishableness*.

[4] el Pnix: the *Pnyx*, the public meeting place in Athens.
[5] Attica: the Greek state of which Athens was the principal city.

Yo doy al cuento el escenario de vuestro reino interior. Abierto con una saludable liberalidad, como la casa del monarca, confiado a todas las corrientes del mundo, existía en él, al mismo tiempo la celda escondida y misteriosa que desconozcan los huéspedes profanos y que a nadie más que a la razón serena pertenezca. Sólo cuando penetréis dentro del inviolable seguro podréis llamaros, en realidad, hombres libres. No lo son quienes, enajenando insensatamente el dominio de sí a favor de la desordenada pasión o el interés utilitario, olvidan que, según el sabio precepto de Montaigne,[6] nuestro espíritu puede ser objeto de préstamo, pero no de cesión. Pensar, soñar, admirar: he aquí los nombres de los sutiles visitantes de mi celda. Los antiguos los clasificaban dentro de su noble inteligencia del *ocio*, que ellos tenían por el más elevado empleo de una existencia verdaderamente racional, identificándolo con la libertad del pensamiento emancipado de todo innoble yugo. El ocio noble era la inversión del tiempo que oponían, como expresión de la vida superior, a la actividad económica. Vinculando exclusivamente a esa alta y aristocrática idea del reposo su concepción de la dignidad de la vida, el espíritu clásico encuentra su corrección y su complemento en nuestra moderna creencia en la dignidad del trabajo útil; y entrambas atenciones del alma pueden componer, en la existencia individual, un ritmo, sobre cuyo mantenimiento necesario nunca será inoportuno insistir.* * *

Una vez más: el principio fundamental de vuestro desenvolvimiento, vuestro lema en la vida, deben ser mantener la integridad de vuestra condición humana. Ninguna función particular debe prevalecer jamás sobre esta finalidad suprema.* * * Así como la deformidad y el empequeñecimiento son, en el alma de los individuos, el resultado de un exclusivo objeto impuesto a la acción y un solo modo de cultura, la falsedad de lo artificial vuelve

efímera la gloria de las sociedades que han sacrificado el libre desarrollo de su sensibilidad y su pensamiento, ya a la actividad mercantil, como en Fenicia; ya a la guerra, como en Esparta; ya al misticismo, como en el terror del milenario;[7] ya a la vida de sociedad y de salón, como en la Francia del siglo XVIII.* * *

Con frecuencia habréis oído atribuir a dos causas fundamentales el desborde del espíritu de utilidad que da su nota a la fisonomía moral del siglo presente, con menoscabo de la consideración *estética* y desinteresada de la vida. Las revelaciones de la ciencia de la Naturaleza—que, según intérpretes, ya adversos, ya favorables a ellas, convergen a destruir toda idealidad por su base—son la una; la universal difusión y el triunfo de las ideas democráticas, la otra. Yo me propongo hablaros exclusivamente de esta última causa, porque confío en que vuestra primera iniciación en las revelaciones de la ciencia ha sido dirigida como para preservaros del peligro de una interpretación vulgar. Sobre la democracia pesa la acusación de guiar a la Humanidad, mediocrizándola, a un Sacro Imperio del utilitarismo. La acusación se refleja con vibrante intensidad en las páginas —para mí siempre llenas de un sugestivo encanto—del más amable entre los maestros del espíritu moderno, en las seductoras páginas de Renán,[8] a cuya autoridad ya me habéis oído varias veces referirme y de quien pienso volver a hablaros a menudo. Leed a Renán, aquellos de vosotros que lo ignoréis todavía, y habréis de amarle como yo. Nadie como él me parece, entre los modernos, dueño de ese arte de "enseñar con gracia," que Anatole France[9] considera divino. Nadie ha acertado como él a hermanar, con la ironía, la piedad. Aun en el rigor del análisis, sabe poner la unción del sacerdote. Aun cuando enseña a dudar, su suavidad exquisita tiende una onda balsámica sobre la duda.* * *

[6] Michel de Montaigne (1533–1592), French philosopher and essayist.
[7] milenario: in the tenth century, it was believed that the world would come to an end in the year 1,000 A.D.

[8] Ernest Renan (1823–1892), French philosopher and historian, author of the celebrated *Vie de Jésus*.
[9] Anatole France (1844–1924), French novelist and satirist.

Piensa, pues, el maestro que una alta preocupación por los *intereses ideales* de la especie es opuesta del todo al espíritu de la democracia.* * * Según él, siendo la democracia la entronización de Calibán,[10] Ariel no puede menos que ser el vencido de ese triunfo. Abundan afirmaciones semejantes a éstas de Renán.* * * Así, Bourget[11] se inclina a creer que el triunfo universal de las instituciones democráticas hará perder a la civilización en profundidad lo que hace ganar en extensión.* * * Para afrontar el problema, es necesario empezar por reconocer que cuando la democracia no enaltece su espíritu por la influencia de una fuerte preocupación ideal que comparta su imperio con la preocupación de los intereses materiales, ella conduce fatalmente a la privanza de la mediocridad y carece, más que ningún otro régimen, de eficaces barreras con las cuales asegurar dentro de un ambiente adecuado la inviolabilidad de la alta cultura. Abandonada a sí misma—sin la constante rectificación de una activa autoridad moral que la depure y encauce sus tendencias en el sentido de la dignificación de la vida—la democracia extinguirá gradualmente toda idea de superioridad que no se traduzca en una mayor y más osada aptitud para las luchas del interés, que son entonces la forma más innoble de las brutalidades de la fuerza. La selección espiritual, el enaltecimiento de la vida por la presencia de estímulos desinteresados, el gusto, el arte, la suavidad de las costumbres, el sentimiento de admiración por todo perseverante propósito ideal y de acatamiento a toda noble supremacía, serán como debilidades indefensas allí donde la igualdad social que ha destruido las jerarquías imperativas e infundadas, no las substituya con otras, que tengan en la influencia moral su único modo de dominio y su principio en una clasificación racional.

Toda igualdad de condiciones es, en el orden de las sociedades, como toda homogeneidad en el de la Naturaleza, un equilibrio estable. Desde el momento en que haya realizado la democracia su obra de negación con el allanamiento de las superioridades injustas, la igualdad conquistada no puede significar para ella sino un punto de partida. Resta la afirmación. Y lo afirmativo de la democracia y su gloria, consistirán en suscitar, por eficaces estímulos, en su seno, la revelación y el dominio de las *verdaderas* superioridades humanas.

Con relación a las condiciones de la vida de América, adquiere esta necesidad de precisar el verdadero concepto de nuestro régimen social un doble imperio.[12] El presuroso crecimiento de nuestras democracias por la incesante agregación de una enorme multitud cosmopolita, por la afluencia inmigratoria, que se incorpora a un núcleo aún débil para verificar un activo trabajo de asimilación y encauzar el torrente humano con los medios que ofrecen la solidez secular de la estructura social, el orden político seguro y los elementos de una cultura que haya arraigado íntimamente—nos expone en el porvenir a los peligros de la degeneración democrática, que ahoga bajo la fuerza ciega del número, toda noción de calidad; que desvanece en la conciencia de las sociedades todo justo sentimiento del orden; y que, librando su ordenación jerárquica a la torpeza del acaso, conduce forzosamente a hacer triunfar las más injustificadas o innobles de las supremacías.

Es indudable que nuestro interés egoísta debería llevarnos—a falta de virtud—a ser hospitalarios. Ha tiempo que la suprema necesidad de colmar el vacío moral del desierto, hizo decir a un publicista ilustre[13] que, en América *gobernar es poblar*. Pero esta fórmula famosa encierra una verdad contra cuya estrecha interpretación es necesario prevenirse, porque conduciría a atribuir una incondicional eficacia civilizadora al valor cuantitativo de la muchedumbre. Gobernar es poblar, asimilando, en primer término, educando y seleccionando, después. Si la

---

[10] Caliban: the character in *The Tempest* who personifies man's lower instincts and sensual nature.

[11] Paul Bourget (1852–1935), French novelist and critic.

[12] un doble imperio: *a twofold imperative.*

[13] publicista ilustre: Juan Bautista Alberdi (1810–1884) in his *Bases y puntos de partida para la organización de la Confederación argentina* (1852).

aparición y el florecimiento en la sociedad, de las más elevadas actividades humanas, de las que determinan la alta cultura, requieren como condición indispensable la existencia de una población cuantiosa y densa, es precisa-[5]mente porque esa importancia cuantitativa de la población, dando lugar a la más compleja división del trabajo, posibilita la formación de fuertes elementos dirigentes que hagan efectivo el dominio de la *calidad* sobre[10] el *número*. La multitud, la masa anónima, no es nada por sí misma. La multitud será un instrumento de barbarie o de civilización según carezca o no del coeficiente de una alta dirección moral. Hay una verdad profunda[15] en el fondo de la paradoja de Emerson,[14] que exige que cada país del globo sea juzgado

según la minoría, y no según la mayoría de sus habitantes. La civilización de un pueblo adquiere su carácter, no de las manifestaciones de su prosperidad o de su grandeza material, sino de las superiores maneras de pensar y de sentir que dentro de ella son posibles, y ya observaba Comte, para mostrar cómo en cuestiones de intelectualidad, de moralidad, de sentimiento, sería insensato[10] pretender que la calidad pueda ser substituida en ningún caso por el número, que ni de la acumulación de muchos espíritus vulgares se obtendrá jamás el equivalente de un cerebro de genio, ni de la acumulación de muchas virtudes mediocres el equivalente de un rasgo de abnegacíon o de heroísmo.* * *

> Rodó points out that in recent days the barbarous hordes of old have been displaced by the pacific hordes of the common man, that tremendous force of vulgarization whose Attila is Mr. Average-Man or his French equivalent, M. Prudhomme.

Encumbrados, esos Prudhommes harán de su voluntad triunfante una partida de caza organizada contra todo lo que manifieste la aptitud y el atrevimiento del vuelo. Su[5] fórmula social será una democracia que conduzca a la consagración del pontífice *Cualquiera*,[15] a la coronación del monarca *Uno de tantos*[16] Odiarán en el mérito una rebeldía. En sus dominios, toda noble superioridad se hallará en las condiciones de la estatua de[10] mármol colocada a la orilla de un camino fangoso, desde el cual le envía un latigazo de cieno el carro que pasa.* * *

La ferocidad igualitaria no ha manifestado sus violencias en el desenvolvimiento demo-[15]crático de nuestro siglo, ni se ha opuesto en formas brutales a la serenidad y la independencia de la cultura intelectual. Pero, a la manera de una bestia feroz en cuya posteridad domesticada hubiérase cambiado la[20] acometividad en mansedumbre artera e innoble, el igualitarismo, en la forma mansa de la *tendencia a lo utilitario y lo vulgar*, puede ser

un objeto real de acusación contra la democracia del siglo XIX.* * *

Desde que nuestro siglo asumió personalidad e independencia en la evolución de las ideas, mientras el idealismo alemán rectificaba la utopia igualitaria de la filosofía del siglo XVIII y sublimaba, si bien con viciosa tendencia cesarista, el papel reservado en la historia a la superioridad individual, el positivismo de Comte, desconociendo a la igualdad democrática otro carácter que el de "un disolvente transitorio de las desigualdades antiguas" y negando con igual convicción la eficacia definitiva de la soberanía[15] popular, buscaba en los principios de las clasificaciones naturales el fundamento de la clasificación social que habría de substituir a las jerarquías recientemente destruidas.* * * La gran voz de Carlyle[17] había predicado ya, contra toda niveladora irreverencia, la vene-[20]ración del *heroísmo*, entendiendo por tal el culto de cualquier noble superioridad. Emerson refleja esa voz en el seno de la más

---

[14] Ralph Waldo Emerson (1803–1882) made this proposal in his *Representative Men.*

[15] el pontífice *Cualquiera: Pope Anybody.*

[16] monarca . . . *tantos: King Average.*

[17] Thomas Carlyle (1795–1881), Scotch historian and essayist, author of *Heroes, Hero-Worship and the Heroic in History.*

positivista de las democracias.* * * Entre las inspiraciones constantes de Flaubert[18]—de quien se acostumbra a derivar directamente la más democratizada de las escuelas literarias—ninguna más intensa que el odio de la mediocridad envalentonada por la nivelación y de la tiranía irresponsable del número. Dentro de esa contemporánea literatura del Norte, en la cual la preocupación por las altas cuestiones sociales es tan viva, surge a menudo la expresión de la misma idea, del mismo sentimiento; Ibsen desarrolla la altiva arenga de su *Stockmann*[19] alrededor de la afirmación de que "las mayorías compactas son el enemigo más peligroso de la libertad y la verdad"; y el formidable Nietzsche[20] opone al ideal de una Humanidad mediotizada la apoteosis de las almas que se yerguen sobre el nivel de la Humanidad como una viva marca. El anhelo vivísimo por una rectificación del espíritu social que asegura a la vida de la *heroicidad* y el pensamiento un ambiente más puro de dignidad y de justicia, vibra hoy por todas partes, y se diría que constituye uno de los fundamentales acordes que este ocaso del siglo propone para las armonías que ha de componer el siglo venidero.

Y, sin embargo, el espíritu de la democracia es, esencialmente, para nuestra civilización, un principio de vida contra el cual sería inútil rebelarse.* * * Desconocer la obra de la democracia, en lo esencial, porque, aún no terminada, no ha llegado a conciliar definitivamente su empresa de igualdad con una fuerte garantía social de selección, equivale a desconocer la obra, paralela y concorde, de la ciencia, porque interpretada con el criterio estrecho de una escuela, ha podido dañar alguna vez al espíritu de religiosidad o al espíritu de poesía. La democracia y la ciencia son, en efecto, los dos insustituibles soportes sobre los que nuestra civilización descansa, o, expresándolo con una frase de Bourget,[21] las dos *obreras* de nuestros destinos futuros. *En ellas somos, vivimos, nos movemos.*[22] Siendo, pues, insensato pensar * * * en obtener una consagración más positiva de todas las superioridades morales, la realidad de una razonada jerarquía, el dominio eficiente de las altas dotes de la inteligencia y de la voluntad, por la *destrucción* de la igualdad democrática, sólo cabe pensar en la *educación* de la democracia y su reforma.* * *

La educación popular adquiere, considerada en relación a tal obra, como siempre que se la mira con el pensamiento del porvenir, un interés supremo.[23] Es en la escuela, por cuyas manos procuramos que pase la dura arcilla de las muchedumbres, donde está la primera y más generosa manifestación de la equidad social, que consagra para todos la accesibilidad del saber y de los medios más eficaces de superioridad.* * *

Ninguna distinción más fácil de confundirse y anularse en el espíritu del pueblo que la que enseña que la igualdad democrática puede significar una igual *posibilidad*, pero nunca una igual *realidad*, de influencia y de prestigio, entre los miembros de una sociedad organizada. En todos ellos hay un derecho idéntico para aspirar a las superioridades morales que deben dar razón y fundamento a las superioridades efectivas; pero sólo a los que han alcanzado realmente la posesión de las primeras, debe ser concedido el premio de las últimas. El verdadero, el digno concepto de la igualdad reposa sobre el pensamiento de que todos los seres racionales están dotados por naturaleza de facultades capaces de un desenvolvimiento noble. El deber del Estado consiste en colocar a todos los miembros de la sociedad en indistintas condiciones de tender a su perfeccionamiento. El deber del Estado consiste en predisponer los medios propios para provocar, uniformemente, la revelación de las superioridades

---

[18] Gustave Flaubert (1821–1880), French novelist.

[19] Dr. Stockmann is the protagonist of Henrik Ibsen's (1828–1906) play *An Enemy of the People*.

[20] Friedrich Wilhelm Nietzsche (1844–1900), German philosopher who preached the doctrine of the superman.

[21] una . . . Bourget: The reference is to his *Essais de psychologie contemporaine* (1883).

[22] *somos . . . movemos:* cf. *Acts of the Apostles*, XVII, 28.

[23] "Plus l'instruction se répand, plus elle doit faire part aux idées générales et généreuses. On croit que l'instruction populaire doit être terre à terre. C'est le contraire qui est la vérité."—Fouillée: *L'idée moderne du droit*, lib. 5.o, IV." (Rodó's note.)

humanas, dondequiera que existan.[24] De tal manera, más allá de esta igualdad inicial, toda desigualdad estará justificada, porque será la sanción de las misteriosas elecciones de la Naturaleza o del esfuerzo meritorio de la voluntad. Cuando se la concibe de este modo, la igualdad democrática, lejos de oponerse a la selección de las costumbres y de las ideas, es el más eficaz instrumento de selección espiritual, es el ambiente *providencial* de la cultura. La favorecerá todo lo que favorezca al predominio de la energía inteligente.* * * El carácter odioso de las aristocracias tradicionales se originaba de que ellas eran injustas, por su fundamento, y opresoras, por cuanto su autoridad era una imposición. Hoy sabemos que no existe otro límite legítimo para la igualdad humana, que el que consiste en el dominio de la inteligencia y la virtud, consentido por la libertad de todos.* * *

Del espíritu del cristianismo nace el sentimiento de igualdad, viciado por cierto escético menosprecio de la selección espiritual y la cultura. De la herencia de las civilizaciones clásicas nacen el sentido del orden, de la jerarquía, y el respeto religioso del genio, viciados por cierto aristocrático desdén de los humildes y los débiles. El porvenir sintetizará ambas sugestiones del pasado, en una fórmula inmortal. La democracia, entonces, habrá triunfado definitivamente. Y ella, que cuando amenaza con lo innoble del rasero nivelador, justifica las protestas airadas y las amargas melancolías de los que creyeron sacrificados por su triunfo toda distinción intelectual, todo ensueño de arte, toda delicadeza de la vida, tendrá, aún más que las viejas aristocracias, inviolables seguros para el cultivo de las flores del alma que se marchitan y perecen en el ambiente de la vulgaridad y entre las impiedades del tumulto.

La concepción utilitaria, como idea del destino humano, y la igualdad en lo mediocre, como norma de la proporción social, componen, íntimamente relacionadas, la fórmula de lo que ha solido llamarse, en Europa, el espíritu de *americanismo*. Es imposible meditar sobre ambas inspiraciones de la conducta y la sociabilidad, y compararlas con las que les son opuestas, sin que la asociación traiga con insistencia a la mente la imagen de esa democracia formidable y fecunda, que allá en el Norte ostenta las manifestaciones de su prosperidad y su poder, como una deslumbradora prueba que abona en favor de la eficacia de sus instituciones y de la dirección de sus ideas. Si ha podido decirse del utilitarismo que es el verbo del espíritu inglés, los Estados Unidos pueden ser considerados la encarnación del verbo utilitario. Y el evangelio de este verbo, se difunde por todas partes a favor de los milagros materiales del triunfo. Hispano-América ya no es enteramente calificable, con relación a él, de tierra de gentiles.[25] La poderosa federación va realizando entre nosotros una suerte de conquista moral. La admiración por su grandeza y por su fuerza es un sentimiento que avanza a grandes pasos en el espíritu de nuestros hombres dirigentes, y aún más quizá, en el de las muchedumbres, fascinables por la impresión de la victoria. Y de admirarla se pasa, por una transición facilísima, a imitarla. La admiración y la creencia son ya modos pasivos de imitación para el psicólogo. * * * Se imita a aquel en cuya superioridad o cuyo prestigio se cree. Es así como la visión de una América *deslatinizada* por propia voluntad, sin la extorsión de la conquista, y renegada luego a imagen y semejanza del arquetipo del Norte, flota ya sobre los sueños de muchos sinceros interesados por nuestro porvenir, inspira la fruición con que ellos formulan a cada paso los más sugestivos paralelos, y se manifiesta por constantes propósitos de innovación y de reforma. Tenemos nuestra *nordomanía*. Es necesario oponerle los límites que la razón y el sentimiento señalan de consuno.

---

[24] Ortega y Gasset in *La rebelión de las masas* says that the greatest danger of contemporary civilization is the state. "The contemporary State and the mass coincide only in being anonymous. But the mass-man does in fact believe that he is the State, and he will tend more and more to set its machinery working on whatsoever pretext, to crush beneath it any creative minority which disturbs it—disturbs it in any order of things: in politics, in ideas, in industry. The result of this tendency will be fatal. Spontaneous social action will be broken up over and over again by State intervention . . . Society will have to live *for* the State, man *for* the governmental machine."

[25] gentiles: *Gentiles, unbelievers.*

No doy yo a tales límites el sentido de una absoluta negación. Comprendo bien que se adquieran inspiraciones, luces, enseñanzas, en el ejemplo de los fuertes, y no desconozco que una inteligente atención fijada en lo exterior para reflejar de todas partes la imagen de lo beneficioso y de lo útil, es singularmente fecunda cuando se trata de pueblos que aún forman y modelan su entidad nacional.* * *
Pero no veo la gloria ni el propósito de desnaturalizar el carácter de los pueblos—su genio *personal*—para imponerles la identificación con un modelo extraño al que ellos sacrifiquen la originalidad irreemplazable de su espíritu, ni en la creencia ingenua de que eso pueda obtenerse alguna vez por procedimientos artificiales e improvisados de imitación. Ese irreflexivo traslado de lo que es natural y espontáneo en una sociedad al seno de otra, donde no tenga raíces ni en la Naturaleza ni en la Historia, equivalía para Michelet[26] a la tentativa de incorporar, por simple agregación, una cosa muerta a un organismo vivo. En sociabilidad, como en literatura, como en arte, la imitación inconsulta no hará nunca sino deformar las líneas del modelo.* * *

Acaso oiréis decir que no hay un sello propio y definido, por cuya permanencia, por cuya integridad deba pugnarse, en la organización actual de nuestros pueblos. Falta tal vez, en nuestro carácter colectivo, el contorno seguro de la *personalidad*. Pero en ausencia de esa índole perfectamente diferenciada y autonómica, tenemos—los americanos latinos—una herencia de raza, una gran tradición étnica que mantener, un vínculo sagrado que nos une a inmortales páginas de la Historia, confiando a nuestro honor su continuación en lo futuro.* * *

Se ha observado más de una vez que las grandes evoluciones de la Historia, las grandes épocas, los períodos más luminosos y fecundos en el desenvolvimiento de la Humanidad, son casi siempre la resultante de dos fuerzas distintas y co-actuales, que mantienen, por los concertados impulsos de su oposición, el interés y el estímulo de la vida, los cuales desaparecerían, agotados, en la quietud de una unidad absoluta. Así, sobre los dos polos de Atenas y Lacedemonia[27] se apoya el eje alrededor del cual gira el carácter de la más genial y civilizadora de las razas. América necesita mantener en el presente la dualidad original de su constitución que convierte en realidad de su historia el mito clásico de las dos águilas soltadas simultáneamente de uno y otro polo del mundo, para que llegasen a un tiempo al límite de sus dominios. Esta diferencia genial y emuladora no excluye, sino que tolera y aun favorece en muchísimos aspectos, la concordia de la solidaridad.* * *

Todo juicio severo que se formule de los americanos del Norte debe empezar por rendirles, como se haría con altos adversarios, la formalidad caballeresca de un saludo. Siento fácil mi espíritu para cumplirla. Desconocer sus defectos no me parecería tan insensato como negar sus cualidades. Nacidos—para emplear la paradoja usada por Baudelaire[28] a otro respecto—con la *experiencia innata* de la libertad, ellos se han mantenido fieles a la ley de su origen, y han desenvuelto, con la precisión y la seguridad de una progresión matemática, los principios fundamentales de su organización, dando a su historia una consecuente unidad que, si bien ha excluido las adquisiciones de aptitudes y méritos distintos, tiene la belleza intelectual de la lógica. La huella de sus pasos no se borrará jamás en los anales del derecho humano, porque ellos han sido los primeros en hacer surgir nuestro moderno concepto de la libertad, de las inseguridades del ensayo y de las imaginaciones de la utopía, para convertirla en bronce imperecedero y realidad viviente; porque han demostrado con su ejemplo la posibilidad de extender a un inmenso organismo nacional la inconmovible autoridad de una república; porque, con su organización federativa, han revelado—según la feliz expresión de Tocqueville[29]—la manera cómo se puede conciliar con el brillo

---

[26] Jules Michelet (1798–1874), French historian.
[27] Lacedemonia: *Sparta*.
[28] The quotation is from Charles Baudelaire's (1821–1867) *Questions esthétiques*.

[29] The reference is to *Démocratie en Amérique* by the distinguished traveler and writer, Alexis Clérel de Tocqueville (1805–1859).

y el poder de los Estados grandes la felicidad y la paz de los pequeños. Suyos son algunos de los rasgos más audaces con que ha de destacarse en la perspectiva del tiempo la obra de este siglo. Suya es la gloria de haber revelado plenamente—acentuando la más firme nota de belleza moral de nuestra civilización—la grandeza y el poder del trabajo, esa fuerza bendita que la antigüedad abandonaba a la abyección de la esclavitud, y que hoy identificamos con la más alta expresión de la dignidad humana, fundada en la conciencia y la actividad del propio mérito. Fuertes, tenaces, teniendo la inacción por oprobio, ellos han puesto en manos del *mechanic* de sus talleres y el *farmer* de sus campos la clava hercúlea del mito, y han dado al genio humano una nueva e inesperada belleza ciñéndole el mandil de cuero del forjador. Cada uno de ellos avanza a conquistar la vida como el desierto los primitivos puritanos.* * * Su cultura, que está lejos de ser refinada ni espiritual, tiene una eficacia admirable siempre que se dirige prácticamente a realizar una finalidad inmediata. No han incorporado a las adquisiciones de la ciencia una sola ley general, un solo principio; pero la han hecho maga por las maravillas de sus aplicaciones, la han agigantado en los dominios de la utilidad y han dado al mundo en la caldera de vapor y en el dínamo eléctrico, billones de esclavos invisibles que centuplican, para servir al Aladino humano, el poder de la lámpara maravillosa. El crecimiento de su grandeza y de su fuerza será objeto de perdurables asombros para el porvenir.* * * La libertad puritana, que les envía su luz desde el pasado, unió a esta luz al calor de una piedad que aún dura. Junto a la fábrica y la escuela, sus fuertes manos han alzado también los templos de donde evaporan sus plegarias muchos millones de conciencias libres. Ellos han sabido salvar, en el naufragio de todas las idealidades, la idealidad más alta, guardando viva la tradición de un sentimiento religioso que, si no levanta sus vuelos en alas de un espiritualismo delicado y profundo, sostiene, en parte, entre las asperezas del tumulto utilitario, la rienda firme del sentido moral.* * *

Su grandeza titánica se impone así, aun a los más prevenidos por las enormes desproporciones de su carácter o por las violencias recientes de su historia. Y por mi parte, ya veis que, aunque no les amo, les admiro. Les admiro, en primer término, por su formidable capacidad de *querer*, y me inclino ante "la escuela de voluntad y de trabajo" que—como de sus progenitores nacionales dijo Philarète Chasles[30]—ellos han instituido.

En el principio la acción era.[31] Con estas célebres palabras del *Fausto* podría empezar un futuro historiador de la poderosa república, el génesis, aún no concluido, de su existencia nacional. Su genio podría definirse, como el universo de los dinamistas, *la fuerza en movimiento.* Tiene, ante todo y sobre todo, la capacidad, el entusiasmo, la vocación dichosa de la acción. La voluntad es el cincel que ha esculpido a ese pueblo en dura piedra. Sus relieves característicos son dos manifestaciones del poder de la voluntad: la originalidad y la audacia. Su historia es, toda ella, el arrebato de una actividad viril. Su personaje representativo se llama *Yo quiero*, como el *superhombre* de Nietzsche.* * * Obra titánica, por la enorme tensión de voluntad que representa, y por sus triunfos inauditos en todas las esferas del engrandecimiento material, es indudable que aquella civilización produce en su conjunto una singular impresión de insuficiencia y de vacío.* * * Huérfano de tradiciones muy hondas que le orienten, ese pueblo no ha sabido substituir la idealidad inspiradora del pasado con una alta y desinteresada concepción del porvenir. Vive para la realidad inmediata, del presente, y por ello subordina toda su actividad al egoísmo del bienestar personal y colectivo.* * *

Pródigo de sus riquezas,* * * el norteamericano ha logrado adquirir con ellas plenamente, la satisfacción y la vanidad de la magnificencia suntuaria; pero no ha logrado adquirir la nota escogida del buen gusto. El

---

[30] Philarète Chasles (1798–1873), French critic and novelist.

[31] *En . . . era:* The words "*Im Anfang war die Tat!*" occur in Goethe's *Faust*, Part I, line 1236.

arte verdadero sólo ha podido existir en tal ambiente, a título de rebelión individual. Emerson, Poe, son allí como los ejemplares de una fauna expulsada de su verdadero medio por el rigor de una catástrofe geológica. Habla Bourget en *Outremer* del acento concentrado y solemne con que la palabra *arte* vibra en los labios de los norteamericanos que ha halagado el favor de la fortuna: de esos recios y acrisolados héroes del *self-help*, que aspiran a coronar, con la asimilación de todos los refinamientos humanos, la obra de su encumbramiento reñido.[32] Pero nunca les ha sido dado concebir esa divina actividad que nombran con énfasis, sino como un nuevo motivo de satisfacerse su inquietud invasora y como un trofeo de su vanidad. La ignoran, en lo que ella tiene de desinteresado y de escogido; la ignoran a despecho de la munificencia con que la fortuna individual suele emplearse en estimular la formación de un delicado sentido de belleza; a despecho de la esplendidez de los museos y las exposiciones con que se ufanan sus ciudades; a despecho de las montañas de mármol y de bronce que han esculpido para las estatuas de sus plazas públicas. Y si con su nombre hubiera de caracterizarse alguna vez un gesto de arte, él no podría ser otro que el que envuelve la negación del arte mismo: la brutalidad del efecto rebuscado, el desconocimiento de todo tono suave y de toda manera exquisita, el culto de una falsa grandeza, el *sensacionalismo*, que excluye la noble serenidad inconciliable con el apresuramiento de una vida febril.

La idealidad de lo hermoso no apasiona al descendiente de los austeros puritanos. Tampoco le apasiona la idealidad de lo verdadero. Menosprecia todo ejercicio del pensamiento que prescinda de una inmediata finalidad, por vano e infecundo. No le lleva a la ciencia un desinteresado anhelo de verdad, ni se ha manifestado en ningún caso capaz de amarla por sí misma. La investigación no es para él

sino el antecedente de la aplicación utilitaria. Sus gloriosos empeños por difundir los beneficios de la educación popular, están inspirados en el noble propósito de comunicar los elementos fundamentales del saber al mayor número; pero no nos revelan que, al mismo tiempo que de ese acrecentamiento extensivo de la educación, se preocupe de seleccionarla y elevarla, para auxiliar el esfuerzo de las superioridades que ambicionen erguirse sobre la general mediocridad. Así, el resultado de su porfiada guerra a la ignorancia, ha sido la semicultura universal y una profunda languidez de la alta cultura. En igual proporción que la ignorancia radical, disminuyen en el ambiente de esa gigantesca democracia, la superior sabiduría y el genio. He ahí por qué la historia de su actividad pensadora es una progresión decreciente de brillo y de originalidad. Mientras en el período de la independencia y la organización surgen para representar, lo mismo el pensamiento que la voluntad de aquel pueblo, muchos nombres ilustres, medio siglo más tarde Tocqueville puede observar, respecto a ellos, que *los dioses se van*. Cuando escribió Tocqueville su obra maestra, aún irradiaba, sin embargo, desde Boston, la *ciudadela puritana*, la ciudad de las doctas tradiciones, una gloriosa pléyade que tiene en la historia intelectual de este siglo la magnitud de la universalidad.¿Quiénes han recogido después la herencia de Channing,[33] de Emerson, de Poe. La nivelación mesocrática, apresurando su obra desoladora, tiende a desvanecer el poco carácter que quedaba a aquella precaria intelectualidad. Las alas de sus libros ha tiempo que no llegan a la altura en que sería universalmente posible divisarlos. Y hoy, la más genuina representación del gusto norteamericano, en punto a letras, está en los lienzos grises de un diarismo que no hace pensar en el que un día suministró los materiales de *El Federalista*.[34] * * *

En el fondo de su declarado espíritu de

---

[32] encumbramiento reñido: *hard-won wealth and position.*
[33] William Ellery Channing (1780–1842), Unitarian theologian and writer.
[34] *The Federalist* was an early North American publication in which appeared eighty-five papers of fine political literature: about fifty are attributed to

Hamilton, five to John Jay, and the rest to Madison. These papers, which mainly strove to interpret the Constitution of the United States, persuaded many waverers who later supported that document and aided in its adoption. The papers of *The Federalist* form one of the world's great classics in the literature of government.

rivalidad hacia Europa, hay un menosprecio que es ingenuo, y hay la profunda convicción de que ellos están destinados a obscurecer en breve plazo su superioridad espiritual y su gloria, cumpliéndose, una vez más, en las evoluciones de la civilización humana, la dura ley de los misterios antiguos en que el iniciado daba muerte al iniciador. Inútil sería tender a convencerles de que, aunque la contribución que han llevado a los progresos de la libertad y de la utilidad haya sido, indudablemente, cuantiosa, y aunque debiera atribuírsele en justicia la significación de una obra universal, de una obra *humana*, ella es insuficiente para hacer transmudarse, en dirección al nuevo Capitolio, el eje del mundo. Inútil sería tender a convencerles de que la obra realizada por la perseverante genialidad del arya[35] europeo, desde que hace tres mil años, las orillas del Mediterráneo, civilizador y glorioso, se ciñeron jubilosamente la guirnalda de las ciudades helénicas; la obra que aún continúa realizándose y de cuyas tradiciones y enseñanzas vivimos, es una suma con la cual no puede formar ecuación la fórmula *Washington más Edison*.[36] Ellos aspirarían a revisar el Génesis para ocupar esa primera página. Pero además de la relativa insuficiencia de la parte que les es dado reivindicar en la educación de la Humanidad, su carácter mismo les niega la posibilidad de la hegemonía. La Naturaleza no les ha concedido el genio de la propaganda ni la vocación apostólica. Carecen de ese don superior de *amabilidad*—en alto sentido—de ese extraordinario poder de simpatía, con que las razas que han sido dotadas de un cometido providencial de educación, saben hacer de su cultura algo parecido a la belleza de la Helena clásica, en la que todos creían reconocer un rasgo propio. Aquella civilización puede abundar, o abunda indudablemente, en sugestiones y en ejemplos fecundos; ella puede inspirar admiración, asombro, respeto, pero es difícil que cuando el extranjero divise

de alta mar su gigantesco símbolo, *la Libertad*, de Bartholdi, que yergue triunfalmente su antorcha sobre el puerto de Nueva York, se despierte en su ánimo la emoción profunda y religiosa con que el viajero antiguo debía ver surgir, en las noches diáfanas del Ática, el toque luminoso que la lanza de oro de la Atenea de la Acrópolis dejaba notar a la distancia en la pureza del ambiente sereno.＊＊＊

Hubo en la antigüedad altares para los "dioses ignorados." Consagrad una parte de vuestra alma al porvenir desconocido. A medida que las sociedades avanzan, el pensamiento del porvenir entra por mayor parte como uno de los factores de su evolución y una de las inspiraciones de sus obras. Desde la imprevisión oscura del salvaje, que sólo divisa del futuro lo que falta para el terminar de cada período de sol y no concibe cómo los días que vendrán pueden ser gobernados en parte desde el presente; hasta nuestra preocupación solícita y previsora de la posteridad, media un espacio inmenso, que acaso parezca breve y miserable algún día. Sólo somos capaces de progreso en cuanto lo somos de adaptar nuestros actos a condiciones cada vez más distantes de nosotros, en el espacio y en el tiempo. La seguridad de nuestra intervención en una obra que haya de sobrevivirnos, fructificando en los beneficios del futuro, realza nuestra dignidad humana, haciéndonos triunfar de las limitaciones de nuestra naturaleza. Si, por desdicha, la humanidad hubiera de desesperar definitivamente de la inmortalidad de la conciencia individual, el sentimiento más religioso con que podría substituirla sería el que nace de pensar, que, aun después de disuelta nuestra alma en el seno de las cosas, persistiría en la herencia que se transmiten las generaciones humanas, lo mejor de lo que ella ha sufrido y ha soñado, su esencia más íntima y más pura, al modo como el rayo lumínico de la estrella extinguida persiste en lo infinito y desciende a acariciarnos con su melancólica luz.

---

[35] arya: *Aryan.*
[36] es una suma . . . *Edison: add up to a sum which cannot be equalled by any equation of Washington plus Edison.*

Leopoldo Lugones

ARGENTINA, 1874–1938   Lugones, like his native land of Argentina, was the embodiment of many different currents of feeling and expression. In his younger days he was a close friend of Darío and, like Darío, a great admirer of the French poets and an enthusiastic advocate of freedom of poetic expression. In *Los crepúsculos del jardín* (1905) he is the vanguardist of strained but colorful metaphors; in *Lunario sentimental* (1909) he mocks the mood in which the modernists and romantics delighted; in *Odas seculares* (1910) he presents a triangular view of the Argentine landscape, its cities and its men in an outpouring of nationalistic pride; in *Romancero* (1924) he returns to the fountain of primitive Spanish poetry for inspiration. His assimilation of many influences and many forms of expression have made Lugones the finest, most varicolored, most cosmopolitan Argentine poet of the twentieth century. He writes with a strength and facility which show that he has mastered the intricacies of rhyme, rhythm, and metaphor so completely that he has few peers among the world's poets.

DELECTACIÓN MOROSA[1]

La tarde, con ligera pincelada
que iluminó la paz de nuestro asilo,
apuntó en su matiz crisoberilo[2]
una sutil decoración morada.

Surgió enorme la luna en la enramada;
las hojas agravaban su sigilo,
y una araña en la punta de su hilo,
tejía sobre el astro, hipnotizada.

Poblóse de murciélagos el combo
cielo, a manera de chinesco biombo;
tus rodillas exangües sobre el plinto

manifestaban la delicia inerte,
y a nuestros pies un río de jacinto
corría sin rumor hacia la muerte.

(*Los crepúsculos del jardín,* 1905)

A LOS GAUCHOS

Raza valerosa y dura
que con pujanza silvestre

dio a la patria en garbo[3] ecuestre
su primitiva escultura.

---

[1] delectación morosa: *laggard delight.*
[2] crisoberilo: *chrysoberyl,* a pale green or yellowish color.
[3] garbo: *jauntiness.*

447

5 Una terrible ventura
va a su sacrificio unida,
como despliega la herida
que al toro desfonda el cuello,
en el raudal del degüello
10 la bandera de la vida.

Es que la fiel voluntad
que al torvo destino alegra,
funde en vino la uva negra
de la dura adversidad.
15 Y en punto de libertad
no hay satisfacción más neta,
que medírsela completa
entre riesgo y corazón,
con tres cuartas de facón
20 y cuatro pies de cuarteta.

En la hora del gran dolor
que a la historia nos paría,
así como el bien del día
trova el pájaro cantor,
25 la copla del payador
anunció el amanecer,
y en el fresco rosicler[4]
que pintaba el primer rayo,
el lindo gaucho de Mayo
30 partió para no volver.

Así salió a rodar tierra
contra el viejo vilipendio,[5]
enarbolando el incendio
como estandarte de guerra.
35 Mar y cielo, pampa y sierra,
su galope al sueño arranca,
y bien sentada en el anca

que por las cuestas se empina,
le sonríe su *Argentina*
40 linda y fresca, azul y blanca.* * *

Luego al amor del caudillo
siguió, muriendo admirable,
con el patriótico sable
ya rebajado a cuchillo;
45 pensando, alegre y sencillo,
que en cualesquiera ocasión,
desde que cae al montón[6]
hasta el día en que se acaba,
pinta el culo de la taba[7]
50 la existencia del varón.

Su poesía es la temprana
gloria del verder campero
donde un relincho ligero
regocija la mañana.
55 Y la morocha[8] lozana
de sediciosa cadera,
en cuya humilde pollera,
primicias de juventud
nos insinuó la inquietud
60 de la loca primavera.

Su recuerdo, vago lloro
de guitarra sorda y vieja,
a la patria no apareja
preocupación ni desdoro.[9]
65 De lo bien que guarda el oro,
el guijarro es argumento;
y desde que el pavimento
con su nivel sobrepasa,
va sepultando la casa
70 las piedras de su cimiento.

(*Odas seculares*, 1910)

LA BLANCA SOLEDAD

Bajo la calma del sueño,
calma lunar de luminosa seda,
la noche
como si fuera
5 el blanco cuerpo del silencio,

dulcemente en la inmensidad se acuesta.
Y desata
su cabellera,
en prodigioso follaje
10 de alamedas.

---

[4] rosicler: *rose-pink.*
[5] vilipendio: *contempt, disdain.*
[6] montón: *revolutionary band.*
[7] el culo . . . taba: the bottom side of the *taba* or

sheep's knuckles, which the gauchos used as dice.
[8] morocha: *girl* (literally, *ear of corn*).
[9] desdoro: *blemish.*

Nada vive sino el ojo
del reloj en la torre tétrica,
profundizando inútilmente el infinito
como un agujero abierto en la arena.
15 El infinito,
rodado por las ruedas
de los relojes,
como un carro que nunca llega.

La luna cava un blanco abismo
20 de quietud, en cuya cuenca
las cosas son cadáveres
y las sombras viven como ideas.
Y uno se pasma de lo próxima
que está la muerte en la blancura aquella.
25 De lo bello que es el mundo
poseído por la antigüedad de la luna llena.
Y el ansia tristísima de ser amado,
en el corazón doloroso tiembla.

Hay una ciudad en el aire,

30 una ciudad casi invisible suspensa,
cuyos vagos perfiles
sobre la clara noche transparentan,
como las rayas de agua en un pliego,
su cristalización poliédrica.[10]
35 Una ciudad tan lejana,
que angustia con su absurda presencia.

¿Es una ciudad o un buque
en el que fuésemos abandonando la tierra,
callados y felices,
40 y con tal pureza,
que sólo nuestras almas
en la blancura plenilunar vivieran? . . .

Y de pronto cruza un vago
estremecimiento por la luz serena.
45 Las líneas se desvanecen,
la inmensidad cámbiase en blanca piedra,
y sólo permanece en la noche aciaga
la certidumbre de tu ausencia.

(*El libro fiel*, 1912)

⚬⚬⚬ELEGÍA CREPUSCULAR

Desamparo[11] remoto de la estrella,
hermano del amor sin esperanza,
cuando el herido corazón no alcanza
sino el consuelo de morir por ella.

5   Destino a la vez fútil y tremendo
de sentir que con gracia dolorosa
en la fragilidad de cada rosa
hay algo nuestro que se está muriendo.

Ilusión de alcanzar, franca o esquiva,
10 la compasión que agonizando implora,
en una dicha tan desgarradora
que nos debe matar por excesiva.

Eco de aquella anónima tonada
cuya dulzura sin querer nos hizo
15 con la propia delicia de su hechizo
un mal tan hondo al alma enajenada.

Tristeza llena de fatal encanto,
en el que ya incapaz de gloria o de arte,
sólo acierto, temblando, a preguntarte
20 ¡qué culpa tengo de quererte tanto! . . .

Heroísmo de amar hasta la muerte,
que el corazón rendido te inmolara,

con una noble sencillez tan clara
como el gozo que en lágrimas se vierte.

25   Y en lenguaje a la vez vulgar y blando,
al ponerlo en tus manos te diría:
no sé cómo no entiendes, alma mía,
que de tanto adorar se está matando.

¿Cómo puedes dudar, si en el exceso
30 de esta pasión, yo mismo me lo hiriera,
sólo porque a la herida se viniera
toda mi sangre desbordada en beso?

Pero ya el día, irremediablemente,
se va a morir más lúgubre en su calma:
35 y más hundida en soledad mi alma,
te llora tan cercana y tan ausente.

Trágico paso el aposento mide . . .
Y allá al final de la alameda oscura,
parece que algo tuyo se despide
40 en la desolación de mi ternura.

Glorioso en mi martirio, sólo espero
la perfección de padecer por ti.
Y es tan hondo el dolor con que te quiero,
que tengo miedo de quererte así.

(*Romancero*, 1924)

[10] poliédrica: *polyhedrical, many-sided.*

[11] desamparo: *forlornness.*

⚭LA PALMERA

Al llegar la hora esperada
en que de amarla me muera,
que dejen una palmera
sobre mi tumba plantada.

5 Así, cuando todo calle,
en el olvido disuelto,
recordará el tronco esbelto
la elegancia de su talle.

En la copa, que su alteza
10 doble con melancolía,
se abatirá la sombría
dulzura de su cabeza.

Entregará con ternura
la flor, al viento sonoro,
15 el mismo reguero[12] de oro
que dejaba su hermosura.* * *

Como un suspiro al pasar,
palpitando entre las hojas,
murmurará mis congojas
20 la brisa crepuscular.

Y mi recuerdo ha de ser,
en su angustia sin reposo,
el pájaro misterioso
que vuelve al anochecer.

⚭LIED DE LA BOCA FLORIDA

Al ofrecerte una rosa
el jardinero prolijo,
orgulloso de ella, dijo:
no existe otra más hermosa.

5   A pesar de su color,
su belleza y su fragancia,
respondí con arrogancia:
yo conozco una mejor.

Sonreíste tú a mi fiero
10 remoque[13] de paladín . . .
Y regresó a su jardín
cabizbajo el jardinero.

(Romancero, 1924)

⚭TONADA

Las tres hermanas de mi alma
novio salen a buscar.
La mayor dice: yo quiero,
quiero un rey para reinar.
5 Ésa fue la favorita,
favorita del sultán.

La segunda dice: yo
quiero un sabio de verdad,
que en juventud y hermosura
10 me sepa inmortalizar.
Ésa casó con el mago
de la ínsula de cristal.

La pequeña nada dice,
sólo acierta a suspirar.
15 Ella es de las tres hermanas
la única que sabe amar.
No busca más que el amor,
y no lo puede encontrar.

(Romancero, 1924)

---

[12] reguero: *trickle, spilling.*

[13] remoque: *sarcastic word.*

ᴄᴡᴄVIOLA ACHERONTIA[14]

Lo que deseaba aquel extraño jardinero, era crear la flor de la muerte. Sus tentativas remontaban a diez años, con éxito negativo siempre, porque considerando al vegetal sin alma, ateníase exclusivamente a la plástica. Injertos, combinaciones, todo había ensayado. La producción de la rosa negra ocupóle un tiempo; pero nada sacó de sus investigaciones. Después interesáronle las pasionarias y los tulipanes, con el único resultado de dos o tres ejemplares monstruosos, hasta que Bernardin de Saint-Pierre[15] lo puso en el buen camino, enseñándole como puede haber las analogías entre la flor y la mujer encinta, supuestas ambas capaces de recibir por "antojo" imágenes de los objetos deseados.

Aceptar este audaz postulado, equivalía a suponer en la planta un mental suficientemente elevado para recibir, concretar y conservar una impresión; en una palabra, para sugestionarse con intensidad parecida a la de un organismo superior. Esto era, precisamente, lo que había llegado a comprobar nuestro jardinero.

Según él, la marcha de los vástagos en las enredaderas obedecía a una deliberación seguida por resoluciones que daban origen a una serie de tanteos. De aquí las curvas y acodamientos, caprichosos al parecer, las diversas orientaciones y adaptaciones a diferentes planos, que ejecutan las guías, los gajos, las raíces. Un sencillo sistema nervioso presidía esas obscuras funciones. Había también en cada planta su bulbo cerebral y su corazón rudimentario, situados respectivamente en el cuello de la raíz y en el tronco.

La semilla, es decir, el ser resumido para la procreación, lo dejaba ver con toda claridad. El embrión de una nuez tiene la misma forma del corazón, siendo asaz parecida al cerebro la de los cotiledones.[16] Las dos hojas rudimentarias que salen de dicho embrión, recuerdan con bastante claridad dos ramas bronquiales cuyo oficio desempeñan en la germinación.

Las analogías morfológicas suponen casi siempre otras de fondo; y por esto la sugestión ejerce una influencia más vasta de lo que se cree sobre la forma de los seres. Algunos clarovidentes de la historia natural, como Michelet y Fries,[17] presintieron esta verdad que la experiencia va confirmando. El mundo de los insectos pruébalo enteramente. Los pájaros ostentan colores más brillantes en los países cuyo cielo es siempre puro (Gould).[18] Los gatos blancos y de ojos azules son comúnmente sordos (Darwin).[19] Hay peces que llevan fotografiadas en la gelatina de su dorso las olas del mar (Strindberg).[20] El girasol mira constantemente al astro del día, y reproduce con fidelidad su núcleo, sus rayos y sus manchas (Saint-Pierre).

He aquí un punto de partida. Bacon[21] en su *Novum Organum* establece que el canelero[22] y otros odoríferos colocados cerca de lugares fétidos, retienen obstinadamente el aroma, rehusando su emisión, para impedir que se mezcle con las exhalaciones graves . . .

Lo que ensayaba el extraordinario jardinero con quien iba a verme, era una sugestión sobre las violetas. Habíalas encontrado singularmente nerviosas, lo cual

[14] Viola Acherontia: Lugones has invented this title basing it on the words *violeta* and *Aqueronte*, the river Acheron of the dead in Greek mythology. The Acheron was one of the five rivers of Hades.

[15] Bernardin de Saint-Pierre (1735–1814), French novelist and naturalist, a follower of Rousseau, best known for his sentimental worship of nature and his doctrine that everything in the universe was created for the special benefit of man.

[16] cotiledones: *cotyledons*, seed leaves, the first leaves that emerge from the seed.

[17] Jules Michelet (1798–1874), French historian and naturalist; Elias Magnus Fries (1794–1878), Swedish

botanist and microbiologist.

[18] John Gould (1804–1881), English ornithologist.

[19] Charles Darwin (1809–1882), English scientist who propounded the theory of evolution and the origin of the species.

[20] Johan August Strindberg (1849–1912), educated as a doctor, became Sweden's most famous dramatist.

[21] Francis Bacon (1561–1626), English philosopher and scientist who broke with the scholastics and proposed empirical research and the scientific method. He states his philosophy in the *Novum Organum*.

[22] canelero: *cinnamon tree*.

demuestra, agregaba, la afección y el horror siempre exagerados que les profesan las histéricas, y quería llegar a hacerlas emitir un tósigo mortal sin olor alguno: una ponzoña fulminante e imperceptible. ¿Qué se pro- 5 ponía con ello?, si no era puramente una extravagancia, permaneció siempre misterioso para mí.

Encontré un anciano de porte sencillo, que me recibió con cortesía casi humilde. Estaba 10 enterado de mis pretensiones, por lo cual entablamos acto continuo la conversación sobre el tema que nos acercaba.

Quería sus flores como un padre, manifestando fanática adoración por ellas. Las 15 hipótesis y datos consignados más arriba, fueron la introducción de nuestro diálogo; y como el hombre hallara en mí un conocedor, se encontró más a sus anchas.

Después de haberme expuesto sus teorías 20 con rara precisión, me invitó a conocer sus violetas.

—He procurado, decía mientras íbamos, llevarlas a la producción del veneno que deben exhalar, por una evolución de su 25 propia naturaleza; y aunque el resultado ha sido otro, comporta una verdadera maravilla; sin contar con que no desespero de obtener la exhalación mortífera. Pero ya hemos llegado; véalas usted.

Estaban al extremo del jardín, en una especie de plazoleta rodeada de plantas extrañas. Entre las hojas habituales, sobresalían sus corolas que al pronto tomé por pensamientos, pues eran negras. 35

—¡Violetas negras! exclamé.

—Sí, pues; había que empezar por el color, para que *la idea* fúnebre se grabara mejor en ellas. El negro es, salvo alguna fantasía china, el color natural del luto, puesto que lo es de la 40 noche vale decir de la tristeza, de la disminución vital, y del sueño, hermano de la muerte. Además, estas flores no tienen perfume, conforme a mi propósito, y éste es otro resultado producido por un efecto de co- 45 rrelación. El color negro parece ser, en efecto,

adverso al perfume; y así tiene usted que sobre mil ciento noventa y tres especies de flores blancas, hay ciento setenta y cinco perfumadas y doce fétidas; mientras que sobre dieciocho especies de flores negras, hay diecisiete inodoras y una fétida. Pero esto no es lo interesante del asunto. Lo maravilloso está en otro detalle, que requiere, desgraciadamente, una larga explicación . . .

—No tema usted, respondí; mis deseos de aprender son todavía mayores que mi curiosidad.

—Oiga usted, entonces, cómo he procedido:

Primeramente, debí proporcionar a mis flores un medio favorable para el desarrollo de la idea fúnebre; luego, sugerirles esta idea por medio de una sucesión de fenómenos; después poner su sistema nervioso en estado de recibir la imagen y fijarla; por último, llegar a la producción del veneno, combinando en su ambiente y en su savia diversos tósigos vegetales. La herencia se encargaría del resto.

Las violetas que usted ve, pertenecen a una familia cultivada bajo ese régimen durante diez años. Algunos cruzamientos, indispensables para prevenir la degeneración, han debido retardar un tanto el éxito final de mi 30 tentativa. Y digo éxito final, porque conseguir la violeta negra e inodora, ya es un resultado.

Sin embargo, ello no es difícil; redúcese a una serie de manipulaciones en las que entra 35 por base el carbono con el objeto de obtener una variedad de añilina.[23] Suprimo el detalle de las investigaciones a que debí entregarme sobre las toluidinas y los xilenos,[24] cuyas enormes series me llevarían muy lejos, vendiendo, por otra parte, mi secreto. Puedo darle, no obstante, un indicio: el origen de los colores que llamamos añilinas es una combinación de hidrógeno y carbono; el trabajo químico posterior, se reduce a fijar oxígeno y 45 nitrógeno, produciendo los álcalis[25] artificiales cuyo tipo es la añilina, y obteniendo

---

[23] añilina: *aniline,* a dye from coal tars; originally an indigo dye from a West Indian plant.

[24] xilenos: *xylenes,* coal tar derivatives, benzene-like

solvents used to make artificial colors and antiseptics.

[25] álcalis: *alkalies,* poisonous hydroxides capable of neutralizing acids.

derivados después. Algo semejante he hecho yo. Usted sabe que la clorófila es muy sensible, y a esto se debe más de un resultado sorprendente. Exponiendo matas de hiedra a la luz solar, en un sitio donde ésta entraba por aberturas romboidales solamente, he llegado a alterar la forma de su hoja, tan persistente, sin embargo, que es el tipo geométrico de la curva cisoides;[26] y luego, es fácil observar que las hierbas rastreras de un bosque, se desarrollan imitando los arabescos de la luz a través del ramaje . . .

Llegamos ahora al procedimiento capital. La sugestión que ensayo sobre mis flores es muy difícil de efectuar, pues las plantas tienen su cerebro debajo de tierra: son seres inversos. Por esto me he fijado más en la influencia del medio como elemento fundamental. Obtenido el color negro de las violetas, estaba conseguida la primera nota fúnebre. Planté luego en torno los vegetales que usted ve: estramonio,[27] jazmín y belladona. Mis violetas quedaban, así, sometidas a influencias química y fisiológicamente fúnebres. La solanina[28] es, en efecto, un veneno narcótico; así como la daturina contiene hioscyamina y atropina, dos alcaloides dilatadores de la pupila que producen la megalopsia, o sea el agrandamiento de los objetos. Tenía, pues, los elementos del sueño y de la alucinación, es decir, dos productores de pesadillas; de modo que a los efectos específicos del color negro, del sueño y de las alucinaciones, se unía el miedo.

Debo añadirle que para redoblar las impresiones alucinantes, planté además el beleño[29] cuyo veneno radical es precisamente la hioscyamina.

—¿Y de qué sirve, puesto que la flor no tiene ojos? pregunté.

—Ah, señor; no se ve únicamente con los ojos, replicó el anciano. Los sonámbulos ven con los dedos de la mano y con la planta de los pies. No olvide usted que aquí se trata de una sugestión.

Mis labios rebosaban de objeciones; pero callé, por ver hasta dónde iba a llevarnos el desarrollo de tan singular teoría.

—La solanina y la daturina, prosiguió mi interlocutor, se aproximan mucho a los venenos cadavéricos—ptomaínas y leucomaínas[30]—que exhalan olores de jazmín y de rosa. Si la belladona y el estramonio me dan aquellos cuerpos, el olor está suministrado por el jazminero y por ese rosal cuyo perfume aumento, conforme a una observación de Candolle,[31] sembrando cebollas en sus cercanías. El cultivo de las rosas está ahora muy adelantado, pues los ingertos han hecho prodigios; en tiempo de Shakespeare se ingertó recién las primeras rosas en Inglaterra . . .

Aquel recuerdo que tendía a halagar visiblemente mis inclinaciones literarias, me conmovió.

—Permítame, dije, que admire de paso su memoria verdaderamente juvenil.

—Para extremar aún la influencia sobre mis flores, continuó él sonriendo vagamente, he mezclado a los narcóticos plantas cadavéricas. Algunos arum y orchis, una stapelia[32] aquí y allá, pues sus olores y colores recuerdan los de la carne corrompida. Las violetas sobreexcitadas por su excitación amorosa natural, dado que la flor es un órgano de reproducción, aspiran el perfume de los venenos cadavéricos añadido al olor del cadáver mismo; sufren la influencia soporífera de los narcóticos que las predisponen a la hipnosis, y la megalopsia alucinante de los venenos dilatadores de la pupila. La sugestión fúnebre comienza así a efectuarse con toda intensidad; pero todavía aumento la sensibilidad anormal en que la flor se encuentra por la inmediación de esas potencias vegetales, aproximándole de tiempo en tiempo una mata de valeriana y de espuelas de

---

[26] curva cisoides: *cissoid curve*, a curve converging into an apex, the angle formed by the concave sides of two intersecting curves. The Greek Diocles (first and second centuries B.C.) discovered and explained the geometric principles involved.

[27] estramonio: *stramonium*, poisonous weed of the nightshade family; jimson weed or stinkweed.

[28] solanina . . . daturina: *solanine . . . stramonium*, plant poisons. The latter contains the poisonous alkaloids *hyoscyamine* and *atropine*.

[29] beleño: *henbane*, a narcotic plant.

[30] ptomaínas y leucomaínas: *ptomaines and leucomaines*, alkaloids found in decaying matter.

[31] Auguste Candolle (1778–1841), Swiss botanist.

[32] arum, orchis, stapelia: exotic medicinal plants.

caballero cuyo cianuro la irrita notable-
mente. El etileno de la rosa colabora también
en este sentido.

Llegamos ahora al punto culminante del
experimento, pero antes deseo hacerle esta
advertencia: el ¡ay! humano es un grito de la
naturaleza.

Al oír este brusco aparte, la locura de mi
personaje se me presentó evidente; pero él,
sin darme tiempo a pensarlo bien siquiera,
prosiguió:

—El ¡ay! es, en efecto, una interjección de
todos los tiempos. Pero lo curioso es que entre
los animales sucede también así. Desde el
perro, un vertebrado superior, hasta la
esfinge calavera, una mariposa, el ¡ay! es una
manifestación de dolor y de miedo. Precisamente el extraño insecto que acabo de
nombrar, y cuyo nombre proviene de que
lleva dibujada una calavera en el coselete,
recuerda bien la fauna lúgubre en la cual el
¡ay! es común. Fuera inútil recordar a los
buhos; pero sí debe mencionarse a ese ex-
traviado de las selvas primitivas, el perezoso,[33]
que parece llevar el dolor de su decadencia en
el ¡ay! específico al cual debe uno de sus
nombres . . .

Y bien; exasperado por mis diez años de
esfuerzos, decidí realizar ante las flores
escenas crueles que las impresionaran más

aún, sin éxito también; hasta que un día . . .

. . . Pero aproxímese, juzgue por usted
mismo.

Su cara tocaba las negras flores, y casi
obligado hice lo propio. Entonces—cosa in-
audita—me pareció percibir débiles quejidos.
Pronto hube de convencerme. Aquellas flores
se quejaban en efecto, y de sus corolas
obscuras surgía una pululación de pequeños
ayes muy semejantes a los de un niño. La
sugestión habíase operado en forma completamente imprevista, y aquellas flores, durante
toda su breve existencia, no hacían sino llorar.

Mi estupefacción había llegado al colmo,
cuando de repente una idea terrible me
asaltó. Recordé que al decir de las leyendas
de hechicería, la mandrágora[34] llora también
cuando se la ha regado con la sangre de un
niño; y con una sospecha que me hizo
palidecer horriblemente, me incorporé.

—Como las mandrágoras, dije.

—Como las mandrágoras, repitió él pali-
deciendo aún más que yo.

Y nunca hemos vuelto a vernos. Pero mi
convicción de ahora es que se trata de un
verdadero bandido, de un perfecto hechicero
de otros tiempos, con sus venenos y sus flores
de crimen. ¿Llegará a producir la violeta
mortífera que se propone? ¿Debo entregar su
nombre maldito a la publicidad? . . .

(Las fuerzas extrañas, 1906)

---

[33] perezoso: *jungle sloth.*

[34] mandrágora: *mandrake,* poisonous plant of the
nightshade family which has a fetid odor and purple or
white flowers. Its thick root is often forked and was
formerly thought to resemble the human form. In
medicine the root has narcotic and emetic qualities. In
ancient folklore the mandrake root was thought to
possess wonderful virtues, such as bringing fertility to
long-sterile women. The root was believed to utter a
scream when it was pulled from the ground, and it was
widely thought that the one who pulled it out would die,
hence animals were often tied to the plant and forced
to run, thus jerking it from the ground. The mandrake
was also supposed to be an aphrodisiac, hence the
common name *love apple.*

Julio Herrera y Reissig

URUGUAY, 1875–1910   This talented poet initiated his career as a writer by producing romantic verses, but very soon new influences, from Darío and Lugones and some of the French symbolists, particularly Albert Samain (1858–1900) and Jules Laforgue (1860–1887), effected a change in his style. In the early numbers of a periodical, *La revista* (1899–1900), he reacted against the absolutism and tradition of the old forms, but did not wish to identify himself completely with the newest tendencies. He referred to symbolism as "un largo crepúsculo," a kind of aurora borealis "que hace del firmamento de su escuela una paleta confusa, un derroche desordenado de flores exóticas de todos los países y de todas las latitudes. No se sabe si ha nacido o está por nacer. Lo ridículo se muestra al lado de lo sublime." A few months after writing these lines, however, he published poems in the new vein in the same journal.

Herrera y Reissig has often been regarded as an abstruse poet, but in recent years his glowing images have evoked increasing praise. He is still a poet's poet, however, rather than a popular bard. His is an animistic universe in which all things possess an emotional life and form. Even abstract qualities acquire movement and life. He uses synesthesia frequently, equating one sense reception with another, and produces a new hypothetical reality with his concatenation of images. He is a fascinating poet to read and to decipher.

The chronology of the poems is uncertain and their identification with the several titles that constitute the complete works is at best contradictory. Therefore, in establishing their order of appearance, an attempt has been made to reconciliate the differences between the two norms to be followed. In so doing the deciding factor has been that of sequence of form and theme.

ᐁEL DESPERTAR

Alisia y Cloris abren de par en par la puerta,
y torpes, con el dorso de la mano haragana
restréganse los húmedos ojos de lumbre in-
    cierta,
por donde huyen los últimos sueños de la
    mañana . . .

5   La inocencia del día se lava en la fontana,
el arado en el surco vagaroso despierta,

y en torno de la casa rectoral, la sotana
del cura se pasea gravemente en la huerta . . .

Todo suspira y ríe. La placidez remota
10 de la montaña sueña celestiales rutinas.
El esquilón repite siempre su misma nota

de grillo de las cándidas églogas matutinas.
Y hacia la aurora sesgan agudas golondrinas,
como flechas perdidas de la noche en derrota.

(Poesías completas, 1961)

ᐁLA NOVICIA[1]

Surgiste, emperatriz de los altares,
esposa de tu dulce nazareno,
con tu atavío vaporoso, lleno
de piedras, brazaletes y collares.

5   Celoso de tus júbilos albares,[2]
el ataúd te recogió en su seno,
y hubo en tu místico perfil un pleno
desmayo de crepúsculos lunares.

Al contemplar tu cabellera muerta,
10 avivóse en mi espíritu una incierta
huella de amor. Y mientras que los bronces

se alegraban, brotaron tus pupilas
lágrimas que ignoraban hasta entonces
la senda en flor de tus ojeras lilas.

(Poesías completas, 1961)

ᐁCOLOR DE SUEÑO

Anoche vino a mí, de terciopelo;
sangraba fuego de su herida abierta;
era su palidez de pobre muerta,
y sus náufragos ojos sin consuelo . . .

5   Sobre su mustia frente descubierta
languidecía un fúnebre asfodelo;
y un perro aullaba, en la amplitud de hielo,
al doble cuerno de una luna incierta . . .

Yacía el índice en su labio, fijo
10 como por gracia de hechicero encanto,
y luego que, movido por su llanto,

quién era, al fin, la interrogué, me dijo:
—Ya ni siquiera me conoces, hijo,
¡si soy tu alma, que ha sufrido tanto!

(Poesías completas, 1961)

ᐁJULIO

Flota sobre el esplín de la campaña
una jaqueca sudorosa y fría,
y las ranas celebran en la umbría
una función de ventriloquia extraña.

5   La Neurastenia gris de la montaña
piensa, por singular telepatía,
con la adusta y claustral monomanía
del convento senil de la Bretaña.

Frío, frío, frío!
Pieles, nostalgias y dolores mudos.

Resolviendo una suma de ilusiones,
10 como un Jordán de cándidos vellones
la majada eucarística se integra;

y a lo lejos el cuervo pensativo
sueña acaso en un Cosmos abstractivo
como una luna pavorosa y negra.

(Poesías completas, 1961)

[1] La novicia: *the novitiate.*

[2] albar: *gleaming white.*

∾∾EL ALBA

Humean en la vieja cocina hospitalaria
los rústicos candiles. Madrugadora leña
infunde una sabrosa fragancia lugareña;
y el desayuno mima[3] la vocación agraria.

5 Rebota en los collados[4] la grita rutinaria
del boyero[5] que a ratos deja la yunta y sueña.
Filis prepara el huso. Tetis, mientras ordeña,[6]
ofrece a Dios la leche blanca de su plegaria.

Acongojando el valle con sus beatos noc-
    turnos,
10 salen de los establos, lentos y taciturnos,
los ganados. La joven brisa se despereza.

Y como una pastora, en piadoso desvelo,
con sus ojos de bruma, de una dulce pereza,
el Alba mira en éxtasis las estrellas del cielo.

(Poesías completas, 1961)

∾∾EL CURA

Es el Cura . . . Lo han visto las crestas silenciarias
luchando de rodillas con todos los reveses,
salvar en pleno invierno los riesgos montañeses
o trasponer de noche las rutas solitarias.

5 De su mano propicia, que hace crecer las mieses,
saltan como sortijas gracias involuntarias;
y en su asno taumaturgo[7] de indulgencias plenarias
hasta el umbral del cielo lleva a sus feligreses . . .[8]

Él pasa del hisopo[9] al zueco y a la guadaña;[10]
10 él ordeña la pródiga ubre de su montaña
para encender con oros el pobre altar de pino;

de sus sermones fluyen suspiros de albahaca:[11]
el único pecado que tiene es un sobrino . . .
Y su piedad humilde lame como una vaca.

(Poesías completas, 1961)

∾∾LA CASA DE LA MONTAÑA

Ríe estridentes glaucos[12] el valle; el cielo franca
risa de azul; la aurora ríe su risa fresa;
y en la era en que ríen granos de oro y turquesa
exulta con cromático relincho una potranca . . .[13]

---

[3] mima: *pampers, indulges.*
[4] rebota en los collados: *rebounds over the hills.*
[5] boyero: *oxherd.*
[6] Filis . . . ordeña: *Phyllis prepares the spindle. Thetis, while she is milking . . .* Phyllis is a country girl in Virgil's third and fifth *Eclogues.* She represents any country maiden. Thetis, in Greek legend, is the chief of the sea-nymphs and the mother of Achilles.

[7] taumaturgo: *thaumaturgic, miracle-working.*
[8] feligrés: *parishoner.*
[9] hisopo: *hysop,* instrument that sprinkles holy water.
[10] zueco . . . guadaña: *rustic shoe . . . scythe.*
[11] albahaca: *sweet basil.*
[12] glauco: *gray-blue,* also the whitish blue bloom of grapes and plums that can be rubbed off.
[13] potranca: *young mare.*

5
Sangran su risa flores rojas en la barranca;
en sol y cantos ríe hasta una oscura huesa;
en el hogar del pobre ríe la limpia mesa,
y allá sobre las cumbres la eterna risa blanca . . .

Mas nada ríe tanto, con risas tan dichosas,
10
como aquella casuca de corpiño de rosas
y sombrero de teja, que ante el lago se aliña . . .

¿Quién la habita? . . . Se ignora. Misteriosa y huraña
se está lejos del mundo sentada en la montaña,
y ríe de tal modo que parece una niña.

(Poesías completas, 1961)

La vuelta de los campos

La tarde paga en oro divino las faenas . . .
Se ven limpias mujeres vestidas de percales,
trenzando sus cabellos con tilos y azucenas,
o haciendo sus labores de aguja en los umbrales.

5
Zapatos claveteados y báculos[14] y chales . . .
Dos mozas con sus cántaros se deslizan apenas.
Huye el vuelo sonámbulo de las horas serenas.
Un suspiro de Arcadia peina los matorrales . . .

Cae un silencio austero . . . Del charco que se nimba,[15]
10
estalla una gangosa balada de marimba.
Los lagos se amortiguan con espectrales lampos;

las cumbres, ya quiméricas, corónanse de rosas . . .
Y humean,[16] a lo lejos, las rutas polvorosas
por donde los labriegos regresan de los campos.

(Poesías completas, 1961)

El regreso

La tierra ofrece el ósculo de un saludo paterno . . .
Pasta un mulo la hierba mísera del camino,
y la montaña luce, al tardo sol de invierno,
como una vieja aldeana, su delantal de lino.

5
Un cielo bondadoso y un céfiro tierno . . .
La zagala descansa de codos bajo el pino,
y densos los ganados, con paso paulatino,
acuden a la música sacerdotal del cuerno.

---

[14] báculo: *staff.*
[15] Del charco . . . nimba: *From the pool that is halved.*
[16] humean: *they are giving off smoke.*

Trayendo sobre el hombro leña para la cena,
10   el pastor, cuya ausencia no dura más de un día,
camina lentamente rumbo de la alquería.

Al verlo la familia le da la enhorabuena . . .
Mientras el perro, en ímpetus de lealtad amena,
describe coleando círculos de alegría.

(*Poesías completas,* 1961)

∿DECORACIÓN HERÁLDICA

Soñé que te encontrabas junto al muro
glacial donde termina la existencia
paseando tu magnífica opulencia
de doloroso terciopelo oscuro.

5   Tu pie, decoro del marfil más puro,
hería, con satánica inclemencia,
las pobres almas, llenas de paciencia,
que aún se brindaban a tu amor perjuro.

Mi dulce amor, que sigue sin sosiego,
10   igual que un triste corderito ciego,
la huella perfumada de tu sombra,

buscó el suplicio de tu regio yugo,
y bajo el raso de tu pie verdugo
puse mi esclavo corazón de alfombra.

(*Poesías completas,* 1961)

∿NIRVANA CREPUSCULAR

Con su veste en color de serpentina,
reía la voluble Primavera . . .
Un billón de luciérnagas de fina
esmeralda, rayaba la pradera.

5   Bajo un aire fugaz de muselina,
todo se idealizaba, cual si fuera
el vago panorama la divina
materialización de una quimera . . .

En consustanciación con aquel bello
10   nirvana gris de la Naturaleza,
te inanimaste . . . Una irreal pereza

mimó tu rostro de incitante vello,
y al son de mis suspiros, tu cabeza
durmióse como un pájaro en mi cuello . . .

(*Poesías completas,* 1961)

∿PANTEÍSMO

Los dos sentimos ímpetus reflejos,
oyendo, junto al mar, los fugitivos
sueños de Gluck,[17] y por los tiempos viejos
rodaron en su tez oros furtivos . . .

5   La luna hipnotizaba nimbos vivos,
surgiendo entre abismáticos espejos.
Calló la orquesta y descendió a lo lejos
un enigma de puntos suspensivos . . .

Luego: la inmensidad, el astro, el hondo
10   silencio, todo penetró hasta el fondo
de nuestro ser . . . Un inaudito halago

de consustanciación y aéreo giro
electrizónos, y hacia el éter vago
15   subimos en la gloria de un suspiro! . . .

(*Poesías completas,* 1961)

[17] Gluck: Germanic composer (1714–1787).

ᘓᕈᘖEL BESO

Disonó tu alegría en el respeto
de la hora, como una rima ingrata,
en toilette cruda, tableteado peto
y pasamanerías de escarlata . . .[18]

5   De tu peineta de bruñida plata
se enamoró la tarde, y junto al seto,
loqueando, me crispaban de secreto
tus actitudes lúbricas de gata.

De pronto, cuando en fútiles porfías[19]
10 me ajaban[20] tus nerviosas ironías,
selló tu risa, de soprano alegro,

con un deleite de alevoso alarde,[21]
mi beso, y fue a perderse con la tarde
en el país de tu abanico negro . . .

(Poesías completas, 1961)

ᘓᕈᘖLA GOTA AMARGA

Soñaban con la Escocia de tus ojos
verdes, los grandes lagos amarillos;
y engarzó[22] un nimbo de esplendores rojos
la sangre de la tarde en tus anillos.

5   En la bíblica paz de los rastrojos
gorjearon los ingenuos caramillos,[23]
un cántico de arpegios tan sencillos
que hablaban de romeros y de hinojos.[24]

¡Y dimos en sufrir! Ante aquel canto
10 crepuscular, escintiló tu llanto.[25]
Viendo nacer una ilusión remota,

callaron nuestras almas hasta el fondo.
Y como un cáliz angustioso y hondo
mi beso recogió la última gota.

(Poesías completas, 1961)

ᘓᕈᘖEL JURAMENTO

A plena inmensidad, todas las cosas
nos efluviaron de un secreto mago.
Walter Scott erraba sobre el lago,
y Lamartine soñaba entre las rosas.

5   Los dedos en prisiones temblorosas,
nos henchimos de azul éxtasis vago,
venciendo a duras penas un amago[26]
inefable de lágrimas dichosas.

Ante Dios y los astros, nos juramos
10 amarnos siempre como nos amamos.
Y un astro fugitivo, aquel momento,

sesgó de plano a plano el Infinito,
como si el mismo Dios hubiera escrito
su firma sobre nuestro juramento.

(Poesías completas, 1961)

ᘓᕈᘖEL CREPÚSCULO DE MARTIRIO

Con sigilo de felpa[28] la lejana
piedad de tu sollozo en lo infinito
desesperó, como un clamor maldito
que no tuviera eco . . . La cristiana

Te vi en el mar, te oí en el viento . . .—Ossian[27]

5   viudez de aquella hora en la campana,
llegó a mi corazón . . . y en el contrito
recogimiento de la tarde, el grito
de un vapor fue a morir a tu ventana.

---

[18] tableteado . . . escarlata: *rattling breastcover and scarlet lace.*
[19] porfía: *stubborn argument.*
[20] me ajaban: *withered and wore me out.*
[21] alevoso alarde: *perfidious display.*
[22] engarzar: *to link, enclose.*
[23] gorjearon . . . caramillos: *the shawms trilled.* Shawm (*caramillo*) was the forerunner of the modern oboe.
[24] de romeros y de hinojos: *of rosemary and fennel.* These words also mean *pilgrims* and *kneeling.*

[25] escintilar: *to flash forth.*
[26] amago: *threat, menace.*
[27] Ossian: legendary Gaelic poet and warrior (circa third century A.D.). James Macpherson (1736–1796) claimed that he had found Ossian's manuscript in the Scotch Highlands, and that the poems he published in 1760–1763 were translated from this. Modern criticism regards most of this poetry as Macpherson's own invention.
[28] felpa: *soft plush.*

Los sauces padecían con los vagos
10 insomnios del molino . . . La profunda
superficialidad de tus halagos

se arrepintió en el mar . . . Y en las riberas
echóse a descansar, meditabunda,
la caravana azul de tus orejas! . . .

(Poesías completas, 1961)

ᖍᖎEPITALAMIO[29] ANCESTRAL

Con pompas de brahmánicas unciones,
abrióse el lecho de tus primaveras,
ante un lúbrico rito de panteras
y una erección de símbolos varones . . .

5 Al trágico fulgor de los hachones,[30]
ondeó la danza de las bayaderas,[31]
por entre una apoteosis de banderas
y de un siniestro trueno de leones.

Ardió al epitalamio de tu paso,
10 un himno de trompetas fulgurantes . . .
Sobre mi corazón los hierofantes[32]

ungieron tu sandalia, urna de raso,
a tiempo que cien blancos elefantes
enroscaron su trompa hacia el ocaso.

(Poesías completas, 1961)

ᖍᖎOJOS NEGROS

La noche del odio eterno
cristalizó en el diamante
de tus pupilas, que el Dante
tomara por el Infierno.

5 Desoladas en su interno
maleficio obsesionante,
hay en su noche enervante:
vacío, caos e invierno.

Aunque a traición me han herido
10 con sus filosos destellos,
dame, por Dios, esos bellos

ojos que tanto he querido,
ay, para enlutar con ellos
el féretro de tu olvido.

(Poesías completas, 1961)

---

[29] epitalamio: *epithalamium*, poem composed to celebrate a wedding. Literal meaning: *on the wedding couch.*
[30] hachón: *torch.*

[31] bayadera: *woman dancer of India.*
[32] hierofante: *pagan priest,* one who officiated at the Eleusinian Mysteries.

⁓⁓Ricardo Jaimes Freyre

BOLIVIA, 1868–1933   Jaimes Freyre, like many other modernists, lived and wrote in a poetic world of his own creation. It was a world of nordic splendor, fantastic as a dream of Valhalla, but warm with the innately subdued coloring which was the poet's racial heritage from the Latins. His images are lyrical, not grotesque like those of Herrera y Reissig, and they are cast in a classic mold. The poet's primary importance in the modernist movement is his virtuosity as an innovator of metrical forms. His polished elegance is characteristic of the finest distillation of the modernist spirit.

⁓⁓EL CANTO DEL MAL

Canta Lok[1] en la obscura región desolada,
y hay vapores de sangre en el canto de Lok.
El Pastor apacienta su enorme rebaño de hielo,
que obedece,—gigantes[2] que tiemblan,—la voz del Pastor.
     Canta Lok a los vientos helados que pasan,
     y hay vapores de sangre en el canto de Lok.

Densa bruma se cierne. Las olas se rompen
en las rocas abruptas, con sordo fragor.
En su dorso sombrío se mece la barca salvaje
del guerrero de rojos cabellos, huraño y feroz.
     Canta Lok a las olas rugientes que pasan,
     y hay vapores de sangre en el canto de Lok.

Cuando el himno del hierro se eleva al espacio
y a sus ecos responde siniestro clamor,
y en el foso, sagrado y profundo, la víctima busca,
con sus rígidos brazos tendidos, la sombra del Dios,
     canta Lok a la pálida Muerte que pasa
     y hay vapores de sangre en el canto de Lok.

(Castalia bárbara, 1899)

[1] Lok: the *Loki,* or god of fire of Scandinavian mythology. He represents the spirit of evil from which springs all of man's unhappiness and anguish. He is constantly fighting gods, men, and giants. He has an insaciable destructive instinct, thus symbolizes that instinct in mankind.

[2] gigantes: the race of giants is different from both the gods and men. They personified the powerful forces of nature. The poet is referring to the "frost" giants.

ᴀᴇᴛᴇʀɴᴜᴍ ᴠᴀʟᴇ[3]

Un Dios misterioso y extraño visita la selva.[4]
Es un Dios silencioso que tiene los brazos abiertos.
Cuando la hija de Thor[5] espoleaba su negro caballo,
le vio erguirse, de pronto, a la sombra de un añoso fresno.[6]
5   Y sintió que se helaba su sangre
ante el Dios silencioso que tiene los brazos abiertos.

De la fuente de Imer,[7] en los bordes sagrados, más tarde,
la Noche[8] a los Dioses absortos reveló el secreto;
el Águila[9] negra y los Cuervos de Odín[10] escuchaban,
10   y los Cisnes que esperan la hora del canto postrero;
y a los Dioses mordía el espanto
de ese Dios silencioso que tiene los brazos abiertos.

En la selva agitada se oían extrañas salmodias;
mecía la encina y el sauce quejumbroso viento;
15   el bisonte y el alce rompían las ramas espesas,
y a través de las ramas espesas huían mugiendo.
En la lengua sagrada de Orga[11]
despertaban del canto divino los divinos versos.

Thor, el rudo, terrible guerrero que blande la maza,
20   —en sus manos es arma la negra montaña de hierro—,
va a aplastar, en la selva, a la sombra del árbol sagrado,
a ese Dios silencioso que tiene los brazos abiertos.
Y los Dioses contemplan la maza rugiente,
que gira en los aires y nubla la lumbre del cielo.

25   Ya en la selva sagrada no se oyen las viejas salmodias,
ni la voz amorosa de Freya[12] cantando a lo lejos;
agonizan los Dioses que pueblan la selva sagrada,
y en la lengua de Orga se extinguen los divinos versos.
Solo, erguido a la sombra de un árbol,
30   hay un Dios silencioso que tiene los brazos abiertos.[13]

(*Castalia bárbara,* 1899)

---

[3] Aeternum vale: *Eternal farewell,* the "Twilight of the Gods" or grand cataclysm in which the entire universe is to be destroyed.

[4] selva: in the forest outside Odin's abode the leaves were pure gold.

[5] la hija de Thor: Thor was the most powerful Nordic god; by wielding his hammer (thunder) he mastered the other gods. His daughter was Thrud, the thundercloud.

[6] fresno: *ash tree.* The ash Yggdrasil was considered the most sacred resting place of the Nordic gods. The tree was created by Odin and represented the universe, time, and life.

[7] Imer: the fountain or well of Imer (or Mimir) lies beneath the roots of the sacred ash Yggdrasil. It was believed that this fountain was the sea itself lapping the immense roots of the sacred ash.

[8] Noche: *Nott,* goddess of darkness and night.

[9] Águila: the eagle that sits in the ash tree; he knows all things.

[10] Cuervos de Odín: Odin, the chief or father god of Scandinavian mythology, has two ravens that sit on his shoulders. They bring him news of the universe. The two ravens represent "thought" and "memory."

[11] Orga: this is a name invented by the poet; it suggests *Orco,* "hell."

[12] Freya: wife of Odin, the goddess of love and marriage.

[13] Christ.

⤞LAS VOCES TRISTES

Por las blancas estepas
se desliza el trineo;
los lejanos aullidos de los lobos
se unen al jadeante resoplar de los perros.

5   Nieva.
Parece que el espacio se envolviera en un velo,
tachonado de lirios[14]
por las alas del cierzo.

El infinito blanco . . .
10 sobre el vasto desierto,
flota una vaga sensación de angustia,
de supremo abandono, de profundo y sombrío
desaliento.

Un pino solitario
15 dibújase a lo lejos,
en un fondo de brumas y de nieve,
como un largo esqueleto.

Entre los dos sudarios[15]
de la tierra y el cielo,
20 avanza en el Naciente
el helado crepúsculo de invierno . . .

(*Castalia bárbara,* 1899)

⤞SIEMPRE

Peregrina paloma imaginaria

Peregrina paloma imaginaria
que enardeces los últimos amores,
alma de luz, de música y de flores,
peregrina paloma imaginaria,

5   vuela sobre la roca solitaria
que baña el mar glacial de los dolores;
haya, a tu paso, un haz de resplandores
sobre la adusta roca solitaria . . .

Vuela sobre la roca solitaria,
10 peregrina paloma, ala de nieve
como divina hostia, ala tan leve

como un copo de nieve; ala divina,
copo de nieve, lirio, hostia, neblina,
peregrina paloma imaginaria . . .

(*Castalia bárbara,* 1899)

⤞LUSTRAL[16]

Llamé una vez a la visión
                y vino.
Y era pálida y triste, y sus pupilas
ardían como hogueras de martirios.
5 Y era su boca como una ave negra
de negras alas.
                En sus largos rizos
había espinas. En su frente arrugas.
Tiritaba.
10   Y me dijo:
—¿Me amas aún?

Sobre sus negros labios
posé los labios míos;
en sus ojos de fuego hundí mis ojos
15 y acaricié la zarza de sus rizos.
Y uní mi pecho al suyo, y en su frente
apoyé mi cabeza.
                Y sentí el frío
que me llegaba al corazón. Y el fuego
20 en los ojos.
                Entonces
se emblanqueció mi vida como un lirio.

(*Castalia bárbara,* 1899)

---

[14] tachonado de lirios: *trimmed with lilies.*
[15] sudarios: *shrouds, cloths* (for the faces of the dead).

[16] lustral: *purifying water,* used by the ancients in religious rites.

ꙮLO FUGAZ

La rosa temblorosa
se desprendió del tallo,
y la arrastró la brisa
sobre las aguas turbias del pantano.

5   Una onda fugitiva
le abrió su seno amargo,
y estrechando a la rosa temblorosa
la deshizo en sus brazos.

Flotaron sobre el agua
10 las hojas como miembros mutilados,
y confundidas con el lodo negro,
negras, aun más que el lodo, se tornaron.

Pero en las noches puras y serenas
se sentía vagar en el espacio
15 un leve olor de rosa
sobre las aguas turbias del pantano.

(*Los sueños son vida*, 1917)

~~~José Santos Chocano

PERU, 1875–1934   This poet, propagandist, favorite or enemy of
tyrants as the moment dictated, was one of Latin America's most
forceful and most popular voices. He sang of the glory of his people,
exalted their heroes, defended their Indians, painted the flora and fauna
of their countries in somewhat the same way that Walt Whitman
chanted the song of North America and its dream of democracy.
Chocano wanted to be Indian and Spaniard all rolled into one; his
voice was the cry of the mestizo shouting out defiance to the white man.
His declamatory lines and usually conventional verse are perfect
vehicles for expressing that sense of over-dramatization which is one of
the characteristics of many a warm-blooded race. His sonorous baritone
occasionally irks the sensibilities of more refined Latin Americans, but it
brings a popular response from the masses, who love the ring of poetry
when there is a resonant music to its verse. Chocano likes the brasses of
his orchestra, but he does not neglect completely the muted horns and
the reeds. The "I" in him is inordinate, but it is an "I" which derives
straight from the heart, the flesh, and the earth of his people. At times
when this ego is subordinated to a grander theme, he reaches heights of
true descriptive splendor, or touches the magic spring of interpretation
or prophecy. He is the born poet of the tropics, who loves colors that are
lush and warm that he may make them into the full, waving banners of
his multicolored procession.

~~~BLASÓN[1]

Soy el cantor de América autóctono[2] y
    salvaje;
mi lira tiene un alma, mi canto un ideal.
Mi verso no se mece colgado de un ramaje
5 con un vaivén pausado de hamaca tropical...

    Cuando me siento Inca, le rindo vasallaje
al Sol, que me da el cetro de su poder real;

cuando me siento hispano y evoco el Coloniaje,
parecen mis estrofas trompetas de cristal...
10   Mi fantasía viene de un abolengo moro:
los Andes son de plata, pero el León de oro;
y las dos castas fundo con épico fragor.

    La sangre es española e incaico es el latido;
¡ y de no ser Poeta, quizás yo hubiese sido
15 un blanco Aventurero o un indio Emperador!

(*Alma América*, 1906)

---

[1] blasón: *coat-of-arms*. In poetics the word came to
mean "a declaration of poetic principles," or a
"manifesto."

[2] autóctono: *autochthonous, native, aboriginal.*

⁀⁀⁀LOS ANDES

Cual se ve la escultórica serpiente
de Laoconte[3] en mármoles desnudos,
los Andes trenzan sus nerviosos nudos
en el cuerpo de todo un Continente.

5 Horror dantesco estremecer se siente
por sobre ese tropel de héroes membrudos,
que se alzan con graníticos escudos
y con cascos[4] de plata refulgente.

La angustia de cada héroe es infinita,
10 porque quiere gritar, retiembla, salta,
se parte de dolor, . . . pero no grita;

y sólo deja, extático y sombrío,
rodar, desde su cúspide más alta,
la silenciosa lágrima de un río . . .

(Alma América, 1906)

⁀⁀⁀LA VISIÓN DEL CÓNDOR

Una vez bajó el cóndor de su altura
a pugnar con el boa, que, hecho un lazo,
dormía astutamente en el regazo
compasivo de trágica espesura.

5 El cóndor picoteó la escama dura;
y la sierpe, al sentir el picotazo,
fingió en el césped el nervioso trazo
con que la tempestad firma en la anchura.

El cóndor cogió al boa; y en un vuelo
10 sacudiólo con ímpetu bravío,
y lo dejó caer desde su cielo.

Inclinó la mirada al bosque umbrío;
y pudo ver que, en el lejano suelo,
en vez del boa, serpenteaba un río.

(Alma América, 1906)

⁀⁀⁀CAUPOLICÁN

Ya todos los caciques probaron el madero.[5]
—¿Quién falta?—Y la respuesta fue un arrogante:—¡Yo!
—¡Yo!—dijo; y, en la forma de una visión de Homero,
del fondo de los bosques Caupolicán surgió.

5 Echóse el tronco encima, con ademán ligero;
y estremecerse pudo, pero doblarse no.
Bajo sus pies, tres días crujir hizo el sendero;
y estuvo andando . . . andando . . . y andando se durmió.

Andando, así, dormido, vio en sueños al verdugo;
él muerto sobre un tronco, su raza con el yugo,
10 inútil todo esfuerzo y el mundo siempre igual.

Por eso, al tercer día de andar por valle y sierra,
el tronco alzó en los aires y lo clavó en la tierra
¡como si el tronco fuese su mismo pedestal!

(Alma América, 1906)

[3] Laoconte: *Laocoön,* in Greek legend a priest of Apollo who warned the Trojans not to accept the famous wooden horse of the Greeks. Shortly thereafter, Athena, who sympathized with the Greeks, sent two enormous sea serpents to attack him and his two sons while he was praying in the temple. Laocoön and one or both of his sons were killed. A famous Greek statue now in the Vatican shows Laocoön and his sons struggling with the serpent.

[4] cascos: *helmets.*

[5] Cf. pages 47–48, 52–53, and 414.

ᘯᐧᘰᕀ LOS VOLCANES

Cada volcán levanta su figura,
cual si de pronto, ante la faz del cielo,
suspendiesen el ángulo de un velo
dos dedos invisibles de la altura.

5   La cresta es blanca y como blanca pura:
la entraña hierve en inflamado anhelo;
y sobre el horno aquel contrasta el hielo,
cual sobre una pasión un alma dura.

Los volcanes son túmulos de piedra,
10 pero a sus pies los valles que florecen
fingen alfombras de irisada yedra;

y por eso, entre campos de colores,
al destacarse en el azul, parecen
cestas volcadas derramando flores . . .

(Alma América, 1906)

ᘯᐧᘰᕀ LA EPOPEYA DEL PACÍFICO

(a la manera yanqui)

Los Estados Unidos, como argolla de bronce,
contra un clavo torturan de la América un pie;
y la América debe, ya que aspira a ser libre,
imitarles primero e igualarles después.
5   Imitemos, ¡oh Musa!, las crujientes estrofas
que en el Norte se mueven con la gracia de un tren;
y que giren las rimas como ruedas veloces;
y que caigan los versos como varas de riel . . .

Desconfiemos del Hombre de los ojos azules,
10 cuando quiera robarnos al calor del hogar
y con pieles de búfalo un tapiz nos regale
y lo clave con discos de sonoro metal,
aunque nada es huirle, si imitarle no quieren
los que ignoran, gastándose en belígero afán,
15 que el trabajo no es culpa de un Edén ya perdido,
sino el único medio de llegarlo a gozar.

Pero nadie se duela de futuras conquistas:
nuestras selvas no saben de una raza mejor,
nuestros Andes ignoran lo que importa ser blanco,
20 nuestros ríos desdeñan lo que vale un sajón;
y, así, el día en que un pueblo de otra raza se atreva
a explorar nuestras patrias, dará un grito de horror,
porque el miasma y la fiebre y el reptil y el pantano
le hundirán en la tierra, bajo el fuego del Sol.

25 No podrá ser la raza de los blondos cabellos
la que al fin rompa el Istmo . . . Lo tendrán que romper
veinte mil antillanos de cabezas obscuras,
que hervirán en las brechas cual sombrío tropel.
Raza de las Pirámides, raza de los asombros:
30 Faro en Alejandría, Templo en Jerusalén;
¡raza que exprimió sangre sobre el Romano Circo
y que exprimió sudores sobre el Canal de Suez!

Cuando corten el nudo que Natura ha formado,
cuando entreabran las fauces del sediento Canal,
35 cuando al golpe de vara de un Moisés en las rocas
solemnemente arrójese uno contra otro mar,
en el único instante del titánico encuentro,
un aplauso de júbilo esos mares darán,
que se eleve en los aires a manera de un brindis,
40 como chocan dos vasos de sonoro cristal . . .

El Canal será el golpe que abrir le haga los mares
y le quite las llaves del gran Río al Brasil;
porque nuestras montañas rendirán sus tributos
a las naves que lleguen hasta el puerto feliz,
45 cuando luego de Paita,[6] con enérgico trazo,
amazónica margen solicite el carril,
y el Pacífico se una con el épico Río,
y los trenes galopen sacudiendo su crin . . .

¡Oh, la turba que, entonces, de los puertos vibrantes
50 de la Europa latina llegará a esa región!
Barcelona, Havre, Génova, en millares de manos,
mirarán los pañuelos desplegando un adiós . . .
Y el latino que sienta del vivaz Mediodía
ese Sol en la sangre parecido a este Sol,
55 poblará nuestros bosques y vendrá desde Europa
¡por el propio camino que le alista el sajón!

Vierte, ¡oh Musa!, tus cantos, como linfas que corren
y que fingen corriendo milagroso Jordán,
donde América puede redimir sus pecados,
60 refrescar sus fatigas, sus miserias lavar;
y, después que en el baño quede exenta de culpa,
enjugarse las aguas y envolverse quizás
entre sábanas puras, que se tiendan al viento,
¡como blancas banderas de Trabajo y de Paz!

(*Alma América*, 1906)

TRES NOTAS DE NUESTRA ALMA INDÍGENA

(A) ¡QUIÉN SABE!

Indio que asomas a la puerta
de esa tu rústica mansión:
¿para mi sed no tienes agua?
¿para mi frío, cobertor?
5 ¿parco maíz para mi hambre?
¿para mi sueño, mal rincón?
¿breve quietud para mi andanza? . . .
　　—¡Quién sabe, señor!

Indio que labras con fatiga
10 tierras que de otros dueños son:
¿ignoras tú que deben tuyas
ser, por tu sangre y tu sudor?
¿ignoras tú que audaz codicia,
siglos atrás, te las quitó?
15 ¿ignoras tú que eres el Amo?
　　—¡Quién sabe, señor!

[6] Paita: the Pacific port of northwestern Peru.

Indio de frente taciturna
y de pupilas sin fulgor:
¿qué pensamiento es el que escondes
20 en tu enigmática expresión?
¿qué es lo que buscas en tu vida?
¿qué es lo que imploras a tu Dios?
¿qué es lo que sueña tu silencio?
     —¡Quién sabe, señor!

25 ¡Oh raza antigua y misteriosa,
de impenetrable corazón,
que sin gozar ves la alegría
y sin sufrir ves el dolor:
eres augusta como el Ande,
30 el Grande Océano y el Sol!
Ese tu gesto que parece
como de vil resignación
es de una sabia indiferencia
y de un orgullo sin rencor . . .

35 Corre en mis venas sangre tuya,
y, por tal sangre, si mi Dios
me interrogase qué prefiero
—cruz o laurel, espina o flor,
beso que apague mis suspiros
40 o hiel que colme mi canción—
responderíale dudando:
     —¡Quién sabe, señor!

(B) ASÍ SERÁ

El joven indio comparece
ante el ceñudo Capataz:
—Tu padre ha muerto; y, como sabes
en contra tuya y en pie están
5 deudas, que tú con tu trabajo
tal vez no llegues a pagar . . .
Desde mañana, como es justo,
rebajaremos tu jornal.—
El joven indio abre los ojos
10 llenos de trágica humedad;
y, con un gesto displicente
que no se puede penetrar,
dice, ensayando una sonrisa:
     —Así será . . .

15 Clarín de guerra pide sangre.
Truena la voz del Capitán:
—Indio: ¡a las filas! Blande tu arma
hasta morir o hasta triunfar.
Tras la batalla, si es que mueres,
20 nadie de ti se acordará;

pero si, en cambio, el triunfo alcanzas,
te haré en mis tierras trabajar . . .
No me preguntes por qué luchas,
ni me preguntes dónde vas.—
25 Dócil el indio entra en las filas
como un autómata marcial;
y sólo dice, gravemente:
     —Así será . . .

Mujer del indio: en ti los ojos
30 un día pone blanco audaz.
Charco de sangre . . . Hombre por tierra . . .
Junto al cadáver, un puñal . . .
Y luego el juez increpa al indio,
que se sonríe sin temblar:
35 —Quien como tú con hierro mata,
con hierro muere. ¡Morirás!—
Pone un relámpago en sus ojos
turbios el indio; y, con la faz
vuelta a los cielos, dice apenas:
40   —Así será . . .

¡Oh raza firme como un árbol
que no se agobia al huracán,
que no se queja bajo el hacha
y que se impone al pedregal!
45 Raza que sufre su tormento
sin que se lo oiga lamentar.
(¿Rompió en sollozos Atahualpa?
¿Guatemozín?[7] . . . ¿Caupolicán? . . .)
El "Dios lo quiere" de los moros
50 suena como este "Así será" . . .

¿Resignación? Antes orgullo
que la fortuna caprichosa
y que la humana crueldad . . .
Un filosófico desprecio
55 hacia el dolor acaso da
la herencia indígena a mi sangre,
pronta a fluir sin protestar;
y cada vez que la torpeza
de la Fortuna huye a mi afán,
60 y crueldades harto humanas
niéganle el paso a mi Ideal,
y hasta la Vida me asegura
que nada tengo que esperar,
dueño yo siempre de mí mismo
65 y superior al bien y al mal,
digo, encogiéndome de hombros:
     —Así será . . .

[7] Guatemozín: See page 427, note 67.

(C) AHÍ, NO MÁS

Indio que a pie vienes de lejos
(y tan de lejos que quizás
te envejeciste en el camino,
y aún no concluyes de llegar . . .)
5 Detén un punto el fácil trote
bajo la carga de tu afán,
que te hace ver siempre la tierra
(en que reinabas siglos ha);
y dime, en gracia a la fatiga,
10 ¿en dónde queda la ciudad?—
Señala el Indio un ágil cumbre,
que a mi esperanza cerca está;
y me responde, sonriendo,
—Ahí, no más . . .

15 Espoleado echo al galope
mi corcel; y una eternidad
se me desdobla en el camino . . .
Llego a la cuesta; un pedregal
en que monótonos los cascos
20 del corcel ponen su chis-chas . . .
Gano la cumbre; y, por fin, ¿qué hallo?
aridez, frío y soledad . . .
Ante esta cumbre, hay otra cumbre;
y después de ésa, ¿otra no habrá?
25 —Indio que vives en las rocas
de las alturas y que estás
lejos del valle y las falacias
que la molicie urde sensual,
¿quieres decirle a mi fatiga
30 en dónde queda la ciudad?—
El Indio asómase a la puerta
de su palacio señorial,
hecho de pajas que el Sol dora
y que desfleca el huracán;
35 y me responde sonriendo:
—Antes un río hay que pasar . . .

—¿Y queda lejos ese río?
—Ahí, no más . . .

Trepo una cumbre y otra cumbre
40 y otra . . . Amplio valle duerme en paz;
y sobre el verde fondo, un río
dibuja su S de cristal.
—Éste es el río; pero ¿en dónde,
en dónde queda la ciudad?—
45 Indio que sube de aquel valle,
oye mi queja y, al pasar,
deja caer estas palabras:
—Ahí, no más . . .

¡Oh Raza fuerte en la tristeza,
50 perseverante en el afán,
que no conoces la fatiga
ni la extorsión del "más allá."
—Ahí, no más . . .—encuentras siempre
cuanto deseas encontrar;
55 y, así, se siente, en lo profundo
de ese desprecio con que das
sabia ironía a las distancias,
una emoción de Eternidad . . .

Yo aprendo en ti—lo que me es fácil,
60 pues tengo el título ancestral—
o hacer de toda lejanía
un horizonte familiar;
y en adelante, cuando busque
un remotísimo Ideal,
65 cuando persiga un loco ensueño,
cuando prepare un vuelo audaz,
si adónde voy se me pregunta,
ya sé que debo contestar,
sin medir tiempos ni distancias:
70 —Ahí, no más . . .

(*Primicias de oro de Indias*, 1934)

Guillermo Valencia

COLOMBIA, 1873–1943   The polish and sobriety of the aristocrat and the soft colors of his native Popayán permeate the poetry of Guillermo Valencia, one of modernism's least prolific writers. A man with an excellent classic education and a keen knowledge of several foreign languages, Valencia was also one of the finest translators of poetry in his generation. Among the foreign poets he translated are d'Annunzio, Peter Altenberg, Stefan George, Hugo von Hoffmannsthal, Verlaine, Maeterlinck, Mallarmé, and Eugénio de Castro. In all that he wrote Valencia came close to being a true Parnassian.

One of his best and longest poems, *Leyendo a Silva*, is an evocation of his fellow countryman, whom Valencia deeply admired. Valencia beseeches Christ to forgive Silva for having committed suicide, then adds:

> Pensó mucho: sus páginas suelen robar la calma;
> sintió mucho: sus versos saben partir el alma;
>
> ¡amó mucho! circulan ráfagas de misterio
> entre los negros pinos del blanco cementerio . . .
>
> No manchará su lápida epitafio doliente:
> tallad un verso en ella, pagano y decadente,
>
> digno del crespo Adonis en muerte de Afrodita:
> un verso como el hálito de una rosa marchita,
>
> que llore su caída, que cante su belleza,
> que cifre sus ensueños, ¡que diga su tristeza! . . .

In spite of their poetic affinity the two Colombian writers were very different in character and expression. Max Henríquez Ureña puts it well: "En Silva hay angustia, a ratos escepticismo; en Valencia, melancolía y esperanza. En Silva hay color, pero ante todo hay música. En Valencia hay melodía, pero ante todo hay colorido, si bien prefiere los colores suaves: el blanco, el gris o el amarillo pálido . . ."

Valencia has the virtuosity of a marvelous vocabulary; he often uses erudite and rare words, and his adjectives are symbolic and original. He rewrites again and again in order to find *the exact word*, and in order to prune out mere verbiage. In a few quick and telling strokes he can give us the sensation of beings and of things. His poems are often statues in chiseled form. He has a penchant for the exotic and for the ancient roots of man's cultural heritage and religious beliefs.

⚲LOS CAMELLOS

Lo triste es así . . .—Peter Altenberg[1]

Dos lánguidos camellos, de elásticas cervices,
de verdes ojos claros y piel sedosa y rubia,
los cuellos recogidos, hinchadas las narices,
a grandes pasos miden un arenal de Nubia.[2]

Alzaron la cabeza para orientarse, y luego
al soñoliento avance de sus vellosas piernas
—bajo el rojizo dombo de aquel cenit de fuego—
pararon, silenciosos, al pie de las cisternas . . .

Un lustro apenas cargan bajo el azul magnífico,
y ya sus ojos quema la fiebre del tormento:
tal vez leyeron, sabios, borroso jeroglífico
perdido entre las ruinas de infausto monumento.

Vagando taciturnos por la dormida alfombra,
cuando cierra los ojos el moribundo día,
bajo la virgen negra que los llevó en la sombra
copiaron el desfile de la Melancolía . . .

Son hijos del Desierto: prestóles la palmera
un largo cuello móvil que sus vaivenes finge,
y en sus marchitos rostros que esculpe la Quimera[3]
¡sopló cansancio eterno la boca del Esfinge![4]

Dijeron las Pirámides que el viejo sol rescalda:
"Amamos la fatiga con inquietud secreta . . ."
y vieron desde entonces correr sobre una espalda,
tallada en carne viva, su triangular silueta.

Los átomos de oro que el torbellino esparce
quisieron en sus giros ser grácil vestidura,
y unidos en collares por invisible engarce[5]
vistieron del giboso[6] la escuálida figura.

Todo el fastidio, toda la fiebre, toda el hambre,
la sed sin agua, el yermo sin hembras, los despojos
de caravanas . . . huesos en blanquecino enjambre . . .
todo en el cerco bulle de sus dolientes ojos.

Ni las sutiles mirras,[7] ni las leonadas[8] pieles,
ni las volubles palmas que riegan sombra amiga,
ni el ruido sonoroso de claros cascabeles
alegran las miradas al rey de la fatiga.

---

[1] Peter Altenberg was the pseudonym of Richard Engländer (1862–1919), Austrian poet.
[2] Nubia: *African region south of Egypt.*
[3] Quimera: *chimera, a fabulous dragon that spouted flames.*
[4] Esfinge: *Sphinx,* fabled creature with torso of a woman and the hind quarters of a lion. The Sphinx of Egypt had wings.
[5] engarce: *setting.*
[6] giboso: *hunchback.*
[7] mirras: *myrrh.*
[8] leonadas: *tawny.*

¡Bebed dolor en ellas, flautistas de Bizancio[9]
que amáis pulir el dáctilo[10] al son de las cadenas;
sólo esos ojos pueden deciros el cansancio
40 de un mundo que agoniza sin sangre entre las venas!

¡Oh artistas! ¡Oh camellos de la llanura vasta
que vais llevando a cuestas el sacro Monolito!
¡Tristes de Esfinge! ¡Novios de la Palmera casta!
¡Sólo calmáis vosotros la sed de lo infinito!

45 ¿Qué pueden los ceñudos? ¿Qué logran las melenas
de las zarpadas tribus cuando la sed oprime?
Sólo el poeta es lago sobre este mar de arenas;
sólo su arteria rota la Humanidad redime.

Se pierde ya a lo lejos la errante caravana
50 dejándome—camello que cabalgó el Excidio[11] . . .—
¡cómo buscar sus huellas al sol de la mañana,
entre las ondas grises de lóbrego fastidio!

¡No! Buscaré dos ojos que he visto, fuente pura
hoy a mi labio exhausta, y aguardaré paciente
55 hasta que suelta en hilos de mística dulzura
refresque las entrañas del lírico doliente.

Y si a mi lado cruza la sorda muchedumbre
mientras el vago fondo de esas pupilas miro,
dirá que vio un camello con honda pesadumbre,
60 mirando, silencioso, dos fuentes de zafiro . . .

(*Obras poéticas completas,* 1948)

⟡ NIHIL

Es ésta la doliente y escuálida figura
de un ser que hizo en treinta años mayores
  desatinos
que el mismo don Alonso Quijano, sin molinos
de viento, ni batanes, ni bachiller, ni cura.

5 Que por huir del vulgo, corrió tras la
  aventura
del ideal, y avaro lector de pergaminos,
dedujo de lo estéril de todos los destinos
humanos, el horóscopo de su mala ventura.

Mezclando con sus sueños el rey de los
  metales,
10 halló combinaciones tristes, originales
—inútiles al sino del alma desolada—,

nauta de todo cielo, buzo de todo oceano,
como el fakir idiota de un oriente lejano,
sólo repite ahora una palabra: ¡Nada!

(*Obras poéticas completas,* 1948)

---

[9] Bizancio: *Byzantium,* Greek-speaking Constantinople before its capture by the Turks in 1453.
[10] dáctilo: ancient poetic foot (*dactyl*) of one long and two short syllables.
[11] Excidio: *desolation.*

ᙁᐧPALEMÓN EL ESTILITA[12]

> *Enfuriado el Maligno Spíritu de la devota e sancta vida*
> *que el dicho ermitanno facía, entróle fuertemientre deseo de*
> *facerlo caer en grande y carboniento pecado. Ca estos e non*
> *otros son sus pensamientos e obras.*
> —Apeles Mestres, *Garín*[13]

Palemón el Estilita, sucesor del viejo Antonio,[14]
que burló con tanto ingenio las astucias del demonio,
antiquísima columna de granito
se ha buscado en el desierto por mansión,
5 y en un pie sobre la *stela*[15]
ha pasado muchos días
inspirando a sus oyentes
el horror a los judíos
y el horror a las judías
10 que endiosaron, ¡Dios del Cielo!,
que endiosaron a una hermosa
de la vida borrascosa,
que llamaban Herodías.[16]

Palemón el Estilita "era un Santo." Su retiro
15 circuían mercadantes de Lycoples y de Tiro,[17]
judaizantes de apartadas sinagogas
que anhelaban de sus labios escuchar
la palabra de consuelo,
la palabra de verdad
20 que nos salve del castigo
y de par en par el cielo
nos entregue: solo abrigo
contra el pérfido enemigo
que nos busca sin cesar
25 y nos tienta con el fuego de unos ojos

que destellan bajo el lino de una toca,
con la púrpura de frescos labios rojos
y los pálidos marfiles de una boca.

Al redor de la columna que habitaba el Estilita,
30 como un mar efervescente, muchedumbre ingente[18] agita
los turbantes, los bastones y los brazos,
y demanda su sermón al solitario,
cuya hueca voz de enfermo
fuerzas cobra ante la mies
35 que el Señor ha deparado
a su hoz, y cruza el yermo
que turbaron otros tiempos los timbales de Ramsés.[19]

Y les habla de las obras de piedad y sacrificio,
de las rudas tentaciones del Apóstol, y del vicio
40 que llevamos en nosotros; del ayuno y el cilicio,[20]
del vivir año tras año con las fieras
bajo rotos quitasoles de palmeras;
y les cuenta lo que es sed y lo que es hambre,
lo que son las noches cálidas de Libia,
45 cuando bulle de planetas un enjambre,
y susurra en los palmares la aura tibia,
que provocan en el ánimo cansado

---

[12] Estilita: *stylite, pillar-sitter, anchorite,* one of a class of solitary ascetics who spent their lives atop ancient pillars during the early centuries of the Christian church. Palemón (died circa 315 A.D.) of Tebaide, Egypt, was one of these. He was made a saint of the church.

[13] Apeles Mestres (1854–1918), a Catalan writer from Barcelona who was interested in reviving the ancient legends and folk tales. He frequently rewrote them in archaic style, as the above quotation indicates.

[14] Antonio: *Saint Anthony* (born c. 250 A.D.) was the first Christian monk. At the age of 20 he withdrew from all social contact in his native Egypt and became an ascetic, emerging only to organize communities of anchorites. His struggle with the Devil (the forces of evil) are legendary, and in some ways parallel those of

Christ. The French novelist Flaubert (1821–1880) has written a novel about his life: *The Temptation of Saint Anthony* (1874).

[15] stela: *pillar.*

[16] Herodías: mother of Salomé, who asked for the head of St. John the Baptist for her daughter.

[17] Su retiro . . . Tiro: *Merchants from Tyre and Licopolis surrounded his refuge.* Tyre was an ancient Phoenician commercial center in Asia Minor; Licopolis was a city in Egypt on the banks of the Nile.

[18] ingente: *huge, enormous.*

[19] timbales de Ramsés: *kettledrums of Rameses.* Rameses or Ramses was the name of several kings of ancient Egypt.

[20] cilicio: *sackcloth, hair shirt,* worn to punish the body.

de una vida muerta y loca
los recuerdos tormentosos
50 que en los días pesarosos,
que en los días soñolientos
de tristezas y de calma,
nos golpean en el alma
con sus mágicos acentos
55 cual la espuma débil
toca
la cabeza dura y fría
de la roca.

De la turba que le oía
60 una linda pecadora
destacóse: parecía
la primera luz del día,
y en lo negro de sus ojos
la mirada tentadora
65 era un áspid; amplia túnica de grana
dibujaba las esferas de su seno;
nunca vieran[21] los jardines de Ecbatana[22]
otro talle más airoso, blanco y lleno;
bajo el arco victorioso de las cejas
70 era un triunfo la pupila quieta y brava,
y cual conchas sonrosadas, las orejas
se escondían bajo un pelo que temblaba
como oro derretido;
de sus manos blancas, frescas,
75 el purísimo diseño
semejaba lotos vivos
de alabastro;
irradiaba toda ella
como un astro:
80 era un sueño
que vagaba
con la turba adormecida
y cruzaba
—la sandalia al pie ceñida—

85 cual la muda sombra errante
de una sílfide,
de una sílfide seguida
por su amante.

Y el buen monje
90 la miraba,
la miraba,
la miraba,
y, queriendo hablar, no hablaba,
y sentía su alma esclava
95 de la bella pecadora de mirada tentadora,
y un ardor nunca sentido
sus arterias encendía,
y un temblor desconocido
su figura
100 larga
y flaca
y amarilla
sacudía:
¡era amor! El monje adusto
105 en esa hora sintió el gusto
de los seres y la vida;
su guarida
de repente abandonaron
pensamientos tenebrosos
110 que en la mente
se asilaron
del proscrito,
que, dejando su columna
de granito,
115 y en coloquio con la bella
cortesana,
se marchó por el desierto
despacito . . .
a la vista de la muda,
120 ¡a la vista de la absorta caravana! . . .

(*Obras poéticas completas*, 1948)

---

[21] vieran: *had seen*. The "r" form of the imperfect subjunctive is often used as a pluperfect in literary style.

[22] Ecbatana: the *Ahmeta* of the Bible, today's *Hamadán*, Iran.

~~~~~Amado Nervo

MEXICO, 1870–1919   Amado Nervo has often been called the greatest
mystic poet since the days of that other great Mexican writer Sor Juana
Inés de la Cruz. His mysticism, however, was poetic and not monastic.
He was by nature a pantheist, a deeply and humbly religious man, but
the call of physical love was entirely too strong for him to deny. He
glorified and ennobled it, and found that it, too, was a way to God. The
possession and the loss of love were to Nervo priceless experiences of his
own little will reflecting the eternal.

As a man who had read widely and thought a great deal, Nervo was
often beset by doubt, but his longing for God was so strong and of such
enduring root that he felt deep within him that God must exist. Death
he faced with resignation, and of it he wrote: "¡Oh muerte, tú eres
madre de la filosofía!" His whole life was a path along love and doubt,
gentle doubt, to elevation, serenity, plenitude. He spoke always in a
gentle voice, wrote simply, spontaneously, with deep but subdued
feeling.

Although he was seldom carried away with the sound and pomp of
modernist form, Nervo was completely characteristic of modernism in
another way. Throughout the entire period of the bloody Mexican
Revolution (1910–1917), he was in Madrid pouring out the feelings of
his own soul and only vaguely aware of the trials of his people. He was
more concerned with the ultimate problem of Man's destiny than with
the immediate problems of social justice.

~~~A KEMPIS[1]

Sicut nubes, quasi naves, velut umbra . . .

Ha muchos años que busco el yermo,
ha muchos años que vivo triste,
ha muchos años que estoy enfermo,
¡y es por el libro que tú escribiste!

5   ¡Oh Kempis! antes de leerte, amaba
la luz, las vegas, el mar Oceano:
¡mas tú dijiste que todo acaba,
que todo muere, que todo es vano!

[1] Thomas á Kempis (1379–1471) was a Dutch-educated German-born monk whose most famous work was *The Imitation of Christ*, a collection of admonitory meditations written in simple, vigorous Latin. This book is marked by a gentle piety and unworldliness which has made it the most popular devotional book for Christians.

Antes, llevado de mis antojos,
10 besé los labios que al beso invitan,
las rubias trenzas, los grandes ojos,
¡sin acordarme que se marchitan!

Mas como afirman doctores graves
que tú, maestro, citas y nombras
15 que el hombre pasa *como las naves,*
como las nubes, como las sombras . . .

huyo de todo terreno lazo,
ningún cariño mi mente alegra
y con tu libro bajo del brazo
20 voy recorriendo la noche negra . . .

¡Oh Kempis, Kempis, asceta yermo,
pálido asceta, qué mal me hiciste!
Ha muchos años que estoy enfermo
¡y es por el libro que tú escribiste!

(Místicas, 1898)

⌘La hermana Agua² (fragments)

Hermana Agua, alabemos al Señor.
—Espíritu de San Francisco de Asís

EL AGUA QUE CORRE SOBRE LA TIERRA

Yo alabo al cielo porque me brindó en sus amores
para mi fondo gemas, para mi margen flores;
porque cuando la roca me muerde y me maltrata,
hay en mi sangre (espuma) filigranas de plata;
5 porque cuando al abismo ruedo en un cataclismo,
adorno de arco iris triunfales el abismo,
y el rocío que salta de mis espumas blancas
riega las florecitas que esmaltan las barrancas . . .

Docilidad inmensa tengo para mi dueño:
10 Él me dice: "Anda," y ando; "Despéñate," y despeño
mis aguas en la sima de roca, que da espanto;
y canto cuando corro, y al despeñarme canto,
y cantando mi linfa, tormentas o iris fragua,
fiel al Señor . . .
—Loemos a Dios, hermana Agua.

EL VAPOR

El vapor es el alma del agua, hermano mío,
así como sonrisa del agua es el rocío,
y el lago sus miradas y su pensar la fuente,
sus lágrimas la lluvia, su impaciencia el torrente,
5 y los ríos sus brazos, su cuerpo la llanada
sin coto de los mares y las olas sus senos;
su frente las neveras de los montes serenos
y sus cabellos de oro líquido la cascada.

---

² Nervo begins this, his longest poem, with a few words in prose to the reader. He says that the sound of a thin trickle of water from a leaking faucet which he heard night after night, gave him the idea for the poem. That trickle of water, he continues, taught him more than any book, for it suggested the manner in which a man might let his life flow on with love and without recrimination through whatever experiences God has in store for him.

Yo soy alma del agua, y el alma siempre sube:
las trasfiguraciones de esa alma son la nube,
su Tabor es la tarde real que la empurpura:
Como el agua fue buena su Dios la trasfigura . . .

¿Por qué si Dios existe no deja ver sus huellas,
por qué taimadamente se esconde a nuestro anhelo,
por qué no se halla escrito su nombre con estrellas
en medio del esmalte magnífico del cielo?
—Poeta, es que lo buscas con la ensoberbecida
ciencia que exige pruebas y cifras al abismo . . .
Asómate a las fuentes obscuras de tu vida,
y ahí verás su rostro: tu Dios está en ti mismo.
Busca el silencio y ora: tu Dios execra el grito;
busca la sombra y oye: tu Dios habla en lo arcano;
depón tu gran penacho de orgullo y de delito . . .
—Ya está.   —¿Qué ves ahora?
                                        —La faz del Infinito.
—¿Y eres feliz?
                    —Loemos a Dios, Vapor hermano.

EL AGUA MULTIFORME

"El agua toma siempre la forma de los vasos
que la contienen," dicen las ciencias que mis pasos
atisban y pretenden analizarme en vano:
Yo soy la resignada por excelencia, hermano.
¿No ves que a cada instante mi forma se aniquila?

¡Por qué tantos anhelos sin rumbo tu alma fragua!
¿Pretendes ser dichoso? Pues bien, sé como el agua;
sé como el agua llena de oblación y heroísmo,
sangre en el cáliz, gracia de Dios en el bautismo;
sé como el agua, dócil a la ley infinita,
que reza en las iglesias en donde está bendita,
y en el estanque arrulla meciendo la piragua.

Así me dijo el Agua con místico reproche,
y yo, rendido al santo consejo de la Maga,
sabiendo que es el Padre quien habla entre la noche,
clamé con el Apóstol:—*¡Señor, qué quieres que haga!*

(*Poemas*, 1901)

TAN RUBIA ES LA NIÑA

¡Tan rubia es la niña, que
cuando hay sol no se la ve!

Parece que se difunde
en el rayo matinal,
que con la luz se confunde

su silueta de cristal
tinta en rosas y parece
que en la claridad del día
se desvanece
la niña mía.

Si se asoma mi Damiana
a la ventana y colora
la aurora su tez lozana
de albérchigo[3] y terciopelo,
15 no se sabe si la aurora
ha salido a la ventana
antes que salir al cielo.

Damiana en el arrebol[4]
de la mañanita se
20 diluye, y si sale el sol
por rubia . . . no se la ve.

(*Los jardines interiores*, 1905)

ᖰᖰ¡ESTÁ BIEN!

Porque contemplo aún albas radiosas
en que tiembla el lucero de Belén,
y hay rosas, muchas rosas, muchas rosas,
gracias, ¡está bien!

5   Porque en las tardes, con sutil desmayo,
piadosamente besa el sol mi sien
y aún la transfigura con su rayo,
gracias, ¡está bien!

Porque en las noches, una voz me nombra,
10 (¡voz de quien yo me sé!) y hay un edén
escondido en los pliegues de mi sombra,
gracias, ¡está bien!

Porque hasta el mal en mí don es del cielo,
pues que al minarme va, con rudo celo,
15 desmoronando mi pasión también;
porque se acerca ya mi primer vuelo,
gracias, ¡está bien!

(*En voz baja*, 1909)

ᖰᖰ¿LLORAR? ¡POR QUÉ![5]

Éste es el libro de mi dolor:
lágrima a lágrima lo formé;
una vez hecho, te juro, por
Cristo, que nunca más lloraré.
5 ¿Llorar? ¡Por qué!

Serán mis rimas como el rielar
de una luz íntima, que dejaré

en cada verso; pero llorar,
¡eso ya nunca! ¿Por quién? ¿Por qué?

10   Serán un plácido florilegio
un haz de notas que regaré,
y habrá una risa por cada arpegio,
¿Pero una lágrima? ¡Qué sacrilegio!
Eso ya nunca. ¿Por quién? ¿Por qué?

(*La amada inmóvil*, 1920)

ᖰᖰ¿QUÉ MÁS ME DA?

¡Con ella, todo; sin ella, nada!
Para qué viajes,
cielos, paisajes.
¡Qué importan soles en la jornada!
5 Qué más me da

la ciudad loca, la mar rizada,
el valle plácido, la cima helada,
¡si ya conmigo mi amor no está!
Qué más me da . . . * * *

(*La amada inmóvil*, 1920)

[3] albérchigo: *peach.*
[4] arrebol: *red sky.*
[5] This poem and the five which follow it, appeared in *La amada inmóvil* which was not published until 1920, one year after Nervo's death, though it was written during the year 1912. Between 1901 and 1912 the poet "lived the most intense of his loves," and when his "*amada inmóvil*" died in 1912 the loss of her pierced

him to the quick. Nervo does not struggle in self torture against the fact of her death, but rather prays that God may never take his grief away for it has purified and lifted his soul. His finest sustained poetry is found in *La amada inmóvil* and in the two works which follow it: *Serenidad*, written mainly during 1909-1912 but published in 1914, and *Elevación*, published in 1917.

GRATIA PLENA

Todo en ella encantaba, todo en ella atraía:
su mirada, su gesto, su sonrisa, su andar . . .
El ingenio de Francia de su boca fluía.
Era *llena de gracia*, como el Avemaría;
5 ¡quien la vio no la pudo ya jamás olvidar!

Ingenua como el agua, diáfana como el día,
rubia y nevada como Margarita sin par,
al influjo de su alma celeste, amanecía . . .
Era *llena de gracia*, como el Avemaría;
10 ¡quien la vio no la pudo ya jamás olvidar!

Cierta, dulce y amable dignidad la investía
de no sé qué prestigio lejano y singular.
Más que muchas princesas, princesa parecía:
era *llena de gracia* como el Avemaría;
15 ¡quien la vio no la pudo ya jamás olividar!

Yo gocé el privilegio de encontrarla en mi vía
dolorosa: por ella tuvo fin mi anhelar,
y cadencias arcanas halló mi poesía.
Era *llena de gracia* como el Avemaría;
20 ¡quien la vio no la pudo ya jamás olvidar!

¡Cuánto, cuánto la quise! Por diez años fue mía;
pero flores tan bellas nunca pueden durar!
Era *llena de gracia*, como el Avemaría;
y a la Fuente de gracia de donde procedía,
25 se volvió . . . como gota que se vuelve a la mar!

(*La amada inmóvil*, 1920)

ME BESABA MUCHO . . .

Me besaba mucho, como si temiera
irse muy temprano . . . Su cariño era
inquieto, nervioso.
                    Yo no comprendía
5 tan febril premura. Mi intención grosera
nunca vio muy lejos . . .
                    ¡Ella presentía!

Ella presentía que era corto el plazo,
que la vela herida por el latigazo
10 del viento, aguardaba ya . . . , y en su ansiedad
quería dejarme su alma en cada abrazo,
poner en sus besos una eternidad.

(*La amada inmóvil*, 1920)

SEIS MESES . . .

¡Seis meses ya de muerta! Y en vano he pretendido
un beso, una palabra, un hálito, un sonido . . .
y, a pesar de mi fe, cada día evidencio
que detrás de la tumba ya no hay más que silencio . . .

5 Si yo me hubiese muerto, ¡qué mar, qué cataclismos,
qué vórtices, qué nieblas, qué cimas ni qué abismos
burlaran mi deseo febril y omnipotente
de venir por las noches a besarte en la frente,
de bajar con la luz de un astro zahorí,
10 a decirte al oído: "¡No te olvides de mí!"

Y tú, que me querías tal vez más que te amé,
callas inexorable, de suerte que no sé
sino dudar de todo, del alma, del destino,
¡y ponerme a llorar en medio del camino!
15 Pues con desolación infinita evidencio
que detrás de la tumba ya no hay más que silencio . . .

(*La amada inmóvil*, 1920)

∿OFERTORIO

Deus dedit, Deus abstulit

Dios mío, yo te ofrezco mi dolor:
¡Es todo lo que puedo ya ofrecerte!
Tú me diste un amor, un solo amor,
¡un gran amor!

5   Me lo robó la muerte
. . . y no me queda más que mi dolor.
Acéptalo, Señor:
¡Es todo lo que puedo ya ofrecerte! . . .

(*La amada inmóvil*, 1920)

∿AUTOBIOGRAFÍA

¿Versos autobiográficos? Ahí están mis canciones,
allí están mis poemas: yo, como las naciones
venturosas y a ejemplo de la mujer honrada,
no tengo historia. ¡Nunca me ha sucedido nada,
5   oh, noble amiga ignota, que pudiera contarte!

Allá en mis años mozos, adiviné del Arte
la armonía y el ritmo, caros al Musageta,
¡y, pudiendo ser rico, preferí ser poeta!
—¿Y después?
10   —He sufrido como todos y he amado.
—¿Mucho?
          —Lo suficiente para ser perdonado . . .

(*Serenidad*, 1914)

∿SOLIDARIDAD

Alondra, ¡vamos a cantar!   ¡A cantar!
Cascada, ¡vamos a saltar!   ¡A saltar!
Riachuelo, ¡vamos a correr!   ¡A correr!
Diamante, ¡vamos a brillar!   10 ¡A brillar!
5 Águila ¡vamos a volar!   ¡A volar!
Aurora, ¡vamos a nacer!   ¡A nacer!

(*Serenidad*, 1914)

OPTIMISMO

No sé si es bueno el mundo . . . No sé si el mundo es malo;
pero sé que es la forma y expresión de Dios mismo.
Por eso, ya al influjo de azote o de regalo,
nada en el fondo extingue mi tenaz optimismo.
5   Santo es llorar . . . y lloro si tengo alguna pena;
santo es reír . . . y río si en mi espíritu hay luz;
mas mi frente se comba siempre limpia y serena,
ya brille al sol o ya sude hielo en la cruz!

(*Serenidad,* 1914)

LA PREGUNTA

Y ¿qué quieres ser tú?—dijo el Destino.
Respondí: —Yo, ser santo;
y repuso el Destino:
"Habrá que contentarse
5 con menos . . ."
              Pesaroso,
aguardé en mi rincón una pregunta
nueva:

¿Qué quieres ser? —dijo el Destino
10 otra vez: —Yo, ser genio, respondíle;
y él irónico: "Habrá que contentarse
con menos . . ."
              Mudo y triste
en mi rincón de sombra, ya no espero
15 la pregunta postrer, a la que sólo
responderá mi trágico silencio . . .

(*Serenidad,* 1914)

EN PAZ

Artifex vitæ, artifex sui

Muy cerca de mi ocaso, yo te bendigo, Vida,
porque nunca me diste ni esperanza fallida
ni trabajos injustos, ni pena inmerecida;

porque veo al final de mi rudo camino
5   que yo fui el arquitecto de mi propio destino;
que si extraje las mieles o la hiel de las cosas,
fue porque en ellas puse hiel o mieles sabrosas:
cuando planté rosales, coseché siempre rosas.

. . . Cierto, a mis lozanías va a seguir el invierno:
10   ¡mas tú no me dijiste que mayo fuese eterno!
Hallé sin duda largas las noches de mis penas;
mas no me prometiste tú sólo noches buenas;
y en cambio tuve algunas santamente serenas . . .

Amé, fui amado, el sol acarició mi faz.
15   ¡Vida, nada me debes! ¡Vida, estamos en paz!

(*Elevación,* 1917)

〜〜DIOS TE LIBRE, POETA

Dios te libre, poeta,
de verter en el cáliz de tu hermano
la más pequeña gota de amargura.
Dios te libre, poeta,
5 de interceptar siquiera con tu mano,
la luz que el sol regale a una criatura.
Dios te libre, poeta,
de escribir una estrofa que contriste;
de turbar con tu ceño
10 y tu lógica triste
la lógica divina de un ensueño;
de obstruir el sendero, la vereda
que recorra la más humilde planta;

de quebrar la pobre hoja que rueda . . . ;
15 de entorpecer ni con el más suave
de los pesos, el ímpetu de un ave
o de un bello ideal que se levanta.

Ten para todo júbilo, la santa
sonrisa acogedora que lo aprueba;
20 pon una nota nueva
en toda voz que canta,
y resta, por lo menos,
un mínimo aguijón a cada prueba
que torture a los malos y a los buenos.

(Elevación, 1917)

〜〜EXPECTACIÓN

Siento que algo solemne va a llegar en mi vida.
¿Es acaso la muerte? ¿por ventura el amor?
Palidece mi rostro . . . Mi alma está conmovida,
y sacude mis miembros un sagrado temblor.

5 Siento que algo sublime va a encarnar en mi barro,
en el mísero barro de mi pobre existir.
Una chispa celeste brotará del guijarro
y la púrpura augusta va el harapo a teñir.

Siento que algo solemne se aproxima, y me hallo
10 todo trémulo; mi alma de pavor llena está.
Que se cumpla el destino, que Dios dicte su fallo.
Mientras, yo, de rodillas, oro, espero y me callo,
para oír la palabra que el *Abismo* dirá. . . .

(Elevación, 1917)

〜〜ME MARCHARÉ

Me marcharé, Señor, alegre o triste;
mas resignado, cuando al fin me hieras.
Si vine al mundo porque tú quisiste,
¿no he de partir sumiso cuando quieras?

5 . . . Un torcedor tan sólo me acongoja,
y es haber preguntado el pensamiento
sus porqués a la Vida . . . ¡Mas la hoja
quiere saber dónde la lleva el viento!

Hoy, empero, ya no pregunto nada:
10 cerré los ojos, y mientras el plazo
llega en que se termine la jornada,
¡mi inquietud se adormece en la almohada
de la resignación, en tu regazo!

(Elevación, 1917)

ᕛ SI ERES BUENO

Si eres bueno, sabrás todas las cosas,
sin libros . . . y no habrá para tu espíritu
nada ilógico, nada injusto, nada
negro, en la vastedad del universo.

5 El problema insoluble de los fines
y las causas primeras,

que ha fatigado a la Filosofía,
será para ti diáfano y sencillo.

El mundo adquirirá para tu mente
10 una divina transparencia, un claro
sentido, y todo tú serás envuelto
en una inmensa paz . . .

(Elevación, 1917)

ᕛ HOY HE NACIDO[6]

Cada día que pase, has de decirte:
"¡Hoy he nacido!
El mundo es nuevo para mí; la luz
esta que miro,
5 hiere sin duda por la vez primera
mis ojos límpidos;
¡la lluvia que hoy desfleca sus cristales
es mi bautismo!
"Vamos, pues, a vivir un vivir puro,
10 un vivir nítido.
Ayer, ya se perdió: ¿fui malo? ¿bueno?
. . . Venga el olvido,
y quede sólo de ese ayer, la esencia,
el oro íntimo
15 de lo que amé y sufrí mientras marchaba
por el camino . . .
"Hoy, cada instante, al bien y a la alegría

será propicio,
y la esencial razón de mi existencia,
20 mi decidido
afán, volcar la dicha sobre el mundo,
verter el vino
de la bondad sobre las bocas ávidas
en redor mío . . .
25 "¡Será mi sola paz la de los otros;
su regocijo
mi regocijo, su soñar mi ensueño;
mi cristalino
llanto el que tiemble en los ajenos párpados,
30 y mis latidos
los latidos de cuantos corazones
palpiten en los orbes infinitos!"
Cada día que pase, has de decirte:
"¡Hoy he nacido!"

(Elevación, 1917)

ᕛ LA SED

Inútil la fiebre que aviva tu paso;
no hay fuente que pueda saciar tu ansiedad,
por mucho que bebas . . .
                          El alma es un vaso
5 que sólo se llena con eternidad.

¡Qué mísero eres! Basta un soplo frío
para helarte . . . Cabes en un ataúd;
¡y en cambio a tus vuelos es corto el vacío,
y la luz muy tarda para tu inquietud!

10 ¿Quién pudo esconderte, misteriosa esencia,
entre las paredes de un vil cráneo? ¿Quién
es el carcelero que con la existencia
te cortó las alas? ¿Por qué tu conciencia,
si es luz de una hora, quiere el *sumo bien?*

15 Displicente marchas del orto al ocaso;
no hay fuente que pueda saciar tu ansiedad
por mucho que bebas . . . ¡El alma es un vaso
que sólo se llena con eternidad!

(El estanque de los lotos, 1919)

[6] Nervo was greatly interested in the religions and philosophy of the East, and this poem was probably inspired by the famous Sanskrit proverb which says: "Look to this day, for it is life, the very life of life, and in its brief course lie all the verities and realities of your existence : the bliss of growth, the splendor of beauty, the glory of action. Yesterday is already a dream, and tomorrow is only a vision, but today well lived makes every yesterday a dream of happiness and every tomorrow a vision of hope. Look well therefore to this day. Such is the salutation of the dawn!"

~~~Enrique González Martínez

Mexico, 1871–1952   González Martínez turns away in surfeit from
the cult of the modernist swan; nevertheless he shares in the best heritage
of modernism. In his poetry is to be found the sound of natural music, the
bequest of the modernist music-makers who were his predecessors.
González Martínez received the degree of doctor of medicine from the
University of Guadalajara, his native city, and later went to the Mexican
capital to live and write. His study of medicine and of the bodies of
animals and men made him perceive the oneness of all created things.
His pantheism was not the result of religious questioning or disillusionment; it came spontaneously from his profound love of Nature in all her
forms and moods and from his deep feeling of oneness with her. All
things pass, but the poet can understand and love their source, which is
eternal. The seclusion of González Martínez's life shows in his writings;
it is not the seclusion of a saint or of a hermit, but that of a prophet
whom we all know because he says so well things we ourselves feel keenly,
yet are unable fully to express.

~~~IRÁS SOBRE LA VIDA DE LAS COSAS

Irás sobre la vida de las cosas
con noble lentitud; que todo lleve
a tu sensorio luz: blancor de nieve,
azul de linfas o rubor de rosas.

5   Que todo deje en ti como una huella
misteriosa grabada intensamente;
lo mismo el soliloquio de la fuente
que el flébil parpadeo[1] de la estrella.

Que asciendas a las cumbres solitarias
10 y allí como arpa eólica te azoten
los borrascosos vientos, y que broten
de tus cuerdas rugidos y plegarias.

Que esquives lo que ofusca y lo que asombra
al humano redil que abajo queda,
15 y que afines tu alma hasta que pueda
escuchar el silencio y ver la sombra.

Que te ames en ti mismo, de tal modo
compendiando tu ser cielo y abismo
que sin desviar los ojos de ti mismo
20 puedan tus ojos contemplarlo todo.

Y que llegues, por fin, a la escondida
playa con tu minúsculo universo,
y que logres oír tu propio verso
en que palpita el alma de la vida.

(*Silenter*, 1909)

[1] flébil parpadeo: *mournful twinkling.*

⟶TUÉRCELE EL CUELLO AL CISNE

Tuércele el cuello al cisne de engañoso
    plumaje
que da su nota blanca al azul de la fuente;
él pasea su gracia no más, pero no siente
5 el alma de las cosas ni la voz del paisaje.

Huye de toda forma y de todo lenguaje
que no vayan acordes con el ritmo latente
de la vida profunda . . . y adora intensamente
la vida, y que la vida comprenda tu homenaje.

10 Mira el sapiente buho cómo tiende las alas
desde el Olimpo, deja el regazo de Palas[2]
y posa en aquel árbol el vuelo taciturno . . .

Él no tiene la gracia del cisne, mas su
    inquieta
15 pupila que se clava en la sombra, interpreta
el misterioso libro del silencio nocturno.

                  (*Los senderos ocultos*, 1911)

⟶COMO HERMANA Y HERMANO

Como hermana y hermano
vamos los dos cogidos de la mano . . .

En la quietud de la pradera hay una
blanca y radiosa claridad de luna,
5 y el paisaje nocturno es tan risueño
que con ser realidad parece sueño.
De pronto, en un recodo del camino,
oímos un cantar . . . Parece el trino
de un ave nunca oída,
10 un canto de otro mundo y de otra vida . . .
¿Oyes?—me dices—. Y a mi rostro juntas
tus pupilas preñadas de preguntas.
La dulce calma de la noche es tanta
que se escuchan latir los corazones.
15 Yo te digo: no temas, hay canciones
que no sabremos nunca quién las canta . . .

Como hermana y hermano
vamos los dos cogidos de la mano . . .

Besado por el soplo de la brisa,
20 el estanque cercano se divisa . . .
Bañándose en las ondas hay un astro;
un cisne alarga el cuello lentamente
como blanca serpiente
que saliera de un huevo de alabastro.
25 Mientras miras el agua silenciosa,

como un vuelo fugaz de mariposa
sientes sobre la nuca el cosquilleo,[3]
la pasajera onda de un deseo,
es espasmo sutil, el calosfrío[4]
30 de un beso ardiente cual si fuera mío.
Alzas a mí tu rostro amedrentado
y trémula murmuras: ¿me has besado?
Tu breve mano oprime
mi mano; y yo a tu oído: ¿sabes? Esos
35 besos nunca sabrás quién los imprime.
Acaso ni siquiera si son besos.

Como hermana y hermano
vamos los dos cogidos de la mano . . .

En un desfalleciente desvarío[5]
40 tu rostro apoyas en el pecho mío,
y sientes resbalar sobre tu frente
una lágrima ardiente . . .
Me clavas tus pupilas soñadoras
y tiernamente me preguntas: —¿Lloras? . . .
45 —Secos están mis ojos . . . Hasta el fondo
puedes mirar en ellos . . . Pero advierte
que hay lágrimas nocturnas—te respondo—
que no sabemos nunca quién las vierte . . .

Como hermana y hermano
50 vamos los dos cogidos de la mano . . .

                  (*Los senderos ocultos*, 1911)

[2] Palas: *Pallas Athene* (in Roman mythology Minerva), the goddess of wisdom, was usually represented with an owl.
[3] sobre . . . el cosquilleo: *tickling sensation on the nape of the neck.*
[4] calosfrío: *chill, shiver.*
[5] desfalleciente desvarío: *languishing giddiness.*

¿TE ACUERDAS?

Te acuerdas de la tarde en que vieron mis ojos
de la vida profunda el alma de cristal? . . .
Yo amaba solamente los crepúsculos rojos,
las nubes y los campos, la ribera y el mar . . .

5 Mis ojos eran hechos para formas sensibles;
me embriagaba la línea, adoraba el color;
apartaba mi espíritu de sueños imposibles;
desdeñaba las sombras enemigos del sol.

Del jardín me atraían el jazmín y la rosa,
10 (la sangre de la rosa, la nieve del jazmín),
sin saber que a mi lado pasaba temblorosa
hablándome en secreto el alma del jardín.

Halagaban mi oído las voces de las aves,
la balada del viento, el canto del pastor,
15 y yo formaba coro con las notas suaves,
y enmudecían ellas y enmudecía yo . . .

Jamás seguir lograba el fugitivo rostro
de lo que ya no existe, de lo que ya se fue . . .
Al fenecer la nota, al apagarse el astro,
20 ¡oh, sombras, oh, silencio, dormitabais también!

¿Te acuerdas de la tarde en que vieron mis ojos
de la vida profunda el alma de cristal? . . .
Yo amaba solamente los crepúsculos rojos,
las nubes y los campos, la ribera y el mar . . .

(Los senderos ocultos, 1911)

MAÑANA LOS POETAS

Mañana los poetas cantarán en divino
verso que no logramos entonar los de hoy;
nuevas constelaciones darán otro destino
a sus almas inquietas con un nuevo temblor.

5 Mañana los poetas seguirán su camino
absortos en ignota y extraña floración,
y al oír nuestro canto, con desdén repentino
echarán a los vientos nuestra vieja ilusión.

Y todo será inútil, y todo será en vano;
10 será el afán de siempre y el idéntico arcano
y la misma tiniebla dentro del corazón.

Y ante la eterna sombra que surge y se retira,
recogerán del polvo la abandonada lira
y cantarán con ella nuestra misma canción.

(La muerte del cisne, 1915)

VIENTO SAGRADO

Sobre el ansia marchita,[6]
sobre la indiferencia que dormita,
hay un viento sagrado que se agita;

un milagroso viento
5 de fuertes alas y de firme acento
que a cada corazón infunde aliento.

Viene del mar lejano
y en su bronco rugir hay un arcano[7]
que flota en medio del silencio humano.

10 Viento de profecía
que a las tinieblas del vivir envía
la evangélica luz de un nuevo día;

viento que en su carrera
sopla sobre el amor, y hace una hoguera
15 que enciende en caridad la vida entera.* * *

Hará que los humanos
en solemne perdón unan las manos
y el hermano conozca a sus hermanos.

---

[6] el ansia marchita: *withering anguish.*

[7] arcano: *secret.*

No cejará en su vuelo
20 hasta lograr unir, en un consuelo
inefable, la tierra con el cielo;

hasta que el hombre en celestial arrobo
hable a las aves y convenza al lobo;

hasta que deje impreso
25 en las llagas de Lázaro su beso;

hasta que sepa darse en ardorosas
ofrendas, a los hombres y a las cosas,
y en su lecho de espinas sienta rosas;

hasta que la escondida
30 entraña, vuelta manantial de vida,
sangre de caridad como una herida . . .

¡Ay de aquel que en su senda
cierre el oído ante la voz tremenda!
¡Ay del que oiga la voz y no comprenda!

(El libro de la fuerza, de la bondad, y del ensueño, 1917)

EL RETORNO IMPOSIBLE

Yo sueño con un viaje que nunca emprenderé,
un viaje de retorno, grave y reminiscente . . .

Atrás quedó la fuente
cantarina y jocunda, y aquella tarde fue
5 esquivo el torpe labio a la dulce corriente.
¡Ah, si tornar pudiera! Mas sé que inútilmente
sueño con ese viaje que nunca emprenderé.

Un pájaro en la fronda cantaba para mí . . .
Ya crucé por la senda de prisa, yo no lo oí.

10 Un árbol me brindaba su paz . . . A la
ventura,
pasé cabe la sombra sin probar su frescura.
Una piedra le dijo a mi dolor: "Descansa,"
y desdeñé las voces de aquella piedra mansa.

En el follaje espeso
se insinuaba el convite de un ósculo divino . . .
Yo seguí mi camino
y no recibí el beso.

20 Hay una voz que dice: "Retorna, todavía
el ocaso está lejos; vuelve tu rostro, guía
tus pasos al sendero que rememoras; tente
y refresca tus labios en la sagrada fuente;
ve, descansa al abrigo
25 de aquel follaje amigo;
oye la serenata del ave melodiosa,
y en la piedra que alivia de cansancios reposa;
ve que la noche tarda
y oculto entre las hojas hay un beso que
aguarda . . .

30 Mas ¿para qué, si al fin de la carrera
hay un beso más hondo que me espera,
y una fuente más pura,
y una ave más hermosa que canta en la
espesura,
y otra piedra clemente
35 en que posar mañana la angustia de mi frente,
y un nuevo sol que lanza
desde la altiva cumbre su rayo de esperanza?

Y mi afán repentino
se para vacilante en mitad del camino,
40 y vuelvo atrás los ojos, y sin saber por qué,
entre lo que recuerdo y entre lo que adivino,
bajo el alucinante misterio vespertino,
sueño con ese viaje que nunca emprenderé.

(Parábolas y otros poemas, 1918)

Un sol reverberante brillaba para mí;
15 pero bajé los ojos al suelo, yo no lo vi.

BALADA DE LA LOCA FORTUNA

Con el sol, el mar, el viento y la luna
voy a amasar una loca fortuna.

Con el sol haré monedas de oro
(al reverso,[8] manchas; al anverso, luz)
5 para jugarlas a cara o a cruz.

[8] al reverso: *on the face* (of the coin).

Cerraré en botellas las aguas del mar,
con lindos marbetes y expresivas notas,
y he de venderlas con un cuentagotas
a todo el que quiera llorar.

10 Robador del viento, domaré sus giros,
y en las noches calladas y quietas,
para los amantes venderé suspiros,
y bellas canciones para los poetas . . .

En cuanto a la luna,
15 la guardo, por una
sabia precaución,
en la caja fuerte de mi corazón . . .

Con el sol, la luna, el viento y el mar
¡Qué loca fortuna voy a improvisar!

(*Las señales furtivas*, 1925)

THREE

FROM THE MEXICAN REVOLUTION TO THE PRESENT

A. POETRY—POSTMODERNISM

Baldomero Fernández Moreno

ARGENTINA, 1886–1950   "Ahora veo que la poesía ha seguido con fidelidad mis pasos sobre el mundo. . . ." This was the revelation that in 1941 came to Fernández Moreno after he had agonizingly combed through twenty-two volumes of verse for the selections that would constitute the *Antología (1915–1940)* that he chose to call his "obra ordenada . . . la versión de mis poemas." The titles of the eleven sections that comprise the anthology are the very signposts of his worldly journey, "emoción por emoción": "Ciudad" ("La calle me llama/ y a la calle iré"), "Intermedio provinciano," "Campo argentino," "Versos de Negrita" (his wife Dalmira whom he married in 1919), "El hogar en el campo y en la ciudad," "El hijo," "Aldea española," "Yo, médico. Yo, catedrático," "Cuadernillos de verano," "Poesía," "Dos poemas" (the first contains fragments from the celebrated "La Tertulia de los Viernes"). A solitary spiritual wanderer, he was ever intently in search of his own true self—"sólo atendí a la exhalación natural de mi ser"—and of truth and beauty as he found them, not in the literary marketplace swept by "los vientos líricos más variados" but rather in silent intimate communion with the immediate reality of daily living:

> "Dios me hizo más de ojos
> que de labios elocuente . . ."

Sentimental and sensitive, his muse was little given to the complexities of philosophical and intellectual thought: "Ante la poesía, tanto da temblar como comprender." Each mortal moment was fraught with transcendent meaning:

> Y que tu obra sea como el pan que se amasa,
> que calienta la mesa y perfuma la casa,
> y que al leerla los otros digan a su coleto:
> esto lo pensé yo una vez en secreto;
> dale tu propria alma, tu propia simpatía,
> y ella ha de llenarte como la luz al día.

Eloquent of eye, and of heart, the poet burned—"que la torre de sangre jamás se viene abajo"—to capture the beauty of commonplace experience. In so doing his thematic canvas became as rich and as varied as life itself, but also as repetitive as the situations and sentiments that are the very essence of existence. Repetitive, but warm and meaningful, as in

his ceaseless vigil the poet plumbed fresh emotional depths, be it as he
sat a bid saddened at his son's first haircut or as he paid a belated debt
to an old landmark of his beloved Buenos Aires:

Plazoleta sin nombre de un barrio de Rosario . . .
Mi corazón velaba, dormía el vecindario.

ᴄᴡᴄ INICIAL DE ORO

Nací, hermanos, en esta dulce tierra argentina,
pero el primer recuerdo nítido de mi infancia
es éste: una mañana de oro y de neblina,
un camino muy blanco y una calesa rancia.

5 Luego un portal oscuro de caduca arrogancia
y una abuelita toda temblona y pueblerina,
que me deja en la cara una agreste fragancia
y me dice: —¡El mi nieto, qué caruca más
    fina!—

10 Y me llenó las manos de castañas y nueces,
el alma de leyendas, el corazón de preces,
y los labios recientes de un divino parlar.

Un parlar montañés de viejecita bruja
que narra una conseja mientras mueve la
    aguja.
El mismo que ennoblece, hermanos, mi cantar.

(Antología, 1915–1940, 1941)

ᴄᴡᴄ HABLA LA MADRE[1]

—Estos hijos —dice ella,
la madre dulce y santa—
estos hijitos tan desobedientes
que a lo mejor contestan una mala pala-
    bra . . .—

5 En el regazo tiene
un montón de tiernísimas chauchas
que va quebrando poco a poco
y echando en una cacerola con agua.

—¡Cómo os acordaréis
10 cuando yo esté enterrada!—
Tenemos en los ojos
y la ocultamos, una lágrima.

Silencio. Oscuridad.
Al quebrarse las chauchas
15 hacen entre sus dedos
una detonación menudita y simpática.

(Antología, 1915–1940, 1941)

ᴄᴡᴄ LE DIGO A UN SAUCE

Sauce: en verdad te digo que me das compasión,
como si fuera un nido se te ve el corazón.

Tu pecho, verde y claro, no puede guardar nada:
te penetra hasta el fondo la primera mirada.

5 Cuando desciende el sol ¡oh sauce! a iluminarte
te atraviesa como un puñal de parte a parte;

---

[1] This is the title the poem now bears in the
Antología 1915–1940, the poet's "obra ordenada."
"Habla la madre castellana" was the original title **as**
given in *Las iniciales del misal* (1915).

y a través de tus ramas, perezosas y bellas,
filtra toda la noche con su millón de estrellas.

Aprende, sauce, de ese ciprés fúnebre y mudo,
10 grave como un secreto y prieto como un nudo.

(Antología, 1915–1940, 1941)

SETENTA BALCONES Y NINGUNA FLOR

Setenta balcones hay en esta casa,
setenta balcones y ninguna flor . . .
¿A sus habitantes, Señor, qué les pasa?
¿Odian el perfume, odian el color?
5 La piedra desnuda de tristeza agobia,
¡dan una tristeza los negros balcones!
¿No hay en esta casa una niña novia?
¿No hay algún poeta bobo de ilusiones?

¿Ninguno desea ver tras los cristales
10 una diminuta copia de jardín?
¿En la piedra blanca trepar los rosales,
en los hierros negros abrirse un jazmín?

Si no aman las plantas no amarán el ave,
no sabrán de música, de rimas, de amor.
15 Nunca se oirá un beso, jamás se oirá un
clave . . .
¡Setenta balcones y ninguna flor!

(Antología, 1915–1940, 1941)

MADRE, NO ME DIGAS

Madre, no me digas:
—Hijo, quédate,
cena con nosotros
y duerme después . . .
5 Estás flaco y pálido,
me haces padecer.
Cuando eras pequeño
daba gusto ver
tu cara redonda,
10 tu rosada tez . . .
Yo a Dios le rogaba
una y otra vez:
que nunca se enferme,
que viva años cien,
15 robusto, rosado,
gallardo doncel.
Yo tengo una pena
de tan mal jaez,
que ni tú ni nadie
20 pueden comprender.
Y en medio a la calle
¡me siento tan bien!
¿Que cuál es mi pena?
¡Ni yo sé cuál es!
25 Pero ella me obliga
a irme, a correr,
hasta de cansancio
rendido caer . . .

La calle me llama,
30 y obedeceré.
Cuando pongo en ella
los ligeros pies,
le vean mis ojos
allá en la vejez.
35 Que no tenga ese aire
de los hombres que
se pasan la noche
de café en café . . .
Dios me ha castigado,
40 ¡Él sabrá por qué!
Madre, no me digas:
—Hijo, quédate . . .—
La calle me llama
y a la calle iré.
45 Me lleno de rimas
sin saber por qué.
La calle, la calle,
¡loco cascabel!
La noche, la noche,
50 ¡qué dulce embriaguez!
El poeta, la calle y la noche,
se quieren los tres.
La calle me llama,
la noche también . . .
55 Hasta luego, madre,
¡voy a florecer!

(Antología, 1915–1940, 1941)

⌘A LA CALLE FLORIDA[2]

Yo me parezco un poco a esta calle Florida,
tan alegre a la tarde y tan triste a la noche.
Un agente aburrido, un poeta y un coche.
Yo me parezco un poco a esta calle Florida.

(*Antología, 1915–1940,* 1941)

⌘AUTO

Por el camino llano, ruidoso de canciones,
con rumbo al horizonte iba el auto veloz.
Alegría de músculos y conciencia tranquila,
alegría del mundo, alegría de Dios.
5 En el camino llano
se ha detenido el Ford.

Todos mis compañeros se han arrojado al suelo,
quién revisa las ruedas, quién revisa el motor,
éste aprieta un tornillo, aquél toca un resorte,
10 todos se preocupan de algo . . . menos yo.
Sobre el inútil coche comprobé una vez más
lo flaco de mis manos para cualquier acción.
¡Veinte veces se ha roto una rueda en mi senda,
nunca supe qué hacerme con la tal rueda yo!
15 Me tiñó la vergüenza de rojo las mejillas,
y me apelotoné del auto en un rincón.

Pero luego pensé que era tal vez el único
que, en mitad de los campos, tenía la visión
completa de la patria, de su mucha grandeza,
20 de su heroico pasado, del futuro esplendor;
que era tal vez el único que sediento bebía,
con la boca entreabierta, con el ojo avizor,
patria en trigos nacientes, patria en glaucas avenas,
patria en aire aromado, patria en cielo con sol.
25 Se me fue el vergonzoso rosicler de la cara,
y un insensato orgullo me llenó el corazón.

(*Antología, 1915–1940,* 1941)

⌘CREPÚSCULO ARGENTINO

Crepúsculo argentino sin campanas . . .
¡Qué ganas, sin embargo, de rezar,
de juntar nuestras voces humanas
al místico mugido y al balar!
5 A estas horas marea la pampa como un mar.

(*Antología, 1915–1940,* 1941)

[2] Calle Florida: lively, colorful and popular street in downtown Buenos Aires that is given over entirely to pedestrian traffic.

᠙⁓LAS ROSAS, POR EJEMPLO

Yo no sé a quién echar la culpa de estas cosas,
son mucho más felices, por ejemplo, las rosas.

Es un jardín, es un rosal, es una rama . . .
Suponed una rosa toda encendida que ama;
5 pues se inclina galante a su novia un momento
y le dice: te amo. Lo demás lo hace el viento.

Yo no sé a quién echar la culpa de estas cosas,
son mucho más felices, por ejemplo, las rosas.

¡Oh, las horas perplejas, largas, en que me quedo
10 haciéndole dar vueltas a mi anillo en mi dedo!

(Antología, 1915-1940, 1941)

᠙⁓HOY, POR PRIMERA VEZ

Hoy, por primera vez, el peluquero
puso sus manos en tu cabecita.
¡Oh, qué dedos más grandes los del hombre
y qué inmensas tijeras que blandía!

5 De un fino estambre de oro pincelado
quedóse el piso. La peluquería
se llamaba de gente indiferente.
Yo estaba un poco triste. Atardecía.

(Antología, 1915-1940, 1941)

᠙⁓NOCHES

Si alguno me siguiera por las calles un poco
diría y con razón: este hombre está loco.
Cruza como un sonámbulo de vereda a vereda,
en algunas esquinas media hora se queda.
5 Luego, como pinchado de agudo pensamiento,
se traga veinte cuadras ligero como el viento.
Sin ton ni son da vueltas a una misma manzana,
lo mismo es una estrella, para él, que una ventana.
Camina jadeante, sudoroso, amarillo,
10 va dejando una estela de humo de cigarrillo.
Medio doblado el brazo, cerca del corazón,
lleva un diario y un libro y el puño del bastón.
Se mete por los bares, pacífico burgués,
pide un vaso de soda o, liviano, un exprés.[3]
15 La cabeza introduce, curioso, en los quioscos,
los dueños le interrogan, avinagrados y hoscos.
Se detiene aunque esté a esas horas sombría,
ante el escaparate de cualquier librería.
No va en busca de charla, ni a caza de placeres;
20 ni topa con amigos, ni sigue a las mujeres.
Es así como este hombre muchas noches se pasa,
y dando un gran rodeo se dirige a su casa.

(Antología, 1915-1940, 1941)

[3] exprés: coffee made under pressure.

⟲⟳TRÁFAGO

Me he detenido en frente del Congreso,
y en medio del urbano torbellino,
he soñado en un rústico camino
y me he sentido el corazón opreso.

5 Una tranquera floja, un monte espeso,
el girar perezoso de un molino,
la charla familiar de algún vecino,
¿no valen algo más que todo eso?

Se ahogaban en la esquina algunas flores;
10 a formidables tajos de colores
abríase el asfalto humedecido
como esbozando trágica sonrisa.
¡Quién va a fijarse en mí, si hay tanta prisa!
¡Quién va a escuchar mi voz, si hay tanto
    ruido!

(Antología, 1915–1940, 1941)

⟲⟳YO

Hoy que sale a callejear
la Tertulia de los Viernes,[4]
no quiero quedarme en casa
tras encajes de canceles.
5 Yo soy éste del rincón
de sotabarba incipiente,
sin gracia para soltar
de mi capote los pliegues:
quiero decir la sin hueso,[5]
10 y callo por consiguiente.
Que oigo danzar los minutos
con paso de tafilete.
Dios me hizo más de ojos
que de labios elocuente:
15 no atiendas a lo que diga,
mira más bien lo que espeje.
No tengo palabra fácil
al corrillo de las gentes,
sobre alféizares de luna
20 o entre mástiles y obenques.
Déjame estar en silencio,
séme por hoy obediente,

que los versos caen en mí
tan pausados y silentes
25 como caería tu nombre
si en copos se deshiciese.
No me tengas por reseco,
arcilla o pedrusco inerte;
sé dónde flota la nube,
30 y dónde rocía y llueve,
más sólo beso entre sombras
y sólo lloro al relente.
En mi entrecejo fruncido
tengo una alondra impaciente,
35 y en el arco de los labios
más tristezas que desdenes.
Y las respuestas sabrosas
se me dan al día siguiente;
aunque tal vez mano a mano
40 fuera todo diferente.
Para la amistad me creo
de espadas y de lebreles.
Más o menos, así soy,
el que quiera que me enmiende.

(Antología, 1915–1940, 1941)

⟲⟳ROMANCE DE PALOMAS

De qué hermosura te llenas,
¡oh mi molino entre hojas!,
cuando un poquito de agua

buscan en ti las palomas.
5 Acuden de todas partes,
de cornisas y de frondas,

---

[4] Tertulia de los Viernes: Fernández Moreno was the lyrical chronicler of this literary circle of the 1920–1930's. Under the persevering guidance of Nieves Gonnet de Rinaldini, the tertulia was frequented by writers and critics of the stature of Amado Alonso,
Federico García Lorca, Pedro Henríquez Ureña, José Moreno Villa, Alfonso Reyes, Francisco Romero, Baldomero Sanín Cano, Karl Vossler.

[5] la sin hueso = lengua.

en una estela de tiza
hecha de buches y colas.
Aplican el pecho al hierro,
10 abren las alas magnolias,
tuercen los cuellos flexibles,
hunden los picos y roncan.
Nunca hubo enamorada
que, entre deseo y congoja,
15 doblara así el cuello blanco

sobre un pecho, en unas bodas.
Ni nadie ha buscado un beso
en el fondo de una boca
como ellas saben buscarlo
20 en los labios de una gota.
Coral del pico buido,
perla del agua redonda,
os ruego que me digáis
quién de vosotros más goza.

(*Antología, 1915–1940*, 1940)

∞POETA

Un hombre que camina por el campo,
y ve extendido entre dos troncos verdes
un hilillo de araña blanquecino
balanceándose un poco al aire leve.
5   Y levanta el bastón para romperlo,
y ya lo va a romper, y se detiene.

(*Antología, 1915–1940*, 1941)

∞UNA VENTANA

¿Qué esperas, di, qué esperas, de esa ventana
     abierta,
estampilla de oro de la noche cerrada?
¿Acaso una doncella por azar descubierta,
un monedero falso, un arbitrista, nada?

5 Cuando creas que algo detrás de ella palpita,
se extinguirá la luz y con la luz tu ensueño.
Es el cansancio humano, que sólo necesita
dos minutos y medio para entregarse al sueño.

(*Antología, 1915–1940*, 1941)

∞UNA FUENTE DEL ROSARIO

Este es otro recuerdo punzante del Rosario:
una plazuela llena de un rumor milenario.
Un agua oscura que entre sí cuchichea
y una luna de plata que el recuerdo platea.
5 Redonda como una moneda, plazoleta,
pude dejarte entonces mi inscripción de poeta.
Tú dirías ¿por qué no canta este sujeto;
acaso no soy digna del perfil de un soneto?
Pero quise esperar, más libre y más sutil,
10 para el día siguiente. Y era el ferrocarril.
Yo tuve que copiarte, dibujarte, calcarte,
y no estaría hoy cuidadoso, que el arte

es así, perentorio, exigente, al momento.
Escrito quiere el rizo y el aroma y el viento.
15 Y no se poblarían mis noches de fontanas:
las fuentes se toleran apenas las mañanas.
Que con luna y con sombras son abismos
     sañudos
y los chorros son brazos de sultanas, desnudos.
Pago mi deuda vieja, plazoleta redonda,
20 cuando queda el rumor y se ha ido la ronda.
Plazoleta sin nombre de un barrio del
     Rosario . . .
Mi corazón velaba, dormía el vecindario.

(*Antología, 1915–1940*, 1941)

Enrique Banchs

ARGENTINA, 1888–1968   The transition from modernism to postmodernism is nowhere more apparent than in the unpretentious lyrics of
Enrique Banchs, one of the first of the contemporary Spanish American
poets to seek inspiration in the traditional founts of Hispanic verse.
Banchs has well caught the spirit and technique of the popular songs and
ballads (*Elogio de una lluvia, Romance de la bella, Romance de cautivo*) of the
Spanish *romancero*. At times, however, one feels that the poet is definitely
striving after effects and that he has been more directly influenced by
similar tendencies of the modernist cult. This is not altogether true, for
Banchs is ever genuinely sincere and ingenuous in his imitation of folk
poetry. If his poems do remind one on occasion of the fanciful simplicity
of the modernists, it is because he has not yet—especially in his earlier
volumes—entirely freed himself from too assiduous an imitation of his
models. Particularly marked is the repetitive quality of his verse that at
times would seem to betray poverty of thought or a definite tendency
toward verbal padding, even though such repetition is highly effective in
such a poem as *Balbuceo* wherein the poet has successfully and appropriately imitated the broken utterances of the desolate lover. It is when
Banchs applies this simple refreshing technique to humble daily subjects
(*Carretero*) and to intimate emotional experiences, as in *La urna*

> Pues mi motivo eterno soy yo mismo;
> y ciego y hosco, escucha mi egoísmo
> la sola voz de un pecho gemebundo.

—symbolically portrayed with classic reserve (*Tornasolando el flanco*)—
that he attains his best and most original expression. *La urna*, a collection
of one hundred sonnets, attests to the poet's recognition of a need to
subject himself to the discipline of the classic mold in order to achieve,
with proper emotional restraint, the harmonious balance of substance
and of form.

᧞ELOGIO DE UNA LLUVIA[1]

Tres doncellas eran, tres
doncellas de bel mirar,
las tres en labor de aguja
en la cámara real.

5   La menor de todas tres
Delgadina era nombrada.
La del mirar de gacela
Delgadina se llamaba.

   ¡Ay! diga por qué está triste;
10 ¡ay!, diga por qué suspira.
Y el rey entraba en gran saña
y lloraba Delgadina.

   —Señor, sobre el oro fino
estoy tejiendo este mote:
15 "Doña Venus, doña Venus,
me tiene preso en sus torres."

   En más saña el rey entraba,
más lloraba la infantina.
—En la torre de las hiedras
20 encierren la mala hija.

   En la torre de las hiedras
tienen a la niña blanca.
¡Ay!, llegaba una paloma
y el arquero la mataba.

25   —Arquero, arquero del rey,
que vales más que un castillo,
dame una poca de agua
que tengo el cuerpo rendido.

   —Doncella, si agua te diera,
30 si agua te diera, infantina,
la cabeza del arquero
la darán a la jauría.

   —Hermanitas, madre mía,
que estáis junto al lago, dadme
35 agua . . .; pero no la oyeron
las hermanas ni la madre.

   Y entonces vino una lluvia,
vino una lluvia del cielo,
lluvia que se parte en ruido
40 de copla de romancero.

   La niña que está en la torre
tendía la mano al cielo . . .
De agua se llenó su mano
y la aljaba del arquero.

(El libro de los elogios, 1908)

᧞ROMANCE DE LA BELLA

¡Oh, bella malmaridada!,
la que está torciendo lino,
la que en este mediodía
tuerce lino junto al río;

5   bella del tobillo blanco
como caracol de lirio:
cuando torne de la villa
te daré un puñal bellido.

   Con el puñal que te diera,
10 con el puñal que te digo,
en esta noche de enero
matarás a tu marido.

   Le abrazarás con tus brazos,
le llamarás buen amigo,
15 y cuando cure que huelga
le hundirás el fierro fino.

   ¡Oh, bella malmaridada!,
bella del blanco tobillo:
sobre mi caballo moro,
20 sobre mi alazán morisco,

   nos iremos desta tierra
donde medra el malnacido . . .
Yo te cantaré una copla
para alegrar el camino.

[1] This *romance* was inspired by the traditional Spanish ballad *Delgadina*, one of the most popular of the Spanish *romancero*. Several variants have been found in Argentina and Chile. Cf. Menéndez Pidal, *Los romances de América* (Buenos Aires, Espasa-Calpe, 1939, pp. 45–46).

25 De tierras de dulce Francia
tomaremos el camino,
allá donde es la Narbona,[2]
ese pueblo bien guarnido.

Verás cuánta linda dama,
30 cuánto cortejo tan rico . . .
Esta noche a media luna
te aguardo al pie del molino.

—Pase, pase el aviltado;[3]
pase, pase el fementido;
35 al borde de la ribera
déjeme torcer mi lino.

(El cascabel del halcón, 1909)

ᠬᠣ᠊ROMANCE DE CAUTIVO

Mujer, la adorada
que está en el solar,
tus mejillas suaves
ya no veré más.

5 Hijos, los que quise,
mi mejor laurel:
mis hijos dormidos
nunca más veré.

Estrella de tarde
10 que encendida vi
sobre mi molino,
se apagó por fin.

Buenos compañeros
los que en el mesón
15 conmigo bebieron,
todo pereció.

Me cogieron moros
en el mar azul;
lloro en morería
20 la mi juventud.

—Me dirás, cristiano,
trovas de solaz;
me dirás, amigo,
por tu pro será.

25 —Trovas de mi tierra
yo te las diré,
princesa de moros
que me quieres bien.

"Hada, con tus brazos
30 quiérasme ceñir;
mis otros quereres
finarán allí."

—Te daré mis brazos,
mi cuerpo y su flor;
35 entra en el alcázar
di mi corazón.

(¡Ay, la tierra linda
donde está la cruz,
no he de ver ya nunca
40 tu horizonte azul!)

(El cascabel del halcón, 1909)

ᠬᠣ᠊CANCIONCILLA

El pino dice agorerías
en el silencio vesperal.
—Pino albar, ¿cuántos son mis días?;
la cuenta siempre fina mal . . .

5 Pino que rezas en voz baja,
pino agorero, pino albar,
de pino albar será la caja
en que me han de amortajar.

---

[2] Narbona: city in the department of Aude in southern France about five miles from the Mediterranean.

[3] aviltado: *vile* (tempter).

Caja de pino con retoño,
10 para enterrar a un rimador.
¡Ah!, que lo entierren en otoño . . .
Pongan también alguna flor.

El pino dice agorerías
sobre el silencio vesperal;
los pobres pasan como días
20 y el pino reza en su misal.

El pino dice agorerías
junto al molino rumiador;
15 arriba están las Tres Marías[4]
como tres hojas de una flor.

(*El cascabel del halcón,* 1909)

CANCIONCILLA

Porque de llorar
et de sospirar
ya non cesaré.
—Luna[5]

No quería amarte,
ramo de azahar;
no debía amarte:
te tengo que amar.

5 Tan manso vivía . . . ,
rosa de rosal,
tan quieto vivía:
me has herido mal.

¿No éramos amigos?
10 Vara de alelí,
si éramos amigos,
¿por qué herirme así?

Cuidé no te amara,
paloma torcaz.
15 ¿Quién que no te amara?
Ya no puedo más.

Tanto sufrimiento,
zorzal de jardín,
duro sufrimiento
20 me ha doblado al fin.

Suspiros, sollozos,
pájaro del mar;
sollozos, suspiros,
me quieren matar.

(*El cascabel del halcón,* 1909)

BALBUCEO

Triste está la casa nuestra,
triste, desde que te has ido.
Todavía queda un poco
de tu calor en el nido.

5 Yo también estoy un poco
triste desde que te has ido;
pero sé que alguna tarde
llegarás de nuevo al nido.

¡Si supieras cuánto, cuánto
10 la casa y yo te queremos!
Algún día cuando vuelvas
verás cuánto te queremos.

Nunca podría decirte
todo lo que te queremos:
15 es como un montón de estrellas
todo lo que te queremos.

Si tú no volvieras nunca,
más vale que yo me muera . . . ;
pero siento que no quieres,
20 no quieres que yo me muera.

Bien querida que te fuiste,
¿no es cierto que volverás?;
para que no estemos tristes,
¿no es cierto que volverás?

(*El cascabel del halcón,* 1909)

[4] las Tres Marías: Orion's belt.
[5] Don Álvaro de Luna (?–1453), lord high constable of the kingdoms of Leon and Castile, was one of the richest and most powerful men of his time. He, too, contributed his share of courtly verse for the pleasure of don Juan I, whose favorite he was, until his wealth and power turned the king against him.

⌒⋎⌒CARRETERO

Oloroso está el heno, carretero,
oloroso está el heno;
huele a trébol del valle, a vellón nuevo
y al patio viejo del mesón del pueblo.

5 Oloroso está el heno en la carreta,
el heno de la húmeda pradera
sembrada de corderas . . .
¡Oh, pradera que está en la primavera!

—Oloroso está el heno, buen amigo,
10 que vas por el camino . . .
Un camino, una tarde, un buen amigo . . .
Oloroso está el heno con rocío.

—Lo cortamos cuando era luna nueva.
—¿Sonaba una vihuela?
15 —Sí, una vihuela de baladas llena
a la luz de la luna, luna nueva.

Tus manos siempre tocan el rocío,
y el heno y la tierruca del camino,
y por eso parecen dos racimos
20 de sembrado con sueño matutino.

Y tienen un gajito de pereza,
de esa pereza, de esa
pereza que dormita en la carreta
quejosa a la tornada de la era.

25 Quién sabe si es tristura
la que empaña la breve felpa oscura
del ojo de los bueyes, de la yunta
de mansedumbre grave y de dulzura.

Carreta y carretero
30 se humedecen en ese raso viejo
del ojo de los bueyes, y por eso
están tus manos tristes, carretero.

Tus manos grandes, óseas, morenicas,
como sarmientos de las viejas viñas,
35 sobre el heno oloroso están dormidas,
carretero que vas para la villa.

(*El cascabel del halcón,* 1909)

⌒⋎⌒EL VOTO

¿Cuál conjunción de estrellas me ha tornado coplero? . . .
Mi planta para el carro de Harmonía es muy breve,
y ante tu templo, ¡oh Musa!, yo soy como un romero
que al ara, toda lumbre y lino y plata y nieve,
5   lleno de miedos santos a llegar no se atreve . . .

Lejano es ese día. Fui a la carpintería,
y turbando el chirrido de las sierras, entonce
clamé al roble, al escoplo y a la cerrajería,
al cepillo que canta y a la tuerca de bronce,
10 a las ensambladuras y al hueco para el gonce.

Y dije: olor de pino, sabor de selva y río,
rizo de la viruta, nitidez del formón,
tornillo, gusanito tenaz lleno de brío,
glóbulo saltarín del nivel, precisión
15 de escuadra, de compás, de plomo en suspensión.

Bienvenida a este nuevo trabajador de robles,
porque él hará hemistiquios, ya sobre el pino esprús,
ya en el nogal, que es digno de cuajar gestos nobles,
o el sándalo oloroso o el ébano, que en luz
30 brilla por negro y brilla porque él hace la cruz.

Bienvenida a este nuevo trabajador del pino,
que moverá el martillo cual rima de canción,
al hacer la mortaja, la cuna o el divino
talle de los violines o el recio mascarón
35 que habla con los delfines desde la embarcación;

la puerta que se abre cuando un amigo llega;
la mesa en que partimos el pan con los hermanos,
y el ropero, el ropero familiar que doblega
los anchos anaqueles bajo rimeros vanos
40 de lienzos que de tanto blancor están lozanos . . .

¿Cuál conjunción de estrellas me ha tornado coplero?

(El cascabel del halcón, 1909)

⌇⌇LA ESTATUA

I

¡Oh, mujer de los brazos extendidos
y los de mármol ojos tan serenos,
he arrimado mis sienes a tus senos
como una rama en flor sobre dos nidos!

5 ¡Oh, el sentimiento grave que me llena
al no escuchar latir tu carne fría
y saber que la piedra te condena
a no tener latido en ningún día!

¡Oh, diamante arrancado a la cantera,
10 tu forma llena está de Primavera,
y no tienes olor, ni luz, ni trino!

Tú que nunca podrás cerrar la mano,
tienes, en gesto de cariño humano,
la única mano abierta en mi camino.

2

No te enciende el pudor rosas rosadas,
ni el suceder del Tiempo te da injuria,
ni levanta tus vestes consagradas
a la mano temblante de lujuria.

A tus pies se dan muerte las pasiones,
las euménides[6] doman sus cabellos
y se asustan malsines y felones
al gesto inmóvil de tus brazos bellos.

Luz del día no cierra tus pupilas,
viento no mueve el haz de tus guedejas,
ruido no queda preso en tus oídos.

Pues eres, ¡oh, mujer de aras tranquilas!,
un venusto ideal de edades viejas
transmitido a los tiempos no venidos.

3

Mujer, que eres mujer porque eres bella
y porque me haces ir el pensamiento
por senda muda de recogimiento
al símbolo, a la estrofa y a la estrella,

5 nunca mujer serás: tu carne vana
jamás palpitará de amor herida,
nunca sonreirás una mañana
ni serás una tarde entristecida.

Y sin embargo soy de ti cegado,
10 y sin embargo soy de ti turbado,
y al propio tiempo bueno y serenado,

y quisiera partir mi pan contigo
y pasear de tu mano en huerto amigo
en busca de esa paz que no consigo.

4

Arrimadas mis sienes a tus senos
siento que me penetra alevemente
frío de nieve y humedad de cienos . . .
¡Siempre materia y siempre indiferente!

5 Quién tuviera, ¡oh, mujer que no suspira!
esa inmovilidad ante la suerte,
esa serenidad para la ira,
en la vida, esa mano de la Muerte.

Mi espíritu jamás podrá animarte,
10 ni turbar un instante solamente
el gesto grande que te ha dado el arte.

¡Quién pudiera esperar la muerte tarda,
sereno cual la piedra indiferente,
callado como el Ángel de la Guarda! . . .

(El cascabel del halcón, 1909)

[6] las euménides: the Eumenides or Erinyes, in Greek religion, the furies or goddesses of vengeance, usually represented as three maidens with snakes in their hair.

ᴄᴏᴍᴏ ᴇꜱ ᴅᴇ ᴀᴍᴀɴᴛᴇꜱ ɴᴇᴄᴇꜱᴀʀɪᴀ ᴜꜱᴀɴᴢᴀ

Como es de amantes necesaria usanza
huir la compañía y el ruido,
vagaba en sitio solo y escondido
como en floresta umbría un ciervo herido.

5　Y a fe, que aunque cansado de esperanza,
pedía al bosquecillo remembranza
y en cada cosa suya semejanza
con el ser que me olvida y que no olvido.

Cantar a alegres pájaros oía
10　y en el canto su voz no conocía;
miré al cielo de un suave azul y perla

y no encontré la triste y doble estrella
de sus ojos . . . y entonces para verla
cerré los míos y me hallé con ella.

(La urna, 1911)

ᴇɴᴛʀᴀ ʟᴀ ᴀᴜʀᴏʀᴀ ᴇɴ ᴇʟ ᴊᴀʀᴅíɴ . . .

Entra la aurora en el jardín; despierta
los cálices rosados; pasa el viento
y aviva en el hogar la llama muerta,
cae una estrella y raya el firmamento;

5　canta el grillo en el quicio de una puerta
y el que pasa detiénese un momento,
suena un clamor en la mansión desierta
y le responde el eco soñoliento;

y si en el césped ha dormido un hombre
10　la huella de su cuerpo se adivina,
hasta un mármol que tenga escrito un nombre

llama al Recuerdo que sobre él se inclina . . .
Sólo mi amor estéril y escondido
vive sin hacer señas ni hacer ruido.

(La urna, 1911)

ᴛᴏʀɴᴀꜱᴏʟᴀɴᴅᴏ ᴇʟ ꜰʟᴀɴᴄᴏ

Tornasolando el flanco a su sinuoso
paso va el tigre suave como un verso
y la ferocidad pule cual terso
topacio al ojo seco y vigoroso.

5　Y despereza el músculo alevoso
de los ijares, lánguido y perverso
y se recuesta lento en el disperso
otoño de las hojas. El reposo . . .

El reposo en la selva silenciosa.
10　La testa chata entre las garras finas
y el ojo fijo, impávido custodio.

Espía mientras bate con nerviosa
cola el haz de las férulas vecinas,
en reprimido acecho . . . así es mi odio.

(La urna, 1911)

ꜱé ᴅᴇ ᴜɴᴀ ꜰᴜᴇɴᴛᴇ

Sé de una fuente mansa y silenciosa
que sobre antiguo mármol se derrama
lenta y constante. El agua que rebosa
jamás refleja un rostro ni una rama.

5　Vierta la noche azul la luna en ella,
o abra su golfo de oro la mañana
donde naufraga la postrer estrella,
la solitaria fuente siempre mana.

¡Generoso dolor que siempre llora,
10　fuente que el agua da calladamente
como el Tiempo su hora! . . .

Conozco una pasión que nadie mira,
que nadie escucha y sin cesar suspira,
perdiéndose como agua de la fuente.

(La urna, 1911)

∼ω∼∽Delmira Agustini

URUGUAY, 1886–1914 Delmira Agustini's poetry is the impassioned expression of a yearning for a higher type of love that would more nearly satisfy both her carnal and spiritual needs. But even as she sang of her secret thoughts and imaginings of a love she was never to experience, she sadly came to realize that Life and, above all, Death stood between her and her dream. Disillusionment that rapidly deepened into despair brought her to her tragic and untimely end. Candid and unabashed, Delmira Agustini translated her yearning into a poetry of ideas that was the unique product of a robust mentality as well as of an amazing intuitive strength—her worldly and cultural experiences were limited and there is little evidence anywhere in her verse that literary trends and philosophical readings shaped her thought or esthetics to any pronounced degree. Her poetic world is somber and desolate, full of extraordinary visions conceived in rich and challenging imagery. She was little concerned with the preciseness and beauty of verse forms—form had to yield to the intensity of her expression. The depth, sincerity, and emotional wealth of her mystical striving after some transcendental form of love has no parallel in Hispanic feminine poetry unless it be, as Darío observed, with that of Santa Teresa "en su exaltación divina." How reminiscent and characteristic of the mystic zeal of the Saint of Ávila is Agustini's longing as expressed in the phrase: "Yo ya muero de vivir y soñar." (*La barca milagrosa.*)

∼ω∼DESDE LEJOS

En el silencio siento pasar hora tras hora,
como un cortejo lento, acompasado y frío . . .
¡Ah! Cuando tú estás lejos, mi vida toda llora,
y al rumor de tus pasos hasta en sueños sonrío.

Yo sé que volverás, que brillará otra aurora
en mi horizonte, grave como un ceño sombrío;
revivirá en mis bosques tu gran risa sonora
que los cruzaba alegre como el cristal de un
    río.

Un día, al encontrarnos tristes en el camino,
yo puse entre tus manos pálidas mi destino
¡y nada de más grande jamás han de ofrecerte!

Mi alma es frente a tu alma como el mar
    frente al cielo;
pasarán entre ellas, tal la sombra de un vuelo,
¡la Tormenta y el Tiempo y la Vida y la
    Muerte!

(*El libro blanco*, 1907)

EL INTRUSO

Amor, la noche estaba trágica y sollozante
cuando tu llave de oro cantó en mi cerradura;
luego, la puerta abierta sobre la sombra helante,
tu forma fue una mancha de luz y de blancura.

5   Todo aquí lo alumbraron tus ojos de diamante;
bebieron en mi copa tus labios de frescura,
y descansó en mi almohada tu cabeza fragante;
me encantó tu descaro y adoré tu locura.

Y hoy río si tú ríes, y canto si tú cantas;
10   y si tú duermes, duermo como un perro a tus plantas.
Hoy llevo hasta en mi sombra tu olor de primavera;

y tiemblo si tu mano toca la cerradura,
¡y bendigo la noche sollozante y oscura
que floreció en mi vida tu boca tempranera!

(El libro blanco, 1907)

LA BARCA MILAGROSA

Preparadme una barca como un gran pensamiento . . .
La llamarán "La Sombra" unos; otros, "La Estrella."
No ha de estar al capricho de una mano o de un viento;
¡yo la quiero consciente, indomable y bella!

5   La moverá el gran ritmo de un corazón sangriento
de vida sobrehumana; he de sentirme en ella
fuerte como en los brazos de Dios. En todo viento,
en todo mar templadme su prora de centella.

La cargaré de toda mi tristeza, y, sin rumbo,
10   iré como la rota corola de un nelumbo,[1]
por sobre el horizonte líquido de la mar . . .

Barca, alma hermana: ¿hacia qué tierras nunca vistas,
de hondas revelaciones, de cosas imprevistas
iremos? . . . Yo ya muero de vivir y soñar . . .

(Cantos de la mañana, 1910)

LO INEFABLE

Yo muero extrañamente . . . No me mata la Vida,
no me mata la Muerte, no me mata el Amor;
muero de un pensamiento mudo como una herida . . .
¿No habéis sentido nunca el extraño dolor

---

[1] nelumbo: *lotos flower.*

de un pensamiento inmenso que se arraiga en la vida
devorando alma y carne, y no alcanza a dar flor?
¿Nunca llevasteis dentro una estrella dormida
que os abrasaba enteros y no daba un fulgor? . . .

¡Cumbre de los Martirios! . . . ¡Llevar eternamente,
desgarradora y árida, la trágica simiente
clavada en las entrañas como un diente feroz!

¡Pero arrancarla un día en una flor que abriera
milagrosa, inviolable! . . . ¡Ah, más grande no fuera
tener entre las manos la cabeza de Dios!

(Cantos de la mañana, 1910)

LAS ALAS

Yo tenía . . .
                    ¡dos alas! . . .
Dos alas
que del Azur vivían como dos siderales
raíces . . .
Dos alas,
con todos los milagros de la vida, la muerte
y la ilusión. Dos alas,
fulmíneas
como el velamen de una estrella en fuga;
dos alas,
como dos firmamentos
con tormentas, con calmas y con astros . . .

¿Te acuerdas de la gloria de mis alas? . . .
El áureo campaneo
del ritmo, el inefable
matiz atesorando
el Iris todo, mas un Iris nuevo
ofuscante y divino,
que adorarán las plenas pupilas del Futuro

(¡las pupilas maduras a toda luz!) . . . el
    vuelo . . .

El vuelo ardiente, devorante y único,
que largo tiempo atormentó los cielos,
despertó soles, bólidos, tormentas,
abrillantó los rayos y los astros;
y la amplitud: tenían
calor y sombra para todo el Mundo,
y hasta incubar un *más allá* pudieron.

Un día, raramente
desmayada a la tierra,
yo me adormí en las felpas profundas de este
    bosque . . .
¡Soñé divinas cosas! . . .
Una sonrisa tuya me despertó, paréceme . . .
¡Y no siento mis alas! . . .
¿Mis alas? . . .

—Yo las vi deshacerse entre mis brazos . . .
¡Era como un deshielo!

(Cantos de la mañana, 1910)

TU BOCA

Yo hacía una divina labor sobre la roca
creciente del Orgullo. De la vida lejana
algún pétalo vívido me voló en la mañana,
algún beso en la noche. Tenaz como una loca

seguía mi divina labor sobre la roca
cuando tu voz, que funde como sacra campana
en la nota celeste la vibración humana,
tendió su lazo de oro al borde de tu boca;

—¡maravilloso nido del vértigo tu boca!
dos pétalos de rosa abrochando un abismo . . .
Labor, labor de gloria, dolorosa y liviana;

¡tela donde mi espíritu se fue tramando él
    mismo!
tú quedas en la testa soberbia de la roca,
y yo caigo, sin fin, en el sangriento abismo.

(Los cálices vacíos, 1913)

ᘒCUENTAS DE MÁRMOL

Yo, la estatua de mármol con cabeza de fuego,
apagando mis sienes en frío y blanco ruego . . .

Engarzad en un gesto de palmera o de astro
vuestro cuerpo, esa hipnótica alhaja de alabastro
5　tallada a besos puros y bruñida en la edad;
sereno, tal habiendo la luna por coraza;
blanco, más que si fuerais la espuma de la Raza,
y desde el tabernáculo de vuestra castidad,
nevad a mí los lises hondos de vuestra alma;
10　mi sombra besará vuestro manto de calma,
que creciendo, creciendo, me envolverá con Vos;
luego será mi carne en la vuestra perdida . . .
luego será mi alma en la vuestra diluida . . .
luego será la gloria . . . y seremos un dios.

15　—Amor de blanco y frío,
amor de estatuas, lirios, astros, dioses . . .
¡Tú me lo des, Dios mío!

(El rosario de Eros, 1924)

ᘒCUENTAS DE SOMBRA

Los lechos negros logran la más fuerte
rosa de amor; arraigan en la muerte.

Grandes lechos tendidos de tristeza,
tallados a puñal y doselados
5　de insomnio; las abiertas
cortinas dicen cabelleras muertas;
buenas como cabezas
hermanas son las hondas almohadas:
plintos del Sueño y del Misterio gradas.

10　Si así en un lecho como flor de muerte,
damos llorando, como un fruto fuerte
maduro de pasión, en carnes y almas,
serán especies desoladas, bellas,
que besen el perfil de las estrellas
15　pisando los cabellos de las palmas.

—Gloria al amor sombrío,
como la Muerte pudre y ennoblece.
¡Tú me lo des, Dios mío!

(El rosario de Eros, 1924)

ᘒCUENTAS DE FUEGO

Cerrar la puerta cómplice con rumor de
caricia,—
deshojar hacia el mal el lirio de una veste . . .
—La seda es un pecado, el desnudo es celeste;
y es un cuerpo mullido un diván de delicia—.

5　Abrir brazos . . .; así todo ser es alado,
o una cálida lira dulcemente rendida
de canto y de silencio . . . más tarde, en el
helado
más allá de un espejo como un lago inclinado,
ver la olímpica bestia que elabora la vida . . .

10　Amor rojo, amor mío;
sangre de mundos y rubor de cielos . . .
¡Tú me lo des, Dios mío!

(El rosario de Eros, 1924)

ᏊᎯᏫCUENTAS DE LUZ

Lejos, como en la muerte,
siento arder una vida vuelta siempre hacia mí;
fuego lento hecho de ojos insomnes, más que fuerte
si de su allá insondable dora todo mi aquí.

5 Sobre tierras y mares su horizonte es mi ceño;
como un cisne sonámbulo duerme sobre mi sueño
y es su paso velado de distancia y reproche
el seguimiento dulce de los perros sin dueño
que han roído ya el hambre, la tristeza y la noche
10 y arrastran su cadena de misterio y de ensueño.

Amor, de luz, un río
que es el camino de cristal del Bien.
¡Tú me lo des, Dios mío!

(El rosario de Eros, 1924)

ᏊᎯᏫCUENTAS FALSAS

Los cuervos negros sufren hambre de carne
    rosa;
en engañosa luna mi escultura reflejo;
ellos rompen sus picos, martillando el espejo,
y al alejarme irónica, intocada y gloriosa,
5 los cuervos negros vuelan hartos de carne rosa.

Amor de burla y frío,
mármol que el tedio barnizó de fuego
o lirio que el rubor vistió de rosa,
siempre lo dé, Dios mío . . .

10 O rosario fecundo,
collar vivo que encierra
la garganta del mundo.

Cadena de la tierra,
constelación caída.

15 O rosario imantado de serpientes,
glisa hasta el fin entre mis dedos sabios,
que en tu sonrisa de cincuenta dientes
con un gran beso se prendió mi vida:
una rosa de labios.

(El rosario de Eros, 1924)

ᏊᎯᏫTU AMOR

Tu amor, esclavo, es como un sol muy
    fuerte:
jardinero de oro de la vida,
jardinero de fuego de la muerte,
en el carmen fecundo de mi vida.

5 Pico de cuervo con olor de rosas,
aguijón enmelado de delicias
tu lengua es. Tus manos misteriosas
son garras enguantadas de caricias.

Tus ojos son mis medianoches crueles,
10 panales negros de malditas mieles
que se desangran en mi acerbidad;

Crisálida de un vuelo del futuro
es tu abrazo magnífico y oscuro
torre embrujada de mi soledad.

(El rosario de Eros, 1924)

~~~~~Alfonsina Storni

ARGENTINA, 1892–1938   Alfonsina Storni won for herself an enviable
and respected position in the male-dominated literary circles of Buenos
Aires. Even in her earliest verse, in which she confesses to her unquench-
able yearning for love, she reveals her concern for the tragic role her sex
has been forced to play through all time. She reveals, too, her preoccupation with the spiritual ills of our modern social world, especially
those of the apathetic masses whose heart and vision have been deadened
by their cold materialistic environment; and she fears lest her soul, too,
become "*cuadrada.*" She poses likewise her own personal problem as a
woman. Although her whole being cries instinctively for sensual
satisfaction, she struggles against the urge to surrender herself completely
to man. She never wholly subdues this passion (*Soy, Tú que nunca serás*),
but she does succeed in controlling it, as is apparent in *Ocre* (1925), in
which she feels that her best expression has its beginning and wherein
she appears older, wiser, calculating, more sadly aware than ever of the
hapless position to which she and all her kind have been condemned by
a society that has failed to understand the feminine soul. Realizing the
hopelessness of her struggle to win a compromise between this feminine
instinct of surrender and her own determined wish to free and direct her
passions, she understands at last (*Dolor*) that the only way open for her is
to stifle completely these sensual passions, to rid herself of all senti-
mentality, of all feeling and concern for others, to become insensible
and indifferent to life and love.

By 1934 reason appears to have won. Her mind has triumphed over
her heart. Her poetry now is intellectual and cold. Her preoccupation
now is, outwardly at least, with form—modern technique and "*mieles
románticas*" yield to new metaphors and to new forms. She realized that
her recent manner was not popular and that it would be understood and
appreciated only by the few; but it was characteristic of Alfonsina Storni
to seek new paths, new solutions. When she finally despaired of finding
some answer to her problem, when an incurable illness only made the
struggle seem more hopeless (*El hombre*), she sought peace in "el olvido
perenne del mar"—the same sea that appears and reappears in all of her
work, becoming almost an obsession in her closing years.

CUADRADOS Y ÁNGULOS

Casas enfiladas, casas enfiladas,
casas enfiladas.
Cuadrados, cuadrados, cuadrados.
Casas enfiladas.
5 Las gentes ya tienen el alma cuadrada,

ideas en fila
y ángulo en la espalda.
Yo misma he vertido ayer una lágrima,
Dios mío, cuadrada.

(El dulce daño, 1918)

PESO ANCESTRAL

Tú me dijiste: no lloró mi padre;
tú me dijiste: no lloró mi abuelo;
no han llorado los hombres de mi raza,
eran de acero.

5 Así diciendo te brotó una lágrima
y me cayó en la boca . . .; más veneno
yo no he bebido nunca en otro vaso
así pequeño.

Débil mujer, pobre mujer que entiende,
10 dolor de siglos conocí al beberlo.
Oh, el alma mía soportar no puede
todo su peso.

(Irremediablemente, 1919)

BIEN PUDIERA SER

Pudiera ser que todo lo que aquí he recogido
no fuera más que aquello que nunca pudo ser,
no fuera más que algo vedado y reprimido
de familia en familia, de mujer en mujer.

5 Dicen que en los solares de mi gente,
medido
estaba todo aquello que se debía hacer . . .
Dicen que silenciosas las mujeres han sido

de mi casa materna . . . Ah, bien pudiera
ser . . .

A veces, en mi madre apuntaron antojos
10 de liberarse, pero se le subió a los ojos
una honda amargura, y en la sombra lloró.

Y todo eso mordiente, vencido, mutilado,
todo eso que se hallaba en su alma encerrado,
pienso que sin quererlo lo he libertado yo.

(Irremediablemente, 1919)

VEINTE SIGLOS

Para decirte, amor, que te deseo,
sin los rubores falsos del instinto,
estuve atada como Prometeo,[1]
pero una tarde me salí del cinto.

5 Son veinte siglos que movió mi mano
para poder decirte sin rubores:
"Que la luz edifique mis amores."
¡Son veinte siglos los que alzó mi mano!

Pasan las flechas sobre mis cabellos,
10 pasan las flechas, aguzados dardos . . .
Son veinte siglos de terribles fardos!
Sentí su peso al libertarme de ellos.

Y no creas que tenga el brazo fuerte,
mi brazo tiembla debilucho y magro,
15 pero he llegado entera hasta el milagro:
estoy acompañada por la muerte.

(Irremediablemente, 1919)

[1] Prometeo: When Prometheus brought fire to the earth and taught man to use it, Zeus punished him by chaining him to a Caucasian mountain where a vulture devoured his liver. There he remained chained until Hercules set him free.

✺MODERNA

Yo danzaré en alfombra de verdura,
ten pronto el vino en el cristal sonoro,
nos beberemos el licor de oro
celebrando la noche y su frescura.

5   Yo danzaré como la tierra pura,
como la tierra yo seré un tesoro,
y en darme pura no hallaré desdoro,
que darse es una forma de la Altura.

Yo danzaré para que todo olvides,
10 yo habré de darte la embriaguez que pides
hasta que Venus pase por los cielos.

Mas algo acaso te será escondido,
que pagana de un siglo empobrecido
no dejaré caer todos los velos.

(*Irremediablemente*, 1919)

✺HOMBRE PEQUEÑITO

Hombre pequeñito, hombre pequeñito,
suelta a tu canario que quiere volar . . .
yo soy el canario, hombre pequeñito,
déjame saltar.

5   Estuve en tu jaula, hombre pequeñito,
hombre pequeñito que jaula me das.
Digo pequeñito porque no me entiendes,
ni me entenderás.

Tampoco te entiendo, pero mientras tanto
10 ábreme la jaula, que quiero escapar;
hombre pequeñito, te amé media hora,
no me pidas más.

(*Irremediablemente*, 1919)

✺LA QUE COMPRENDE

Con la cabeza negra caída hacia adelante
está la mujer bella, la de mediana edad,
postrada de rodillas, y un Cristo agonizante
desde su duro leño la mira con piedad.

5   En los ojos la carga de una enorme tristeza,
en el seno la carga del hijo por nacer,
al pie del blanco Cristo que está sangrando
    reza:
—¡Señor: el hijo mío que no nazca mujer!

(*Languidez*, 1920)

✺EL RUEGO

Señor, Señor, hace ya tiempo, un día
soñé un amor como jamás pudiera
soñarlo nadie, algún amor que fuera
la vida toda, toda la poesía.

5   Y pasaba el invierno y no venía,
y pasaba también la primavera,
y el verano de nuevo persistía,
y el otoño me hallaba con mi espera.

Señor, Señor: mi espalda está desnuda.
10 ¡Haz restallar allí con mano ruda,
el látigo que sangra a los perversos!

Que está la tarde ya sobre mi vida,
y esta pasión ardiente y desmedida
la he perdido, Señor, ¡haciendo versos!

(*Languidez*, 1920)

ᘛSOY

Soy suave y triste si idolatro, puedo
bajar el cielo hasta mi mano cuando
el alma de otro al alma mía enredo.
Plumón alguno no hallarás más blando.

5   Ninguna como yo las manos besa,
ni se acurruca tanto en un ensueño,
ni cupo en otro cuerpo, así pequeño,
un alma humana de mayor terneza.

Muero sobre los ojos, si los siento
10 como pájaros vivos, un momento,
aletear bajo mis dedos blancos.

Sé la frase que encanta y que comprende,
y sé callar cuando la luna asciende
enorme y roja sobre los barrancos.

(*Ocre*, 1925)

ᘛEL ENGAÑO

Soy tuya, Dios lo sabe por qué, ya que comprendo
que habrás de abandonarme, fríamente, mañana,
y que, bajo el encanto de mis ojos, te gana
otro encanto el deseo, pero no me defiendo.

5   Espero que esto un día cualquiera se concluya,
pues intuyo, al instante, lo que piensas o quieres.
Con voz indiferente te hablo de otras mujeres
y hasta ensayo el elogio de alguna que fue tuya.

Pero tú sabes menos que yo, y algo orgulloso
10 de que te pertenezca, en tu juego engañoso
persistes, con un aire de actor del papel dueño.

Yo te miro callada con mi dulce sonrisa,
y cuando te entusiasmas, pienso: no te des prisa,
no eres tú el que me engaña; quien me engaña es mi sueño.

(*Ocre*, 1925)

ᘛTÚ QUE NUNCA SERÁS

Sábado fue y capricho el beso dado,
capricho de varón, audaz y fino,
mas fue dulce el capricho masculino
a este mi corazón, lobezno alado.

5   No es que crea, no creo; si inclinado
sobre mis manos te sentí divino
y me embriagué, comprendo que este vino
no es para mí, mas juego y rueda el dado . . .

Yo soy ya la mujer que vive alerta,
10 tú el tremendo varón que se despierta
y es un torrente que se ensancha en río

y más se encrespa mientras corre y poda.
Ah, me resisto, mas me tienes toda,
tú, que nunca serás del todo mío.

(*Ocre*, 1925)

∾❦∾UNA VOZ

Voz escuchada a mis espaldas,
en algún viaje a las afueras,
mientras caía de mis faldas
el diario abierto, ¿de quién eras?

5   Sonabas cálida y segura
como de alguno que domina
del hombre oscuro el alma oscura,
la clara carne femenina.

No me di vuelta a ver el hombre
10 en el deseo que me fuera
su rostro anónimo, y pudiera
su voz ser música sin nombre.

¡Oh simpatía de la vida!
¡Oh comunión que me ha valido,
15 por el encanto de un sonido
ser, sin quererlo, poseída!

(*Ocre*, 1925)

∾❦∾DOLOR

Quisiera esta tarde divina de octubre
pasear por la orilla lejana del mar;

que la arena de oro y las aguas verdes
y los cielos puros me vieran pasar . . .

5 Ser alta, soberbia, perfecta, quisiera,
como una romana, para concordar

con las grandes olas, y las rocas muertas
y las anchas playas que ciñen el mar.

Con el paso lento y los ojos fríos
10 y la boca muda dejarme llevar;

ver cómo se rompen las olas azules
contra los granitos y no parpadear;

ver cómo las aves rapaces se comen
los peces pequeños y no suspirar;

15 pensar que pudieran las frágiles barcas
hundirse en las aguas y no despertar;

ver que se adelanta, la garganta libre,
el hombre más bello; no desear amar . . .

Perder la mirada, distraídamente,
20 perderla y que nunca la vuelva a encontrar;

y, figura erguida entre cielo y playa,
sentirme el olvido perenne del mar.

(*Ocre*, 1925)

∾❦∾EPITAFIO PARA MI TUMBA

Aquí descanso yo: dice "Alfonsina"
el epitafio claro al que se inclina.

Aquí descanso yo, y en este pozo,
pues que no siento, me solazo y gozo.

5 Los turbios ojos muertos ya no giran,
los labios, desgranados, no suspiran.

Duermo mi sueño eterno a pierna suelta;
me llaman y no quiero darme vuelta.

Tengo la tierra encima y no la siento,
10 llega el invierno y no me enfría el viento.

El verano mis sueños no madura,
la primavera el pulso no me apura.

El corazón no tiembla, salta o late,
fuera estoy de la línea de combate.

15 ¿Qué dice el ave aquella, caminante?
Tradúceme su canto perturbante:

"Nace la luna nueva, el mar perfuma,
los cuerpos bellos báñanse de espuma.

Va junto al mar un hombre que en la boca
20 lleva una abeja libadora y loca;

bajo la blanca tela el torso quiere
el otro torso que palpita y muere.

Los marineros sueñan en las proas,
cantan muchachas desde las canoas.

25 Zarpan los buques y en sus claras cuevas
los hombres parten hacia tierras nuevas.

La mujer que en el suelo está dormida
y en su epitafio ríe de la vida,

como es mujer grabó en su sepultura
30 una mentira aún: la de su hartura.''

(Ocre, 1925)

EL HOMBRE

No sabe cómo: un día se aparece en el orbe,
hecho ser; nace ciego; en la sombra revuelve
los acerados ojos. Una mano lo envuelve.
Llora. Lo engaña un pecho. Prende los labios. Sorbe.

5 Más tarde su pupila la tiniebla deslíe
y alcanza a ver dos ojos, una boca, una frente.
Mira jugar los músculos de la cara a su frente,
y aunque quién es no sabe, copia, imita y sonríe.

Da una larga corrida sobre la tierra luego.
10 Instinto, sueño y alma trenza en lazos de fuego,
los suelta a sus espaldas, a los vientos. Y canta.

Kilómetros en alto la mirada le crece
y ve el astro; se turba, se exalta, lo apetece:
una mano le corta la mano que levanta.

(Mundo de siete pozos, 1934)

FARO EN LA NOCHE

Esfera negra el cielo
y disco negro el mar.

Abre en la costa el faro
su abanico solar.

5 ¿A quién busca en la noche
que gira sin cesar?

Si en el pecho me busca
el corazón mortal,

mire la roca negra
10 donde clavado está.

Un cuervo pica siempre,
pero no sangra ya.

(Mundo de siete pozos, 1934)

⌒⌒⌒Juana de Ibarbourou

URUGUAY, 1895–   The joys of pagan living, nature in her more intimate and sensuous forms (water, plant life, odors of the soil), and a desire to be loved in the ardor of a youth free of all preconceived notions of Christian sin or immorality, these are the themes of Ibarbourou's first and best volume, *Las lenguas de diamante*, published in 1918. For Juana, life is wholesome and sensual and beautiful, tangible and real, and love is the instinctive expression of happiness. Human life is but another manifestation of nature: mortal clay will return to Mother Earth to reappear in some beautiful form of floral life. This theme of the transmigration of the body recurs again and again; it is Juana's one crying hope, for out of her passionate yearning for life springs a realization that this material existence is only of momentary duration. She understands that death is inevitable, but she refuses to accept it as final. Hence her fear of shadows and of the mysterious, her avoidance of the abstract; hence her worship of light, as symbolized in her image of the flame; hence her request that she be buried "a flor de tierra" so that in her new state she may quickly rise again to watch her lover. This dread of the passing of love and of all earthly existence is voiced in her earliest poems; it becomes more marked as the years speed on; in *La rosa de los vientos* (1930) it develops into a bitterness and sadness, expressed in somber and complex abstractions, that seem to tell us that the youthful, buoyant "salvaje" is no more. It is the poetry of the pagan Juana—she who wandered exultantly in the rain—that will endure. In those paeans to life and love we find no ideological confusion, no moral sadness; in them there is nothing of the inner anguish of her compatriot Delmira Agustini or of the Christian faith of Gabriela Mistral. They are unlike the poems of any other artist of her time; spontaneous, unaffected, they are the wholesome fruits of her vitality and joy.

⌒⌒LA HORA

Tómame ahora que aún es temprano
y que llevo dalias nuevas en la mano.

Tómame ahora que aún es sombría
esta taciturna cabellera mía.

5   Ahora que tengo la carne olorosa,
y los ojos limpios y la piel de rosa.

Ahora que calza mi planta ligera
la sandalia viva de la primavera.

Ahora que en mis labios repica la risa
10 como una campana sacudida aprisa.

Después . . . , ¡ah, yo sé
que nada de eso más tarde tendré!

Que entonces inútil será tu deseo,
como ofrenda puesta sobre un mausoleo.

15   ¡Tómame ahora que aún es temprano
y que tengo rica de nardos la mano!

Hoy, y no más tarde. Antes que anochezca
y se vuelva mustia la corola fresca.

Hoy, y no mañana. Oh, amante, ¿no ves
20 que la enredadera crecerá ciprés?

(*Las lenguas de diamante*, 1918)

◌◌◌EL FUERTE LAZO

Crecí
para ti.
Tálame. Mi acacia
implora a tus manos el golpe de gracia.

5   Florí
para ti.
Córtame. Mi lirio
al nacer dudaba ser flor o ser cirio.

Flui
10 para ti.
Bébeme. El cristal
envidia lo claro de mi manantial.

Alas di
por ti.
15 Cázame. Falena,
rodeo tu llama de impaciencia llena.

Por ti sufriré.
¡Bendito sea el daño que tu amor me dé!
¡Bendita sea el hacha, bendita la red,
20 y loadas sean tijeras y sed!

Sangre del costado
manaré, mi amado.
¿Qué broche más bello, qué joya más grata,
que por ti una llaga color escarlata?
25 En vez de abalorios para mis cabellos,
siete espinas largas hundiré entre ellos.
Y en vez de zarcillos pondré en mis orejas,
como dos rubíes dos ascuas bermejas.

Me verás reír
30 viéndome sufrir.

Y tú llorarás,
y entonces . . . ¡más mío que nunca serás!

(*Las lenguas de diamante*, 1918)

◌◌◌LÁ CITA

Me he ceñido toda con un manto negro.
Estoy toda pálida, la mirada extática.
Y en los ojos tengo partida una estrella.
¡Dos triángulos rojos en mi faz hierática!

5   Ya ves que no luzco siquiera una joya,
ni un lazo rosado ni un ramo de dalias.
Y hasta me he quitado las hebillas ricas
de las correhuelas de mis dos sandalias.

Mas soy esta noche, sin oros ni sedas,
10 esbelta y morena como un lirio vivo.

Y estoy toda ungida de esencias de nardos.
Y soy toda suave bajo el manto esquivo.

Y en mi boca pálida florece ya el trémulo
clavel de mi beso que aguarda tu boca.
15 Y a mis manos largas se enrosca el deseo
como una invisible serpentina loca.

¡Descíñeme, amante! ¡Descíñeme, amante!
Bajo tu mirada surgiré como una
estatua vibrante sobre un plinto negro,
20 hasta el que se arrastra, como un can, la luna.

(*Las lenguas de diamante*, 1918)

⟋⟍LA INQUIETUD FUGAZ

He mordido manzanas y he besado tus labios.
Me he abrazado a los pinos olorosos y negros.
Hundí, inquieta, mis manos en el agua que corre.
He huroneado en la selva milenaria de cedros
5 que cruza la pradera como una sierpe grave,
y he corrido por todos los pedrosos caminos
que ciñen como fajas la ventruda montaña.

¡Oh amado, no te irrites por mi inquietud sin tregua!
¡Oh amado, no me riñas porque cante y me ría!
10 Ha de llegar un día en que he de estarme quieta,
¡ay, por siempre, por siempre!,
con las manos cruzadas y apagados los ojos,
con los oídos sordos y con la boca muda,
y los pies andariegos en reposo perpetuo
15 sobre la tierra negra.
Y estará roto el vaso de cristal de mi risa
en la grieta obstinada de mis labios cerrados.

Entonces, aunque digas: —¡Anda!, ya no andaré.
Y aunque me digas: —¡Canta!, no volveré a cantar.
20 Me iré desmenuzando en quietud y en silencio
bajo la tierra negra,
mientras encima mío se oirá zumbar la vida
como una abeja ebria.

¡Oh, déjame que guste el dulzor del momento
25 fugitivo e inquieto!

¡Oh, deja que la rosa desnuda de mi boca
se te oprima a los labios!

Después será cenizas bajo la tierra negra.

(*Las lenguas de diamante* 1918)

⟋⟍VIDA-GARFIO

Amante, no me lleves, si muero, al campo-
    santo.
A flor de tierra abre mi fosa, junto al riente
alboroto divino de alguna pajarera,
o junto a la encantada charla de alguna
    fuente.

5 A flor de tierra, amante. Casi sobre la tierra,
donde el sol me caliente los huesos, y mis ojos,
alargados en tallos, suban a ver de nuevo
la lámpara salvaje de los ocasos rojos.

A flor de tierra, amante. Que el tránsito así
    sea
10 más breve. Yo presiento
la lucha de mi carne por volver hacia arriba,
por sentir en sus átomos la frescura del viento.

Yo sé que acaso nunca allá abajo mis manos
podrán estarse quietas,
15 que siempre, como topos, arañarán la tierra
en medio de las sombras estrujadas y prietas.

Arrójame semillas. Yo quiero que se en-
raícen
en la greda amarilla de mis huesos menguados.
¡Por la parda escalera de las raíces vivas
20 yo subiré a mirarte en los lirios morados!

(Las lenguas de diamante, 1918)

∿LA ESPERA

¡Oh, lino, madura que quiero tejer
sábanas del lecho donde dormirá
mi amante que pronto, pronto tornará!
(Con la primavera tiene que volver.)

5 ¡Oh, rosa, tu prieto capullo despliega!
Has de ser el pomo que arome su estancia.
Concentra colores, recoge fragancia,
dilata tus poros que mi amante llega.

Trabaré con grillos de oro sus piernas.
10 Cadenas livianas del más limpio acero,
encargué con prisa, con prisa al herrero
amor, que las hace brillantes y eternas.

Y sembré amapolas en toda la huerta.
¡Que nunca recuerde caminos ni sendas!
15 Fatiga: en sus nervios aprieta tus vendas.
Molicie: sé el perro que guarde la puerta.

(Las lenguas de diamante, 1918)

∿REBELDE

Caronte:[1] yo seré un escándalo en tu barca.
Mientras las otras sombras recen, giman, o lloren,
y bajo tus miradas de siniestro patriarca
las tímidas y tristes, en bajo acento, oren,

5 yo iré como una alondra cantando por el río
y llevaré a tu barca mi perfume salvaje,
e irradiaré en las ondas del arroyo sombrío
como una azul linterna que alumbrará en el viaje.

Por más que tú no quieras, por más guiños siniestros
10 que me hagan tus dos ojos, en el terror maestros,
Caronte, yo en tu barca seré como un escándalo.

Y extenuada de sombra, de valor y de frío,
cuando quieras dejarme a la orilla del río
me bajarán tus brazos cual conquista de vándalo.

(Las lenguas de diamante, 1918)

∿ESTÍO

Cantar del agua del río.
Cantar continuo y sonoro,
arriba bosque sombrío
y abajo arenas de oro.

5 Cantar . . .
de alondra escondida
entre el oscuro pinar.

[1] Caronte: Charon of Greek mythology, the son of Erebus, whose duty it was to ferry the souls of the dead over the Styx. He received as a fare an obol, an ancient Greek coin, which had been placed in the mouth of the dead.

Cantar . . .
del viento en las ramas
10 floridas del retamar.

Cantar . . .
de abejas ante el repleto
tesoro del colmenar.

Cantar . . .
15 de la joven tahonera
que al río viene a lavar.

Y cantar, cantar, cantar
de mi alma embriagada y loca
bajo la lumbre solar.

(*Raíz salvaje*, 1922)

～～SALVAJE

Bebo del agua limpia y clara del arroyo
y vago por los campos teniendo por apoyo
un gajo de algarrobo liso, fuerte y pulido,
que en sus ramas sostuvo la dulzura de un
  nido.

5 Así paso los días, morena y descuidada,
sobre la suave alfombra de la grama aromada,
comiendo de la carne jugosa de las fresas
o en busca de fragantes racimos de frambuesas.

Mi cuerpo está impregnado del aroma
  ardoroso
10 de los pastos maduros. Mi cabello sombroso
esparce, al destrenzarlo, olor a sol y a heno,
a salvia, a hierbabuena y a flores de centeno.

¡Soy libre, sana, alegre, juvenil y morena
cual si fuera la diosa del trigo y de la avena!
15 ¡Soy casta como Diana
y huelo a hierba clara nacida en la mañana!

(*Sus mejores poemas*, 1930)

～～LA PEQUEÑA LLAMA

Yo siento por la luz un amor de salvaje.
Cada pequeña llama me encanta y sobrecoge.
¿No será cada lumbre un cáliz que recoge
el calor de las almas que pasan en su viaje?

5 Hay unas pequeñitas, azules, temblorosas,
lo mismo que las almas taciturnas y buenas.
Hay otras casi blancas: fulgores de azucenas.
Hay otras casi rojas: espíritus de rosas.

Yo respecto y adoro la luz como si fuera
10 una cosa que vive, que siente, que medita,
un ser que nos contempla transformado en
  hoguera.

Así, cuando yo muera he de ser a tu lado,
una pequeña llama de dulzura infinita
para tus largas noches de amante desolado.

(*Sus mejores poemas*, 1930)

～～CENIZAS

Se ha apagado el fuego. Queda sólo un blando
  montón de cenizas,
donde estuvo ondulando la llama.
Ahí tienes, amigo, hecho porción quieta
  de polvo liviano,
a aquel pino inmenso que nos dio su sombra
5 fresca y movediza, durante el verano.

Tan alto, tan alto, que pasaba el techo
  de la casa mía.
Si hubiera podido guardarlo en dobleces,
ni en el arca grande del desván, cabría.

10 Y del pino inmenso ya ves lo que queda.
Yo, que soy tan pequeña y delgada,
¡qué montón tan chiquito de polvo
  seré cuando muera!

(*Sus mejores poemas*, 1930)

DÍAS SIN FE

El navío de la esperanza
ha olvidado los caminos claros de mi puerto.
El agua cóncava de la espera sólo refleja
la blancura caliza de un paisaje sin ecos.

5 Sobre los cielos lisos
no pasan nubes en simulacros de ríos y de
    parques;
y el buho pesado del tiempo
se ha detenido en la proa inmóvil de mi nave.

10 No tengo fuerzas para arrancar el ancla
y salir al encuentro del barco perdido.
Una mano ha echado raíz sobre la otra mano.
Los ojos se me cansan por los horizontes
    vacíos;
siento el peso de cada hora
como un racimo de piedra sobre el hombro.

15 ¡Ah! quisiera ya librarme de esta cosecha
y volver a tener los días ágiles y rojos.

(*La rosa de los vientos,* 1930)

ATLÁNTICO

Océano que te abres lo mismo que una mano
a todos los viajeros y a todos los marinos:
tan sólo para mí eres puño cerrado;
para mí solamente tú no tienes caminos.

5 Jamás balanceará tu lomo milenario
la nave que me lleve desde esta tierra mía
ondulada y menuda, a las tierras que sueña
mi juventud inmóvil y mi melancolía.

¡Ah! océano Atlántico multicolor y ancho
10 cual un cielo caído entre el hueco de un mar:

te miro como un fruto que no he de morder
    nunca,
o como un campo rico que nunca he de
    espigar.

¡Ah! océano Atlántico, fiel leopardo que lames
mis dos pies que encadenan el amor y la vida:
15 haz que un día se sacien sobre tu flanco
    elástico,
esta ansiedad constante y este afán de partida.

(*La rosa de los vientos,* 1930)

DESPECHO

¡Ah, que estoy cansada! Me he reído tanto,
tanto, que a mis ojos ha asomado el llanto;
tanto, que este rictus[2] que contrae mi boca
es un rastro extraño de mi risa loca.

5 Tanto, que esta intensa palidez que tengo
(como en los retratos de viejo abolengo),
es por la fatiga de la loca risa
que en todos mis nervios su sopor desliza.

¡Ah, que estoy cansada! Déjame que duerma,
10 pues, como la angustia, la alegría enferma.
¡Qué rara ocurrencia decir que estoy triste!
¿Cuándo más alegre que ahora, me viste?

¡Mentira! No tengo ni dudas, ni celos,
ni inquietud, ni angustias, ni penas, ni anhelos.
15 Si brilla en mis ojos la humedad del llanto,
es por el esfuerzo de reírme tanto . . .

(*Los más bellos versos,* 1936)

[2] rictus: *twitch.*

～～～Gabriela Mistral

CHILE, 1889–1957   An early tragic love affair and a deep but never satisfied maternal longing left indelible marks of sadness on Gabriela Mistral's life and work. Her path was a desolate one, but faith in God and long years of selfless dedication as a rural teacher so strengthened her heart and will that she succeeded in alleviating and partly forgetting her own desolation through shouldering the sorrows and sufferings of others (*Confesión*). This desire to give of herself is manifest even in her poems to love, especially in her celebrated *Los sonetos de la muerte* that won her first prize at the *Juegos Florales* held in Santiago in 1914. In these beautiful lyrics, which allude in bold but guarded imagery to her lover's untimely death, it is clear that her love was far more spiritual and intellectual than sensuous—even in love it was not so much her physical being that she offered as it was her protection, her compassion and moral courage. Some of her most touching poetry is that in which she sings of the children of others and wistfully voices the yearning that they might be her own. Her cradle songs are among the most beautiful in the Spanish language. Living ever in close communion with the land, but more acutely in the dark dreary woodlands of the south, she early identified her own sad mood with that of nature. This sadness colored her religious faith, which was neither mystic nor orthodox, since it assumed more of the character of a mournful accompaniment to the grief of one abandoned than that of an all-abiding trust in God. Biblical themes, defense and exaltation of a motherhood she never enjoyed, a preoccupation with death even in its purely physiological aspects, and a mounting desire to carry more than her share of humanity's burdens, are other motifs of her poetic expression. It was characteristic of her love and concern for all mankind that she should have dedicated the proceeds of her volume *Tala* (1938) to the relief of Basque children made homeless during the Spanish Civil War. Although more in keeping with the conventional patterns of the day, the poems of *Lagar* (1954), her final volume, like those of *Tala*, are the product of a further and final distilling of the essential sympathies and themes of *Desolación*:

> ¡Y en el ancho lagar de la muerte
> aún no quieres mi pecho exprimir!

〜〜LA MAESTRA RURAL

La maestra era pura. "Los suaves hortelanos,"
decía, "de este predio, que es predio de Jesús,
han de conservar puros los ojos y las manos,
guardar claros sus óleos, para dar clara luz."

5   La maestra era pobre. Su reino no es humano.
(Así en el doloroso sembrador de Israel.[1])
Vestía sayas pardas, no enjoyaba su mano.
¡Y era todo su espíritu un inmenso joyel!

    La maestra era alegre. ¡Pobre mujer herida!
10 Su sonrisa fue un modo de llorar con bondad.
Por sobre la sandalia rota y enrojecida,
tal sonrisa, la insigne flor de su santidad.

    ¡Dulce ser! ¡En su río de mieles, caudaloso,
largamente abrevaba sus tigres el dolor!
15 Los hierros que le abrieron el pecho generoso
¡más anchas le dejaron las cuencas del amor!

    ¡Oh, labriego, cuyo hijo de su labio aprendía
el himno y la plegaria, nunca viste el fulgor
del lucero cautivo que en sus carnes ardía:
20 pasaste sin besar su corazón en flor!

    Campesina, ¿recuerdas que alguna vez prendiste
su nombre a un comentario brutal o baladí?
Cien veces la miraste, ninguna vez la viste.
¡Y en el solar de tu hijo, de ella hay más que de ti!

25   Pasó por él su fina, su delicada esteva,
abriendo surcos donde alojar perfección.
La albada de virtudes de que lento se nieva
es suya. Campesina, ¿no le pides perdón?

    Daba sombra por una selva su encina hendida
30 el día en que la muerte la convidó a partir.
Pensando en que su madre la esperaba dormida,
a La de Ojos Profundos[2] se dio sin resistir.

    Y en su Dios se ha dormido, como en cojín de luna;
almohada de sus sienes, una constelación.
35 Canta el Padre para ella sus canciones de cuna
¡y la paz llueve largo sobre su corazón!

    Como un henchido vaso, traía el alma hecha
para dar ambrosía de toda eternidad,
y era su vida humana la dilatada brecha
40 que suele abrirse el Padre para echar claridad.

---

[1] doloroso . . . Israel: The allusion is to the parable of   [2] La . . . Profundos: *Death.*
the Sower, *Matthew* XIII, 3–8.

Por eso aún el polvo de sus huesos sustenta
púrpura de rosales de violento llamear.
¡Y el cuidador de tumbas, como aroma, me cuenta,
las plantas del que huella sus huesos, al pasar!

(*Desolación,* 1922)

EL NIÑO SOLO

Como escuchase un llanto, me paré en el repecho
y me acerqué a la puerta del rancho del camino.
Un niño de ojos dulces me miró desde el lecho
¡y una ternura inmensa me embriagó como un vino!

5 La madre se tardó, curvada en el barbecho;
el niño, al despertar, buscó el pezón de rosa
y rompió en llanto . . . Yo lo estreché contra el pecho,
y una canción de cuna me subió, temblorosa . . .

Por la ventana abierta la luna nos miraba.
10 El niño ya dormía, y la canción bañaba,
como otro resplandor, mi pecho enriquecido . . .

Y cuando la mujer, trémula, abrió la puerta,
me vería en el rostro tanta ventura cierta
¡que me dejó el infante en los brazos dormido!

(*Desolación,* 1922)

MECIENDO

El mar sus millares de olas
mece divino.
Oyendo a los mares amantes
mezo a mi niño.

5 El viento errabundo en la noche
mece los trigos.

Oyendo a los vientos amantes
mezo a mi niño.

Dios Padre sus miles de mundos
10 mece sin ruido.
Sintiendo su mano en la sombra
mezo a mi niño.

(*Desolación,* 1922)

YO NO TENGO SOLEDAD

Es la noche desamparo
de las sierras hasta el mar.
Pero yo, la que te mece,
¡yo no tengo soledad!

5 Es el cielo desamparo,
si la luna cae al mar.

Pero yo, la que te estrecha,
¡yo no tengo soledad!

Es el mundo desamparo
10 y la carne triste va.
Pero yo, la que te oprime,
¡yo no tengo soledad!

(*Desolación,* 1922)

PIECECITOS

Piececitos de niño,
azulosos de frío,
¡cómo os ven y no os cubren,
    Dios mío!

5 ¡Piececitos heridos
por los guijarros todos,
ultrajados de nieves
    y lodos!

El hombre ciego ignora
10 que por donde pasáis,
una flor de luz viva
    dejáis;

que allí donde ponéis
la plantita sangrante,
15 el nardo nace más
    fragante.

Sed, puesto que marcháis
por los caminos rectos,
heroicos como sois
20 perfectos.

Piececitos de niño,
dos joyitas sufrientes,
¡cómo pasan sin veros
    las gentes!

(*Desolación*, 1922)

SUAVIDADES

Cuando yo te estoy cantando,
en la tierra acaba el mal;
todo es dulce por tus sienes:
la barranca, el espinar.

5 Cuando yo te estoy cantando,
se me acaba la crueldad:
¡suaves son, como tus párpados,
la leona y el chacal!

(*Desolación*, 1922)

RUTH[3]

1

Ruth moabita a espigar va a las eras,
aunque no tiene ni un campo mezquino.
Piensa que es Dios dueño de las praderas
y que ella espiga en un predio divino.

5 El sol caldeo su espalda acuchilla,
baña terrible su dorso inclinado;
arde de fiebre su leve mejilla,
y la fatiga le rinde el costado.

Booz se ha sentado en la parva abundosa.
10 El trigal es una onda infinita,
desde la sierra hasta donde él reposa,

que la abundancia ha cegado el camino . . .
Y en la onda de oro la Ruth moabita
viene espigando, a encontrar su destino.

2

Booz miró a Ruth, y a los recolectores
dijo: "Dejad que recoja confiada . . ."
Y sonrieron los espigadores,
viendo del viejo la absorta mirada . . .

5 Eran sus barbas dos sendas de flores,
su ojo dulzura, reposo el semblante;
su voz pasaba de alcor en alcores,
pero podía dormir a un infante . . .

Ruth lo miró de la planta a la frente,
10 y fue sus ojos saciados bajando,
como el que bebe en inmensa corriente . . .

Al regresar a la aldea, los mozos
que ella encontró la miraron temblando.
Pero en su sueño Booz fue su esposo . . .

[3] See *The Book of Ruth* in the Old Testament. Ruth was a Moabitess, the wife of Mahlon, son of Elimelech and Naomi who were residing in the land of Moab because of a famine in Judah. Elimelech and his two sons died and Naomi decided to return to Judah. She urged her daughters-in-law to remain in their own land of Moab and marry again. Ruth refused and came with Naomi to Bethlehem at the beginning of the barley harvest. Here Ruth met Boaz while gleaning in a corner of his field. Boaz was a kinsman of Elimelech and a wealthy man. Through her subsequent marriage-at-law with Boaz, Ruth became the great-grandmother of David.

3

Y aquella noche el patriarca en la era
viendo los astros que laten de anhelo,
recordó aquello que a Abraham prometiera
Jehová: más hijos que estrellas dio al cielo.[4]

5   Y suspiró por su lecho baldío,
rezó llorando, e hizo sitio en la almohada
para la que, como baja el rocío,
hacia él vendría en la noche callada.

Ruth vio en los astros los ojos con llanto
10 de Booz llamándola, y estremecida,
dejó su lecho, y se fue por el campo . . .

Dormía el justo, hecho paz y belleza.
Ruth, más callada que espiga vencida,
puso en el pecho de Booz su cabeza.

(Desolación, 1922)

LOS SONETOS DE LA MUERTE

I

Del nicho helado en que los hombres te pusieron,
te bajaré a la tierra humilde y soleada.
Que he de dormirme en ella los hombres no supieron,
y que hemos de soñar la misma almohada.

5   Te acostaré en la tierra soleada con una
dulcedumbre de madre para el hijo dormido,
y la tierra ha de hacerse suavidades de cuna
al recibir tu cuerpo de niño dolorido.

10   Luego iré espolvoreando tierra y polvo de rosas,
y en la azulada y leve polvareda de luna,
los despojos livianos irán quedando presos.

Me alejaré cantando mis venganzas hermosas,
¡porque a ese hondor recóndito la mano de ninguna
bajará a disputarme tu puñado de huesos!

2

Este largo cansancio se hará mayor un día,
y el alma dirá al cuerpo que no quiere seguir
arrastrando su masa por la rosada vía,
por donde van los hombres, contentos de vivir.

5   Sentirás que a tu lado cavan briosamente,
que otra dormida llega a la quieta ciudad.
Esperaré que me hayan cubierto totalmente . . .
¡y después hablaremos por una eternidad!

10   Sólo entonces sabrás el porqué, no madura
para las hondas huesas tu carne todavía,
tuviste que bajar, sin fatiga, a dormir.

Se hará luz en la zona de los sinos, oscura;
sabrás que en nuestra alianza signo de astros había
y, roto el pacto enorme, tenías que morir . . .

---

[4] See *Genesis*, XV, 5: "Then he took him outside, and said, 'Now look at the sky, and count the stars if you can. So shall be your descendants,' he said to him."

3

Malas manos tomaron tu vida, desde el día
en que, a una señal de astros, dejara su plantel
nevado de azucenas. En gozo florecía.
Malas manos entraron trágicamente en él . . .

Y yo dije al Señor: "Por las sendas mortales
le llevan. ¡Sombra amada que no saben guiar!
Arráncalo, Señor, a esas manos fatales
o le hundes en el largo sueño que sabes dar!

"¡No le puedo gritar, no le puedo seguir!
Su barca empuja un negro viento de tempestad.
Retórnalo a mis brazos o le siegas en flor."

Se detuvo la barca rosa de su vivir . . .
¿Que no sé del amor, que no tuve piedad?
¡Tú, que vas a juzgarme, lo comprendes, Señor!

(Desolación, 1922)

EL RUEGO

Señor, Tú sabes cómo, con encendido brío,
por los seres extraños mi palabra te invoca.
Vengo ahora a pedirte por uno que era mío,
mi vaso de frescura, el panal de mi boca,

cal de mis huesos, dulce razón de la jornada,
gorjeo de mi oído, ceñidor de mi veste.
Me cuido hasta de aquellos en que no puse nada.
¡No tengas ojo torvo si te pido por éste!

Te digo que era bueno, te digo que tenía
el corazón entero a flor de pecho, que era
suave de índole, franco como la luz del día,
henchido de milagro como la primavera.

Me replicas, severo, que es de plegaria indigno
el que no untó de preces sus dos labios febriles,
y se fue aquella tarde sin esperar tu signo,
trizándose las sienes como vasos sutiles.

Pero yo, mi Señor, te arguyo que he tocado,
de la misma manera que el nardo de su frente,
todo su corazón dulce y atormentado
¡y tenía la seda del capullo naciente!

¿Que fue crüel? Olvidas, Señor, que le quería,
y que él sabía suya la entraña que llagaba.
¿Que enturbió para siempre mis linfas de alegría?
¡No importa! Tú comprendes: ¡yo le amaba, le amaba!

25
Y amar (bien sabes de eso) es amargo ejercicio;
un mantener los párpados de lágrimas mojados,
un refrescar de besos las trenzas del cilicio
conservando, bajo ellas, los ojos extasiados.

30
El hierro que taladra tiene un gustoso frío,
cuando abre, cual gavillas, las carnes amorosas.
Y la cruz (Tú te acuerdas !oh Rey de los judíos!)
se lleva con blandura, como un gajo de rosas.

35
Aquí me estoy, Señor, con la cara caída
sobre el polvo, parlándote un crepúsculo entero,
o todos los crepúsculos a que alcance la vida,
si tardas en decirme la palabra que espero.

40
Fatigaré tu oído de preces y sollozos,
lamiendo, lebrel tímido, los bordes de tu manto,
y ni pueden huirme tus ojos amorosos
ni esquivar tu pie el riego caliente de mi llanto.

¡Di el perdón, dilo al fin! Va a esparcir en el viento
la palabra el perfume de cien pomos de olores
al vaciarse; todo agua será deslumbramiento;
el yermo echará flor y el guijarro esplendores.

45
Se mojarán los ojos oscuros de las fieras,
y, comprendiendo, el monte que de piedra forjaste
llorará por los párpados blancos de sus neveras:
¡toda la tierra tuya sabrá que perdonaste!

(*Desolación*, 1922)

In Memoriam

Amado Nervo, suave perfil, labio sonriente;
Amado Nervo, estrofa y corazón en paz:
mientras te escribo, tienes losa sobre la frente,
baja en la nieve tu mortaja inmensamente
5
y la tremenda albura cayó sobre tu faz.

Me escribías: "Soy triste como los solitarios,
pero he vestido de sosiego mi temblor,
mi atroz angustia de la mortaja y el osario
y el ansia viva de Jesucristo, mi Señor."

10
¡Pensar que no hay colmena que entregue tu dulzura;
que entre las lenguas de odio eras lengua de paz;
que se va el canto mecedor de la amargura,
que habrá tribulación y no responderás!

De donde tú cantabas se me levantó el día.
Cien noches con tu verso yo me he dormido en paz.
Aún era heroica y fuerte, porque aún te tenía;
sobre la confusión tu resplandor caía.
¡Y ahora tú callas, y tienes polvo, y no eres más!

No te vi nunca. No te veré. Mi Dios lo ha hecho.
¿Quién te juntó las manos? ¿Quién dio, rota la voz,
la oración de los muertos al borde de tu lecho?
¿Quién te alcanzó en los ojos el estupor de Dios?

Aún me quedan jornadas bajo los soles. ¿Cuándo
verte, dónde encontrarte y darte mi aflicción,
sobre la Cruz del Sur[5] que me mira temblando,
o más allá, donde los vientos van callando,
y, por impuro, no alcanzará mi corazón?

Acuérdate de mí—lodo y ceniza triste—
cuando estés en tu reino de extasiado zafir.
A la sombra de Dios, grita lo que supiste:
que somos huérfanos, que vamos solos, que tú nos viste,
¡que toda carne con angustia pide morir!

(*Desolación*, 1922)

TRES ÁRBOLES

Tres árboles caídos
quedaron en la orilla del sendero.
El leñador los olvidó, y conversan,
apretados de amor, como tres ciegos.

El sol de ocaso pone
su sangre viva en los hendidos leños
¡y se llevan los vientos la fragancia
de su costado abierto!

Uno, torcido, tiende
su brazo inmenso y de follaje trémulo

hacia otro, y sus heridas
como dos ojos son, llenos de ruego.

El leñador los olvidó. La noche
vendrá. Estaré con ellos.
Recibiré en mi corazón sus mansas
resinas. Me serán como de fuego.
Y mudos y ceñidos
nos halle el día en un montón de duelo.

(*Desolación*, 1922)

LA PAJITA

Esta que era una niña de cera;
pero no era una niña de cera,
era una gavilla parada en la era.
Pero no era una gavilla,
sino la flor tiesa de la maravilla.[6]
Tampoco era la flor, sino era

un rayito de sol pegado a la vidriera.
No era un rayito de sol siquiera:
una pajita dentro de mis ojitos era.

¡Alléguense a mirar cómo he perdido entera,
en este lagrimón, mi fiesta verdadera!

(*Ternura*, 1924)

[5] la Cruz del Sur: four bright stars in the Southern Hemisphere, situated as if at the extremities of a Latin cross.

[6] "En Chile llamamos 'flor de la maravilla' al girasol." (Author's note.)

ᘐ᙮ᘓLA MEMORIA DIVINA

Si me dais una estrella,
y me la abandonáis, desnuda ella
entre la mano, no sabré cerrarla
por defender mi nacida alegría.
5 *Yo vengo de una tierra*
donde no se perdía.

Si me encontráis la gruta
maravillosa, que como una fruta
tiene entraña purpúrea y dorada,
10 y hace inmensa de asombro la mirada,
no cerraré la gruta
ni a la serpiente ni a la luz del día,
que vengo de una tierra
donde no se perdía.

15 Si vasos me alargaseis,
de cinamomo y sándalo, capaces

de aromar las raíces de la tierra
y de parar al viento cuando yerra,
a cualquier playa los confiaría,
20 *que vengo de un país*
en que no se perdía.

Tuve la estrella viva en mi regazo,
y entera ardí como en tendido ocaso.
Tuve también la gruta en que pendía
25 el sol, y donde no acababa el día.
Y no supe guardarlos,
ni entendí que oprimirlos era amarlos.
Dormí tranquila sobre su hermosura
y sin temblor bebía en su dulzura.

30 Y los perdí, sin grito de agonía,
que vengo de una tierra
en donde el alma eterna no perdía.

(*Tala,* 1938)

ᘐ᙮ᘓTODAS ÍBAMOS A SER REINAS[7]

Todas íbamos a ser reinas,
de cuatro reinos sobre el mar:
Rosalía con Efigenia
y Lucila con Soledad.

5 En el valle de Elqui, ceñido
de cien montañas o de más,
que como ofrendas o tributos
arden en rojo y azafrán.

Lo decíamos embriagadas,
10 y lo tuvimos por verdad,
que seríamos todas reinas
y llegaríamos al mar.

Con las trenzas de los siete años,
y batas claras de percal,
15 persiguiendo tordos huidos
en la sombra del higueral.

De los cuatro reinos, decíamos,
indudables como el Korán,
que por grandes y por cabales
20 alcanzarían hasta el mar.

Cuatro esposos desposarían,
por el tiempo de desposar,
y eran reyes y cantadores
como David, rey de Judá.

25 Y de ser grandes nuestros reinos,
ellos tendrían, sin faltar,
mares verdes, mares de alga,
y el ave loca del faisán.

Y de tener todos los frutos,
30 árbol de leche, árbol del pan,
el guayacán no cortaríamos
ni morderíamos metal.

[7] "Esta imaginería tropical vivida en un valle caliente, aunque sea cordillerano, tenía su razón de ser. El hacendado don Adolfo Iribarren—Dios le dé bellas visiones en el cielo—, por una fantasía rara de hallar el hombre de sangre vasca, se había creado, en su casa de Montegrande, casi un parque medio botánico y zoológico. Allí me había yo de conocer el ciervo y la gacela, el pavo real, el faisán, y muchos árboles exóticos, entre ellos el flamboyán de Puerto Rico, que él llamaba por su nombre verdadero de 'árbol de fuego' y que de veras ardía en el florecer, no menos que la hoguera.
"No bautizan con Ifigenia, sino con Efigenia, en mis cerros de Elqui. A esto lo llaman disimilación los filólogos, y es operación que hace el pueblo, la mejor criatura verbal que Dios crió, quien avienta el vocablo de pronunciación forzada y pedante, por holgura de la lengua y agrado del oído." (Author's note.)

Todas íbamos a ser reinas,
y de verídico reinar;
35 pero ninguna ha sido reina
ni en Arauco ni en Copán . . .

Rosalía besó marino
ya desposado con el mar,
y al besador, en las Guaitecas,[8]
40 se lo comió la tempestad.

Soledad crió siete hermanos
y su sangre dejó en su pan,
y sus ojos quedaron negros
de no haber visto nunca el mar.

45 En las viñas de Montegrande,
con su puro seno candeal,
mece los hijos de otras reinas
y los suyos nunca-jamás.

Efigenia cruzó extranjero
50 en las rutas, y sin hablar,

le siguió, sin saberle nombre,
porque el hombre parece el mar.

Y Lucila, que hablaba a río,
a montaña y cañaveral,
55 en las lunas de la locura
recibió reino de verdad.

En las nubes contó diez hijos
y en los salares su reinar,
en los ríos ha visto esposos
60 y su manto en la tempestad.

Pero en el valle de Elqui, donde
son cien montañas o son más,
cantan las otras que vinieron
y las que vienen cantarán:

65 "En la tierra seremos reinas,
y de verídico reinar,
y siendo grandes nuestros reinos,
llegaremos todas al mar."

(*Tala*, 1938)

⌒⌒LA OTRA

Una en mí maté:
yo no la amaba.

Era la flor llameando
del cactus de montaña;
5 era aridez y fuego;
nunca se refrescaba.

Piedra y cielo tenía
a pies y a espaldas
y no bajaba nunca
10 a buscar "ojos de agua."

Donde hacía su siesta,
las hierbas se enroscaban
de aliento de su boca
y brasa de su cara.

15 En rápidas resinas
se endurecía su habla,
por no caer en linda
presa soltada.

Doblarse no sabía
20 la planta de montaña,

y al costado de ella,
yo me doblaba . . .

La dejé que muriese,
robándole mi entraña.
25 Se acabó como el águila
que no es alimentada.

Sosegó el aletazo,
se dobló, lacia,
y me cayó a la mano
30 su pavesa acabada . . .

Por ella todavía
me gimen sus hermanas,
y las gredas de fuego
al pasar me desgarran.

35 Cruzando yo les digo:
—Buscad por las quebradas
y haced con las arcillas
otra águila abrasada.

Si no podéis, entonces,
40 ¡ay!, olvidadla.
Yo la maté. ¡Vosotras
también matadla!

(*Lagar*, 1954)

[8] las Guaitecas: a group of Chilean islands between the archipelagos of Chiloé and the Chonos.

∾LÁMPARA DE CATEDRAL

La alta lámpara, la amante lámpara,
tantea el pozo de la nave
en unos buceos de ansia.
Quiere coger la tiniebla
5 y la tiniebla se adensa,
retrocede y se le hurta.

Parece el ave cazada
a la mitad de su vuelo
y a la que atrapó una llama
10 que no la quema ni suelta,
ni le consiente que vaya
sorteando las columnas,
rasando los capiteles.

Corazón de Catedral,
15 ni enclavado ni soltado,
grave o ligero de aceite,
brazo ganoso o vencido,
sólo válido si alcanza
el flanco hendido de Cristo,
20 el ángulo de su boca.

La sustenta un pardo aceite
que cuando ya va a acabarse,
para que ella al fin descanse,
alguien sube, alguien provee
25 y le devuelve todos sus ojos.

Vengo a ver cuando es de día
a la que no tiene día,
y de noche otra vez vengo

a la que no tiene noche.
30 ¡Y cuando caigo a sus pies,
citas son, llantos, siseos,
su llamada de lo alto
mi fracaso en unas losas!

Caigo a sus pies y la pierdo,
35 y corriendo al otro ángulo
de la nave, por fin logro
sus sangrientos lagrimales.
Entonces, loca, la rondo,
y me da el pecho y me inunda
40 su lampo de aceite y sangre.

Vendría de hogar saqueado
y con las ropas ardiendo,
como yo, y ha rebanado
pies, y memoria, y regresos.
45 Tambaleando en humareda,
ebria de dolor y amor,
desollada lanzaría
hasta que ya fue aupada.

Desde el hondón de la nave
50 oigo al Cristo prisionero,
que le dice: "Resta, dura."
"Ni te duelas ni te rindas,
y ningún relevo esperes."
Ni ella ni El tienen sueño,
55 tampoco muerte ni Paraíso.

(*Lagar*, 1954)

∿Luis Carlos López

COLOMBIA, 1883–1950   An unassuming and impractical bourgeois, long beloved and known by his countrymen as "El tuerto," there is nothing in the life or person of this genial Colombian to reveal the ribald Bohemian or blustery revolutionary of his verse. His early volumes endeared him to his fellow *cartaginenses*, who esteemed him as their local verbal comic artist; they could not foresee that their humorous observer of provincial life would in later years win a deserving place among America's most celebrated festive poets. Surfeited on the one hand with languid romanticism still in vogue—and mostly chronic—and on the other with the ridiculous pose assumed by the modernists of the opening years of the century, Luis Carlos López sought to laugh it all away by satirizing the cherished heritage of those years. His festive mood serves to cloak and to color the acrid and occasionally brutal realism of his art. Devoid of all sentiment, gently ironic, he is a master of poetic caricature, and as such he affords us a microscopic vision of his small world in all its pettiness and tropical languor, with inimitable portraits of its classic types and timeless customs. Equally a rebel in technique, he essays unusual forms and combinations, not always, it must be admitted, with like success.[1]

∿CROMO

En el recogimiento campesino,
que viola el sollozar de las campanas,
giran, como sin ganas,
las enormes antenas de un molino.

5 Amanece. Por el confín cetrino
atisba el sol de invierno. Se oye un trino
que semeja peinar ternuras canas,
y se escucha el dialecto de las ranas . . .

La campiña, de un pálido aceituna,
10 tiene hipocondría, una
dulce hipocondría que parece mía.

Y el viejo Osiris[2] sobre el lienzo plomo
saca el paisaje lentamente, como
quien va sacando una calcomanía . . .

(*De mi villorio,* 1908)

[1] See, for example, his sonnets *Cromo* and *Siesta del trópico.* He was roundly denounced by his detractors for experimentation of this type. Cf. *Exordio (Por el atajo,* 1928), for an attack by Antonio de Valbuena.

[2] Osiris: one of the chief deities of Egyptian religion, often identified with the sun.

⌔Hongos de la riba[3]

1

El barbero del pueblo, que usa gorra de
    paja,
zapatillas de baile, chalecos de piqué,
es un apasionado jugador de baraja,
que oye misa de hinojos y habla bien de
    Voltaire.[4]

5   Lector infatigable de *El Liberal*.[5] Trabaja
alegre como un vaso de vino moscatel,
zurciendo, mientras limpia la cortante navaja,
chismes, todos los chismes de la mística grey.

    Con el señor Alcalde, con el veterinario,
10 unas buenas personas que rezan el rosario
y hablan de los milagros de San Pedro Claver,[6]

    departe en la cantina, discute en la gallera,
sacando de la vida recortes de tijera,
alegre como un vaso de vino moscatel.

2

El alcalde, de sucio jipijapa de copa,
ceñido de una banda de seda tricolor,
panzudo a lo Capeto,[7] muy holgada la ropa,
luce por el poblacho su perfil de *bull-dog*.

5   Hombre de pelo en pecho, rubio como la
    estopa,
rubrica con la punta de su machete. Y por
la noche cuando toma la lugareña sopa
de tallarines y ajos, se afloja el cinturón . . .

    Su mujer, una chica nerviosamente guapa,
10 que lo tiene cogido como con una grapa,
gusta de las grasientas obras de Paul de Kock,[8]

    ama los abalorios y se pinta las cejas,
mientras que su consorte luce por las callejas
su barriga, mil dijes y una cara feroz . . .

                (*De mi villorio,* 1908)

⌔Medio ambiente[9]

> —*Papá ¿quién es el rey?*
> —*Cállate, niño, que*
> *me comprometes.*
>   —Swift[10]

Mi buen amigo el noble Juan de Dios, compañero
de mis alegres años de juventud, ayer
no más era un artista genial, aventurero . . .
Hoy vive en un poblacho con hijos y mujer.

[3] Hongos de la riba: The two sonnets here given under this title are frequently given individual titles—*El barbero* and *El alcalde* respectively—by other anthologists.

[4] François Marie Arouet de Voltaire (1694–1778), French philosopher, author, satirist, a name synonymous with liberty and tolerance, was one of the most brilliant minds of the 18th-century European Enlightenment.

[5] *El Liberal*: of Cartagena, founded around 1867. The National Library at Bogotá has scattered numbers from 1867 to April, 1911.

[6] San Pedro Claver was a Jesuit, born in Spain in 1580, who came to Colombia in 1610 to convert and to minister to 300,000 negro slaves brought into Cartagena from 1615 until shortly before his death in 1654. He was canonized by his Holiness Pope Leo XIII in 1888.

[7] a lo Capeto: The reference is particularly applicable to Philippe I (1052–1108), fourth of the Capetian kings, who ruled from 1060 to 1108. Inept, corrupt, sensuous, greedy, he was a big man who catered only to his own interests and pleasures. It may also refer to

Charles III (839–888), surnamed "The Fat," king of France from 885 to 888. The Capetian line proper, however, did not begin until the accession of Hugh Capet in 987, whose descendants in direct line remained on the throne till the death of Charles IV in 1328.

[8] Paul de Kock: See page 385, note 4.

[9] This poem and the six which follow it have been taken from the second edition of *Por el atajo*, published in 1928. The first edition appeared in Cartagena in 1920, with commentaries by Emilio Bobadilla and Eduardo Castillo. The 1928 edition contains 49 poems, all in facsimile save the last three which the poet, then (1928) in Germany, sent the editors in typescript. The author spoke of the collection as the "definitive" edition of his poems. The López bibliography is in a very muddled state. It has been impossible to locate *Posturas difíciles* and several other titles cited by a number of critics.

[10] Jonathan Swift (1667–1745), one of the great masters of English prose, brilliant satirist, author of *Gulliver's Travels* (1726).

. . . Y es hoy panzudo y calvo. Se quita ya el sombrero
delante de un don Sabas, de un don Lucas . . . ¿Qué hacer?
La cuestión es asunto de catre y de puchero,
sin empeñar la "Singer"[11] que ayuda a mal comer . . .

Quimeras moceriles—mitad sueño y locura;
quimeras y quimeras de anhelos infinitos,
y que hoy—como las piedras tiradas en el mar—

se han ido a pique oyendo las pláticas del cura,
junto con la consorte, la suegra y los niñitos . . .
¡Qué diablo! Si estas cosas dan ganas de llorar.

(Por el atajo, 1920, 2nd ed., 1928)

⤳MUCHACHAS SOLTERONAS

Susana, ven: tu amor quiero gozar.—Lehar:[12] *La casta
Susana*

Muchachas solteronas de provincia,
que los años hilvanan
leyendo folletines
y atisbando en balcones y ventanas . . .

Muchachas de provincia,
las de aguja y dedal, que no hacen nada,
sino tomar de noche
café con leche y dulce de papaya . . .

Muchachas de provincia,
que salen—si es que salen de la casa—
muy temprano a la iglesia,
con un andar doméstico de gansas . . .

Muchachas de provincia,
papandujas, etcétera, que cantan
15 melancólicamente
de sol a sol: "Susana, ven . . . Susana" . . .

Pobres muchachas, pobres
muchachas tan inútiles y castas,
que hacen decir al Diablo,
20 con los brazos en cruz: —¡Pobres muchachas!

(Por el atajo, 1920, 2nd ed., 1928)

⤳A MI CIUDAD NATIVA

Ciudad triste, ayer reina de la mar . . .[13]
—J. M. de Heredia

Noble rincón de mis abuelos: nada
como evocar, cruzando callejuelas,
los tiempos de la cruz y de la espada,
del ahumado candil y las pajuelas . . .

Pues ya pasó, ciudad amurallada,
tu edad de folletín . . . Las carabelas
se fueron para siempre de tu rada . . .
—¡Ya no viene el aceite en botijuelas! . . .

Fuiste heroica en los años coloniales,
10 cuando tus hijos, águilas caudales,
no eran una caterva de vencejos.

Mas hoy, plena de rancio desaliño,
bien puedes inspirar ese cariño
que uno le tiene a sus zapatos viejos . . .

(Por el atajo, 1920, 2nd ed., 1928)

[11] la "Singer": the sewing machine.
[12] Franz Lehar (1870–1948), Hungarian operetta composer, noted especially for *The Merry Widow* (1905). *La casta Susana* was produced some time around 1910.
[13] Ciudad . . . mar: These lines from José María de Heredia (1842–1905) are a translation of the first line of his poem *A une ville morte* dedicated to Cartagena de Indias and appearing in his volume *Les Trophées* (1893): "Morne Ville, jadis reine des Oceans!"

ᐁᐁSIESTA DEL TRÓPICO

Domingo de bochorno, mediodía
de reverberación
solar. Un policía
como empotrado en un guardacantón,

5   durmiendo gravemente. Porquería
de un perro en un pretil. Indigestión
de abad, cacofonía
sorda de un cigarrón . . .

Soledad de necrópolis, severo
10 y hosco mutismo. Pero
de pronto en el poblacho

se rompe la quietud dominical,
porque grita un borracho
feroz: —¡Viva el partido liberal! . . .

(Por el atajo, 1920, 2nd ed., 1928)

ᐁᐁVERSOS A LA LUNA

¡Oh, luna, que hoy te asomas al tejado
de la iglesia, en la calma tropical,
para que te salude un bardo trasnochado
y te ladren los perros de arrabal!

5   ¡Oh, luna . . . en tu silencio te has burlado
de todo! . . . ¡En tu silencio sideral,
viste anoche robar en despoblado . . .
y el ladrón era un juez municipal! . . .

Mas tú ofreces, viajera saturnina,
10 con qué elocuencia en los espacios mudos,
consuelo al que la vida laceró,

mientras te cantan, en cualquier cantina,
neurasténicos bardos melenudos
y piojosos, que juegan dominó . . .

(Por el atajo, 1920, 2nd ed., 1928)

ᐁᐁVERSOS PARA TI

Y, sin embargo,
sé que te quejas.[14]
—Bécquer

. . . Te quiero mucho. Anoche parado en una esquina,
te vi llegar . . . Y como si fuese un colegial,
temblé cual si me dieran sabrosa golosina . . .
—Yo estaba junto a un viejo farol municipal.

5   Recuerdo los detalles, cualquier simple detalle
de aquel minuto: como grotesco chimpancé,
la sombra de un mendigo bailaba por la calle,
gimió una puerta, un chico dio a un gato un puntapié . . .

Y tú pasaste . . . Y viendo que tú ni a mí volviste
10 la luz de tu mirada jarifa como un sol,
me puse más que triste, tan hondamente triste,
que allí me dieron ganas de ahorcarme del farol . . .

(Por el atajo, 1920, 2nd ed., 1928)

---

14 The epigraph is from *Rima XII* of Gustavo Adolfo Bécquer (1836–1870).

⌒⌒ÉGLOGA TROPICAL

¡ Qué descansada vida![15]—Fray Luis de León

¡Oh, sí, qué vida sana
la tuya en este rústico retiro,
donde hay huevos de iguana,
bollo, arepa y suspiro,
5 y en donde nadie se ha pegado un tiro!

De la ciudad podrida
no llega un tufo a tu corral . . . ¡Qué gratas
las horas de tu vida,
pues andas en dos patas
10 como un orangután con alpargatas!

No en vano cabeceas
después de un buen ajiaco, en el olvido
total de tus ideas,
si estás desaborido
15 bajo un cielo que hoy tiene sarpullido.[16]

Feliz en tu cabaña
madrugas con el gallo . . . ¡Oh, maravillas
que oculta esta montaña
de loros y de ardillas,
20 que tú a veces contemplas en cuclillas!

Duermes en tosco lecho
de palitroques sin colchón de lana,
y así, tan satisfecho,
despiertas sin galbana,
25 refocilado con tu barragana.

Atisbas el renuevo
de la congestionada clavellina,
mientras te anuncia un huevo
la voz de una gallina,
30 que salta de un jalón de la cocina.

¡Quién pudiera en un rato
de solaz, a la sombra de un caimito,
ser junto a ti un pazguato
panzudamente ahito,
35 para jugar con tierra y un palito!

¡Oh, sí, con un jumento,
dos vacas, un lechón y una cazuela
—y esto parece un cuento
del nieto de tu abuela—,
40 siempre te sabe dulce la panela!

Y aún más: de mañanita
gozas en el ordeño, entre la bruma,
de una leche exquisita
que hace espuma, y la espuma
45 retoza murmurando en la totuma.

¡Oh, no, nunca te vayas
de aquí, lejos de aquí, donde te digo,
viniendo de otras playas,
que sólo en este abrigo
50 podrás, como un fakir, verte el ombligo!

Y ¡adiós! . . . Que te diviertas
como un piteco[17] cimarrón . . . ¡Quién sabe
si torne yo a tus puertas
—lo cual cabe y no cabe—
55 a pedirte una torta de cazabe!

Puesto que voy sin rumbo,
cual un desorientado peregrino,
que va de tumbo en tumbo
buscando en el camino
60 cosas que a ti te importan un comino . . .

(Por el atajo, 1920, 2nd ed., 1928)

---

[15] *¡Qué descansada vida!*: Opening line of the famous ode *Vida retirada* by the celebrated Spanish religious poet Fray Luis de León (1528–1591).

[16] sarpullido (salpullido): *a slight skin irritation as from a flea bite.*
[17] piteco: *monkey, ape.*

~~~~José Eustasio Rivera

COLOMBIA, 1889–1928   In his only volume of verse, the sonnet sequence *Tierra de promisión*, this poet of the American tropics has recreated to an amazingly compact degree the variegated grandeur of a luxuriant nature already familiar to readers of *La vorágine*. In imagery precise and clear, in verse that is sonorous, rhythmical, and inspiring, and with penetrating objectivity and a keenly appreciative sense of detail and of mass, he has succeeded in making his readers see and respond to his own luminous vision of the outer world. Mountains, valleys, and rivers, creatures of its inaccessible crags and of its trackless llanos, humans shaped in its seductive mold, there is not a single vital feature of the tropical scene that has escaped his graphic fancy. Because Rivera could not wholly detach himself from the scene, many of his poems are characterized by a romantic identification of his own mood with that of the natural setting he describes. Perhaps in the work of no other poet of the Spanish tongue have the color, the exuberance, and the romantic passion of the tropics been so artistically and so originally reproduced. Rivera's poetic art is an outstanding example of the application of classic form and concepts to a theme that has hitherto defied restraint and objectivity.

~~~TIERRA DE PROMISIÓN

PRÓLOGO

Soy un grávido río, y a la luz meridiana
ruedo bajo los ámbitos reflejando el paisaje;
y en el hondo murmullo de mi audaz oleaje
se oye la voz solemne de la selva lejana.

5   Flota el sol entre el nimbo de mi espuma liviana;
y peinando en los vientos el sonoro plumaje,
en las tardes un águila triunfadora y salvaje
vuela sobre mis tumbos encendidos en grana.

10   Turbio de pesadumbre y anchuroso y profundo,
al pasar ante el monte que en las nubes descuella
con mi trueno espumante sus contornos
15   inundo;

y después, remansado bajo plácidas frondas,
purifico mis aguas esperando una estrella
que vendrá de los cielos a bogar en mis ondas.

PRIMERA PARTE

I

Esta noche el paisaje soñador se niquela
con la blanda caricia de la lumbre lunar;
en el monte hay cocuyos, y mi balsa que riela
va borrando luceros sobre el agua estelar.

5   El fogón de la prora, con su alegre candela,
me enciende en oro trémulo como a un dios
      tutelar;
y unos indios desnudos, con curiosa cautela,
van corriendo en la playa para verme pasar.

Apoyado en el remo avizoro el vacío,
10 y la luna prolonga mi silueta en el río;
me contemplan los cielos, y del agua al rumor

alzo tristes cantares en la noche perpleja,
y a la voz del bambuco[1] que en la sombra se
      aleja,
la montaña responde con un vago clamor.

4

La selva de anchas cúpulas, al sinfónico giro
de los vientos, preludia sus grandiosos maitines;
y al gemir de dos ramas como finos violines
lanza la móvil fronda su profundo suspiro.

5   Mansas voces se arrullan en oculto retiro;
los cañales conciertan moribundos flautines,
y al mecerse del cámbulo[2] florecido en carmines
entra por las marañas una luz de zafiro.

Curvada en el espasmo musical, la palmera
10 vibra sus abanicos en el aura ligera;
mas de pronto un gran trémolo de orquestados concentos

rompe las vainilleras . . .; y con grave arrogancia,
el follaje, embriagado con su propia fragancia,
como un león, revuelve la melena en los vientos.

SEGUNDA PARTE

2

En un bloque saliente de la audaz cordillera
el cóndor soberano los jaguares devora;
y olvidando la presa, las alturas explora
con sus ojos de un vivo resplandor de lumbrera.

5   Entre locos planetas ha girado en la esfera;
vencedor de los vientos, lo abrillanta la aurora,
y al llenar el espacio con su cauda sonora,
quema el sol los encajes de su heroica gorguera.

---

[1] bambuco: see pages 286–289.
[2] cámbulo=cachimbo, búcaro, búcare, bucare: a shade tree with red flowers, used extensively throughout the coffee and cacao producing regions of the Americas to protect the young trees from the sun.

Recordando en la roca los silencios supremos,
10   se levanta al empuje colosal de sus remos;
zumban ráfagas sordas en las nubes distantes,

y violando el misterio que en el éter se encierra,
llega al sol, y al tenderle los plumones triunfantes
va corriendo una sombra sobre toda la tierra.

9

Cantadora sencilla de una gran pesadumbre,
entre ocultos follajes, la paloma torcaz
acongoja las selvas con su blanca quejumbre,
picoteando arrayanas[3] y pepitas de agraz.

5   Arrurruúuu . . . canta viendo la primera vislumbre;
y después, por las tardes, al reflejo fugaz,
en la copa del guáimaro[4] que domina la cumbre
ve llenarse las lomas de silencio y de paz.

Entreabiertas las alas que la luz tornasola,
10   se entristece, la pobre, de encontrarse tan sola;
y esponjando el plumaje como leve capuz,

al impulso materno de sus tiernas entrañas,
amorosa se pone a arrullar las montañas . . .
y se duermen los montes . . . ¡Y se apaga la luz!

10

En la estrellada noche de vibración tranquila
descorre ante mis ojos sus velos el arcano,
y al giro de los orbes en el cenit lejano
ante mi absorto espíritu la eternidad desfila.

5   Ávido de la pléyade[5] que en el azul rutila,
sube con ala enorme mi Numen soberano,
y alta de ensueño, y libre del horizonte humano,
mi sien, como una torre, la inmensidad vigila.

Mas no se sacia el alma con la visión del cielo:
10   cuando en la paz sin límites al Cosmos interpelo,
lo que los astros callan mi corazón lo sabe;

y luego una recóndita nostalgia me consterna
al ver que ese infinito, que en mis pupilas cabe,
es insondable al vuelo de mi ambición eterna.

---

[3] arrayanas: fruit of the myrtle shrub (*arrayán*).
[4] guáimaro: Carib word, name of tall forest tree of hard, heavy wood and brilliant foliage.

[5] pléyade: *the Pleiades*, a group of more than 400 stars in the constellation Taurus, six of which are visible to ordinary sight.

TERCERA PARTE

3

Atropellados, por la pampa suelta,
los raudos potros en febril disputa,
hacen silbar sobre la sorda ruta
los huracanes en su crin revuelta.

5 Atrás dejando la llanura envuelta
en polvo, alargan la cerviz enjuta,
y a su carrera retumbante y bruta
cimbran los pindos[6] y la palma esbelta.

Ya cuando cruzan el austral peñasco,
10 vibra el relincho por las altas rocas;
entonces paran el triunfante casco,

resoplan, roncos, ante el sol violento,
y alzando en grupo las cabezas locas
oyen llegar el retrasado viento.

9

Con pausados vaivenes refrescando el estío,
la palmera engalana la silente llanura;
y en su lánguido ensueño, solitaria murmura
ante el sol moribundo sus congojas al río.

5 Encendida en el lampo que arrebola el vacío,
presintiendo las sombras, desfallece en la altura;
y sus flecos suspiran un rumor de ternura
cuando vienen las garzas por el cielo sombrío.

Naufragada en la niebla, sobre el turbio paisaje
10 la estremecen los besos de la brisa errabunda;
y al morir en sus frondas el lejano celaje,

se abandona al silencio de las noches más bellas,
y en el diáfano azogue de la linfa profunda
resplandece cargada de racimos de estrellas.

21

Sintiendo que en mi espíritu doliente
la ternura romántica germina,
voy a besar la estrella vespertina
sobre el agua ilusoria de la fuente.

5 Mas cuando hacia el fulgor cerulescente
mi labio melancólico se inclina,
oigo como una voz ultradivina
de alguien que me celara en el ambiente.

Y al pensar que tu espíritu me asiste,
10 torno los ojos a la pampa triste;
¡nadie! . . . sólo el crepúsculo de rosa.

Mas, ¡ay!, que entre la tímida vislumbre,
inclinada hacia mí, con pesadumbre,
suspira una palmera temblorosa.

23

Grabando en la llanura las pisadas,
y ambos, uncida al yugo la cabeza,
dos bueyes de humillada fortaleza
pasan ante las tímidas vacadas.

5 Por el pincho las pieles torturadas
fruncen con una impávida entereza;
y al canto del boyero, con tristeza
revuelven las pupilas agrandadas.

Mientras llora la rueda, el correaje
10 chirría en los cuernos, y la ruta queda
bordada, a trechos, de espumoso encaje;

y ellos, bajo el topacio vespertino,
parecen en la errante polvareda
dos tardas pesadumbres del camino.

[6] pindos: trees of beautiful thick foliage.

Rafael Arévalo Martínez

GUATEMALA, 1884–   Frail of body and incurably neurasthenic, Arévalo Martínez has been denied the satisfactions of a normal, active life. By way of recompense, he has devoted himself to an intensive study of the spiritual nature of his fellow man. Hence his keen psychological insight and his ability to pierce immediately each individual mask, to fathom the innermost recesses of the human heart and mind. His main interest has always been man, both as an animal and as one shaped in the likeness of God. His poetry reveals that he himself has been the unwilling victim of those two relentless forces ever at odds within all men—the carnal and the spiritual; and humbly and submissively he calls upon his Creator for strength to resolve the issue. In much of his poetry we sense his mystical striving after a completely spiritual life, as if he would free himself entirely of his sickly body and melancholic mind. But his mysticism is sane and wholesome, born of the innate goodness of the man and of the deep sincerity of his childlike trust in God and in all those near and dear to him upon whom he leans blindly and hopefully for support. His confessing to a wayward Bohemian life is not to be interpreted as mere pose, but rather as the naive self-denunciation of one contritely penitent for his every trivial failing.

His poems and prose pieces alike reveal an early and long-standing debt, in technique and in diction, to his modernist forebears. And similar moods and themes appear and reappear, no matter what the form, attesting to the continuing spiritual preoccupation and constant psychological probing of a deeply sensitive and inquisitive mind. It is in the short story, however, that Arévalo Martínez has achieved a superior blend of content and form, that he has demonstrated his unusual ability to create poetic states just beyond the pale of reality that serve as the background for his analysis of those inexplicable human traits and impulses that he would interpret as animal instincts not yet controlled or eradicated by man in his striving to attain the Godly nature that is his ultimate destiny. His finest fiction is in the best tradition of Kafka and Poe.

⌘ORACIÓN

Tengo miedo, miedo a no sé qué, el miedo de una visión confusa.
Un miedo que desconocen los buenos.
Señor, mi miedo mismo de mi crimen me acusa:
si no fuera tan vil te amaría más y te temería menos.

5   Señor, perdón; no te he amado, pero te he temido;
no pude acogerme a tu misericordia, pero a tu justicia me ha acogido.

Señor, para mi amor al arte, perdón.
Perdona que en este mismo instante rime mi petición.
Perdón para mi vanidad;
10   perdón porque no soy puro ni sencillo,
y reconozco mi maldad.

                                        (*Maya*, 1911)

⌘ANANKÉ[1]

Cuando llegué a la parte en que el camino
se dividía en dos, la sombra vino
a doblar el horror de mi agonía.
¡Hora de los destinos! Cuando llegas
5 es inútil luchar. Y yo sentía
que me solicitaban fuerzas ciegas.

Desde la cumbre en que disforme lava
escondía la frente de granito

mi vida como un péndulo oscilaba
10 con la fatalidad de un "está escrito."

Un paso nada más y definía
para mí la existencia o la agonía,
para mí la razón o el desatino . . .
Yo di aquel paso y se cumplió un destino.

                                        (*Los atormentados*, 1914)

⌘EL SEÑOR QUE LO VEÍA

Porque en dura travesía
era un flaco peregrino,
el Señor que lo veía
hizo llano mi camino.

5   Porque agonizaba el día
y era cobarde el viajero,
el Señor que lo veía
hizo corto mi sendero.

Porque la melancolía
10 sólo marchaba a mi vera,
el Señor que lo veía
me mandó una compañera.

Y porque era la alma mía
la alma de las mariposas,
15 el Señor que lo veía
a mi paso sembró rosas.

Y es que sus manos sedeñas
hacen las cuentas cabales
y no mandan grandes males
20 para las almas pequeñas.

                                        (*Los atormentados*, 1914)

[1] Ananké: *fate, destiny* (Greek word signifying *need*).

RETRATO DE MUJER

Ella es una muchacha muy gorda y muy fea;
pero con un gran contento interior.
Su vida es buena como la de las vacas de su aldea
y de mí posee mi mejor amor.

5   Es llena de vida como la mañana;
sus actividades no encuentran reposo;
es gorda, es buena, es alegre y es sana;
yo la amo por flaco, por malo, por triste y por ocioso.

En mi bohemia, cuando verde copa
10   se derramaba, demasiado henchida,
ella cosió botones a mi ropa
y solidaridades a mi vida.

Ella es de esas mujeres madres de todos
los que nacieron tristes o viven beodos;
15   de todos los que arrastran penosamente,
pisando sobre abrojos, su vida trunca.

Ella sustituyó a la hermana ausente
y a la esposa que no he tenido nunca.
Cuando se pone en jarras, parece una asa
20   de tinaja cada brazo suyo; es tan buena ama de casa

que cuando mi existencia vio manchada y helada y destruida
la lavó, la aplanchó; y luego, paciente,
la cosió por dos lados a la vida
y la ha tendido al sol piadosamente.

(Los atormentados, 1914)

LOS HOMBRES-LOBOS

Primero dije "hermanos" y les tendí las manos;
después en mis corderos hicieron mal sus robos;
y entonces en mi alma murió la voz de hermanos
y me acerqué a mirarlos: ¡y todos eran lobos!

5   ¿Qué sucedía en mi alma que así marchaba a ciegas,
en mi alma pobre y triste que sueña y se encariña?
¿Cómo no vi en sus trancos las bestias andariegas?
¿Cómo no vi en sus ojos instintos de rapiña?

Después yo, también lobo, dejé el sendero sano;
10   después yo, también lobo, caí no sé en qué lodos;
y entonces en cada uno de ellos tuve un hermano
y me acerqué a mirarlos: ¡y eran hombres todos!

(Los atormentados, 1914)

～ROPA LIMPIA

Le besé la mano y olía a jabón;
yo llevé la mía contra el corazón.

Le besé la mano breve y delicada
y la boca mía quedó perfumada.

5   Muchachita limpia, quien a ti se atreva,
que como tus manos huela a ropa nueva.

Besé sus cabellos de crencha ondulada;
¡si también olían a ropa lavada!

¿A qué linfa llevas tu cuerpo y tu ropa?
10 ¿En qué fuente pura te lavas la cara?
Muchachita limpia, si eres una copa
llena de agua clara.

(*Las rosas de Engaddi*, 1915, *2nd ed.*, 1927)

～ORACIÓN AL SEÑOR

Ha sido tal vez mi suerte
ser una rama encendida
que se apaga consumida
por su deseo de verte.

5   La cosa que arde, Señor,
es tal vez cosa que ama;
tal vez, Señor, una llama
no sea más que un amor,

la llama de este dolor
10 que siento que me consume
y en que es mi verso el perfume
de alguna mirra interior.

Y quién sabe si el dolor
no sea más que una llama
15 que arde tan dentro en la rama
que no se mira el fulgor.

Tal vez, Señor, el perfume
de la cándida azucena
no sea más que la pena
20 de un fuego que la consume,

que va tan bajo y profundo
que no sentimos calor;
tal vez, Señor, este mundo
no sea más que tu amor.

25   Y tal vez nos disgregamos
del fuego de interno hogar
y el mismo amor con que amamos
después nos vuelve a integrar.

Y son tal vez muerte y vida
30 proceso del mismo amor
de una lámpara encendida
en el fuego del Creador.

(*Las rosas de Engaddi*, 1915, *2nd ed.*, 1927)

～ENTRÉGATE POR ENTERO

Vuela papalotes con tus niños,
cultiva tus filosofías;
da a las mujeres tus cariños
y a los hombres tus energías.

5   Y en cada momento, valiente, sincero,
en cada momento de todos tus días,
¡entrégate por entero!

Di: —"Siempre laboro
con igual esmero
10 mi barro o mi oro."
Y al medio del día, cuando el sol más arde,

como buen obrero; ¡como buen obrero!
Y al caer la tarde
juega con tus hijos, siéntete ligero;
15 y al llegar la noche
¡duerme por entero!

Entrégate por entero
hasta que caigas inerte
en el momento postrero,
20 y cuando venga la muerte
¡entrégate por entero!

(*Las rosas de Engaddi*, 1915, *2nd ed.*, 1927)

∽✕∽CADENAS

Se sosegó la bestia. Dios mío, ¡qué alegría!
Y al sosegarse, el alma doliente que en mí había
con fatigado vuelo voló hacia su Señor;
y cuando estuvo cabe sus plantas de azucenas,
5 besólas amorosa. ¡Y le pidió cadenas
para guardar al monstruo que había en su interior!

(Llama, 1934*)*

∽✕∽EL HOMBRE QUE PARECÍA UN CABALLO

En el momento en que nos presentaron, estaba en un extremo de la habitación, con la cabeza ladeada, como acostumbran a estar los caballos, y con aire de no fijarse en lo que pasaba a su alrededor. Tenía los miembros 5 duros, largos y enjutos, extrañamente recogidos, tal como los de uno de los protagonistas en una ilustración inglesa del libro de Gulliver. Pero mi impresión de que aquel hombre se asemejaba por misterioso modo a 10 un caballo, no fue obtenida entonces sino de una manera subconsciente, que acaso nunca surgiese a la vida plena del conocimiento, si mi anormal contacto con el héroe de esta historia no se hubiese prolongado.

En esa misma prístina escena de nuestra presentación, empezó el señor de Aretal a desprenderse, para obsequiarnos, de los traslúcidos collares de ópalos, de amatistas, de esmeraldas y de carbunclos que constituían su 20 íntimo tesoro. En un principio de deslumbramiento, yo me tendí todo, yo me extendí todo, como una gran sábana blanca, para hacer mayor mi superficie de contacto con el generoso donante. Las antenas de mi alma se 25 dilataban, lo palpaban, y volvían trémulas y conmovidas y regocijadas a darme la buena nueva: —Éste es el hombre que esperabas; éste es el hombre por el que te asomabas a todas las almas desconocidas, porque ya tu 30 intuición te había afirmado que un día serías enriquecido por el advenimiento de un ser único. La avidez con que tomaste, percibiste y arrojaste tantas almas que se hicieron desear y defraudaron tu esperanza, 35 hoy será ampliamente satisfecha: inclínate y bebe de esta agua.

Y cuando se levantó para marcharse, lo seguí aherrojado y preso como el cordero que la zagala ató con lazos de rosas. Ya en el cuarto de habitación de mi nuevo amigo, éste, apenas traspuestos los umbrales que le daban paso a un medio propicio y habitual, se encendió todo él. Se volvió deslumbrador y escénico como el caballo de un emperador en una parada militar. Los faldones de su levita tenían vaga semejanza con la túnica interior de un corcel de la edad media, enjaezado para un torneo. Le caían bajo las nalgas 15 enjutas, acariciando los remos finos y elegantes. Y empezó su actuación teatral.

Después de un ritual de preparación cuidadosamente observado, caballero iniciado de un antiquísimo culto, y cuando ya nuestras almas se habían vuelto cóncavas, sacó el cartapacio de sus versos con la misma mesura unciosa con que se acerca el sacerdote al ara. Estaba tan grave que imponía respeto. Una risa hubiera sido acuchillada en el instante de nacer.

Sacó su primer collar de topacios, o mejor dicho, su primera serie de collares de topacios, traslúcidos y brillantes. Sus manos se alzaron con tanta cadencia que el ritmo se extendió a tres mundos. Por el poder del ritmo, nuestra estancia se conmovió toda en el segundo piso, como un globo prisionero, hasta desasirse de sus lazos terrenos y llevarnos en un silencioso viaje aéreo. Pero a mí no me conmovieron sus versos, porque eran versos inorgánicos. Eran el alma traslúcida y radiante de los minerales: eran el alma simétrica y dura de los minerales.

Y entonces el oficiante de las cosas minerales sacó un segundo collar. ¡Oh, esmeraldas, divinas esmeraldas! Y sacó el tercero. ¡Oh, diamantes, claros diamantes! Y sacó el cuarto y el quinto, que fueron de nuevo topacios, con gotas de luz, con acumulamientos de sol, con partes opacamente radiosas. Y luego el séptimo: sus carbunclos. Sus carbunclos casi eran tibios; casi me conmovieron como granos de granada o como sangre de héroes; pero los toqué y los sentí duros. De todas maneras, el alma de los minerales me invadía; aquella aristocracia inorgánica me seducía raramente, sin comprenderla por completo. Tan fue esto así que no pude traducir las palabras de mi Señor interno, que estaba confuso y hacía un vano esfuerzo por volverse duro y simétrico y limitado y brillante, y permanecí mudo. Y entonces, en imprevista explosión de dignidad ofendida, creyéndose engañado, el Oficiante me quitó su collar de carbunclos, con movimiento tan lleno de violencia, pero tan justo, que me quedé más perplejo que dolorido. Si hubiera sido el Oficiante de las Rosas, no hubiera procedido así.

Y entonces, como a la rotura de un conjuro, por aquel acto de violencia, se deshizo el encanto del ritmo; y la blanca navecilla en que voláramos por el azul del cielo, se encontró sólidamente aferrada al primer piso de una casa.

Después, nuestro común presentante, el señor de Aretal, y yo, almorzamos en los bajos del hotel.

Y yo, en aquellos instantes, me asomé al pozo del alma del Señor de los topacios. Vi reflejadas muchas cosas. Al asomarse, instintivamente, había formado mi cola de pavo real; pero la había formado sin ninguna sensualidad interior, simplemente solicitado por tanta belleza percibida y deseando mostrar mi mejor aspecto, para ponerme a tono con ella.

¡Oh las cosas que vi en aquel pozo! Ese pozo fue para mí el pozo mismo del misterio. Asomarse a un alma humana, tan abierta como un pozo, que es un ojo de la tierra, es lo mismo que asomarse a Dios. Nunca podemos ver el fondo. Pero nos saturamos de la humedad del agua, el gran vehículo del amor; y nos deslumbramos de la luz reflejada.

Este pozo reflejaba el múltiple aspecto exterior en la personal manera del señor de Aretal. Algunas figuras estaban más vivas en la superficie del agua: se reflejaban los clásicos, ese tesoro de ternura y de sabiduría de los clásicos; pero sobre todo se reflejaba la imagen de un amigo ausente, con tal pureza de líneas y tan exacto colorido, que no fue uno de los menos interesantes atractivos que tuvo para mí el alma del señor de Aretal, este paralelo darme el conocimiento del alma del señor de la Rosa, el ausente amigo tan admirado y tan amado. Por encima de todo se reflejaba Dios. Dios, de quien nunca estuve menos lejos. La gran alma que a veces se enfoca temporalmente. Yo comprendí, asomándome al pozo del señor de Aretal, que éste era un mensajero divino. Traía un mensaje a la humanidad: el mensaje humano, que es el más valioso de todos. Pero era un mensajero inconsciente. Prodigaba el bien y no lo tenía consigo.

Pronto interesé sobremanera a mi noble huésped. Me asomaba con tanta avidez al agua clara de su espíritu, que pudo tener una imagen exacta de mí. Me había aproximado lo suficiente, y además, yo también era una cosa clara que no interceptaba la luz. Acaso lo ofusqué tanto como él a mí. Es una cualidad de las cosas alucinadas el ser a su vez alucinadoras. Esta mutua atracción nos llevó al acercamiento y estrechez de relaciones. Frecuenté el divino templo de aquella alma hermosa. Y a su contacto empecé a encenderme. El señor de Aretal era una lámpara encendida y yo era una cosa combustible. Nuestras almas se comunicaban. Yo tenía las manos extendidas y el alma de cada uno de mis diez dedos era una antena por la que recibía el conocimiento del alma del señor de Aretal. Así supe de muchas cosas antes no conocidas. Por raíces aéreas, ¿qué otra cosa son los dedos?, u hojas aterciopeladas, ¿qué otra cosa que raíces aéreas son las hojas?, yo recibía de aquel hombre algo que me había faltado antes. Había sido un arbusto desmedrado que prolonga sus filamentos hasta encontrar el humus necesario en una tierra nueva. ¡Y cómo me nutría! Me nutría con la beatitud con que las hojas trémulas de clorofila se extienden al sol; con la beatitud con que una raíz encuentra un cadáver en descomposición; con la beatitud con que los convalecientes dan sus pasos vacilantes en las mañanas de primavera, bañadas de luz; con la beatitud con que el niño se pega al seno nutricio y después, ya lleno, sonríe en sueños a la visión de una urbe nívea. ¡Bah! Todas las cosas que se completan tienen beatitud así. Dios, un día, no será otra cosa que un alimento para nosotros: algo necesario para nuestra vida. Así sonríen los niños y los jóvenes, cuando se sienten beneficiados por la nutrición.

Además me encendí. La nutrición es una combustión. Quién sabe qué niño divino regó en mi espíritu un reguero de pólvora, de nafta, de algo fácilmente inflamable, y el señor de Aretal, que había sabido aproximarse hasta mí, le había dado fuego. Yo tuve el placer de arder: es decir, de llenar mi destino. Comprendí que era una cosa esencialmente inflamable. ¡Oh padre fuego, bendito seáis! Mi destino es arder. El fuego es también un mensaje. ¿Qué otras almas arderían por mí? ¿A quién comunicaría mi llama? ¡Bah! ¿Quién puede predecir el porvenir de una chispa?

Yo ardí y el señor de Aretal me vio arder. En una maravillosa armonía, nuestros dos átomos de hidrógeno y de oxígeno habían llegado tan cerca, que prolongándose, emanando porciones de sí, casi llegaron a juntarse en alguna cosa viva. A veces revolaban como dos mariposas que se buscan y tejen maravillosos lazos sobre el río y en el aire. Otras se elevaban por la virtud de su propio ritmo y de su armoniosa consonancia, como se elevan las dos alas de un dístico. Una estaba fecundando a la otra. Hasta que . . .

¿Habéis oído de esos carámbanos de hielo que, arrastrados a aguas tibias por una corriente submarina, se desintegran en su base, hasta que perdiendo un maravilloso equilibrio, giran sobre sí mismos en una apocalíptica vuelta, rápidos, inesperados, presentando a la faz del sol lo que antes estaba oculto entre las aguas? Así, invertidos, parecen inconscientes de los navíos que, al hundirse su parte superior, hicieron descender al abismo. Inconscientes de la pérdida de los nidos que ya se habían formado en su parte vuelta hasta entonces a la luz, en la relativa estabilidad de esas dos cosas frágiles: los huevos y los hielos.

Así, de pronto, en el ángel transparente del señor de Aretal, empezó a formarse una casi inconsistente nubecilla obscura. Era la sombra proyectada por el caballo que se acercaba.

¿Quién podría expresar mi dolor cuando en el ángel del señor de Aretal apareció aquella cosa obscura, vaga e inconsistente? Había mi noble amigo bajado a la cantina del hotel en que habitaba. ¿Quién pasaba? ¡Bah! Un obscuro ser, poseedor de unas horribles narices aplastadas y de unos labios delgados. ¿Comprendéis? Si la línea de su nariz hubiese sido recta, también en su alma se hubiese enderezado algo. Si sus labios hubiesen sido gruesos, también su sinceridad se hubiese acrecentado. Pero no. El señor de Aretal le había hecho un llamamiento. Ahí estaba . . . Y mi alma, que en aquel instante tenía el poder de discernir, comprendió claramente que aquel homecillo,[2] a quien hasta entonces había creído un hombre, porque un día vi arrebolarse sus mejillas de vergüenza, no era sino un homúnculo. Con aquellas narices no se podía ser sincero.

Invitados por el señor de los topacios, nos sentamos a una mesa. Nos sirvieron coñac y refrescos, a elección. Y aquí se rompió la armonía. La rompió el alcohol. Yo no tomé. Pero tomó él. Pero estuvo el alcohol próximo a mí, sobre la mesa de mármol blanco. Y medió entre nosotros y nos interceptó las almas. Además, el alma del señor de Aretal ya no era azul como la mía. Era roja y chata como la del compañero que nos separaba. Entonces comprendí que lo que yo había

---

[2] homecillo = hombrecillo.

amado más en el señor Aretal era mi propio azul.

Pronto el alma chata del señor de Aretal empezó a hablar de cosas bajas. Todos sus pensamientos tuvieron la nariz torcida. Todos sus pensamientos bebían alcohol y se materializaban groseramente. Nos contó de una legión de negras de Jamaica, lúbricas y semidesnudas, corriendo tras él en la oferta de su odiosa mercancía por cinco centavos. Me hacía daño su palabra y pronto me hizo daño su voluntad. Me pidió insistentemente que bebiera alcohol. Cedí. Pero apenas consumado mi sacrificio sentí claramente que algo se rompía entre nosotros. Que nuestros señores internos se alejaban y que venía abajo, en silencio, un divino equilibrio de cristales. Y se lo dije: —Señor de Aretal, usted ha roto nuestras divinas relaciones en este mismo instante. Mañana usted verá en mí llegar a su aposento sólo un hombre y yo sólo encontraré un hombre en usted. En este mismo instante usted me ha teñido de rojo.

El día siguiente, en efecto, no sé qué hicimos el señor de Aretal y yo. Creo que marchamos por la calle en vía de cierto negocio. Él iba de nuevo encendido. Yo marchaba a su vera apagado ¡y lejos de él! Iba pensando en que jamás el misterio me había abierto tan ancha rasgadura para asomarme, como en mis relaciones con mi extraño acompañante. Jamás había sentido tan bien las posibilidades del hombre; jamás había entendido tanto al dios íntimo como en mis relaciones con el señor de Aretal.

Llegamos a su cuarto. Nos esperaban sus formas de pensamiento. Y yo siempre me sentía lejos del señor de Aretal. Me sentí lejos muchos días, en muchas sucesivas visitas. Iba a él obedeciendo leyes inexorables. Porque era preciso aquel contacto para quemar una parte en mí, hasta entonces tan seca, como que se estaba preparando para arder mejor. Todo el dolor de mi sequedad hasta entonces, ahora se regocijaba de arder; todo el dolor de mi vacío hasta entonces, ahora se regocijaba de plenitud. Salí de la noche de mi alma en una aurora encendida. Bien está. Bien está. Seamos valientes. Cuando más secos estemos

arderemos mejor. Y así iba a aquel hombre y nuestros Señores se regocijaban. ¡Ah! ¡Pero el encanto de los primeros días! ¿En dónde estaba?

Cuando me resigné a encontrar un hombre en el señor de Aretal, volvió de nuevo el encanto de su maravillosa presencia. Amaba a mi amigo. Pero me era imposible desechar la melancolía del dios ido. ¡Traslúcidas, diamantinas alas perdidas! ¿Cómo encontraros los dos y volver a donde estuvimos?

Un día, el señor de Aretal encontró propicio el medio. Éramos varios sus oyentes; en el cuarto encantado por sus creaciones habituales, se recitaron versos. Y de pronto, ante unos más hermosos que los demás, como ante una clarinada, se levantó nuestro noble huésped, piafante y elástico. Y allí, y entonces, tuve la primera visión: *el señor de Aretal estiraba el cuello como un caballo.*

Le llamé la atención: —Excelso huésped, os suplico que adoptéis esta y esta actitud. Sí, era cierto: *estiraba el cuello como un caballo.*

Después, la segunda visión: el mismo día. Salimos a andar. Y de pronto percibí, lo percibí: *el señor de Aretal caía como un caballo.* Le faltaba de pronto el pie izquierdo y entonces sus ancas casi tocaban tierra, como un caballo claudicante. Se erguía luego con rapidez; pero ya me había dejado la sensación. ¿Habéis visto caer a un caballo?

Luego la tercera visión, a los pocos días. Accionaba el señor de Aretal sentado frente a sus monedas de oro, y de pronto lo vi mover los brazos como mueven las manos los caballos de pura sangre, sacando las extremidades de sus miembros delanteros hacia los lados, en esa bella serie de movimientos que tantas veces habréis observado cuando un jinete hábil, en un paseo concurrido, reprime el paso de un corcel caracoleante y espléndido.

Después, otra visión: *el señor de Aretal veía como un caballo.* Cuando lo embriagaba su propia palabra, como embriagaba al corcel noble su propia sangre generosa, trémulo como una hoja, trémulo como un corcel montado y reprimido, trémulo como todas esas formas vivas de raigambres nerviosas y finas, inclinaba la cabeza, ladeaba la cabeza, y así veía, mientras sus brazos desataban algo en el aire como las manos de un caballo. —¡Qué cosa más hermosa es un caballo! ¡Casi se está sobre dos pies!— Y entonces yo sentía que lo cabalgaba el espíritu.

Y luego cien visiones más. El señor de Aretal se acercaba a las mujeres como un caballo. En las salas suntuosas no se podía estar quieto. Se acercaba a la hermosa señora recién presentada, con movimientos fáciles y elásticos, baja y ladeada la cabeza, y daba una vuelta en torno de ella y daba una vuelta en torno de la sala.

Veía así, de lado. Pude observar que sus ojos se mantenían inyectados de sangre. Un día se rompió uno de los vasillos que los coloreaban con trama sutil; se rompió el vasillo y una manchita roja había coloreado su córnea. Se lo hice observar.

—Bah —me dijo—, es cosa vieja. Hace tres días que sufro de ello. Pero no tengo tiempo para ver a un doctor.

Marchó al espejo y se quedó mirando fijamente. Cuando al día siguiente volví, encontré que una virtud más lo ennoblecía. Le pregunté: ¿Qué lo embellece en esta hora? Y él respondió:—un matiz. Y me contó que se había puesto una corbata roja para que armonizara con su ojo rojo. Y entonces yo comprendí que en su espíritu había una tercera coloración roja y que estas tres rojeces juntas eran las que me habían llamado la atención al saludarlo. Porque el espíritu de cristales del señor de Aretal se teñía de las cosas ambientes. Y eso eran sus versos: una maravillosa cristalería teñida de las cosas ambientes: esmeraldas, rubíes, ópalos . . .

Pero esto era triste a veces porque a veces las cosas ambientes eran oscuras o de colores mancillados: verdes de estercolero, palideces verdes de plantas enfermas. Llegué a deplorar el encontrarlo acompañado, y cuando esto sucedía, me separaba con cualquier pretexto del señor de Aretal, si su acompañante no era persona de colores claros.

Porque indefectiblemente el señor de Aretal reflejaba el espíritu de su acompañante. Un día lo encontré, ¡a él, el noble corcel!, enano y meloso. Y como en un espejo, vi en la estancia a una persona enana y melosa. En efecto, allí estaba: me la presentó. Era una mujer como de cuarenta años, chata, gorda y baja. Su espíritu también era una cosa baja. Algo rastreante y humilde; pero inofensivo y deseoso de agradar. Aquella persona era el espíritu de la adulación. Y Aretal también sentía en aquellos momentos una pequeña alma servil y obsequiosa. ¿Qué espejo cóncavo ha hecho esta horrorosa trasmutación? me pregunté yo, aterrorizado. Y de pronto todo el aire transparente de la estancia me pareció un transparente vidrio cóncavo que deformaba los objetos. ¡Qué chatas eran las sillas . . .! Todo invitaba a sentarse sobre ello. Aretal era un caballo de alquiler más.

Otra ocasión, y a la mesa de un bullanguero grupo que reía y bebía, Aretal fue un ser humano más, uno más del montón. Me acerqué a él y lo vi catalogado y con precio fijo. Hacía chistes y los blandía como armas defensivas. Era un caballo de circo. Todos en aquel grupo se exhibían. Otra vez fue un jayán. Se enredó en palabras ofensivas con un hombre brutal. Parecía una vendedora de verduras. Me hubiera dado asco; pero lo amaba tanto que me dio tristeza. Era un caballo que daba coces.

Y entonces, al fin, apareció en el plano físico una pregunta que hacía tiempo formulaba: ¿Cuál es el verdadero espíritu del señor de Aretal? Y la respondí pronto. El señor de Aretal, que tenía una elevada mentalidad, no tenía espíritu: era amoral. Era amoral como un caballo y se dejaba montar por cualquier espíritu. A veces, sus jinetes tenían miedo o eran mezquinos y entonces el señor de Aretal los arrojaba lejos de sí, con un soberbio bote. Aquel vacío moral de su ser se llenaba, como todos los vacíos, con facilidad. Tendía a llenarse.

Propuse el problema a la elevadísima mente de mi amigo y ésta lo aceptó en el acto. Me hizo una confesión: —Sí: es cierto. Yo, a usted que me ama, le muestro la mejor parte de mí mismo. Le muestro a mi dios interno. Pero, es doloroso decirlo, entre dos seres humanos que me rodean, yo tiendo a colorearme del color del más bajo. Huya de mí cuando esté en una mala compañía.

Sobre la base de esta percepción, me interné más en su espíritu. Me confesó un día, dolorido, que ninguna mujer lo había amado. Y sangraba todo él al decir esto. Yo le expliqué que ninguna mujer lo podía amar, porque él no era un hombre, y la unión hubiera sido monstruosa. El señor de Aretal no conocía el pudor, y era indelicado en sus relaciones con las damas como un animal. Y él:

—Pero yo las colmo de dinero.

—También se lo da una valiosa finca en arrendamiento.

Y él:

—Pero yo las acaricio con pasión.

—También las lamen las manos sus perrillos de lanas.

Y él:

—Pero yo las soy fiel y generoso; yo las soy humilde; yo las soy abnegado.

—Bien; el hombre es más que eso. Pero ¿las ama usted?

—Sí, las amo.

—Pero ¿las ama usted como un hombre? No, amigo, no. Usted rompe en esos delicados y divinos seres mil hilos tenues que constituyen toda una vida. Esa última ramera que le ha negado su amor y ha desdeñado su dinero, defendió su única parte inviolada: su señor interno; lo que no se vende. Usted no tiene pudor. Y ahora oiga mi profecía: una mujer lo redimirá. Usted, obsequioso y humilde hasta la bajeza con las damas; usted, orgulloso de llevar sobre sus lomos una mujer bella, con el orgullo de la hacanea favorita, que se complace en su preciosa carga, cuando esa mujer bella lo ame, se redimirá: conquistará el pudor.

Y otra hora propicia a las confidencias:

—Yo no he tenido nunca un amigo—. Y sangraba todo él al decir esto. Yo le expliqué que ningún hombre le podría dar su amistad, porque él no era un hombre, y la amistad hubiese sido monstruosa. El señor de Aretal no conocía la amistad y era indelicado en sus relaciones con los hombres, como un animal. Conocía sólo el camaraderismo.

Galopaba alegre y generoso en los llanos, con sus compañeros; gustaba de ir en manadas con ellos; galopaba primitivo y matinal, sintiendo arder su sangre generosa que lo incitaba a la acción, embriagándose de aire y de verde y de sol; pero luego se separaba indiferente de su compañero de una hora lo mismo que de su compañero de un año. El caballo, su hermano, muerto a su lado, se descomponía bajo el dombo del cielo, sin hacer asomar una lágrima a sus ojos . . . Y el señor de Aretal, cuando concluí de expresar mi último concepto, radiante:

—Ésta es la gloria de la naturaleza. La materia inmortal no muere. ¿Por qué llorar a un caballo cuando queda una rosa? ¿Por qué llorar a una rosa cuando queda un ave? ¿Por qué lamentar a un amigo cuando queda un prado? Yo siento la radiante luz del sol que nos posee a todos, que nos redime a todos. Llorar es pecar contra el sol. Los hombres, cobardes, miserables y bajos, pecan contra la Naturaleza, que es Dios.

Y yo, reverente, de rodillas ante aquella hermosa alma animal, que me llenaba de la unción de Dios:

—Sí, es cierto; pero el hombre es una parte de la naturaleza; es la naturaleza evolucionada. ¡Respeto a la evolución! Hay fuerza y hay materia: ¡respeto a las dos! Todo no es más que uno.

—Yo estoy más allá de la moral.

—Usted está más acá de la moral: usted está bajo la moral. Pero el caballo y el ángel se tocan, y por eso usted a veces me parece divino. San Francisco de Asís amaba a todos los seres y a todas las cosas, como usted; pero además, las amaba de un modo diferente; pero las amaba después del círculo, no antes del círculo como usted.

Y él entonces:

—Soy generoso con mis amigos, los cubro de oro.

—También se los da una valiosa finca en arrendamiento, o un pozo de petróleo, o una mina en explotación.

Y él:

—Pero yo les presto mil pequeños cuidados. Yo he sido enfermero del amigo enfermo y buen compañero de orgía del amigo sano.

Y yo:

—El hombre es más que eso: el hombre es la solidaridad. Usted ama a sus amigos, pero ¿los ama con amor humano? No; usted ofende en nosotros mil cosas impalpables. Yo, que soy el primer hombre que ha amado a usted, he sembrado los gérmenes de su redención. Ese amigo egoísta que se separó, al separarse de usted, de un bienhechor, no se sintió unido a usted por ningún lazo humano. Usted no tiene solidaridad con los hombres.

— . . .

—Usted no tiene pudor con las mujeres, ni solidaridad con los hombres, ni respeto a la Ley. Usted miente, y encuentra en su elevada mentalidad, excusa para su mentira, aunque es por naturaleza verídico como un caballo. Usted adula y engaña y encuentra en su elevada mentalidad, excusa para su adulación y su engaño, aunque es por naturaleza noble como un caballo. Nunca he amado tanto a los caballos como al amarlos en usted. Comprendo la nobleza del caballo: es casi humano. Usted ha llevado siempre sobre el lomo una carga humana: una mujer, un amigo . . . ¡Qué hubiera sido de esa mujer y de ese amigo en los pasos difíciles sin usted, el noble, el fuerte, que los llevó sobre sí, con una generosidad que será su redención! El que lleva una carga, más pronto hace el camino. Pero usted las ha llevado como un caballo. Fiel a su naturaleza, empiece a llevarlas como un hombre.

*   *   *

Me separé del señor de los topacios, y a los pocos días fue el hecho final de nuestras relaciones. Sintió de pronto el señor de Aretal que mi mano era poco firme, que llegaba a él mezquino y cobarde, y su nobleza de bruto se sublevó. De un bote rápido me lanzó lejos de sí. Sentí sus cascos en mi frente. Luego un veloz galope rítmico y marcial, aventando las arenas del Desierto. Volví los ojos hacia donde estaba la Esfinge en su eterno reposo de misterio, y ya no la vi. ¡La Esfinge era el señor de Aretal que me había revelado su secreto, que era el mismo del Centauro!

Era el señor de Aretal que se alejaba en su veloz galope, con rostro humano y cuerpo de bestia.

(El hombre que parecía un caballo, 1915)

~~~~~Ramón López Velarde

MEXICO, 1888–1921   Ramón López Velarde was the only poet of the postmodernist generation to exert a direct and considerable influence upon the younger Mexican group. Many of his followers were misled, however, by his stress on provincial themes and by his inordinate searching after poetic effects. In imitating these purely external and superficial features, they failed to grasp the real significance of his art; they could not see that the regional theme serves merely as a backdrop for the real burden of his song, which is the story of the poet's intense emotional responses born of his soul's grappling with universal forces. López Velarde's love of provincial life and of the mysteries and symbolism of Catholicism were always in open conflict with his amorous desires and pagan leanings. These differences were never resolved— instead, the poet made them live together throughout all his work. Misunderstood, too, was López Velarde's pronounced attempt to avoid commonplaces. It was thought that he was merely striving after decorative or unusual effects in the manner of the modernists, a belief easily entertained because of his apparent debt to Herrera y Reissig and Lugones, and to their common predecessor Góngora, all of whom the Mexican poet greatly admired. But nothing could have been further from the truth, for López Velarde's poetry is intensely subjective and revealing—it is the laying bare of the most intimate workings of his own soul. To express these more adequately and more challengingly he sought to create a vocabulary and an imagery of his own. Unusual words and expressions, strained effects, daring images, are not to be thought of, or condemned, either as the result of his attempt to dazzle and to confuse or as the product of an ironic revolt against modernist excesses. His inner tragic struggle and the message he wished to convey were not to be sung in a diction or poetic symbolism outmoded and outworn.

~~~CUARESMAL

Tu paz—¡oh paz de cada día!—
y mi dolor que es inmortal,

se han de casar, Amada mía,
en una noche cuaresmal.

5 Quizá en un Viernes de Dolores,
cuando se anuncian ya las flores
y en el altar que huele a lirios
el casto pecho de María
sufre por nos siete martirios;
10 mientras la luna, Amada mía,
deja caer sus tenues franjas
de luz de ensueño sideral
sobre las místicas naranjas
que, por el arte virginal
15 de las doncellas de la aldea,
lucen banderas de papel
e irisaciones de oropel
sobre la piel que amarillea.

Fuensanta: al amor aventurero
20 de cálidas mujeres azafatas

súbditas de la carne, te prefiero
por la frescura de tus manos gratas.

Yo te convido, dulce Amada,
a que te cases con mi pena
25 entre los vasos de cebada
la última noche de novena.

Te ha de cubrir la luna llena
con luz de túnica nupcial
y nos dará la Dolorosa
30 la bendición sacramental.

Y así podré llamarte esposa,
y haremos juntos la dichosa
ruta evangélica del bien
hasta la eterna gloria.

AMEN.

(La sangre devota, 1916)

EL RETORNO MALÉFICO

Mejor será no regresar al pueblo,
al edén subvertido que se calla
en la mutilación de la metralla.

Hasta los fresnos mancos,
5 los dignatarios de cúpula oronda,
han de rodar las quejas de la torre
acribillada en los vientos de fronda.

Y la fusilería grabó en la cal
de todas las paredes
10 de la aldea espectral,
negros y aciagos mapas,
porque en ellos leyese el hijo pródigo
al volver a su umbral
en un anochecer de maleficio,
15 a la luz de petróleo de una mecha,
su esperanza deshecha.

Cuando la tosca llave enmohecida
tuerza la chirriante cerradura,
en la añeja clausura
20 del zaguán, los dos púdicos
medallones de yeso,
entornando los párpados narcóticos,
se mirarán y se dirán: "¿Qué es eso?"

Y yo entraré con pies advenedizos
25 hasta el patio agorero

en que hay un brocal ensimismado,
con un cubo de cuero
goteando su gota categórica
como un estribillo plañidero.

30 Si el sol inexorable, alegre y tónico,
hace hervir a las fuentes catecúmenas
en que bañábase mi sueño crónico;
si se afana la hormiga;
si en los techos resuena y se fatiga
35 de los buches de tórtola el reclamo
que entre las telarañas zumba y zumba;
mi sed de amar será como una argolla
empotrada en la losa de una tumba.

Las golondrinas nuevas, renovando
40 con sus noveles picos alfareros
los nidos tempraneros;
bajo el ópalo insigne
de los atardeceres monacales,
el lloro de recientes recentales
45 por la ubérrima ubre prohibida
de la vaca, rumiante y faraónica,
que al párvulo intimida;
campanario de timbre novedoso;
remozados altares;
50 el amor amoroso
de las parejas pares;

noviazgos de muchachas
frescas y humildes, como humildes coles,
y que la mano dan por el postigo
55 a la luz de dramáticos faroles;
alguna señorita

que canta en algún piano
alguna vieja aria;
el gendarme que pita . . .
60 . . . Y una íntima tristeza reaccionaria.

(*Zozobra*, 1919)

᠕᠕LA SUAVE PATRIA

PROEMIO

Yo que sólo canté de la exquisita
partitura del íntimo decoro,
alzo hoy la voz a la mitad del foro
a la manera del tenor que imita
5 la gutural modulación del bajo,
para cortar a la epopeya un gajo.

Navegaré por las olas civiles
con remos que no pesan, porque van
como los brazos del correo Chuan[1]
10 que remaba la Mancha con fusiles.

Diré con una épica sordina:
la Patria es impecable y diamantina.

Suave Patria: permite que te envuelva
en la más honda música de selva
15 con que me modelaste por entero
al golpe cadencioso de las hachas,
entre risas y gritos de muchachas
y pájaros de oficio carpintero.

PRIMER ACTO

Patria: tu superficie es el maíz,
tus minas el palacio del Rey de Oros,
y tu cielo las garzas en desliz
y el relámpago verde de los loros.

5 El Niño Dios te escrituró un establo
y los veneros de petróleo el diablo.

Sobre tu Capital, cada hora vuela
ojerosa y pintada, en carretela;
y en tu provincia, del reloj en vela
10 que rondan los palomos colipavos,
las campanadas caen como centavos.

Patria: tu mutilado territorio
se viste de percal y de abalorio.

Suave Patria: tu casa todavía
15 es tan grande, que el tren va por la vía
como aguinaldo de juguetería.

Y en el barullo de las estaciones,
con tu mirada de mestiza, pones
la inmensidad sobre los corazones.

20 ¿Quién, en la noche que asusta a la rana,
no miró, antes de saber del vicio,
del brazo de su novia, la galana
pólvora de los fuegos de artificio?

Suave Patria: en tu tórrido festín
25 luces policromías de delfín,
y con tu pelo rubio se desposa
el alma, equilibrista chuparrosa,
y a tus dos trenzas de tabaco, sabe
ofrendar aguamiel toda mi briosa
30 raza de bailadores de jarabe.[2]

Tu barro suena a plata, y en tu puño
su sonora miseria es alcancía;

[1] Chuan: Chouan, one of the royalist insurgents in Western France during and after the French Revolution. Francisco Monterde points out that this is a reference to the following passage from Barbey d'Aurevilly's novel *Le Chevalier Des Touches* (Spanish translation by Juan José Llovet, Madrid, Espasa-Calpe, 1920, p. 78) based on French history of that period: "—¡Sí! Se le creyó muerto—replicó la señorita Percy—. Pero, después de escapar de los Azules, se refugió en Inglaterra, donde los príncipes le encargaron de una misión personal cerca de Frotté. Por eso vino de Guernesey a la costa de Francia en la canoa de Des Touches, que apenas podía sostener un solo hombre y que estuvo expuesta a hundirse cien veces bajo el peso de los dos. Para suprimir toda carga inútil remaron con los fusiles."

[2] jarabe=jarabe tapatío: popular Mexican dance, identified with the State of Jalisco.

y por las madrugadas del terruño,
en calles como espejos, se vacía
35 el santo olor de la panadería.

    Cuando nacemos, nos regalas notas,
después, un paraíso de compotas,
y luego te regalas toda entera,
suave Patria, alacena y pajarera.

40   Al triste y al feliz dices que sí,
que en tu lengua de amor prueben de ti
la picadura del ajonjolí.[3]

    ¡Y tu cielo nupcial, que cuando truena
de deleites frenéticos nos llena!
45 Trueno de nuestras nubes, que nos baña
de locura, enloquece a la montaña,
requiebra a la mujer, sana al lunático,
incorpora a los muertos, pide el Viático,[4]
y al fin derrumba las madererías
50 de Dios, sobre las tierras labrantías.

    Trueno del temporal: oigo en tus quejas
crujir los esqueletos en parejas;
oigo lo que se fue, lo que aún no toco,
y la hora actual con su vientre de coco.
55 Y oigo en el brinco de tu ida y venida,
¡oh, trueno!, la ruleta de mi vida.

INTERMEDIO (CUAUHTEMOC[5])

Joven abuelo: escúchame loarte,
único héroe a la altura del arte.

    Anacrónicamente, absurdamente,
a tu nopal inclínase el rosal;
5 al idioma del blanco, tú lo imantas
y es surtidor de católica fuente
que de responsos llena el victorial
zócalo de ceniza de tus plantas.

    No como a César el rubor patricio
10 te cubre el rostro en medio del suplicio;

tu cabeza desnuda se nos queda,
hemisféricamente, de moneda.

    Moneda espiritual en que se fragua
todo lo que sufriste: la piragua
15 prisionera, el azoro de tus crías,
el sollozar de tus mitologías,
la Malinche,[6] los ídolos a nado,
y por encima, haberte desatado
del pecho curvo de la emperatriz
20 como del pecho de una codorniz.

SEGUNDO ACTO

    Suave Patria: tú vales por el río
de las virtudes de tu mujerío.
Tus hijas atraviesan como hadas,
o destilando un invisible alcohol,
5 vestidas con las redes de tu sol,
cruzan como botellas alambradas.

    Suave Patria: te amo no cual mito,
sino por tu verdad de pan bendito,
como a niña que asoma por la reja
10 con la blusa corrida hasta la oreja
y la falda bajada hasta el huesito.

    Inaccesible al deshonor, floreces;
creeré en ti mientras una mexicana
en su tápalo lleve los dobleces
15 de la tienda, a las seis de la mañana,
y al estrenar su lujo, quede lleno
el país, del aroma del estreno.

    Como la sota moza, Patria mía,
en piso de metal, vives al día,
20 de milagro, como la lotería.

    Tu imagen, el Palacio Nacional,
con tu misma grandeza y con tu igual
estatura de niño y de dedal.

---

[3] ajonjolí: *sesamum indicum* Loew, *sesame*, known in some parts of the United States as *benebene*, has been cultivated since ancient times for the high quality of its oil, which contains less acid than other table oils. It is used to flavor typical Mexican dishes, including several kinds of bread.

[4] Viático: the *viaticum*, or *Holy Wafer*, placed in the mouth of a person as he nears death.

[5] Cuauhtémoc: See page 427, note 67.

[6] Malinche: also Malintzin and doña Marina, the celebrated *lengua* of Cortés. She is remembered by the Mexican Indians as the one who betrayed her people to the Spaniards. See pages 13–15; also page 16, note 22.

Te dará, frente al hambre y al obús,
25 un higo San Felipe de Jesús.[7]

Suave Patria, vendedora de chía:[8]
quiero raptarte en la cuaresma opaca,
sobre un garañón, y con matraca,
y entre los tiros de la policía.

30 Tus entrañas no niegan un asilo
para el ave que el párvulo sepulta
en una caja de carretes de hilo,
y nuestra juventud, llorando, oculta
dentro de ti, el cadáver hecho poma
35 de aves que hablan nuestro mismo idioma.

Si me ahogo en tus julios, a mí baja
desde el vergel de tu peinado denso
frescura de rebozo y de tinaja;
y si tirito, dejas que me arrope
40 en tu respiración azul de incienso
y en tus carnosos labios de rompope.[9]

Por tu balcón de palmas bendecidas
el Domingo de Ramos, yo desfilo
lleno de sombra, porque tú trepidas.

45 Quieren morir tu ánima y tu estilo,
cual muriéndose van las cantadoras
que en las ferias, con el bravío pecho
empitonando la camisa, han hecho
la lujuria y el ritmo de las horas.

50 Patria, te doy de tu dicha la clave:
sé siempre igual, fiel a tu espejo diario;
cincuenta veces es igual el ave
taladrada en el hilo del rosario,
y es más feliz que tú, Patria suave.

55 Sé igual y fiel; pupilas de abandono;
sedienta voz, la trigarante[10] faja
en tus pechugas al vapor; y un trono
a la intemperie, cual una sonaja:
la carreta alegórica de paja.

(*El son del corazón*, 1932)

---

[7] San Felipe de Jesús: Franciscan missionary who was crucified with the famous twenty-six Christian martyrs at Nagasaki on February 5, 1597. According to Francisco Monterde, this is an allusion to the legend which tells how a dead fig tree in the patio of the house where San Felipe lived in Mexico, came to life again the day of his martyrdom in Japan. The basis for the legend is retold as follows by General Vicente Riva Palacio (see *Lecturas mexicanas graduadas*, by Amado Nervo. Primera serie, París, Librería de la Vda. de Ch. Bouret, 1903, pp. 25–29): "Cada vez que la madre de Felipe tenía un disgusto con el chico, y que eran frecuentes, exclamaba: 'Felipe, Dios te haga un santo!' Y la vieja esclava decía siempre por lo bajo: '¿Felipillo santo? cuando la higuera reverdezca.'"

[8] chía: *lime-leaved sage (salvia columbariae)*. When soaked in water, the seed gives off a considerable amount of mucilage, which mixed with sugar and lemon juice makes a very common drink in Mexico.

[9] rompope: or *rompopo*, a drink made of aguardiente (brandy, brandy-wine), milk, eggs, sugar, and cinnamon.

[10] trigarante: referring to the three colors of the Mexican flag.

THREE

FROM THE MEXICAN REVOLUTION TO THE PRESENT

B. POETRY—VANGUARDISMO

ᏦᏏᏦᎧᏂPablo Neruda

CHILE, 1904–   The young poet readily conceded his early debt to "voces ajenas a las mías." Even so, it was those same alien voices that helped to uncover the smoldering fire of an untrammeled and uneven romantic who would reject the formalism and finery of the modernists. Conventional imagery, forms, and themes still prevail in *Crepusculario* (1923), his first important work and a clear testimonial to his distinctive creative power. Less alien, but only partially understood at the time, Whitman offered the ardent Chilean a formula for the erotic pieces of *El hondero entusiasta*, first published in 1933, that Neruda ultimately recognized as a "documento de una juventud excesiva y ardiente." Years later he would thank Whitman for having taught him the most fruitful lesson of all: "Me enseñaste/ a ser americano" ("Oda a Walt Whitman"), a lesson that he would acknowledge in his response: "América, no invoco tu nombre en vano" and in the fruits that came of that promise, the cosmogonic *Canto general* (1950). In this Messianic vision of the origins of the American earth and the American man, Neruda stoutly proclaims his Whitmanesque faith in man and the land, in his homeland ("Canto general de Chile"), and in the indestructibility of self and of human brotherhood—"Yo soy . . . me has hecho indestructible porque contigo no termino en mí mismo." This clear-cut manifest of an earnest though partisan wish to communicate with all men is in sharp contrast to the "hermetic," surrealist expression of the *Residencias* (1925–1945) of the middle years when the poet turned his back violently and completely upon the entire poetic past. This was Neruda at the height of his explosive and irrepressible creative genius. His break with the past was particularly marked in his images, images that no longer function in the traditional sense. Although specific and "sternly and starkly realistic," they do not respond to objective and rational analysis: "En lugar del procedimiento tradicional, que describe una realidad y sugiere su sentido poético entre líneas, los poetas como Neruda describen el sentido poético y sugieren nebulosamente a qué realidad se refiere" (Amado Alonso). Through a sustained and anguished torrent of deranged personal symbols the poet strives to encompass the total potential of poetic sensibility. In so doing, he is not at all concerned with intelligibility. But the heightening tragedy of world events drove the poet out of his "soledad acorralada," and Neruda began to write with simplicity and clarity and conciseness of message and meaning. Above all now he wishes to be one with all men: "Yo quiero/ que todos vivan/ en mi vida/ y canten en mi canto." His image emerges clearly as he seeks identification, at first militantly and later ever more embracingly, in the common soil of man: "El pueblo me identificó/ y nunca dejé de ser pueblo." This, then, becomes the burden of the poet's song of later years as he sings in simple terms with all who would enter the elementary world of his odes: "Para que todos vivan/ en ella/ hago mi casa/ con odas/ transparentes." Like Whitman, he can now rest confidently in the knowledge that he will live on in the words of his book: "Y ahora detrás de esta hoja/ me voy y no desaparezco/ . . . volveré a crecer/ . . . hasta que todo/ sea/ y sea canto."

∽∾PUENTES

Puentes—arcos de acero azul adonde vienen
a dar su despedida los que pasan,—
por arriba los trenes,
por abajo las aguas,
5 enfermos de seguir un largo viaje
que principia, que sigue y nunca acaba.

Cielos—arriba—cielos,
y pájaros que pasan
sin detenerse, caminando como
10 los trenes y las aguas.
¿Qué maldición cayó sobre vosotros?

¿Qué esperáis en la noche densa y larga
con los brazos abiertos como un niño
que muere a la llegada de su hermana?

15 ¿Qué voz de maldición pasiva y negra
sobre vosotros extendió sus alas,
para hacer que siguieran
el viaje que no acaba
los paisajes, la vida, el sol, la tierra,
20 los trenes y las aguas,
mientras la angustia inmóvil del acero
se hunde más en la tierra y más la clava?

(Crepusculario, 1923)

∽∾POEMA 15

Me gustas cuando callas, porque estás como ausente,
y me oyes desde lejos, y mi voz no te toca.
Parece que los ojos se te hubieran volado
y parece que un beso te cerrara la boca.

5 Como todas las cosas están llenas de mi alma,
emerges de las cosas, llena del alma mía.
Mariposa de ensueño, te pareces a mi alma,
y te pareces a la palabra melancolía.

Me gustas cuando callas y estás como distante
10 y estás como quejándote, mariposa en arrullo,
y me oyes desde lejos, y mi voz no te alcanza:
déjame que me calle en el silencio tuyo.

Déjame que te hable también con tu silencio
claro como una lámpara, simple como un anillo.
Eres como la noche, callada y constelada.
Tu silencio es de estrella, tan lejano y sencillo.

Me gustas cuando callas, porque estás como ausente.
Distante y dolorosa como si hubieras muerto.
Una palabra entonces, una sonrisa bastan.
Y estoy alegre, alegre de que no sea cierto.

(Veinte poemas de amor y una canción desesperada, 1924)

⌒POEMA 20

Puedo escribir los versos más tristes esta noche.

Escribir, por ejemplo: "La noche está estrellada,
y tiritan, azules, los astros, a lo lejos."

El viento de la noche gira en el cielo y canta.

Puedo escribir los versos más tristes esta noche.
Yo la quise, y a veces ella también me quiso.

En las noches como ésta la tuve entre mis brazos.
La besé tantas veces bajo el cielo infinito.

Ella me quiso, a veces yo también la quería.
¡Cómo no haber amado sus grandes ojos fijos!

Puedo escribir los versos más tristes esta noche.
Pensar que no la tengo. Sentir que la he perdido.

Oír la noche inmensa, más inmensa sin ella.
Y el verso cae al alma como al pasto el rocío.

¡Qué importa que mi amor no pudiera guardarla!
La noche está estrellada y ella no está conmigo.

Eso es todo. A lo lejos alguien canta. A lo lejos.
Mi alma no se contenta con haberla perdido.

Como para acercarla mi mirada la busca.
Mi corazón la busca, y ella no está conmigo.

La misma noche que hace blanquear los mismos árboles.
Nosotros, los de entonces, ya no somos los mismos.

Ya no la quiero, es cierto, pero cuánto la quise.
Mi voz buscaba el viento para tocar su oído.

De otro. Será de otro. Como antes de mis besos.
Su voz, su cuerpo claro. Sus ojos infinitos.

Ya no la quiero, es cierto, pero tal vez la quiero.
Es tan corto el amor, y es tan largo el olvido.

Porque en noches como ésta la tuve en mis brazos,
mi alma no se contenta con haberla perdido.

Aunque éste sea el último dolor que ella me causa,
y éstos sean los últimos versos que yo le escribo.

(Veinte poemas de amor y una canción desesperada, 1924)

ᙏᙏᙏARTE POÉTICA

Entre sombra y espacio, entre guarniciones y doncellas,
dotado de corazón singular y sueños funestos,
precipitadamente pálido, marchito en la frente,
y con luto de viudo furioso por cada día de vida,
ay, para cada agua invisible que bebo soñolientamente,
y de todo sonido que acojo temblando,
tengo la misma sed ausente y la misma fiebre fría,
un oído que nace, una angustia indirecta,
como si llegaron ladrones o fantasmas,
y en una cáscara de extensión fija y profunda,
como un camarero humillado, como una campana un poco ronca,
como un espejo viejo, como un olor de casa sola
en la que los huéspedes entran de noche perdidamente ebrios,
y hay un olor de ropa tirada al suelo, y una ausencia de flores,
posiblemente de otro modo aun menos melancólico,
pero, la verdad, de pronto, el viento que azota mi pecho,
las noches de substancia infinita caídas en mi dormitorio,
el ruido de un día que arde con sacrificio,
me piden lo profético que hay en mí, con melancolía,
y un golpe de objetos que llaman sin ser respondidos
hay, y un movimiento sin tregua, y un nombre confuso.

(*Residencia en la tierra, 1,* 1931)

ᙏᙏᙏBARCAROLA

Si solamente me tocaras el corazón,
si solamente pusieras tu boca en mi corazón,
tu fina boca, tus dientes,
si pusieras tu lengua como una flecha roja
allí donde mi corazón polvoriento golpea,
si soplaras en mi corazón, cerca del mar, llorando,
sonaría con un ruido oscuro; con sonido de ruedas de tren con sueño,
como aguas vacilantes,
como el otoño en hojas,
como sangre,
con un ruido de llamas húmedas quemando el cielo,
sonando como sueños o ramas o lluvias,
o bocinas de puerto triste;
si tú soplaras en mi corazón, cerca del mar,
como un fantasma blanco,
al borde de la espuma,
en mitad del viento,
como un fantasma desencadenado, a la orilla del mar, llorando.
Como ausencia extendida, como campana súbita,
el mar reparte el sonido del corazón,

lloviendo, atardeciendo, en una costa sola,
la noche cae sin duda,
y su lúgubre azul de estandarte en naufragio
se puebla de planetas de plata enronquecida.

Y suena el corazón como un caracol agrio,
llama, oh mar, oh lamento, oh derretido espanto
esparcido en desgracias y olas desvencijadas:
de lo sonoro el mar acusa
sus sombras recostadas, sus amapolas verdes.

Si existieras de pronto, en una costa lúgubre,
rodeada por el día muerto,
frente a una nueva noche,
llena de olas,
y soplaras en mi corazón de miedo frío,
soplaras en su movimiento de paloma con llamas,
sonarían sus negras sílabas de sangre,
crecerían sus incesantes aguas rojas,
y sonaría, sonaría a sombras,
sonaría como la muerte,
llamaría como un tubo lleno de viento o llanto
o una botella echando espanto a borbotones.

Así es, y los relámpagos cubrirían tus trenzas
y la lluvia entraría por tus ojos abiertos
a preparar el llanto que sordamente encierras,
y las alas negras del mar girarían en torno
de ti, con grandes garras, y graznidos, y vuelos.

¿Quieres ser fantasma que sople, solitario,
cerca del mar su estéril, triste instrumento?
Si solamente llamaras,
su prolongado son, su maléfico pito,
su orden de olas heridas,
alguien vendría acaso,
alguien vendría,
desde las cimas de las islas, desde el fondo rojo
del mar,
alguien vendría, alguien vendría.

Alguien vendría, sopla con furia,
que suene como sirena de barco roto,
como lamento,
como un relincho en medio de la espuma y la sangre,
como un agua feroz mordiéndose y sonando.

En la estación marina
su caracol de sombra circula como un grito,
los pájaros del mar lo desestiman y huyen,
sus listas de sonido, sus lúgubres barrotes
se levantan a orillas del océano solo.

(Residencia en la tierra, 2, 1935)

⚭ALTURAS DE MACCHU PICCHU[1]

VI

Entonces en la escala de la tierra he subido
entre la atroz maraña de las selvas perdidas
hasta ti, Macchu Picchu.
alta ciudad de piedras escalares,
5 por fin morada del que lo terrestre
no escondió en las dormidas vestiduras.
En ti, como dos líneas paralelas,
la cuna del relámpago y del hombre
se mecían en un viento de espinas.

10 Madre de piedra, espuma de los cóndores.

Alto arrecife de la aurora humana.

Pala perdida en la primera arena.

Ésta fue la morada, éste es el sitio:
aquí los anchos granos del maíz ascendieron
15 y bajaron de nuevo como granizo rojo.

Aquí la hebra dorada salió de la vicuña
a vestir los amores, los túmulos, las madres,
el rey, las oraciones, los guerreros.

Aquí los pies del hombre descansaron de noche
20 junto a los pies del águila, en las altas guaridas
carniceras, y en la aurora
pisaron con los pies del trueno la niebla en-
rarecida,
y tocaron las tierras y las piedras
hasta reconocerlas en la noche o la muerte.

25 Miro las vestiduras y las manos,
el vestigio del agua en la oquedad sonora,
la pared suavizada por el tacto de un rostro
que miró con mis ojos las lámparas terrestres,
que aceitó con mis manos las desaparecidas
30 maderas: porque todo, ropaje, piel, vasijas,
palabras, vino, panes,
se fue, cayó a la tierra.

Y el aire entró con dedos
de azahar sobre todos los dormidos:
35 mil años de aire, meses, semanas de aire,
de viento azul, de cordillera férrea,
que fueron como suaves huracanes de pasos
lustrando el solitario recinto de la piedra.

VII

Muertos de un solo abismo, sombras de una
hondonada,
la profunda, es así.como al tamaño
de vuestra magnitud
vino la verdadera, la más abrasadora
5 muerte y desde las rocas taladradas,
desde los capiteles escarlatas,
desde los acueductos escalares
os desplomasteis como en un otoño
en una sola muerte.
10 Hoy el aire vacío ya no llora,
ya no conoce vuestros pies de arcilla,
ya olvidó vuestros cántaros que filtraban el
cielo
cuando lo derramaban los cuchillos del rayo,
y el árbol poderoso fue comido
15 por la niebla, y cortado por la racha.

Él sostuvo una mano que cayó de repente
desde la altura hasta el final del tiempo.
Ya no sois, manos de araña, débiles
hebras, tela enmarañada:
20 cuanto fuisteis cayó: costumbres, sílabas
raídas, máscaras de luz deslumbradora.

Pero una permanencia de piedra y de palabra:
la ciudad como un vaso se levantó en las manos
de todos, vivos, muertos, callados, sostenidos
25 de tanta muerte, un muro, de tanta vida un
golpe
de pétalos de piedra: la rosa permanente, la
morada:
este arrecife andino de colonias glaciales.

Cuando la mano de color de arcilla
se convirtió en arcilla, y cuando los pequeños
párpados se cerraron
30 llenos de ásperos muros, poblados de castillos,
y cuando todo el hombre se enredó en su
agujero,
quedó la exactitud enarbolada:
el alto sitio de la aurora humana:
la más alta vasija que contuvo el silencio:
35 una vida de piedra después de tantas vidas.

(Canto general, 1950)

---

[1] Macchu-Picchu: abandoned, pre-Conquest city-
fortress of the Incas situated among pinnacles high
above the Río Urubamba some 35 miles northwest of
Cuzco.

ODA AL AIRE

Andando en un camino
encontré al aire,
lo saludé y le dije
con respeto:
5 "Me alegro
de que por una vez
dejes tu transparencia,
así hablaremos."
El incansable
10 bailó, movió las hojas,
sacudió con su risa
el polvo de mis suelas,
y levantando toda
su azul arboladura,
15 su esqueleto de vidrio,
sus párpados de brisa,
inmóvil como un mástil,
se mantuvo escuchándome.
Yo le besé su capa
20 de rey del cielo,
me envolví en su bandera
de seda celestial
y le dije:
"Monarca o camarada,
25 hilo, corola o ave,
no sé quién eres, pero
una cosa te pido,
no te vendas.
El agua se vendió
30 y de las cañerías
en el desierto
he visto
terminarse las gotas
y el mundo pobre, el pueblo,
35 caminar con su sed
tambaleando en la arena.
Vi la luz de la noche
racionada,
la gran luz en la casa
40 de los ricos.
Todo es aurora en los
nuevos jardines suspendidos,
todo es oscuridad
en la terrible
45 sombra del callejón.
De allí la noche,
madre madrastra,

sale
con un puñal en medio
50 de sus ojos de buho,
y un grito, un crimen,
se levantan y apagan
tragados por la sombra.

No, aire,
55 no te vendas,
que no te canalicen,
que no te entuben,
que no te encajen
ni te compriman,
60 que no te hagan tabletas,
que no te metan en una botella.
¡Cuidado!
Llámame,
cuando me necesites
65 yo soy el poeta hijo
de pobres, padre, tío,
primo, hermano carnal
y concuñado
de los pobres, de todos,
70 de mi patria y las otras,
de los pobres que viven junto al río,
y de los que en la altura
de la vertical cordillera
pican piedra,
75 clavan tablas,
cosen ropa,
cortan leña,
muelen tierra,
y por eso
80 yo quiero que respiren,
tú eres lo único que tienen,
por eso eres
transparente,
para que vean
85 lo que vendrá mañana,
por eso existes,
aire,
déjate respirar,
no te encadenes,
90 no te fíes de nadie
que venga en automóvil
a examinarte,
déjalos,

ríete de ellos,
95 vuélales el sombrero,
no aceptes
sus proposiciones,
vamos juntos
bailando por el mundo,
100 derribando las flores
del manzano,
entrando en las ventanas
silbando juntos,
silbando
105 melodías
de ayer y de mañana,
ya vendrá un día
en que libertaremos
la luz y el agua,
110 la tierra, el hombre,
y todo para todos

será, como tú eres.
Por eso, ahora,
¡cuidado!
115 y ven conmigo,
nos queda mucho
que bailar y cantar,
vamos
a lo largo del mar,
120 a lo alto de los montes,
vamos
donde esté floreciendo
la nueva primavera
y en un golpe de viento
125 y canto
repartamos las flores,
el aroma, los frutos,
el aire
de mañana.

(*Odas elementales,* 1954)

ᘒᘓᘔODA A LA ALCACHOFA

La alcachofa
de tierno corazón
se vistió de guerrero,
erecta, construyó
5 una pequeña cúpula,
se mantuvo
impermeable
bajo
sus escamas,
10 a su lado
los vegetales locos
se encresparon,
se hicieron
zarcillos, espadañas,
15 bulbos conmovedores,
en el subsuelo
durmió la zanahoria
de bigotes rojos,
la viña
20 resecó los sarmientos
por donde sube el vino,
la col
se dedicó
a probarse faldas,
25 el orégano
a perfumar el mundo,

y la dulce
alcachofa
allí en el huerto,
30 vestida de guerrero,
bruñida
como una granada,
orgullosa,
y un día
35 una con otra
en grandes cestos
de mimbre, caminó
por el mercado
a realizar su sueño:
40 la milicia.
En hileras
nunca fue tan marcial
como en la feria,
los hombres
45 entre las legumbres
con sus camisas blancas
eran
mariscales
de las alcachofas,
50 las filas apretadas,
las voces de comando,
y la detonación

de una caja que cae,
pero
entonces
viene
María
con su cesto,
escoge
una alcachofa,
no le teme,
la examina, la observa
contra la luz como si fuera un huevo,
la compra,
la confunde
en su bolsa
con un par de zapatos,
con un repollo y una
botella

70 de vinagre
hasta
que entrando a la cocina
la sumerge en la olla.
Así termina
75 en paz
esta carrera
del vegetal armado
que se llama alcachofa,
luego
80 escama por escama
desvestimos
la delicia
y comemos
la pacífica pasta
85 de su corazón verde.

(Odas elementales, 1954)

∿∿ODA AL OTOÑO

Ay, ¡cuánto tiempo
tierra
sin otoño,
cómo
pudo vivirse!
Ah, ¡qué opresiva
náyade
la primavera
con sus escandalosos
pezones
mostrándolos en todos
los árboles del mundo
y luego
el verano,
trigo,
trigo,
intermitentes
grillos,
cigarras,
sudor desenfrenado!
Entonces
el aire
trae por la mañana
un vapor de planeta.
Desde otra estrella
caen gotas de plata.
Se respira

el cambio
de fronteras,
30 de la humedad al viento,
del viento a las raíces.
Algo sordo, profundo,
trabaja bajo la tierra
almacenando sueños.
35 La energía se ovilla,
la cinta
de las fecundaciones
enrolla
sus anillos.

40 Modesto es el otoño
como los leñadores.
Cuesta mucho
sacar todas las hojas
de todos los árboles
45 de todos los países.
La primavera
las cosió volando
y ahora
hay que dejarlas
50 caer como si fueran
pájaros amarillos.
No es fácil.
Hace falta tiempo.

Hay que correr por
55 los caminos,
hablar idiomas,
sueco,
portugués,
hablar en lengua roja,
60 en lengua verde.
Hay que saber
callar en todos
los idiomas
y en todas partes,
65 siempre,
dejar caer,
caer,
dejar caer,
caer,
70 las hojas.

Difícil
es
ser otoño,
fácil ser primavera.
75 Encender todo
lo que nació
para ser encendido.
Pero apagar el mundo
deslizándolo
80 como si fuera un aro
de cosas amarillas,
hasta fundir olores,
luz, raíces,
subir vino a las uvas,
85 acuñar con paciencia
la irregular moneda
del árbol en la altura
derramándola luego
en desinteresadas
90 calles desiertas,
es profesión de manos
varoniles.

Por eso,
otoño,
95 camarada alfarero,
constructor de planetas,

electricista,
preservador de trigo,
te doy mi mano de hombre
100 a hombre
y te pido me invites
a salir a caballo,
a trabajar contigo.
Siempre quise
105 ser aprendiz de otoño,
ser pariente pequeño
del laborioso
mecánico de altura,
galopar por la tierra
110 repartiendo
oro,
inútil oro.
Pero, mañana,
otoño,
115 te ayudaré a que cobren
hojas de oro
los pobres del camino.
Otoño, buen jinete,
galopemos,
120 antes que nos ataje
el negro invierno.
Es duro
nuestro largo trabajo.
Vamos
125 a preparar la tierra
y a enseñarla
a ser madre,
a guardar las semillas
que en su vientre
130 van a dormir cuidadas
por dos jinetes rojos
que corren por el mundo:
el aprendiz de otoño
y el otoño.
135 Así de las raíces
oscuras y escondidas
podrán salir bailando
la fragancia
y el velo verde de la primavera.

(Odas elementales, 1954)

⌒⌒ODA AL DICCIONARIO

Lomo de buey, pesado
cargador, sistemático

libro espeso:
de joven

te ignoré, me vistió
la suficiencia
y me creí repleto,
y orondo como un
melancólico sapo
dictaminé: "Recibo
las palabras
directamente
del Sinaí bramante.
Reduciré
las formas a la alquimia.
Soy mago."
El gran mago callaba.
El Diccionario,
viejo y pesado, con su chaquetón
de pellejo gastado,
se quedó silencioso
sin mostrar sus probetas.

Pero un día,
después de haberlo usado
y desusado,
después
de declararlo
inútil y anacrónico camello,
cuando por largos meses, sin protesta,
me sirvió de sillón
y de almohada,
se rebeló y plantándose
en mi puerta
creció, movió sus hojas
y sus nidos,
movió la elevación de su follaje:
árbol
era,
natural
generoso
manzano, manzanar o *manzanero,*
y las palabras
brillaban en su copa inagotable,
opacas o sonoras,
fecundas en la fronda del lenguaje,
cargadas de verdad y de sonido.

Aparto una
sola de
sus
páginas:
Caporal
Capuchón
qué maravilla

pronunciar estas sílabas
con aire,
y más abajo
Cápsula
hueca, esperando aceite o ambrosía,
y junto a ellas
Captura Capucete Capuchina
Caprario Captatorio
palabras
que se deslizan como suaves uvas
o que a la luz estallan
como gérmenes ciegos que esperaron
en las bodegas del vocabulario
y viven otra vez y dan la vida:
una vez más el corazón las quema.
Diccionario, no eres
tumba, sepulcro, féretro,
túmulo, mausoleo,
sino preservación,
fuego escondido,
plantación de rubíes,
perpetuidad viviente
de la esencia,
granero del idioma.
Y es hermoso
recoger en tus filas
la palabra
de estirpe,
la severa
y olvidada
sentencia,
hija de España,
endurecida
como reja de arado
fija en su límite
de anticuada herramienta,
preservada
con su hermosura exacta
y su dureza de medalla.
O la otra
palabra
que allí vimos perdida
entre renglones
y que de pronto
se hizo sabrosa y lisa en nuestra boca
como una almendra
o tierna como un higo.

Diccionario, una mano
de tus mil manos, una

de tus mil esmeraldas,
una
105 sola
gota
de tus vertientes virginales,
un grano
de
110 tus
magnánimos graneros
en el momento
justo
a mis labios conduce,
115 al hilo de mi pluma,
a mi tintero.

De tu espesa y sonora
profundidad de selva,
dame,
120 cuando lo necesite,
un solo trino, el lujo
de una abeja,
un fragmento caído
de tu antigua madera perfumada
125 por una eternidad de jazmineros,
una
sílaba,
un temblor, un sonido,
una semilla:
130 de tierra soy y con palabras canto.

(Nuevas odas elementales, 1956)

⤳ODA AL LIMÓN

De aquellos azahares
desatados
por la luz de la luna,
de aquel
5 olor de amor
exasperado,
hundido en la fragancia,
salió
del limonero el amarillo,
10 desde su planetario
bajaron a la tierra los limones.

¡Tierna mercadería!
Se llenaron las costas,
los mercados,
15 de luz, de oro
silvestre,
y abrimos
dos mitades
de milagro,
20 ácido congelado
que corría
desde los hemisferios
de una estrella,
y el licor más profundo
25 de la naturaleza,
intransferible, vivo,
irreductible,

nació de la frescura
del limón,
30 de su casa fragante,
de su ácida, secreta simetría.

En el limón cortaron
los cuchillos
una pequeña
35 catedral,
el ábside escondido
abrió a la luz los ácidos vitrales
y en gotas
resbalaron los topacios,
40 los altares,
la fresca arquitectura.
Así, cuando tu mano
empuña el hemisferio
del cortado
45 limón sobre tu plato
un universo de oro
derramaste,
una
copa amarilla
50 con milagros,
uno de los pezones olorosos
del pecho de la tierra,
el rayo de la luz que se hizo fruta,
el fuego diminuto de un planeta.

(Tercer libro de las odas, 1957)

࿐TESTAMENTO DE OTOÑO

RECOMENDACIONES
FINALES

Aquí me despido, señores,
después de tantas despedidas
y como no les dejo nada
quiero que todos toquen algo:
lo más inclemente que tuve,
lo más insano y más ferviente
vuelve a la tierra y vuelve a ser:
los pétalos de la bondad
cayeron como campanadas
en la boca verde del viento.

Pero yo recogí con creces
la bondad de amigos y ajenos.
Me recibía la bondad
por donde pasé caminando
y la encontré por todas partes
como un corazón repartido.

¿Qué fronteras medicinales
no destronaron mi destierro
compartiendo conmigo el pan,
el peligro, el techo y el vino?
El mundo abrió sus arboledas
y entré como Juan por su casa
entre dos filas de ternura.
Tengo en el Sur tantos amigos
como los que tengo en el Norte,
no se puede poner el sol
entre mis amigos del Este,
¿y cuántos son en el Oeste?
No puedo numerar el trigo.
No puedo nombrar ni contar
los Oyarzunes fraternales:
en América sacudida
por tanta amenaza nocturna
no hay luna que no me conozca,
ni caminos que no me esperen,
en los pobres pueblos de arcilla
o en las ciudades de cemento
hay algún Arce remoto
que no conozco todavía
pero que nacimos hermanos.

En todas partes recogí
la miel que devoran los osos,
la sumergida primavera,
el tesoro del elefante,
y eso se lo debo a los míos,

a mis parientes cristalinos.
El pueblo me identificó
y nunca dejé de ser pueblo.
Tuve en la palma de la mano
50   el mundo con sus archipiélagos
y como soy irrenunciable
no renuncié a mi corazón,
a las ostras ni a las estrellas.

TERMINA SU LIBRO   De tantas veces que he nacido
55   EL POETA   tengo una experiencia salobre
HABLANDO DE SUS   como criaturas del mar
VARIADAS   con celestiales atavismos
TRANSFORMACIONES   y con destinación terrestre.
Y CONFIRMANDO   Y así me muevo sin saber
60 SU FE EN LA POESÍA   a qué mundo voy a volver
o si voy a seguir viviendo.
Mientras se resuelven las cosas
aquí dejé mi testimonio,
mi navegante estravagario
65   para que leyéndolo mucho
nadie pudiera aprender nada,
sino el movimiento perpetuo
de un hombre claro y confundido,
de un hombre lluvioso y alegre,
70   enérgico y otoñabundo.

Y ahora detrás de esta hoja
me voy y no desaparezco:
daré un salto en la transparencia
como un nadador del cielo,
75   y luego volveré a crecer
hasta ser tan pequeño un día
que el viento me llevará
y no sabré cómo me llamo
y no seré cuando despierte:

80   entonces cantaré en silencio.

(*Estravagario*, 1958)

∿∿∿Jorge Luis Borges

ARGENTINA, 1899– In the prologue to his first book of poems, *Fervor de Buenos Aires* (1923), and in the one written three years later for the anthology of American post-war verse, *Índice de la nueva poesía americana* (1926), Jorge Luis Borges states clearly the tenets of the *ultraísta* movement of which he became the recognized leader upon his return to Buenos Aires in 1921. In contrast to the decorative and visual art of Darío, Borges and his followers were to create a type of poetry "hecha de aventuras espirituales . . . y por enfilamiento de imágenes." They stood opposed, likewise, to the purely musical or auditive qualities of modernist poetry, especially to what Borges called "las rimas barulleras," because, they frankly confessed, "las rimas ya nos cansan." The image, then, and unrhymed verse were to be the alpha and omega of the new poetry; the former, in particular, was to be their "universal santo y seña." In addition, poetic reality was no longer something to be sought for beyond the seas, nor was it thought to be something obscure and evasive. For Borges, rather, it was profound and near, to be discovered in Buenos Aires itself, in his own home, in "los barrios amigables, y, juntamente con esas calles y retiros, que son querida devoción de mi tiempo, lo que en ellos supe de amor, de pena y de dudas." That is why Borges, by comparison with other Americans of the period, with Vicente Huidobro and Juan Marín[1] of Chile, with Manuel Maples Arce[2] of Mexico, appears conservative and restrained; that is why we do not find in his poetry of that time the affected denial of form, the absurdly forced imagery, and the wild abandon to themes erroneously conceived as most typical of modern mechanical existence that were so characteristic of the vanguard movement in its earlier years.

Just when Borges began to speak of his "equivocación ultraísta" is not clear. In any event this repudiation of his poetic past signalled his virtual abandonment of poetry until the encroaching blindness of his latter years encouraged him to accept the hopeful challenge of traditional verse forms, forms that he could more easily elaborate and perfect in the

---

[1] Juan Marín (1900–1963), celebrated author of *Paralelo 53 sur* (1936) and literary discoverer of Patagonia and Tierra del Fuego, became, by reason of such poetic collections as *Looping* (1929) and *Aquarium* (1934), one of the leaders of the Chilean vanguard of the 1920's.

[2] Manuel Maples Arce (b. 1900) was the leading poet of *estridentismo*, Mexican revolutionary movement in literature launched in 1922.

lucid solitude of memory. And in these later poems the poet seeks ever more joyfully to "create himself from within." Gone are the free verse and the "studiously native" approach of his early days.

However, since 1935, it is as a teller of strange poetic tales and as a master of the prose fragment that the poet has discovered his most responsive media of expression. With artistic precision Borges has directed his vivid imagination and his ordered intelligence toward a reduction of all existence to the level of mental adventure. His world is the world of the word and the intellect, and only in such a world could the "creator" (*El hacedor*, 1960) succeed in giving finite form to his basic themes as he grapples repeatedly and entertainingly with such concepts as matter, personality, time, chaos, and the infinite. Borges has created literature out of literature; and he has lifted fiction onto a prefigured plane of irreality where man seems hopelessly lost in a maze of mirrors and of paths and bypaths that weave and ever intertwine in an exitless labyrinth of time. He has, in short, pledged himself to destroy reality and to convert man into a shadow; and he has condemned himself endlessly to construct literary labyrinths in which to share his "visión inédita de algún fragmento de la vida," to *share* his vision, for, essentially, "the dream of one man is part of the memory of all." Borges has indeed "heaped up a counterfeit universe capable of supporting life," and his parables and paraphrases, his metaphors and meanings, his fables and his fiction *do* "answer to a deep need in contemporary literary art—the need to confess the fact of artifice." (John Updike, *The New Yorker*, October 30, 1965.)

ᨁUN PATIO

Con la tarde
se cansaron los dos o tres colores del patio.
La gran franqueza de la luna llena
ya no entusiasma su habitual firmamento.
5 Patio, cielo encauzado.
El patio es el declive

por el cual se derrama el cielo en la casa.
Serena
la eternidad espera en la encrucijada de
10   estrellas.
Lindo es vivir en la amistad oscura
de un zaguán, de una parra y de un aljibe.

(Fervor de Buenos Aires, 1923)

ᨁLA GUITARRA

He mirado la Pampa
desde el traspatio de una casa de Buenos
    Aires.
Cuando entré no la vi.
5 Estaba acurrucada

en lo profundo de una brusca guitarra.
Sólo se desmelenó
al entreverar la diestra las cuerdas.
No sé lo que azuzaban;
10 a lo mejor fue un aire del Norte

pero yo vi la Pampa.
Vi muchas brazadas de cielo
sobre un manojito de pasto.
Vi una loma que arrinconan
15 quietas distancias
mientras leguas y leguas
caen desde lo alto.
Vi el campo donde cabe
Dios sin haber de inclinarse,
20 vi el único lugar de la tierra
donde puede caminar Dios a sus anchas.
Vi la Pampa cansada

que antes horrorizaron los malones
y hoy apaciguan en quietud maciza las parvas.
25 De un tirón vi todo eso
mientras se desesperaban las cuerdas
en un compás tan zarandeado como éste.
(La vi también a ella
cuyo recuerdo aguarda en toda música.)
30 Hasta que en brusco cataclismo
se apagó la guitarra apasionada
y me cercó el silencio
y hurañamente tornó el vivir a estancarse.

(Fervor de Buenos Aires, 1923)

EL GENERAL QUIROGA VA EN COCHE AL MUERE[3]

El madrejón[4] desnudo ya sin una sé de agua
y la luna atorrando por el frío del alba
y el campo muerto de hambre, pobre como
    una araña.

5 El coche se hamacaba rezongando la altura:
un galerón enfático, enorme, funerario.
Cuatro tapaos con pinta de muerte en la
    negrura
tironeaban seis miedos y un valor desvelado.

10 Junto a los postillones jineteaba un moreno.
Ir en coche a la muerte, ¡qué cosa más oronda!
El general Quiroga quiso entrar al infierno
llevando seis o siete degollados de escolta.

Esa cordobesada bochinchera y ladina
15 (meditaba Quiroga), ¿qué ha de poder con
    mi alma?
Aquí estoy afianzado y metido en la vida

como la estaca pampa bien metida en la
    pampa.
20 Yo que he sobrevivido a millares de tardes
y cuyo nombre pone retemblor en las lanzas,
no he de soltar la vida por estos pedregales.
¿Muere acaso el pampero, se mueren las
    espadas?
25 Pero al brillar el día sobre Barranca Yaco[5]
sables a filo y punta menudearon sobre él:
muerte de mala muerte se lo llevó al riojano
y una de puñaladas lo mentó a Juan Manuel.[6]

Ya muerto, ya de pie, ya inmortal, ya
    fantasma,
30 se presentó al infierno que Dios le había
    marcado,
y a sus órdenes iban rotas y desangradas,
las ánimas en pena de hombres y de caballos.

(Luna de enfrente, 1925)

AMOROSA ANTICIPACIÓN[7]

Ni la intimidad de tu frente clara como una fiesta
ni la privanza de tu cuerpo, aún misterioso y tácito y de niña,
ni la sucesión de tu vida situándose en palabras o acallamiento

[3] El general Quiroga . . . al muere (a la muerte):
For an account of the death of Juan Facundo Quiroga
see pages 196–200.
    [4] madrejón = laguna.
    [5] Barranca Yaco: in the province of Córdoba where
Quiroga was killed the morning of February 16, 1835,
by his enemies, Captain Santos Pérez and the Reinafés,
as he was returning to Buenos Aires from the provinces
of Santiago del Estero, Salta, and Jujuy, where he had
gone on a mission for Rosas to prevent war in the north.

[6] Juan Manuel Rosas: In *El tamaño de mi esperanza*
(Buenos Aires, Proa, 1926, p. 8) Borges says of him:
"Nuestro mayor varón sigue siendo don Juan Manuel:
gran ejemplar de la fortaleza del individuo, gran certidumbre de saberse vivir, pero incapaz de erigir algo
espiritual, y tiranizado al fin más que nadie por su
propia tiranía y su oficinismo."
    [7] The original title was "Antelación de amor" as
given in *Luna de enfrente* (1925).

5
serán favor tan persuasivo de ideas
como el mirar tu sueño implicado
en la vigilia de mis ávidos brazos.
Virgen milagrosamente otra vez por la virtud absolutoria del sueño,
quieta y resplandeciente como una dicha en la selección del recuerdo,
me darás esa orilla de tu vida que tú misma no tienes.

10
Arrojado a quietud
divisaré esa playa última de tu ser
y te veré por vez primera quizás,
como Dios ha de verte,
desbaratada la ficción del Tiempo
15
sin el amor, sin mí.

(Luna de enfrente, 1925)

ᨆ LA NOCHE CÍCLICA

Lo supieron los arduos alumnos de Pitágoras:[8]
los astros y los hombres vuelven cíclicamente;
los átomos fatales repetirán la urgente
Afrodita[9] de oro, los tebanos,[10] las ágoras.

5
En edades futuras oprimirá el centauro
con el casco solípedo el pecho del lapita;[11]
cuando Roma sea polvo, gemirá en la infinita
noche de su palacio fétido el minotauro.

Volverá toda noche de insomnio: minuciosa.
10
La mano que esto escribe renacerá del mismo
vientre. Férreos ejércitos construirán el abismo.
(El filólogo Nietzsche[12] dijo la misma cosa.)

No sé si volveremos en un ciclo segundo
como vuelven las cifras de una fracción periódica;
15
pero sé que una oscura rotación pitagórica
noche a noche me deja en un lugar del mundo

que es de los arrabales. Una esquina remota
que puede ser del norte, del sur o del oeste,
pero que tiene siempre una tapia celeste,
20
una higuera sombría y una vereda rota.

Ahí está Buenos Aires. El tiempo que a los hombres
trae el amor o el oro, a mí apenas me deja
esta rosa apagada, esta vana madeja
de calles que repiten los pretéritos nombres

---

[8] Pitágoras: Pythagoras (c. 582–c. 500 B.C.), Greek philosopher, mathematician, and religious reformer who is credited with the doctrine of metempsychosis or the belief in the rebirth of the soul at death in another body either of human or animal form.

[9] Afrodita: Aphrodite, the Greek goddess of love and beauty, identified by the Romans with Venus.

[10] tebanos: the inhabitants of the ancient Greek city of Thebes.

[11] lapita: one of the Lapithae, a mythical people of Thessaly who were victorious in a war with the Centaurs.

[12] Nietzsche (1844–1900), the German philosopher who proclaimed the gospel of the superman.

25 de mi sangre: Laprida, Cabrera, Soler, Suárez . . .
Nombres en que retumban (ya secretas) las dianas,
las repúblicas, los caballos y las mañanas,
las felices victorias, las muertes militares.

Las plazas agravadas por la noche sin dueño
30 son los patios profundos de un árido palacio
y las calles unánimes que engendran el espacio
son corredores de vago miedo y de sueño.

Vuelve la noche cóncava que descifró Anaxágoras;[13]
vuelve a mi carne humana la eternidad constante
35 y el recuerdo ¿el proyecto? de un poema incesante:
"Lo supieron los arduos alumnos de Pitágoras . . ."

(*Poemas,* 1943)

∽✲∾POEMA CONJETURAL

*El doctor Francisco Laprida asesinado el día 22 de
setiembre de 1829 por los montoneros de Aldao, piensa
antes de morir:*

Zumban las balas en la tarde última.
Hay viento y hay cenizas en el viento,
se dispersan el día y la batalla
deforme, y la victoria es de los otros.
5 Vencen los bárbaros, los gauchos vencen.
Yo, que estudié las leyes y los cánones,
yo, Francisco Narciso de Laprida,
cuya voz declaró la independencia
de estas crueles provincias, derrotado,
10 de sangre y de sudor manchado el rostro,
sin esperanza ni temor, perdido,
huyo hacia el Sur por arrabales últimos.
Como aquel capitán del Purgatorio[14]
que, huyendo a pie y ensangrentando el llano,
15 fue cegado y tumbado, por la muerte
donde un oscuro río pierde el nombre,
así habré de caer. Hoy es el término.
La noche lateral de los pantanos
me acecha y me demora. Oigo los cascos
20 de mi caliente muerte que me busca
con jinetes, con belfos y con lanzas.
Yo que anhelé ser otro, ser un hombre
de sentencias, de libros, de dictámenes,
a cielo abierto yaceré entre ciénagas;
25 pero me endiosa el pecho inexplicable
un júbilo secreto. Al fin me encuentro
con mi destino sudamericano.
A esta ruinosa tarde me llevaba
el laberinto múltiple de pasos
30 que mis días tejieron desde un día
de la niñez. Al fin he descubierto
la recóndita clave de mis años,
la suerte de Francisco de Laprida,
la letra que faltaba, la perfecta
35 forma que supo Dios desde el principio.
En el espejo de esta noche alcanzo
mi insospechado rostro eterno. El círculo
se va a cerrar. Yo aguardo que así sea.
Pisan mis pies la sombra de las lanzas
40 que me buscan. Las befas de mi muerte,
los jinetes, las crines, los caballos,
se ciernen sobre mí . . . Ya el primer golpe,
ya el duro hierro que me raja el pecho,
el íntimo cuchillo en la garganta.

(*Poemas,* 1943)

[13] Anaxagoras (c. 500–c. 428 B.C.), Greek philosopher whose outstanding contribution to philosophy was his postulation of an all-pervading mind.

[14] "El capitán . . . es el gibelino Buonconte, que murió en la derrota de Campaldino el 11 de junio de 1289 (*Purgatorio*, V, 85–129)." (Author's note.)

∾ LÍMITES

De estas calles que ahondan el poniente,
una habrá (no sé cuál) que he recorrido
ya por última vez, indiferente
y sin adivinarlo, sometido

5   a Quién prefija omnipotentes normas
y una secreta y rígida medida
a las sombras, los sueños y las formas
que destejen y tejen esta vida.

Si para todo hay término y hay tasa
10 y última vez y nunca más y olvido,
¿Quién nos dirá de quién, en esta casa,
sin saberlo, nos hemos despedido?

Tras el cristal ya gris la noche cesa
y del alto de libros que una trunca
15 sombra dilatan por la vaga mesa,
alguno habrá que no leeremos nunca.

Hay en el Sur más de un portón gastado
con sus jarrones de mampostería
y tunas, que a mi paso está vedado
20 como si fuera una litografía.

Para siempre cerraste alguna puerta
y hay un espejo que te aguarda en vano;
la encrucijada te parece abierta
y la vigila un cuadrifronte Jano.[15]

25 Hay, entre todas tus memorias, una
que se ha perdido irreparablemente;
no te verán bajar a aquella fuente
ni el blanco sol ni la amarilla luna.

No volverá tu voz a lo que el persa
30 dijo en su lengua de aves y de rosas,
cuando al ocaso, ante la luz dispersa,
quieras decir inolvidables cosas.

¿Y el incesante Ródano y el lago,
todo ese ayer sobre el cual hoy me inclino?
35 Tan perdido estará como Cartago
que con fuego y con sal borró el latino.

Creo en el alba oír un atareado
rumor de multitudes que se alejan;
son lo que me ha querido y olvidado;
40 espacio y tiempo y Borges ya me dejan.

(Antología personal, 1961)

∾ ARTE POÉTICA

Mirar el río hecho de tiempo y agua
y recordar que el tiempo es otro río.
Saber que nos perdemos como el río
y que los rostros pasan como el agua.

5   Sentir que la vigilia es otro sueño
que sueña no soñar y que la muerte
que teme nuestra carne es esa muerte
de cada noche, que se llama sueño.

Ver en el día o en el año un símbolo
10 de los días del hombre y de sus años,
convertir el ultraje de los años
en una música, un rumor y un símbolo,

ver en la muerte el sueño, en el ocaso
un triste oro, tal es la poesía

15 que es inmortal y pobre. La poesía
vuelve como la aurora y el ocaso.

A veces en las tardes una cara
nos mira desde el fondo de un espejo;
el arte debe ser como ese espejo
20 que nos revela nuestra propia cara.

Cuentan que Ulises, harto de prodigios,
lloró de amor al divisar su Ítaca
verde y humilde. El arte es esa Ítaca
de verde eternidad, no de prodigios.

25 También es como el río interminable
que pasa y queda y es cristal de un mismo
Heráclito[16] inconstante, que es el mismo
y es otro, como el río interminable.

(Antología personal, 1961)

---

[15] Jano: Janus, Roman god of "beginnings" whether temporal or spatial. He was usually represented with two bearded heads placed back to back, so that he might look in two directions at the same time.

[16] Heráclito: Heraclitus (c. 535–c. 475 B.C.), Greek philosopher who believed that there was no permanent reality except the reality of change.

�ᠶPOEMA DE LOS DONES

Nadie rebaje a lágrima o reproche
esta declaración de la maestría
de Dios, que con magnífica ironía
me dio a la vez los libros y la noche.

5 De esta cuidad de libros hizo dueños
a unos ojos sin luz, que sólo pueden
leer en las bibliotecas de los sueños
los insensatos párrafos que ceden

las albas a su afán. En vano el día
10 les prodiga sus libros infinitos,
arduos como los arduos manuscritos
que perecieron en Alejandría.[17]

De hambre y de sed (narra una historia
griega)
muere un rey entre fuentes y jardines;
15 yo fatigo sin rumbo los confines
de esta alta y honda biblioteca ciega.

Enciclopedias, atlas, el Oriente
y el Occidente, siglos, dinastías,
símbolos, cosmos y cosmogonías
20 brindan los muros, pero inútilmente.

Lento en mi sombra, la penumbra hueca
exploro con el báculo indeciso,
yo, que me figuraba el Paraíso
bajo la especie de una biblioteca.

25 Algo, que ciertamente no se nombra
con la palabra *azar*, rige estas cosas;
otro ya recibió en otras borrosas
tardes los muchos libros y la sombra.

Al errar por las lentas galerías
30 suelo sentir con vago horror sagrado
que soy el otro, el muerto, que habrá dado
los mismos pasos en los mismos días.

¿Cuál de los dos escribe este poema
de un yo plural y de una sola sombra?
35 ¿Qué importa la palabra que me nombra
si es indiviso y uno el anatema?

Groussac[18] o Borges, miro este querido
mundo que se deforma y que se apaga
en una pálida ceniza vaga
40 que se parece al sueño y al olvido.

(Antología personal, 1961)

ᠶᠶᠶᠶEL JARDÍN DE SENDEROS QUE SE BIFURCAN

En la página 252 de la *Historia de la Guerra Europea* de Liddell Hart,[19] se lee que una ofensiva de trece divisiones británicas (apoyadas por mil cuatrocientas piezas de artillería) contra la línea Serre-Montauban había sido planeada para el veinticuatro de julio de 1916 y debió postergarse hasta la mañana del día veintinueve. Las lluvias torrenciales (anota el capitán Liddell Hart) provocaron esa demora, nada significativa, por cierto. La siguiente declaración, dictada, releída y firmada por el doctor Yu Tsun, antiguo catedrático de inglés en la *Hochschule* de Tsingtao, arroja una insospechada luz sobre el caso. Faltan las dos páginas iniciales.

"... y colgué el tubo. Inmediatamente después, reconocí la voz que había contestado en alemán. Era la del capitán Richard Madden. Madden, en el departamento de Viktor Runeberg, quería decir el fin de nuestros afanes y—pero eso parecía muy secundario, o *debía parecérmelo*—también de nuestras vidas.

[17] The reference is to the destruction of the two celebrated royal libraries of Alexandria during the early centuries of the Christian era.

[18] Paul Groussac (1848–1929), French-born historian, critic and novelist, was director of the Biblioteca Nacional of Buenos Aires from 1885 until his death.

[19] Liddell Hart: Basil Henry Liddell Hart (b. 1895), English author and military strategist. The Spanish title is probably a reference to his *A History of the World War: 1914–1918* (1935) that was first published in 1930 under the title *The Real War*.

Quería decir que Runeberg había sido arrestado, o asesinado.[20] Antes que declinara el sol de ese día, yo correría la misma suerte. Madden era implacable. Mejor dicho, estaba obligado a ser implacable. Irlandés a las órdenes de Inglaterra, hombre acusado de tibieza y tal vez de traición, ¿cómo no iba a abrazar y agradecer este milagroso favor: el descubrimiento, la captura, quizá la muerte, de dos agentes del Imperio Alemán? Subí a mi cuarto; absurdamente cerré la puerta con llave y me tiré de espaldas en la estrecha cama de hierro. En la ventana estaban los tejados de siempre y el sol nublado de las seis. Me pareció increíble que ese día sin premoniciones ni símbolos fuera el de mi muerte implacable. A pesar de mi padre muerto, a pesar de haber sido un niño en un simétrico jardín de Hai Feng ¿yo, ahora, iba a morir? Después reflexioné que todas las cosas le suceden a uno precisamente, precisamente ahora. Siglos de siglos y sólo en el presente ocurren los hechos; innumerables hombres en el aire, en la tierra y el mar, y todo lo que realmente pasa me pasa a mí . . . El casi intolerable recuerdo del rostro acaballado de Madden abolió esas divagaciones. En mitad de mi odio y de mi terror (ahora no me importa hablar de terror: ahora que he burlado a Richard Madden, ahora que mi garganta anhela la cuerda) pensé que ese guerrero tumultuoso y sin duda feliz no sospechaba que yo poseía el Secreto. El nombre del preciso lugar del nuevo parque de artillería británico sobre el Ancre. Un pájaro rayó el cielo gris y ciegamente lo traduje en un aeroplano y a ese aeroplano en muchos (en el cielo francés) aniquilando el parque de artillería con bombas verticales. Si mi boca, antes que la deshiciera un balazo, pudiera gritar ese nombre de modo que lo oyeran en Alemania . . . Mi voz humana era muy pobre. ¿Cómo hacerla llegar al oído del Jefe? Al oído de aquel hombre enfermo y odioso, que no sabía de Runeberg y de mí sino que estábamos en Staffordshire y que en vano

esperaba noticias nuestras en su árida oficina de Berlín, examinando infinitamente periódicos . . . Dije en voz alta: *Debo huir*. Me incorporé sin ruido, en una inútil perfección de silencio, como si Madden ya estuviera acechándome. Algo—tal vez la mera ostentación de probar que mis recursos eran nulos—me hizo revisar mis bolsillos. Encontré lo que sabía que iba a encontrar. El reloj norteamericano, la cadena de níquel y la moneda cuadrangular, el llavero con las comprometedoras llaves inútiles del departamento de Runeberg, la libreta, una carta que resolví destruir inmediatamente (y que no destruí), una corona, dos chelines y unos peniques, el lápiz rojo-azul, el pañuelo, el revólver con una bala. Absurdamente lo empuñé y sopesé para darme valor. Vagamente pensé que un pistoletazo puede oírse muy lejos. En diez minutos mi plan estaba maduro. La guía telefónica me dio el nombre de la única persona capaz de transmitir la noticia: vivía en un suburbio de Fenton, a menos de media hora de tren.

Soy un hombre cobarde. Ahora lo digo, ahora que he llevado a término un plan que nadie no calificará de arriesgado. Yo sé que fue terrible su ejecución. No lo hice por Alemania, no. Nada me importa un país bárbaro, que me ha obligado a la abyección de ser un espía. Además, yo sé de un hombre de Inglaterra—un hombre modesto—que para mí no es menos que Goethe. Arriba de una hora no hablé con él, pero durante una hora fue Goethe . . . Lo hice, porque yo sentía que el Jefe tenía en poco a los de mi raza—a los innumerables antepasados que confluyen en mí. Yo quería probarle que un amarillo podía salvar a sus ejércitos. Además, yo debía huir del capitán. Sus manos y su voz podían golpear en cualquier momento a mi puerta. Me vestí sin ruido, me dije adiós en el espejo, bajé, escudriñé la calle tranquila y salí. La estación no distaba mucho de casa, pero juzgué preferible tomar un coche. Argüí que así corría menos peligro de ser reconocido; el

---

[20] "Hipótesis odiosa y estrafalaria. El espía prusiano Hans Rabener, alias Viktor Runeberg, agredió con una pistola automática al portador de la orden de arresto, capitán Richard Madden. Éste, en defensa propia, le causó heridas que determinaron su muerte." (Editor's note.)

hecho es que en la calle desierta me sentía visible y vulnerable, infinitamente. Recuerdo que le dije al cochero que se detuviera un poco antes de la entrada central. Bajé con lentitud voluntaria y casi penosa; iba a la aldea de Ashgrove, pero saqué un pasaje para una estación más lejana. El tren salía dentro de muy pocos minutos, a las ocho y cincuenta. Me apresuré; el próximo saldría a las nueve y media. No había casi nadie en el andén. Recorrí los coches: recuerdo unos labradores, una enlutada, un joven que leía con fervor los *Anales* de Tácito,[21] un soldado herido y feliz. Los coches arrancaron al fin. Un hombre que reconocí corrió en vano hasta el límite del andén. Era el capitán Richard Madden. Aniquilado, trémulo, me encogí en la otra punta del sillón, lejos del temido cristal.

De esa aniquilación pasé a una felicidad casi abyecta. Me dije que ya estaba empeñado mi duelo y que yo había ganado el primer asalto, al burlar, siquiera por cuarenta minutos, siquiera por un favor del azar, el ataque de mi adversario. Argüí que esa victoria mínima prefiguraba la victoria total. Argüí que no era mínima, ya que sin esa diferencia preciosa que el horario de trenes me deparaba, yo estaría en la cárcel o muerto. Argüí (no menos sofísticamente) que mi felicidad cobarde probaba que yo era hombre capaz de llevar a buen término la aventura. De esa debilidad saqué fuerzas que no me abandonaron. Preveo que el hombre se resignará cada día a empresas más atroces; pronto no habrá sino guerreros y bandoleros; les doy este consejo: *El ejecutor de una empresa atroz debe imaginar que ya la ha cumplido, debe imponerse un porvenir que sea irrevocable como el pasado.* Así procedí yo, mientras mis ojos de hombre ya muerto registraban la fluencia de aquel día que era tal vez el último, y la difusión de la noche. El tren corría con dulzura, entre fresnos. Se detuvo, casi en medio del campo. Nadie gritó el nombre de la estación. *¿Ashgrove?*, les pregunté a unos chicos en el andén. *Ashgrove*, contestaron. Bajé.

Una lámpara ilustraba el andén, pero las caras de los niños quedaban en la zona de sombra. Uno me interrogó: *¿Usted va a casa del doctor Stephen Albert?* Sin aguardar contestación, otro dijo: *La casa queda lejos de aquí, pero usted no se perderá si toma ese camino a la izquierda y en cada encrucijada del camino dobla a la izquierda.* Les arrojé una moneda (la última), bajé unos escalones de piedra y entré en el solitario camino. Éste, lentamente, bajaba. Era de tierra elemental, arriba se confundían las ramas, la luna baja y circular parecía acompañarme.

Por un instante, pensé que Richard Madden había penetrado de algún modo mi desesperado propósito. Muy pronto comprendí que eso era imposible. El consejo de siempre doblar a la izquierda me recordó que tal era el procedimiento común para descubrir el patio central de ciertos laberintos. Algo entiendo de laberintos: no en vano soy bisnieto de aquel Ts'ui Pên, que fue gobernador de Yunnan y que renunció al poder temporal para escribir una novela que fuera todavía más populosa que el *Hung Lu Meng* y para edificar un laberinto en el que se perdieran todos los hombres. Trece años dedicó a esas heterogéneas fatigas, pero la mano de un forastero lo asesinó y su novela era insensata y nadie encontró el laberinto. Bajo árboles ingleses medité en ese laberinto perdido: lo imaginé inviolado y perfecto en la cumbre secreta de una montaña, lo imaginé borrado por arrozales o debajo del agua, lo imaginé infinito, no ya de quioscos ochavados y de sendas que vuelven, sino de ríos y provincias y reinos . . . Pensé en un laberinto de laberintos, en un sinuoso laberinto creciente que abarcara el pasado y el porvenir y que implicara de algún modo los astros. Absorto en esas ilusorias imágenes, olvidé mi destino de perseguido. Me sentí, por un tiempo indeterminado, percibidor abstracto del mundo. El vago y vivo campo, la luna, los restos de la tarde, obraron en mí; asimismo el declive que eliminaba cualquier posibilidad de cansancio. La tarde era íntima, infinita. El camino bajaba y se bifurcaba, entre las ya confusas

---

[21]Tácito: Tacitus (c. 55 – c. 117 A.D.), Roman historian.

praderas. Una música aguda y como silábica se aproximaba y se alejaba en el vaivén del viento, empañada de hojas y de distancia. Pensé que un hombre puede ser enemigo de otros hombres, de otros momentos de otros hombres, pero no de un país: no de luciérnagas, palabras, jardines, cursos de agua, ponientes. Llegué, así, a un alto portón herrumbrado. Entre las rejas descifré una alameda y una especie de pabellón. Comprendí, de pronto, dos cosas, la primera trivial, la segunda casi increíble: la música venía del pabellón, la música era china. Por eso yo la había aceptado con plenitud, sin prestarle atención. No recuerdo si había una campana o un timbre o si llamé golpeando las manos. El chisporroteo de la música prosiguió.

Pero del fondo de la íntima casa un farol se acercaba: un farol que rayaban y a ratos anulaban los troncos, un farol de papel, que tenía la forma de los tambores y el color de la luna. Lo traía un hombre alto. No vi su rostro, porque me cegaba la luz. Abrió el portón y dijo lentamente en mi idioma:

—Veo que el piadoso Hsi P'êng se empeña en corregir mi soledad. ¿Usted sin duda querrá ver el jardín?

Reconocí el nombre de uno de nuestros cónsules y repetí desconcertado: —¿El jardín?

—El jardín de senderos que se bifurcan.

Algo se agitó en mi recuerdo y pronuncié con incomprensible seguridad: El jardín de mi antepasado Ts'ui Pên.

—¿Su antepasado? ¿Su ilustre antepasado? Adelante.

El húmedo sendero zigzagueaba como los de mi infancia. Llegamos a una biblioteca de libros orientales y occidentales. Reconocí, encuadernados en seda amarilla, algunos tomos de la Enciclopedia Perdida que dirigió el Tercer Emperador de la Dinastía Luminosa y que no se dio nunca a la imprenta. El disco del gramófono giraba junto a un fénix de bronce. Recuerdo también un jarrón de la familia rosa y otro, anterior de muchos siglos, de ese color azul que nuestros artífices copiaron de los alfareros de Persia . . .

Stephen Albert me observaba, sonriente. Era (ya lo dije) muy alto, de rasgos afilados, de ojos grises y barba gris. Algo de sacerdote había en él y también de marino; después me refirió que había sido misionero en Tientsin "antes de aspirar a sinólogo."

Nos sentamos; yo en un largo y bajo diván; él de espaldas a la ventana y a un alto reloj circular. Computé que antes de una hora no llegaría mi perseguidor, Richard Madden. Mi determinación irrevocable podía esperar.

—Asombroso destino el de Ts'ui Pên, dijo Stephen Albert. Gobernador de su provincia natal, docto en astronomía, en astrología y en la interpretación infatigable de los libros canónicos, ajedrecista, famoso poeta y calígrafo: todo lo abandonó para componer un libro y un laberinto. Renunció a los placeres de la opresión, de la justicia, del numeroso lecho, de los banquetes y aún de la erudición y se enclaustró durante trece años en el Pabellón de la Límpida Soledad. A su muerte, los herederos no encontraron sino manuscritos caóticos. La familia, como usted acaso no ignora, quiso adjudicarlos al fuego; pero su albacea—un monje taoísta o budista—insistió en la publicación.

—Los de la sangre de Ts'ui Pên, repliqué, seguimos execrando a ese monje. Esa publicación fue insensata. El libro es un acervo indeciso de borradores contradictorios. Lo he examinado alguna vez: en el tercer capítulo muere el héroe, en el cuarto está vivo. En cuanto a la otra empresa de Ts'ui Pên, a su Laberinto . . .

—Aquí está el Laberinto, dijo indicándome un alto escritorio laqueado.

—¡Un laberinto de marfil!, exclamé. Un laberinto mínimo.

—Un laberinto de símbolos, corrigió. Un invisible laberinto de tiempo. A mí, bárbaro inglés, me ha sido deparado revelar ese misterio diáfano. Al cabo de más de cien años, los pormenores son irrecuperables, pero no es difícil conjeturar lo que sucedió. Ts'ui Pên diría una vez: *Me retiro a escribir un libro.* Y otra: *Me retiro a construir un laberinto.* Todos imaginaron dos obras; nadie pensó que libro y laberinto eran un solo objeto. El Pabellón de la Límpida Soledad se erguía en el centro de un jardín tal vez intrincado; el hecho puede haber sugerido a los hombres un laberinto físico. Ts'ui Pên murió; nadie, en las dilatadas tierras que fueron suyas, dio con el laberinto; la confusión de la novela me sugirió que ése era el laberinto. Dos circunstancias me dieron la recta solución del problema. Una: la curiosa leyenda de que Ts'ui Pên se había propuesto un laberinto que fuera estrictamente infinito. Otra: un fragmento de una carta que descubrí.

Albert se levantó. Me dio, por unos instantes, la espalda; abrió un cajón del áureo y renegrido escritorio. Volvió con un papel antes carmesí; ahora rosado y tenue y cuadriculado. Era justo el renombre caligráfico de Ts'ui Pên. Leí con incomprensión y fervor estas palabras que con minucioso pincel redactó un hombre de mi sangre: *Dejo a los varios porvenires (no a todos) mi jardín de senderos que se bifurcan*. Devolví en silencio la hoja. Albert prosiguió:

—Antes de exhumar esta carta, yo me había preguntado de qué manera un libro puede ser infinito. No conjeturé otro procedimiento que el de un volumen cíclico, circular. Un volumen cuya última página fuera idéntica a la primera, con posibilidad de continuar indefinidamente. Recordé también esa noche que está en el centro de las 1001 Noches, cuando la reina Shahrazad (por una mágica distracción del copista) se pone a referir textualmente la historia de las 1001 Noches, con riesgo de llegar otra vez a la noche en que la refiere, y así hasta lo infinito. Imaginé también una obra platónica, hereditaria, trasmitida de padre a hijo, en la que cada nuevo individuo agregara un capítulo o corrigiera con piadoso cuidado la página de los mayores. Esas conjeturas me distrajeron; pero ninguna parecía corresponder, siquiera de un modo remoto, a los contradictorios capítulos de Ts'ui Pên. En esa perplejidad, me remitieron de Oxford el manuscrito que usted ha examinado. Me detuve, como es natural, en la frase: *Dejo a los varios porvenires (no a todos) mi jardín de senderos que se bifurcan*. Casi en el acto comprendí; *el jardín de senderos que se bifurcan* era la novela caótica; la frase *varios porvenires (no a todos)* me sugirió la imagen de la bifurcación en el tiempo, no en el espacio. La relectura general de la obra confirmó esa teoría. En todas las ficciones, cada vez que un hombre se enfrenta con diversas alternativas, opta por una y elimina las otras; en la del casi inextricable Ts'ui Pên, opta — simultáneamente — por todas. *Crea*, así, diversos porvenires, diversos tiempos, que también proliferan y se bifurcan. De ahí, las contradicciones de la novela. Fang, digamos, tiene un secreto; un desconocido llama a su puerta; Fang resuelve matarlo. Naturalmente, hay varios desenlaces posibles: Fang puede matar al intruso, el intruso puede matar a Fang, ambos pueden salvarse, ambos pueden morir, etcétera. En la obra de Ts'ui Pên, todos los desenlaces ocurren; cada uno es el punto de partida de otras bifurcaciones. Alguna vez, los senderos de ese laberinto convergen: por ejemplo, usted llega a esta casa, pero en uno de los pasados posibles usted es mi enemigo, en otro mi amigo. Si se resigna usted a mi pronunciación incurable, leeremos unas páginas.

Su rostro, en el vívido círculo de la lámpara, era sin duda el de un anciano, pero con algo inquebrantable y aun inmortal. Leyó con lenta precisión dos redacciones de un mismo capítulo épico. En la primera, un ejército marcha hacia una batalla a través de una montaña desierta; el horror de las piedras y de la sombra le hace menospreciar la vida y logra con facilidad la victoria; en la segunda, el mismo ejército atraviesa un palacio en el que hay una fiesta; la resplandeciente batalla les parece una continuación de la fiesta y logran la victoria. Yo oía con decente veneración esas viejas ficciones, acaso menos admirables que el hecho de que las hubiera ideado mi sangre y de que un hombre de un imperio remoto me las restituyera, en el curso de una desesperada aventura, en una isla occidental. Recuerdo las palabras finales, repetidas en cada redacción como un mandamiento secreto: *Así combatieron los héroes, tranquilo el admirable corazón, violenta la espada, resignados a matar y a morir*.

Desde ese instante, sentí a mi alrededor y

en mi oscuro cuerpo una invisible, intangible pululación. No la pululación de los divergentes, paralelos y finalmente coalescentes ejércitos, sino una agitación más inaccesible, más íntima y que ellos de algún modo prefiguraban. Stephen Albert prosiguió:

—No creo que su ilustre antepasado jugara ociosamente a las variaciones. No juzgo verosímil que sacrificara trece años a la infinita ejecución de un experimento retórico. En su país, la novela es un género subalterno; en aquel tiempo era un género despreciable. Ts'ui Pên fue un novelista genial, pero también fue un hombre de letras que sin duda no se consideró un mero novelista. El testimonio de sus contemporáneos proclama —y harto lo confirma su vida—sus aficiones metafísicas, místicas. La controversia filosófica usurpa buena parte de su novela. Sé que de todos los problemas, ninguno lo inquietó y lo trabajó como el abismal problema del tiempo. Ahora bien, ése es el *único* problema que no figura en las páginas del *Jardín*. Ni siquiera usa la palabra que quiere decir *tiempo*. ¿Cómo se explica usted esa voluntaria omisión?

Propuse varias soluciones; todas, insuficientes. Las discutimos; al fin, Stephen Albert me dijo:

—En una adivinanza cuyo tema es el ajedrez ¿cuál es la única palabra prohibida? Reflexioné un momento y repuse:

—La palabra *ajedrez*.

—Precisamente, dijo Albert. *El jardín de senderos que se bifurcan* es una enorme adivinanza, o parábola, cuyo tema es el tiempo; esa causa recóndita le prohibe la mención de su nombre. Omitir *siempre* una palabra, recurrir a metáforas ineptas y a perífrasis evidentes, es quizá el modo más enfático de indicarla. Es el modo tortuoso que prefirió, en cada uno de los meandros de su infatigable novela, el oblicuo Ts'ui Pên. He confrontado centenares de manuscritos, he corregido los errores que la negligencia de los copistas ha introducido, he conjeturado el plan de ese caos, he restablecido, he creído restablecer, el

orden primordial, he traducido la obra entera: me consta que no emplea una sola vez la palabra *tiempo*. La explicación es obvia: *El jardín de senderos que se bifurcan* es una imagen incompleta, pero no falsa, del universo tal como lo concebía Ts'ui Pên. A diferencia de Newton[22] y de Schopenhauer,[23] su antepasado no creía en un tiempo uniforme, absoluto. Creía en infinitas series de tiempo, en una red creciente y vertiginosa de tiempos divergentes, convergentes y paralelos. Esa trama de tiempos que se aproximan, se bifurcan, se cortan o que secularmente se ignoran, abarca *todas* las posibilidades. No existimos en la mayoría de esos tiempos; en algunos existe usted y no yo; en otros, yo, no usted; en otros, los dos. En éste, que un favorable azar me depara, usted ha llegado a mi casa; en otro, usted, al atravesar el jardín, me ha encontrado muerto; en otro, yo digo estas mismas palabras, pero soy un error, un fantasma.

—En todos, articulé no sin un temblor, yo agradezco y venero su recreación del jardín de Ts'ui Pên.

—No en todos, murmuró con una sonrisa. El tiempo se bifurca perpetuamente hacia innumerables futuros. En uno de ellos soy su enemigo.

Volví a sentir esa pululación de que hablé. Me pareció que el húmedo jardín que rodeaba la casa estaba saturado hasta lo infinito de invisibles personas. Esas personas eran Albert y yo, secretos, atareados y multiformes en otras dimensiones de tiempo. Alcé los ojos y la tenue pesadilla se disipó. En el amarillo y negro jardín había un solo hombre; pero ese hombre avanzaba por el sendero y era el capitán Richard Madden.

—El porvenir ya existe, respondí, pero yo soy su amigo. ¿Puedo examinar de nuevo la carta?

Albert se levantó. Alto, abrió el cajón del alto escritorio; me dio por un momento la espalda. Yo había preparado el revólver. Disparé con sumo cuidado: Albert se desplomó sin una queja, inmediatamente. Yo

---

[22] Newton: Sir Isaac Newton (1642–1727), English physicist and philosopher.

[23] Schopenhauer: Arthur Schopenhauer (1788–1860), German philosopher.

juro que su muerte fue instantánea: una fulminación.

Lo demás es irreal, insignificante. Madden irrumpió, me arrestó. He sido condenado a la horca. Abominablemente he vencido: he comunicado a Berlín el secreto nombre de la ciudad que deben atacar. Ayer la bombardearon; lo leí en los mismos periódicos que propusieron a Inglaterra el enigma de que el sabio sinólogo Stephen Albert muriera asesinado por un desconocido, Yu Tsun. El Jefe ha descifrado ese enigma. Sabe que mi problema era indicar (a través del estrépito de la guerra) la ciudad que se llama Albert y que no hallé otro medio que matar a una persona de ese nombre. No sabe (nadie puede saber) mi innumerable contrición y cansancio."

(El jardín de senderos que se bifurcan, 1941)

ᨆᨆ LOS DOS REYES Y LOS DOS LABERINTOS

Cuentan los hombres dignos de fe (pero Alá sabe más) que en los primeros días hubo un rey de las islas de Babilonia que congregó a sus arquitectos y magos y les mandó construir un laberinto tan perplejo y sutil que los varones más prudentes no se aventuraban a entrar, y los que entraban se perdían. Esa obra era un escándalo, porque la confusión y la maravilla son operaciones propias de Dios y no de los hombres. Con el andar del tiempo vino a su corte un rey de los árabes, y el rey de Babilonia (para hacer burla de la simplicidad de su huésped) lo hizo penetrar en el laberinto, donde vagó afrentado y confundido hasta la declinación de la tarde. Entonces imploró socorro divino y dio con la puerta. Sus labios no profirieron queja ninguna, pero le dijo al rey de Babilonia que él en Arabia tenía un laberinto mejor y que, si Dios era servido, se lo daría a conocer algún día. Luego regresó a Arabia, juntó sus capitanes y sus alcaides y estragó los reinos de Babilonia con tan venturosa fortuna que derribó sus castillos, rompió sus gentes e hizo cautivo al mismo rey. Lo amarró encima de un camello veloz y lo llevó al desierto. Cabalgaron tres días, y le dijo: "¡Oh, rey del tiempo y substancia y cifra del siglo!, en Babilonia me quisiste perder en un laberinto de bronce con muchas escaleras, puertas y muros; ahora el Poderoso ha tenido a bien que te muestre el mío, donde no hay escaleras que subir, ni puertas que forzar, ni fatigosas galerías que recorrer, ni muros que te veden el paso."

Luego le desató las ligaduras y lo abandonó en mitad del desierto, donde murió de hambre y de sed. La gloria sea con Aquel que no muere.

(El aleph, 1952)

ᨆᨆ BORGES Y YO

Al otro, a Borges, es a quien le ocurren las cosas. Yo camino por Buenos Aires y me demoro, acaso ya mecánicamente, para mirar el arco de un zaguán y la puerta cancel; de Borges tengo noticias por el correo y veo su nombre en una terna de profesores o en un diccionario biográfico. Me gustan los relojes de arena, los mapas, la tipografía del siglo XVIII, las etimologías, el sabor del café y la prosa de Stevenson;[24] el otro comparte esas preferencias, pero de un modo vanidoso que las convierte en atributos de un actor. Sería exagerado afirmar que nuestra relación es hostil; yo vivo, yo me dejo vivir, para que Borges pueda tramar su literatura y esa literatura me justifica. Nada me cuesta con-

[24] Stevenson: Robert Louis Stevenson (1850–1894), British novelist, poet, and essayist, universally known for *Treasure Island* (1883) and *The Strange Case of Dr. Jekyll and Mr. Hyde* (1886).

fesar que ha logrado ciertas páginas válidas, pero esas páginas no me pueden salvar, quizá porque lo bueno ya no es de nadie, ni siquiera del otro, sino del lenguaje o la tradición. Por lo demás, yo estoy destinado a perderme, definitivamente, y sólo algún instante de mí podrá sobrevivir en el otro. Poco a poco voy cediéndole todo, aunque me consta su perversa costumbre de falsear y magnificar. Spinoza[25] entendió que todas las cosas quieren perseverar en su ser; la piedra eternamente quiere ser piedra y el tigre un tigre. Yo he de quedar en Borges, no en mí (si es que alguien soy), pero me reconozco menos en sus libros que en muchos otros o que en el laborioso rasgueo de una guitarra. Hace años yo traté de librarme de él y pasé de las mitologías del arrabal a los juegos con el tiempo y con lo infinito, pero esos juegos son de Borges ahora y tendré que idear otras cosas. Así mi vida es una fuga y todo lo pierdo y todo es del olvido, o del otro.

No sé cuál de los dos escribe esta página.

(Antología personal, 1961)

[25] Spinoza (1623–1677), the Dutch philosopher who held that nothing finite is self-sufficient, only the infinite can be truly substantial, and the separate things of existence and life are but aspects of infinite divinity.

~~~~~César Vallejo

PERU, 1892–1938   The poet's early debt to modernism is easily
evident in his first volume *Los heraldos negros* (1918). But a deep-seated
nostalgia for the people and places of his childhood grew ever more
compelling as the passionate youth struggled to stand up to the buffetings
destined to be the lot of one who could cry out in moments of bitter
despair: "¡Por qué se habrá vestido de suertero/ la voluntad de Dios!"
This nostalgia, the "nostalgias imperiales" which the poet accepted as a
product of his racial inheritance—"y lábrase la raza de mi palabra,"
quickly turned his facile Bohemian pen away from the "blue" musings
of Darío and his "arciprestes vagos del corazón": "ahora que me asfixia
Bizancio, y que dormita/ la sangre, como flojo cognac, dentro de mí."

Vallejo's denial of modernism in no way impelled him, however,
toward the noisy indigenist camp. Vallejo would not and could not
conform to any formalistic concept of art. Nor could he, in the solitude
and want of his own being, accept the abandon and misery of others.
For Vallejo was a desperately sensitive soul, desperately in need of
human warmth and of an abiding faith in God. In earlier years he was
wont to cry out occasionally from the depths of his own lonely state:
"¡Hoy no ha venido nadie;/ y hoy he muerto qué poco en esta tarde!"
Even God seemed unaware of the poet's plight:

> Yo nací un día
> que Dios estuvo enfermo,
> grave.

But expanding ideological and esthetic horizons helped open the flood-
gates to militant impulses that relentlessly sought release in a wealth of
expressive verse forms, bold diction and imagery, and righteous social
protest, the ineradicable earmarks of the best poetry of one of America's
most original and uncompromising poets.

Critics are inclined to attribute the unique qualities of the man and
artist to the factor of race, to explain his desolate cry of protest as the
fated outburst of an oppressed people. This may be so to some indefinable
degree. Much more certain, however, is the poet's reiterated identification of self with man everywhere. His incurable "dolor de vivir" springs
not from any Messianic urge to free his own but rather from a com-
passionate solidarity with man in his impossible relationship to "his own

terrible self and his own terrible times." At once "the most immediate
and the most isolated of poets," Vallejo had the courage to live and to
write "neither in formalism nor in violence, but in imagination."
Compulsive and committed, his art is the studied outpouring of one who
willfully sought confrontation with the eternal inequities and injustices
of the human condition.

LOS HERALDOS NEGROS

Hay golpes en la vida, tan fuertes . . . ¡Yo no sé!
Golpes como del odio de Dios; como si ante ellos,
la resaca de todo lo sufrido
se empozara en el alma . . . ¡Yo no sé!

5   Son pocos, pero son . . . Abren zanjas oscuras
en el rostro más fiero y en el lomo más fuerte.
Serán tal vez los potros de bárbaros atilas;
o los heraldos negros que nos manda la Muerte.

Son las caídas hondas de los Cristos del alma,
10   de alguna fe adorable que el Destino blasfema.
Esos golpes sangrientos son las crepitaciones
de algún pan que en la puerta del horno se nos quema.

Y el hombre . . . ¡Pobre . . . pobre! Vuelve los ojos, como
cuando por sobre el hombro nos llama una palmada;
15   vuelve los ojos locos, y todo lo vivido
se empoza, como charco de culpa, en la mirada.

Hay golpes en la vida, tan fuertes . . . ¡Yo no sé!

(Los heraldos negros, 1918)

IDILIO MUERTO

¿Qué estará haciendo esta hora mi andina y dulce Rita
de junco y capulí;[1]
ahora que me asfixia Bizancio,[2] y que dormita
la sangre, como flojo cognac, dentro de mí?

5   ¿Dónde estarán sus manos que en actitud contrita
planchaban en las tardes blancuras por venir;
ahora, en esta lluvia que me quita
las ganas de vivir?

¿Qué será de su falda de franela; de sus
10   afanes; de su andar;
de su sabor a cañas de mayo[3] del lugar?

---

[1] capulí: a bittersweet Andean berry resembling a cherry.
[2] Bizancio: *Byzantium,* ancient Greek city on the Bosporus. The name is suggestive of the exotic and decadent phase of modernism.
[3] cañas de mayo: the tender shoots of young corn.

Ha de estarse a la puerta mirando algún celaje,
y al fin dirá temblando: "¡Qué frío hay . . . Jesús!"
Y llorará en las tejas un pájaro salvaje.

(Los heraldos negros, 1918)

∾EL PAN NUESTRO

Se bebe el desayuno . . . Húmeda tierra
de cementerio huele a sangre amada.
Ciudad de invierno . . . ¡La mordaz cruzada
de una carreta que arrastrar parece
5 una emoción de ayuno encadenada!

Se quisiera tocar todas las puertas,
y preguntar por no sé quién; y luego
ver a los pobres, y, llorando quedos,
dar pedacitos de pan fresco a todos.
10 ¡Y saquear a los ricos sus viñedos
con las dos manos santas
que a un golpe de luz
volaron desclavadas de la Cruz!

Pestaña matinal, ¡no os levantéis!
15 ¡El pan nuestro de cada día dánoslo,
Señor . . . !

Todos mis huesos son ajenos;
¡yo tal vez los robé!
Yo vine a darme lo que acaso estuvo
20 asignado para otro;
¡otro pobre tomara este café!
Y pienso que, si no hubiera nacido . . .
Yo soy un mal ladrón . . . ¡A dónde iré!

Y en esta hora fría, en que la tierra
25 trasciende a polvo humano y es tan triste,
quisiera yo tocar todas las puertas,
y suplicar a no sé quién, perdón,
y hacerle pedacitos de pan fresco
¡aquí, en el horno de mi corazón . . . !

(Los heraldos negros, 1918)

∾LA CENA MISERABLE

Hasta cuándo estaremos esperando lo que
no se nos debe . . . Y en qué recodo estiraremos
nuestra pobre rodilla para siempre! Hasta cuándo
la cruz que nos alienta no detendrá sus remos.

5 Hasta cuándo la Duda nos brindará blasones
por haber padecido . . .
Ya nos hemos sentado
mucho a la mesa, con la amargura de un niño
que a media noche, llora de hambre, desvelado . . .

10 Y cuándo nos veremos con los demás, al borde
de una mañana eterna, desayunados todos.
Hasta cuándo este valle de lágrimas, a donde
yo nunca dije que me trajeran.
De codos
15 todo bañado en llanto, repito cabizbajo
y vencido: hasta cuándo la cena durará.

Hay alguien que ha bebido mucho, y se burla,
y acerca y aleja de nosotros, como negra cuchara
de amarga esencia humana, la tumba . . .
20   Y menos sabe
ese oscuro hasta cuándo la cena durará!

(*Los heraldos negros*, 1918)

ᏜESPERGESIA

Yo nací un día
que Dios estuvo enfermo.

Todos saben que vivo,
que soy malo; y no saben
5 del diciembre de ese enero.
Pues yo nací un día
que Dios estuvo enfermo.

Hay un vacío
en mi aire metafísico
10 que nadie ha de palpar:
el claustro de un silencio
que habló a flor de fuego.

Yo nací un día
que Dios estuvo enfermo.

15 Hermano, escucha, escucha . . .
Bueno. Y que no me vaya
sin llevar diciembres,
sin dejar eneros.

Pues yo nací un día
20 que Dios estuvo enfermo.

Todos saben que vivo,
que mastico . . . Y no saben
por qué en mi verso chirrian,
oscuro sinsabor de féretro,
25 luyidos vientos
denesroscados de la Esfinge
preguntona del Desierto.
Todos saben . . . Y no saben
que la Luz es tísica,
30 y la Sombra gorda . . .
Y no saben que el Misterio sintetiza . . .
que él es la joroba
musical y triste que a distancia denuncia
el paso meridiano de las lindes a las Lind

35 Yo nací un día
que Dios estuvo enfermo,
grave.

(*Los heraldos negros*, 1·

ᏜXXXIII

Si lloviera esta noche, retiraríame
de aquí a mil años.
Mejor a cien no más.
Como si nada hubiese ocurrido, haría
5 la cuenta de que vengo todavía.

O sin madre, sin amada, sin porfía
de agacharme a aguaitar al fondo, a puro
pulso,
esta noche así, estaría escarmenando⁴
10 la fibra védica,⁵
la lana védica de mi fin final, hilo
del diantre,⁶ traza de haber tenido

por las narices
a dos badajos inacordes de tiempo
15 en una misma campana.

Haga la cuenta de mi vida
o haga la cuenta de no haber aún nacido
no alcanzaré a librarme.

No será lo que aún no haya venido, sino
20 lo que ha llegado y ya se ha ido,
sino lo que ha llegado y ya se ha ido.

(*Trilce*, 1922)

⁴ escarmentar: *to disentangle.*
of ill omen.

⁵ védica: *Vedaic,* of the sacred scriptures of Hindı
⁶ diantre = diablo.

∽✻∽LXI

Esta noche desciendo del caballo,
ante la puerta de la casa, donde
me despedí con el cantar del gallo.
Está cerrada y nadie responde.

5 El poyo en que mamá alumbró
al hermano mayor, para que ensille
lomos que había yo montado en pelo,
por rúas y por cercas, niño aldeano;
el poyo en que dejé que se amarille al sol
10 mi adolorida infancia . . . ¿Y este duelo
que enmarca la portada?

Dios en la paz foránea,
estornuda; cual llamando también, el bruto
husmea, golpeando el empedrado. Luego
          duda,
15 relincha,
orejea a viva oreja.

Ha de velar papá rezando, y quizás
pensará se me hizo tarde.

Las hermanas, canturreando sus ilusiones
20 sencillas, bullosas,
en la labor para la fiesta que se acerca,
y ya no falta casi nada.
Espero, espero, el corazón
un huevo en su momento, que se obstruye.

25 Numerosa familia que dejamos
no ha mucho, hoy nadie en vela, y ni una cera
puso en el ara para que volviéramos.
Llamo de nuevo, y nada.
Callamos y nos ponemos a sollozar, y el
          animal
30 relincha, relincha más todavía.

Todos están durmiendo para siempre,
y tan de lo más bien, que por fin
mi caballo acaba fatigado por cabecear
a su vez, y entre sueños, a cada venia, dice
35 que está bien, que todo está muy bien.

                    (*Trilce*, 1922)

∽✻∽HASTA EL DÍA EN QUE VUELVA[7]

Hasta el día en que vuelva, de esta piedra
nacerá mi talón definitivo,
con su juego de crímenes, su yedra,
su obstinación dramática, su olivo.

5 Hasta el día en que vuelva, prosiguiendo,
con franca rectitud de cojo amargo,

de pozo en pozo, mi periplo, entiendo
que el hombre ha de ser bueno, sin embargo.

Hasta el día en que vuelva y hasta que ande
10 el animal que soy, entre sus jueces,
nuestro bravo meñique será grande,
digno, infinito dedo entre los dedos.

                    (*Poemas humanos*, 1939)

∽✻∽Y SI DESPUÉS DE TANTAS PALABRAS[8]

Y si después de tantas palabras,
¡no sobrevive la palabra!
Si después de las alas de los pájaros,
¡no sobrevive el pájaro parado!
5 ¡Más valdría, en verdad,
que se lo coman todo y acabemos!

¡Haber nacido para vivir de nuestra muerte!
¡Levantarse del cielo hacia la tierra
por sus propios desastres
10 y espiar el momento de apagar con su sombra
          su tiniebla!
¡Más valdría, francamente,

---

[7] The author left no title for the poem.

[8] This poem is also without a title.

que se lo coman todo y qué más da! . . .
¡Y si después de tanta historia, sucumbimos,
15 no ya de eternidad,
sino de esas cosas sencillas, como estar
en la casa o ponerse a cavilar!
¡Y si luego encontramos,
de buenas a primeras, que vivimos,
20 a juzgar por la altura de los astros,
por el peine y las manchas del pañuelo!

¡Más valdría, en verdad,
que se lo coman todo, desde luego!

Se dirá que tenemos
25 en uno de los ojos mucha pena
y también en el otro, mucha pena
y en los dos, cuando miran, mucha pena . . .
¡Entonces! . . . ¡Claro! . . . ¡Entonces! . . .
¡ni palabra!

(Poemas humanos, 1939)

ᔕᔓᔕPIEDRA NEGRA SOBRE UNA PIEDRA BLANCA

Me moriré en París con aguacero,
un día del cual tengo ya el recuerdo.
Me moriré en París—y no me corro—
talvez un jueves, como es hoy, de otoño.

5 Jueves será, porque hoy, jueves, que proso
estos versos, los húmeros me he puesto
a la mala y, jamás como hoy, me he vuelto,
con todo mi camino, a verme solo.

César Vallejo ha muerto, le pegaban
10 todos sin que él les haga nada;
le daban duro con un palo y duro

también con una soga; son testigos
los días jueves y los huesos húmeros,
la soledad, la lluvia, los caminos . . .

(Poemas humanos, 1939)

ᔕᔓᔕII TIEMPO TIEMPO

Mediodía estancado entre relentes.
Bomba aburrida del cuartel achica
tiempo tiempo tiempo tiempo.

　　Era Era.

5 Gallos cancionan escarbando en vano.
Boca del claro día que conjuga
era era era era.

　　Mañana Mañana.

El reposo caliente aún de ser.
10 Piensa el presente guárdame para
mañana mañana mañana mañana.

　　Nombre Nombre.

¿Qué se llama cuanto heriza nos?
Se llama Lomismo que padece
15 nombre nombre nombre.

(Trilce, 1922)

ᔕᔓᔕXLIX MURMURADO EN INQUIETUD . . .

Murmurado en inquietud, cruzo,
el traje largo de sentir, los lunes
　　de la verdad.
Nadie me busca ni me reconoce,
5 y hasta yo he olvidado
　　de quién seré.

Cierta guardarropía, sólo ella, nos sabrá

a todos en las blancas hojas
　　de las partidas.
10 Esa guardarropía, ella sola,
al volver de cada facción,
　　de cada candelabro
　　ciego de nacimiento.

Tampoco yo descubro a nadie, bajo

15 este mantillo que iridice los lunes
    de la razón;
y no hago más que sonreír a cada púa
de las verjas, en la loca búsqueda
    del conocido.

20 Buena guardarropía, ábreme
    tus blancas hojas;
quiero reconocer siquiera al l,
quiero el punto de apoyo, quiero
    saber de estar siquiera.

25 En los bastidores donde nos vestimos,
no hay, no Hay nadie: hojas tan sólo
    de par en par.
Y siempre los trajes descolgándose
por sí propios, de perchas
30 como ductores índices grotescos,
   y partiendo sin cuerpos, vacantes,
      hasta el matiz prudente
de un gran caldo de alas con causas
y lindes fritas.
35 ¡Y hasta el hueso!

                   (*Trilce,* 1922)

⁘LXXV Estáis muertos . . .

Estáis muertos.

Qué extraña manera de estarse muertos. Quienquiera diría no lo estáis. Pero, en verdad, estáis muertos.

5 Flotáis nadamente detrás de aquesa membrana que, péndula del zenit al nadir, viene y va de crepúsculo a crepúsculo, vibrando ante la sonora caja de una herida que a vosotros no os duele. Os digo, pues, que la 10 vida está en el espejo, y que vosotros sois el original, la muerte.

Mientras la onda va, mientras la onda viene, cuán impunemente se está uno muerto. Sólo cuando las aguas se quebrantan en los 15 bordes enfrentados y se doblan y doblan, 30 entonces os transfiguráis y creyendo morir, percibís la sexta cuerda que ya no es vuestra.

Estáis muertos, no habiendo antes vivido jamás. Quienquiera diría que, no siendo 20 ahora, en otro tiempo fuisteis. Pero en verdad, vosotros sois los cadáveres de una vida que nunca fue. Triste destino el no haber sido sino muertos siempre. El ser hoja seca sin haber sido verde jamás. Orfandad de 25 orfandades.

Y sin embargo, los muertos no son, no pueden ser cadáveres de una vida que todavía no han vivido. Ellos murieron siempre de vida.

30 Estáis muertos.

                   (*Trilce,* 1922)

⁘II Hombre de Extremadura . . .

Hombre de Extremadura,
oigo bajo tu pie el humo del lobo,
el humo de la especie,
el humo del niño,
5 el humo solitario de dos trigos,
el humo de Ginebra, el humo de Roma, el humo de Berlín
y el de París y el humo de tu apéndice penoso
y el humo que, al fin, sale del futuro.
¡Oh vida! ¡Oh tierra! ¡Oh España!
10 ¡Onzas de sangre,
metros de sangre, líquidos de sangre,
sangre a caballo, a pie, mural, sin diámetro,

sangre de cuatro en cuatro, sangre de agua
y sangre muerta de la sangre viva!

15 Extremeño, ¡oh no ser aún ese hombre
por el que te mató la vida y te partió la muerte
y quedarse tan solo a verte así, desde este lobo,
cómo sigues arando en nuestros pechos!
¡Extremeño, conoces
20 el secreto en dos voces, popular y táctil,
del cereal!: ¡que nada vale tanto
una gran raíz en trance de otra!

¡Extremeño acodado, representando al alma en su retiro,
acodado a mirar
25 el caber de una vida en una muerte! * * *

Mas desde aquí, más tarde,
desde el punto de vista de esta tierra,
desde el duelo al que fluye el bien satánico,
se ve la gran batalla de Guernica.
30 ¡Lid a priori, fuera de la cuenta,
lid en paz, lid de las almas débiles
contra los cuerpos débiles, lid en que el niño pega,
sin que le diga nadie que pegara,
bajo su atroz diptongo
35 y bajo su habilísimo puñal,
y en la que la madre pega con su grito, con el dorso de una lágrima
y en que el enfermo pega con su mal, con su pastilla y su hijo
y en que el anciano pega
con sus canas, sus siglos y su palo
40 y en que pega el prebístero con dios!
Tácitos defensores de Guernica,
¡oh débiles,
oh suaves ofendidos,
que os eleváis, crecéis y llenáis de poderosos débiles el mundo! * * *

45 ¡Málaga sin padre ni madre,
ni piedrecilla, ni horno, ni perro blanco!
¡Málaga sin defensa, donde nació mi muerte dando pasos
y murió de pasión mi nacimiento!
¡Málaga caminando tras de tus pies, en éxodo,
50 bajo el mal, bajo la cobardía, bajo la historia cóncava, indecible

con la yema en tu mano: ¡tierra orgánica!
y la clara en la punta del cabello: ¡todo el caos!
¡Málaga huyendo
de padre a padre, familiar, de tu hijo a tu hijo,
55 a lo largo del mar que huye del mar,
a través del metal que huye del plomo,
al ras del suelo que huye de la tierra
y a las órdenes ¡ay!
de la profundidad que te quería!

¡Málaga a golpes, a fatídico coágulo, a bandidos, a infiernazos,
a cielazos,
andando sobre duro vino, en multitud,
sobre la espuma lila, de uno en uno
sobre huracán estático y más lila,
y al compás de las cuatro órbitas que aman
y de las dos costillas que se matan!
¡Málaga de mi sangre diminuta
y mi coloración a gran distancia,
la vida sigue son tambor a tus honores alazanes,
con cohetes, a tus niños eternos
y con silencio a tu último tambor,
con nada, a tu alma,
y con más nada, a tu esternón genial! * * *

(*España, aparta de mí este cáliz*, 1939)

⌇XII MASA

Al fin de la batalla,
y muerto el combatiente, vino hacia él un hombre
y le dijo: "¡No mueras; te amo tanto!"
Pero el cadáver ¡ay! siguió muriendo.

Se le acercaron dos y repitiéronle:
"¡No nos dejes! ¡Valor! ¡Vuelve a la vida!"
Pero el cadáver ¡ay! siguió muriendo.

Acudieron a él veinte, cien, mil, quinientos mil,
clamando: "¡Tanto amor, y no poder nada contra la muerte!"
Pero el cadáver ¡ay! siguió muriendo.

Le rodearon millones de individuos,
con un ruego común: "¡Quédate hermano!"
Pero el cadáver ¡ay! siguió muriendo.

Entonces todos los hombres de la tierra
le rodearon; les vio el cadáver triste, emocionado:
incorporóse lentamente,
abrazó al primer hombre; echóse a andar . . .

(*España, aparta de mí este cáliz*, 1939)

⌇HOY ME GUSTA LA VIDA . . .

Hoy me gusta la vida mucho menos,
pero siempre me gusta vivir: ya lo decía.
Casi toqué la parte de mi todo y me contuve
con un tiro en la lengua detrás de mi palabra.

Hoy me palpo el mentón en retirada
y en estos momentáneos pantalones yo me digo:

Tanta vida y jamás!
Tantos años y siempre mis semanas! . . .
Mis padres enterrados con su piedra
10   y su triste estirón que no ha acabado;
de cuerpo entero hermanos, mis hermanos,
y, en fin, mi ser parado y en chaleco.

Me gusta la vida enormemente
pero, desde luego,
15   con mi muerte querida y mi café
y viendo los castaños frondosos de París
y diciendo:
Es un ojo éste, aquél; una frente ésta, aquélla . . . Y repitiendo:
Tanta vida y jamás me falla la tonada!
20   Tantos años y siempre, siempre, siempre!

Dije chaleco, dije
todo, parte, ansia, dije casi por no llorar.
Que es verdad que sufrí en aquel hospital que queda al lado
y está bien y está mal haber mirado
25   de abajo para arriba mi organismo.

Me gustará vivir siempre, así fuese de barriga,
porque, como iba diciendo y lo repito,
tanta vida y jamás! Y tantos años,
y siempre, mucho siempre, siempre, siempre!

(Poemas humanos, 1939)*

⟳CONSIDERANDO EN FRÍO . . .

Considerando en frío, imparcialmente,
que el hombre es triste, tose y, sin embargo,
se complace en su pecho colorado;
que lo único que hace es componerse
5   de días;
que es lóbrego mamífero y se peina . . .

Considerando
que el hombre procede suavemente del trabajo
y repercute jefe, suena subordinado;
10   que el diagrama del tiempo
es constante diorama en sus medallas
y, a medio abrir, sus ojos estudiaron,
desde lejanos tiempos,
su fórmula famélica de masa . . .

15   Comprendiendo sin esfuerzo
que el hombre se queda, a veces, pensando,
como queriendo llorar,
y, sujeto a tenderse como objeto,
se hace buen carpintero, suda, mata
20   y luego canta, almuerza, se abotona . . .

Considerando también
que el hombre es en verdad un animal
y, no obstante, al voltear, me da con su tristeza en la cabeza . . .

Examinando, en fin,
sus encontradas piezas, su retrete,
su desesperación, al terminar su día atroz, borrándolo . . .

Comprendiendo
que él sabe que le quiero,
que le odio con afecto y me es, en suma, indiferente . . .

Considerando sus documentos generales
y mirando con lentes aquel certificado
que prueba que nació muy pequeñito . . .

Le hago una seña,
viene,
y le doy un abrazo, emocionado.
Qué más da! Emocionado . . . Emocionado.

(Poemas humanos, 1939)

ᘓᘏᘓ TRASPIÉ ENTRE DOS ESTRELLAS

Hay gentes tan desgraciadas, que ni siquiera
tienen cuerpo; cuantitativo el pelo,
baja, en pulgadas, la genial pesadumbre;
el modo, arriba;
no me busques, la muela del olvido,
parecen salir del aire, sumar suspiros mentalmente, oír
claros azotes en sus palabras.

Vanse de su piel, rascándose el sarcófago en que nacen
y suben por su muerte de hora en hora
y caen, a lo largo de su alfabeto gélido, hasta el suelo.
Ay de tanto! ay de tan poco! ay de ellas!
Ay en mi cuarto, oyéndolas con lentes!
Ay en mi tórax, cuando compran trajes!
Ay de mi mugre blanca, en su hez mancomunada!

Amadas sean las orejas sánchez,
amadas las personas que se sientan,
amado el desconocido y su señora,
el prójimo con mangas, cuello y ojos!

Amado sea aquel que tiene chinches,
el que lleva zapato roto bajo la lluvia,
el que vela el cadáver de un pan con dos cerillas,
el que se coge un dedo en una puerta,
el que no tiene cumpleaños,
el que perdió su sombra en un incendio,
el animal, el que parece un loro,

el que parece un hombre, el pobre rico,
el puro miserable, el pobre pobre!

Amado sea
el que tiene hambre o sed, pero no tiene
30   hambre con qué saciar toda su sed,
ni sed con qué saciar todas sus hambres!

Amado sea el que trabaja al día, al mes, a la hora,
el que suda de pena o de vergüenza,
aquel que va, por orden de sus manos, al cinema,
35   el que paga con lo que le falta,
el que duerme de espaldas,
el que ya no recuerda su niñez; amado sea
el calvo sin sombrero,
el justo sin espinas,
40   el ladrón sin rosas,
el que lleva reloj y ha visto a Dios,
el que tiene un honor y no fallece!

Amado sea el niño, que cae y aún llora
y el hombre que ha caído y ya no llora.

45   Ay de tanto! Ay de tan poco! Ay de ellos!

(Poemas humanos, 1939)

PANTEÓN

He visto ayer sonidos generales,
  mortuoriamente,
  puntualmente alejarse,
cuando oí desprenderse del ocaso
5   tristemente,
  exactamente un arco, un arcoiris.

Vi el tiempo generoso del minuto,
  infinitamente
atado locamente al tiempo grande
10 pues que estaba la hora
  suavemente,
  premiosamente henchida de dos horas.

Dejóse comprender, llamar, la tierra
  terrenalmente;
15 negóse brutalmente así a mi historia,
y si vi, que me escuchen, pues, en bloque,
si toqué esta mecánica, que vean
  lentamente,
despacio, vorazmente, mis tinieblas.

20 Y si vi en la lesión de la respuesta,
  claramente,
la lesión mentalmente de la incógnita,
si escuché, si pensé en mis ventanillas
nasales, funerales, temporales,
25   fraternalmente,
piadosamente echadme a los filósofos.

Mas no más inflexión precipitada
en canto llano, y no más
el hueso colorado, el son del alma
30   tristemente
erguida ecuestremente en mi espinazo,
ya que, en suma, la vida es
  implacablemente,
imparcialmente horrible, estoy seguro.

(Poemas humanos, 1939)

∾∾LA CÓLERA QUE QUIEBRA . . .

La cólera que quiebra al hombre en niños,
que quiebra al niño, en pájaros iguales,
y al pájaro, después, en huevecillos;
la cólera del pobre
5 tiene un aceite contra dos vinagres.

La cólera que al árbol quiebra en hojas,
a la hoja en botones desiguales
y al botón, en ranuras telescópicas;
la cólera del pobre
10 tiene dos ríos contra muchos mares.

La cólera que quiebra al bien en dudas,
a la duda, en tres arcos semejantes
y al arco, luego, en tumbas imprevistas;
la cólera del pobre
15 tiene un acero contra dos puñales.

La cólera que quiebra el alma en cuerpos;
al cuerpo en órganos desemejantes
y al órgano en octavos pensamientos;
la cólera del pobre
20 tiene un fuego central contra dos cráteres.

(*Poemas humanos,* 1939)

⌇⌇⌇⌇Jorge Carrera Andrade

ECUADOR, 1903–   Carrera Andrade was born to see—"He vivido para ver"—and to speak with the lowly things close by. It was long ago that he summed up his poetic creed in the words: "Las cosas. O sea la vida." And his life has been an endless journey in body and in spirit in search of an answer to questions first posed when as a child in the "estanque inefable" of the "great Equatorial province" of his birth he discovered beauty and mystery in the nut, in the cricket, in the wind, in the rabbit— "Tu vida me ha enseñado la lección del silencio." The metaphor became the golden key to his transparent vision of the world, the metaphor that helped him, when a schoolboy, to see the indescribable streets of his native Quito as "puentes colgantes entre los cerros," to describe the snail as a "mínima cinta métrica/ con que mide el campo Dios." His poetic vision and sensibility were sharpened when as a youth in the solitude of the eucalyptus of the cordillera he began reading the French symbolists and completed his "aprendizaje de mansedumbre poética" under his good pastoral masters Georges Rodenbach (1855–1898) and Francis Jammes (1868–1938). The poet himself has best described the fruits of his love of the humble things of the earth in and for themselves and not for the intellectual echoes they may bestir when he tells us that his poems are "visuales como una colección de estampas o pinturas que integran una autobiografía apasionada y nostálgica." And nowhere is his *vida-viaje* told in more simple, lucid, lyric prose than in his own introduction to his autobiographical anthology *Edades poéticas* (1958). The poet continues his own story by confessing that pastoral solitude became at last a cross of impotent silence and that a torturing thirst for the unknown drove him toward the beckoning sea. It was then, in 1926, that he packed his "baúl de papagayos" and set sail on a poetic journey that was to yield the new forms and symbols of his *Boletines de mar y tierra* (1930) and his *Registro del mundo* (1940). Many were the wonders he describes under the "magia verde de la geografía." But none perhaps was more startling than his discovery of man, of "Juan sin Cielo" imprisoned in the materialism of the great cities of the world:

> viajero cada día en su ciudad,
> náufrago desde las cinco
> entre una vegetación eléctrica de avisos.

After six lusters of wandering the poet comes to realize that the "secret country" of his quest is in the solitary reaches of one's own being: "me había traído el mundo conmigo." And he returns once again to the land of his beginning, hopeful of repossessing the

> llave del fuego,
> del fuego natural llave pacífica . . .
> Dulce llave solar que calienta mi mano
> extendida a los hombres, sin fronteras.

EL OBJETO Y SU SOMBRA

Arquitectura fiel del mundo.
Realidad, más cabal que el sueño.
La abstracción muere en un segundo:
sólo basta un fruncir del ceño.

5 Las cosas. O sea la vida.
Todo el universo es presencia.

La sombra al objeto adherida
¿acaso transforma su esencia?

Limpiad el mundo—ésta es la clave—
10 de fantasmas del pensamiento.
Que el ojo apareje su nave
para un nuevo descubrimiento.

(*Edades poéticas,* 1958)

TIEMPO VENTOSO

Tengo ahora un maestro de alta literatura
que habla lengua de pájaro y desdeña lo escrito:
es el viento del campo, un dulce viejecito
a quien los campesinos le llaman Don Ventura.

5 Don Ventura es maniático. Sale de madrugada
a buscar en las hierbas, húmedas todavía,
la vara de virtud de la sabiduría.
Recorre el bosque hablando con su voz ya cascada.

Las frondas, de rodillas, le dan sus bendiciones.
10 Gime el cubo del pozo y el agua se estremece.
A la sombra de un árbol, Don Ventura parece
un abate muy sabio que dicta sus lecciones.

Lee en las nubes cuándo va a llover, y procura
avisar en el pueblo llamando a cada puerta.
15 Los vecinos que viven con el oído alerta
se ponen a gritar: ¡Ya viene Don Ventura!

(*Edades poéticas,* 1958)

ᔕᔕMILAGRO

Pentecostés[1] de hojas parlantes:
libro, guirnalda niña,
jaula con las puertas abiertas
de donde las palabras se escapan como pájaros,
5   canastilla que guarda
cual manzana de olor un corazón maduro
para los postres de una vida.

Libro que hace el milagro de los panes
ante el silencio absorto de los hombres
10   y, con los pies descalzos,
camina sin mojarse sobre el agua.
Este libro es un barco de papel
que lleva un cargamento de estrellas y de grillos
y va a anclar en algunos corazones.

15   Libro: golondrina que anuncia
mi primavera dentro de las casas,
cesto florido de polluelos
que volarán más tarde
sobre la cúpula del día,
20   itinerario de los mares altos
hacia donde le empuja
al barco de mi carne la vela del espíritu.

Este libro tiene mis ojos,
el golfo de mi frente y mi guirnalda.
25   En verdad os digo, hombres incrédulos,
que renuevo el milagro del padre San Dionisio[2]
al llevar mi cabeza cortada entre las manos.

(Edades poéticas, 1958)

ᔕᔕCRUCIFIXIÓN

Desde la eternidad, aleteó por los aires
un mensaje de pájaros.
Hasta mi sed altísima tiende su esponja de oro
y vinagre el ocaso.

5   En el madero del Silencio
mi cuerpo está clavado.

[1] Pentecostés: *Pentecost*, a Christian feast commemorating the descent of the Holy Ghost upon the apostles fifty days after Easter. It was on that day that the apostles received the power of speaking in diverse tongues; the gift was accompanied by tongues of fire and the sound of a rush of wind. Jewish Pentecost is in memory of the day when the Lord handed Moses the tablets of the Law on Mt. Sinai. It is also the Jewish Feast of the Weeks, of Harvest, and of the First fruits.

[2] San Dionisio: Saint Dionysius the Areopagite, first-century Athenian Christian, converted by St. Paul. Tradition has made him a martyr and the first bishop of Athens.

Turba el aire oloroso de la zarza quemada
la madre que me extiende su escalera de llanto.
Y en la noche que llega, los recuerdos
10 mi amor como una túnica se juegan a los dados.

(*Edades poéticas*, 1958)

SEÑALES

El espejo es la puerta estrecha
hacia un enigma de cristal:
sobre su helada luz acecha
el hombre atento una señal.

5 El mensaje del otro mundo
en el espejo se desnuda.
Mas la señal dura un segundo
y, deslumbrado, el ojo duda.

Destella sus sordos diamantes
10 en una luz desconocida
la señal de los habitantes
del otro lado de la vida.

Pesca símbolos y figuras
entre sus mallas luminosas

15 el espejo de luces puras,
depósito azul de las cosas.

Espía el ojo, espía, espía
las perspectivas del espejo,
mas sólo halla el color del día
20 en un irónico reflejo.

Caza el oído vigilante:
en la hoja de cristal pulido,
con una pluma de diamante
firma el espectro de un sonido.

25 Un alma deja su envoltura:
y surca el espejo profundo
en una larga quebradura
el mensaje del otro mundo.

(*Edades poéticas*, 1958)

VIDA DEL GRILLO

Inválido desde siempre,
ambula por el campo
con sus muletas verdes.

Desde las cinco
5 el chorro de la estrella
llena el pequeño cántaro del grillo.

Trabajador, con las antenas hace
cada día su pesca
en los ríos del aire.

10 Por la noche, misántropo,
cuelga en su casa de hierba
la lucecita de su canto.

¡Hoja enrollada y viva,
la música del mundo
15 conserva dentro escrita!

(*Edades poéticas*, 1958)

NOTICIAS DE LA NOCHE

Ha llovido por la noche:
las peras están en tierra
y las coles se han quedado
postradas como abadesas.

5 Todas estas cosas dice
sobre la ventana el pájaro.
El pájaro es el periódico
de la mañana en el campo.

(*Edades poéticas*, 1958)

PROMESA DEL RÍO GUAYAS

Interminable, estás al mar saliendo
Río Guayas, cargado de horizontes
y de naves sin prisa descendiendo
tus jibas de cristal, líquidos montes.

5 Hasta el tiempo en tu curso se disuelve
y corre con tus aguas confundido.
El día tropical, que nunca vuelve,
sobre tus lomos rueda hacia el olvido.

Los años que se extinguen gradualmente,
10 las migraciones lentas, las edades
has mirado pasar indiferente,
¡oh pastor de riberas y ciudades!

La nave del comercio o de la guerra,
la de la expedición o la aventura
15 has llevado mil veces hasta tierra
o has hundido en tu móvil sepultura.

Sólo turba el sosiego de tu vida
algún grito de tí petrificado
o tus sueños: la planta sumergida
20 y el pez ligero y a la vez pesado.

Mirando sin cesar tus propiedades
cuentas bueyes, haciendas, grutas verdes.
Paseante de las hondas soledades,
entre los juncos húmedos te pierdes.

25 ¡Oh río agricultor que el lodo amasas
para hacerlo fecundo en tu ribera
que los árboles pueblan y las casas
montadas en sus zancos de madera!

¡Oh corazón fluvial, que tu latido
30 das a todas las cosas igualmente:
a la caña de azúcar y al dormido
lagarto, de otra edad sobreviviente!

En tu orilla, de noche, deja huellas
la sombra del difunto bucanero,
35 y una canoa azul pescando estrellas
boga de contrabando en el estero.

¡Memoria, oh río o soledad fluyente!
Pasas, mas permaneces siempre, urgido,
igual y sin embargo diferente
40 y corres de ti mismo perseguido.

A tus perros de espuma y agua arrojo
mi falsa y forastera vestidura
y a tu promesa líquida me acojo
y creo en tu palabra de frescura.

45 ¡Oh río, capitán de grandes ríos!
Es igual tu fluir ancho, incesante,
al de mi sangre llena de navíos
que vienen y se van a cada instante.

(Edades poéticas, 1958)

MORADA TERRESTRE

Habito un edificio de naipes,
una casa de arena, un castillo en el aire,
y paso los minutos esperando
el derrumbe del muro, la llegada del rayo,
5 el correo celeste con la final noticia,
la sentencia que vuela en una avispa,
la orden como un látigo de sangre
dispersando en el viento una ceniza de ángeles.

Entonces perderé mi morada terrestre

10 y me hallaré desnudo nuevamente.
Los peces, los luceros
remontarán el curso de sus inversos cielos.
Todo lo que es color, pájaro o nombre
volverá a ser apenas un puñado de noche,
15 y sobre los despojos de cifras y de plumas
y el cuerpo del amor, hecho de fruta y música,
descenderá por fin, como el sueño o la sombra,
el polvo sin memoria.

(Edades poéticas, 1958)

FORMAS DE LA DELICIA PASAJERA

El pájaro y el fruto: forma pura,
cárcel uno de miel y flor del vuelo

el otro, en una altísima aventura
como un cáliz de plumas por el cielo.

5 Prisioneros los dos de su hermosura
que acaba nada más en sombra y hielo
ya gustado el tesoro de dulzura,
ya el puñado de plumas en el suelo.

Fruto cogido, inerte ave viajera,

10 canto y color del mundo mutilados,
formas de la delicia pasajera.

En un destino idéntico apresados,
escapar en su aroma el fruto espera
y el pájaro en sus vuelos deslumbrados.

(Edades poéticas, 1958)

⌘ JUAN SIN CIELO

Juan me llamo, Juan Todos, habitante
de la tierra, más bien su prisionero,
sombra vestida, polvo caminante,
el igual a los otros, Juan Cordero.

5 Sólo mi mano para cada cosa
—mover la rueda, hallar hondos metales—
mi servidora para asir la rosa
y hacer girar las llaves terrenales.

Mi propiedad labrada en pleno cielo
10 —un gran lote de nubes era mío—
me pagaba en azul, en paz, en vuelo
y ese cielo en añicos: el rocío.

Mi hacienda era el espacio sin linderos
—oh territorio azul siempre sembrado
15 de maizales cargados de luceros—
y el rebaño de nubes, mi ganado.

Labradores los pájaros; el día
mi granero de par en par abierto
con mieses y naranjas de alegría.
20 Maduraba el poniente como un huerto.

Mercaderes de espejos, cazadores
de ángeles llegaron con su espada
y, a cambio de mi hacienda—mar de flores—
me dieron abalorios, humo, nada . . .

25 Los verdugos de cisnes, monederos
falsos de las palabras, enlutados,
saquearon mis trojes de luceros,
escombros hoy de luna congelados.

Perdí mi granja azul, perdí la altura
30 —reses de nubes, luz recién sembrada—
¡toda una celestial agricultura
en el vacío espacio sepultada!

Del oro del poniente perdí el plano
—Juan es mi nombre, Juan Desposeído—.
35 En lugar del rocío hallé el gusano
¡un tesoro de siglos he perdido!

Es sólo un peso azul lo que ha quedado
sobre mis hombros, cúpula de hielo . . .
Soy Juan y nada más, el desolado
40 herido universal, soy Juan sin Cielo.

(Edades poéticas, 1958)

⌘ LUGAR DE ORIGEN

Yo vengo de la tierra donde la chirimoya,
talega de brocado, con su envoltura impide
que gotee el dulzor de su nieve redonda,

y donde el aguacate de verde piel pulida
5 en su clausura oval, en secreto elabora
su substancia de flores, de venas y de climas.

Tierra que nutre pájaros aprendices de idiomas,
plantas que dan, cocidas, la muerte o el amor
o la magia del sueño o la fuerza dichosa,
10 animalitos tiernos de alimento y pereza,
insectillos de carne vegetal y de música
o de luz mineral o pétalos que vuelan.

Capulí—la cereza del indio interandino—
codorniz, armadillo cazador, dura penca
15 al fuego condenada o a ser red o vestido,

eucalipto de ramas como sartas de peces
—soldado de salud con su armadura de hojas
que despliega en el aire su batallar celeste—,

son los mansos aliados del hombre de la tierra
20 de donde vengo, libre, con mi lección de
vientos
y mi carga de pájaros de universales lenguas.

(Edades poéticas, 1958)

VIAJE DE REGRESO

Mi vida fue una geografía
que repasé una y otra vez,
libro de mapas o de sueños.
En América desperté.

5 ¿Soñé acaso pueblos y ríos?
¿No era verdad tanto país?
¿Hay tres escalas en mi viaje:
soñar, despertar y morir?

Me había dormido entre estatuas
10 y me hallé solo al despertar.
¿Dónde están las sombras amables?
¿Amé y fui amado de verdad?

Una geografía de sueño,
una historia de magia fue.
15 Sé de memoria islas y rostros
vistos o soñados talvez.

Sobre el botín del universo
—fruta, mujer, inmensidad—
se echaron todos mis sentidos
20 como ebrios corsarios del mar.

En un puerto, joven desnuda
forma cabal, por fin te hallé:
en tu agua grande, estremecida,
yo saciaba mi humana sed.

25 Luego fue la niña de trigo,
fue la doncella vegetal;
mas siempre, desde cada puerta,
me llamaba la Otra eternal.

Desde la nieve a la palmera
30 la tierra de ciudades vi.

Dios limpiaba allí las ventanas
y nadie quería morir.

Vi la seca tierra del toro
—postrer refugio del azul—
35 y el país donde erige el pino
su verde obelisco a la luz.

¿Soñé ese rostro sobre el muro,
esa mano sobre mi piel,
ese camino de manzanas
40 y palomas soñé, soñé?

Las bahías cual rebanadas
de una sandía de cristal
y sus islas con semillas
¿fueron un sueño y nada más?

45 ¿Ceniza mortal este polvo
que se adhiere aún a mis pies?
¿No fueron puertos sino años
los lugares en donde anclé?

En los más distintos idiomas
50 sólo aprendí la soledad
y me gradué doctor en sueños.
Vine a América a despertar.

Mas, de nuevo arde en mi garganta
sed de vivir, sed de morir
55 y, humilde, doblo la rodilla
sobre esta tierra del maíz.

Tierra de frutas y de tumbas,
propiedad única del sol:
vengo del mundo—¡oh largo sueño!—
60 y un mapa se enrolla en mi voz.

(*Edades poéticas*, 1958)

LA LLAVE DEL FUEGO

¡Tierra equinoccial, patria del colibrí,
del árbol de la leche y del árbol del pan!
De nuevo oigo tus grillos y cigarras
moviendo entre las hojas
5 su herrumbrosa, chirriante maquinaria.
Yo soy el hombre de los papagayos:
Colón me vio en la isla
y me embarcó en su nave de frutas y tesoros

con los pájaros indios para Europa.
10 Un día, aconsejado por el alba,
desperté las campanas del siglo XIX
y acompañé a Bolívar y sus mendigos héroes
por los países húmedos del eternal verano,
pasé entre la ventisca gris de la cordillera
15 donde anida el relámpago en su cueva de plata
y más allá hacia el sur,

hacia el círculo máximo del ecuador de fuego
hasta las Capitales de piedras y de nubes
que están cerca del cielo y del rocío.

20 Yo fundé una república de pájaros
sobre las armaduras de los conquistadores
ya oxidadas de olvido, al pie del bananero.
Sólo resta allí un casco entre la hierba
habitado de insectos como un cráneo vacío
25 roído eternamente por sus remordimientos.
Me aproximo a las puertas secretas de este
        mundo
con la llave del fuego
arrancada al volcán solemne como un túmulo.

Te miro, bananero, como a un padre.
30 Tu alta fábrica verde, alambique del trópico,
tu fresca tubería no descansa
de destilar el tiempo, transmutando
noches en anchas hojas, los días en bananas
o lingotes de sol, dulces cilindros
35 amasados con flores y con lluvia
en su funda dorada como abeja
o como piel de tigre, olorosa envoltura.

Me sonríe el maíz y habla entre dientes
un lenguaje de agua y de rocío,
40 el maíz pedagógico que enseña
a contar a los pájaros en su ábaco.
Yo hablo con el maíz y el guacamayo
que conocen la historia del diluvio
cuyo recuerdo nubla la frente de los ríos.
45 Los ríos adelante corren, siempre adelante
ciñendo, a cada roca, rizada piel de oveja,
hacia los litorales de tortugas,
sin olvidar su origen montañés y celeste
a través del imperio vegetal donde late
50 la selva con su oscuro corazón de tambor.
¡Oh, mar dulce, Amazonas, y tu fluvial
        familia!
Disparo mi emplumada flecha o ave mortal
a tu más alta estrella
y busco mi luciente víctima entre tus aguas.

55 Tierra mía en que habitan razas de la humil-
        dad
y el orgullo, del sol y de la luna,
del volcán y del lago, del rayo y los cereales.
En ti existe el recuerdo del fuego elemental
en cada fruto, en cada insecto, en cada pluma,
60 en el cacto que muestra sus heridas o flores,
en el toro lustroso de candelas y noche,
el mineral insomne bebedor de la luz
y en el caballo rojo que galopa desnudo.
La sequedad arruga los rostros y los muros
65 y en la extensión de trigo va alumbrando el
        incendio
su combate de gallos de oro y sangre.

Yo soy el poseedor de la llave del fuego,
del fuego natural llave pacífica
que abre las invisibles cerraduras del mundo,
70 la llave del amor y la amapola,
del rubí primordial y la granada,
del cósmico pimiento y de la rosa.
Dulce llave solar que calienta mi mano
extendida a los hombres, sin fronteras:
75 al de la espada pronta y el guijarro,
al que pesa en balanza la moneda y la flor,
al que tiende un mantel a mi llegada
y al cazador de nubes, maestro de palomas.

Oh, tierra equinoccial de mis antepasados,
80 cementerio fecundo,
albergue de semillas y cadáveres.
Sobre las momias indias en vasijas de barro
y los conquistadores en sus tumbas de piedra
surcando las edades en su viaje eterno
85 en compañía sólo de algún insecto músico,
un cielo igual extiende su mirada de olvido.
Zarpa un nuevo Colón entre las nubes
mientras estalla, breve fuego mudo,
la pólvora celeste del lucero
90 y los inquietos gritos de los pájaros
son oscuras preguntas al ocaso.

(*Edades poéticas,* 1958)

TRANSFORMACIONES

Mi trabajo se trueca en dos ventanas
a la calle, en diez metros de terreno,
en un plato de luna cada noche
y un bostezo de cántaros vacíos.

5 Todos los días para mí son lunes:
siempre recomenzar, pasos en círculo
en torno de mí mismo, en los diez metros
de mi alquilada tumba con ventanas.

El mundo abandoné por una silla
10 eterna donde cumplo
mi trabajo de abeja y de fantasma
que cambia los suspiros en monedas

para comprar el sol cada domingo
y guardar mi país en un armario,
15 encontrar el amor en la escalera,
oponer un paraguas al relámpago.

Mi trabajo se trueca en una calle
vendedora de rostros por hileras,
entre casas que saben de memoria
20 el color de las ropas y las nubes.

Inspector de ventanas
me pierdo por la calle de los signos:
Cada día es un viaje de ida y vuelta
hacia ninguna parte, hacia la noche.

(*Edades poéticas*, 1958)

Nicolás Guillén

CUBA, 1902–   Guillén's poetry came into being as one of many manifestations of reaction and rebellion against the esthetics and themes and attitudes of the early decades of the century. His voice joined the growing chorus of poets of all races who freely sang out the sensuous abandon and the servile state of men of color everywhere in the Americas. However, the outcry was not for the black man alone, "negro más por el hambre que por la raza" (Regino Pedroso, 1898–, "Hermano negro"). This "poesía negra," as it was commonly called and also commonly misunderstood, responded to a compelling urge to speak out for mass man and for social justice. In Cuba the movement represented another step forward toward the fulfilment of an authentic lyric nationalism; in Nicolás Guillén this exciting blend of folk art and refined artistic expression was a significant contribution toward the creation of a modern Negro culture. Guillén depicts his racial brothers in their basic sensual moods and passions ("Sóngoro cosongo," "Canto negro"); he humors them for their childish vanities and social pretensions ("Mulata"); he indulges them in their superstitious beliefs and customs ("Balada del güije," "Sensemayá"); he chides them for their innocent submission to exploitation and to poverty ("Sabás"); and he goads them into an awareness of the need for demanding equality with all races and classes of men ("Dos niños," "No sé por qué piensas tú . . ."). But above all he catches them in action, in the incessant motion of their bodies in song, in dance, in love, in hate, in all of their primal passions and impulses. And to capture this tireless movement, at times languid but more often frenetic, he has tapped a rich vein of pure onomatopoetic sounds that are a delight both to the ear and to the eye, a contrapuntal harmony of explosive syllables, of strong vowels, and of alliterative phrasings that conjure up the rhythms and the beat of song and heart, of dance and incantation, of a people who live at a high emotional pitch. And the poet vies with the best of his fellow practitioners in the skilful use of the "jitanjáfora," or as one critic has aptly described these tonal creations, "las sonoras hermanas de la metáfora." But Guillén is much more than a manipulator of "jitanjáforas." He has become one of the most serious and socially committed poets of his generation.

ᴍᴜʟᴀᴛᴀ

Ya yo me enteré, mulata,
mulata, ya sé que dice
que yo tengo la narice
como nudo de corbata.

5 Y fíjate bien que tú
no ere tan adelantá,[1]
porque tu boca e bien grande,
y tu pasa,[2] colorá.

Tanto tren[3] con tu cuerpo,

10 tanto tren;
tanto tren con tu boca,
tanto tren;
tanto tren con tu sojo,[4]
tanto tren . . .

15 Si tú supiera, mulata,
la verdá:
¡que yo con mi negra tengo,
y no te quiero pa na!

(Motivos de son, 1930)

ꜱóɴɢᴏʀᴏ ᴄᴏꜱᴏɴɢᴏ[5]

¡Ay, negra,
si tú supiera!

Anoche te vi pasar,
y no quise que me viera.
5 A él tú le hará como a mí,
que cuando no tuve plata
te corrite de bachata,[6]
sin acordarte de mí.

Sóngoro, cosongo,
10 songo be;
sóngoro, cosongo

de mamey;
sóngoro, la negra
baila bien;
15 sóngoro de uno,
sóngoro de tré.

Aé,
vengan a ver;
aé, vamo pa ver;
20 ¡vengan, sóngoro cosongo,
sóngoro cosongo
de mamey!

(Motivos de son, 1930)

ʟᴀ ᴄᴀɴᴄɪóɴ ᴅᴇʟ ʙᴏɴɢó[7]

Ésta es la canción del bongó:
—Aquí el que más fino sea,
responde, si llamo yo.
Unos dicen: *ahora mismo,*
5 otros dicen: *allá voy.*
Pero mi repique bronco,
pero mi profunda voz,
convoca al negro y al blanco,
que bailan el mismo son,[8]
10 cueripardos o almiprietos

más de sangre que de sol,
pues quien por fuera no es noche,
por dentro ya oscureció.
Aquí el que más fino sea,
15 responde, si llamo yo.

En esta tierra, mulata
de africano y español
(Santa Bárbara de un lado,
del otro lado, Changó)

---

[1] adelantá (adelantada): *light-complexioned, almost white.*
[2] pasa: short, stiff, curly hair of colored people.
[3] tren: *ostentation, preoccupation.*
[4] tu sojo = tus ojos.

[5] sóngoro, cosongo: onomatopoetic words.
[6] bachata: *fiesta.*
[7] bongó: Afro-Cuban drum.
[8] son: popular Cuban song and dance.

20 siempre falta algún abuelo,
cuando no sobra algún Don,
y hay títulos de Castilla
con parientes en Bondó:[9]
25 vale más callarse, amigos,
y no menear la cuestión,
porque venimos de lejos,
y andamos de dcs en dos.
Aquí el que más fino sea,
responde, si llamo yo.

30 Habrá quien llegue a insultarme,
pero no de corazón;
habrá quien me escupa en público,

cuando a solas me besó . . .
A ése, le digo:
35 　　　　　—Compadre,
ya me pedirás perdón,
ya comerás de mi ajiaco,[10]
ya me darás la razón,
ya me golpearás el cuero,
40 ya bailarás a mi voz,
ya pasearemos del brazo,
ya estarás donde yo estoy:
ya vendrás de abajo arriba,
¡que aquí el más alto soy yo!

(*Sóngoro cosongo,* 1931)

CANTO NEGRO

¡Yambambó,[11] yambambé!

Repica el congo solongo,
repica el negro bien negro;
congo solongo del Songo,
5 baila yambó sobre un pie.

Mamatomba,
serembe cuserembá.
El negro canta y se ajuma,[12]
el negro se ajuma y canta,
10 el negro canta y se va.

Acuememe serembó,
　　aé;
　　yambó,
　　aé.

15 Tamba, tamba, tamba, tamba,
tamba del negro que tumba;
tumba del negro, caramba,
caramba, que el negro tumba:
¡yamba, yambó, yambambé!

(*Sóngoro cosongo,* 1931)

RUMBA

La rumba
revuelve su música espesa
con un palo.
Jenjibre y canela . . .
5 ¡Malo!
Malo, porque ahora vendrá el negro chulo
con Fela.

Pimienta de la cadera,
grupa flexible y dorada:
10 rumbera buena,
rumbera mala.

En el agua de tu bata
todas mis ansias navegan:
rumbera buena,
15 rumbera mala.

Anhelo el de naufragar
en ese mar tibio y hondo:
¡fondo
del mar!

20 Trenza tu pie con la música
el nudo que más me aprieta:

[9] Bondó: a town in the northern Congo.
[10] ajiaco: a popular Cuban dish.
[11] yambambó, yambambé, congo, solongo, songo,

yambó, mamatomba, serembe, cuserembá, acuemene,
serembó, tamba, yamba: onomatopoetic words.
[12] ajumarse = emborracharse.

resaca de tela blanca
sobre tu carne trigueña.

Locura del bajo vientre,
25 aliento de boca seca;
el ron que se te ha espantado,
y el pañuelo como riendas.

Ya te cogeré domada,
ya te veré bien sujeta,
30 cuando como ahora huyes,
hacia mi ternura vengas,
rumbera
buena;
o hacia mi ternura vayas,
35 ¡rumbera
mala!

No ha de ser larga la espera,
rumbera
buena;
40 ni será eterna la bacha,[13]
rumbera
mala;
te dolerá la cadera,
rumbera
45 buena;
cadera dura y sudada,
rumbera
mala . . .
¡Último
50 trago!
Quítate, córrete, vámonos . . .
¡Vamos!

(*Sóngoro cosongo*, 1931)

❧Secuestro de la mujer de Antonio

Te voy a beber de un trago,
como una copa de ron;
te voy a echar en la copa
de un son,
5 prieta, quemada en ti misma,
cintura de mi canción.

Záfate tu chal de espumas
para que torees la rumba;
y si Antonio se disgusta
10 que se corra por ahí:
¡la mujer de Antonio tiene
que bailar aquí!

Desamárrate, Gabriela.
Muerde
15 la cáscara verde,
pero no apagues la vela;
tranca
la pájara blanca,
y vengan de dos en dos,
20 que el bongó
se calentó . . .

De aquí no te irás, mulata,
ni al mercado ni a tu casa;
aquí molerán tus ancas
25 la zafra de tu sudor:

repique, pique, repique,
repique, repique, pique,
pique, repique, repique,
po![14]

30 Semillas las de tus ojos
darán sus frutos espesos;
y si viene Antonio luego
que ni en jarana pregunte
cómo es que tú estás aquí . . .
35 Mulata, mora, morena,
que ni el más toro se mueva,
porque el que más toro sea
saldrá caminando así;
el mismo Antonio, si llega,
40 saldrá caminando así;
todo el que no esté conforme,
saldrá caminando así . . .
Repique, repique, pique,
repique, repique, po;
45 ¡prieta, quemada en ti misma,
cintura de mi canción!

(*Sóngoro cosongo*, 1931)

---

13 bacha: *fiesta.*

14 repique . . . po: onomatopoetic words.

∾Velorio de Papá Montero

Quemaste la madrugada
con fuego de tu guitarra:
zumo de caña en la jícara
de tu carne prieta y viva,
5 bajo luna muerta y blanca.

El son te salió redondo
y mulato, como un níspero.
Bebedor de trago largo,
garguero de hoja de lata,
10 en mar de ron barco suelto,
jinete de la cumbancha:[15]
¿qué vas hacer con la noche,
si ya no podrás tomártela,
ni qué vena te dará
15 la sangre que te hace falta,
si se te fue por el caño
negro de la puñalada?

¡Ahora sí que te rompieron,
Papá Montero!

20 En el solar te esperaban,
pero te trajeron muerto;
fue bronca de jaladera,[16]
pero te trajeron muerto;
dicen que él era tu ecobio,[17]
25 pero te trajeron muerto;

el hierro no apareció,
pero te trajeron muerto.

Ya se acabó Baldomero:
¡zumba, canalla y rumbero!

30 Sólo dos velas están
quemando un poco de sombra;
para tu pequeña muerte
con esas dos velas sobra.
¡Y que te alumbran, más que velas,
35 la camisa colorada
que iluminó tus canciones,
la prieta sal de tus sones,
y tu melena planchada!

¡Ahora sí que te rompieron,
40 Papá Montero!

Hoy amaneció la luna
en el patio de mi casa;
de filo cayó en la tierra,
y allí se quedó clavada.
45 Los muchachos la cogieron
para lavarle la cara,
y yo la traje esta noche,
y te la puse de almohada.

(*Sóngoro cosongo*, 1931)

∾Sensemayá[18]

CANTO PARA MATAR UNA CULEBRA

¡Mayombe—bombe—mayombé!
¡Mayombe—bombe—mayombé!
¡Mayombe—bombe—mayombé!

La culebra tiene los ojos de vidrio;
5 la culebra viene y se enreda en un palo;
con sus ojos de vidrio, en un palo,
con sus ojos de vidrio.
La culebra camina sin patas;
la culebra se esconde en la yerba;
10 caminando se esconde en la yerba,
caminando sin patas.

¡Mayombe—bombe—mayombé!
¡Mayombe—bombe—mayombé!
¡Mayombe—bombe—mayombé!

15 Tú le das con el hacha, y se muere:
¡dale ya!
¡No le des con el pie, que te muerde,
no le des con el pie, que se va!

Sensemayá, la culebra,
20 sensemayá.
Sensemayá, con sus ojos,

[15] cumbancha: *fiesta*.
[16] jaladera = borrachera.
[17] ecobio: *close friend*.

[18] sensemayá, mayombe, bombe, mayombé: onomatopoetic words.

sensemayá.
Sensemayá, con su lengua,
sensemayá.
25 Sensemayá, con su boca,
sensemayá . . .

¡La culebra muerta no puede comer;
la culebra muerta no puede silbar;
no puede caminar,
30 no puede correr!
¡La culebra muerta no puede mirar;
la culebra muerta no puede beber;

no puede respirar,
no puede morder!

35 ¡Mayombe—bombe—mayombé!
Sensemayá, la culebra . . .
¡Mayombe—bombe—mayombé!
Sensemayá, no se mueve . . .
¡Mayombe—bombe—mayombé!
40 *Sensemayá, la culebra . . .*
¡Mayombe—bombe—mayombé!
¡Sensemayá, se murió!

(*West Indies Ltd.*, 1934)

∽BALADA DEL GÜIJE[19]

¡Ñeque,[20] que se vaya el ñeque!
¡Güije, que se vaya el güije!

Las turbias aguas del río
son hondas y tienen muertos;
5 carapachos de tortuga,
cabezas de niños negros.
De noche saca sus brazos
el río, y rasga el silencio
con sus uñas, que son uñas
10 de cocodrilo frenético.
Bajo el grito de los astros,
bajo una luna de incendio,
ladra el río entre las piedras
y con invisibles dedos,
15 sacude el arco del puente
y estrangula a los viajeros.

¡Ñeque, que se vaya el ñeque!
¡Güije, que se vaya el güije!

Enanos de ombligo enorme
20 pueblan las aguas inquietas;
sus cortas piernas, torcidas;
sus largas orejas, rectas.
¡Ah, que se comen mi niño,
de carnes puras y negras,
25 y que le beben la sangre,
y que le chupan las venas,

y que le cierran los ojos,
los grandes ojos de perlas!
¡Huye, que el coco te mata,
30 huye antes que el coco venga!
Mi chiquitín, chiquitón,
que tu collar te proteja . . .

¡Ñeque, que se vaya el ñeque!
¡Güije, que se vaya el güije!

35 Pero Changó no lo quiso.
Salió del agua una mano
para arrastrarlo . . . Era un güije.
La abrió en dos tapas el cráneo,
le apagó los grandes ojos,
40 le arrancó los dientes blancos,
e hizo un nudo con las piernas
y otro nudo con los brazos.
Mi chiquitín chiquitón,
sonrisa de gordos labios,
45 con el fondo de tu río
está mi pena soñando,
y con tus venitas secas
y tu corazón mojado . . .

¡Ñeque, que se vaya el ñeque!
50 ¡Güije, que se vaya el güije!
¡Ah, chiquitín, chiquitón,
pasó lo que yo te dije!

(*West Indies Ltd.*, 1934)

∽SABÁS

Yo vi a Sabás, el negro sin veneno,
pedir su pan de puerta en puerta.

¿Por qué, Sabás, la mano abierta?
(Este Sabás es un negro bueno.)

[19] güije: black goblin or gnome of Cuban folklore.

[20] ñeque = "mal de ojo" or *bad luck*.

5 Aunque te den el pan, el pan es poco,
 y menos ese pan de puerta en puerta.
 ¿Por qué, Sabás, la mano abierta?
 (Este Sabás es un negro loco.)

 Yo vi a Sabás, el negro hirsuto,
10 pedir por Dios para su muerta.
 ¿Por qué, Sabás, la mano abierta?
 (Este Sabás es un negro bruto.)

 Coge tu pan, pero no lo pidas;
 coge tu luz, coge tu esperanza cierta
15 como a un caballo por las bridas.
 Plántate en medio de la puerta,
 pero no con la mano abierta,
 ni con tu cordura de loco:
 aunque te den el pan, el pan es poco,
20 y menos ese pan de puerta en puerta.

 ¡Caramba, Sabás, que no se diga!
 Sujétate los pantalones,
 y mira a ver si te las compones
 para educarte la barriga!
25 La muerte, a veces, es buena amiga,
 y el no comer, cuando es preciso
 para comer, el pan sumiso,
 tiene belleza. El cielo abriga.

 El sol calienta. Es blando el piso
30 del portal. Espera un poco,
 afirma el paso irresoluto
 y afloja más el freno . . .
 ¡Caramba, Sabás, no seas tan loco!
 ¡Sabás, no seas tan bruto,
35 ni tan bueno!

(West Indies Ltd., 1934)

↬Dos niños

Dos niños, ramas de un mismo árbol de miseria,
 juntos en un portal bajo la noche calurosa,
 dos niños pordioseros llenos de pústulas,
 comen de un mismo plato como perros hambrientos
5 la comida lanzada por la pleamar de los manteles.
 Dos niños: un negro, otro blanco.

 Sus cabezas unidas están sembradas de piojos;
 sus pies muy juntos y descalzos;
 las bocas incansables en un mismo frenesí de mandíbulas,
10 y sobre la comida grasienta y agria,
 dos manos: una negra, otra blanca.

 ¡Qué unión sincera y fuerte!
 Están sujetos por los estómagos y por las noches foscas,
 y por las tardes melancólicas en los paseos brillantes,
15 y por las mañanas explosivas,
 cuando despierta el día con sus ojos alcohólicos.
 Están unidos como dos buenos perros . . .
 Juntos así como dos buenos perros,
 uno negro, otro blanco,
20 cuando llegue la hora de la marcha
 ¿querrán marchar como dos buenos hombres,
 uno negro, otro blanco?

 Dos niños, ramas de un mismo árbol de miseria,
 comen en un portal, bajo la noche calurosa.

(West Indies Ltd., 1934)

⌀No sé por qué piensas tú

No sé por qué piensas tú,
soldado, que te odio yo,
si somos la misma cosa,
yo,
5 tú.

Tú eres pobre, lo soy yo;
soy de abajo, lo eres tú:
¿de dónde has sacado tú,
soldado, que te odio yo?

10 Me duele que a veces tú
te olvides de quién soy yo;
caramba, si yo soy tú,
lo mismo que tú eres yo.

Pero no por eso yo
15 he de malquererte, tú;

si somos la misma cosa,
yo,
tú,
no sé por qué piensas tú,
20 soldado, que te odio yo.

Ya nos veremos yo y tú,
juntos en la misma calle,
hombro con hombro, tú y yo,
sin odios ni yo ni tú,
25 pero sabiendo tú y yo,
a dónde vamos yo y tú . . .
¡No sé por qué piensas tú,
soldado, que te odio yo!

(*Cantos para soldados y sones para turistas,* 1937)

⌀Un largo lagarto verde

Por el Mar de las Antillas
(que también Caribe llaman)
batida por olas duras
y ornada de espumas blandas,
5 bajo el sol que la persigue
y el viento que la rechaza,
cantando a lágrima viva
navega Cuba en su mapa:
un largo lagarto verde,
10 con ojos de piedra y agua.

Alta corona de azúcar
le tejen agudas cañas;
no por coronada libre,
sí de su corona esclava:
15 reina del manto hacia fuera,

del manto adentro, vasalla,
triste como la más triste
navega Cuba en su mapa:
un largo lagarto verde,
20 con ojos de piedra y agua.

Junto a la orilla del mar,
tú que estás en fija guardia,
fíjate, guardián marino,
en las puntas de las lanzas
25 y en el trueno de las olas
y en el grito de las llamas
y en el lagarto despierto
sacar las uñas del mapa:
un largo lagarto verde,
30 con ojos de piedra y agua.

(*La paloma de vuelo popular: Elegías,* 1948)

∿∿∿∿Carlos Pellicer

MEXICO, 1899–   Pellicer writes with the sharp eye of the painter, the firm hand of the sculptor, and the sensitive heart of the poet. Many have credited his muse with more imagination than warmth, and some have suspected that "his heart is in his eyes." Yet his vision is clear and precise; his world is luminous with health and joy; and his poetry is vibrant with the color and music and passion of the tropics. An indefatigable forger of images, he arranges them skilfully and excitingly on his verbal canvas, often in intricate design, just as if he were working on a mural, a mural that emerges classic in tone, harmonious of color and line.

In his earlier years the poet would on occasion yearn for a less brilliant brush: "¡Trópico, para qué me diste/ las manos llenas de color!" But his art is not solely plastic and transparent. Under the ample cloak of his resplendent imagery there is subtlety and irony and depth of feeling. He is not intent only in describing a landscape: "describir un paisaje es un sacrilegio." Rather, he would strive to have nature herself doubt her very being by inviting her to "beber el sueño del abismo/ en la mano espiral del cielo humano." To capture the essence of beauty calls for more than the masterful manipulation of color and form:

> A todo cuerpo viene la belleza
> y anticipa en los aires la proeza
> de ser sin el poema poesía.

And so it is that the poet's eye and heart work joyfully with his hands, hands that would be more concerned with clarity than with color, "los diez dedos que no fueron tocados/ sino/ por/ la/ sola/ poesía." Clarity, which is light, a light that emanates from a clear and creative faith in God. Clarity and faith in search of beauty and of truth:

> Pintar con ojos y mirar con manos
> para ver de tocar los más lejanos
> cielos del corazón. El Universo
>
> es sólo un ojo inmenso; su mirada
> se ahonda en lo ordenado y lo disperso.
> Desde la luz se mira hacia la nada.

∿ESTUDIO

Jugaré con las casas de Curazao,[1]
pondré el mar a la izquierda
y haré más puentes movedizos.
¡Lo que diga el poeta!
5 Estamos en Holanda y en América
y es una isla de juguetería,
con decretos de reina
y ventanas y puertas de alegría.
Con las cuerdas de la lira
10 y los pañuelos del viaje,
haremos velas para los botes

que no van a ninguna parte.
La casa de gobierno es demasiado pequeña
para una familia holandesa.
15 Por la tarde vendrá Claude Monet[2]
a comer cosas azules y eléctricas.
Y por esa callejuela sospechosa
haremos pasar la Ronda de Rembrandt.[3]
. . . pásame el puerto de Curazao!
20   isla de juguetería,
con decretos de reina
y ventanas y puertas de alegría.

(Colores en el mar y otros poemas, 1921)

∿RECUERDOS DE IZA (UN PUEBLECITO DE LOS ANDES)

1 Creeríase que la población,
   después de recorrer el valle,
   perdió la razón
   y se trazó una sola calle.

2 Y así bajo la cordillera
   se apostó febrilmente como la primavera.

3 En sus ventas el alcohol
   está mezclado con sol.

4 Sus mujeres y sus flores
   hablan el dialecto de los colores.

5 Y el riachuelo que corre como un caballo,
   arrastra las gallinas en febrero y en mayo.

6 Pasan por la acera
   lo mismo el cura, que la vaca y que la luz postrera.

7 Aquí no suceden cosas
   de mayor trascendencia que las rosas.

8 Como amenaza lluvia,
   se ha vuelto morena la tarde que era rubia.

9 Parece que la brisa
   estrena un perfume y un nuevo giro.

10 Un cantar me despliega una sonrisa
    y me hunde un suspiro.

(Colores en el mar y otros poemas, 1921)

---

[1] Curazao: Curaçao, largest island of the Netherlands Antilles.
[2] French impressionist painter (1840–1926).
[3] la Ronda de Rembrandt: The reference is to the painting commonly known as *The Night Watch*, the unlucky masterpiece by the Dutch painter and etcher Rembrandt (1606–1669).

∽DESEOS

Trópico, para qué me diste
las manos llenas de color.
Todo lo que yo toque
se llenará de sol.
5 En las tardes sutiles de otras tierras
pasaré con mis ruidos de vidrio tornasol.
Déjame un solo instante
dejar de ser grito y color.
Déjame un solo instante
10 cambiar de clima el corazón,
beber la penumbra de una cosa desierta,

inclinarme en silencio sobre un remoto balcón,
ahondarme en el manto de pliegues finos,
dispersarme en la orilla de una suave devoción,
15 acariciar dulcemente las cabelleras lacias
y escribir con un lápiz muy fino mi meditación.
¡Oh, dejar de ser un solo instante
el Ayudante de Campo del sol!
¡Trópico, para qué me diste
20 las manos llenas de color!

(*6, 7 poemas*, 1924)

∽ESTUDIO

El corazón nutrido de luceros
ha de escuchar un día
el signo musical y el ritmo eternos.

Y el ojo que endulzó lágrima pura
5 ha de mirar un día
el agua danzarina de la gracia desnuda.

Sobre el labio de orilla bulliciosa
ha de caer un día
la voz de una palabra portentosa.

10 El sinfónico oído de colores
ha de escuchar un día
la melodía de otros horizontes.

La mano que tocó todas las cosas
ha de tocar un día
15 proporciones sutiles, sombras de alas gozosas.

Y el brillo de la angustia sobre el alma
ha de tornarse un día
en mirada divina y en gozo sin palabras.

(*Hora y 20*, 1927)

∽ESTUDIOS

I

Relojes descompuestos,
  voluntarios caminos
sobre la música del tiempo.
  Hora y veinte.
5 Gracias a vuestro
paso
lento,
llego a las citas mucho después
y así me doy todo a las máquinas
10 gigantescas y translúcidas del silencio.

II

Diez kilómetros sobre la vía
de un tren retrasado.
El paisaje crece

dividido de telegramas.
5 Las noticias van a tener tiempo
de cambiar de camisa.
La juventud se prolonga diez minutos,
el ojo caza tres sonrisas.
Kilo de panoramas
10 pagado con el tiempo
que se gana perdiendo.

III

Las horas se adelgazan;
de una salen diez.
Es el trópico,
prodigioso y funesto.
5 Nadie sabe qué hora es.
No hay tiempo para el tiempo.

La sed es labia cantadora
sobre ese oasis enorme,
deslumbrante y desierto.
10 Sueño. Desnudez. Aguas sensuales.
Las ceibas se estilizan. Nacen tres mil cedros.
Algo ocurre: que hay un árbol demasiado
    joven
para figurar en un paisaje
15 tan importante.
Tristeza.
Siempre grande, noble y nueva.
Los relojes se atrasan,
se perfecciona la pereza.
20 Las palmeras son primas de los sauces.
El caimán es un perro aplastado.
Las garzas inmovilizan el tiempo.
El sol madura entre los cuernos
del venado.
25 La serpiente

se suma veinte veces.
La tarde es un amanecer nuevo y más largo.
En una barca de caoba,
desnudo y negro,
30 baja por el río Quetzalcóatl.
Lleva su cuaderno de épocas.
Viene de Palenque.
Sus ojos verdes brillan; sus brazos son
    hermosos;
35 le sigue un astro, y se pierde.
Es el trópico.

La frente cae como un fruto
sobre la mano fina y estéril.
Y el alma vuela.
40 Y en una línea nueva de la garza,
renace el tiempo,
lento, fecundo, ocioso,
creado para soñar y ser perfecto.

(Hora y 20, 1927)

ᎦGRUPOS DE PALOMAS

I

Los grupos de palomas,
notas, claves, silencios, alteraciones,
modifican el ritmo de la loma.
La que se sabe tornasol afina
5 las ruedas luminosas de su cuello
con mirar hacia atrás a su vecina.
Le da al sol la mirada
y escurre en una sola pincelada
plan de vuelos a nubes campesinas.

2

La gris es una joven extranjera
cuyas ropas de viaje
dan aire de sorpresas al paisaje
sin compradoras y sin primaveras.

3

Hay una casi negra
que bebe astillas de agua en una piedra.
Después se pule el pico,
mira sus uñas, ve las de las otras,
5 abre un ala y la cierra, tira un brinco
y se para debajo de las rosas.
El fotógrafo dice:
para el jueves, señora.
Un palomo amontona sus *erres* cabeceadas,
10 y ella busca alfileres

en el suelo que brilla por nada.
Los grupos de palomas
—notas, claves, silencios, alteraciones—,
modifican lugares de la loma.

4

La inevitablemente blanca,
sabe su perfección. Bebe en la fuente
y se bebe a sí misma y se adelgaza
cual un poco de brisa en una lente
5 que recoge el paisaje.
Es una simpleza
cerca del agua. Inclina la cabeza
con tal dulzura,
que la escritura desfallece
10 en una serie de sílabas maduras.

5

Corre un automóvil y las palomas vuelan.
En la aritmética del vuelo,
los *ochos* árabes desdóblanse
y la suma es impar. Se mueve el cielo
5 y la casa se vuelve redonda.
Un viraje profundo.
Regresan las palomas.
Notas. Claves. Silencios. Alteraciones.
El lápiz se descubre, se inclinan las lomas,
10 y por 20 centavos se cantan las canciones.

(Hora y 20, 1927)

A LA POESÍA

Sabor de octubre en tus hombros,
de abril tu mano da olor.
Reflejo de cien espejos
    tu cuerpo.
5 Noche en las flautas mi voz.

Tus pasos fueron caminos
de música. La danzó
la espiral envuelta en hojas
    de horas.
10 Desnuda liberación.

La cifra de tu estatura,
la de la ola que alzó
tu peso de tiempo intacto.
    Mi brazo
15 sutilmente la ciñó.

En medio de las espigas
y a tu mirada estival,
afilé la hoz que alía
    al día
20 la cosecha sideral.

Trigo esbelto a fondo azul
cae al brillo de la hoz.
Grano de oro a fondo negro
    aviento
25 con un cósmico temblor.

Sembrar en el campo aéreo,
crecer alto a flor sutil.
Sudó la tierra y el paso
    a ocaso
30 del rojo cedía al gris.

Niveló su ancha caricia
la mano sobre el trigal.
Todas e idénticas: ¡una!
    Desnuda
35 la voz libre dio a cantar.

Sabor de octubre en tus hombros,
de abril tu mano da olor.
Espejo de cien espejos
    mi cuerpo,
40 anochecerá en tu voz.

                              (*Camino*, 1929)

INVITACIÓN AL PAISAJE

Invitar al paisaje a que venga a mi mano,
invitarlo a dudar de sí mismo,
darle a beber el sueño del abismo
en la mano espiral del cielo humano.

5 Que al soltar los amarres de los ríos
la montaña a sus mármoles apele
y en la cumbre el suspiro que se hiele
tenga el valor frutal de dos estíos.

Convencer a la nube
10 del riesgo de la altura y de la aurora,
que no es el agua baja la que sube
sino la plenitud de cada hora.

Atraer a la sombra
al seno de rosales jardineros.
15 (Suma el amor la resta de lo que amor se
    nombra
y da a comer la sobra a un palomar de ceros.)

¡Si el mar quisiera abandonar sus perlas
y salir de la concha . . .!
Si por no derramarlas o beberlas
20 —copa y copo de espumas—las olvida.

Quién sabe si la piedra
que en cualquier recodo es maravilla
quiera participar de exacta exedra,[4]
taza-fuente-jardín-amor-orilla.

25 Y si aquel buen camino
que va, viene y está, se inutiliza
por el inexplicable desatino
de una cascada que lo magnetiza.

¿Podrán venir los árboles con toda
30 su escuela abecedaria de gorjeos?
(Siento que se aglomeran mis deseos
como el pueblo a las puertas de una boda.)

[4] exedra: *exedra*, in ancient Greece an outdoor area with stone seats, where conversations and discussions were held.

El río allá es un niño y aquí un hombre
que negras hojas junta en un remanso.
35 Todo el mundo le llama por su nombre
y le pasa la mano como a un perro manso.

¿En qué estación han de querer mis huéspedes
descender? ¿En otoño o primavera?
¿O esperarán que el tono de los céspedes
40 sea el ángel que anuncie la manzana primera?

De todas las ventanas, que una sola
sea fiel y se abra sin que nadie la abra.
Que se deje cortar como amapola
entre tantas espigas, la palabra.

45 Y cuando los invitados
ya estén aquí—en mí—, la cortesía
única y sola por los cuatro lados,
será dejarlos solos, y en signo de alegría
enseñar los diez dedos que no fueron tocados
50 sino
por
la
sola
poesía.

(Hora de junio, 1937)

⌒✖⌒HORAS DE JUNIO

Amor así, tan cerca de la vida,
amor así, tan cerca de la muerte.
Junto a la estrella de la buena suerte
la luna nueva anúnciate la herida.

5 En un cielo de junio la escondida
noche te hace temblar pálido y fuerte;
el abismo creció por conocerte
robando al riesgo su sorpresa henchida.

Hiéreme así, dejándome en la herida.
10 La sangre que no cuaja ni la muerte
—la llaga con là sangre de la vida—.

Ya estás herido por mi propia suerte
y somos la catástrofe emprendida
con todo nuestro ser desnudo y fuerte.

15 Éramos la materia de los cielos
que en círculos inútiles perece
sin dar el fuego cósmico que crece
sino apenas el ritmo de sus vuelos.

Energía de idénticos anhelos
20 que aleja y avecina y que los mece,
juntó en choque de fuerzas luz que acrece
la sombra en tierra de sus hondos cielos.

Y buscándose en ambos nuestra suerte
fluyó hacia tu esbeltez la fuerza fuerte
25 que al fin su espacio halló propio y profundo.

Salgo de ti y estoy en tu tristeza,
sales de mí y estás en tu belleza.
Las estrellas nos ven: ya hay otro mundo.

Eso que no se dice ni se canta
30 es sólo un nombre ¿acaso es un suspiro?
En la sangre celeste de un zafiro
tiene lugar, y tiempo, y voz levanta.

¿En qué número numen, qué garganta,
qué secreto feliz, a cuál retiro
35 donde sólo el suspiro de un suspiro
pase, te he de esconder, ventura tanta?

Si estas manos vacías ya están llenas
al pensar en tu ser—lecho de arenas
con que las aguas doran su camino—,

40 donde ponerlas, manos asombradas
de mostrarse desnudas al destino
y levantar al cielo llamaradas.

(Hora de junio, 1937)

⌒✖⌒SONETOS DE LA LUZ

I

¿Cómo sabiendo que Tú eres la vida,
ando en la muerte lleno de alborozo?
Me inclino sobre mí como ante un pozo:
¡y en sombras bajas, la estrella encendida!

5 Qué espesor de silencio en esa herida
tan desangrada como un calabozo.
Pero allá abajo chispea con gozo
esa punta de sol jamás partida.

Si te quiero cubrir, pequeño abismo,
10 sería sepultarme así en mí mismo.
Pero al cerrar los ojos, en mis ojos

la inescondible luz allí estaría.
Y entre la destrucción y sus despojos
deja esa luz su cordial joyería.

II

La luz descubre la verdad que es vida.
¿Estoy amaneciendo muy despacio?
El cuerpo, tumba en luz, será un palacio;
la copa, con el agua confundida.

5 Quiero ver sin los ojos, descendida
e invasora de cuanto en mí es espacio
la jocunda explosión de ese topacio
que en luz esconde su verdad cumplida.

Iluminarme luminosamente
10 como el agua que sale bajo el puente
y en el instante que el cenit ordena.

La luz descubre la verdad que es vida.
¡Cristo, Dueño y Señor, pon la azucena
sobre el sepulcro de la ceiba hendida!

(*Práctica de vuelo*, 1956)

LA BALADA DE LOS TRES SUSPIROS

Cuando la palabra ocaso
se presentó:
estábamos aún sentados a la mesa
y no éramos aún trece, ¡no!

5 Pero sí noté que en mi sangre
algo se despedía,
y dije tu nombre
como quien pide un poco de fruta
para que sólo yo me diera cuenta de mi vida.

10 Entonces irrumpieron los suspiros
como niños desobedientes
que regresan callados.

Uno traía ya roto el zafiro
robado a la ingenua fuente
15 en la que todo se calla por sabido.

Otro volvió desnudo,
le robaron la ropa una noche de luna,
sin que los ruiseñores

opusieran resistencia,
20 y era tan bello que no pudo
librarse de una ancha mirada
del más severo de los árboles.

El otro había perdido
la creencia en sí mismo
25 y daba, nada a manos llenas.
¿Por qué se acercaron a mí
para pedirme . . . , qué?

Entre las flores desmayadas de la mesa,
una volvió en sí,
30 y se metió en mi pecho, del lado izquierdo,
en tanto que la ventana
con traje de luces
repitió la palabra ocaso
sin poder dar ya
35 un solo paso
más.

(*Material poético*, 1962)

MEMORIAS DE LA CASA DEL VIENTO

I. ESCALERA AL MAR

En la Casa del Viento,
hay una escalera que conduce al mar.

Abajo, entre sus chácharas de espuma,
el mar acude a sí mismo para no naufragar.
5 Y entre pérdidas y ganancias
redondea su acontecimiento
de no llevarse lo que olvidará.

El despilfarro con que se mueve
nos turbiniza en tal forma que comenzamos a trabajar.
10 Y la máquina del deseo cruza sus fábricas mejores,
un poco tzentzontle y un poco jaguar.

En la Casa del Viento,
hay una escalera que conduce al mar.

Ayer que fui a bañarme en una fuente
15 que se deslíe inútilmente cerca de la mitad,
hallé los peldaños cubiertos de hojas
como si el otoño le llevara al viento
la máquina rota de su soledad.
Mientras yo me bañaba,
20 el mar la dio por decir a gritos que yo no tenía allí nada que buscar,
como si mi encuentro con el día desnudo
fuera el último robo de mi tacto sensual.

A mí qué me importa la espuma dilapidada,
ni el rostro de la roca,
25 ni el aprendizaje de catarata de cada ola del mar;
ni la publicidad de tanto ruido
para invitarlo a uno a meditar.
Hay una cítara escondida
que me llama en la oscuridad,
30 que sabe la historia de todos los peces muertos
de la boca del viento que baja
por la escalera que conduce al mar.
Y ella es el testimonio de que hay alguien
escondido en la roca de la que tan entrañablemente
35 hace su aparición el manantial.

En esta Casa del Viento
los ojos son más grandes que los oídos,
que bajan por la escalera que conduce al mar,
y sin decir palabra nos están diciendo
40 que aquí vivió una vez la mano[5]
que entre el agua y la tierra y el aire y el fuego,
se puso a pintar.

2. MIRADA AL MAR

Cuando estoy frente al mar,
el tiempo es un ángel que esconde las horas
y ya no se recuerda lo que se va a olvidar.

Toma la vida la postura
5 de un gran camino horizontal,
donde perderse es llegar siempre
a la línea ambulante de nuestra bien construida soledad.
Hermoso mar que viene de tan cerca
y nunca acaba de llegar.

---

[5] Diego Rivera. (Pellicer's note.)

En el sonido son sonoro
de la sonaja resonante de su explosiva actividad
que masca el tiempo desde el fondo
de la mañana elemental,
es como un tianguis[6] que acapara
y a precios de alma nos ofrece
la propia sangre que en nosotros no hemos podido aprovechar.

Vivo en la Casa del Viento,
pero mi corazón está en el mar.

El horizonte alza sus nubes
como veleros colosales que aire escuadrón disolverá
y el auge intacto de las luces
cantea el verde de los árboles con aparato general.
Con cuánto acero el mar concurre
—buen paladín hospitalario—
a restaurar en mis pulmones la garantía tropical.
En cada músculo recibo la bofetada saludable
con que la sal redunda en oro
la travesía fraternal.

Millón y pico de silencio
en un instante enarbolado
sombrea el tálamo infecundo deste decir todo arenal.
Y un rebotado espumarajo
destruye en claro el buen silencio en que me quise acomodar.
Acto seguido, las palabras
con que reanudo estos vitrales
en los que apenas filtra un filo de lo que ansiara declarar,
se vuelven lápidas de espuma
y así perdura en cada sílaba
mi desbordante soledad.

Yo vivo en la Casa del Viento,
pero mi corazón está en el mar.

3. NO SÉ POR QUÉ PASÓ

Si es de un jalón,
que venga el mar.
Acomodemos los ojos
y en cada mirada obtengamos una semilla que sembrar.
Todo papel apalabrado
debe ser para figurar
en el callejón de las imágenes
que afarolé de propios ojos y nunca pude transitar.

Pero si es de un jalón,
que venga el mar.

¡Qué alegría la de las olas en la playa con las que hemos venido a jugar!
Formar parte de la ola,

---

[6] tianguis=plaza, mercado.

y salir desembuchado de un gran bulto de espuma
y redoblar,
15   es meterse en camisa de once varas
cosida y descosida por el mar.
La contra ola de regreso
nos da el jalón con la arena
y con los ojos en agua de sal,
20   nos cuesta erguirnos ante el horizonte
medio atarantado de tanto reventar.

Sube la noche sin preguntar por nadie
y todas las cosas se empiezan a arrinconar.
La desnudez se vuelve antigua
25   y la luz de la noche se llena de humedad.
Hay dos estrellas dentro de mis ojos
de las que hago nacer la oscuridad
y del tumulto sin testigos
va quedando solamente una deshabitada oquedad.
30   Tras la huella de mis pasos
siento que se acerca un gran viento animal,
como si me pusieran sobre los hombros un manto de murciélagos
y yo no pudiera hablar
sino de mariposas tragadas por tiburones
35   y de palmeras reales flotando sobre el mar.

Las montañas se acercan al cielo
y la noche se hace mar.

Un rayo de horror hace crujir mi sombra,
pero invoqué al Arcángel San Miguel y en mis ojos
40   distribuyó la luz como la mañana en un cañaveral.

Yo no sé nada de aquello
y esto, que no sé dónde está
pasó lejos de la Casa del Viento
donde hay una escalera que conduce al mar.

(*Material poético*, 1962)

ᔕᔕᔕJaime Torres Bodet

MEXICO, 1902–   Consistent with the restraint so characteristic of his country's muse is the even flow of verse and prose of this distinguished representative of contemporary Mexico's intellectual and public life. Extensive and varied as his work has been, it has never fluctuated wildly in its passage through the gamut of modern esthetic experimentation. Conscious of his mission, painstaking and reflective, the poet has kept abreast of current trends without ever surrendering to the pressures and peculiarities of any period. With measured step he has moved away from postmodernist forms and themes, striving with increasing concern for a more expressive and more personal imagery, but with attention always sharply focussed on the burden of his thought. With like consummate skill Torres Bodet can reproduce the poetic aspects of visual reality or breathe life into the most subtle abstractions of his contemplative art. Form becomes ever more subservient to thought in his later work; nothing must hinder the poet in the precision with which he gives voice, "sin tregua," to his mounting preoccupation with the philosophical constants of our time. As a consequence, his poetry—and his prose too— lacks much of the intimate warmth one would expect of so subjective an artist.

ᔕᔕMÉXICO CANTA EN LA RONDA DE MIS CANCIONES DE AMOR

México está en mis canciones,
México dulce y cruel,
que acendra los corazones
en finas gotas de miel.

5 Lo tuve siempre presente
cuando hacía esta canción;
¡su cielo estaba en mi frente;
su tierra, en mi corazón!

México canta en la ronda
10 de mis canciones de amor,
y en guirnalda con la ronda
la tarde trenza su flor.

Lo conoceréis un día,
amigos de otro país:
15 ¡tiene un color de alegría
y un acre sabor de anís!

¡Es tan fecundo, que huele
como vainilla en sazón
y es sutil! Para que vuele
20 basta un soplo de oración . . .

Lo habréis comprendido entero
cuando podáis repetir
¿Quién sabe? con el mañero
proverbio de mi país . . .

25 *¿Quién sabe? ¡Dolor, fortuna!*
¿Quién sabe? ¡Fortuna, amor!
¿Quién sabe?, dirá la cuna,
¿Quién sabe?, el enterrador . . .

    En la duda arcana y terca,
30 México quiere inquirir:
un disco de horror lo cerca . . .
¿Cómo será el porvenir?

¡El porvenir! ¡No lo espera!
Prefiere, mientras, cantar,
35 que toda la vida entera
es una gota en el mar;

    una gota pequeñita
que cabe en el corazón:
Dios la pone, Dios la quita . . .
40 ¡Cantemos nuestra canción!

(Nuevas canciones, 1923)

∾PAZ

    No nos diremos nada. Cerraremos las puertas.
Deshojaremos rosas sobre el lecho vacío
y besaré, en el hueco de tus manos abiertas,
la dulzura del mundo, que se va, como un río . . .

(Los días, 1923)

∾MEDIODÍA

    Tener, al mediodía, abiertas las ventanas
del patio iluminado que mira al comedor.
Oler un olor tibio de sol y de manzanas.
Decir cosas sencillas: las que inspiren amor . . .

5   Beber un agua pura, y en el vaso profundo,
ver coincidir los ángulos de la estancia cordial.
Palpar, en un durazno, la redondez del mundo.
Saber que todo cambia y que todo es igual.

    Sentirse, ¡al fin!, maduro, para ver, en las cosas,
10 nada más que las cosas: el pan, el sol, la miel . . .
Ser nada más el hombre que deshoja unas rosas,
y graba, con la uña, un nombre en el mantel . . .

(Los días, 1923)

∾RUPTURA

    Nos hemos bruscamente desprendido
y nos hemos quedado
con las manos vacías, como si una guirnalda
se nos hubiese ido de las manos;
5 con los ojos al suelo,
como viendo un cristal hecho pedazos:
el cristal de la copa en que bebimos
un vino tierno y pálido . . .

Como si nos hubiéramos perdido,
10 nuestros brazos
se buscan en la sombra . . . ¡Sin embargo,
ya no nos encontramos!

    En la alcoba profunda
podríamos andar meses y años,
15 en pos uno del otro,
sin hallarnos . . .

(Poemas, 1924)

∿Eco

¿Cómo pude arrancar,
con qué mano sin alma al árbol seco
en que la vida endureció sus savias
los tímidos renuevos de lo eterno?

5 Cambié
por un collar de frágiles palabras
un ánfora colmada de silencio.

¡Ay! ¿Por qué te maté dentro de mí,
Eternidad? Llevé tu cauce lento
10 a despeñarse en una
catarata de músicas vulgares
para mover las fábricas del eco . . .

Te dividí en minutos.
Rompí la adusta integridad del tiempo,

15 en cuyo ancho caudal, solemne, bogas.
Tuve miedo de ti, como de un vuelo.

Nada quedó después.
He roto, Vida, tu árbol más perfecto
para tejer guirnaldas con las hojas
20 y coger, en sus redes, los pájaros del viento.

Ahora miro el hueco que dejó
tu raíz en el suelo.

¡Y cada fibra rota
resucita sensible, dolorosa,
25 en las fibras desnudas de mis nervios!

(Biombo, 1925)

∿Despertar

Encendí, esta mañana,
más temprano que nunca,
la lámpara del alba
sobre tu lecho,
5 y puse el alma, obscura, de pantalla . . .

Como las guías mustias
de una guirnalda,
caían de tus hombros de novicia
los brazos, sin color, sobre las sábanas.

10 En la boca, marchita por la fiebre,
una tonalidad malva
substituía el rojo de los besos
con las violetas de la madrugada.

Estabas muerta. Pero no sentí
15 en tu actitud, en tu silencio, nada
que no indujera a recordar la onda

de una hermosa guirnalda deshojada.
La tristeza de ser
te había abandonado entre las blancas
20 cortinas entreabiertas de la aurora.

Andabas, libre de tu corazón,
por las colinas trémulas del alba.

¡Cuánto hubiera querido
no remover el agua
25 de tu sueño
con el rumor de una palabra humana!

¡Y qué no hubiera dado
por mirar en su fondo, al fin trenzada
al tallo de tu cuerpo,
30 la yedra melodiosa de mi alma!

(Biombo, 1925)

∿Música

Amanecía tu voz
tan perezosa, tan blanda,
como si el día anterior
hubiera
5 llovido sobre tu alma . . .

Era, primero, un temblor
confuso del corazón,
una duda de poner
sobre los hielos del agua
10 el pie
desnudo de la palabra.

Después,
iba quedando la flor
de la emoción, enredada
15 a los hilos de tu voz
con esos garfios de escarcha
que el sol
desfleca en cintillos de agua.

Y se apagaba y se iba
20 poniendo blanca,
hasta dejar traslucir,

como la luna del alba
la luz
tierna de la madrugada.

25 Y se apagaba y se iba,
¡ay!, haciendo tan delgada
como la espuma de plata
de la playa,
como la espuma de plata
30 que deja ver, en la arena,
la forma de una pisada.

(Biombo, 1925)

⌒w⌒FE

Como en el mudo caracol resuena
del océano ázul el sordo grito,
así ha quedado preso el infinito
en esta soledad que me encadena . . .

5 Aré en el mar, edifiqué en la arena,
en el agua escribí, sembré en granito
y, a través de lo hecho y de lo escrito,
mi propia libertad fue mi condena.

De cuanto pretendí, nada he logrado
10 y cuanto soy no sé si lo he querido
pues sin oriente voy hacia esa meta

que no tiene presente ni pasado . . .
Y no te culpo, fe, no me has mentido:
¡brújula te creí—y eras veleta!

(Sonetos, 1949)

⌒w⌒FLECHA

Como el frescor del agua
conservada en el cántaro profundo
es efecto del barro que la tiene cautiva;

como la llama, trémula ante el viento,
5 no podría sin él rasgar la sombra
aunque la apague al fin el aire que la explica;
y como el surtidor señala siempre
con la altura que logra la que tuvo
en el nivel de su primera cima,
10 así tu libertad, alma, resulta
de los mismos obstáculos que vences.
Cuanto se opone a tu ambición, la afirma.

En vano te rebelas
contra el rigor del arco luminoso
15 que te lanzó a la noche estremecida . . .
Flecha eres, no más, entre las nieblas,
flecha para el perdón, flecha en la ira:
¡ciega flecha mortal que al cielo apunta
y que se salva, apenas, por la prisa!

20 No pretendas saber más que el arquero.
Él escoge la meta, el arco, el rumbo.
Tú pasas solamente . . .

Y llegar es la excusa de tu vida.

(Sin tregua, 1957)

⌒w⌒LA NORIA

He tocado los límites del tiempo.
Y vuelvo del dolor como de un viaje
alrededor del mundo . . .
                    Pero siento

5 que no salí jamás, mientras viajaba,
de un pobre aduar perdido en el desierto.

Caminé largamente, ansiosamente,
en torno de mi sombra.

Y los meses giraban y los años
10 como giran las ruedas de una noria
bajo el cielo de hierro del desierto.

    ¿Fue inútil ese viaje imaginario? . . .
Lo pienso, a veces, aunque no lo creo.
Porque la gota de piedad que moja
15 mi corazón sediento
y la paz que me une a los que sufren
son el premio del tiempo en el desierto.

Pasaron caravanas al lado de la noria
y junto de la noria durmieron los camellos.
20 Cargaban los camellos alforjas de diamantes.
Diamantes, con el alba, rodaban por el
    suelo . . .

Pero en ninguna alforja
vi nunca lo que tengo:
una lágrima honrada, un perdón justo,
25 una piedad real frente al esfuerzo
de todos los que viven como yo
  —en el sol, en la noche, bajo el cielo de
    hierro—
caminando sin tregua en torno de la noria
para beber, un día,
30 el agua lenta y dura del desierto.

                              (Sin tregua, 1957)

~~~~~Octavio Paz

Mexico, 1914–   Persistently, in poetry and prose alike, Octavio Paz reveals his preoccupation with man's tragic groping for identity and for meaningful communication with his fellowman. Ever since *Raíz del hombre* (1937) he has attempted to dispel the mirage of deceptive reality, to discover his "other" or true self: "y me hundo en mí mismo y no me toco" ("Espejo"), to comprehend the essence of all being where

> "Más allá de nosotros,
> en las fronteras del ser y el estar,
> una vida más vida nos reclama."

To this end he has evolved a set of symbols: "muro," "frontera," "orilla," "río," "espejo," that reflect the solitude and the silence in which man is imprisoned, "preso en la subjectividad, preso en el tiempo." Renouncing all rhetoric of the past: "Devuelvo todas las palabras, todas las creencias, toda esa comida fría en que desde el principio nos atragantan," he ardently, and hopefully, proclaims that peotry alone can assist man in reconciling the extremes—"reconciliación del pensamiento y la acción, el deseo y el fruto, la palabra y la cosa" (*Las peras del olmo*, 1957)—that keep him from attaining the full measure of authentic being. And most important of all, to assist in freeing man of himself—"para que caigan todas las máscaras"—so that he may once again be reconciled with Man, "el hombre adánico, anterior a la escisión y a la desgarradura."

The poet's images and ideas and philosophical musings are faithfully mirrored in the essays of *El laberinto de la soledad* (1950), one of the most perceptive and provocative collections yet written by nationals in their insistent search for the "secretas raíces" of the essential Mexican spirit. "Disimulación," "hermetismo," "arisca soledad" are yet other symbols of the "muralla . . . de impasibilidad y lejanía" that help to shed light on the enigmatic character of the individual and the society so artfully and effectively concealed behind their "máscaras mexicanas." Essays such as "La dialéctica de la soledad," "La 'inteligencia' mexicana," "El pachuco y otros extremos," and "Máscaras mexicanas" attest to the author's continuing concern over his dual mission, the "doble consigna de mi juventud": "Cambiar el hombre . . . cambiar la sociedad." In these essays of *El laberinto de la soledad*, myth and history, philosophy and the social sciences, become as one in the magic crucible of the poet's gift of creative synthesis.

⊷ESPEJO

Hay una noche, un día,
un tiempo hueco, sin testigos,
sin lágrimas, sin fondo, sin olvidos;
una noche de uñas y silencio,
5 páramo sin orillas,
isla de hielo entre los días;
una noche sin nadie
sino su soledad multiplicada.

Se regresa de unos labios
10 nocturnos, fluviales,
lentas orillas de coral y savia,
de un deseo, erguido
como la flor bajo la lluvia, insomne
collar de fuego al cuello de la noche,
15 o se regresa de uno mismo a uno mismo,
y entre espejos impávidos un rostro

me repite a mi rostro, un rostro
que enmascara a mi rostro.

Frente a los juegos fatuos del espejo
20 mi ser es pira y es ceniza,
respira y es ceniza,
y ardo y me quemo y resplandezco y miento
un yo que empuña, muerto,
una daga de humo que le finge
25 la evidencia de sangre de la herida,
y un yo, mi yo penúltimo,
que sólo pide olvido, sombra, nada,
final mentira que lo enciende y quema.

De una máscara a otra
30 hay siempre un yo penúltimo que pide.
Y me hundo en mí mismo y no me toco.

(*Libertad bajo palabra*, 1949; 2nd ed., 1960)

⊷DESTINO DEL POETA

¿Palabras? Sí, de aire,
y en el aire perdidas.
Déjame que me pierda entre palabras,
déjame ser el aire en unos labios,

5 un soplo vagabundo sin contornos,
breve aroma que el aire desvanece.

También la luz en sí misma se pierde.

(*Libertad bajo palabra*, 1949; 2nd ed., 1960)

⊷EL MURO

Deja que te recuerde o que te sueñe,
amor, mentira cierta y ya vivida,
más que por los sentidos, por el alma.

Atrás de la memoria, en ese limbo
5 donde recuerdos, músicas, deseos,
sueñan su renacer en esculturas,
tu pelo suelto cae, tu sonrisa,
puerta de la blancura, aún sonríe
y alienta todavía ese ademán
10 de flor que el aire mueve. Todavía
la fiebre de tu mano, donde corren
esos ríos que mojan ciertos sueños,
hace crecer dentro de mí mareas
y aún suenan tus pasos, que el silencio

15 cubre con aguas mansas, como el agua
al sonido sonámbulo sepulta.

Cierro los ojos: nacen dichas, goces,
bahías de hermosura, eternidades
sustraídas, fluir vivo de imágenes,
20 delicias desatadas, pleamar,
ocio que colma el pecho de abandono.
¡Dichas, días con alas de suspiro,
leves como la sombra de los pájaros!
Y su delgada voz abre en mi pecho
25 un ciego paraíso, una agonía,
el recordado infierno de unos labios
(tu paladar: un cielo rojo, golfo
donde duermen tus dientes, caracola

donde oye la ola su caída),
30 el infinito hambriento en unos ojos,
un pulso, un tacto, un cuerpo que se fuga,
la sombra de un aroma, la promesa
de un cielo sin orillas, pleno, eterno.

Mas cierra el paso un muro y todo cesa.
35 Mi corazón a oscuras late y llama.
Con puño ciego y árido golpea
la sorda piedra y suena su latido
a lluvia de ceniza en un desierto.

(*Libertad bajo palabra*, 1949; 2nd ed., 1960)

∾∾DOS CUERPOS

Dos cuerpos frente a frente
son a veces dos olas
y la noche es océano.

Dos cuerpos frente a frente
5 son a veces dos piedras
y la noche desierto.

Dos cuerpos frente a frente
son a veces raíces
en la noche enlazadas.

10 Dos cuerpos frente a frente
son a veces navajas
y la noche relámpago.

Dos cuerpos frente a frente
son dos astros que caen
15 en un cielo vacío.

(*Libertad bajo palabra*, 1949; 2nd ed., 1960)

∾∾MÁS ALLÁ DEL AMOR

Todo nos amenaza:
el tiempo, que en vivientes fragmentos divide
al que fui
                del que seré,
5   como el machete a la culebra;
la conciencia, la transparencia traspasada,
la mirada ciega de mirarse mirar;
las palabras, guantes grises, polvo mental sobre la yerba,
        el agua, la piel;
10   nuestros nombres, que entre tú y yo se levantan,
murallas de vacío que ninguna trompeta derrumba.

Ni el sueño y su pueblo de imágenes rotas,
ni el delirio y su espuma profética,
ni el amor con sus dientes y uñas, nos bastan.
15   Más allá de nosotros,
en las fronteras del ser y el estar,
una vida más vida nos reclama.

Afuera la noche respira, se extiende,
llena de grandes hojas calientes,
20   de espejos que combaten:
frutos, garras, ojos, follajes,
espaldas que relucen,
cuerpos que se abren paso entre otros cuerpos.

25 Tiéndete aquí a la orilla de tanta espuma,
de tanta vida que se ignora y entrega:
tú también perteneces a la noche.
Extiéndete, blancura que respira,
late, oh estrella repartida,
copa,
30 pan que inclinas la balanza del lado de la aurora,
pausa de sangre entre este tiempo y otro sin medida.

(*Libertad bajo palabra*, 1949; *2nd ed.*, 1960)

⌇ARCOS

¿Quién canta en las orillas del papel?
Inclinado, de pechos sobre el río
de imágenes, me veo, lento y solo,
de mí mismo alejarme: oh letras puras,
5 constelación de signos, incisiones
en la carne del tiempo, ¡oh escritura,
raya en el agua!

      Voy entre verdores
enlazados, voy entre transparencias,
10 entre islas avanzo por el río,
por el río feliz que se desliza

y no transcurre, liso pensamiento.
Me alejo de mí mismo, me detengo
sin detenerme en una orilla y sigo,
15 río abajo, entre arcos de enlazadas
imágenes, el río pensativo.
Sigo, me espero allá, voy a mi encuentro,
río feliz que enlaza y desenlaza
un momento del sol entre dos álamos,
20 en la pulida piedra se demora,
y se desprende de sí mismo y sigue,
río abajo, al encuentro de sí mismo.

(*Libertad bajo palabra*, 1949; *2nd ed.*, 1960)

⌇FÁBULA

Edades de fuego y de aire
Mocedades de agua
Del verde al amarillo
      Del amarillo al rojo
5 Del sueño a la vigilia
      Del deseo al acto
Sólo había un paso que tú dabas sin esfuerzo
Los insectos eran joyas animadas
El calor reposaba al borde del estanque
10 La lluvia era un sauce de pelo suelto
En la palma de tu mano crecía un árbol
Aquel árbol cantaba reía y profetizaba

Sus vaticinios cubrían de alas el espacio
Había milagros sencillos llamados pájaros
15 Todo era de todos
      Todos eran todo
Sólo había una palabra inmensa y sin revés
Palabra como un sol
Un día se rompió en fragmentos diminutos
20 Son las palabras del lenguaje que hablamos
Fragmentos que nunca se unirán
Espejos rotos donde el mundo se mira destrozado.

(*Libertad bajo palabra*, 1949; *2nd ed.*, 1960)

⌇MÁSCARAS MEXICANAS

Corazón apasionado,
disimula tu tristeza.
—Canción popular

Viejo o adolescente, criollo o mestizo, general, obrero o licenciado, el mexicano se me aparece como un ser que se encierra y se preserva: máscara el rostro y máscara la sonrisa. Plantado en su arisca soledad, espinoso y cortés a un tiempo, todo le sirve para defenderse: el silencio y la palabra, la cortesía y el desprecio, la ironía y la resignación. Tan celoso de su intimidad como de la ajena, ni siquiera se atreve a rozar con los ojos al vecino: una mirada puede desencadenar la cólera de esas almas cargadas de electricidad. Atraviesa la vida como desollado; todo puede herirle, palabras y sospecha de palabras. Su lenguaje está lleno de reticencias, de figuras y alusiones, de puntos suspensivos; en su silencio hay repliegues, matices, nubarrones, arcoíris súbitos, amenazas indescifrables. Aun en la disputa prefiere la expresión velada a la injuria: "al buen entendedor pocas palabras." En suma, entre la realidad y su persona establece una muralla, no por invisible menos infranqueable, de impasibilidad y lejanía. El mexicano siempre está lejos, lejos del mundo y de los demás. Lejos, también de sí mismo.

El lenguaje popular refleja hasta qué punto nos defendemos del exterior: el ideal de la "hombría" consiste en no "rajarse" nunca. Los que se "abren" son cobardes. Para nosotros, contrariamente a lo que ocurre con otros pueblos, abrirse es una debilidad o una traición. El mexicano puede doblarse, humillarse, "agacharse," pero no "rajarse," esto es, permitir que el mundo exterior penetre en su intimidad. El "rajado" es de poco fiar, un traidor o un hombre de dudosa fidelidad, que cuenta los secretos y es incapaz de afrontar los peligros como se debe. . . .

El hermetismo es un recurso de nuestro recelo y desconfianza. Muestra que instintivamente consideramos peligroso al medio que nos rodea. Esta reacción se justifica si se piensa en lo que ha sido nuestra historia y en el carácter de la sociedad que hemos creado. La dureza y hostilidad del ambiente —y esa amenaza, escondida e indefinible, que siempre flota en el aire— nos obligan a cerrarnos al exterior, como esas plantas de la meseta que acumulan sus jugos tras una cáscara espinosa. Pero esta conducta, legítima en su origen, se ha convertido en un mecanismo que funciona solo, automáticamente. Ante la simpatía y la dulzura nuestra respuesta es la reserva, pues no sabemos si esos sentimientos son verdaderos o simulados. Y además, nuestra integridad masculina corre tanto peligro ante la benevolencia como ante la hostilidad. Toda abertura de nuestro ser entraña una dimisión de nuestra hombría.

Nuestras relaciones con los otros hombres también están teñidas de recelo. Cada vez que el mexicano se confía a un amigo o a un conocido, cada vez que se "abre," abdica. Y teme que el desprecio del confidente siga a su entrega. Por eso la confidencia deshonra y es tan peligrosa para el que la hace como para el que la escucha; no nos ahogamos en la fuente que nos refleja, como Narciso, sino que la cegamos. Nuestra cólera no se nutre nada más del temor de ser utilizados por nuestros confidentes —temor general a todos los hombres— sino de la vergüenza de haber renunciado a nuestra soledad. El que se confía, se enajena; "me he vendido con Fulano," decimos cuando nos confiamos a alguien que no lo merece. Esto es, nos hemos "rajado," alguien ha penetrado en el castillo fuerte. La distancia entre hombre y hombre, creadora del mutuo respeto y la mutua seguridad, ha desaparecido. No solamente estamos a merced del intruso, sino que hemos abdicado.

Todas estas expresiones revelan que el mexicano considera la vida como lucha, concepción que no lo distingue del resto de los hombres modernos. El ideal de hombría para otros pueblos consiste en una abierta y agresiva disposición al combate; nosotros acentuamos el carácter defensivo, listos a repeler el ataque. El "macho" es un ser hermético, encerrado en sí mismo, capaz de guardarse y guardar lo que se le confía. La hombría se mide por la invulnerabilidad ante las armas enemigas o ante los impactos del mundo exterior. El estoicismo es la más alta de nuestras virtudes guerreras y políticas. Nuestra historia está llena de frases y episodios que revelan la indiferencia de nuestros héroes ante el dolor o el peligro. Desde niños nos enseñan a sufrir con dignidad las derrotas, concepción que no carece de grandeza. Y si no todos somos estoicos e impasibles

—como Juárez y Cuauhtémoc— al menos procuramos ser resignados, pacientes y sufridos. La resignación es una de nuestras virtudes populares. Más que el brillo de la victoria nos conmueve la entereza ante la adversidad.

La preeminencia de lo cerrado frente a lo abierto no se manifiesta sólo como impasibilidad y desconfianza, ironía y recelo, sino como amor a la Forma. Ésta contiene y encierra a la intimidad, impide sus excesos, reprime sus explosiones, la separa y aísla, la preserva. La doble influencia indígena y española se conjugan en nuestra predilección por la ceremonia, las fórmulas y el orden. El mexicano, contra lo que supone una superficial interpretación de nuestra historia, aspira a crear un mundo ordenado conforme a principios claros. La agitación y encono de nuestras luchas políticas prueba hasta qué punto las nociones jurídicas juegan un papel importante en nuestra vida pública. Y en la de todos los días el mexicano es un hombre que se esfuerza por ser formal y que muy fácilmente se convierte en formulista. Y es explicable. El orden —jurídico, social, religioso o artístico— constituye una esfera segura y estable. En su ámbito basta con ajustarse a los modelos y principios que regulan la vida; nadie, para manifestarse, necesita recurrir a la continua invención que exige una sociedad libre. Quizá nuestro tradicionalismo —que es una de las constantes de nuestro ser y lo que da coherencia y antigüedad a nuestro pueblo— parte del amor que profesamos a la Forma.

Las complicaciones rituales de la cortesía, la persistencia del humanismo clásico, el gusto por las formas cerradas en la poesía (el soneto y la décima, por ejemplo) nuestro amor por la geometría en las artes decorativas, por el dibujo y la composición en la pintura, la pobreza de nuestro Romanticismo frente a la excelencia de nuestro arte barroco, el formalismo de nuestras instituciones políticas y, en fin, la peligrosa inclinación que mostramos por las fórmulas —sociales, morales y burocráticas—, son otras tantas expresiones de esta tendencia de nuestro carácter. El mexicano no sólo no se abre; tampoco se derrama.

A veces las formas nos ahogan. Durante el siglo pasado los liberales vanamente intentaron someter la realidad del país a la camisa de fuerza de la Constitución de 1857. Los resultados fueron la Dictadura de Porfirio Díaz y la Revolución de 1910. En cierto sentido la historia de México, como la de cada mexicano, consiste en una lucha entre las formas y fórmulas en que se pretende encerrar a nuestro ser y las explosiones con que nuestra espontaneidad se venga. Pocas veces la Forma ha sido una creación original, un equilibrio alcanzado no a expensas sino gracias a la expresión de nuestros instintos y quereres. Nuestras formas jurídicas y morales, por el contrario, mutilan con frecuencia a nuestro ser, nos impiden expresarnos y niegan satisfacción a nuestros apetitos vitales.

La preferencia por la Forma, inclusive vacía de contenido, se manifiesta a lo largo de la historia de nuestro arte, desde la época precortesiana hasta nuestros días. Antonio Castro Leal, en su excelente estudio sobre Juan Ruiz de Alarcón,[1] muestra cómo la reserva frente al romanticismo —que es, por definición, expansivo y abierto— se expresa ya en el siglo XVII, esto es, antes de que siquiera tuviésemos conciencia de nacionalidad. Tenían razón los contemporáneos de Juan Ruiz de Alarcón al acusarlo de entrometido, aunque más bien hablasen de la deformidad de su cuerpo que de la singularidad de su obra. En efecto, la porción más característica de su teatro niega al de sus contemporáneos españoles. Y su negación contiene, en cifra, la que México ha opuesto siempre a España. El teatro de Alarcón es una respuesta a la vitalidad española, afirmativa y deslumbrante en esa época, y que se expresa a través de un gran Sí a la historia y a las pasiones. Lope exalta el amor, lo heroico, lo sobrehumano, lo increíble; Alarcón opone a estas virtudes desmesuradas otras más sutiles y burguesas: la

---

[1] Antonio Castro Leal (1895–0000), Mexican literary critic and historian and author of *Juan Ruiz de Alarcón:* *su vida y su obra*, México, Cuadernos Americanos, 1943.

dignidad, la cortesía, un estoicismo melancólico, un pudor sonriente. Los problemas morales interesan poco a Lope, que ama la acción, como todos sus contemporáneos. Más tarde Calderón mostrará el mismo desdén por [5] la psicología; los conflictos morales y las oscilaciones, caídas y cambios del alma humana sólo son metáforas que transparentan un drama teológico cuyos dos personajes son el pecado original y la Gracia divina. En las [10] comedias más representativas de Alarcón, en cambio, el cielo cuenta poco, tan poco como el viento pasional que arrebata a los personajes lopescos. El hombre, nos dice el mexicano, es un compuesto, y el mal y el bien [15] se mezclan sutilmente en su alma. En lugar de proceder por síntesis, utiliza el análisis: el héroe se vuelve problema. En varias comedias se plantea la cuestión de la mentira: ¿hasta qué punto el mentiroso de veras [20] miente, de veras se propone engañar?; ¿no es él la primera víctima de sus engaños y no es a sí mismo a quien engaña? El mentiroso se miente a sí mismo: tiene miedo de sí. Al plantearse el problema de la autenticidad, [25] Alarcón anticipa uno de los temas constantes de reflexión del mexicano, que más tarde recogerá Rodolfo Usigli en *El gesticulador*.[2]

En el mundo de Alarcón no triunfan la pasión ni la Gracia; todo se subordina a lo [30] razonable; sus arquetipos son los de la moral que sonríe y perdona. Al sustituir los valores vitales y románticos de Lope por los abstractos de una moral universal y razonable, ¿no se evade, no nos escamotea su propio ser? Su [35] negación, como la de México, no afirma nuestra singularidad frente a la de los españoles. Los valores que postula Alarcón pertenecen a todos los hombres y son una herencia grecorromana tanto como una pro- [40] fecía de la moral que impondrá el mundo burgués. No expresan nuestra espontaneidad, ni resuelven nuestros conflictos; son Formas que no hemos creado ni sufrido, máscaras. Sólo hasta nuestros días hemos sido capaces [45] de enfrentar al Sí español un Sí mexicano y no una afirmación intelectual, vacía de nuestras particularidades. La Revolución

mexicana, al descubrir las artes populares, dio origen a la pintura moderna; al descubrir el lenguaje de los mexicanos, creó la nueva poesía.

Si en la política y el arte el mexicano aspira a crear mundos cerrados, en la esfera de las relaciones cotidianas procura que imperen el pudor, el recato y la reserva ceremoniosa. El pudor, que nace de la vergüenza ante la [10] desnudez propia o ajena, es un reflejo casi físico entre nosotros. Nada más alejado de esta actitud que el miedo al cuerpo, característico de la vida norteamericana. No nos da miedo ni vergüenza nuestro cuerpo; lo afrontamos con [15] naturalidad y lo vivimos con cierta plenitud —a la inversa de lo que ocurre con los puritanos. Para nosotros el cuerpo existe; da gravedad y límites a nuestro ser. Lo sufrimos y gozamos; no es un traje que estamos acostumbrados a habitar, ni algo ajeno a nosotros: somos nuestro cuerpo. Pero las miradas extrañas nos sobresaltan, porque el cuerpo no vela intimidad, sino la descubre. El pudor, así, tiene un carácter defensivo, como la [25] muralla china de la cortesía o las cercas de órganos y cactos que separan en el campo a los jacales de los campesinos. Y por eso la virtud que más estimamos en las mujeres es el recato, como en los hombres la reserva. Ellas [30] también deben defender su intimidad.

Sin duda en nuestra concepción del recato femenino interviene la vanidad masculina del señor —que hemos heredado de indios y españoles—. Como casi todos los pueblos, los [35] mexicanos consideran a la mujer como un instrumento, ya de los deseos del hombre, ya de los fines que le asignan la ley, la sociedad o la moral. Fines, hay que decirlo, sobre los que nunca se le ha pedido su consentimiento y en cuya realización participa sólo pasivamente, en tanto que "depositaria" de ciertos valores. Prostituta, diosa, gran señora, amante, la mujer trasmite o conserva, pero no crea, los valores y energías que le confían la [45] naturaleza o la sociedad. En un mundo hecho a la imagen de los hombres, la mujer es sólo un reflejo de la voluntad y querer masculinos. Pasiva, se convierte en diosa, amada, ser que

---

[2] For Rodolfo Usigli, see *An Outline History of Spanish American Literature*, 3rd ed., 1965, pp. 227–228.

encarna los elementos estables y antiguos del universo: la tierra, madre y virgen; activa, es siempre función, medio, canal. La feminidad nunca es un fin en sí mismo, como lo es la hombría.

En otros países estas funciones se realizan a la luz pública y con brillo. En algunos se reverencia a las prostitutas o a las vírgenes; en otros, se premia a las madres; en casi todos, se adula y respeta a la gran señora. Nosotros preferimos ocultar esas gracias y virtudes. El secreto debe acompañar a la mujer. Pero la mujer no sólo debe ocultarse sino que, además, debe ofrecer cierta impasibilidad sonriente al mundo exterior. Ante el escarceo erótico, debe ser "decente"; ante la adversidad, "sufrida." En ambos casos su respuesta no es instintiva ni personal, sino conforme a un modelo genérico. Y ese modelo, como en el caso del "macho," tiende a subrayar los aspectos defensivos y pasivos, en una gama que va desde el pudor y la "decencia" hasta el estoicismo, la resignación y la impasibilidad.

La herencia hispanoárabe no explica completamente esta conducta. La actitud de los españoles frente a las mujeres es muy simple y se expresa, con brutalidad y concisión, en dos refranes: "la mujer en casa y con la pata rota" y "entre santa y santo, pared de cal y canto." La mujer es una fiera doméstica, lujuriosa y pecadora de nacimiento, a quien hay que someter con el palo y conducir con el "freno de la religión." De ahí que muchos españoles consideren a las extranjeras —y especialmente a las que pertenecen a países de raza o religión diversa a las suyas— como presa fácil. Para los mexicanos la mujer es un ser oscuro, secreto y pasivo. No se le atribuyen malos instintos: se pretende que ni siquiera los tiene. Mejor dicho, no son suyos sino de la especie; la mujer encarna la voluntad de la vida, que es por esencia impersonal, y en este hecho radica su imposibilidad de tener una vida personal. Ser ella misma, dueña de su deseo, su pasión o su capricho, es ser infiel a sí misma. Bastante más libre y pagano que el español —como heredero de las grandes religiones naturalistas precolombinas— el mexicano no condena al mundo natural. Tampoco el amor sexual está teñido de luto y horror, como en España. La peligrosidad no radica en el instinto sino en asumirlo personalmente. Reaparece así la idea de pasividad: tendida o erguida, vestida o desnuda, la mujer nunca es ella misma. Manifestación indiferenciada de la vida, es el canal del apetito cósmico. En este sentido, no tiene deseos propios.* * *

Me parece que todas estas actitudes, por diversas que sean sus raíces, confirman el carácter "cerrado" de nuestras reacciones frente al mundo o frente a nuestros semejantes. Pero no nos bastan los mecanismos de preservación y defensa. La simulación, que no acude a nuestra pasividad, sino que exige una invención activa y que se recrea a sí misma a cada instante, es una de nuestras formas de conducta habituales. Mentimos por placer y fantasía, sí, como todos los pueblos imaginativos, pero también para ocultarnos y ponernos al abrigo de intrusos. La mentira posee una importancia decisiva en nuestra vida cotidiana, en la política, el amor, la amistad. Con ella no pretendemos nada más engañar a los demás, sino a nosotros mismos. De ahí su fertilidad y lo que distingue a nuestras mentiras de las groseras invenciones de otros pueblos. La mentira es un juego trágico, en el que arriesgamos parte de nuestro ser. Por eso es estéril su denuncia.

El simulador pretende ser lo que no es. Su actividad reclama una constante improvisación, un ir hacia adelante siempre, entre arenas movedizas. A cada minuto hay que rehacer, recrear, modificar el personaje que fingimos, hasta que llega un momento en que realidad y apariencia, mentira y verdad, se confunden. De tejido de invenciones para deslumbrar al prójimo, la simulación se trueca en una forma superior, por artística, de la realidad. Nuestras mentiras reflejan, simultáneamente, nuestras carencias y nuestros apetitos, lo que no somos y lo que deseamos ser. Simulando, nos acercamos a nuestro modelo y a veces el gesticulador, como ha visto con hondura Usigli, se funde con sus gestos, los hace auténticos. La muerte del profesor Rubio lo convierte en lo que deseaba ser: el general Rubio, un revolucionario sincero y un hombre capaz de impulsar y purificar a la Revolución estancada. En la obra de Usigli el profesor Rubio se inventa a sí mismo y se transforma en general; su mentira es tan verdadera que Navarro, el corrompido, no tiene más remedio que volver a matar en él a su antiguo jefe, el general Rubio. Mata en él la verdad de la Revolución.

Si por el camino de la mentira podemos llegar a la autenticidad, un exceso de sinceridad puede conducirnos a formas refinadas de la mentira. Cuando nos enamoramos nos "abrimos," mostramos nuestra intimidad, ya que una vieja tradición quiere que el que sufre de amor exhiba sus heridas ante la que ama. Pero al descubrir sus llagas de amor, el enamorado transforma su ser en una imagen, en un objeto que entrega a la contemplación de la mujer —y de sí mismo—. Al mostrarse, invita a que lo contemplen con los mismos ojos piadosos con que él se contempla. La mirada ajena ya no lo desnuda; lo recubre de piedad. Y al presentarse como espectáculo y pretender que se le mire con los mismos ojos con que él se ve, se evade del juego erótico, pone a salvo su verdadero ser, lo sustituye por una imagen. Sustrae su intimidad, que se refugia en sus ojos, esos ojos que son nada más contemplación y piedad de sí mismo. Se vuelve su imagen y la mirada que la contempla.

En todos los tiempos y en todos los climas las relaciones humanas —y especialmente las amorosas— corren el riesgo de volverse equívocas. Narcisismo y masoquismo no son tendencias exclusivas del mexicano. Pero es notable la frecuencia con que canciones populares, refranes y conductas cotidianas aluden al amor como falsedad y mentira. Casi siempre eludimos los riesgos de una relación desnuda a través de una exageración, en su origen sincera, de nuestros sentimientos. Asimismo, es revelador cómo el carácter combativo del erotismo se acentúa entre nosotros y se encona. El amor es una tentativa de penetrar en otro ser, pero sólo puede realizarse a condición de que la entrega sea mutua. En todas partes es difícil este abandono de sí mismo; pocos coinciden en la entrega y más poco aún logran trascender esa etapa posesiva y gozar del amor como lo que realmente es: un perpetuo descubrimiento, una inmersión en las aguas de la realidad y una recreación constante. Nosotros concebimos el amor como conquista y como lucha. No se trata tanto de penetrar la realidad, a través de un cuerpo, como de violarla. De ahí que la imagen del amante afortunado —herencia, acaso, del Don Juan español— se confunda con la del hombre que se vale de sus sentimientos —reales o inventados— para obtener a la mujer.

La simulación es una actividad parecida a la de los actores y puede expresarse en tantas formas como personajes fingimos. Pero el actor, si lo es de veras, se entrega a su personaje y lo encarna plenamente, aunque después, terminada la representación, lo abandone como su piel la serpiente. El simulador jamás se entrega y se olvida de sí, pues dejaría de simular si se fundiera con su imagen. Al mismo tiempo, esa ficción se convierte en una parte inseparable —y espuria— de su ser: está condenado a representar toda su vida, porque entre su personaje y él se ha establecido una complicidad que nada puede romper, excepto la muerte o el sacrificio. La mentira se instala en su ser y se convierte en el fondo último de su personalidad.

Simular es inventar o, mejor, aparentar y así eludir nuestra condición. La disimulación exige mayor sutileza: el que disimula no representa, sino que quiere hacerse invisible, pasar inadvertido —sin renunciar a su ser—. El mexicano excede en el disimulo de sus pasiones y de sí mismo. Temeroso de la mirada ajena, se contrae, se reduce, se vuelve sombra y fantasma, eco. No camina, se desliza; no propone, insinúa; no replica, rezonga; no se queja, sonríe; hasta cuando canta —si no estalla y se abre el pecho— lo hace entre dientes y a media voz, disimulando su cantar:

> Y es tanta la tiranía
> de esta disimulación,
> que aunque de raros anhelos

se me hincha el corazón,
tengo miradas de reto
y voz de resignación.

Quizá el disimulo nació durante la Colonia. Indios y mestizos tenían, como en el poema de Reyes,[3] que cantar quedo, pues "entre dientes mal se oyen palabras de rebelión." El mundo colonial ha desaparecido, pero no el temor, la desconfianza y el recelo. Y ahora no solamente disimulamos nuestra cólera sino nuestra ternura. Cuando pide disculpas, la gente del campo suele decir "Disimule usted, señor." Y disimulamos. Nos disimulamos con tal ahinco que casi no existimos.

En sus formas radicales el disimulo llega al mimetismo. El indio se funde con el paisaje, se confunde con la barda blanca en que se apoya por la tarde, con la tierra oscura en que se tiende a mediodía, con el silencio que lo rodea. Se disimula tanto su humana singularidad que acaba por abolirla; y se vuelve piedra, pirú, muro, silencio: espacio. No quiero decir que comulgue con el todo, a la manera panteísta, ni que en un árbol aprehenda todos los árboles, sino que efectivamente, esto es, de una manera concreta y particular, se confunde con un objeto determinado.

Roger Caillois[4] observa que el mimetismo no implica siempre una tentativa de protección contra las amenazas virtuales que pululan en el mundo externo. A veces los insectos se "hacen los muertos" o imitan las formas de la materia en descomposición, fascinados por la muerte, por la inercia del espacio. Esta fascinación —fuerza de gravedad, diría yo, de la vida— es común a todos los seres y el hecho de que se exprese como mimetismo confirma que no debemos considerar a éste exclusivamente como un recurso del instinto vital para escapar del peligro y la muerte.

Defensa frente al exterior o fascinación ante la muerte, el mimetismo no consiste tanto en cambiar de naturaleza como de apariencia. Es revelador que la apariencia escogida sea la de la muerte o la del espacio inerte, en reposo. Extenderse, confundirse con el espacio, ser espacio, es una manera de rehusarse a las apariencias, pero también es una manera de ser sólo Apariencia. El mexicano tiene tanto horror a las apariencias, como amor le profesan sus demagogos y dirigentes. Por eso se disimula su propio existir hasta confundirse con los objetos que lo rodean. Y así, por miedo a las apariencias, se vuelve sólo Apariencia. Aparenta ser otra cosa e incluso prefiere la apariencia de la muerte o del no ser antes que abrir su intimidad y cambiar. La disimulación mimética, en fin, es una de tantas manifestaciones de nuestro hermetismo. Si el gesticulador acude al disfraz, los demás queremos pasar desapercibidos. En ambos casos ocultamos nuestro ser. Y a veces lo negamos. Recuerdo que una tarde, como oyera un leve ruido en el cuarto vecino al mío, pregunté en voz alta: "¿Quién anda por ahí?" Y la voz de una criada recién llegada de su pueblo contestó: "No es nadie, señor, soy yo."

No sólo nos disimulamos a nosotros mismos y nos hacemos transparentes y fantasmales; también disimulamos la existencia de nuestros semejantes. No quiero decir que los ignoremos o los hagamos menos, actos deliberados y soberbios. Los disimulamos de manera más definitiva y radical: los ninguneamos. El ninguneo es una operación que consiste en hacer de Alguien, Ninguno. La nada de pronto se individualiza, se hace cuerpo y ojos, se hace Ninguno.

Don Nadie, padre español de Ninguno, posee don, vientre, honra, cuenta en el banco y habla con voz fuerte y segura. Don Nadie llena al mundo con su vacía y vocinglera presencia. Está en todas partes y en todos los sitios tiene amigos. Es banquero, embajador, hombre de empresa. Se pasea por todos los salones, lo condecoran en Jamaica, en Estocolmo y en Londres. Don Nadie es funcionario o influyente y tiene una agresiva y engreída manera de no ser. Ninguno es silencioso y

---

[3] The quoted lines are from the poem by Alfonso Reyes entitled "La tonada de la sierva enemiga" (*Pausa*, 1926).

[4] Roger Caillois (b. 1913), French writer and literary critic.

tímido, resignado. Es sensible e inteligente. Sonríe siempre. Espera siempre. Y cada vez que quiere hablar, tropieza con un muro de silencio; si saluda encuentra una espalda glacial; si suplica, llora o grita, sus gestos y gritos se pierden en el vacío que don Nadie crea con su vozarrón. Ninguno no se atreve a no ser; oscila, intenta una vez y otra vez ser Alguien. Al fin, entre vanos gestos, se pierde en el limbo de donde surgió.

Sería un error pensar que los demás le impiden existir. Simplemente disimulan su existencia, obran como si no existiera. Lo nulifican, lo anulan, lo ningunean. Es inútil que Ninguno hable, publique libros, pinte cuadros, se ponga de cabeza. Ninguno es la ausencia de nuestras miradas, la pausa de nuestra conversación, la reticencia de nuestro silencio. Es el nombre que olvidamos siempre por una extraña fatalidad, el eterno ausente, el invitado que no invitamos, el hueco que no llenamos. Es una omisión. Y sin embargo, Ninguno está presente siempre. Es nuestro secreto, nuestro crimen y nuestro remordimiento. Por eso el Ninguneador también se ningunea; él es la omisión de Alguien. Y si todos somos Ninguno, no existe ninguno de nosotros. El círculo se cierra y la sombra de Ninguno se extiende sobre México, asfixia al Gesticulador y lo cubre todo. En nuestro territorio, más fuerte que las pirámides y los sacrificios, que las iglesias, los motines y los cantos populares, vuelve a imperar el silencio, anterior a la Historia.

(*El laberinto de la soledad*, 1950)

THREE

FROM THE MEXICAN REVOLUTION TO THE PRESENT

C. PROSE—ESSAY

Rufino Blanco-Fombona

VENEZUELA, 1874–1944   Blanco-Fombona was one of the most impassioned exponents of Spanish American antipathy for, and distrust of, the United States. It was upon the occasion of his first visit to this country in 1894 that he first conceived a special dislike for all "Yankees." When he chose to defend his honor before an insulting mob in New York City, he was fined $2000 for breaking a policeman's arm in the fight that ensued. (Cf. F. Carmona Nenclares, *Vida y literatura de Rufino Blanco-Fombona*, Madrid, Mundo Latino, 1928, pp. 32–34.) Although he too— less frequently than Ugarte, to be sure—had expressed admiration for American progress and orderly government, this often bitter anti-American note runs throughout most of his work. One of his most artistic writings in this vein is the delightfully ironic and satiric sketch *Noticias yanquis* that appears below. In it he brings out clearly that because of their inertia and indifference in the face of local political tyranny and greed his own countrymen are themselves often directly responsible for their economic enslavement to foreign capitalism. Against these two forces: economic imperialism from without and political corruption from within, Blanco-Fombona waged a long and relentless battle. To combat the former he appealed to all Hispanic nations to unite, in the name of racial patriotism and in common cause with Spain, but recently (1898) despoiled by the common foe, against further aggression from the north. His Pan-Hispanism was not that, however, of many Americans who went to Spain to "prostituirse con rastreras adulaciones." It is best expressed in the series of lectures delivered at the Centro de Cultura Hispano-Americana de Madrid in 1911—and published that same year in his book *La evolución política y social de Hispanoamérica*—and in *El conquistador español del siglo XVI*. In the *Carta Prólogo* of the latter work he affirms that ". . . la veneración incondicional se rinde únicamente a lo que ya no existe. Y creo que España vive, actúa, se remoza y florece en naciones."

There was no doubt in Blanco-Fombona's mind as to the only possible solution of the racial question in America. He believed that America's future lies wholly in the complete domination of white over Indian and Negro. "*Venezuela*," he declares in *La barbarocracia triunfante* (*La lámpara de Aladino*, pp. 491–504; see also as the Introduction to *Judas Capitalino*, which constitutes one of his most violent outbursts against Gómez and against the "*bárbaros*" in general), "*no tiene salvación si no se resuelve cuanto antes a ser un país de raza caucásica . . . no se trata de acabar por destrucción con los indios y negros del país, que son nuestros hermanos, sino de blanquearlos por constantes cruzamientos.*"

ᴄᴡᴄEL CONQUISTADOR ESPAÑOL DEL SIGLO XVI

En extremeños, vizcaínos, andaluces, castellanos nuevos y viejos, en todos se borran o esfuman los caracteres de las distintas provincias a que pertenecen; en todos aparece el tipo psicológico del español castellanizado. Todos pertenecen a la misma alcándara[1] de rapaces.

Dieron lo que podían dar: impulsividad, combatividad, fortaleza de ánimo y de cuerpo para resistir pesares y fatigas, toda suerte de virtudes heroicas. Esto, por una parte; por la otra, ignorancia, intolerancia para las opiniones ajenas, máxime cuando se refieren a cuestiones de religión, ambición de adquirir oro al precio de la vida, si llega el caso, exponiéndola en rápido albur, antes que obtenerlo por esfuerzo metódico, paciente, continuo. A ello se alió un orgullo sostenido, que da tono y altura a la vida, aun cuando degenera a menudo en arrogancia baldía y frustránea, e incontenible desprecio por todo derecho que no se funda y abroquela en la fuerza.

Fueron políticos malos, pésimos administradores; echaron simientes de sociedades anárquicas, crueles, sin más respeto que la espada. Fundaron un imperio, sin proponérselo, sacando bueno el postulado del pesimismo alemán: el fin último de nuestras acciones es ajeno al móvil que nos impulsa a obrar.

Muy pocos de ellos, muy pocos, se restituyeron a vivir en calma, felices, en Europa. ¡Cómo iban a resignarse a vivir en la estrechez de sus pueblos, en Europa, una vida sedentaria, regular, tiranizada tal vez por mísero alcalde, ellos que habían dominado razas y descubierto y paseado continentes! Aunque en Europa nacidos, dieron lo mejor de su esfuerzo, de su vida, su muerte y su progenie a América. Son nuestros abuelos. Son nuestras figuras representativas de entonces, apenas oscurecidas en la admiración popular, tres siglos más tarde, por los Libertadores.[2]

Los descendientes directos de aquellos

---

[1] alcándara: *perch, brand.*

[2] "El recuerdo de los conquistadores, de muchos de ellos, se conserva en los pueblos americanos, aun en el vulgo iletrado de los campos, si bien enturbiado por leyendas más o menos absurdas. Con el nombre del Tirano Aguirre aún se asusta a los niños de Venezuela. '*Pórtate bien, que si no te lleva el Tirano Aguirre.*' A un fuego fatuo de los campos de Barquisimeto lo llaman '*el alma del Tirano Aguirre.*' Paulina Maracara, la buena, la santa mujer que es nuestra segunda madre hace cuarenta y cinco años, es decir, que hace cuarenta y cinco años sirve maternalmente en nuestra familia, es oriunda de Choroní. Este pueblecito marítimo de la costa venezolana nada tiene que hacer con México. Pues bien, Paulina entretenía nuestra niñez cantándonos unas coplas referentes al sojuzgador de los aztecas. Recuerdo ésta:

> '*Allá viene Hernán Cortés
> embarcado por el mar;*

*déjalo que salte a tierra
que lo vamos a flechar.*' "
(Blanco-Fombona's note.)

Lope de Aguirre (1518–1561), known also by his favorite nickname of "El Traidor," was a Spanish adventurer notorious for his cruelty and treachery toward Spaniard and Indian alike. He joined Pedro de Urzúa's expedition in search of El Dorado and was one of the leaders of the mutiny that replaced Urzúa with Fernando de Guzmán. Later he assassinated the new leader and himself commanded the expedition that went down the Amazon and to the Orinoco via the Río Negro. His own men killed him in Barquisimeto, a town that had been founded by Governor Villegas nine years earlier (1552). Barquisimeto today is a city of some 25,000 inhabitants and is the capital of the state of Lara in the northwestern part of Venezuela. Choroní is a small seaport of some 700 inhabitants in the state of Aragua directly north of Maracay.

hombres formaron en América, por lógica imprevista, una suerte de oligarquía o aristocracia. Durante siglos enteros fue timbre de orgullo descender de los conquistadores; y en aquella sociedad, dividida en castas durante el régimen español, hasta se solían fraguar ingenuas y fantásticas genealogías para probar que se entroncaba con los primeros civilizadores llegados de Europa. Pocos sintieron el orgullo de originar en los grandes caudillos indios. Ésa es la suerte de los vencidos: el desprecio.

Ser nieto de conquistadores por ambos lados era patente de limpieza de sangre. Hijos, nietos de conquistadores, ¡qué altiva satisfacción! Olvidábase que los primeros mestizos fueron también hijos de los primeros conquistadores. Equivalía, además, el descender de conquistadores, o suponérselo, a pertenecer por derecho propio a la casta de los dominadores.

La aristocracia de la espada fue siempre preocupación en la América de lengua castellana, hija de España, país guerrero.

Ahora, conclúyase. Resulta fácil reprochar a los conquistadores el que supieron en grado máximo destruir lo existente, desde naciones hasta sistemas de gobierno, y que no supieron en el mismo grado sustituir lo que destruyeron. El reproche tendría tanto de verdad como de injusto.

Cada generación tiene un cometido, que cumple si puede. Es decir, cada generación debe proponerse un ideal y, de acuerdo con sus fuerzas, caminar hacia él. Y la generación española de los conquistadores cumplió a maravilla el encargo del destino.

Su deber no consistía en aprender a gobernar ni en ser maestra en el ramo de la administración pública. Consistió en hallar mundos, descubrir tierras, subyugar razas, derrocar imperios. En los conquistadores, además, existían deficiencias de raza que los incapacitaban para fundar administraciones regulares; e intemperancias de carácter, intemperancias de oficio, y excitaciones del medio bárbaro, para que los leones pudiesen convertirse en corderos; los fanáticos, en

filósofos; los hombres de la guerra bárbara contra el indio, en burgueses pacíficos.

No fueron administradores, es verdad. No tenían por qué serlo aquellos soldados. Robaron, es cierto, a los vencidos; pero ser despojados por el vencedor—y no sólo de bienes materiales, sino de sus mujeres, de sus dioses, de su idioma, de su soberanía—es lote de los que se dejan vencer.

Fundaron, con todo, indirectamente, un nuevo orden de cosas, al legar su obra de tábula rasa a la mano de España para que la mano de España levantase sobre las ruinas de la vieja civilización, donde la hubo, civilización nueva, o creara cultura donde no existían sino desiertos cruzados de tribus bravías.

Porque debe hacerse hincapié, a punto de concluir, para mejor comprender la obra de los conquistadores y de España, en algo que se indicó ya en el curso de la obra, con respecto a los indios; a saber: que eran naciones las indias en diferentes etapas de civilización. Estas etapas iban desde el imperio comunista de los incas y el imperio oligárquico, teocrático, de los aztecas—es decir, desde pueblos perfectamente organizados, con una original civilización—hasta las tribus errantes en estado de barbarie.

Contra lo que pudiera imaginarse, ocurrió que la conquista de los grandes imperios, y su ulterior hispanización, fue más fácil que la de las naciones bárbaras. Nada más dramático, en efecto, que la lucha contra los araucanos de Chile y los aún más bárbaros caribes de Venezuela. Vencidas unas tribus, se levantaban otras. El conquistador acudía a someterlas y los vencidos de la víspera se insurgían a su turno. A los caribes no les faltó, para inmortalizar su defensa, sino un cantor épico, un Ercilla. En cambio, los pueblos organizados caían en pocos combates. Los imperios morían con sus dinastas.

Respecto a la hispanización sucedió algo semejante. Con los hijos sometidos de los imperios se mezcló el español fácilmente; y produjo las sociedades mestizas de México, Perú, Nueva Granada, Centro América. El indio puro fue esclavo y trabajó para el dueño, en las minas y en los campos; porque el indio de aquellos pueblos, en estado de civilización, era ya agricultor y pudo ser minero. En las tribus bárbaras, el indio fue destruido en la guerra; y los que no desa- [5] parecieron por el hierro y por el fuego, o por las pestes—o por la esclavitud que no podían sufrir—huyeron a lo más escarpado de los montes, a lo más intrincado de las selvas. Negros del Africa sustituyeron al indígena en [10] las labores del campo.

Aquellas sociedades todas quedaron divididas en castas. Estas castas se aborrecían unas a otras. Andando el tiempo, y por obra de las guerras civiles, de la forzosa convivencia [15] secular, de la evolución democrática de las ideas y del temperamento sensual de los habitantes, aquellas castas se han ido fundiendo con lentitud y extrema repugnancia, y han ido dando origen a sociedades hetero- [20] géneas. Pero en estas sociedades impera, sobre todos los demás, el elemento caucásico.

Aun en aquellos pueblos en que está en minoría, la raza blanca les infunde su espíritu. Ella impera en sociedad, de modo exclusivo, [25] celoso e intransigente; posee la riqueza; es ama de la tierra; practica el comercio; ejerce el poder público e impone sus ideas culturales. En muchas de estas sociedades el elemento superior, el caucásico, no ha sido [30] renovado todavía en cantidad suficiente para absorberlos por completo a todos. Tarde o temprano ocurrirá. En algunos países ya ha ocurrido.

Pero vuélvase a los héroes de la conquista, primeros progenitores de las actuales socie- [5] dades americanas.

Gracias a ellos pudo España crear lo que—bueno o malo—existió durante siglos y fue raíz de lo que existe hoy y en lo futuro existirá. [10]

España, por su parte, dio lo que tenía. Pobre fue siempre en hombres de Estado, en hacendistas, en buenos y pulcros administradores de cosa pública; fértil en burócratas [15] inescrupulosos, en jueces de socaliña, en oligarquías que pusieron su conveniencia por encima de la conveniencia de la Nación. Largas páginas se han dedicado en esta obra a comprobarlo.

Lleguemos ahora a la conclusión de aquellas prolijas premisas: ¿cómo iba a darnos España lo que no tenía? ¿cómo culpar a los conquistadores de ser como por herencia, por educación, por tradición, por oficio, por época y por medio tenían que ser?

La Historia no se cultiva por el placer baldío de condenar ni de exaltar. Se cultiva para aprovechar sus lecciones y atesorar [30] experiencia; para conocer el mensaje que cada época y cada raza legan a la Humanidad.

(*El conquistador español del siglo XVI*, 1921)

⟶NOTICIAS YANQUIS[3]

Cierta madrugada, a eso de las cuatro o cuatro y media, se descubrió en la cárcel de la Rotunda,[4] en Caracas, que uno de los presos por delito común se había fugado.

¿Cómo? Nadie pudo explicárselo en el [5] primer instante; luego se sospechó de un sargento de la guardia, pariente del reo.

El prófugo, Juan Lanas, era un bribón corriente y moliente.[5] Carretero de pro-fesión, corpulento, forzudo, sabía echarse al hombro dos quintales de maíz, o de café, o de harina de trigo, o de patatas, con la facilidad que otros carreteros y mozos de cuerda un par de arrobas.

Se le temía entre sus camaradas, no sólo por su enorme fortaleza física, sino por su aviesa condición moral. Por un quítame allá esas pajas[6] le daba un puñetazo al lucero del

---

[3] Unlike most of the stories in *Dramas mínimos*, this one does not appear in any of the earlier collections of Blanco-Fombona's tales. Internal evidence seems to indicate that it was written during the closing years of World War I.

[4] cárcel de la Rotunda: name given to a famous public jail in Caracas.

[5] bribón . . . moliente: *out and out rascal.*

[6] Por . . . pajas: *For the slightest offense.*

alba; y el cuchillo suyo abrió chirlos en más de una o dos caras. Últimamente, explotaba más su profesión de bravonel que su oficio de carretero. Y el valentón, en las casas de juego, formó broncas, más de una vez, en asocio de otros pícaros, para robar el monte a favor de la algarabía y de la confusión.

La Policía, reconociendo en aquel hombre un peligro social, vigilaba a Juan Lanas. Lo vigilaba, es decir, Juan Lanas podía cometer cuanto desafuero se le pasase por las mientes sin que nadie se lo estorbase. Así, pues, la vigilante Policía no pudo impedir que Juan Lanas, en alguna de aquellas zalagardas promovidas adrede para desvalijar los garitos, asestase tremenda puñalada a un garitero que no se avenía a dejarse despojar.

El tahur murió y Juan Lanas ingresó en la cárcel. Ahora se fugaba el pillo.

El alcaide de la Rotunda se alarmó con la fuga del presidiario. Aquello iba a ser un escándalo de marca mayor. La Prensa pondría el grito en el cielo. No; aquel hombre debía ser apresado volando y aquella fuga debería ser ignorada.

Se telefoneó a la Policía; se puso, a toda carrera, en movimiento a una brigada de activos polizontes. Éstos, con buen acuerdo, discurrieron enderezarse lo primero al barrio, a extramuros, donde habitaban hermanos, tíos y otros parientes del forajido. Antes de que la ciudad despertase, ya estaba Juan Lanas preso, y bien preso, esposado, camino de la cárcel.

Pero no se le aprehendió sin resistencia. Habíase escondido en un antiguo tejar abandonado, en campo raso. Allí se le sitió. Ya estaba armado de revólver y lanza, y un hermano suyo, armado también de revólver, lo acompañaba. Cuando se comprendieron cercados se defendieron a tiros del asalto. Acudieron algunos parientes a los tiros; y los parientes, también hombres de armas tomar, cerraron a balazos, por retaguardia, contra los polizontes.

Dispararon éstos sus máuseres, y los deudos agresores dispersáronse . . . Por fortuna, no hubo heridos. O mejor dicho, hubo un herido: un pobre perro callejero, que manchó con su sangre las tapias sucias del tejar y dejó en el suelo, donde se echó a morir, un charco de púrpura. En cuanto a Juan Lanas, huyó, junto con su hermano, del edificio ruinoso a que ambos se acogían, no bien se les concluyeron las cápsulas. Y ya en campo abierto, fue fácil darles caza. Eran como las seis de la mañana. El barrio de Juan Lanas, es decir, las casucas perdidas por aquel descampado, se habían despertado en alarma, con semejante desayuno de tiros. Pero la ciudad, a lo lejos, aún dormía a pierna suelta.

Al día siguiente de la fuga y captura de Juan Lanas, aparecía en innúmeros periódicos de innúmeras ciudades de los Estados Unidos, bajo grandes y llamativos títulos de alarma, el telegrama siguiente, obra de una Agencia informadora de aquel país:

"*Caracas, 4 de Abril.—La revolución o guerra civil ha estallado en Venezuela. El caudillo popular Juan Lanas, preso por motivos políticos, ha logrado anoche escaparse de la cárcel, con el apoyo de la guarnición.*

"*En la madrugada atacó el popular caudillo, que ya había levantado tropas con actividad sin ejemplo, a las fuerzas del Gobierno destacadas en su persecución. En el sitio del Tejar, cerca de Caracas, ocurrió el combate, que fue encarnizado. Las paredes de las casas del Tejar quedaron todas manchadas de sangre. A pesar de la actividad del Gobierno, todavía a las doce quedaba un cadáver en un charco de sangre coagulada por el sol.*

"*Se dice que los rebeldes se retiraron por carencia de municiones; pero que tienen depósitos de éstas y que, suficientemente provistos, atacarán pronto a la ciudad. Se esperan levantamientos en todo el país. Nadie habla sino del general Juan Lanas.*"

Al día siguiente de circular ese cablegrama, se publicó en los Estados Unidos otro despacho cablegráfico sobre la guerra civil de Venezuela:

"*Caracas, 5 de Abril.—El Gobierno mantiene una censura rigurosa. Nadie osa hablar del general Juan Lanas, cuyo paradero se ignora. Se espera una inminente conmoción nacional en todo el país. Las colonias extranjeras piden que los Estados Unidos manden varios buques de guerra, con tropas de des-*

embarco, *para proteger sus vidas y sus intereses, tan seriamente amenazados.*"

Otros telegramas fechados en la isla holandesa de Curazao confirmaban la noticia:

"*Curazao, 6 de Abril.—Queda absolutamente* confirmado que la guerra civil ya comenzó de nuevo en Venezuela. Se habla de grandes combates en torno de la capital y otros centros comerciales de importancia. El Gobierno, por medio de una censura rigurosa, no deja traslucir nada. Han empezado los fusilamientos, según informan los viajeros que llegan del continente; pero a nadie en Venezuela se le permite decir ni el nombre de los fusilados ni el sitio de los fusilamientos. Los extranjeros, unánimemente, piden el envío de barcos de guerra de los Estados Unidos.*"

Al día siguiente el cablegrama confirmatorio iba, con nuevos detalles, de Panamá:

"*Panamá, 7 de Abril.—La revolución de Venezuela toma grandes proporciones. Personas recién llegadas de Maracaibo dicen que el jefe rebelde, general Lanas, espera una ocasión propicia para caer sobre la capital. Los rebeldes de Maracaibo parece que han apedreado el Consulado belga. Los belgas, que no tienen una escuadra ni un ejército que imponga respeto a este país, piden que los Estados Unidos los protejan en estas difíciles circunstancias.*"

De Puerto Rico y de la Habana, sucesivamente, fueron enviándose telegramas, con habilidad escalonados y pérfidamente capciosos.

Pero todo no se reducía a telegramitas de alarma. Periodistas irresponsables e ignorantes llenaban y rellenaban columnas farragosas y soporíferas con ocasión de Venezuela, a propósito de la doctrina de Monroe, de la barbarie de la América Latina y la misión civilizadora que estaban llamados a ejercer los Estados Unidos, primero, en el continente americano, y más tarde, en Europa.

No era posible que la habilísima política internacional de los dirigentes yanquis impidiera los comentarios y sandeces de tanto articulista estadunidense, ya con pantalones, ya con faldas. Es más: en la táctica diplomática de los dirigentes anglo-americanos se cuenta con esos franco-tiradores ignaros, ensoberbecidos, anónimos.

En cambio, los cables, en manos de la Política y de la Banca, no dicen, por lo común, sino lo que deben decir, obedeciendo a propósitos determinados y de alcances previstos.

Así, la fantástica revolución de Venezuela se cablegrafiaba a cada región del mundo, según las circunstancias: a Ibero-América de un modo, y de otro modo distinto a Europa. Aun tratándose de Europa, no se le decía lo mismo a Inglaterra, por ejemplo, que a España: la una tiene allí intereses materiales, que vigila; la otra tiene, principalmente, intereses morales, que descuida.

La revolución de Juan Lanas no servía de mero pasatiempo a la política de los Estados Unidos: tratábase en esta ocasión de alejar el dinero de Francia y Holanda, mancomunadas en el proyecto de comprar enormes yacimientos de petróleo en la provincia de Maracaibo. Por eso empezóse apedreando el Consulado belga. ¿No son los belgas mitad holandeses, mitad franceses? Había temor para repartir entre los nacionales de ambos pueblos. Y mientras los capitalistas de Francia y de Holanda se abandonaban a la expectativa durante una semana, los Estados Unidos, que venían trabajando en silencio, quedáronse en el momento oportuno con los yacimientos de petróleo maracaibero.

Hubo más, de adehala: el pánico cundió respecto a los valores del país en revolución; muchos europeos vendían, muchos yanquis compraban.

Cuando la Prensa de Caracas se enteró de aquella revolución cablegráfica, se contentó, escéptica o estúpida, o, mejor dicho, estúpida y escéptica, con encogerse de hombros. El más importante diario caraqueño se limitó a escribir lo siguiente:

"*¿Recuerdan nuestros lectores a un tal Juan Lanas, reo que se fugó de la cárcel y fue capturado horas después? Caracas no dio importancia a Juan Lanas, e hizo mal. Juan Lanas no era un hombre célebre; pero iba a serlo. Los yanquis iban a descubrir el nombre del innominado, y el mundo, a corearlo. Contentábase Caracas con saber que Juan Lanas, socialmente considerado, valía poco, y que sólo antropológicamente valía lo que otro ciudadano*

cualquiera del mundo, por alto que este ciudadano
del mundo fuese:

Juan Lanas, el mozo de esquina,
es absolutamente igual
al emperador de la China:
los dos son el mismo animal.

"Grave error el de la ciudad. El presidiario Juan
Lanas parece ser, en la política de nuestro país,
según los periódicos yanquis, un personaje de primer
orden. El país no se había dado cuenta de ello. 10
¡Qué torpeza!"

El Gobierno de Venezuela, no menos
escéptico y estúpido que la Prensa, ni
siquiera se ocupó en desmentir oficialmente la
patraña. Y cuando el ministro de Relaciones 15
Exteriores del país se medio quejó de aquella
jugarreta *de la Prensa sensacionalista,* como
decía el infeliz, al ministro de los Estados
Unidos en Caracas, el ministro estadunidense, con una sonrisa le replicó: 20

—Creo que no tienen ustedes quejas de
nosotros. Nunca hemos puesto en duda el
gran porvenir reservado a este país. Ya ve
usted que mientras los periódicos—no de
nuestro país únicamente, sino del mundo 25
entero—hablan de disturbios en Venezuela,
nosotros traemos nuestro capital y lo inverti-
mos aquí. Compare nuestra conducta con la
de los pueblos de Europa, que, a la menor
nubecilla obscura, los abandonan a ustedes;
y, cuando no los amenazan, retiran sus
capitales o no los invierten. ¿Y sabe por
qué hacen esto? Porque Europa no tiene
confianza ni fe en ustedes. Nosotros, sí. Vea
cómo, a pesar del peligro revolucionario,
nuestros capitalistas se arriesgan a comprar
las minas de petróleo, desechadas por esos
holandeses que ustedes creen tan osados
comerciantes y por esos franceses con los que
ustedes simpatizan tanto. Vea cómo acabamos de establecer una nueva línea de vapores
entre los puertos de ustedes y los nuestros.
Vea cómo acabamos de inaugurar esa exposición de instrumentos agrícolas. No; no
deben ustedes ser injustos con nosotros.

—Pero esos cablegramas y esas noticias y
comentarios, arguyó el otro—no son precisamente rasgos de amistad.

Y el yanqui, riéndose de nuevo, repuso:

—Ésas son cosas de periódicos. ¡Quién les
hace caso a periódicos!

(*Dramas mínimos,* 1920)

~~~~Manuel Ugarte

ARGENTINA, 1878–1951   It was upon his first visit to New York in 1900 that Manuel Ugarte learned of the declaration made by Senator Preston[1] in 1838: "La bandera estrellada flotará sobre toda la América latina, hasta la Tierra del Fuego, único límite que reconoce la ambición de nuestra raza." (*El destino de un continente*, p. 7.) What astounded the young Argentinian all the more was the fact that he could not recall that any Spanish American had ever raised his voice in protest; and at that moment was born his resolve to awaken his fellow-Americans to the growing menace of Yankee imperialism. The first lecture of a campaign, waged against disheartening obstacles often placed in his path by his own compatriots, was given on May 25, 1910, in Barcelona, upon the occasion of Argentina's centenary celebration. That campaign was to take him through every country of America—several Central American governments, however, fearful of the consequences of his message, refused him entry—indeed, even to within the very shadows of Wall Street, since on July 9, 1912, he pointed out the dangers of imperialism in a lecture on "The Future of Latin America" given at Columbia University. The press commented favorably on his address and spoke of him as "the apostle of Latin American union." Years later in Nice, France, after he had spent his own personal fortune on a cause that served only to discredit him in the eyes of many of his short-sighted people, he made this ironic commentary: "Figúrese usted, el sitio en que hallé más liberal acogida para mis prédicas fue la Universidad de Columbia en Nueva York." (Vasconcelos, *El desastre*, 5 ed., p. 513.) Four books tell the story of his crusade: *El porvenir de la América Latina* (1911), *Mi campaña hispanoamericana* (1922), *El destino de un continente* (1923), and *La patria grande* (1924). And yet, in spite of the fact that he was one of the most outspoken of Latin America's anti-imperialists, Ugarte repeatedly protested his admiration for the United States: "A pesar del renombre de yancófobo que se me ha hecho, leyenda falsa como tantas otras, no he sido nunca enemigo de esa gran nación . . . Nadie admira más que yo la grandeza de los Estados Unidos y pocos

---

[1] Senator William Campbell Preston (1794–1860) of South Carolina was a member of the United States Senate from 1833 to 1842. He won a high reputation as an orator and was boldly outspoken for the annexation of Texas. Ugarte does not cite the source of this quotation, and the historian J. Fred Rippy cannot find the statement in any of Senator Preston's available speeches.

tendrán una noción más clara de la necesidad de relacionarnos con ellos en los desarrollos de la vida futura; pero esto ha de realizarse sobre una plataforma de equidad." (*El destino de un continente*, pp. 2-3.)

⌒⌒LA NUEVA ROMA

La flexibilidad de la acción exterior del imperialismo norteamericano y la diversidad de formas que adopta según las circunstancias, la composición étnica y el estado social de los pueblos sobre los cuales ejerce acción, es, [5] desde el punto de vista puramente ideológico, uno de los fenómenos más significativos de este siglo. Nunca se ha desarrollado en la historia un empuje tan incontrarrestable y tan maravillosamente orquestado como el que [10] vienen desarrollando los Estados Unidos sobre los pueblos que geográfica o políticamente están a su alcance en el sur del continente o en el confín del mar. Roma aplicó sistemas uniformes. España se obstinó [15] en jactancias y oropeles. Hasta en nuestros propios días, Inglaterra y Francia se esfuerzan por dominar más que por absorber. Sólo los Estados Unidos han sabido modificar el andamiaje[2] de la expansión, de acuerdo [20] con las indicaciones de la época, empleando tácticas diferentes para cada caso y desembarazándose de cuanto pueda ser impedimenta o peso inútil para el logro de sus aspiraciones. Me refiero igualmente a los [25] escrúpulos de ética, que en ciertos casos prohiben el empleo de determinados procedimientos, y a las consideraciones de orgullo, que suelen empujar en otros a las naciones más allá de sus conveniencias. El [30] imperialismo norteamericano ha sabido dominar siempre sus repugnancias y sus nervios. Hasta el respeto a la bandera ha sido considerado por él, más que como una cuestión de amor propio, como un agente eficaz en la [35] dominación. Unas veces imperioso, otras suave, en ciertos casos aparentemente desinteresado, en otros implacable de avidez, con reflexión de ajedrecista que prevee todos los movimientos posibles, con visión vasta que abarca muchos siglos, mejor informado y más resuelto que nadie, sin arrebatos, sin olvidos, sin sensibilidades, sin miedos, desarrollando una acción mundial donde todo está previsto, el imperialismo norteamericano es el útil más perfecto de dominación que se ha conocido en las épocas.

Añadiendo a lo que llamaremos el legado científico de los imperialismos pasados, las iniciativas nacidas de su inspiración y del medio, la gran nación ha subvertido todos los principios en el orden político como ya los había metamorfoseado dentro del adelanto material. Las mismas potencias europeas resultan ante la diplomacia norteamericana un espadín frente a una browning.[3] En el orden de ideas que nos ocupa, Wáshington ha modificado todas las perspectivas. Los primeros conquistadores, de mentalidad primaria, se anexaban los habitantes en calidad de esclavos. Los que vinieron después se anexaron los territorios sin los habitantes. Los Estados Unidos, como ya lo hemos insinuado en precedentes capítulos, han inaugurado el sistema de anexarse las riquezas sin los habitantes y sin los territorios, desdeñando las apariencias para llegar al hueso de la dominación sin el peso muerto de extensiones que administrar y muchedumbres que dirigir. Poco les importa el juego interno de la vida de una colectividad, y menos aún la forma externa en que la dominación ha de ejercerse, siempre que el resultado ofrezca el máximum de influencia, beneficios y autoridad, y el mínimum de riesgos, compromisos o preocupaciones.

Así ha surgido una variedad infinita de formas y de matices en las zonas de in-

---

[2] andamiaje = andamiada.

[3] browning: *rifle*.

fluencia. Lejos de aplicar un clisé o de universalizar una receta, el imperialismo nuevo ha fundamentado un diagnóstico especial para cada caso, teniendo en cuenta la extensión de la zona, su ubicación geográfica, densidad de la población, origen, clasificación étnica dominante, grado de civilización, costumbres, vecindades, cuanto puede favorecer u obstaculizar la resistencia, cuanto debe aconsejar la asimilación o el alejamiento por afinidades o desidencias de raza, cuanto cabe inducir para las contingencias futuras. Las razones superiores de fuerza y de salud activa que encauzan la energía expansionista, velan, ante todo, por la pureza racial del núcleo y rechazan todo aporte[4] que no coincida con él. Anexar pueblos es modificar la composición de la propia sangre, y el invasor, que no aspira a diluirse, sino a perpetuarse, evita cuanto pueda alterar o adormecer la superioridad que se atribuye.

El imperialismo hubiera podido, sin esfuerzo, duplicar o triplicar en los últimos años la extensión oficial de sus territorios, pero ha comprendido el peligro de añadir a su conjunto grandes masas de otro origen. La ocupación integral de pequeños territorios habitados por población blanca poco densa no ofrece dificultades; pero la conquista de vastas zonas de carácter refractario entraña peligros que no escapan a la perspicacia más elemental. De aquí la solución oportunista de reinar sin corona, bajo la sombra de otras banderas que el determinismo de las realidades acaba por hacer ilusorias.

La acción que se hace sentir en forma de presiones financieras, tutela internacional y fiscalización política, concede todas las ventajas sin riesgo alguno. Es en el desarrollo de esta táctica donde ha evidenciado el imperialismo la incomparable destreza que sus mismas víctimas admiran. En el orden financiero tiende a acaparar los mercados con exclusión de toda competencia, a erigirse en regulador de una producción, a la cual pone precio, y a inducir a las pequeñas naciones a contraer deudas que crean después conflictos, dan lugar a reclamaciones y preparan

ingerencias propicias a la extensión de la soberanía virtual. En el orden exterior se erige en defensor de esos pueblos, obligando al mundo a aceptar su intervención para tratar con ellos y arrastrándolos en forma de satélites dentro de la curva de su rotación. En el orden interno propicia la difusión de cuanto acrece su prestigio, ayuda las ambiciones de los hombres que favorecen su influencia y obstaculizan toda irradiación divergente, cerrando el paso de una manera perentoria a cuantos, más avisados o más patriotas, tratan de mantener incólume la nacionalidad.

Es en esta última zona de acción donde mejor podemos observar la maestría del imperialismo. La sutil intrusión en los asuntos privativos de cada pueblo ha invocado siempre, como es clásico, la paz, el progreso, la civilización y la cultura; pero sus móviles, procedimientos y resultados han sido a menudo la completa negación de esas premisas.

Claro está que el punto de partida y la base para apoyar la palanca está en la interminable efervescencia política de nuestros pueblos. Pero el partido que se ha sacado de esta circunstancia es tan prodigioso, que parece inverosímil. Por la virtud del choque de los bandos, por el peso de la ambición de los hombres, aprovechando la inestabilidad de los gobiernos, en democracias levantiscas e impresionables, se ha creado dentro de cada país un poder superior, unas veces oculto, otras ostensible, que baraja, enreda, combina, teje y desteje los acontecimientos, propiciando las soluciones favorables para sus intereses. Aquí fomenta las tiranías, allá apoya las intentonas revolucionarias, erigiéndose siempre en conciliador o en árbitro, y empujando infatigablemente los acontecimientos hacia los dos fines que se propone: el primero, de orden moral, acrecentar la anarquía para fomentar el desprestigio del país, justificando intervenciones, y el segundo, de orden político, desembarazarse de los mandatarios reacios a la influencia dominadora, hasta encontrar el hombre débil, o de pocas luces, que por inexperiencia o apresuramiento será el auxiliar de la dominación.

---

[4] aporte: *factor from without.*

Los ambiciosos saben que el ideal del imperialismo consiste en gobernar por manos ajenas, dentro de una prescindencia panorámica, y más de uno ha burlado esos cálculos haciéndose pequeño en la oposición 5 para llegar con apoyo hasta el poder. Pero aun con la táctica de Sixto V,[5] consintiendo primero para resistir más tarde, se contribuye al resultado doloroso, porque se abre la puerta a un escalonamiento de acciones 10 análogas, que si no dan directamente al imperialismo lo que apetece, prolongan la efervescencia y el desorden, agotando las fuerzas nacionales y creando por su misma multiplicación endémica el ambiente pro- 15 picio para que sea al fin irremediable la sumisión.

El mayor triunfo del sistema ha consistido en erigirse en factor de éxito dentro de nuestra propia vida. Fuente de recursos 20 dentro de la pugna ciudadana, dispensador de reconocimientos dentro de la existencia oficial, ha empujado, no sólo a los impacientes, sino a los más incorruptibles y a los más íntegros, hasta los límites extremos de lo que 25 se puede consentir sin abdicar. De esta suerte se ha ido creando subconscientemente, en los países "trabajados," un estado de espíritu especial, que admite, dentro de las luchas ciudadanas, la colaboración de fuerzas que 30 no nacen del propio medio y hace entrar en todo acto o propósito nacional una partícula de la vida y del interés extraño.

De aquí el fenómeno de que en un continente sobre el cual pesa una presión extran- 35 jera sin precedentes en la historia, sean tan raros los hombres que se pronuncian abiertamente contra ella. Unos, porque aspiran ante todo al éxito; otros, porque imaginan ser hábiles disimulando su sentir; todos parecen 40 tolerar o ignorar la fuerza secreta que se hace presente a todas horas. Nadie habla, salvo contadísimas excepciones, de inclinarse. Pero

en la dosificación de las complacencias, hay un teclado para la maestría del invasor que apoya naturalmente sobre las notas más gratas a su oído, desplazando insensiblemente las octavas hacia el campo de su predilección. No digo que se abra así una especie de subasta para entregar el poder a quien más concede. La altivez de nuestros pueblos no lo consentiría. Pero no se ha presentado aún en nuestras repúblicas el caso de que un hombre sindicado como adversario del imperialismo llegue a la presidencia. Los mismos que se han elevado con el beneplácito de Wáshington, ruedan así que asoma una veleidad de resistir. El eje de la política no está ya, pues, entre los que atacan y los que se inclinan, sino en el grado de la inclinación y en la intensidad del acatamiento. Así se ha improvisado más de una vez la popularidad y el auge de figuras secundarias que no parecían hechas para gobernar pueblos. Y así han sido sacrificados buenos políticos, que constituían un peligro por su perspicacia y su capacidad. La divisa de Metternich[6] en uno de los grandes momentos de Austria ("hay que ayudar en Francia las ambiciones de X, porque X es muy torpe y con él estamos tranquilos"), ha tenido aplicación más de una vez en la política americana. La malicia nativa, que suple a veces el talento, se ha encargado de hacer fracasar algunos de esos cálculos atrevidos. Pero la consigna general ha sido empujar a los menos capaces, más que por las concesiones que de ellos se pueden arrancar, por los errores que ellos solos cometen, sin incitación de nadie.

Los que se oponen a esa política, desde el gobierno, aunque sea en la forma más comedida y diplomática, ven surgir, según los casos, en la frontera o en las cercanías de las capitales, la nube hostil que en poco tiempo los barrerá de las alturas. Aunque la insurrección sólo cuenta al principio con

[5] Sixto V (1521–1590) was elected to the papacy in 1585. He reorganized the administration of the State, setting up fifteen permanent boards that reduced his work considerably without limiting his authority in the least since the final decision on all matters rested ultimately with him.

[6] Klemens Lothar, Prince von Metternich (1773–1859), Austrian statesman and leader of conservatism in

Europe, became master of Austria and chief arbiter of Europe from 1815 to 1848, a period that came to be called "the age of Metternich." His political creed is well summed up in his recommendation to the Emperor: "Adherence to the French system in order to insure the integrity of Austria and to save our strength for better times."

escasos partidarios, se inflará rápidamente, porque recibirá todos los elementos útiles, y aunque el gobierno disponga de fuerza y popularidad para dominar el desorden, nunca podrá conseguirlo, porque en último caso, argumentando la necesidad de defender propiedades o de impedir matanzas, intervendrán ministros y desembarcarán tropas extranjeras. A pesar de los intereses divergentes de Francia, España e Inglaterra, el cuerpo diplomático en nuestros países es una serie de vagones de lujo encabezados por una locomotora que lleva bandera norteamericana. Por otra parte, el mundo sólo sabrá de las cosas de América lo que quieran decir los Estados Unidos, porque ellos son los que imponen a la opinión universal el dominio de sus cables. Abandonado por sus mismos partidarios, el mandatario que se obstine en resistir será bloqueado en sus abastecimientos, movimientos y palabras. Así se explica la rapidez de ciertas caídas, en países donde antes duraban las guerras civiles largos años, y así se comprende, aunque no se justifique, lo que podríamos llamar el terror oficial.

* * * Los intereses de algunas compañías financieras, que salen del marco en que se mueven los intereses de la nación o la iniciativa de agentes que van más allá de sus instrucciones, pueden exagerar los abusos. Pero en conjunto todo obedece a una política deliberada. Las cosas se hallan dispuestas de tal suerte, que para los latinoamericanos la acción se hace difícil y el éxito imposible, siempre que no concurra a contemporizar con la influencia que apoya su mano de hierro sobre los intereses y sobre las conciencias, desarmando toda hostilidad. Y aquí nos encontramos ante la eterna pregunta: La responsabilidad final de la situación, ¿recae exclusivamente sobre el imperialismo, que en nuestro tiempo, como en todos los tiempos, extenderá sus ambiciones hasta donde les cierre el paso la resistencia de la atmósfera? ¿No alcanza la mayor culpa a los dirigentes nuestros, que ilustrados por catástrofes anteriores, aleccionados por situaciones análogas en otros países y otros siglos, puestos en guardia por voces que vienen de todas partes, no atinan a elevarse por encima de sus limitaciones para abarcar panoramas más vastos y alcanzar visiones más amplias?

Las faltas del imperialismo las conocemos todos, y nada ganaremos con repetirlas en tono airado. Lo que conviene poner en evidencia, son nuestros propios errores. No para crear discordia con ellos una vez más, sino para acabar con la discordia, reconstruyendo serenamente lo que han destruido las impetuosidades.

Mi hostilidad a la política imperialista—o, mejor dicho, el deseo natural y patriótico de que la América Latina se oponga a ella—ha sido tergiversado a menudo y desvirtuado a sabiendas, hasta convertirlo en odio o desprecio a los Estados Unidos. En innumerables artículos y discursos he tratado de destruir esa interpretación, pero insisto ahora y acaso no será esta la última vez, porque los errores voluntarios tienen una vitalidad sorprendente.

No he reprochado nunca a César que dividiese a los francos para apoderarse de las Galias. La maniobra de César constituía una superioridad; pero es legítimo lamentar que los francos no tuviesen suficiente astucia para contrarrestarla. Sería insensato hacer un crimen a Hernán Cortés de su política en México. No queda rastro en los tiempos de una proeza mayor que la realizada por él. Pero es razonable pensar que si los veinte millones de indígenas[7] que constituían el poderoso imperio azteca, no hubiesen naufragado en la discordia, la sujeción no habría podido realizarse. Fulminar la conquista es tarea vana dentro del determinismo y la invulnerabilidad de los hechos humanos, cuya moral formula el triunfador, al punto de que se puede decir que raza definitivamente vencida, es raza definitivamente deshonrada, porque la victoria anula valores militares y morales, barriendo hasta los prestigios y las superioridades más legítimas. Mi propósito ha

---

[7] veinte . . . indígenas: This figure seems a little high. The total population of the Nahua-Maya region is generally thought to have been not more than ten million at the time of the Conquest.

sido llamar la atención de los aztecas y de los francos de mi tiempo y de mi grupo sobre la posibilidad de evitar querellas suicidas para desarrollar un esfuerzo vigoroso, sanear el conjunto y coordinarlo en vista de lo que es el supremo anhelo de todas las especies: desarrollarse y perdurar.

Los Estados Unidos han hecho y seguirán haciendo lo que todos los pueblos fuertes en la historia, y nada es más ineficaz que los argumentos que contra esa política se emplean en la América Latina. En asuntos internacionales, invocar la ética es casi siempre confesar una derrota. Las lamentaciones, a menos de que sean recogidas por otro poderoso que aspira a usufructuarlas, no han pesado nunca en el gobierno del mundo. No hay que decir: "Eso está mal hecho," hay que colocarse en la situación de que "Eso no se puede hacer"; y para conseguirlo, es tan inútil invocar el derecho, la moral y el razonamiento, como recurrir al apóstrofe, la imprecación o las lágrimas. Pueblos que esperan su vida o su porvenir de una abstracción legal o de la voluntad de los otros, son de antemano pueblos sacrificados. Es de la propia entraña de donde hay que sacar los elementos de vida; de la previsión para ver los peligros, de la fortaleza para encarar las dificultades, del estoicismo para conjurar los fracasos, de todo lo que surge de la vigilancia vivificadora del propio organismo, ocupado, antes que nada, en respirar. Cuando cesa la autodefensa de los hombres y de los pueblos, cesa la palpitación misma que los mantiene dentro de la naturaleza o de la historia.

Odiar a los Estados Unidos, es un sentimiento inferior que a nada conduce. Despreciarlos, es una insensatez aldeana. Lo que debemos cultivar es el amor a nosotros mismos, la inquietud de nuestra propia existencia. Si buscando una reacción de la voluntad colectiva, denunciamos el peligro exterior y evocamos el recuerdo de desastres anteriores, que no sea para calificar la actitud de los otros, sino para orientar la nuestra; porque lo que urge considerar no es lo que el adversario hizo para perjudicarnos, sino lo que nosotros no hicimos para contrarrestar su agresión y lo que tendremos que realizar mañana si no queremos ser aniquilados.

(*El destino de un continente*, 1923)

﹏﹏José Vasconcelos

MEXICO, 1882–1959   *La raza cósmica* (1925) and *Indología* (1926)
together constitute what soon became a classic pronouncement concern-
ing the racial and cultural future of Ibero-America. It is in the prologue
to the former that Vasconcelos first advanced his theory of the mission
of the "fifth" or "cosmic" race, a theory eagerly accepted throughout
mestizo America and one inseparably associated ever since with his
name. Conceived during his pioneering attempt to weld a racial and
cultural amalgam out of the diverse elements within Mexico itself, it
voiced his hope that all countries of Ibero-America, including, of
course, Brazil—where he believed the "cosmic race" would first
emerge—would gain strength out of such a faith in their common
destiny and that, once freed of old nationalistic credos (cf. his accep-
tance speech delivered at the University of Chile when elected an
honorary member of that faculty. It reads in part: "Creo que la
nacionalidad es una forma caduca, y por encima de las patrias de hoy,
cuyos emblemas ya casi no mueven mi pecho, veo aparecer las
banderas nuevas de las Federaciones étnicas que han de colaborar en
el porvenir del mundo." *La raza cósmica*, pp. 261–262), they would
strive together under a common banner to forge a culture and a way
of life complementary to that of the northern neighbor. A South
American tour convinced him more than ever of the urgency of the need
of such a common goal. That need and the theory he propounds to
meet it first took shape in *La raza cósmica*, which also contains the
stimulating impressions of his American tour. Out of protest to the
political highhandedness of Calles and Obregón, he left Mexico as a
voluntary exile in 1925 for a European trip that was to take him from
Portugal and Spain through almost every country of the continent. He
was in Paris when the University of Puerto Rico invited him to give a
series of lectures on Mexican education. Vasconcelos accepted, but he
enlarged the scope of his topic so as to offer his interpretation of the
whole of Ibero-American culture. Delivered in Puerto Rico and in
Santo Domingo, these lectures comprise his volume *Indología*, which is—
essentially—the amplification and crystallization of the basic ideas
expressed in *La raza cósmica*. It is in the chapter entitled *El hombre* of
Indología (p. 105) that Vasconcelos underscores again the keynote of his

theory: "Que nuestra mayor esperanza de salvación se encuentra en el hecho de que no somos una raza pura, sino un mestizaje, un puente de razas futuras, un agregado de razas en formación: agregado que puede crear una estirpe más poderosa que los que proceden de un solo tronco."

⤳LA RAZA CÓSMICA

PRÓLOGO

Pugna de latinidad contra sajonismo ha llegado a ser, sigue siendo nuestra época; pugna de instituciones, de propósitos y de ideales. Crisis de una lucha secular que se ⁵ inicia con el desastre de la Armada Invencible[1] y se agrava con la derrota de Trafalgar.[2] Sólo que desde entonces el sitio del conflicto comienza a desplegarse y se traslada al continente nuevo, donde tuvo ¹⁰ todavía episodios fatales. Las derrotas de Santiago de Cuba y de Cavite y Manila[3] son ecos distantes pero lógicos de las catástrofes de la Invencible y de Trafalgar. Y el conflicto está ahora planteado totalmente en el ¹⁵ Nuevo Mundo. En la historia, los siglos suelen ser como días; nada tiene de extraño que no acabemos todavía de salir de la impresión de la derrota. Atravesamos épocas de desaliento, seguimos perdiendo, no sólo en ²⁰ soberanía geográfica, sino tambien en poderío moral. Lejos de sentirnos unidos frente al desastre, la voluntad se nos dispersa en pequeños y vanos fines. La derrota nos ha traído la confusión de los valores y los con- ²⁵ ceptos; la diplomacia de los vencedores nos engaña después de vencernos; el comercio nos conquista con sus pequeñas ventajas. Despojados de la antigua grandeza, nos ufanamos de un patriotismo exclusivamente na- ³⁰ cional, y ni siquiera advertimos los peligros que amenazan a nuestra raza en conjunto. Nos negamos los unos a los otros. La derrota nos ha envilecido a tal punto, que, sin darnos

cuenta, servimos los fines de la política enemiga, de batirnos en detalle, de ofrecer ventajas particulares a cada uno de nuestros hermanos, mientras al otro se le sacrifica en intereses vitales. No sólo nos derrotaron en el combate, ideológicamente también nos siguen venciendo. Se perdió la mayor de las batallas el día en que cada una de las repúblicas ibéricas se lanzó a hacer vida propia, vida desligada de sus hermanos, concertando tratados y recibiendo beneficios falsos, sin atender a los intereses comunes de la raza. Los creadores de nuestro nacionalismo fueron, sin saberlo, los mejores aliados del sajón, nuestro rival en la posesión del continente. El despliegue de nuestras veinte banderas en la Unión Pan-Americana de Wáshington deberíamos verlo como una burla de enemigos hábiles. Sin embargo, nos ufanamos cada uno de nuestro humilde trapo, que dice ilusión vana, y ni siquiera nos ruboriza el hecho de nuestra discordia, delante de la fuerte unión norteamericana. No advertimos el contraste de la unidad sajona frente a la anarquía y soledad de los escudos iberoamericanos. Nos mantenemos celosamente independientes respecto de nosotros mismos; pero de una o de otra manera nos sometemos o nos aliamos con la Unión Sajona.* * *

En la historia no hay retornos, porque toda ella es transformación y novedad. Ninguna raza vuelve; cada una plantea su misión, la cumple y se va. Esta verdad rige lo mismo en los tiempos bíblicos que en los nuestros, todos

---

[1] el desastre . . . Invencible: "The Invincible Armada," sent out by Philip II of Spain against the English fleet, was defeated by Drake, Hawkins, *et. al.*, in the English Channel during July of 1588.

[2] la derrota de Trafalgar: Nelson defeated the combined French and Spanish fleets near the Strait of Gibraltar in 1805.

[3] las derrotas . . . Manila: The Spanish fleet was annihilated on July 3, 1898, outside Santiago harbor. The city surrendered on July 17. Cavite, a fortified port on Manila Bay, and Manila itself, fell to Dewey after destruction of the Spanish fleet, May 1, 1898.

los historiadores antiguos la han formulado. Los días de los blancos puros, los vencedores de hoy, están tan contados como lo estuvieron los de sus antecesores. Al cumplir su destino de mecanizar el mundo, ellos mismos han puesto, sin saberlo, las bases de un período nuevo, el período de la fusión y la mezcla de todos los pueblos. El indio no tiene otra puerta hacia el porvenir que la puerta de la cultura moderna, ni otro camino que el camino ya desbrozado de la civilización latina. También el blanco tendrá que deponer su orgullo, y buscará progreso y redención posterior en el alma de sus hermanos de las otras castas, y se confundirá y se perfeccionará en cada una de las variedades superiores de la especie, en cada una de las modalidades que tornan múltiple la revelación y más poderoso el genio.* * *

Reconozcamos que fue una desgracia no haber procedido con la cohesión que demostraron los del Norte: la raza prodigiosa, a la que solemos llenar de improperios, sólo porque nos ha ganado cada partida de la lucha secular. Ella triunfa porque aduna sus capacidades prácticas con la visión clara de un gran destino. Conserva presente la intuición de una misión histórica definida, en tanto que nosotros nos perdemos en el laberinto de quimeras verbales. Parece que Dios mismo conduce los pasos del sajonismo, en tanto que nosotros nos matamos por el dogma o nos proclamamos ateos. ¡Cómo deben reír de nuestros desplantes y vanidades latinas estos fuertes constructores de imperios! Ellos no tienen en la mente el lastre ciceroniano de la fraseología, ni en la sangre los instintos contradictorios de la mezcla de razas disímiles; *pero cometieron el pecado de destruir esas razas, en tanto que nosotros las asimilamos, y esto nos da derechos nuevos y esperanza de una misión sin precedente en la historia.*

De allí que los tropiezos adversos no nos inclinen a claudicar, vagamente sentimos que han de servirnos para descubrir nuestra ruta. Precisamente, en las diferencias encontramos el camino; si no más imitamos, perdemos; si descubrimos, si creamos, triunfaremos. La ventaja de nuestra tradición es que posee mayor facilidad de simpatía con los extraños. Esto implica que nuestra civilización, con todos sus defectos, puede ser la elegida para asimilar y convertir a un nuevo tipo a todos los hombres. En ella se prepara de esta suerte la trama, el múltiple y rico plasma de la humanidad futura. Comienza a advertirse este mandato de la historia en esa abundancia de amor que permitió a los españoles crear raza nueva con el indio y con el negro, prodigando la estirpe blanca a través del soldado que engendraba familia indígena y la cultura de Occidente por medio de la doctrina y el ejemplo de los misioneros que pusieron al indio en condiciones de penetrar en la nueva etapa, la etapa del mundo Uno. La colonización española creó mestizaje: esto señala su carácter, fija su responsabilidad y define su porvenir. El inglés siguió cruzándose sólo con el blanco, y exterminó al indígena; lo sigue exterminando en la sorda lucha económica, más eficaz que la conquista armada. Esto prueba su limitación y es el indicio de su decadencia. Equivale, en grande, a los matrimonios incestuosos de los Faraones, que minaron la virtud de aquella raza, y contradice el fin ulterior de la historia, que es lograr la fusión de los pueblos y las culturas. Hacer un mundo inglés; exterminar a los rojos, para que en toda la América se renueve el norte de Europa, hecho de blancos puros, no es más que repetir el proceso victorioso de una raza vencedora. Ya esto lo hicieron los rojos; lo han hecho o lo han intentado todas las razas fuertes y homogéneas; pero eso no resuelve el problema humano; para un objetivo tan menguado no se quedó en reserva cinco mil años la América. El objeto del continente nuevo y antiguo es mucho más importante. Su predestinación obedece al designio de constituir la cuna de una raza quinta en la que se fundirán todos los pueblos, para reemplazar a las cuatro que aisladamente han venido forjando la historia. En el suelo de América hallará término la dispersión, allí se consumará la unidad por el triunfo del amor fecundo y la superación de todas las estirpes.

Y se engendrará de tal suerte el tipo

síntesis que ha de juntar los tesoros de la historia, para dar expresión al anhelo total del mundo.

Los pueblos llamados latinos, por haber sido más fieles a la misión divina de América, son los llamados a consumarla. Y tal fidelidad al oculto designio es la garantía de nuestro triunfo.

En el mismo período caótico de la Independencia, que tantas censuras merece, se advierten, sin embargo, vislumbres de ese afán de universalidad que ya anuncia el deseo de fundir lo humano en un tipo universal y sintético. Desde luego, Bolívar, en parte, porque se dio cuenta del peligro en que caíamos, repartidos en nacionalidades aisladas, y también por su don de profecía, formuló aquel plan de federación ibero-americana[4] que ciertos necios todavía hoy discuten.

Y si los demás caudillos de la independencia latinoamericana, en general, no tuvieron un concepto claro del futuro, si es verdad que, llevados del provincialismo, que hoy llamamos patriotismo, o de la limitación, que hoy se titula soberanía nacional, cada uno se preocupó no más que de la suerte inmediata de su propio pueblo, también es sorprendente observar que casi todos se sintieron animados de un sentimiento humano universal que coincide con el destino que hoy asignamos al continente iberoamericano. Hidalgo, Morelos, Bolívar, Petión[5] el Haitiano; los argentinos en Tucumán,[6] Sucre,[7] todos se preocuparon de libertar a los esclavos, de declarar la igualdad de todos los hombres por derecho natural; la igualdad social y cívica de los blancos, negros e indios. En un instante de crisis histórica, formularon la misión trascendental asignada a aquella zona del globo: misión de fundir étnica y espiritualmente a las gentes.

De tal suerte se hizo en el bando latino lo que nadie ni pensó hacer en el continente sajón. Allí siguió imperando la tesis contraria, el propósito confesado o tácito de limpiar la tierra de indios, mongoles y negros, para mayor gloria y ventura del blanco. En realidad, desde aquella época quedaron bien definidos los sistemas que, perdurando hasta la fecha, colocan en campos sociológicos opuestos a las dos civilizaciones: la que quiere el predominio exclusivo del blanco, y la que está formando una raza nueva, raza de síntesis que aspira a englobar y expresar todo lo humano en maneras de constante superación. Si fuese menester aducir pruebas, bastaría observar la mezcla creciente y espontánea que en todo el continente latino se opera entre todos los pueblos, y por la otra parte, la línea inflexible que separa al negro del blanco en los Estados Unidos, y las leyes, cada vez más rigurosas, para la exclusión de los japoneses y chinos de California.

Los llamados latinos, tal vez porque desde un principio no son propiamente tales latinos, sino un conglomerado de tipos y razas, persisten en no tomar muy en cuenta el factor étnico para sus relaciones sexuales. Sean cuales fueren las opiniones que a este respecto se emitan y aun la repugnancia que el prejuicio nos causa, lo cierto es que se ha producido y se sigue consumando la mezcla de sangres. Y es en esta fusión de estirpes donde debemos buscar el rasgo fundamental de la idiosincrasia iberoamericana. Ocurrirá algunas veces, y ha ocurrido ya, en efecto, que la competencia económica nos obligue a cerrar nuestras puertas, tal como lo hace el sajón, a una desmedida irrupción de orientales. Pero al proceder de esta suerte, nosotros no obedecemos más que a razones de orden económico; reconocemos que no es justo que pueblos como el chino, que bajo el santo consejo de la moral confuciana se multiplican

---

[4] plan . . . iberoamericana: As early as 1815 Bolívar had in mind a cooperative union of the Ibero-American states. He called for the first inter-American Congress (the United States and England were also invited) to meet at Panama in the summer of 1826. As far as immediate results were concerned, the Congress was a failure. See also page 105, note 20.

[5] Hidalgo . . . Pétion: Miguel Hidalgo y Costilla (1753–1811); José María Morelos (1765–1815), like Hidalgo, a liberal priest, a revolutionist in the war for independence, and a national hero. Defeated by Iturbide (1783–1824), he was convicted of treason and shot; Alexandre Pétion (1770–1818), Haitian revolutionist and president and national hero, who fought against the reestablishment of slavery.

[6] Tucumán: See page 161, note 2.

[7] Sucre: See page 116, note 40.

como los ratones, vengan a degradar la condición humana, justamente en los instantes en que comenzamos a comprender que la inteligencia sirve para refrenar y regular bajos instintos zoológicos, contrarios a un concepto verdaderamente religioso de la vida. Si los rechazamos es porque el hombre, a medida que progresa, se multiplica menos y siente el horror del número por lo mismo que ha llegado a estimar la calidad. En los Estados Unidos rechazan a los asiáticos, por el mismo temor del desbordamiento físico propio de las especies superiores; pero también lo hacen porque no les simpatiza el asiático, porque lo desdeñan y serían incapaces de cruzarse con él. Las señoritas de San Francisco se han negado a bailar con oficiales de la marina japonesa, que son hombres tan aseados, inteligentes y, a su manera, tan bellos, como los de cualquiera otra marina del mundo. Sin embargo, ellas jamás comprenderán que un japonés pueda ser bello. Tampoco es fácil convencer al sajón de que si el amarillo y el negro tienen su tufo, también el blanco lo tiene para el extraño, aunque nosotros no nos demos cuenta de ello. En la América Latina existe, pero infinitamente más atenuada, la repulsión de una sangre que se encuentra con otra sangre extraña. Allí hay mil puentes para la fusión sincera y cordial de todas las razas. El amurallamiento étnico de los del Norte frente a la simpatía mucho más fácil de los del Sur, tal es el dato más importante y a la vez el más favorable para nosotros, si se reflexiona, aunque sea superficialmente, en el porvenir. Pues se verá en seguida que somos nosotros de mañana, en tanto que ellos van siendo de ayer. Acabarán de formar los yanquis el último gran imperio de una sola raza: el imperio final del poderío blanco. Entre tanto, nosotros seguiremos padeciendo en el vasto caos de una estirpe en formación, contagiados de la levadura de todos los tipos, pero seguros del avatar de una estirpe mejor. En la América española ya no repetirá la naturaleza uno de sus ensayos parciales, ya no será la raza de un solo color, de rasgos particulares, la que en esta vez salga de la olvidada Atlántida; no será la futura ni una quinta ni una sexta raza, destinada a prevalecer sobre sus antecesoras; lo que de allí va a salir es la raza definitiva, la raza síntesis o raza integral, hecha con el genio y con la sangre de todos los pueblos y, por lo mismo, más capaz de verdadera fraternidad y de visión realmente universal.

Para acercarnos a este propósito sublime es preciso ir creando, como si dijéramos, el tejido celular que ha de servir de carne y sostén a la nueva aparición biológica. Y a fin de crear ese tejido proteico, maleable, profundo, etéreo y esencial, será menester que la raza iberoamericana se penetre de su misión y la abrace como un misticismo.

Quizás no haya nada inútil en los procesos de la historia; nuestro mismo aislamiento material y el error de crear naciones, nos ha servido, junto con la mezcla original de la sangre, para no caer en la limitación sajona de constituir castas de raza pura. La historia demuestra que estas selecciones prolongadas y rigurosas dan tipos de refinamiento físico, curiosos, pero sin vigor; bellos con una extraña belleza como la de la casta brahmánica milenaria, pero a la postre decadentes. Jamás se ha visto que aventajen a los otros hombres ni en talento, ni en bondad, ni en vigor. El camino que hemos iniciado nosotros es mucho más atrevido, rompe los prejuicios antiguos, y casi no se explicaría, si no se fundase en una suerte de clamor que llega de una lejanía remota, que no es la del pasado, sino la misteriosa lejanía de donde vienen los presagios del porvenir.

Si la América Latina fuese no más otra España, en el mismo grado que los Estados Unidos son otra Inglaterra, entonces la vieja lucha de las dos estirpes no haría otra cosa que repetir sus episodios en la tierra más vasta y uno de los dos rivales acabaría por imponerse y llegaría a prevalecer. Pero no es ésta la ley natural de los choques, ni en la mecánica ni en la vida. La oposición y la lucha, particularmente cuando ellas se trasladan al campo del espíritu, sirven para definir mejor los contrarios, para llevar a cada uno a la cúspide de su destino, y, a la postre, para sumarlos en una común y victoriosa superación.

La misión del sajón se ha cumplido más pronto que la nuestra, porque era más inmediata y ya conocida en la historia; para cumplirla no había más que seguir el ejemplo de otros pueblos victoriosos. Meros continuadores de Europa, en la región del continente que ellos ocuparon, los valores del blanco llegaron al cenit. He allí por qué la historia de Norte América es como un ininterrumpido y vigoroso *allegro* de marcha triunfal.

¡Cuán distintos los sones de la formación iberoamericana! Semejan el profundo *scherzo* de una sinfonía infinita y honda: voces que traen acentos de la Atlántida; abismos contenidos en la pupila del hombre rojo que supo tanto, hace tantos miles de años y ahora parece que se ha olvidado de todo. Se parece su alma al viejo cenote maya, de aguas verdes, profundas, inmóviles, en el centro del bosque, desde hace tantos siglos que ya ni su leyenda perdura. Y se remueve esta quietud de infinito, con la gota que en nuestra sangre pone el negro, ávido de dicha sensual, ebrio de danzas y desenfrenadas lujurias. Asoma también el mongol con el misterio de su ojo oblicuo que toda cosa la mira conforme a un ángulo extraño que descubre no sé qué pliegues y dimensiones nuevas. Interviene asimismo la mente clara del blanco, parecida a su tez y a su ensueño. Se revelan estrías judaicas que se escondieron en la sangre castellana desde los días de la cruel expulsión; melancolías del árabe, que son un dejo de la enfermiza sensualidad musulmana; ¿quién no tiene algo de todo esto o no desea tenerlo todo? He ahí al hindú, que también llegará, que ha llegado ya por el espíritu, y aunque es el último en venir, parece el más próximo pariente. Tantos que han venido y otros más que vendrán, y así se nos ha de ir haciendo un corazón sensible y ancho que todo lo abarca y contiene, y se conmueve; pero henchido de vigor, impone leyes nuevas al mundo. Y presentimos como otra cabeza, que dispondrá de todos los ángulos, para cumplir el prodigio de superar a la esfera.

BREVE HISTORIA DE MÉXICO

PRÓLOGO

La historia de México empieza como episodio de la gran odisea del descubrimiento y ocupación del Nuevo Mundo. Antes de la llegada de los españoles, México no existía como nación; una multitud de tribus separadas por ríos y montañas y por el más profundo abismo de sus trescientos dialectos, habitaba las regiones que hoy forman el territorio patrio. Los aztecas dominaban apenas una zona de la meseta, en constante rivalidad con los tlaxcaltecas, y al occidente los tarascos ejercitaban soberanía independiente, lo mismo por el sur los zapotecas. Nunguna idea nacional emparentaba las castas; todo lo contrario, la más feroz enemistad alimentaba la guerra perpetua, que sólo la conquista española hizo terminar. Comenzaremos, pues, nuestra exposición en el punto en que México surge a la vista de la humanidad civilizada. Empezaremos a verlo tal y como lo contemplaron los soldados de la conquista, según nos lo dicen en sus amenas crónicas. Por fortuna, fueron españoles los que primero llegaron a nuestro suelo, y gracias a ello, es rica la historia de nuestra región del Nuevo Mundo, como no lo es la de la zona ocupada por los puritanos. Todavía a la fecha cuanto se escribe de historia mexicana antigua tiene que fundarse en los relatos de los capitanes y los monjes de la conquista, guerreros y civilizadores, hombres de letras, a la par que hombres de espada, según la clara exigencia de la institución de la caballería. Pues, propiamente, fue la de América una última cruzada en que los castellanos, flor de Europa, después de rebasar sobre el moro, ganaron para la cristiandad, con las naciones de América, el dominio del planeta, la supremacía del futuro. Imagine quien no quiera reconocerlo, qué es lo que sería nuestro continente de haberlo descubierto y conquistado los musulmanes. Las regiones interiores del África actual pueden darnos una idea de la miseria y la esclavitud, la degradación en que se hallarían nuestros territorios.

Desde que aparecemos en el panorama de la historia universal, en él figuramos como una accesión a la cultura más vieja y más sabia, más ilustre de Europa: la cultura latina. Este orgullo latino pervive a la fecha en el alma de todos los que tienen conciencia y orgullo; latinos se proclaman los negros cultos de las Antillas y latinos son por el alma, según bien dijo nuestro Altamirano, los indios de México y del Perú. Latino es el mestizo desde que se formó la raza nueva y habló por boca del Inca Garcilaso en el sur, de Alba Ixtlilxóchitl[8] en nuestro México. Incorporados por obra de la conquista civilizadora, el indio y el negro a la rama latina de la cultura europea, nuestro patriotismo adquiere abolengo y entronca con una tradición prolongada y provechosa. De allí que todo corazón bien puesto de esta América hispana, indio, mestizo, mulato, negro o criollo, siente las glorias de la España creadora y de Italia y Roma, con predilección sobre los otros pueblos de la tierra. El mismo idioma latino es un poco nuestro desde que en el culto católico halagó nuestros oídos a partir de la infancia. Tan superior es la tradición nuestra a la de los peregrinos del Mayflower, como grande fue la Nueva España en comparación de las humildes colonias del norte.

Ingresamos a las filas de la civilización bajo el estandarte de Castilla, que a su modo heredaba al romano y lo superaba por su cristiandad. Y es inútil rebatir siquiera la fábula maligna de una nacionalidad autóctona que hubiera sido la víctima de nuestra nacionalidad mexicana, es decir, hispano-indígena. Se llegó en cierta época a tal punto de confusión, que no faltó quien pretendiese ver en México un caso parecido al del Japón que al servirse de lo europeo, robándole la

técnica, se ha mantenido autóctono, sin embargo, en el espíritu. ¿En qué espíritu nacional podríamos recaer nosotros, si prescindiésemos del sentir castellano que nos formó la Colonia? ¿Existe acaso en lo indígena, en lo precortesiano, alguna unidad de doctrina, o siquiera de sentimiento capaz de construir un alma nacional? ¿En dónde está un código parecido al de los samuráis que pudiera servir de base a un resurgimiento aborigen de México o del Perú? Desde el *Popol Vuh*[9] de los mayas hasta las leyendas incaicas, no hay en la América precortesiana, ni personalidad homogénea, ni doctrina coherente. El *Popol Vuh* es colección de divagaciones ineptas, remozadas un tanto por los recopiladores españoles de la conquista que mejoraban la tradición verbal incoherente, incomprensible ya para las razas degeneradas que reemplazaron a las no muy capaces que crearon los monumentos. El continente entero, según advierte genialmente Keyserling,[10] estaba dominado por las fuerzas telúricas y no había nacido nunca para el espíritu, o era ya una decadencia irremediable cuando llegaron los españoles. Los españoles advirtieron la torpeza del pensamiento aborigen y, sin embargo, lo tradujeron, lo catalogaron, lo perpetuaron en libros y crónicas, y hoy ya sólo la ignorancia puede repetir el dislate de que los conquistadores destruyeron una civilización. Desde todos los puntos de vista, y con todos sus defectos, lo que creó la Colonia fue mejor que lo que existía bajo el dominio aborigen.

Nada destruyó España porque nada existía digno de conservarse cuando ella llegó a estos territorios, a menos de que se estime sagrada toda esa mala yerba del alma que son el canibalismo de los caribes, los sacrificios humanos de los aztecas, el despotismo embrutecedor de los incas. Y no fue un azar que España dominase en América, en vez de Inglaterra o de Francia. España tenía que dominar en el Nuevo Mundo porque dominaba en el Viejo, en la época de la

---

[8] Alba Ixtlilxóchitl: Mexican historian of strong native bias (1568–1648).
[9] *Popol Vuh:* collection of early Maya-Quiché myths.

[10] Count Hermann Keyserling (1880–1946), German philosopher and historian who wrote and lectured on Latin America and many other subjects.

colonización. Ningún otro pueblo de Europa tenía en igual grado que el español el poder de espíritu necesario para llevar adelante una empresa que no tiene paralelo en la historia entera de la humanidad: epopeya de geó- grafos y de guerreros, de sabios y de colonizadores, de héroes y de santos que, al ensanchar el dominio del hombre sobre el planeta, ganaban también para el espíritu las almas de los conquistados. Sólo una vez en la historia humana el espíritu ha soplado en afán de conquistas que, lejos de subyugar, libertan. La India de los Asokas[11] había visto conquistas inspiradas en el afán del proselitismo religioso; conquistas que rebasando el esfuerzo del guerrero, se establecían en el alma de poblaciones remotas sin otra coerción que la del pensamiento egregio. Superior aun fue la obra de Castilla, y en mayor escala, tanto por las extensiones de los territorios ganados para la cultura, como por el valor de la cultura que propagaba. La nobleza de Castilla poderosa en el esfuerzo, virtuosa y clara en la acción, era la primera nobleza de Europa cuando se produjo la ocupación del Nuevo Mundo. Y fortuna fue de México el haber sido creado por la primera raza del mundo civilizado de entonces, y por instrumento del primero de los capitanes de la época, el más grande de los conquistadores de todos los tiempos, Hernando Cortés, cuya figura nos envidia el anglosajón, más aun que los territorios que su conquista nos ha legado.

Y el más grave daño moral que nos han hecho los imperialistas nuevos es el habernos habituado a ver en Cortés un extraño. ¡A pesar de que Cortés es nuestro, en grado mayor de lo que puede serlo Cuauhtémoc! La figura del Conquistador cubre la patria del mexicano, desde Sonora hasta Yucatán y más allá en los territorios perdidos por nosotros, ganados por Cortés. En cambio, Cuauhtémoc es, a lo sumo, el antepasado de los otomíes de la meseta de Anáhuac, sin ninguna relación con el resto del país.

El mito Cuauhtémoc lo inventan Prescott[12] y los historiadores norteamericanos, lo defienden los agentes indirectos del protestantismo que quieren borrar toda huella de lo español en América. Si en México prescindimos de lo español, nos quedaremos como los negros, atenidos al padrinazgo dudoso de un Lincoln que, sólo por razones políticas, abolió la esclavitud, o peor aún, un padrastro como Wáshington que mantuvo esclavos negros pese a sus timbres de libertador. El sentimentalismo en torno de Cuauhtémoc es parecido al que hoy manifiestan los influenciados inconscientes del imperialismo inglés, en favor del Negus[13] de Abisinia, que antes de ser expulsados por los italianos del reino que oprimía, ya se había hecho célebre entre sus salvajes conciudadanos por el asesinato, envenenamiento y prisión de rivales y parientes. Desventurados los pueblos que se empeñan en construir tradición con personajes semejantes; acaban por ser traicionados por ellos, tal y como el Negus abandonó el país a la hora del peligro, a estilo Antonio López de Santa Anna,[14] llevándose los fondos de todas las aduanas que atravesó en su fuga.

Cortés, en cambio, el más humano de los conquistadores, el más abnegado, se liga espiritualmente a los conquistados al convertirlos a la fe, y su acción nos deja el legado de una patria. Sea cual fuere la raza a que pertenezca, todo el que se sienta mexicano, debe a Cortés el mapa de su patria y la primera idea de conjunto de la nacionalidad. Quienquiera que haya de construir alguna vez en grande en estos territorios que hoy imaginamos que son nuestros, tendrá que volver los ojos al plan de Cortés, porque en cuatro siglos no ha habido otro que mirara tan lejos, ni construyera tan en grande. Más aún:

---

[11] Asokas: Buddhist rulers of India, 3rd century B.C.
[12] William H. Prescott (1796–1859), North American historian of Mexico, Peru, and Spain. His *Conquest of Mexico* appeared in 1843.
[13] Negus: *king*. The Negus referred to is Haile Selassie, who came to the throne in 1930. He was driven out by Mussolini in 1936 and did not return until 1941, after five years of exile in England.
[14] Santa Anna (1795–1876), several times president and dictator of Mexico, defeated by Sam Houston of Texas at the battle of San Jacinto in 1836. Santa Anna was thrown out of Mexico and lived for a while in the United States.

después de Cortés, después de Antonio de Mendoza,[15] después de Revillagigedo[16] que todavía intentó la defensa de Texas, después de Gálvez[17] que estampó en ella su nombre, no ha habido en nuestra patria construc- 5 tores; sólo ha habido destructores, reductores del mapa. Sin exceptuar los más grandes nombres de nuestro calendario republicano, basta con apelar a la carta de la República para darse cuenta de dónde estuvo y dónde 10 acabó el patriotismo en este suelo castigado de México. El mapa comienza a crecer con don Hernando, y se integra en sus manos en forma grandiosa. El mapa crece aún más y se consolida bajo ciertos virreyes, como no lo 15 soñaron jamás las pobres mentes confusas, envilecidas, de toltecas y aztecas y mayas. Por primera y por última vez, bajo los virreyes, la ciudad de México es la capital de un reino que va de Honduras a lo que hoy es 20 el Canadá. En esa época nuestra lengua, nuestra religión y nuestra cultura eran soberanas en el continente septentrional.

Sígase la historia del mapa y se verá que coinciden las reducciones, con la aparición de 25 los caudillos que sólo piensan en el propio beneficio, en la propia dominación, y para lograrla no vacilan en ofrecer a quien lo quiera, ya sea Texas, ya la California, ya, más tarde, el Istmo de Tehuantepec, bajo el 30 Benemérito de las Américas, Benito Juárez.[18]

Quien de buena fe quiera enterarse y no sea un obcecado, un enfermo de su propio veneno, abra los ojos y compare esta ecuación que señalo: a medida que los títulos del 35 gobernante aumentan—Benemérito de las Américas, Alteza Serenísima, Jefe Máximo de la Revolución—, el mapa se va estrechando. El mapa crecía cuando los jefes de México se llamaban simplemente Hernando Cortés o 40 Antonio de Mendoza. Y hoy que ha cambiado el sistema de la conquista, que ya no es

armada, sino moral y económica, hoy que ya no queda mapa que estrechar porque sobre todo el territorio domina el plan de los amos nuevos, una insulsa palabrería sustituye a la dignidad del patriotismo. Y se disfrazan los testaferros[19] con sobrenombres tomados a la revolución rusa o al izquierdismo masónico: liberalismo, socialismo, revolucionarismo, ismos extranjeros y otras tantas máscaras de una dominación que ya no necesita ejercitarse con escuadras y ejércitos, porque le basta con el engaño que fructifica en los clubes, y luego estalla en las plazas con hedor de albañal y efectos de muerte, de desintegración de una 15 estirpe.

No me dirijo únicamente al mexicano de ascendencia europea, sino al indio puro de nuestros territorios. Al indio ilustrado del momento que hoy vivimos, le pido el esfuerzo de remontarse con la imaginación a una patria como la de Cuauhtémoc, a principios del siglo dieciséis, y en seguida, a una patria como la de Hernán Cortés, veinte años más tarde. Ese mexicano, indio puro, si no tiene en las venas hiel, en vez de sangre, si logra 25 expulsar de su fisiología el veneno acumulado por más de un siglo de propagandas malévolas, ese mexicano indio puro, tendrá que reconocer que era más patria la que Cortés construía que la del valiente Cuauhtémoc o 30 la del cobarde Moctezuma. Tendrá que reconocer que para su propia sangre, temporalmente humillada por la conquista, había más oportunidades, sin embargo, en la sociedad cristiana que organizaban los españoles que 35 en la sombría hecatombe periódica de las tribus anteriores a la conquista. * * *

Todos los hechos conducentes nos van a ser dados por escritores de nuestra lengua, historiadores y cronistas de España, comentaristas y pensadores de México: Bernal Díaz, Hernán Cortés, Solís, Las Casas y, en la

---

[15] Antonio de Mendoza (1490–1552), the first Viceroy of New Spain (Mexico) during the years 1535–1550. He was one of the best viceroys of the New World.

[16] Revillagigedo: Juan Vicente Güemes (1740–1799), Count of Revillagigedo, one of the last and best viceroys of Mexico (1789–1794).

[17] José de Gálvez (1720–1787) was sent to Mexico from Spain in 1765 as a royal inspector. He became the

power behind the government. After returning to Spain he was the leading spirit in the Council of the Indies.

[18] Benito Juárez (1806–1872), Indian president and hero of Mexico during the years 1857–1872. At one time he was on the verge of closing a deal with the United States for a canal to be constructed across the Isthmus of Tehuantepec.

[19] testaferros: *dummies, puppets.*

época moderna, Alamán, Pereyra.[20] ¿Y dónde está, preguntaréis, la versión de los indios que son porción de nuestra carne nativa? Y es fácil responder con otra pregunta: ¿Cómo podrían dar versión alguna congruente los pobres indios precortesianos que no tenían propiamente ni lenguaje, puesto que no escribían, ni sabían lo que les pasaba, porque no imaginaban en la integridad de una visión cabal o siquiera de un mapa, ni lo que eran los territorios del México suyo, mucho menos el vasto mundo de donde procedían los españoles y el Mundo Nuevo que venían agregando a la geografía y a la cultura universales?

Sin embargo, si queréis testimonios auténticos, testimonios indígenas, os remito a los dos autores ya citados, el Inca Garcilaso y el mexicano Alba Ixtlilxóchitl, mestizos ambos, en quienes halla voz por primera vez, lo indígena; no nos llega en ellos puro, desde luego, sino mezclado a lo español, purificado, enaltecido por la cultura europea. Nada dijeron por cuenta propia los indios, porque no habían tenido genio para inventar un alfabeto. Han repetido todos la doctrina de algún extranjero. No hizo otra cosa el indio puro Benito Juárez. Cuando habló, se hizo eco de la lección jacobina que le enseñara Gómez Farías[21] que la tomó de Poinsett.[22] Y en estos tiempos de hoy, no suelen hablarnos de otro modo los líderes de un supuesto indigenismo que, sin embargo, repiten el credo comunista aprendido del agitador judío de Nueva York o de Polonia, secuaces de Rusia. Desechad, pues, todo ese sentimentalismo a lo Prescott, a lo Lewis Wallace,[23] sobre el dolor del indio que perdía su patria. Los indios no tenían patria, y salvo uno que otro cacique opresor, mejoraron con la conquista. Los españoles oprimieron a los indios, y los mexicanos seguimos oprimiéndolos, pero nunca más de lo que los hacían padecer sus propios caciques y jefes. La nueva civilización, al aumentar los productos de la tierra con nuevos cultivos, al elevar al indio, por la religión, a la categoría del amo, al otorgarle el recurso de queja ante los tribunales, bien intencionados en su mayoría, al ensanchar el espíritu del indio con el tesoro de las artes, las festividades religiosas, las esperanzas del cielo, fue, en verdad, la creadora de una patria mexicana. Nunca hubo en la Nueva España más de cuarenta mil españoles. Si los indios hubieran tenido conciencia nacional y hubieran sentido que la conquista era una ignominia, ¿acaso no se hubieran levantado los seis millones de indios para degollar a los blancos? Al contrario, y como pasa siempre en las sociedades militarizadas, por huir de los abusos de los caciques, se refugian los indios con el soldado de la conquista. Hecha la paz, la educación de las misiones transformó a los indios, de parias, en artesanos y sacerdotes, agricultores y civilizadores.* * *

[20] Lucas Alamán (1792–1853) and Carlos Pereyra (1871–1942) are both well-known Mexican historians.

[21] Valentín Gómez Farías (1781–1858) was elected Vice-President of Mexico under Santa Anna in 1832 and for a quarter of a century was the leader of the liberals, but he was too idealistic and too honest to become an effective politician.

[22] Joel Roberts Poinsett (1779–1851), who served as the first United States minister to Mexico during the period 1825–1829. The red, star-shaped flower (the *Nochebuena*) which he brought back to this country took his name and became in English *poinsettia*.

[23] Lewis Wallace (1827–1905), American general and writer, author of *Ben Hur* (1880) and of *The Fair God* (1873), which is a fictionalized history of early Mexico.

$\sim\!\!\sim\!\!\sim$Pedro Henríquez Ureña

DOMINICAN REPUBLIC, 1884–1946   The literary career of Pedro Henríquez Ureña began in 1905 with the publication of his book, *Ensayos críticos*, in which he studied several European authors (d'Annunzio and Oscar Wilde, among them), and in which he also presented an acute analysis of the poetic work of Rubén Darío. His second work, *Horas de estudio*, appearing five years later, consolidated his reputation. These early essays of Henríquez Ureña are in the main in a somewhat florid style replete with a colorful but at times excessive imagery. His later and most mature collection, *Seis ensayos en busca de nuestra expresión* (1928), is rightfully considered a landmark in the development of the essay as a provocative and artistic literary form in Latin American letters.

With each successive work the writer's style becomes less flamboyant and more limpid. Preciosity soon disappears completely, displaced by an admirable concinnity of language. Henríquez Ureña's fundamental concern is always cultural history and cultural interpretation. Born in one of the smallest and most backward of the Latin American countries (the Dominican Republic), he became one of the outstanding intellectuals of Spanish America's largest nation, Argentina. Before his death he was widely recognized as a humanist and scholar of continental renown. To Henríquez Ureña the cultural expression of his people was a beautiful and a living thing which sought constantly to improve and to renew itself as the years move on. His own essays reveal the depth of his dedication to that culture and are at the same time an embodiment of his vigorous hope for its continuous flowering and its continuous extension.

$\sim\!\!\sim$EL DESCONTENTO Y LA PROMESA

"Haré grandes cosas: lo que son no lo sé." Las palabras del rey loco son el mote que inscribimos, desde hace cien años, en nuestras banderas de revolución espiritual. ¿Venceremos el descontento que provoca tantas rebeliones sucesivas? ¿Cumpliremos la ambiciosa promesa?

Apenas salimos de la espesa nube colonial al sol quemante de la independencia, sacudimos el espíritu de timidez y declaramos señorío sobre el futuro. Mundo virgen, libertad recién nacida, repúblicas en fermento, ardorosamente consagradas a la inmortal utopía: aquí habían de crearse nuevas artes, poesía nueva. Nuestras tierras, nuestra vida libre pedían su expresión.

LA INDEPENDENCIA LITERARIA

En 1823, antes de las jornadas de Junín y Ayacucho, inconclusa todavía la independencia política, Andrés Bello proclamaba la independencia espiritual: la primera de sus *Silvas americanas* es una alocución a la poesía, "maestra de los pueblos y los reyes," para que abandone a Europa —Luz y miseria— y busque en esta orilla del Atlántico el aire salubre de que gusta su nativa rustiquez. La forma es clásica; la intención es revolucionaria. Con la *Alocución*, simbólicamente, iba a encabezar Juan María Gutiérrez[1] nuestra primera grande antología, la *América poética*, de 1846. La segunda de las *Silvas* de Bello, tres años posterior, al cantar la agricultura de la zona tórrida, mientras escuda tras las pacíficas sombras imperiales de Horacio y de Virgilio el "retorno a la naturaleza," arma de los revolucionarios del siglo XVIII, esboza todo el programa "siglo XIX" del engrandecimiento material, con la cultura como ejercicio y corona. Y no es aquel patriarca, creador de la civilización, el único que se enciende en espíritu de iniciación y profecía: la hoguera anunciadora salta, como la de Agamenón,[2] de cumbre en cumbre, y arde en el campo de victoria de Olmedo, en los gritos insurrectos de Heredia, en las novelas y las campañas humanitarias y democráticas de Fernández de Lizardi, hasta en los *cielitos* y en los diálogos gauchescos de Bartolomé Hidalgo.

A los pocos años surge otra nueva generación, olvidadiza y descontenta. En Europa, oíamos decir, o en persona lo veíamos, el romanticismo despertaba las voces de los pueblos. Nos parecieron absurdos nuestros padres al cantar en odas clásicas la romántica aventura de nuestra independencia. El romanticismo nos abriría el camino de la verdad, nos enseñaría a completarnos. Así lo pensaba Esteban Echeverría, escaso artista, salvo en uno que otro paisaje de líneas rectas y masas escuetas, pero claro teorizante. "El espíritu del siglo —decía— lleva hoy a las naciones a emanciparse, a gozar de independencia, no sólo política, sino filosófica y literaria." Y entre los jóvenes a quienes arrastró consigo, en aquella generación argentina que fue voz continental, se hablaba siempre de "ciudadanía en arte como en política" y de "literatura que llevara los colores nacionales."

Nuestra literatura absorbió ávidamente agua de todos los ríos nativos: la naturaleza; la vida del campo, sedentaria y nómade; la tradición indígena; los recuerdos de la época colonial; las hazañas de los libertadores; la agitación política del momento . . . La inundación romántica duró mucho, demasiado; como bajo pretexto de inspiración y espontaneidad protegió la pereza, ahogó muchos gérmenes que esperaba nutrir . . . Cuando las aguas comenzaron a bajar, no a los cuarenta días bíblicos, sino a los cuarenta años, dejaron tras sí tremendos herbazales, raros arbustos y dos copudos árboles, resistentes como ombúes: el *Facundo* y el *Martín Fierro*.

El descontento provoca al fin la insurrección necesaria: la generación que escandalizó al vulgo bajo el modesto nombre de *modernista* se alza contra la pereza romántica y se impone severas y delicadas disciplinas. Toma sus ejemplos en Europa, pero piensa en América. "Es como una familia (decía uno de ella, el fascinador, el deslumbrante Martí). Principió por el rebusco imitado y está en la elegancia suelta y concisa y en la expresión artística y sincera, breve y tallada, del sentimiento personal y del juicio criollo y directo." ¡El juicio criollo! O bien: "A esa literatura se ha de ir: a la que ensancha y

---

[1] Juan María Gutiérrez (1809–1878), early Argentine poet and *costumbrista* noted for his correct style.

[2] Agamemnon, legendary Greek king of Mycenae and leader of the Greeks at the siege of Troy (1180 B.C.). He was the father of Orestes and Electra.

revela, a la que saca de la corteza ensangrentada el almendro sano y jugoso, a la que robustece y levanta el corazón de América." Rubén Darío, si en las palabras liminares de *Prosas profanas* detestaba "la vida y el tiempo en que le tocó nacer," paralelamente fundaba la *Revista de América* cuyo nombre es programa, y con el tiempo se convertía en el autor del yambo contra Roosevelt, del *Canto a la Argentina* y del *Viaje a Nicaragua.* Y Rodó, el comentador entusiasta de *Prosas profanas,* es quien luego declara, estudiando a Montalvo, que "sólo han sido grandes en América aquellos que han desenvuelto por la palabra o por la acción un sentimiento americano."

Ahora, treinta años después hay de nuevo en la América española juventudes inquietas, que se irritan contra sus mayores y ofrecen trabajar seriamente en busca de nuestra expresión genuina.

TRADICIÓN Y REBELIÓN

* * * Ni tampoco la Edad Media vio con vergüenza las imitaciones. Al contrario: todos los pueblos, a pesar de sus características imborrables, aspiraban a aprender y aplicar las normas que daba la Francia del Norte para la canción de gesta, las leyes del trovar que dictaba Provenza para la poesía lírica; y unos cuantos temas iban y venían de reino en reino, de gente en gente: proezas carolingias, historias célticas de amor y de encantamiento, fantásticas tergiversaciones de la guerra de Troya y las conquistas de Alejandro, cuentos del zorro, danzas macabras, misterios de Navidad y de Pasión, farsas de carnaval . . . Aun el idioma se acogía, temporal y parcialmente, con la moda literaria: el provenzal, en todo el Mediterráneo latino; el francés, en Italia, con el cantar épico; el gallego, en Castilla, con el cantar lírico. Se peleaba, así, en favor del idioma propio, pero contra el latín moribundo, atrincherado en la Universidad y en la Iglesia, sin sangre de vida real, sin el prestigio de las Cortes o de las fiestas populares. Como excepción, la Inglaterra del siglo XIV echa abajo el frondoso árbol francés plantado allí por el conquistador del XI.

¿Y el Renacimiento? El esfuerzo renaciente se consagra a buscar, no la expresión característica, nacional ni regional, sino la expresión del arquetipo, la norma universal y perfecta. En descubrirla y definirla concentran sus empeños Italia y Francia, apoyándose en el estudio de Grecia y Roma, arca de todos los secretos. Francia llevó a su desarrollo máximo este imperialismo de los paradigmas espirituales. Así, Inglaterra y España poseyeron sistemas propios de arte dramático, el de Shakespeare, el de Lope (improvisador genial, pero débil de conciencia artística, hasta pedir excusas por escribir a gusto de sus compatriotas); pero en el siglo XVIII iban plegándose a las imposiciones de París: la expresión del espíritu nacional sólo podía alcanzarse a través de fórmulas internacionales.

Sobrevino al fin la rebelión que asaltó y echó a tierra el imperio clásico, culminando en batalla de las naciones, que se peleó en todos los frentes, desde Rusia hasta Noruega y desde Irlanda hasta Cataluña. El problema de la expresión genuina de cada pueblo está en la esencia de la revolución romántica, junto con la negación de los fundamentos de toda doctrina retórica, de toda fe en "las reglas del arte" como clave de la creación estética. Y, de generación en generación, cada pueblo afila y aguza sus teorías nacionalistas, justamente en la medida en que la ciencia y la máquina multiplican las uniformidades del mundo. A cada concesión práctica va unida una rebelión ideal.

EL PROBLEMA DEL IDIOMA

Nuestra inquietud se explica. Contagiados, espoleados, padecemos aquí en América urgencia romántica de expresión. Nos sobrecogen temores súbitos: queremos decir nuestra palabra antes de que nos sepulte no sabemos qué inminente diluvio.

En todas las artes se plantea el problema. Pero en literatura es doblemente complejo. El músico podría, en rigor sumo, si cree encontrar en eso la garantía de originalidad, renunciar al lenguaje tonal de Europa: al hijo de pueblos donde subsiste el indio —como en el Perú y Bolivia— se le ofrece el arcaico pero inmarcesible sistema nativo, que ya desde su escala pentatónica se aparta del europeo. Y el hombre de países donde prevalece el espíritu criollo es dueño de preciosos materiales, aunque no estrictamente autóctonos: música traída de Europa o de África, pero impregnadas del sabor de las nuevas tierras y de la nueva vida, que se filtra en el ritmo y el dibujo melódico.

Y en artes plásticas cabe renunciar a Europa, como en el sistema mexicano de Adolfo Best,[3] construido sobre los siete elementos lineales del dibujo azteca, con franca aceptación de sus limitaciones. O cuando menos, si sentimos excesiva tanta renuncia, hay sugestiones de muy varia especie en la obra del indígena, en la del criollo de tiempos coloniales que hizo suya la técnica europea (así, con esplendor de dominio, en la arquitectura), en la popular de nuestros días, hasta en la piedra y la madera y la fibra y el tinte que dan las tierras natales.

De todos modos, en música y en artes plásticas es clara la partición de caminos: o el europeo, o el indígena, o en todo caso el camino criollo indeciso todavía y trabajoso. El indígena representa quizás empobrecimiento y limitación, y para muchos, a cuyas ciudades nunca llega el antiguo señor del terruño, resulta camino exótico: paradoja típicamente nuestra. Pero, extraños o familiares, lejanos o cercanos, el lenguaje tonal y el lenguaje plástico de abolengo indígena son inteligibles.

En literatura, el problema es complejo, es doble: el poeta, el escritor, se expresan en idioma recibido de España. Al hombre de Cataluña o de Galicia le basta escribir su lengua vernácula para realizar la ilusión de sentirse distinto del castellano. Para nosotros esta ilusión es fruto vedado o inaccesible. ¿Volver a las lenguas indígenas? El hombre de letras, generalmente, las ignora, y la dura tarea de estudiarlas y escribir en ellas lo llevaría a la consecuencia final de ser

entendido entre muy pocos, a la reducción inmediata de su público. Hubo, después de la conquista, y aún se componen, versos y prosas en lengua indígena, porque todavía existen enormes y difusas poblaciones aborígenes que hablan cien —si no más— idiomas nativos; pero raras veces se anima esa literatura con propósitos lúcidos de persistencia y oposición. ¿Crear idiomas propios, hijos y sucesores del castellano? Existió hasta años atrás —grave temor de unos y esperanza loca de otros— la idea de que íbamos embarcados en la aleatoria tentativa de crear idiomas criollos. La nube se ha disipado bajo la presión unificadora de las relaciones constantes entre los pueblos hispánicos. La tentativa, suponiéndola posible, habría demandado siglos de cavar foso tras foso entre el idioma de Castilla y los germinantes en América, resignándonos con heroísmo franciscano a una rastrera, empobrecida expresión dialectal mientras no apareciera el Dante creador de alas y de garras. Observemos, de paso, que el habla gauchesca del Río de la Plata, substancia principal de aquella disipada nube, no lleva en sí diversidad suficiente para erigirla siquiera en dialecto como el de León o el de Aragón: su leve matiz la aleja demasiado poco de Castilla, y el *Martín Fierro* y el *Fausto* no son ramas que disten del tronco lingüístico más que las coplas murcianas o andaluzas.

No hemos renunciado a escribir en español, y nuestro problema de la expresión original y propia comienza ahí. Cada idioma es una cristalización de modos de pensar y de sentir, y cuanto en él se escribe se baña en el color de su cristal. Nuestra expresión necesitará doble vigor para imponer su tonalidad sobre el rojo y el gualda.

LAS FÓRMULAS DEL AMERICANISMO

Examinemos las principales soluciones propuestas y ensayadas para el problema de nuestra expresión en literatura. Y no se me

---

[3] Adolfo Best-Maugard (1891–0000), Mexican painter and writer. He was director of government art education under José Vasconcelos, 1922–1924, and strove to reestablish ancient national values in Mexican art.

tache prematuramente de optimista cándido porque vaya dándoles aprobación provisional a todas: al final se verá el porqué.

Ante todo, la naturaleza. La literatura descriptiva habrá de ser, pensamos durante largo tiempo, la voz del Nuevo Mundo. Ahora no goza de favor la idea: hemos abusado en la aplicación; hay en nuestra poesía romántica tantos paisajes como en nuestra pintura impresionista. La tarea de describir, que nació del entusiasmo, degeneró en hábito mecánico. Pero ella ha educado nuestros ojos: del cuadro convencional de los primeros escritores coloniales, en quienes sólo de raro en raro asomaba la faz genuina de la tierra, como en las serranías peruanas del Inca Garcilaso, pasamos poco a poco, y finalmente llegamos, con ayuda de Alexander von Humboldt[4] y de Chateaubriand,[5] a la directa visión de la naturaleza. De mucha olvidada literatura del siglo XIX sería justicia y deleite arrancar una vivaz colección de paisajes y miniaturas de fauna y flora. Basta detenernos a recordar para comprender, tal vez con sorpresa, cómo hemos conquistado, trecho a trecho, los elementos pictóricos de nuestra pareja de continentes y hasta el aroma espiritual que se exhala de ellos: la colosal montaña; las vastas altiplanicies de aire fino y luz tranquila donde todo perfil se recorta agudamente; las tierras cálidas del trópico, con sus marañas de selvas, su mar que asorda y su luz que emborracha; la pampa profunda; el desierto "inexorable y hosco." Nuestra atención al paisaje engendra preferencias que hallan palabras vehementes: tenemos partidarios de la llanura y partidarios de la montaña. Y mientras aquéllos, acostumbrados a que los ojos no tropiecen con otro límite que el horizonte, se sienten oprimidos por la vecindad de las alturas, como Miguel Cané[6] en Venezuela y Colombia, los otros se quejan del paisaje "demasiado llano," como el personaje de la *Xamaica* de Güiraldes,[7] o bien, con voluntad

de amarlo, vencen la inicial impresión de monotonía y desamparo y cuentan cómo, después de largo rato de recorrer la pampa, ya no la vemos: vemos otra pampa que se nos ha hecho en el espíritu (Gabriela Mistral). O acerquémonos al espectáculo de la zona tórrida: para el nativo es rico de luz, calor y color, pero lánguido y lleno de molicie; todo se le deslíe en largas contemplaciones, en plásticas sabrosas, en danzas lentas:

y en las ardientes noches del estío
la bandola y el canto prolongado
que une su estrofa al murmurar del río . . .

Pero el hombre de climas templados ve el trópico bajo deslumbramiento agobiador: así lo vio Mármol en el Brasil, en aquellos versos célebres, mitad ripio, mitad hallazgo de cosa vivida; así lo vio Sarmiento en aquel breve y total apunte de Río de Janeiro:

"Los insectos son carbunclos o rubíes, las mariposas plumillas de oro flotantes, pintadas las aves, que engalanan penachos y decoraciones fantásticas, verde esmeralda la vegetación, embalsamadas y púrpuras las flores, tangible la luz del cielo, azul cobalto el aire, doradas a fuego las nubes, roja la tierra y las arenas entremezcladas de diamantes y de topacios."

A la naturaleza sumamos el primitivo habitante. ¡Ir al indio! Programa que nace y renace en cada generación, bajo muchedumbre de formas en todas las artes. En literatura, nuestra interpretación del indígena ha sido irregular y caprichosa. Poco hemos agregado a aquella fuerte visión de los conquistadores como Hernán Cortés, Ercilla, Cieza de León, y de los misioneros como fray Bartolomé de las Casas. Ellos acertaron a definir dos tipos ejemplares, que Europa acogió e incorporó a su repertorio de figuras humanas: el "indio hábil y discreto," educado en complejas y exquisitas civilizaciones propias, singularmente dotado para las artes y las industrias, y el "salvaje virtuoso," que

---

[4] Humboldt (1769–1859), German naturalist and explorer.
[5] François René de Chateaubriand (1768–1848), French romantic novelist.

[6] Miguel Cané (1851–1905), Argentine author of a fine book of school recollections, *Juvenilia* (1884).
[7] Ricardo Güiraldes (1886–1927), author of the famous Argentine novel, *Don Segundo Sombra* (1926).

carece de civilización mecánica, pero vive en orden, justicia y bondad, personaje que tanto sirvió a los pensadores europeos para crear la imagen del hipotético hombre del "estado de naturaleza" anterior al contrato social. En nuestros cien años de independencia, la romántica pereza nos ha impedido dedicar mucha atención a aquellos magníficos imperios cuya interpretación literaria exigiría previos estudios arqueológicos; la falta de simpatía humana nos ha estorbado para acercarnos al superviviente de hoy, antes de los años últimos, excepto en casos como el memorable de los *Indios ranqueles*; y al fin, aparte del libro impar y delicioso de Mansilla,[8] las mejores obras de asunto indígena se han escrito en países como Santo Domingo y el Uruguay, donde el aborigen de raza pura persiste apenas en rincones lejanos y se ha diluido en recuerdo sentimental. "El espíritu de los hombres flota sobre la tierra en que vivieron, y se le respira," decía Martí.

Tras el indio, el criollo. El movimiento criollista ha existido en toda la América española con intermitencias, y ha aspirado a recoger las manifestaciones de la vida popular, urbana y campestre, con natural preferencia por el campo. Sus límites son vagos: en la pampa argentina, el criollo se oponía al indio, enemigo tradicional, mientras en México, en la América central, en toda la región de los Andes y su vertiente del Pacífico, no siempre existe frontera perceptible entre las costumbres de carácter criollo y las de carácter indígena. Así mezcladas las reflejan en la literatura mexicana los romances de Guillermo Prieto[9] y el *Periquillo* de Lizardi, despertar de la novela en nuestra América, a la vez que despedida de la picaresca española. No hay país donde la existencia criolla no inspire cuadros de color peculiar. Entre todas, la literatura argentina, tanto en el idioma culto como en el campesino, ha

sabido apoderarse de la vida del gaucho en visión honda como la pampa. Facundo Quiroga, Martín Fierro, Santos Vega, son figuras definitivamente plantadas dentro del horizonte ideal de nuestros pueblos. Y no creo en la realidad de la querella de Fierro contra Quiroga. Sarmiento, como civilizador, urgido de acción, atenaceado por la prisa, escogió para el futuro de su patria el atajo europeo y norteamericano en vez del sendero criollo, informe todavía, largo, lento, interminable tal vez, o desembocando en callejón sin salida; pero nadie sintió mejor que él los soberbios ímpetus, la acre originalidad de la barbarie que aspiraba a destruir. En tales oposiciones y en tales decisiones está el Sarmiento aquilino: la mano inflexible escoge; el espíritu amplio se abre a todos los vientos. ¿Quién comprendió mejor que él a España, la España cuyas malas herencias quiso arrojar al fuego, la que visitó "con el santo propósito de levantarle el proceso verbal," pero que a ratos le hacía agitarse en ráfagas de simpatía? ¿Quién anotó mejor que él las limitaciones de los Estados Unidos, de esos Estados Unidos cuya perseverancia constructora exaltó a modelo ejemplar?

Existe otro americanismo, que evita al indígena, y evita el criollismo pintoresco, y evita el puente intermedio de la era colonial, lugar de cita para muchos antes y después de Ricardo Palma: su precepto único es ceñirse siempre al Nuevo Mundo en los temas, así en la poesía como en la novela y el drama, así en la crítica como en la historia. Y para mí, dentro de esa fórmula sencilla como dentro de las anteriores, hemos alcanzado, en momentos felices, la expresión vívida que perseguimos. En momentos felices, recordémoslo. * * *

EL ANSIA DE PERFECCIÓN

Llegamos al término de nuestro viaje por el palacio confuso, por el fatigoso laberinto de

---

[8] Lucio Victorio Mansilla (1831-1913), Argentine author of *Una excursión a los indios ranqueles* (1870), one of the most fascinating autobiographical books in Argentine literature. Mansilla lived among the Indians without arms in order to convince them of the government's desire for peace. He subtly contrasts the Indian way of life with that of Hispanic Argentina, and finds in it many points of superiority. His pampa is not the idealized pampa of Echeverría or Sarmiento, but is true to reality.

[9] Guillermo Prieto (1818-1897), Mexican poet of the masses.

nuestras aspiraciones literarias, en busca de nuestra expresión original y genuina. Y a la salida creo volver con el oculto hilo que me sirvió de guía.

Mi hilo conductor ha sido el pensar que no hay secreto de la expresión sino uno: trabajarla hondamente, esforzarse en hacerla pura, bajando hasta la raíz de las cosas que queremos decir; afinar, definir, con ansia de perfección.

El ansia de perfección es la única forma. Contentándonos con usar el ajeno hallazgo, del extranjero o del compatriota, nunca comunicaremos la revelación íntima; contentándonos con la tibia y confusa enunciación de nuestras intuiciones, las desvirtuaremos ante el oyente y le parecerán cosa vulgar. Pero cuando se ha alcanzado la expresión firme de una intuición artística, va en ella, no sólo el sentido universal, sino la esencia del espíritu que la poseyó y el sabor de la tierra de que se ha nutrido.

Cada fórmula de americanismo puede prestar servicio (por eso les di a todas aprobación provisional); el conjunto de las que hemos ensayado nos da una suma de adquisiciones útiles, que hacen flexible y dúctil el material originario de América. Pero la fórmula, al repetirse, degenera en mecanismo y pierde su prístina eficacia; se vuelve receta y engendra una retórica.

Cada grande obra de arte crea medios propios y peculiares de expresión; aprovecha las experiencias anteriores, pero las rehace, porque no es una suma, sino una síntesis, una invención. Nuestros enemigos, al buscar la expresión de nuestro mundo, son la falta de esfuerzo, y la ausencia de disciplina, hijos de la pereza y la incultura, o la vida en perpetuo disturbio y mudanza, llena de preocupaciones ajenas a la pureza de la obra: nuestros poetas, nuestros escritores, fueron las más veces, en parte son todavía, hombres obligados a la acción, la faena política y hasta la guerra, y no faltan entre ellos, los conductores e iluminadores de pueblos.

EL FUTURO

Ahora, en el Río de la Plata cuando menos, empieza a constituirse la profesión literaria. Con ella debiera venir la disciplina, el reposo que permite los graves empeños. Y hace falta la colaboración viva y clara del público: demasiado tiempo ha oscilado entre la falta de atención y la excesiva indulgencia. El público ha de ser exigente; pero ha de poner interés en la obra de América. Para que haya grandes poetas, decía Walt Whitman, ha de haber grandes auditorios.

Sólo un temor me detiene, y lamento turbar con una nota pesimista el canto de esperanzas. Ahora que parecemos navegar en dirección hacia el puerto seguro, ¿no llegaremos tarde? ¿El hombre del futuro seguirá interesándose en la creación artística y literaria, en la perfecta expresión de los anhelos superiores del espíritu? El occidental de hoy se interesa en ellas menos que el de ayer, y mucho menos que el de tiempos lejanos. Hace cien, cincuenta años, cuando se auguraba la desaparición del arte, se rechazaba el agüero con gestos fáciles: "siempre habrá poesía." Pero después —fenómeno nuevo en la historia del mundo, insospechado y sorprendente— hemos visto surgir a existencia próspera sociedades activas y al parecer felices, de cultura occidental, a quienes no preocupa la creación artística, a quienes les basta la industria, o se contentan con el arte reducido a procesos industriales: Australia, Nueva Zelandia, aun en el Canadá. Los Estados Unidos ¿no habrán sido el ensayo intermedio? Y en Europa, bien que abunde la producción artística y literaria, el interés del hombre contemporáneo no es el que fue. El arte había obedecido hasta ahora a dos fines humanos: uno, la expresión de los anhelos profundos, del ansia de eternidad, del utópico y siempre renovado sueño de la vida perfecta; otro, el juego, el solaz imaginativo en que descansa el espíritu. El arte y la literatura de nuestros días apenas recuerdan ya su antigua función trascendental; sólo nos va quedando el juego . . . Y el arte reducido a diversión, por mucho que sea diversión inteligente, pirotecnia del ingenio, acaba en hastío.

. . . No quiero terminar en tono pesimista.

Si las artes y las letras no se apagan, tenemos derecho a considerar seguro el porvenir. Trocaremos en arca de tesoros la modesta caja donde ahora guardamos nuestras escasas joyas, y no tendremos por qué temer el sello ajeno del idioma en que escribamos, porque para entonces habrá pasado a estas orillas del Atlántico el eje espiritual del mundo español.

(*Ensayos en busca de nuestra expresión*, 1928)

⌒⌒⌒Alfonso Reyes

MEXICO, 1889–1959   Alfonso Reyes, the undisputed dean of Mexican letters in our time, is that rare combination of artist and scholar. A continual searching for precise and minute data with which to keep his scholarly interpretations abreast of recent findings never seems to dry up the magic spring from which his writings have flowed uninterruptedly for nearly five decades. His refreshing treatment of the Hispanic masters and of other world-famous writers is an eloquent tribute to his broad humanism and to his superior scholarship. However, the short piece, dashed off hurriedly when the impression is still vivid, is perhaps even more revealing of the author's congenial personality, humor, and wit. Some of these shorter pieces are mere thumbnail sketches or fleeting fancies; others hold out promise of becoming masterpieces of thought and composition, then fall somewhat short of that goal. But all of them are permeated with the rich personality of their creator, and reading them is much like being with Reyes in person, as his nimble mind and tongue spring gracefully from one fascinating subject to another.

Reyes is always quick to detect the dramatic, the humorous, the emotional, the purely human aspect in every situation, however trivial these aspects may at first appear. His themes run the gamut of the author's varied career and interests. Even the philologist will not be disappointed, for Reyes has an enviable command of languages, ancient and modern, which together with his mastery of popular and archaic Spanish, permits him the delight of word-play at its best. Although his works are profound, voluminous and encyclopedic, Reyes himself remained until the end of his life a warm, deeply human, and lovable man. He was always approachable and inspiring to all who showed a sincere interest in the culture of his people. Poet, critic, stimulating teacher and scholar, Reyes was also master and mentor to an entire generation of younger intellectuals.

⌘VISIÓN DE ANÁHUAC

I

Viajero : has llegado a la región más transparente del aire.

El viajero americano está condenado a que los europeos le pregunten si hay en América muchos árboles. Les sorprenderíamos hablándoles de una Castilla americana más alta que la de ellos, más armoniosa, menos agria seguramente (por mucho que en vez de colinas la quiebren enormes montañas), donde el aire brilla como espejo y se goza de un otoño perenne. La llanura castellana sugiere pensamientos ascéticos; el valle de México, más bien pensamientos fáciles y sobrios. Lo que una gana en lo trágico, gana la otra en plástica rotundez.

Nuestra naturaleza tiene dos aspectos opuestos. Uno, la cantada selva virgen de América, apenas merece describirse. Tema obligado de admiración en el viejo mundo, ella inspira los entusiasmos verbales de Chateaubriand.[1] Horno genitor donde las energías parecen gastarse con abandonada generosidad, donde nuestro ánimo naufraga en emanaciones capitosas, es exaltación de la vida a la vez que imagen de la anarquía vital: los chorros de verdura por las rampas de la montaña; los nudos ciegos de las lianas; toldos de platanares; sombra engañadora de árboles que adormecen y roban las fuerzas de pensar; bochornosa vegetación; largo y voluptuoso torpor, al zumbido de los insectos. ¡Los gritos de los papagayos, el trueno de las cascadas, los ojos de las fieras, *le dard empoisonné du sauvage*![2] En estos derroches de fuego y sueño—poesía de hamaca y de abanico—nos superan seguramente otras regiones meridionales.

Lo nuestro, lo de Anáhuac,[3] es cosa mejor y más tónica. Al menos, para los que gusten de tener a toda hora alerta la voluntad y el pensamiento claro. La visión más propia de nuestra naturaleza está en las regiones de la mesa central: allí la vegetación arisca y heráldica, el paisaje organizado, la atmósfera de extremada nitidez, en que los colores mismos se ahogan—compensándolo la armonía general del dibujo—; el éter luminoso en que se adelantan las cosas con un resalte individual; y, en fin, para de una vez decirlo en las palabras del modesto y sensible Fray Manuel de Navarrete:[4]

. . . una luz resplandeciente que hace brillar la cara de los cielos.

Ya lo observaba un grande viajero, que ha sancionado con su nombre el orgullo de la Nueva España, un hombre clásico y universal como los que criaba el Renacimiento, y que resucitó en su siglo la antigua manera de adquirir la sabiduría viajando, y el hábito de escribir únicamente sobre recuerdos y meditaciones de la propia vida: en su *Ensayo político*, el barón de Humboldt[5] notaba la extraña reverberación de los rayos solares en la masa montañosa de la altiplanicie central, donde el aire se purifica.

En aquel paisaje, no desprovisto de cierta aristocrática esterilidad, por donde los ojos yerran con discernimiento, la mente descifra cada línea y acaricia cada ondulación; bajo aquel fulgurar del aire y en su general frescura y placidez, pasearon aquellos hombres ignotos

---

[1] Chateaubriand's (1768–1848) novelette *Atala* (1801), a product of the youthful author's trip to North America, served as the model for innumerable romantic writers of America and Europe in their depiction of Indian life and the natural scene of the New World.

[2] *le dard . . . sauvage!: the poisoned arrow of the savage!*

[3] Anáhuac: name synonymous with Mexico. See page 120, note 5.

[4] José Manuel Martínez de Navarrete (1768–1809), a Franciscan friar who ranks immediately after Sor Juana as one of the best lyric poets of the Mexican

colonial era. These lines are from his poem *La mañana*:
Ya se asoma la cándida mañana
con su rostro apacible: el horizonte
se baña de una luz resplandeciente
que hace brillar la cara de los cielos.

[5] Baron Alexander von Humboldt (1769–1859), the German naturalist and explorer who with Bonpland began in 1799 his famous expedition to America. He spent most of the year 1803 in New Spain. His *Essai politique sur le royaume de la Nouvelle Espagne* has become a classic for the study of late colonial Mexico.

la amplia y meditabunda mirada espiritual. Extáticos ante el nopal del águila y de la serpiente—compendio feliz de nuestro campo—oyeron la voz del ave agorera que les prometía seguro asilo sobre aquellos lagos hospitalarios. Más tarde, de aquel palafito había brotado una ciudad, repoblada con las incursiones de los mitológicos caballeros que llegaban de las Siete Cuevas[6]—cuna de las siete familias derramadas por nuestro suelo. Más tarde, la ciudad se había dilatado en imperio, y el ruido de una civilización ciclópea, como la de Babilonia y Egipto, se prolongaba, fatigado, hasta los infaustos días de Moctezuma el doliente. Y fue

entonces cuando, en envidiable hora de asombro, traspuestos los volcanes nevados, los hombres de Cortés ("polvo, sudor y hierro") se asomaron sobre aquel orbe de sonoridad y fulgores—espacioso circo de montañas.

A sus pies, en un espejismo de cristales, se extendía la pintoresca ciudad, emanada toda ella del templo, por manera que sus calles radiantes prolongaban las aristas de la pirámide.

Hasta ellos, en algún oscuro rito sangriento, llegaba—ululando—la queja de la chirimía y multiplicado en el eco, el latido del salvaje tambor.

4

"*But glorious it was to see, how the open region was filled with horses and chariots . . .*"—Bunyan,[7] *The Pilgrim's Progress*

Cualquiera que sea la doctrina histórica que se profese (y no soy de los que sueñan en perpetuaciones absurdas de la tradición indígena, y ni siquiera fío demasiado en perpetuaciones de la española), nos une con la raza de ayer, sin hablar de sangres, la comunidad del esfuerzo por domeñar nuestra naturaleza brava y fragosa, esfuerzo que es la base bruta de la historia. Nos une también la comunidad, mucho más profunda, de la emoción cotidiana ante el mismo objeto natural. El choque de la sensibilidad con el mismo mundo labra, engendra un alma común. Pero cuando no se aceptara lo uno ni lo otro—ni la obra de la acción común, ni la obra de la contemplación común—convéngase en que la emoción histórica es parte de la

vida actual, y, sin su fulgor, nuestros valles y nuestras montañas serían como un teatro sin luz. El poeta ve, al reverberar de la luna en la nieve de los volcanes, recortarse sobre el cielo el espectro de doña Marina,[8] acosada por la sombra del Flechador de Estrellas;[9] o sueña con el hacha de cobre en cuyo filo descansa el cielo; o piensa que escucha, en el descampado, el llanto funesto de los mellizos que la diosa vestida de blanco lleva a las espaldas; no le neguemos la evocación, no desperdiciemos la leyenda. Si esa tradición no fuere ajena, está en nuestras manos, a lo menos, y sólo nosotros disponemos de ella. No renunciaremos—oh Keats—a ningún objeto de belleza, engendrador de eternos goces.[10]

APOLO[11] O DE LA LITERATURA

1. Sumariamente definidas las principales actividades del espíritu, la filosofía se ocupa

del ser; la historia y la ciencia, del suceder real, perecedero en aquélla, permanente en

---

[6] mitológicos . . . Cuevas: "*Las Siete Cuevas*" is the semi-legendary place called Chicomostoc, which was supposed to be somewhere in northern Mexico and in all likelihood beyond the present border. Tradition alleges it to have been the cradle of the peoples who later wandered down into the Valley of Mexico.

[7] John Bunyan (1628–1688), English author, whose masterpiece, *The Pilgrim's Progress*, is the best-known allegory in the English language.

[8] doña Marina: See pages 13–15.

[9] Flechador de Estrellas: translation of "Ilhuicamina," epithet applied to Moctezuma I.

[10] The first line of John Keat's poem *Endymion* (1817) reads: "A thing of beauty is a joy forever."

[11] Apolo: in Greek mythology Apollo represents both the creative and the destructive force of the sun. He is also the god of music, poetry and healing, but he bestowed this last gift and power on his son, Aesculapius.

ésta; la literatura, de un suceder imaginario, aunque integrado—claro es—por los elementos de la realidad, único material de que disponemos para nuestras creaciones. Ejemplos: 1. Proposición filosófica, que se ocupa del ser: "El mundo es voluntad y representación." 2. Proposición histórica: "Napoleón murió tal día en Santa Elena"; el suceder es real y perecedero, fenece al tiempo que acontece, y nunca puede repetirse. 3. Proposición científica: "El calor dilata los cuerpos," suceder real y permanente. 4. Proposición poética: "Como un rey oriental el sol expira." No nos importa la realidad del crepúsculo que contempla el poeta, sino el hecho de que se le ocurra proponerlo a nuestra atención y la manera de aludirlo.

La literatura posee un valor semántico o de significado, y un valor formal o de expresiones lingüísticas. El común denominador de ambos valores está en la intención. La intención semántica se refiere al suceder fícticio; la intención formal se refiere a la expresión estética. Sólo hay literatura cuando ambas intenciones se juntan. Las llamaremos para abreviar, la ficción y la forma.

2. A la ficción llamaron los antiguos imitación de la naturaleza o "mimesis." El término es equívoco, desde que se tiende a ver en la naturaleza el conjunto de hechos exteriores a nuestro espíritu, por donde se llega a las estrecheces del realismo. Claro es que al inventar imitamos, por cuanto sólo contamos con los recursos naturales, y no hacemos más que estructurarlos en una nueva integración. Pero es preferible el término ficción. Indica, por una parte, que añadimos una nueva estructura—probable o improbable—a las que ya existen. Indica, por otra parte, que nuestra intención es desentendernos del suceder real. Finalmente, indica que traducimos una realidad subjetiva. La literatura, mentira práctica, es una verdad psicológica. Hemos definido la literatura: *La verdad sospechosa.*

3. Algo más sobre la ficción. La experiencia psicológica vertida en una obra literaria puede o no referirse a un suceder real. Pero a la literatura tal experiencia no le importa como dato de realidad, sino por su valor atractivo, que algunos llaman significado. La intención no ha sido contar algo porque realmente aconteciera, sino porque es interesante en sí mismo, haya o no acontecido. El proceso mental del historiador que evoca la figura de un héroe, el del novelista que construye un personaje, pueden llegar a ser idénticos; pero la intención es diferente en uno y en otro caso. El historiador dice que así fue; el novelista que así se inventó. El historiador intenta captar un individuo real determinado. El novelista, un molde humano posible o imposible. Nunca se insistirá lo bastante en la intención.

4. Respecto a la forma, sin intención estética no hay literatura; sólo podría haber elementos aprovechables para hacer con ellos literatura; materia prima, larvas que esperan la evocación del creador. Por de contado, cualquier experiencia espiritual, filosófica, histórica o científica, pueden expresarse en lenguaje de valor estético, pero esto no es literatura, sino literatura aplicada. Ésta se dirige al especialista, aunque sea provisionalmente especialista. La literatura en pureza se dirige al hombre en general, al hombre en su carácter humano. La forma, como el lenguaje mismo, es oral por esencia. Escribir—decía Goethe—es un abuso de la palabra. El habla es esencia; la letra, contingencia. Téngase presente, para evitar la confusión a que conduce el término mismo "literatura," que es ya un derivado de "letra," de lenguaje escrito.

5. El contenido de la literatura es, pues, la pura experiencia, no la experiencia de determinado orden de conocimientos. La experiencia contenida en la literatura—como por lo demás toda experiencia, salvo tipos excepcionales—aspira a ser comunicada. Para distinguir el lenguaje corriente o práctico del lenguaje estético o literario, se dice a veces que el primero es el lenguaje de la comunicación y el segundo el de la expresión. En rigor, aunque la literatura es expresión, procura también la comunicación. Aun en los casos de deformación profesional o de heroicidad estética más recóndita, se desea—por lo

menos—comunicarse con los iniciados y, generalmente, iniciar a los más posibles. Es cosa de parapsicología el componer poemas para entenderse solo y ocultarlos de los demás. En este punto, la erótica puede proporcionar explicaciones que son algo más que meras metáforas.

6. De aquí que algunos teóricos se atrevan a decir que la cabal comunicación de la pura experiencia es el verdadero fin de la literatura. (Ya afirmaba el intachable Stevenson,[12] en su *Carta a un joven que desea ser artista*, que el arte no es más que un "tasting and recording of experience." La belleza misma viene a ser así, un subproducto; o mejor, un efecto; efecto determinado, en el que recibe la obra, por aquella plena o acertada comunicación de la experiencia pura. Esta comunicación se realiza mediante la forma o lenguaje. La tradición gramatical suponía que el lenguaje sólo era un instrumento lógico, lo que hacía incomprensible el misterio lírico de la literatura.

No; el lenguaje tiene un triple valor:

1. De sintaxis en la construcción, y de sentido en los vocablos: gramática.
2. De ritmo en las frases y períodos, y de sonido en las sílabas: fonética.
3. De emoción, de humedad espiritual que la lógica no logra absorber: estilística.

La literatura es la actividad del espíritu que mejor aprovecha los tres valores del lenguaje.

7. Es innegable que entre la expresión del creador literario y la comunicación que él nos transmite no hay una ecuación matemática, una relación fija. La representación del mundo, las implicaciones psicológicas, las sugestiones verbales, son distintas para cada uno y determinan el ser personal de cada hombre. Por eso el estudio del fenómeno literario es una fenomenografía del ente fluido. No sé si el Quijote que yo veo y percibo es exactamente igual al tuyo, ni si uno y otro ajustan del todo dentro del Quijote que sentía, expresaba y comunicaba Cervantes. De aquí que cada ente literario esté condenado a una vida eterna, siempre nueva y siempre naciente, mientras viva la humanidad.

8. Propongo una convención verbal. Cuando trate del fenómeno literario en general, le llamaré, indistintamente, literatura o poesía, y al literato le llamaré poeta. Al hablar así, nos desentendemos de verso y prosa. Queremos decir creación literaria y creador literario. En los casos especiales, los llamaremos dramaturgo, novelista o lírico, según corresponda. Después de todo, la literatura revela mejor sus esencias en el rojo-blanco de la poesía. Evitaremos, de esta suerte, muchos circunloquios, nos olvidaremos mejor de la letra escrita que oscurece el sentido oral, y reivindicaremos el noble significado de la "poiesis" o creación pura de la mente. Platón aprobaría; aunque, preocupado por la educación del recto ciudadano, haya sido insospechadamente cruel con el poeta (*República, Leyes*), amén de demostrarnos que lo entendía tan bien (*Ión, Fedro*).[13]

9. Discrimen esencial: no confundir nunca la emoción poética, estado subjetivo, con la poesía, ejecución verbal. Este discrimen ha de seguirnos a lo largo de nuestro estudio, plegándose a todos sus accidentes. La emoción es previa en el poeta, y es ulterior en el que recibe el poema. El poema mismo, la poesía, se mantiene entre las dos personas, entre el Padre y el Hijo, igual que el Espíritu Santo, y está, como él, hecho de Logos, de verbo, de palabras. Para los fines de la poesía ¿de qué me sirve la sola emoción si no sé expresarla? ¿Y de qué les sirve a los demás, si no acierto a comunicarla, a transmitir hasta ellos la corriente que, a su vez, los ponga en emoción?

10. Sustento de la poesía es el Logos, el lenguaje. Al hablar de los tres valores del lenguaje (núm. 6), ya se ha presentado que hay un desajuste entre la psicología y el lenguaje. Los estilísticos dicen que el lenguaje no está acabado de hacer. No lo estará nunca. En este sentido, afirma Valéry[14] que la poesía intenta crear un lenguaje dentro del lenguaje. En este sentido, la poesía es un combate

---

[12] Robert Louis Stevenson (1850–1894), Scottish novelist, essayist, and poet.

[13] *República . . . Fedro*: Plato's *Republic*, *Laws*, *Ion* and *Phaedrus*.

[14] Paul Valéry (1871–1945), French poet and philosopher associated with the symbolist group.

contra el lenguaje. De aquí su procedimiento esencial, la catacresis, que es un mentar con las palabras lo que no tiene palabras ya hechas para ser mentado. Sea, pues, bienvenido el desajuste, al cual debemos la poesía. Acepte su sino el poeta, que está en combatir, como Jacob, con el ángel. Es la lucha con lo inefable, en la desolación del espíritu: cuerpo de nube, como Ixión.[15] Sin posible ayuda, porque no aceptamos la preceptiva; como lucha Erasmo con la idea, a la luz de su lámpara solitaria.

11. Y ahora, algo de fenomenografía literaria. Elástica y ancha ya se entiende. Hay tres funciones; hay dos maneras. Las funciones son—por su orden estético creciente, sin preocuparnos de la discutible serie genética o antropológica—drama, novela y lírica. Las maneras son prosa y verso. Caben todas las combinaciones posibles, los hibridismos, las predominancias de una función que contiene elementos de otras.

Lo que no acomoda en este esquema es poesía ancilar, literatura como servicio, literatura aplicada a otras disciplinas ajenas. Tampoco nos perturbe el que la poesía acarree, en su flujo, datos que interesan accidentalmente a otras actividades del espíritu. Lo que nos importa es la intención, el rumbo del flujo. La tragedia ateniense puede darnos vestigios sobre el enigma del matriarcado, pero no es ése su destino; el *Wilhelm Meister*, sobre la historia de los muñecos anatómicos, pero no es ése su destino.[16]

12. Drama, novela, lírica: funciones, no géneros. Procedimientos de ataque de la mente literaria sobre sus objetivos. Los géneros, en cambio, son modalidades accesorias, estratificaciones de la costumbre en una época, predilecciones de las pasajeras escuelas literarias. Los géneros quedan circunscritos dentro de las funciones: drama mitológico, drama de tesis, drama fantástico, drama realista; novela bizantina, novela pastoral, novela celestinesca, novela picaresca, novela naturalista; lírica sacra, lírica heroica, lírica amatoria, lírica elegíaca. El drama comprende tragedia y comedia y todos los géneros teatrales. La novela comprende la epopeya antigua y moderna: la *Ilíada*,[17] el *Orlando*,[18] la *Araucana* y lo que hoy se llama novela: Dickens, Balzac y Proust. La lírica es lo que el lenguaje común llama poesía, cuando no sirve de vehículo al drama o a la novela. Nos desentendemos, por el momento, de la manera en prosa o en verso.

13. En la tragedia ateniense—animal perfecto—discernimos fácilmente las tres funciones: los héroes o "personas fatales," como decían los aristotélicos españoles, son el drama mismo, representan acciones. Los prólogos o mensajeros, que narran sucesos no escénicos, son la novela. El coro, que expresa descargas subjetivas de la emoción acumulada, es la lírica. Drama—aunque se escriba como se escribe la música—es ejecución de acciones por personas presentes, representación. Novela es referencia a acciones de personas ausentes y, en concepto, pretéritas, aunque la mente las edifique en teatro interior, y aunque el relato, en cualquier tiempo del verbo, las figure en presente. La lírica es desarrollo de la interjección o exclamación, aunque tenga que apoyarse en acciones aludidas o relatadas; y es más pura mientras menos busca tales apoyos. De aquí la noción de la Poesía Pura, palabra de Tieck[19] recogida primero por Edgar Alan Poe[20] y después por Baudelaire,[21] y puesta en valor por Henri Bremond,[22] a propósito de Valéry. * * *

---

[15] Ixión: in Greek mythology Zeus sent a cloud to Ixion, a king of the Lapithae, the cloud took the form of Hera, was ravished by Ixion, and became the mother of the race of Centaurs.

[16] Ver, en *El deslinde*, los desarrollos sobre el concepto de "lo ancilar" (Cap. II, *Obras completas*, XV). (Author's note.) *Wilhelm Meister* (1796) is Goethe's novel which tells the romantic and tragic love story of Wilhelm and Mignon.

[17] *Ilíada*: the *Iliad*, ancient Greek epic ascribed to Homer.

[18] *Orlando*: the *Orlando Furioso* (1532) by Ariosto

(1474–1533), epic treatment of the story of Roland of Charlemagne's court and perhaps the greatest of Renaissance poems.

[19] Johann Ludwig Tieck (1773–1853), writer and critic of the German romantic school.

[20] Alan = Allan.

[21] Charles Pierre Baudelaire (1821–1867), French translator of Poe and poet of decadent school, whose *Flowers of Evil* (1857) struck a new note in the poetry of the nineteenth century.

[22] Henri Bremond (1855–1933), French critic and historian.

21. Llegados al ápice, bajemos de las abstracciones. Después de la fenomenografía, un poco de historia literaria. Ésta no puede ya trazarse como un proceso lineal: hay rayas transversales, arborescencias intrincadas. La historia literaria no cede a las particiones cronológicas, siquiera en el sentido relativo en que la historia universal cede a ellas: Antigüedad, Edad Media, Edad Moderna, etcétera. El orden temporal debe combinarse con el espacial, la historia con la geografía. El mismo sentido político importa menos que el lingüístico, y éste tanto como el cultural. Las literaturas nacionales no se explican por sí solas, fuera de aplicaciones sociológicas limitadas en que se las usa como testimonios para fines no literarios. El concepto de literatura nacional es una convención reciente: la Antigüedad es un todo; la Edad Media cristiana, un todo; el Renacimiento, un todo. No bien se exacerban las nacionalidades, el desarrollo planetario de las comunicaciones tiende otra vez a mezclar las aguas. Es más real el criterio de los géneros, las escuelas, los temas, las modas sucesivas. Y aun así, el espíritu extravasa linderos. Ni la frontera lingüística, la más prendida al ser literario, se le resiste.

22. De aquí diversas nociones: 1. La literatura universal, catálogo teórico de todos los casos literarios existentes, figura utópica. 2. Las historias literarias de épocas, tipos, temas, corrientes mentales y aun nacionales como esquemas económicos de investigación limitada. 3. La literatura comparada, que atiende a influencias, contaminaciones, paralelismos: noción del pasado siglo que ha fertilizado considerablemente el campo de estudio con sus técnicas propias. 4. La literatura mundial, que decía Goethe y que él consideraba como la única explicación del pensamiento literario. Puede figurársela como un inventario de obras y hechos que afectan a nuestra civilización, que están vivos todavía en la mente, que han trascendido, que siguen operando. Noción comparable a la historia política viva y efectiva, como Nietzsche la entiende. Si la literatura universal es una integración cuantitativa, la literatura mundial es una integración cualitativa. En el concepto de literatura mundial hay, pues, una nota antológica, sociológica, plebiscitaria, fundada en los hábitos, en los gustos dominantes. Y en gustos hay todo escrito. ¿Cómo computar los votos para sortear la deformación de los caprichos individuales? Los catedráticos norteamericanos pierden el tiempo en levantar estadísticas de las opiniones de los muchachos, juego de sociedad que a nada conduce. Sir John Lubbock,[23] en 1885, pide a los hombres autorizados una lista de obras y autores esenciales a nuestra cultura. Spencer[24] y Matthew Arnold[25] se abstienen; Max Müller[26] y William Morris[27] contestan arbitrariedades; Ruskin,[28] exaltados dislates.[29]

23. Y, sin embargo, es indispensable: todo estudio de las literaturas presupone un índice de obras y nombres significativos. Pues ¿cómo, en efecto, se ofrece la literatura? La poesía, un tiempo, se habló, se la recitaba. Y Solón[30] dictaba leyes a los aedos y rápsodas[31] para que declamaran en su debida sucesión las partes del poema homérico. La epopeya popular española se contaba y cantaba por todo el camino francés o de Santiago,[32] rumbo a las romerías. En tales etapas, la memoria sustituye a la biblioteca. Es la hora de la balada, evocada admirablemente por Macaulay en su prefacio a los

---

[23] Sir John Lubbock (1834–1913), English writer and archaeologist.

[24] Herbert Spencer (1820–1903), English philosopher.

[25] Matthew Arnold (1822–1888), English poet and critic.

[26] Max Müller (1862–1919), German orientalist and historian of religions.

[27] William Morris (1836–1896), English poet and artist.

[28] John Ruskin (1819–1900), English art critic and painter.

[29] A. Guérard, *Preface to World Literature*, Nueva York,

1940. (Author's note.)

[30] Solon, famous Athenian law-giver (640–558 B.C.). He aroused the national spirit of Athens and gave the city a more democratic constitution. His name has come to signify "wise legislator."

[31] aedos y rápsodas: ancient poet-singers and reciters of epic poetry.

[32] camino francés o de Santiago: the road maintained by the French monks of Cluny, with inns and resting places, which led to the shrine of Santiago, Galicia, in medieval times.

Layes de la antigua Roma,[33] página intocable en conjunto, aunque retocable en los pormenores eruditos. Entonces, para facilitar la memoria, el acervo de la experiencia se confía a los versos. "En consecuencia—dice el viejo historiador—la composición métrica, que para una nación altamente civilizada es un mero lujo, para una nación imperfectamente civilizada es casi una necesidad de la vida . . . Tácito[34] nos hace saber que las canciones eran el único repertorio que sobre su pasado histórico poseían los antiguos germanos."

24. Tras esta etapa viene aquella en que el poema se confía a la notación gráfica. Se comienza a leer. Pero gracias si por cada ciento lee uno. Época de los manuscritos preciosos, en que uno lee para varios. En el *Troilo y Crésida*, de Chaucer,[35] Pándaro llega al palacio de su sobrina, y la encuentra acompañada de sus amigas en un salón embaldosado, en torno a una doncella que les lee la Historia Tebana.[36] El poeta tiene conciencia de que es así como su poema mismo llega hasta el público, y de esta conciencia se descubren rasgos en su estilo. El público es, ante todo, una audiencia, y el poeta la interpela a veces: "Enamorados que aquí estáis, sabedlo." Pero la imprenta y la instrucción pública transforman el cuadro, y gradualmente lo sustituyen por una escena silenciosa en que, a través de la lectura, del espacio y del tiempo, un escritor tiene fascinado a un lector solitario, ante una página con caracteres que no le era destinada. Ya nuestra Sor Juana Inés echa de menos aquella lectura compartida, y el no contar "con quiénes conferir y ejercitar lo estudiado, teniendo sólo por maestro un libro mudo, por condiscípulo un tintero insensible."

25. Y concluimos que hoy la literatura se ofrece en forma de lectura. En suma, que el conocimiento de la literatura comienza por la bibliografía: 1. Los textos mismos, manuscritos e impresos. 2. Los comentarios y monografías especiales. 3. Como guías de conjunto, los manuales y las historias literarias. Para la literatura, el hombre es un lector. Dejemos de lado al estudiante metódico, al universitario que cuenta con otros auxilios. Lo mejor que puede hacer el lector común es partir desde su propia casa; levantar su lista de la literatura mundial de conformidad con su prejuicio

Ya, al paso mismo de sus lecturas, la irá rectificando. Ayúdese de manuales y tablas: los hay excelentes. No quiera abarcarlo todo. Anote lo que le parezca de más bulto, más incorporado en la cultura que respira. Lleve índices aparte para lo nacional y—en nuestro caso—lo iberoamericano, lo hispano, lo europeo, lo universal; y dentro de todo ello, lo antiguo y lo moderno, siempre atento a la supervivencia y relegando por ahora la mera curiosidad erudita. Sin este sistema de departamentos, su sentido de calidades no podría abrirse paso. Si no conoce otras lenguas, use traducciones. Y emprenda, como pueda, el aprendizaje de las lenguas, por lo pronto con miras a leer, si no precisamente a hablar. Es más primo aquello que esto para el cultivo espiritual. El *maître d'hôtel* chapurra inútilmente todas las lenguas y no lee ninguna: no pasa de ignorante.

26. Y luego, hay que saber leer, que no es un ejercicio vulgar. Es un darse y un recobrarse: una aceptación, siquiera instantánea y automática, de lo que leemos, y un claro registro de las propias reacciones. Sea una enumeración provisional de dificultades, que son otros tantos avisos para la lectura:[37]

1. Lo primero es penetrar la significación del texto. Esto supone entender lo mentado y

---

[33] Thomas Babington Macaulay (1780 – 1859), English statesman and historian, author of a five-volume history of England, and of *Lays of Ancient Rome* (1842), a group of Roman legends.

[34] Tácito: Tacitus (55–118 A.D.), Roman consul, historian and orator, author of many historic works on Rome and her colonies.

[35] Geoffrey Chaucer (1340–1400), father of English poetry, best known for *The Canterbury Tales*, written between 1386 and 1400. He also wrote *Troilus and Criseyde* (Troilus and Cressida), the first great love poem in the English language, around the year 1380. In this poem Pandarus is the go-between who procures Cressida for Troilus, and thus his name has come to signify "panderer."

[36] En el *Quijote*, I, XXXIII: " . . . cuando es tiempo de la siega, se recogen aquí las fiestas muchos segadores, y siempre hay alguno que sabe leer . . . y rodeamos dél más de treinta . . ." (Author's note.)

[37] I. A. Richards, *Practical Criticism*, Nueva York, Harcourt, Brace and Co., 1939. (Author's note.)

también la intención con que se lo mienta.
El arcaísmo y la riqueza lingüística del texto
acumulan obstáculos. Si dice Suárez de
Figueroa:[38] "Ser honrado es tener cuidados,"
percatarse de que no ha querido decir que
sólo es buena persona el que vive lleno de
preocupaciones, sino que aquel que vive rodeado de grandes honores, en situación
eminente, vive también lleno de molestias.
Góngora dice:

> Que se precie un Don Pelón
> de que comió un perdigón
> bien puede ser;
> mas que la biznaga honrada
> no diga que fue ensalada,
> no puede ser.

Hay que saber traducir: "Bien está que un
pobre diablo se jacte de que ha comido
perdiz, pero el honrado mondadientes nos
descubrirá la triste verdad: que sólo ha
comido una humilde ensalada." Y el mismo
Góngora, con su famosa estrofa undécima del
Polifemo, no resuelta aún por los comentaristas, nos da ejemplo de la necesidad y la
dificultad de construir en "sintaxis natural"
un texto, para de veras entenderlo, como el
estudiante de latín construye un pasaje de
César. Un declamador recitaba a Díaz Mirón,
donde éste compara con una lechuza a una
mujer que huye arropada en el manto. Y en
vez de decir: "Mientes enorme lechuza,"
decía siempre "¡Mientes, enorme lechuza!"
El que no conozca el significado de la frase
adverbial "sin duelo" en el siglo XVI, no
podrá nunca entender que Garcilaso haya
dicho: "Salid sin duelo,[39] lágrimas, corriendo." * * *

31. Mucho más habría que decir sobre la
lectura, literaria o no literaria. Un lector es
cosa tan respetable como un sujeto psíquico
que lanza su alma a volar por otras regiones.
Muchas veces el joven San Agustín[40] quiso
consultar sus dudas con San Ambrosio, pero
se detenía porque lo encontraba leyendo.

Cuando leía—dice—, sus ojos recorrían las
páginas del libro, mientras su mente se sus-
pendía y concentraba para penetrar el espíritu
de las palabras. Entonces descansaban su voz
y su lengua. Más de una vez penetré a su
cuarto, cuya puerta nunca estaba cerrada
para nadie, y adonde todo el mundo tenía
acceso sin necesidad de prevenir su visita,
y siempre me sucedió encontrarlo leyendo
para sí en voz baja, pero jamás de otra
manera. Y tras de haberme sentado un
rato, manteniéndome con respetuoso silencio—porque ¿quién, al verlo tan atento, se
hubiera atrevido a chistar siquiera?—me iba
retirando poco a poco teniendo por cierto
que prefería usar los escasos ocios que le
dejaban en recobrar nuevo vigor, tras el
mucho quebranto y las desazones que por
fuerza habían de causarle los negocias del
prójimo. . . .

Así es como la literatura conforta y libera,
multiplicando, en zona mejor, nuestras posibilidades de existencia. Ya decía aquel goloso
Gracián: "¡Qué jardín del Abril, qué Aran-
juez del Mayo como una librería selecta!"[41]

32. Un nuevo medio de comunicación
humana, la comunicación radiofónica, ha
hecho temblar a los amigos de las letras
escritas. Duhamel[42] se pregunta, angustiado,
si se hundirá una civilización con el libro. Ni
creo que el libro desaparezca, ni creo que
padezca el sentido literario si recobra sus
contactos, algo descuidados, con el orden oral
que es como su medio nativo. Aunque care-
cemos de documentos, sospechamos que
algunos pusilánimes temblaron también por
la cultura cuando la democrática imprenta
comenzó a volcarla a media calle. Aparecerán nuevos géneros. La mano del hombre,
algun día, domesticará otra vez a la máquina
que se le ha escapado. No perecerá la poesía,
danza de la palabra. Mientras exista una
palabra hermosa, habrá poesía.

[38] Suárez de Figueroa: Cristóbal Suárez de Figueroa (1571–1639), Spanish didactic writer, author of an encyclopedia of the sciences and arts (1615).

[39] sin duelo: *without measure, copiously.*

[40] San Agustín: Saint Augustine (354–430), early father of the Church who was converted to Christianity by Saint Ambrose (340–397), Bishop of Milan.

Augustine led a wild youthful life.

[41] Baltasar Gracián (1601–1658), learned Spanish Jesuit who was the author of many maxims and semi-philosophical works.

[42] Georges Duhamel (1884–1966), French writer and physician, winner of the Goncourt Prize.

~~~~Ezequiel Martínez Estrada

ARGENTINA, 1895–1964   Martínez Estrada is reputed to be the most scathing critic of his country and of his culture in recent years. The moral crisis of Argentine political life which began in the 1930's caused this writer to drop his career as a highly successful poet and to turn his pen toward a very cynical analysis of the nation's miseries. His first book of essays, *Radiografía de la pampa* (1933), from which the following selection is taken, has been called "el libro más amargo que se ha escrito en la Argentina." Nothing in that great nation is redeemable, disintegration and degeneration are rampant, and the best thing that an honorable Argentine can do is to weep with humiliation. The style of the book is permeated with flashes of imagery which reveal the sensitivity and intuition of a born poet.

In Martínez Estrada's third well-known book of essays, *Muerte y transfiguración de Martín Fierro* (1948), the author becomes more mellow and postulates "una afirmación optimista." He finds qualities that are admirable and worth saving in his country's gauchesque culture, and again in a very subtle and richly metaphoric language he presents his analysis and his affirmations. Both stylistically and in his attitude of pungent self-criticism Martínez Estrada has exerted a powerful influence on the younger writers of Argentina today.

~~~RADIOGRAFÍA DE LA PAMPA

HOSTILIDADES DE LA SOLEDAD

Las poblaciones pequeñas de las grandes planicies donde se encuentran casualmente seres de tan diversos orígenes y acaban por juntarse y tener hijos, más bien que tomar cohesión a medida que se hacen compactas, fermentan sentimientos disolventes, que no crean odios fecundos, porque también son superficiales. La pampa es un lugar de dispersión. Contra toda voluntad, la soledad es más fuerte que el trabajo por ser un estado constante y estable, y éste un estado precario, que no coordina hondamente con un plan social, unánime, místico. La casa se levanta para que sirve de albergue mientras dura la faena y el agua y el viento son eternos. La llanura no les da materiales consistentes para edificar, y las gentes que se aglutinan en los pueblos se han encontrado allí en procura de hacer dinero pronto. En vez de hacer fortuna dejan hijos: los hijos se van y el pueblo queda siempre con sus habitantes. De todos los signos que integran la fórmula vital de cada uno, sólo son idénticos y se suman aquellos egoístas y desafectos. También en ese concepto nuestros pueblos son psicológicamente fortines. La fuerza que en el fortín se oponía a las asechanzas de fuera, se ha invaginado ahora que no hay peligros flotantes y trabaja contra el centro. De ningún modo querrían los habitantes perennizar el presente, volver a empezar otra vez. Están ahí porque coincide lo que han ido a buscar con lo que otros buscan, y su proyecto es permanecer hasta el hallazgo. El logro de algunos bienes acaba por someterlos, y entonces es la misma búsqueda, que se ha hecho más poderosa que sus propósitos, lo que les retiene, y buscan buscar. Quedan con la propiedad como cepo, mientras sus almas descontentas flotan fantasmales entre las cosas y los seres. Constituyen archipiélagos vivos, rodeados de indiferencia y hostilidad, dueños de una fortuna que los aísla en el recelo y la envidia, de una casa que habitan como huéspedes, con hijos que prosiguen su vida moralmente emancipada, como hijos de la soledad. Estudian y entonces se quedan en Buenos Aires avergonzándose de los padres y de su apellido. El nativo ve con disgusto las bajezas a que se abandona el extranjero que se enriquece; el extranjero no comprende que se enriquezca el nativo sin sentirse despojado; porque, ignorante y pobre, todavía es un vástago de los conquistadores y colonos. Juzga que su pasaporte era el salvoconducto para triunfar.

Esos pueblos son tristísimos y no se concibe la aclimatación del hombre en condiciones de tal celibato espiritual. Podría mencionárselos a todos; todos son iguales y sólo difieren en los nombres y en el número de habitantes. Su configuración es la misma, sus personas y sus casas, pájaros asentados después de un largo vuelo. Se entra en ellos como a una cárcel con muros de campo, de donde es imposible evadirse una vez que se tiene algo, que la puerta se cerró. Nuevas gentes desalojan a las gentes viejas que se mueren o se van; unos a otros se conocen de vista y de nombre: conocen mejor lo que tienen y cómo lo

hubieron. Siguen renovándose cual si empezaran a cada generación de nuevo, y nada hay que se transmita desde el pasado y que reste en pie más duradero que el transeúnte. Ni el recuerdo.

Tan difícil es llevar a cabo en esas poblaciones de tripulantes una obra solidaria, unir los espíritus y las manos, como fácil el encono y la pugna. Los comerciantes se juegan su caudal por arruinar al vecino y la quiebra de un negocio, la caída instantánea del chacarero rico, lleva un rayo de sol y un hálito fresco a esas almas oscuras. No son peores que otros hombres; son así. No se espere encontrar un artista, un escritor de cepa, un iluso de cualquier clase, un amante de los pájaros que viva y muera allí. Las almas de artistas acaban por naufragar en cuerpos y vidas miserables. Esos pueblos tienen, todos, sus vecinos inútiles, sus borrachos perdidos, que exhiben los órganos genitales a las criaturas y que blasfeman que da miedo. Destrozados por el alcohol, caídos contra la pared entonan a veces alguna canción escolar en su idioma, entre babas. Ésa es la deformación de los espíritus hechos por Dios para el canto. Tan pronto como despunta en uno alguna recóndita claridad, y el espíritu se le sofoca en tanta grosera sordidez, huye y no vuelve más, pobre pájaro sin consuelo.

En los pueblos se vive aún con el arma a la cintura. Desengaño y fastidio, resentimiento y apuro pesan sobre las almas; un difuso descontento se atrinchera contra algo invisible, en expectativas de agresiones imaginarias. Los partidos políticos inflaman los ánimos hasta convertirlos en fauces tremendas; las luchas electorales son el ejercicio calisténico en esos ánimos que no se asombran de nada y que comentan en tono jovial el asesinato y el suicidio. Agazapados, husmeando las noticias secretas que se difunden con saña, hacen presa del escándalo y le hincan su colmillo, porque ése es el pan de carne cruda cotidiano. La política tiene allá un sentido total y vital.

Viene a constituir la rivalidad el estado permanente, normal e inadvertido; el candidato, el nombramiento de médico o de comisario, la circunstancia, son meros pretextos para que se manifieste sin escrúpulos la bestia embozada. Y sin embargo, tanta crueldad y tanto odio es sin duda una propensión a la simpatía y a la justicia, que encuentra cegados los cauces por donde correr sin obstáculos. Que el odio no es más que el amor malogrado. Por tal alotropía,[1] asumir la defensa de alguien es descargar un arma contra alguien, y el júbilo casi siempre se manifiesta por disparos al aire. Se forman sociedades de fomento, centros atléticos y círculos de cultura que acaban en comité o se disuelven, porque la rivalidad es más poderosa que el propósito de solidaridad. Fúndanse periódicos que están al servicio de la discordia, porque son hijos de la soledad. Mal escritos, nacidos del encono o de la ambición, no saben entretener a sus lectores con materiales de información y cargan sus columnas de una dinamita inútil. Su virulencia es la falta de ejercicio, un lenguaje de constante oposición. No se busque en esas cuatro u ocho páginas infames otra cosa que la diatriba; defienden los intereses del pueblo y su director vive sentenciado a muerte. No sabe defender sino atacando, como no pueden existir partidos políticos sino como adversarios de un ideal. Los hombres que llegan al gobierno aprovechan esas cargas de caballería, las emplean para defender su persona y no sus ideales, que no tienen porque también son hijos de la soledad. Cuando se cumple la sentencia y el director cae acribillado, el diputado nacional llega para asistir al sepelio y pronuncia un discurso infeccioso, para que nunca más cicatrice la herida. Después resta esperar lo que publiquen los diarios de grandes tiradas y poco más tarde el olvido. Porque el muerto formaba parte de un gremio; no era un caudillo de prensa sino un periodista, era un miembro aislado de un cuerpo de orgánica unidad. Por todas estas cosas su sacrificio fue, como lo dijo el diputado, "un tributo rendido a la causa de la civilización." Cayó peleando contra los espectros del indio, en el fortín del pueblo.

El animal es mucho más resignado en su aislamiento; vive encerrado en su piel y no tiene en su sangre gérmenes de simpatía y de altruísmo que lo perviertan. Teme o ataca sin estar en todo momento a la expectativa de la agresión, sin elucubrar larga y sordamente la venganza. En la época de celo se acopla, defiende la cría y luego vuelve a su soledad.

Pero todo aquello es la llanura; y la lejanía de los pueblos y su violenta emulsión de pasiones, la victoria póstuma del indio desalojado por una fuerza anárquica, étnicamente más débil que él. Estos pueblos nuevos son reductos de viejas violencias, que se infiltran por sus porosas paredes de tierra. Cuando esa fuerza alojada carne adentro está en reposo, baja el párpado y pone en los labios la respuesta imprecisa y tímida. Mas despierta sin alzarse y desde abajo descarga su pregunta artera, que va hasta el fondo del alma, cargada de intención.

DESCONFIANZA

Los habitantes de esos pueblos que he conocido, son ingenuos y recelosos. Desconfían porque son ignorantes, y no se sabría decir qué resabios hay en sus fisonomías y en sus gestos, de la soledad hostil que los circunda. Su cortesía es prevenida y poseen fórmulas de saludo y despedida de un ceremonial que debió de usarse, a no dudar, hace muchos siglos. Son seres incompletos, sin forma psicológica precisa, con la sola integridad y unidad de su cuerpo. El alma está cruzada de zonas estériles, de vegetaciones silvestres. Hasta lo que saben es ignorancia; hasta la honradez es un adorno fuera de moda. No viven en la plenitud de la salud, si están sanos; ni en la plenitud de la inteligencia, si son inteligentes; ni en la plenitud de la riqueza, si son ricos. Fáltales el desarrollo plenario que da a las formas su tamaño y su robustez adecuados. Han sido arrojados al lugar donde están, desde el abuelo, o antes, y parecen guardar un secreto rencor que ha perdido franqueza. Buscan en nosotros un secreto motivo de burla; nos examinan hasta que encuentran el punto vulnerable que les reintegre a la tranquila conciencia de la

---

[1] alotropía: *allotropy*, a property of certain chemicals existing in two or more forms.

plenitud de su ser. Todo lo que sabemos, lo que moralmente somos, todo el trabajo que nos costó ser esto poco que podemos mostrar sin sonrojarnos, no significa nada.

Es que sólo les falta lo que al ser completo le sobra, aquello único que deja un saldo a favor cuando se compara lo que debiéramos de haber sido y lo que a pesar de todo hemos llegado a ser. Todo ese plus pasa inadvertido. Les falta el bienestar, la comodidad, la generosidad, la indulgencia, el oído de los timbres y la vista de los grupos armónicos unidos. Se han formado sin conjugar su persona en todos los tiempos y modos de los verbos amar y vivir. Saben muchas cosas que ya olvidaron los hombres de las ciudades; creen lo que ya nadie cree y desconfían por los mismos motivos que los inducen a amar. Es que permanecen impávidos como esa naturaleza, como ese campo, como ese animal que cuidan, como el pueblo.

Quieren divertirse y no saben; quieren amar y son grotescos, porque en las fintas[2] más delicadas se ve el sexo desnudo. La soledad los ha defraudado, enseñándoles mentiras. Confunden los nombres y las fechas y cualquier respuesta les basta; leen diarios y revistas, están más o menos al tanto de lo que ocurre, pero les falta el sentido de la continuidad, el acorde en que se unen las voces dispersas que se les transmiten y confunden unas noticias con las otras. Saben hablar y sólo piensan palabras. Por esa circunstancia, los hechos ocurridos dos o tres días antes tienen para ellos la lejanía que para nosotros una página de Tucídides,[3] que creemos entender y que no entendemos ya. La radio les lleva sonidos desarticulados de la garganta de las urbes cosmopolitas; y el vestido que encargan les sienta como a las madres los de antaño; admiran lo detestable e ignoran el resto. Para nuestros campesinos se imprimen páginas enteras de los grandes rotativos, y se las llenan de colaboraciones especiales; para ellos se carga con pólvora la noticia policial que abunda en detalles re-

pugnantes; para ellos se destilan licores de alta graduación y se escriben y declaman versos cursis. La gran ciudad colabora de ese modo con la pampa; la inmensa distancia que han de recorrer y la amplitud de la difusión pone en las ideas dos piernas poderosas. Puede el autor olvidarse de los lectores provincianos y el músico creer que no existen; desde el campo llegan sigilosamente, se le ponen a su lado y le exigen que pague su tributo a la tierra. A través de tales distancias de todo orden, las imágenes se deforman y la identidad del idioma no basta para crear idéntica acepción en las palabras; aun ese vehículo nos mantiene incomunicados.

LOS POBRES

Toda esa circulación de monedas falsas, que se acuñan para el interior, es pobreza espiritual. Las ricas voces de la música, las formas henchidas de emoción de las artes plásticas, el pensamiento sereno o alto no valen allá lo que las monedas falsas y las joyas de chafalonía.[4] El pobre sueña ricos sueños de pobre. La soledad es pobreza. Aunque posean campos y ganados, son pobres; aunque tengan comercios, propiedades y tierras, son pobres. Esos bienes significan el sacrificio de sus personas íntegras, una clausura[5] en un medio dióptrico[6] a cuyo través se deforman sentimientos, ideas y valores. Su fortuna no es llave para penetrar al mundo, sino fortaleza para aislarse de él. Se han retirado al fondo de los campos con su presa, tienen miedo y se agachan. Esa fortuna que no luce en nada lujoso, excedente, artístico, superfluo, que es únicamente riqueza, los aísla de los demás. No es un caudal que lleve a todo, sino un exceso que inspira piedad. El pobre en su banco de la plaza, es inmensamente rico en comparación del hombre del campo. Su dinero tiene el signo de la soledad y cuando viene a disfrutarlo a las ciudades, lo acechan y quieren robárselo, porque no es digno de lo que tiene. Una

---

[2] finta: *feint, fake threat.*
[3] Tucídides: Thucydides (460–400 B.C.), Greek historian of the Peloponnesian War between Sparta and Athens.

[4] chafalonía: *old plate.*
[5] clausura: *confinement.*
[6] dióptrico: *dioptric, visually distorted.*

operación quirúrgica le arranca un trozo de la bola de estiércol de oro que amasó; un pleito barre con leguas de su campo; un amigo se lleva lo demás. Su riqueza no se entiende mano a mano con nuestra pobreza ni con la riqueza de los verdaderamente ricos. Podría entrar al mundo y el mundo se echaría a sus pies, pero no puede. Cuanto le rodea tiene fauces abiertas de avidez y de befa. No puede gastar esa fortuna que es el precio de su vida, de la de su mujer y sus hijos. Lo ha devorado todo y por eso el mundo amenaza devorarlo a él, recuperando la parte sustraída. Además hay, naturalmente, los pobres verdaderos, los pobres que no tienen nada, ni la seguridad de su pobreza. Tienen también su vaga esperanza, aunque doblada por el infortunio y la indiferencia. Al interior hemos arrojado la pobreza para que no afeara las calles de las ciudades y para que no interrumpiera con su grito vivo un sueño de cinematografía.

Aun la pobreza tiene algo de segura cuando lo que rodea al pobre está firmemente ligado al suelo y constituye la miserable mancomunidad del que no tiene nada. En los viejos países católicos el pordiosero oculta algo de Dios; y en un tiempo aquí iba a caballo y pedía con la exigencia de los elegidos, sin apearse ni dar las gracias.

Podríamos definir al pobre de las urbes como el ciudadano que tiene la ciudad por casa, y al viejo en su rancho como al desierto mismo. La pobreza aislada lo es doblemente; queda reducida a sí y hasta le falta la asistencia social de la edificación compacta. Ese pobre del campo es un ser aislado por la soledad y por lo que no tiene; se han roto los ligámenes que unen al hombre con el semejante. Entre nosotros, el pobre es un desertor, un tránsfuga que no tiene derecho a no tener nada, y causa vergüenza. Es nuestro padre que ha trabajado cincuenta años y no tiene nada; y nos da vergüenza. Recordad esos otros pobres que van con su bolsa al hombro, llevándose la tapera y la familia disuelta a cuestas, de un pueblo a otro, por los caminos o por las vías del tren. Van en busca de trabajo. No son vagabundos, son trabajadores. Ni tienen su pobreza, porque son peones sin pan, hambrientos, y con las manos encallecidas. No conozco nada más solitario, más sombrío que estos transeúntes de la pampa, que recorren distancias enormes, uno tras otro, alejados, lejanos. Acampan al pie de los terraplenes y entonces se ve que en la bolsa llevan los escombros de la casa: utensilios de cocina, mantas para dormir, platos para comer. Duermen juntos como las bestias, porque la noche es demasiado fuerte para el alma y la pena; pero a la mañana siguiente uno parte primero y los demás echan a andar cuando el anterior casi ha desaparecido. Parece que les falta Dios a su persona.

La pobreza en el campo pierde su aspecto de falla social y parece una incapacidad individual, el castigo por un pecado misterioso. La sociedad queda exenta de culpa, porque no existe; el estanciero, el chacarero, el acopiador de frutos, ¿qué tienen que ver con el pobre? Le dan albergue, y el espacio que va del que tiene al que no tiene es tan grande que no se sabe quién debería reprochar al otro, cuando el pobre se va. El indigente de nuestros campos se parece al animal mucho más que al hombre rico. El animal es el pobre por excelencia, privado de toda superfluidad por fuera y por dentro. No tiene, no pide y para morirse tampoco le basta. La miseria en el descampado es un accidente personal, y por lo tanto una incógnita, una amenaza. Está suelta y, además, no se ve que se haya producido, como tampoco la riqueza, por presión de lo circundante, según el funcionamiento de un organismo que segrega tales desechos. Estos pobres del campo, que viven de mate y galleta, procrean pobreza, exhalan pobreza. Como el pueblo y las gentes trabajan para sí, cada vez van quedando más aislados y siendo más numerosos. En tanto esa gente vivía en su soledad, formaban un sistema con el ambiente, sin grados ni variedades, porque faltaba la relación con otro estado mejor. La distancia los mantenía desvinculados de lo demás y estaban cerca de todo, pues sus puntos de referencia, a los cuales estaban atados los hilos de sus vidas, eran el rancho, el árbol, el pozo, el perro, el caballo y su familia. Pero una vez que el pueblo y con él su rancho, el árbol, el pozo, el perro y el caballo se unieron a la gran ciudad lejana, entraron a formar parte de otro sistema mayor; todo alrededor se puso en movimiento y su quietud tomó rigideces cadavéricas. Entonces aumentó la soledad del pobre, cuando hubo distancia y diferencia entre ese mundo local y el mundo inmenso. Todo lo que sirve para unir: telégrafo, ferrocarril, automóviles, lo separaban más. La metrópoli comenzó a arrastrar hacia sí toda la campaña, colocándolo a él cada día más lejos, en los confines del mundo primitivo.

ᘛ᠁Germán Arciniegas

COLOMBIA, 1900–   Germán Arciniegas is one of the leading *pensadores*
of Latin America in this century. He has invariably identified himself
with the progressive elements in Colombian life, and his books and
essays reflect an abiding interest in "the human aspects of the great
historical events of Latin America." Despite his occasional criticisms of
the United States he has been one of this country's best friends in the
southern republics, for he is deeply inspired by what James Truslow
Adams has so aptly called "the American dream," the dream of all
Americans, both of the south and of the north, to achieve a real democracy and real brotherhood in their social and political organisms.

Arciniegas is particularly concerned with Latin America's place in the
world. Recognizing the weaknesses of this area's socio-political
structure, he constantly affirms the vitality of Ibero-American culture.
He is anxious for the Americas to cross-fertilize each other in the
cultural sphere, and shows some concern lest the more efficient and
powerful culture of the United States might almost automatically
strive to overwhelm that of his own people. He points out that all is not
well with this powerful culture of North America, and that Ibero-
America has many vital contributions to make to the future of our
hemisphere.

ᘛ᠁PRELUDIO DEL XX

América recobra su dimensión continental en
el siglo xx. Ya no pueden seguir viviendo
Bolivia, Guatemala, el Paraguay como islas
amuralladas, a donde no podía llegar ningún
viajero, ningún libro, ninguna idea de fuera. 5
El avión deja libres los caminos que cerró la
selva. Las carreteras que durante el xix
apenas alcanzaban a ciudades vecinas, hoy
unen países, van apretando entre sus lazos a
todo el continente. Un dictador no puede 10
obrar impunemente dentro de sus fronteras:
la radio, el cable, los periódicos publican su

indecencia y a la vergüenza continental en
que se le pone llegará algún día la sanción
pública internacional. Otra vez, como en los
tiempos de Bolívar y San Martín, las ideas
pueden moverse a lo largo del continente, y lo
que antes se caminaba en años ahora se vuela
en segundos. Si el xix fue el siglo de la
independencia, el xx es el de la interdepen-
dencia. Al criterio libérrimo de soberanía
sucede el acondicionamiento de la responsabilidad.

El continente que, aislado, sin caminos, sin

más ciencia que la empírica, permaneció inexplorado, pobre, atado a su ineludible inmovilidad, va explorándose, revelándose, descubriéndose a sí propio, sacando riquezas de las selvas que eran vírgenes, de los antiguos desiertos. En potencia, esto es tan rico como una Rusia, como una California, como un Canadá. Hasta ayer, la ocupación del pueblo no era, en su mayor parte, sino la de ver multiplicarse el rebaño y esperar en el rancho a que creciese la papa o granase la espiga de trigo o de maíz. Hoy la mayoría de las gentes trabaja en las industrias. Los pies empiezan a calzarse. La lectura se extiende como un sexto sentido a todos los hombres. Es otro mundo, aún en potencia, pero en potencia inmediata. Todos saben lo que de aquí puede surgir. Todavía en esta guerra mundial hemos sido espectadores. Un paso más, y seremos autores. La mano de la historia se alarga para dar una vuelta al reloj de arena. En seguida empezará a contarse nuestra hora. ¿Quién va a dirigir esta nueva América? ¿Quién saldrá ganancioso de estas nuevas riquezas?

*   *   *

Eduardo Mallea ha visto, en una novela, a las dos Américas que están coexistiendo en nosotros: la América visible y la América invisible. Los observadores superficiales sólo ven la cáscara en que aparecen los figurones, los oradores, los que gritan, los que tienen representación y uniforme. En las entrañas, en la carne y en el alma, estamos los demás: los zapateros y los estudiantes, las señoras que van al cine y los señores que andan por la calle, los poetas y los peones, usted—mi querido lector—y yo. Los oradores hablan parados sobre un volcán. Dicen que saben a dónde van—sin saberlo—, porque hay que decir algo y hacer ruido. Hay que hacer gestos, mostrar la máscara, asistir a la asamblea internacional. Los de abajo tampoco saben de dónde vienen. (De dónde venimos.) La América invisible es una turbia nebulosa que va aclarándose a fuerza de equivocaciones, de luchar por salir a flote, de sufrir el contacto con una realidad contradictoria.

Pero cuando usted y yo, y el zapatero, y la mujer de usted y la mujer mía, y el estudiante, llegamos a la convicción de que el orador que grita parado en los cajones ni está diciendo nada, ni está parado sino en los físicos cajones, nos acercamos al momento en que la América invisible empieza a tener conciencia de sí, empieza a ver. Cualquier día hablará y se equivocará menos.

Hoy, de quienes se mueven sobre la superficie de la vida americana, unos hablan de democracia y otros de contener al comunismo. Demagogos y nazistas.

Con los demagogos se repite la historia del siglo XIX. El orador de turno sabe que, como a principios del siglo pasado, hay que contar con las masas. Si hace cien años el pueblo era un torrente desbordado que sacaba a flote a los caudillos, hoy el pueblo tiene un poder electoral y un poder, otra vez, multitudinario. El orador reclama su concurso, le halaga, le adula, para alcanzar el poder. América está sembrada de dictadores que han llegado al poder por este camino y hacen política social y literaria de masas para mantenerse arriba y hacer negocios. La democracia burlada ha sido y sigue siendo común en nuestra América.

Los reaccionarios han visto este punto débil de nuestras costumbres políticas. Se complacen en poner al desnudo las flaquezas y vicios de los demagogos. Encuentran en el funcionamiento de los congresos fuente de inspiración para burlarse de un sistema que muestra una propensión irresistible a buscar los niveles inferiores. Señalan los desórdenes administrativos como ejemplo de lo que llaman funestos sistemas liberales. En los periódicos hacen campañas sarcásticas para burlarse de la inocultable desorientación, del desorden y tanteos en que se resuelven los movimientos populares. Dicen: los sistemas liberales y democráticos no son los que convienen a la república. Mañosamente mueven la opinión hacia las soluciones que idearon en Europa Hitler y Mussolini, y cuya versión castellana ha corrido en España y América por cuenta del general Francisco Franco y sus seguidores. El comunismo adopta la misma táctica, y Rusia ve en América su nueva zona de influencias. Como se perdía ayer el sentido de independencia gritando: Viva Hitler, hoy se pierde gritando: Viva Krushov. Nostalgias de ser colonias . . . 5

Con la transformación de América en un continente abierto, despierta la ambición extranjera. Si las noticias se mueven con la celeridad del radio, y es posible volar en horas de México a Buenos Aires, si se 10 descubren riquezas no sospechadas y susceptibles de inmediato aprovechamiento, los países salvajes que no merecieron ninguna atención en el siglo XIX pasan a tener importancia para la lucha por venir entre la 15 democracia y sus contrarios. Los partidos de la reacción nazifascista que se han visto derrotados en el viejo mundo conciben la esperanza de reiniciar sus labores en el nuevo. Aprovechan en sus propagandas la historia 20 antigua del imperialismo yanqui y la moderna de los capitanes de industria del norte, para establecer un divorcio inicial entre estas dos mitades de nuestro propio hemisferio. Publican una copiosa literatura sobre los 25 peligros de la libertad, las torpezas de la democracia, las excelencias de un "nuevo orden." Y encuentran en los partidos reaccionarios el instrumento adecuado para adelantar en sus propósitos. El comunismo 30 trabaja la misma mina desvirtuando la misión de las izquierdas.

* * *

El momento, en realidad, es de profundo 35 desconcierto. Si el pueblo mira hacia atrás y alcanza a ver lo que viene buscando desde hace cuatro siglos, tendrá que preguntarse si lo que pintan hoy como democracia corresponde, en efecto, a su ideal. ¿Es demo- 40 cracia el paraíso literario de los demagogos? ¿Es eso de que hablan los dictadores antes de tomar el poder? ¿Es esa indecencia que caricaturizan los reaccionarios? ¿Es el congreso de los políticos aventureros? ¿Irán los humil- 45

des, una vez más, enderezando sus pasos hacia un ideal burlado? La democracia ¿no estará convirtiéndose en un lugar común, en un sofisma de distracción?

* * *

Democracia, según el diccionario, es "una doctrina favorable a la intervención del pueblo en el gobierno." Los señores de la Academia del rey, sólo han visto eso: que el pueblo disputa lo que, según la tradición de la casa, es de derecho divino del rey. Al decir democracia se les representa a los académicos en las turbas de los comuneros que corrían pisándole los talones a Carlos I,[1] cuando iba de corte en corte proclamando acatamiento para su soberanía. Y sí: era el fantasma de la democracia al nacer. El ideal vago que apenas se insinuaba como una amenaza a la corona. La democracia realizada es otra cosa. Quien la ha descrito mejor ha sido el hijo de unos leñadores, nacido en la pobreza, a quien tocó en suerte recorrer, desde la cabaña de sus bosques hasta la Casa Blanca de Wáshington, esa larga distancia que existe entre el sueño de una fantasía y el ejercicio del gobierno en una gran república. Abraham Lincoln terminó su discurso del cementerio de Gettysburg diciendo cómo, bajo el signo de Dios, su patria había tenido un renacimiento de libertad: De ahora en adelante, agregó, "el gobierno del pueblo, por el pueblo y para el pueblo, no perecerá sobre la faz de la tierra." Con esas palabras dio la definición que no trae el diccionario de la academia, trazó el triángulo en que se apoya la idea de la democracia y en que descansa el equilibrio político en un gobierno popular. Esa democracia por venir sigue siendo ideal en los Estados Unidos del Norte como en los Desunidos del Sur.

Dice Ortega y Gasset en su libro sobre *La rebelión de las masas*:[2] "Con los pueblos de Centro y Sudamérica tiene España un pasado común, raza común, lenguaje común

---

[1] Carlos I (1500–1558), better known as Charles V of the Holy Roman Empire, king of Spain 1516–1556. The Spanish commoners rose against his dictatorial rule in 1520 and were ruthlessly suppressed.

[2] *La rebelión de las masas* by José Ortega y Gasset

(1883–1955) was first published in 1930. In it, Ortega presents the thesis that today's *mass-man* has taken the leadership of Western civilization away from the élite ruling group which formerly dominated both culture and government.

y, sin embargo, no forma con ellos una nación. ¿Por qué? Falta sólo una cosa que, por lo visto, es la esencial: el futuro común. España no supo inventar un programa de porvenir colectivo que atrajese a esos grupos zoológicamente afines . . ." Ortega y Gasset habla como los académicos. Para él, estos rebaños de animales sólo tienen parecidas las orejas. Él no mira al pueblo—ni al suyo, ni al nuestro—sino como un fantasma desorientado. Lo que encuentra de común entre España y Centro y Sudamérica, es precisamente lo que no es común. Ni la raza, ni el lenguaje siquiera, son comunes entre nosotros, ni entre nosotros y ellos. Mucho menos el pasado. En España se hablan el catalán y el castellano, que son tan diferentes como el italiano y el francés. En América, el pueblo del Paraguay habla en guaraní y no por eso deja de ser una parte de nuestra América. Aquí hay naciones que hablan aymara, maya o quechua, tan diversos del castellano como lo es de éste el vascuence. No tenemos una lengua común, aunque en muchas lenguas distintas hablemos un mismo idioma en América: el idioma de la democracia. Ni tenemos la misma raza en el interior del Paraguay y en la capital de la Argentina, en Cuba y en Chile. Ni somos ya de la misma sangre españoles y americanos. Eso de la raza común y la lengua común fueron lugares comunes con que se hizo literatura hace cincuenta años, y que reanudan ahora los de la hispanidad en la corte de Franco. En cambio, hay una cosa común que fue la que no pudieron ver los reyes de España, ni alcanza a columbrar Ortega y Gasset: el alma del pueblo, del pueblo español y del americano, que viene buscando libertad, justicia, democracia, desde hace cuatro siglos y más. Por eso formamos la nación a que no se alude en *La rebelión de las masas.*

* * *

El problema está en que democracia cumplida, realizada, aún no existe. No sirven los ejemplos de Dinamarca o de Suecia, experimentos de huerta, de huerta de la victoria, como dirían en los Estados Unidos. Los Estados Unidos son una democracia porque anima a sus dirigentes más puros, a la masa del país, una ilusión de democracia: porque el país busca la democracia como una futura solución de equilibrio nacional; porque los norteamericanos han venido luchando por lograrla, lo mismo que nosotros. En ese punto venimos a unirnos no sólo los españoles del pueblo en España y nosotros los del pueblo en la América del Sur, sino ellos y nosotros con los del pueblo en la América del Norte. Cosa original en el mundo: los tres grupos humanos tienen el privilegio de soñar con repúblicas en donde la democracia no sea el fantasma del Diccionario, sino la ilusión de Lincoln.

* * *

Lo que la democracia tiene de activo, de operante, de vital en América, es el no haberse realizado. El seguir siendo un ideal por cuya realización habrá de luchar aún durante muchos decenios, quizás mientras América haya de tener alguna significación en el mundo. Tan simplista, arbitrario e indecente como nuestros dictadores de Sudamérica, fue Huey Long—King Fish—, cuando tuvo el control del Estado de Luisiana.[3] Los cuatro grandes que sacaron de su primitivo estado a California, y que Oscar Lewis describe en un libro estupendo, *The Big Four*,[4] son personajes de ayer, que parecen una versión inglesa de los capataces políticos de la América del Sur. En el libro que ha escrito Joseph Kinsey Howard, *Montana High, Wide and Handsome*,[5] sobre el estado más joven de la Unión Americana,[6] donde no se mueve una paja sin que la compañía minera de la "Anaconda" dé el soplo, Montana se descubre ante nuestras miradas como la Bolivia del Norte.

---

[3] Huey Long (1893–1935), Governor of Louisiana and rabble rouser, was widely known as the Kingfish. He was assassinated.

[4] Oscar Lewis (1893–0000), North American historian and sociologist. *The Big Four* (1938) were: Mark Hopkins (1813–1878), Collis Potter Huntington (1821–1900), Charles Crocker (1822–1888), Leland Stanford (1824–1893).

[5] Joseph Kinsey Howard (1906–1951), North American historian of the northwest area.

[6] Montana was admitted to the Union in 1889 as the 41st state.

No: la democracia no es un hecho cumplido en la América del Norte. La democracia no ha llegado a un mismo desarrollo en los estados blancos de la Unión, como Wisconsin o Michigan, y en los negros, como los de las Carolinas, Georgia o Misisipí. Por las restricciones impuestas al voto, en las elecciones de 1928 y 1932, el 87% de los hombres adultos no pudo votar en Carolina del Sur, donde sólo un 2% de la población corresponde a americanos de raza blanca nacidos de padres americanos.[7] Así se comprende el trecho que falta para que se realice la fórmula de Lincoln en Carolina del Sur.

Pero en el norte, como en el sur, la democracia sigue siendo el ideal y el estímulo.

* * *

Un siglo transcurrió en América del Sur para que se fusionaran la raza blanca y la cobriza, y dos o tres para que éstas se mezclasen con los negros, sin que podamos aún afirmar que el equilibrio se haya logrado. Las fórmulas políticas que se "inventan," apenas sirven para acomodos transitorios. La única política perdurable es la que va fluyendo de la vida, y si alguna vez logra atar a los pueblos, es cuando sus fundamentos no son artificiales.

Dentro de las fórmulas monárquicas pudieron atarse y desatarse estados con la misma facilidad con que se pactaban matrimonios o rompían compromisos de familia entre las cuatro que mantuvieron por generaciones el poder en Europa. Dentro de la fórmula de libre juego de los pueblos el problema es más complejo.

De hecho, el pueblo ha tenido el poder en América muchas veces. El pueblo se adueñó de él en aquellos días en que el común elegía por su capitán a un Balboa, a un Cortés o a un Jiménez de Quesada, y con ellos iba a descubrir el Pacífico o a conquistar a México, o a sacar de la nada el Nuevo Reino de Granada. Tuvo el pueblo poder en tiempos de Tupac Amaru, cuando con sus muchedumbres ahogó, así fuera por breve tiempo, el poder de los oficiales de la corona en el Perú. Lo tuvo cuando con Bolívar desató la lengua y apretó los puños para poner en fuga al español. Y, en seguida, cuando con Juárez llevó un caudillo suyo para que hiciera cabeza a la república. Hasta los dictadores más oscuros fueron un día instrumentos de la voz del pueblo que seguramente no estaba iluminada como la voz de Dios. Hoy mismo el pueblo tiene poder.

El problema está en que democracia no es la fugaz intervención del pueblo en el gobierno. Por no haber habido democracia completa en las intervenciones del pueblo en el gobierno de otros siglos y de nuestros propios días, la punta de la espada se ha vuelto contra él. La maravilla de la conquista, que hizo el pueblo con sus capitanes del siglo XVI, vino a parar en las manos de un rey y de su gobernador que al final cortó la cabeza de Balboa, como indicando que los de abajo no habrían de poner sus pensamientos más arriba del suelo en donde afirmasen sus botas los cortesanos. Las marchas de Tupac Amaru[8] y las de los comuneros[9] quedaron disueltas por las argueias de un visitador o de un arzobispo que, más habilidosos, enderezaron las cosas hasta que les fue fácil ahorcar a los del pueblo y descuartizarlos, según enseñan las leyes del derecho divino del monarca. Las jornadas del libertador y de sus muchedumbres desembocaron, ganada la guerra de independencia, en una encrucijada en que se hallaban apostados los sargentos, que vistieron de generales y se alzaron con el mando. Los caudillos de la república embaucaron a las masas que les ayudaron a subir al poder y las sojuzgaron con calculada vileza. Ahora mismo, el

---

[7] These statistics are incorrect. In the elections referred to only 14% of the adult population did in fact vote in South Carolina, but a far greater percentage than this was eligible. Also, a majority of that state's population is Caucasian and of native-born American parentage.

[8] Tupac Amaru, the first Indian rebel leader of this name, was beheaded by the Peruvian Viceroy Toledo in the sixteenth century. The second (1742?–1781), baptized José Gabriel Condorcanqui, rose in rebellion in 1780 and was also beheaded.

[9] comuneros: the townsmen of Colombia who rebelled against heavy taxes in 1780.

presidente del sindicato o el demagogo esquilan el vellón de sus rebaños.

En resumen, una democracia siempre burlada, un ideal siempre escamoteado. Pero, en medio de todo, hay algo sostenido que va en ascenso y camino de purificación. No es el poder lo que se busca simplemente, porque el poder ha sido elemento burlador. Hasta el momento mismo en que se llega a la antesala del gobierno, los ideales se mantienen puros, y en el caso del pueblo americano han sido ideales de libertad, de justicia, de igualdad, de paz. La fórmula del poder "para" la realización de ideales es la explicación de la lucha americana. Con esta advertencia indispensable: que esos ideales no han sido los mismos que han movido a los pueblos de otros continentes. En Europa se ha luchado por otras causas y por otras cosas.

Una visión esquemática de la leyenda de nuestros siglos llevaría a estas conclusiones: que el XVI fue el siglo de los conquistadores, en que entró el pueblo de España con sus capitanes a cubrir con una sola bandera un continente de esperanzas; que el XVII fue el de los progenitores, en que se formó un pueblo nuevo para gozar de esa tierra; que el XVIII fue el de los precursores, que anunciaron la libertad; que el XIX fue el de los libertadores, que desprendieron de España al mundo americano y que enseñaron el poder de la muchedumbre puesto bajo sus banderas; siguiendo ese ritmo de la escala, cabe pre-guntar ahora: ¿será el XX el siglo del pueblo? ¿Y para el pueblo?

* * *

Lo que podría ser un sencillo proceso de evolución interna se complica con el desarrollo simultáneo de enormes intereses industriales en Norteamérica y de un creciente poder militar en las repúblicas del sur. Viene la nueva penetración europea, más sutil, más inteligente y más ambiciosa y experimentada que la del siglo XVI. Se insinúa la polarización de intereses opuestos entre Rusia y los Estados Unidos e Inglaterra. El transcurso de estos años que seguirán a la guerra no se sabe si ha de ser para que gocen de la victoria los burgueses que quieren paz, o los de abajo, que quieren justicia.

En fin, problemas, problemas . . . Como siempre los ha tenido, como siempre los tendrá el mundo. En estos días, con un cambio de escala que multiplica los interrogantes. Pero, volviendo al tema, ¿cuál es el papel que va a jugar el hombre común? ¿Será otra vez el de un espectador desconocido? ¿O será el del espectador en quien logren sembrar los agitadores amargura, violencia, soberbia o el desnudo rencor de la venganza? ¿O mantendrá él, en la alborada de un nuevo ciclo histórico, su fe segura, su afirmación tranquila en el viejo ideal suyo de levantar a los humildes para que haya libertad y justicia para todo el mundo?

(Cosas del pueblo, 1962)

﹏﹏Mariano Picón-Salas

VENEZUELA, 1901–1965   Born in the Andean city of Mérida, Venezuela, where he studied humanities and law, Picón-Salas went to Caracas in 1920 and the following year published there his first book, *Buscando el camino*. In 1923, under the Gómez dictatorship, he emigrated to Chile where his intellectual life matured and took deep root. After Andrés Bello he is the Venezuelan who has most closely identified himself with Chilean reality.

A widely traveled and widely read man, Picón-Salas is a writer of many interests. Social and literary history is his specialty, and he always reveals himself as acutely aware of the world currents which are most strongly influencing the thinking and feelings of contemporary mankind. He is also a writer with intense spiritual and esthetic values, a firm believer in the dignity of man, and in the potential of just and democratic government. Anything that undermines this hope is to Picón-Salas repellent and perilous. He is angry at the barbarism of the modern world, and insists that man possesses both the means and the intelligence to bring about a permanent reformation. At the time of his death in 1965, Picón-Salas was properly recognized as one of the most sincere and purest souls that Latin America has produced in our generation.

﹏LITERATURA Y SOCIEDAD

Por buscar un paraíso estético de las más alquitaradas[1] o aun sádicas delicias, los teóricos del "arte por el arte" se precavían[2] del significado social de la literatura; querían establecerla como extraordinario mundo arti- 5 ficioso, con pertinacia tan discutible como los de la trinchera opuesta, quienes pedían a lo literario testimonios o alegatos sociológicos. O la literatura sirve para el "juego de dados" a lo Mallarmé,[3] pura invención fantástica, o puede ayudar a las revistas de medicina y de higiene mostrándoles la "degeneración de una familia bajo el segundo Imperio" por efectos del alcohol, el libertinaje o las más turbias herencias: parecían los extremos de un debate a fines del siglo XIX. Pero aun en su descontento y reacción individualista o narcisista contra el mundo burgués y la doble

---

[1] alquitaradas: *distilled.*
[2] precaverse de: *to guard against.*

[3] Stéphane Mallarmé (1842–1898), French poet and leader of symbolist school.

vulgaridad de las masas o de los banqueros, los estetas del primer grupo expresaban una actitud social, del mismo modo que una novela naturalista—cuando está bien escrita —puede lograr un efecto estético. Ninguna escuela tiene valor por sí misma y un mal imitador de Mallarmé es tan insoportable desde el punto de vista artístico como el autor de la más fáctica,[4] rastrera y abultada narración del naturalismo. En ambos casos el problema de la literatura no es tanto el "para qué se hace" sino el "cómo" se realiza la obra. Hay un tono emocional, un ritmo, un lenguaje, una exigencia de autenticidad expresiva, sin los cuales se cae en el muy conocido infierno de las buenas intenciones. La literatura arrastra la trágica paradoja de que seres que en su vida normal se comportaban como egoístas o neuróticos, describen la ternura, el desinterés, y el amor humano mejor que muchos hombres auténticamente buenos. Quizás no quisiéramos tener de vecino a Fedor Dostoievski,[5] lo que no impide que nos haya descubierto una dimensión grandiosa de la humanidad. No confundamos el autor con la obra, porque caemos en el más intrincado engaño.

Pero cada vez que el hombre sale de su yo y se comunica con los demás por la palabra, la actitud o la obra artística, está cumpliendo una función social. Y aun aquel huir de la circunstancia histórica para refugiarse en el muy aséptico o muy demoníaco mundo del arte, constituye también un pronunciamiento público. Decimos entonces que la sociedad capitalista e industrial de Europa era fea, chabacana[6] y depresiva cuando John Ruskin[7] quería salvarla por un regreso al artesanado[8] de la Edad Media; Oscar Wilde[9] vestía pantalones cortos y llevaba un girasol en la mano para espantar a los burgueses, y Walter Pater[10] prefería a toda vida real "los retratos imaginarios." Hasta la queja y el personal dolor cósmico de los poetas del siglo XIX ("the world is too brutal for me," "Je suis venu trop tarde dans un monde trop vieux," "mi canto es el del ruiseñor en la obscuridad") habían expresado en su misma desolación o negación una circunstancia que, aristotélicamente, podemos llamar "política." Exagerando el concepto, los marxistas estarían autorizados a decir que el poeta Kleist[11] se suicidó no sólo por amor o neurosis, sino por su descontento con el Estado prusiano. Y cuando colocamos una nostálgica Edad de Oro en el remoto pasado o en el más remoto porvenir, también nos estamos definiendo; somos—tal vez—conservadores o socialistas utópicos.

Aclarada esta relación ineludible, irrenunciable, del escritor y el artista con la sociedad, podemos sí inquirir cuáles son las obras que cumplen más válidamente su función estética y humana. Yo diría que son aquellas en que ambos valores de significación no están escindidos; cuando la obra ofrece no sólo el engranaje misterioso de los sueños del artista, su estructura de formas únicas, sino también un lenguaje que hiere o conmueve a otros hombres. En la obra perfecta, el arte parece descubrirse por primera vez. No se trata de traducir el mensaje a un idioma necesariamente lógico, sino de revivir esa lucha que acontece en el subconsciente del hombre con sus potencias o sus sueños más entrañables. Entonces el mito substituye al pensamiento lógico y un cuento o un poema pueden valer desde el punto de vista humano lo que la mejor obra de filosofía. ¿No consideraba Schiller al poeta como gran "recordador" o "vengador" de la naturaleza olvidada, el que trae a la presencia del hombre distraído la gran voz del Universo y armoniza su instinto con su razón? Y por

---

[4] fáctica: *fact-stuffed.*

[5] Feodor Dostoievski (1821–1881), Russian novelist, author of *Crime and Punishment* (1886), *The Brothers Karamazov* (1879–1880), etc. His novels were also studies in abnormal psychology.

[6] chabacana: *crude.*

[7] John Ruskin (1819–1900), English painter and art critic.

[8] artesanado: *craftsmanship.*

[9] Oscar Wilde (1856–1900), Irish-English poet and dramatist, exponent of the idea of "art for art's sake."

[10] Walter Pater (1839–1894), English critic, essayist, novelist, noted for his interest in ideal beauty and perfection in art.

[11] Heinrich Wilhelm von Kleist (1777–1811), German poet and dramatist, who shot Henriette Vogel, his sweetheart, then killed himself. He was deeply disconsolate over the lack of popularity of his works.

eso—sin necesidad de decirlo—la gran obra literaria posee un valor social en sí. ¿Dónde se separa lo estético de lo social en novelas como *Don Quijote, Crimen y castigo* o *Guerra y paz*? Desde el momento en que Cervantes echa a andar a su héroe por los caminos manchegos, y junto a los fantasmas de su fantasía fabuladora tropieza también con venteros, curas, bachilleres, duques o mozas del partido, está tocando o interpretando una realidad española o universal.

Es casi perogrullada decir que el significado humano de la obra literaria depende de su autenticidad, y que ésta es asimismo un valor estético. El conflicto entre la obra de arte autónoma y la "comprometida," en que tanto se insiste ahora, pudiera derivarse más claramente a la oposición entre veracidad y falsedad artística. Aquellos escritores soviéticos que sometían sus novelas a las consignas de partido y llamaban "burgueses" a los sentimientos que contrariaban la teoría petrificada, eran tan poco auténticos como los que nos presentan un acertijo sin belleza formal ni metáfora configuradora, como poema ultramoderno. Así como nos fatiga la espontaneidad informe de los malos románticos, también puede disgustarnos el helado hermetismo, sin posibilidad de comunicación, de muchas obras del día. El tipo "pompier"[12] que sólo copia mecánicamente las formas generales de la época y no agrega nada personal al legado del arte, se produce en todas las escuelas y estilos; pudo ser, alternativamente, figurativo o abstracto. Y en la imitación, puramente externa, de una "manera," sin contenido vivencial propio, consiste lo "inauténtico."

Cuando discutimos el valor social del arte y principalmente de la literatura, olvidamos con frecuencia que hay escritores valerosos y escritores pusilánimes. El escritor valeroso es el que revela su verdad aun contra todos los prejuicios de la tribu, el que plasma en la palabra lo que le estaba quemando el espíritu, el que no teme ser impopular para

transmitirnos su razón interior. Son seguramente los que más perduran, pues salieron a la comprensión y al asalto del mundo con personalidad inconfundible. Conocemos sus gustos, sus ideas, sus pasiones; nos hablarán siempre con palabras que brotaron calientes de la fragua del alma. Vivieron, lucharon y padecieron y pueden ser tolerantes y comprensivos como lo fue Cervantes. Dicen sin falsa ilusión su testimonio, desgarrado o risueñor sobre la naturaleza humana. Juzgan cada hecho no de acuerdo con las normas congeladas en las leyes o prejuicios de toda sociedad, sino como circunstancia nueva que requiere el más radical análisis. El escritor pusilánime se escuda en su follaje retórico, en el adjetivo cómplice y encubridor. La gramática le sirve de viciosa hoja de parra. Sacrifica la autenticidad a las convenciones de los otros. Marcha como el Vicente del refrán "a donde va toda la gente." Y por ello no verá ni entenderá más que "toda la gente." Cuando sus metáforas o la habilidad de su estilo con que pudo impresionar a muchos se desgasten o caigan en la caquexia[13] final de todos los estilos, nada queda de él para fecundar el futuro. Será pequeña curiosidad para un lingüista o coleccionista de rarezas literarias, como quien leyera en estos días los hiperfloridos sermones de Fray Hortensio Parravicino, predicador barroco.[14] Será ficha filológica, pero jamás obra perdurable, tierna o estremecedora.

De la obligación de ser auténtico depende también la exigencia de libertad para las obras literarias y sus autores. La justicia social—meta y aspiración profunda de nuestra época; palabra que a veces se adultera en planes engañosos de políticos y arengas de demagogos—comienza con nuestro albedrío ético. Ninguna justicia puede prevalecer contra la primera libertad, ínsita a la naturaleza humana, que es la de la conciencia. Y sin derecho al análisis, la discusión, la inconformidad, la protesta, la misma justicia social sería unilateral y sec-

---

[12] pompier: *imitative, conventional.*
[13] caquexia: *cachexia, deathly emaciation.*
[14] Fray Hortensio Parravicino (1580–1633), Spanish

religious orator who was called "el predicador de los reyes y el rey de los predicadores."

taria, instrumento o mito de poder y no impretermitible derecho humano. ¡Cuánta auténtica injusticia se enmascaraba bajo la sedicente justicia proletaria de Stalin o la falsa protección a la colectividad que pro-[5] metían todos los fascismos! Contra la libertad, los Estados-Leviatanes[15] o las superestructuras políticas irguieron siempre un fantasma de seguridad y defensa colectiva, pero ella consistía en no leer los libros de Erasmo, para [10] la Inquisición Española; en olvidar las canciones de Heine y los mejores cuadros de la pintura europea, después del impresionismo, para los nazis alemanes. Esa seguridad nazi o staliniana, revestida de falsa justicia [15] social o de revolucionario derecho obrero, era capaz de dar a los alemanes o a los rusos comidas a módico precio fijo, cupones para las tiendas y acceso multitudinario a los estadios, parques y museos, dejándoles el [20] alma ayuna de toda nutrición creadora y rebelde, y conducidos de la mano por los gendarmes de un Estado que se irrogaba el derecho de pensar por ellos. Y salvando lo auténtico de su mensaje, todo escritor que lo [25] sea de veras, ha de trazarse la órbita de su libertad. Se la forja Quevedo en la papelera, cortesana y chismosa España del siglo XVII, y aun los memoriales que no puede confiar a la letra impresa los pone bajo las servilletas de [30]

los nobles y salva por la sátira y la burla sombría el furor justiciero de su corazón; lo logra Tolstoy en el aterido silencio moscovita de los zares, y Voltaire, Romain Rolland[16] o Thomas Mann,[17] cruzando la frontera hacia Suiza, país que por ser pequeño y no haber creado un estado monstruoso no se asustaba de ninguna idea.

La literatura, además (y de ahí su reclamo de libertad), no sólo refleja el estado presente o pretérito de determinada sociedad, sino también se adelanta a adivinar el futuro, puede ver con pupila mágica que desde las miserias o la ridiculez de hoy penetre catárticamente en el mañana. No hay que asustarse, por ello—como los muy puros artistas del "arte por el arte"—, del uso social y político que se haga ancilarmente de las obras literarias. Claro que esto nada tiene que ver con su jerarquía estética; y *Madame Bovary*[18] no es un alegato para que las mujeres incomprendidas logren con facilidad el divorcio y no tengan que suicidarse, como *Doña Bárbara* de Gallegos tampoco es un argumento a favor de la agricultura tecnificada y de la necesidad de un buen sistema ferroviario en los llanos de Venezuela. ¿Pero por qué alterarse si los que no tienen sensibilidad para otra cosa, extraen de la literatura semejante lección pragmática?

(*Ensayos escogidos,* 1958)

---

[15] Estado-Leviatán: *Superstate.*
[16] Romain Rolland (1866–1944), French novelist, author of *Jean Christophe* (1904–1912) in ten volumes, noted for his idealism, his interest in music, and his hero worship.
[17] Thomas Mann (1875–1955), German scholar and

novelist noted for his interest in the artist's relation to society. Mann left Germany in 1938 because of the rise of Nazism and came to the United States.
[18] *Madame Bovary:* novel by Gustave Flaubert (1821–1880), famous French realist, which appeared in 1857.

~~~~~~~~THREE

From the Mexican Revolution to the Present

D. PROSE—FICTION

～～～Horacio Quiroga

URUGUAY, 1878–1937   Horacio Quiroga's life as man and artist may be very appropriately and conveniently divided into three rather sharply-defined periods: first, the period of apprenticeship from 1901 to 1910; second, that of his finest writing from 1910 to 1926; and third, the period of decline ending with his death in 1937. Turning away from exaggerated modernist verse and prose (*Los arrecifes de coral*, 1901) to narrative fiction, Quiroga soon discovered that his talents lay in the direction of the short story. With a technique acquired from Poe and other masters of the genre, and with his bride, he went to live (1910) in San Ignacio in the jungle province of Misiones. There, with striking originality and effectiveness, he developed and applied his art to the American tropical scene. Relentless struggle with the forces of nature and grief over the death of his wife (1917) were instrumental in the production of some of his finest stories (*El desierto*). Immediately upon his wife's death he returned to Buenos Aires to educate his children and to collect his stories for publication in book form. From 1926 on, his failing health and constant preoccupation with death drove him ever deeper into a tragic mental state, and dampened his enthusiasm for writing. With the exception of several stories in *Más allá* (1935), Quiroga wrote little in his closing years that was worthy of his name.

In American fiction Quiroga has few equals in the creation of horror effects, in the portrayal of impending tragedy and death, in the vividness of flash-backs, and in the depiction of abnormal mental states. It matters little whether the setting is regional or not, as witness his Ibsenesque *La gallina degollada*; but certainly his more popular tales of this class are those that spring directly from his own experiences in the flood-ridden, pestilential, heat-maddening wastes of tropical America. These stories, furthermore, place him among the first and best writers of the tropical scene. Delightfully told, and in a lighter vein, are his justly celebrated jungle tales "for children of all ages and all lands." Kipling, here, guided his early steps. And then to round out his rich and extensive collection he cultivated a cosmopolitan type of story—stories of love and of pure phantasy, and allegories, interesting for variety of theme and for his humorous satiric treatment. Except for an early attempt at sensational modernist verse and an occasional novel that never really developed beyond the novelette stage, Quiroga remained steadfast in his devotion to, and cultivation of, the short story, of which he will be recognized—if that honor is not generally conceded already—as the first outstanding artist in contemporary Spanish American letters. Not a few critics are agreed that he deserves a high place among the world's gifted story tellers.

ᐱ⋘LA GALLINA DEGOLLADA

Todo el día, sentados en el patio, en un banco, estaban los cuatro hijos idiotas del matrimonio Mazzini-Ferraz. Tenían la lengua entre los labios, los ojos estúpidos, y volvían la cabeza con toda la boca abierta.

El patio era de tierra, cerrado al Oeste por un cerco de ladrillos. El banco quedaba paralelo a él, a cinco metros, y allí se mantenían inmóviles, fijos los ojos en los ladrillos. Como el sol se ocultaba tras el cerco al declinar, los idiotas tenían fiesta. La luz enceguecedora llamaba su atención al principio; poco a poco sus ojos se animaban; se reían al fin estrepitosamente, congestionados por la misma hilaridad ansiosa, mirando el sol con alegría bestial, como si fuera comida.

Otras veces, alineados en el banco, zumbaban horas enteras imitando al tranvía eléctrico. Los ruidos fuertes sacudían asimismo su inercia, y corrían entonces alrededor del patio, mordiéndose la lengua y mugiendo. Pero casi siempre estaban apagados en un sombrío letargo de idiotismo, y pasaban todo el día sentados en su banco, con las piernas colgantes y quietas, empapando de glutinosa saliva el pantalón.

El mayor tenía doce años y el menor, ocho. En todo su aspecto sucio y desvalido se notaba la falta absoluta de un poco de cuidado maternal.

Esos cuatro idiotas, sin embargo, habían sido un día el encanto de sus padres. A los tres meses de casados, Mazzini y Berta orientaron su estrecho amor de marido y mujer y mujer y marido hacia un porvenir mucho más vital: un hijo. ¿Qué mayor dicha para dos enamorados que esa honrada consagración de su cariño, libertado ya del vil egoísmo de un mutuo amor sin fin ninguno y, lo que es peor para el amor mismo, sin esperanzas posibles de renovación?

Así lo sintieron Mazzini y Berta, y cuando el hijo llegó, a los catorce meses de matrimonio, creyeron cumplida su felicidad. La criatura creció bella y radiante hasta que tuvo año y medio. Pero en el vigésimo mes sacudiéronlo una noche convulsiones terribles y a la mañana siguiente no conocía más a sus padres. El médico lo examinó con esa atención profesional que está visiblemente buscando la causa del mal en las enfermedades de los padres.

Después de algunos días los miembros paralizados de la criatura recobraron el movimiento; pero la inteligencia, el alma, aun el instinto, se habían ido del todo. Había quedado profundamente idiota, baboso, colgante, muerto para siempre sobre las rodillas de su madre.

—¡Hijo, mi hijo querido!—sollozaba ésta sobre aquella espantosa ruina de su primogénito.

El padre, desolado, acompañó al médico afuera.

—A usted se le puede decir: creo que es un caso perdido. Podrá mejorar, educarse en todo lo que le permita su idiotismo, pero no más allá.

—¡Sí! . . ., ¡sí! . . .—asentía Mazzini—. Pero dígame: ¿Usted cree que es herencia, que . . .?

—En cuanto a la herencia paterna, ya le dije lo que creí cuando vi a su hijo. Respecto a la madre, hay allí un pulmón que no sopla bien. No veo nada más, pero hay un soplo un poco rudo. Hágala examinar detenidamente.

Con el alma destrozada de remordimiento, Mazzini redobló el amor a su hijo, el pequeño idiota que pagaba los excesos del abuelo. Tuvo asimismo que consolar, sostener sin tregua a Berta, herida en lo más profundo por aquel fracaso de su joven maternidad.

Como es natural, el matrimonio puso todo su amor en la esperanza de otro hijo. Nació éste, y su salud y limpidez de risa reencendieron el porvenir extinguido. Pero a los dieciocho meses las convulsiones del primogénito se repetían, y al día siguiente el segundo hijo amanecía idiota.

Esta vez los padres cayeron en honda desesperación. ¡Luego su sangre, su amor estaban malditos! ¡Su amor, sobre todo! Veintiocho años él, veintidós ella, y toda su apasionada ternura no alcanzaba a crear un átomo de vida normal. Ya no pedían más belleza e inteligencia, como en el primogénito; ¡pero un hijo, un hijo como todos!

Del nuevo desastre brotaron nuevas llamaradas de dolorido amor, un loco anhelo de redimir de una vez para siempre la santidad de su ternura. Sobrevinieron mellizos, y punto por punto repitióse el proceso de los dos mayores.

Mas por encima de su inmensa amargura quedaba a Mazzini y Berta gran compasión por sus cuatro hijos. Hubo que arrancar del limbo de la más honda animalidad no ya sus almas, sino el instinto mismo, abolido. No sabían deglutir, cambiar de sitio, ni aun sentarse. Aprendieron al fin a caminar, pero chocaban contra todo, por no darse cuenta de los obstáculos. Cuando los lavaban mugían hasta inyectarse de sangre el rostro. Animábanse sólo al comer o cuando veían colores brillantes u oían truenos. Se reían entonces, echando afuera lengua y ríos de baba, radiantes de frenesí bestial. Tenían, en cambio, cierta facultad imitativa; pero no se pudo obtener nada más.

Con los mellizos pareció haber concluido la aterradora descendencia. Pero pasados tres años, Mazzini y Berta desearon de nuevo ardientemente otro hijo, confiando en que el largo tiempo transcurrido hubiera aplacado a la fatalidad.

No satisfacían sus esperanzas. Y en ese ardiente anhelo que se exasperaba en razón de su infructuosidad, se agriaron. Hasta ese momento cada cual había tomado sobre sí la parte que le correspondía en la miseria de sus hijos; pero la desesperanza de redención ante las cuatro bestias que habían nacido de ellos echó afuera esa imperiosa necesidad de culpar a los otros, que es patrimonio específico de los corazones inferiores.

Iniciáronse con el cambio de pronombres: *tus* hijos. Y como a más del insulto había la insidia, la atmósfera se cargaba.

—Me parece—díjole una noche Mazzini, que acababa de entrar y se lavaba las manos—que podrías tener más limpios a los muchachos.

Berta continuó leyendo como si no hubiera oído.

—Es la primera vez—repuso al rato—que te veo inquietarte por el estado de tus hijos.

Mazzini volvió un poco la cara a ella con una sonrisa forzada.

—De nuestros hijos, me parece . . .

—Bueno, de nuestros hijos. ¿Te gusta así?—alzó ella los ojos.

Esta vez Mazzini se expresó claramente:

—Creo que no vas a decir que yo tenga la culpa, ¿no?

—¡Ah, no!—se sonrió Berta, muy pálida—; pero yo tampoco, supongo . . . ¡No faltaba más . . . !—murmuró.

—¿Que no faltaba más?

—¡Que si alguien tiene la culpa no soy yo, entiéndelo bien! Eso es lo que te quería decir.

Su marido la miró un momento, con brutal deseo de insultarla.

—¡Dejemos!—articuló al fin, secándose las manos.

—Como quieras; pero si quieres decir . . .

—¡Berta!

—¡Como quieras!

Éste fue el primer choque, y le sucedieron otros. Pero en las inevitables reconciliaciones sus almas se unían con doble arrebato y ansia por otro hijo.

Nació así una niña. Vivieron dos años con

la angustia a flor de alma, esperando siempre otro desastre.

Nada acaeció, sin embargo, y los padres pusieron en su hija toda su complacencia, que la pequeña llevaba a los más extremos límites del mimo y la mala crianza.

Si aun en los últimos tiempos Berta cuidaba siempre de sus hijos, al nacer Bertita olvidóse casi del todo de los otros. Su solo recuerdo la horrorizaba como algo atroz que la hubieran obligado a cometer. A Mazzini, bien que en menor grado, pasábale lo mismo.

No por eso la paz había llegado a sus almas. La menor indisposición de su hija echaba ahora afuera, con el terror de perderla, los rencores de su descendencia podrida. Habían acumulado hiel sobrado tiempo para que el vaso no quedara distendido, y al menor contacto el veneno se vertía afuera. Desde el primer disgusto emponzoñado habíanse perdido el respeto; y si hay algo a que el hombre se siente arrastrado con cruel fruición es, cuando ya se comenzó, a humillar del todo a una persona. Antes se contenían por la mutua falta de éxito; ahora que éste había llegado, cada cual, atribuyéndolo a sí mismo, sentía mayor la infamia de los cuatro engendros que el otro habíale forzado a crear.

Con estos sentimientos, no hubo ya para los cuatro hijos mayores afecto posible. La sirvienta los vestía, les daba de comer, los acostaba, con visible brutalidad. No los lavaban casi nunca. Pasaban casi todo el día sentados frente al cerco, abandonados de toda remota caricia.

De ese modo Bertita cumplió cuatro años, y esa noche, resultado de las golosinas que sus padres eran incapaces de negarle, la criatura tuvo algún escalofrío y fiebre. Y el temor a verla morir o quedar idiota tornó a reabrir la eterna llaga.

Hacía tres horas que no hablaban, y el motivo fue, como casi siempre, los fuertes pasos de Mazzini.

—¡Mi Dios! ¿No puedes caminar más despacio? ¿Cuántas veces . . .?

—Bueno, es que me olvido; ¡se acabó! No lo hago a propósito.

Ella se sonrió, desdeñosa:

—¡No, no te creo tanto!

—Ni yo jamás te hubiera creído tanto a ti . . ., ¡tisiquilla!

—¡Qué! ¿qué dijiste? . . .

—¡Nada!

—¡Sí, te oí algo! Mira: ¡no sé lo que dijiste; pero te juro que prefiero cualquier cosa a tener un padre como el que has tenido tú!

Mazzini se puso pálido.

—¡Al fin!—murmuró con los dientes apretados—. ¡Al fin, víbora, has dicho lo que querías!

—¡Sí, víbora, sí! ¡Pero yo he tenido padres sanos, ¿oyes? ¡sanos! ¡Mi padre no ha muerto de delirio! ¡Yo hubiera tenido hijos como los de todo el mundo! ¡Ésos son hijos tuyos, los cuatro tuyos!

Mazzini explotó a su vez.

—¡Víbora tísica! ¡Eso es lo que te dije, lo que te quiero decir! ¡Pregúntale, pregúntale al médico quién tiene la mayor culpa de la meningitis de tus hijos; mi padre o tu pulmón picado, víbora!

Continuaron cada vez con mayor violencia, hasta que un gemido de Bertita selló instantáneamente sus bocas. A la una de la mañana la ligera indigestión había desaparecido y, como pasa fatalmente con todos los matrimonios jóvenes que se han amado intensamente una vez siquiera, la reconciliación llegó, tanto más efusiva cuanto infames fueran los agravios.

Amaneció un espléndido día, y mientras Berta se levantaba escupió sangre. Las emociones y mala noche pasada tenían, sin duda, gran culpa. Mazzini la retuvo abrazada largo rato y ella lloró desesperadamente, pero sin que ninguno se atreviera a decir una palabra.

A las diez decidieron salir, después de almorzar. Como apenas tenían tiempo, ordenaron a la sirvienta que matara una gallina.

El día, radiante, había arrancado a los idiotas de su banco. De modo que mientras la sirvienta degollaba en la cocina al animal, desangrándolo con parsimonia (Berta había aprendido de su madre este buen modo de conservar la frescura de la carne), creyó sentir algo como respiración tras ella. Volvióse, y vio a los cuatro idiotas, con los hombros pegados uno a otro, mirando estupefactos la operación. Rojo . . . rojo . . .

—¡Señora! Los niños están aquí en la cocina.

Berta llegó; no quería que jamás pisaran allí. ¡Y ni aun en estas horas de pleno perdón, olvido y felicidad reconquistada podía evitarse esa horrible visión! Porque, naturalmente, cuanto más intensos eran los raptos de amor a su marido e hija, más irritado era su humor con los monstruos.

—¡Que salgan, María! ¡Échelos! ¡Échelos, le digo!

Las cuatro bestias, sacudidas, brutalmente empujadas, fueron a dar a su banco.

Después de almorzar salieron todos. La sirvienta fue a Buenos Aires y el matrimonio a pasear por las quintas. Al bajar el sol volvieron; pero Berta quiso saludar un momento a sus vecinas de enfrente. Su hija escapóse en seguida a casa.

Entretanto los idiotas no se habían movido en todo el día de su banco. El sol había traspuesto ya el cerco, comenzaba a hundirse, y ellos continuaban mirando los ladrillos, más inertes que nunca.

De pronto algo se interpuso entre su mirada y el cerco. Su hermana, cansada de cinco horas paternales, quería observar por su cuenta. Detenida al pie del cerco, miraba pensativa la cresta. Quería trepar, eso no ofrecía duda. Al fin decidióse por una silla desfondada, pero aún no alcanzaba. Recurrió entonces a un cajón de kerosene, y su instinto topográfico hízole colocar vertical el mueble, con lo cual triunfó.

Los cuatro idiotas, la mirada indiferente, vieron cómo su hermana lograba pacientemente dominar el equilibrio y cómo en puntas de pie apoyaba la garganta sobre la cresta del cerco, entre sus manos tirantes. Viéronla mirar a todos lados y buscar apoyo con el pie para alzarse más.

Pero la mirada de los idiotas se había animado; una misma luz insistente estaba fija en sus pupilas. No apartaban los ojos de su hermana, mientras creciente sensación de gula bestial iba cambiando cada línea de sus rostros. Lentamente avanzaron hacia el cerco. La pequeña, que habiendo logrado calzar el pie, iba ya a montar a horcajadas y a caerse del otro lado, seguramente, sintióse cogida de una pierna. Debajo de ella, los ocho ojos clavados en los suyos le dieron miedo.

—¡Soltáme!, ¡dejáme!—gritó sacudiendo la pierna. Pero fue atraída.

—¡Mamá! ¡Ay, mamá! ¡Mamá, papá!—lloró imperiosamente. Trató aún de sujetarse del borde, pero sintióse arrancada y cayó.

—¡Mamá! ¡Ay, ma . . .!—no pudo gritar más. Uno de ellos le apretó el cuello, apartando los bucles como si fueran plumas, y los otros la arrastraron de una sola pierna hasta la cocina, donde esa mañana se había desangrado la gallina, bien sujeta, arrancándole la vida segundo por segundo.

Mazzini, en la casa de enfrente, creyó oír la voz de su hija.

—Me parece que te llama—le dijo a Berta.

Prestaron oído, inquietos, pero no oyeron más. Con todo, un momento después se despidieron, y mientras Berta iba a dejar su sombrero, Mazzini avanzó en el patio:

—¡Bertita!

Nadie respondió.

—¡Bertita!—alzó más la voz, ya alterada.

Y el silencio fue tan fúnebre para su corazón siempre aterrado, que la espalda se le heló del horrible presentimiento.

—¡Mi hija, mi hija!—corrió ya desesperado hacia el fondo. Pero al pasar frente a la cocina vio en el piso un mar de sangre. Empujó violentamente la puerta, entornada, y lanzó un grito de horror.

Berta, que ya se había lanzado corriendo a su vez al oír el angustioso llamado del padre, oyó el grito y respondió con otro. Pero al precipitarse en la cocina, Mazzini, lívido como la muerte, se interpuso, conteniéndola:

—¡No entres! ¡No entres!

Berta alcanzó a ver el piso inundado de sangre. Sólo pudo echar sus brazos sobre la cabeza y hundirse a lo largo de él con un ronco suspiro.

(Cuentos de amor, de locura, y de muerte, 1917)

⚬⚬TRES CARTAS . . . Y UN PIE

Señor:

Me permito enviarle estas líneas, por si usted tiene la amabilidad de publicarlas con su nombre. Le hago este pedido porque me informan de que no las admitirían en un periódico, firmadas por mí. Si le parece, puede dar a mis impresiones un estilo masculino, con lo que tal vez ganarían.

Mis obligaciones me imponen tomar dos veces por día el tranvía, y hace cinco años que hago el mismo recorrido. A veces, de vuelta, regreso con algunas compañeras, pero de ida voy siempre sola. Tengo veinte años, soy alta, no flaca y nada trigueña. Tengo la boca un poco grande, y poco pálida. No creo tener los ojos pequeños. Este conjunto, en apreciaciones negativas,[1] como usted ve, me basta, sin embargo, para juzgar a muchos hombres, tantos que me atrevería a decir a todos.

Usted sabe también que es costumbre en ustedes, al disponerse a subir al tranvía, echar una ojeada hacia adentro por las ventanillas. Ven así todas las caras (las de mujeres, por supuesto, porque son las únicas que les interesan). Después suben y se sientan.

Pues bien; desde que el hombre desciende de la vereda, se acerca al coche y mira adentro, yo sé perfectamente, sin equivocarme jamás, qué clase de hombre es. Sé si es serio, o si quiere aprovechar bien los diez centavos, efectuando de paso una rápida conquista. Conozco en seguida a los que quieren ir cómodos, y nada más, y a los que prefieren la incomodidad al lado de una chica.

Y cuando el asiento a mi lado está vacío, desde esa mirada por la ventanilla sé ya perfectamente cuáles son los indiferentes que se sentarán en cualquier lado; cuáles los interesados (a medias) que después de sentarse volverán la cabeza a medirnos tranquilamente; y cuáles los audaces, por fin, que dejarán en blanco siete asientos libres para ir a buscar la incomodidad a mi lado, allá en el fondo del coche.

Éstos son, por supuesto, los más interesantes. Contra la costumbre general de las chicas que viajan solas, en vez de levantarme y ofrecer el sitio interior libre, yo me corro sencillamente hacia la ventanilla, para dejar amplio lugar al importuno.

¡Amplio lugar! . . . Ésta es una simple expresión. Jamás los tres cuartos de asiento abandonados por una muchacha a su vecino le son suficientes. Después de moverse y removerse a su gusto, le invade de pronto una inmovilidad extraordinaria, a punto de creérsele paralítico. Esto es una simple apariencia; porque si una persona lo observa desconfiando de esa inmovilidad, nota que el cuerpo del señor, insensiblemente, con una suavidad que hace honor a su mirada distraída, se va deslizando poco a poco por un plano inclinado hasta la ventanilla, donde está precisamente la chica que él no mira ni parece importarle absolutamente nada.

Así son: podría jurarse que están pensando en la luna. Entre tanto, el pie derecho (o el izquierdo) continúa deslizándose imperceptiblemente por el plano inclinado.

Confieso que en estos casos tampoco me aburro. De una simple ojeada, al correrme hacia la ventanilla, he apreciado la calidad de mi pretendiente. Sé si es un audaz de primera instancia, digamos, o si es de los realmente preocupantes. Sé si es un buen muchacho, o si es un tipo vulgar. Si es un ladrón de puños,[2] o un simple raterillo;[3] si es un seductor (el *seduisant*, no *seducteur*,[4] de los franceses), o un mezquino aprovechador.[5]

A primera vista parecería que en el acto de deslizar subrepticiamente el pie con cara de hipócrita no cabe sino un ejecutor: el ratero. No es así, sin embargo, y no hay chica que no lo haya observado. Cada tipo requiere una defensa especial; pero casi siempre, sobre todo

---

[1] en apreciaciones negativas: *to put it mildly.*
[2] ladrón de puños: *old hand (hardened criminal).*
[3] raterillo: *amateur (pickpocket).*

[4] el *seduisant*, no *seducteur*: *a charming person, not a seducer.*
[5] mezquino aprovechador: *petty masher.*

si el muchacho es muy joven o está mal vestido, se trata de un raterillo.

La táctica en éste no varía jamás. Primero de todo, la súbita inmovilidad y el aire de pensar en la luna. Después, una fugaz ojeada a nuestra persona, que parece detenerse en la cara, pero cuyo fin exclusivo ha sido apreciar al paso la distancia que media entre su pie y el nuestro. Obtenido el dato, comienza la conquista.

Creo que haya pocas cosas más divertidas que esta maniobra de ustedes, cuando van alejando su pie en discretísimos avances de taco y de punta, alternativamente. Ustedes, es claro, no se dan cuenta; pero este monísimo juego de ratón, con botines cuarenta y cuatro,[6] y allá arriba, cerca del techo, una cara bobalicona (por la emoción seguramente), no tiene parangón con nada de lo que hacen ustedes, en cuanto a ridiculez.

Dije también que yo no me aburría en estos casos. Y mi diversión consiste en lo siguiente: desde el momento en que el seductor ha apreciado con perfecta exactitud la distancia a recorrer con el pie, raramente vuelve a bajar los ojos. Está seguro de su cálculo, y no tiene para qué ponernos en guardia con nuevas ojeadas. La gracia para él está, usted lo comprendería bien, en el contacto y no en la visión.

Pues bien: cuando la amable persona está a medio camino, yo comienzo la maniobra que él ejecutó, con igual suavidad e igual aire distraído de estar pensando en mi muñeca.[7] Solamente que en dirección inversa. No mucho, diez centímetros son suficientes.

Es de verse, entonces, la sorpresa de mi vecino cuando al llegar por fin al lugar exactamente localizado, no halla nada. Nada; su botín cuarenta y cuatro está perfectamente solo. Es demasiado para él; echa una ojeada al piso, primero, y a mi cara luego. Yo estoy siempre con el pensamiento a mil leguas, soñando con mi muñeca; pero el tipo se da cuenta.

De diecisiete veces (y marco este número con conocimiento de causa), quince, el incómodo señor no insiste más. En los dos casos restantes tengo que recurrir a una mirada de advertencia. No es menester que la expresión de esta mirada sea de imperio, ofensa o desdén: basta con que el movimiento de la cabeza sea en su dirección: hacia él, pero sin mirarlo. El encuentro con la mirada de un hombre que por casualidad puede haber gustado real y profundamente de nosotros, es cosa que conviene siempre evitar en estos casos. En un raterillo puede haber la pasta de un ladrón peligroso, y esto la saben los cajeros de grandes caudales, y las muchachas no delgadas, no trigueñas, de boca no chica y ojos no pequeños, como su segura servidora.

                    M. R.

Señorita:

Muy agradecido a su amabilidad. Firmaré con mucho gusto sus impresiones, como usted lo desea. Tendría, sin embargo, mucho interés, y exclusivamente como coautor, en saber lo siguiente: Aparte de los diecisiete casos concretos que usted anota, ¿no ha sentido usted nunca el menor enternecimiento por algún vecino alto o bajo, rubio o trigueño, gordo o flaco? ¿No ha tenido jamás un vaguísimo sentimiento de abandono—el más vago posible—que le volviera particularmente pesado y fatigoso el alejamiento de su propio pie?

Es lo que desearía saber, etc.,

                    H. Q.

Señor:

Efectivamente, una vez, una sola vez en mi vida, he sentido este enternecimiento por una persona, o esta falta de fuerzas en el pie a que usted se refiere. Esa persona era *usted*. Pero usted no supo aprovecharlo.

                    M. R.

(*El salvaje*, 1920)

---

[6] botines cuarenta y cuatro: *number (size) 11 shoes.*
[7] pensando . . . muñeca: *with my thoughts a thousand miles away.*

∼∽ LA PATRIA

El discurso que aquel soldado herido dijo a los animales del monte que querían formar una patria, puede ser transcripto en su totalidad, en razón de ser muy breve y de ayudar a la comprensión de este extraño 5 relato.

La normalidad de la vida en la selva es bien conocida. Las generaciones de animales salvajes se suceden unas a otras y unas en contra de las otras en constante paz, pues, a 10 despecho de las luchas y los regueros de sangre, hay un algo que rige el trabajo constante de la selva, y ese algo es la libertad. Cuando las especies son libres, en la selva ensangrentada reina la paz.

Esta felicidad la habían conocido los animales del bosque desde tiempo inmemorial, hasta que a los zánganos les cupo en suerte comprometerla.

Son más que conocidas las virtudes de las 20 abejas. Han adquirido en su milenaria familiaridad con el hombre nociones de biología, que les produce algunos trastornos cuando deben transformar una obrera en reina, pues no siempre aumentan la celda y el 25 alimento en las proporciones debidas. Y esto se debe al mareo filosófico ocasionado por la extraordinaria facultad que poseen de cambiar el sexo de sus obreras a capricho. Sin abandonar la construcción de sus magníficos 30 panales pasan la vida preocupadas por su superanimalidad y el creciente desprecio a los demás habitantes de la selva, mientras miden aprisa y sin necesidad el radio de las flores.

Ésta es la especie que dio en la selva el grito de alerta, algunos años después de haberse ido el hombre remando aguas abajo en su canoa.

Cuando este hombre había llegado a vivir 40 en el monte, los animales, inquietos, siguieron días y días sus manejos.

—Éste es un buen hombre—dijo un gato montés guiñando un ojo hacia el claro del bosque en que la camisa del hombre brillaba 45 al sol—. Yo sé qué es. Es un hombre.

—¿Qué daño nos puede hacer?—dijo el pesado y tímido tapir—. Tiene dos pies.

—Y una escopeta—gruñó el jaguar con desprecio—. Mata a muchos tapires con una sola escopeta.

—Vámonos, entonces—concluyó el tapir volviendo grupas.

—¿Para qué?—agregó el jaguar—. Si está aquí, en la selva, es libre. Él nos puede matar, y nosotros podemos también matarlo a él. Y a veces tienen un perro. ¿Por qué nos vamos a ir? Quedémonos.

—Nosotras nos quedamos—dijeron mansamente las víboras de cascabel.

15 —Y nosotros también—agregaron los demás animales.

Y de este modo los animales y el hombre vivieron juntos en la selva sin límites, uniformemente agitada por asaltos y regueros de 20 sangre, y uniformemente en paz.

Pero el hombre, después de vivir su vida en el bosque durante varios años, se fue un día. Sus preparativos de marcha no escaparon a los animales, y ellos lo vieron, desde lo alto 25 del acantilado, poner su canoa en el agua y descender la selva remando por el medio del río.

No invadieron, sin embargo, el campo de lucha del hombre, donde quedaban sus herramientas y sus árboles. En la ilimitada 30 extensión de su libertad, la privación de un pequeño claro del bosque, no entorpecía la vida pujante de la selva.

De nadie, a excepción de las abejas. Ya 35 hemos anotado su constante preocupación respecto de su propia sabiduría. Miden sin necesidad el radio de las flores para establecer su superioridad, y anhelan deslumbrar con su ciencia a los demás animales.

Los zánganos saben también todas esas cosas, pero no trabajan.

Fueron ellos, pues, quienes, aprovechando el dormido silencio de la casa, entraron con un rayo de sol, por un postigo entreabierto. 45 Admiraron como entendidos todas las cosas del hombre, sin comprender una sola, hasta que una mañana la suerte los favoreció con las caída de un libro. Leyeron presurosos con los ojos sobre la letra misma, lo cual los volvió más miopes de lo que ya eran. Y cuando hubieron devorado aquella muestra 5 de sabiduría de los hombres, volaron alborozados a reunir a todos los animales de la selva.

—¡Ya sabemos lo que debemos hacer!— zumbaron, triunfantes—. ¡Hemos aprendido la filosofía de los hombres! Necesitamos una 10 patria. Los hombres pueden más que nosotros porque tienen patria. Sabemos ahora tanto como ellos. Creemos una patria.

Los animales salvajes meditaron largo tiempo la proposición, cuya utilidad no 15 alcanzaba bien.

—¿Para qué?—murmuró por fin el jaguar, expresando la desconfianza común.

—Para ser libres—respondieron los zánganos—. Todos los seres libres tienen patria. 20 Ustedes no comprenden porque no saben lo que es la partenogénesis.[8] Pero nosotros sabemos. Sabemos todo, como los hombres. Vamos a formar una patria para ser libres como los hombres.

—Pero ¿acaso nosotros no somos libres?— preguntaron a un tiempo todos los animales.

—No se trata de eso—replicaron los zánganos—, sino de tener una patria. ¿Cuál es la patria de ustedes? ¿Quién de nosotros puede 30 decir que tiene una patria?

Los animales libres se miraron turbados, y ninguno respondió.

—¿Y entonces?—prosiguieron triunfantes los zánganos—. ¿Para qué les sirve la libertad 35 si no tienen patria?

Era esto más de lo que podían oír los rústicos oyentes sin dejarse convencer. Los loros, que, firmes en su rama, cabeceaban a cada instante hacia el suelo como si temieran 40 caerse, fueron, naturalmente, los primeros en divulgar la buena nueva. Comenzaron en seguida a pasarse la palabra entre ellos, con su murmullito gutural:

—¿Formemos una patria . . .? ¿Sí . . .? No 45 tenemos patria . . . ¡Ninguna patria! . . . ¡Ninguna! . . .

Y ante el convencimiento general de que hasta ese momento no habían sido honrosamente libres, se decidió con loco entusiasmo fundar la patria.

Fue desde luego a las abejas y a las hormigas a quienes se encargó de los dos elementos primordiales de la patria: los límites y el pabellón. Las abejas perdieron en un principio la cabeza al ver con sus ojos prismáticos el variado color de las banderas de los hombres. ¿Qué hacer?

—Si los hombres han usado de todos los colores—se dijeron por fin,—es porque todos tienen grandes virtudes. Nosotros tendremos una bandera mejor que la de ellos, y nos envidiarán.

Dicho lo cual pintaron con su minuciosidad característica una bandera con todos los colores imaginables, en finísimas rayitas. Y cuando la bandera flameó sobre la selva, se vio con sorpresa que era blanca.

—Mejor—dijeron las abejas—. Nuestra bandera es el símbolo de todas las patrias, porque el color de cada una se encuentra en la nuestra.

Y con aclamaciones delirantes, la bandera blanca, símbolo de la patria, fue adoptada por los animales libres.

—Ya tenemos la mitad de la patria— dijeron luego—. Las hormigas construirán ahora un muro que será el límite de nuestra patria.

Y las hormigas construyeron una muralla infranqueable con su dentadura tenaz.

Nada más faltaba en apariencia. Mas los loros y las aves todas pidieron también que se cerrara el aire con una frontera, pues de otro modo sólo los animales del suelo tendrían patria.

Y las arañas fabricaron una inmensa tela, tan infranqueable que nadie hubiera podido dudar de que aquello era en verdad una frontera.

Y lo era. En el cerrado recinto los animales libres pasearon en triunfo días y días su bandera. Trepaban a veces a la muralla y

[8] partenogénesis: *parthenogenesis*, reproduction by development of the unfertilized ovum as in the case of certain insects.

recorrían incansables la plataforma cantando de entusiasmo, mientras el viento lluvioso agitaba a sacudidas su pabellón, y tras la frontera aérea las abejas expulsadas morían de frío sin poder entrar.

Pues, como bien se comprende, apenas constituida la patria, se había arrojado de ella a las abejas extranjeras, que eran, sin embargo, las más capaces de producir miel.

Con los días pasaron los meses, y el entusiasmo inicial pasó también. Algún animal, a veces, seguía paso a paso la muralla y alzaba los ojos a la red que le cerraba el cielo.

—Es nuestra patria—se consolaba por fin a sí mismo—. Ningún hombre, jamás, ha tenido una patria tan bien delimitada como la nuestra. Debemos dar gracias por nuestra felicidad.

Y diciendo esto, el animal libre alzaba la cabeza a la imponente muralla que aislaba a su hermosa patria de la selva invisible, en tanto que una inexplicable sensación de frío lo invadía entero.

El jaguar, sobre todo, cuyos rugidos habían aclamado como nadie el nacimiento de la patria, vagaba ahora mudo, trotando horas enteras a lo largo de la muralla. Sentía por primera vez algo que desconocía: sed. Era en balde que bebiera a cada instante. En el fondo de las fauces la sed inextinguible le secaba las tensas cuerdas vocales que habían sido su vida misma de patriota. Trotaba mudo sin cesar, arrastrando su angustiosa sed por entre las sólidas fronteras de su patria.

Los demás animales cruzaban y recruzaban el recinto desorientados, con una verde lucecita de extravío en los ojos.

Entretanto, una abeja del sur llevó un día una gran noticia.

—¡El hombre ha ido a la guerra!—zumbaron las abejas alborozadas—. ¡Ha ido a defender a su patria! Él nos va a explicar cuando vuelva qué es lo que nos pasa. Algo nos falta, y él lo sabe bien, porque hace cuatro años que está luchando por su patria.

Y los animales esperaban ansiosos—con excepción del jaguar, que no esperaba nada y sólo sentía inextinguible sed. Hasta que una mañana el hombre volvió a su casa abandonada, conducido de la mano por su pequeño hijo.

—¡Yo sé lo que es!—dijo la lechuza al verlo, lanzando un estridente chillido—. Yo vi otro así. Está ciego. No ve porque está ciego, y su hijo lo lleva de la mano.

En efecto, el soldado volvía ciego y enfermo. Y durante muchos días no salió de su casa. Una cálida noche salió por fin a sentarse al aire nocturno, en medio de la selva densa y obscurísima que se alzaba hasta el cielo estrellado.

Al cabo de un rato el hombre ciego tuvo la impresión de que no estaba solo. Y, en efecto, una voz se alzó en las tinieblas.

—Nosotros hemos fundado nuestra patria —dijo la voz áspera, ronca y precipitada de alguien poco habituado a hablar—. Pero no sabemos qué nos falta. Lo esperábamos a usted ansiosamente para que nos diga por qué sufrimos. ¿Qué nos pasa a nosotros que no somos felices? Usted, que ha defendido a su patria cuatro años, debe saberlo. ¿Por qué es?

Y la misma voz entrecortada enteró al hombre de lo acaecido en su ausencia.

El hombre mantuvo un rato la cabeza baja, y luego habló con voz pausada y grave.

—Yo puedo, en efecto decirles por qué ustedes sufren. Nada falta a la patria que han formado: es inmejorable. Solamente que al establecer sus fronteras . . . han perdido la patria.

Instantáneamente al oír esto, el jaguar sintió aplacada su sed. Un vaho de frescura suavizó sus fauces, una onda de caliente y furiosa libertad remontó desde el fondo de su ser.

—Es cierto . . .—bramó sordamente cerrando los ojos—. Habíamos perdido nuestra libertad . . .

—Ciertamente—prosiguió el soldado ciego—. Ustedes crearon su propia cárcel. Eran libres, y dejaron de serlo. La patria de ustedes no es este pedazo de monte ni esta orilla del río; es la selva entera. Así como la patria de los hombres . . .

El hombre se detuvo. Pero una voz irónica, no oída aún, preguntó lo siguiente:

—¿Cuál es?

El hombre meditó otro momento, y llamando a su chico, de ocho años, lo alzó hasta sus rodillas.

—No conozco—dijo entonces—la voz que ha hablado, ni sé si pertenece a la selva. Pero voy a responder de todos modos. Yo he luchado efectivamente cuatro años defendiendo a mi patria. Le he dado mi sangre y mi vida. Lo que ahora diga, pues, es para ti, hijo mío, y a ti me dirijo. No comprenderás gran cosa porque eres todavía muy niño. Pero algo te quedará, como de un sueño, que recordarás cuando seas grande.

Y en la cálida obscuridad del bosque, ante los animales inmóviles pendientes de su voz, con su inocente hijo sentado en las rodillas, el hombre moribundo habló así:

—La patria, hijo mío, es el conjunto de nuestros amores. Comienza en el hogar paterno, pero no lo constituye él sólo. En el hogar no está nuestro amigo querido. No está el hombre de extraordinario corazón que veneramos y que la vida nos ofrece como ejemplo cada cien años. No está el hombre de altísimo pensamiento que refresca la pesadez de la lucha. No hallamos en el hogar a nuestra novia. Y donde quiera que ellos estén, el paisaje que acaricia sus almas, el aire que circunda sus frentes, los seres humanos que como nosotros han sufrido el influjo de esos nuestros grandes amores, su patria, en fin, es a la vez la patria nuestra.

Cada metro cuadrado de tierra ocupado por un hombre de bien, es un pedazo de nuestra patria.

La patria es un amor y no una obligación. Hasta donde quiera que el alma extienda sus rayos, va la patria con ella.

Cuanto es honor de la vida de este lado de la frontera, lo es igualmente del otro. Un río es un camino cordial hacia un amigo. El hombre cuyo corazón se cierra ante su río, acaba de convertirlo en un rencoroso presidio.

Traza, hijo mío, las fronteras de tu patria con la roja sangre de tu corazón. Todo aquello que la oprime y asfixia, a mil leguas de ti o a tu lado mismo, es el extranjero.

El valor de tu patria radica en tu propio valer. Un pedazo de tierra no tiene más valor que el del hombre que la pisa en ese momento. Cuando tu corazón ha anidado celosamente el amor de estos hombres de real valer, sin cuidarte de su procedencia, entonces la patria, que es el conjunto de estos amores, se ha convertido en lo más grande que existe.

Dondequiera que veas brillar un rayo de amor y de justicia, corre a ese lugar con los ojos cerrados, porque durante ese acto allí está tu patria. Por esto, cuando en tu propio país veas aherrojar a la justicia y simular el amor, apártate de él, porque no te merece. Pues si a mí—que soy tu padre, y en quien siempre creíste—, me ves cometer una infamia, arrójame de tu corazón. Y yo, hijo mío, que te he criado solo, que te he educado y te he adorado, soy para ti más que la patria.

Hijo mío: Debo ponerte en guardia contra unas palabras que oirás a menudo, y que son éstas: "La idea de patria no resiste a la fría razón, y se exalta ante el sentimiento."

Pues bien, no es cierto. Es la fría razón quien confina y reduce el amoroso concepto de patria en los sórdidos límites de la conveniencia. La fría razón es exclusivamente la que nos indica la utilidad de la frontera, de las aduanas, de los proteccionismos, de la lucha industrial. Ante la razón, el concepto de patria se confina en el proficuo marco de sus fronteras económicas. Solamente la fría razón es capaz de orientar la expansión de la patria hacia las mismas extranjeras. Sólo la razón viciada por el sofisma puede forzarnos como hermano a un obscuro y desconocido ser a ochocientas leguas de nosotros, y advertirnos que es extranjero el vecino cuyo corazón ilumina hasta nuestro propio hogar.

Pero esta patria ahoga el sentimiento, porque es para él un dogal. Si el sentimiento es amor, y el amor es sed de ideal, la patria se extiende indefinidamente hasta que la detiene una iniquidad. Sólo los hombres de corazón ciego pueden hallar satisfechos todos

sus ideales en los límites fatales de una sola
frontera y un solo pabellón.

La razón mide la patria por el territorio
que abarca, y el sentimiento, por el valor del
hombre que la pisa. Todo hombre cuyo
corazón late al compás de un distante
corazón fraternal, y se agita ante una injusticia lejanísima, posee esta rara y purísima
cosa: un ideal. Y sólo él puede comprender la
dichosa fraternidad de cuanto tiene la
humanidad de más noble, y que constituye la
verdadera patria. Recuérdalo cuando seas
grande, hijo mío.

El soldado ciego no dijo más. Los animales,
mudos siempre y con sus simples almas en
confusión, se fueron alejando en silencio.
Pero ni uno sólo entró en su patria. En las
profundas tinieblas de la selva sin límites
moraba la paz perdida, la sangrienta libertad
de su vida anterior. Y a ella se encaminaron.

Sólo la lechuza, el estridente pajarraco de
la previsión, giró inquieta la cabeza a todos
lados, y fijó al fin sus ojos redondos en el
soldado ciego.

—Está muy bien—chilló—. Pero un hombre que ha defendido cuatro años a su patria
y se expresa así, no puede vivir más.

Y se alejó volando.

En efecto, el hombre murió en breves días.
Pero no murió del todo, porque su tierno hijo
recordó lo bastante de aquella noche para ser
más tarde en la vida un hombre libre.

(*El desierto*, 1924)

～～～Alfonso Hernández-Catá

Cuba, 1885–1940   Hernández-Catá is one of the best, most varied, and most voluminous of the short-story writers of Spanish America. Because his life was divided between Spain and this hemisphere he has often been regarded as belonging to neither area, and critics in both fields have frequently bypassed him for this reason. However, what may have been a disadvantage in his obtaining primary mention in the histories of literature, was an advantage in his literary art which is universal rather than regional. Indeed, most of his stories and novels were written as expressions of the emotional climate which obtained throughout the Western World, Hispanic and non-Hispanic, during his generation, a climate of uneasiness, hostility, violence, and guilt.

Hernández-Catá's works are often gloomy and pessimistic, filled with the tragic sense of life. The author states that he wrote to preoccupy, not to entertain. Sorrow and death, Hernández-Catá's ideal protagonists, constantly accompany the reader of his stories. "Miro con ansiedad el mundo," he wrote to a friend shortly before his death.

His characters are frequently exaggerated to such an extent that they are reduced to a single, overpowering emotion. The ebb and flow of daily life is not what interests the author most, but rather that dark river of the unconscious mind which so often determines the fate of the individual without his awareness of it. Occasionally one senses in his stories the "odor of the charnel," yet the essence of his philosophy is an abiding belief in the redemptive power of love. Suffering gives love its strength and leads it toward salvation. To Hernández-Catá suffering is the purifying essence of human life, the *sine qua non* of goodness and of wisdom.

He views the primitive nature of man with compassion and understanding. It is not his wish to condemn, but to explain. He catches lives at a moment of crisis and rushes to a dramatic conclusion. His imagery is often psychological, almost clinical, rather than poetic. He uses the pen as the surgeon uses the scalpel, to reveal what lies down deep beneath man's civilized veneer.

∾Drama oscuro

Se había ocultado el sol. En el puerto, las canciones de los pescadores tremolaban lentas, desfalleciendo hasta morir a lo largo del mar, en la quietud misteriosa y triste; el crepúsculo descendía de los montes, poniendo en las aguas un color ceniciento. Una neblina sutil era corona en las altas cúspides y velo en la lejanía azul. Hacia el pueblo brillaban algunas luces indecisas. Un hombre se destacó en el muelle, gritando:

—¡Un botero!

Y no recibiendo respuesta, tornó a gritar:

—¡Una lancha por una hora!

El bote se acercó lentamente, guiado por un hombre fornido que, cuando llegó a tierra, llamó a un rapaz para servirse de su ayuda. Los paseantes querían merendar fuera del puerto, pasada la barra; y no consintieron al muchacho llevar hasta la embarcación el cesto de las provisiones.

—¡Abre!

El chico se apoyó en el malecón hasta desatracar la barca; luego, sentándose, empezó a bogar.

—Cía.[1]

Viraron poniendo la proa en la dirección del canal. El patrón, acompasando la maniobra con movimientos de su intonsa cabeza, aún ordenó al chico:

¡Avante!

Y los remos, aleteando unánimes, imprimieron al bote una marcha suave y rápida.

En el pueblo, donde la falta de comodidades no permitía colonia veraniega, todos conocían a los señoritos. Estaban allí desde hacía dos meses, y nadie sabía su residencia habitual. Componían la familia un matrimonio con una hija enferma, a quien nadie había logrado ver. Vivían acariciados de comodidades, pero con una sola criada, tomada al servicio en uno de los pueblecillos próximos.

Dijo el botero:

—¿Cómo está la salud de la señorita?

—Mejor, gracias.

La mujer preguntó afectando inocente curiosidad:

—Pasada la barra, ¿hay mucho fondo?

—Mucho, señorita.

Y callaron. Los estrobos[2] chirriaban monorrítmicamente. Sentados en las bancadas de popa, los señoritos hablaban en voz baja:

—Es preciso. Es el único medio de salvar la honra. El que huyó antes, no ha de venir a preguntar nada . . .

El hombre, abatida sobre el pecho la cabeza, meditaba. Ella insinuó:

—Si te vuelves atrás lo dejamos—y después en voz bronca:—¿Consentirás sufrir tamaña vergüenza?

—Tienes razón.

—Lo principal está ya consumado y nada debemos temer. Con serenidad . . . ¿Calculaste bien el peso?

De afuera llegaba viento frío. El agua se rizaba con ondulaciones más violentas. Las olas se perseguían hasta chocar contra los peñascos, donde se alzaban sonoras, vestidas de espumas. Sobre el fondo pardo de las colinas desvanecíase la nota blanca de las casas diseminadas en ellas. Fundíase en un tono rojo la amplia gama de verdes que acusaba los bosques, los pinares, los pequeños huertos. Las gaviotas recortaban en el azul su rauda candidez; de vez en vez alguna turbaba el vuelo majestuoso, descendía, y tornaba a elevarse llevando en el pico un despojo argentado y sangriento. Un faro destelló súbitamente alumbrando hasta gran distancia. Interrogó el chiquillo:

—¿Más allá, señoritos?

—Sí, un poco más.

Marcharon breve rato. La mujer dijo en tono quedo al oído de su esposo:

—¡Ahora!—y en voz alta, ligeramente enronquecida: —Aquí ya podemos merendar; abre la cesta.

Su mirada fulgía dramática en la sombra. En un silencio henchido de presagios fúne-

---

[1] Cía: *back up.*

[2] Los estrobos . . . monorrítmicamente: *The metal eyelets of the sails squeaked in regular rhythm.*

bres, percibiéronse el jadear del viejo y del muchacho inclinados sobre los remos. El señor levantó el canasto, apoyólo en la borda y, fingiendo un traspiés, lo dejó caer al mar, donde se hundió con un sonido en el que dominaba la *ele*.

—¿Qué ha sucedido?

—La cesta.

—¿Se ha caído la cesta?—interrogó el botero . . . ¡Cía, chico!

—Tal vez se haya sumergido ya. ¡Tenía tanto peso!

—Será muy difícil encontrarla.

—Se está picando la mar.

—¿Es aquí donde hay tanto fondo?

—¿Aquí? Lo menos veinte brazas.

—¿Y eso es mucho?

—Mucho, sí, señora.

—Será mejor volvernos a tierra. ¡Buena tarde!

—Cuando ustedes quieran señoritos.

Todavía la mujer volvió a mirar al sitio del percance. El regreso fue difícil; el viento batía la proa, mermando el esfuerzo de los remeros. Durante el trayecto no hablaron nada, y, cual si temiesen mirarse, distrajeron la vista en la fosforescencia que los remos arrancaban al mar. En la monotonía negra de las casas reflejándose invertidas, denotaba el cabrilleo áureo de algunas luces. El muelle avanzaba su mole férrea, sostenida por erectos pilares, que parecían en el agua haber perdido su resistencia y culebreaban fláccidos, cual si fueran a ceder al peso.

Desembarcaron. El caballero regateó el precio exigido por el patrón.

—Es muy caro; ha sido una tarde desgraciada. Está usted bien pagado con esto.

Llegaron a la quinta. Era domingo y la criada no había vuelto aún del pueblecito en donde estaba desde el día anterior. Abrieron el cuarto de la enferma, cerrado con llave. Sobre la albura del lecho mostraba la paciente su lividez. Interrogó con una mirada a sus padres. Ellos nada dijeron. En la almohada una tenue huella acusaba un sitio vacío.

(Los siete pecados, 1920)

ꙮNAUFRAGIO

Mientras el trasatlántico se iba separando lentamente del muelle y el alarido de la sirena echaba sobre la multitud pulverizada lluvia, comentábase el repentino amor de la pareja que iban a despedir.

—¡Así sí vale la pena de quererse!—suspiraba una muchacha ojerosa.

—El verdadero amor sólo surge de raro en raro; lo demás son imitaciones—añadió un profesor calvo de cansada sonrisa.

Y, bajo la toldilla,[3] un grupo formado por el busto hercúleo contra el cual se apretaba la cabeza femenina envuelta en el velo que fingía flotante cabellera azul, respondía en silencio, afirmativamente, a los comentarios.

Ella era alta, de hermosura violenta, boca de gula y ojos donde hasta los ensueños sugerían formas corporales; él era bello, de fuerza multiplicada en los deportes y de voluntad irritada ante los obstáculos. Había en los dos una exuberancia fisiológica que los hizo tiranos de sus familias desde niños. Faltóles siempre el espacio y el tiempo; y un ansia indómita de ser protagonistas y de usurpar a los otros su parte de botín de la vida, envolviólos, a partir de los bancos de la escuela, en una atmósfera de admiración veteada de miedo. Y al conocerse luego en el predestinado azar de un baile, fueron el uno hacia el otro, rasgando la multitud, con la fuerza fatal de dos corrientes ávidas de unirse.

La fiesta quedó un momento interrumpida. Una hora después se hablaban en el tono alternativamente sumiso e imperioso de la pasión. Y cuando las miradas empezaron a murmurar con parpadeos malignos, ellos las

[3] *round-house.*

desafiaron con mirar de reto diciéndoles que esa actitud sería la de los dos frente a todos los futuros obstáculos.

La batalla fue dura; mas la oposición de las familias al ver rotos de súbito sus lentos cálculos, estrellóse contra estas dos palabras inexorablemente sencillas: «Nos queremos.» Y el dolor de un muchacho enteco embriagado durante muchos meses por el efluvio de la beldad un poco gigantesca, y la pena de una pobre anémica fascinada años y años por la apolínea belleza de él, hubieron de borrarse, casi ruborosos de su insignificancia, ante la fuerza de aquel amor. Cuanto se puso entre ambos fue roto.

La boda hubo de ser decidida en pocos meses. El excepcional amor exigía abreviaciones excepcionales. Todos comprendieron que de aprisionarlos en la malla de la dilación, despedazarían sus hilos. Las dos familias doblegáronse por temor al escándalo, y empero, la boda tuvo algo de escandaloso. La iglesia se llenó de gente, de cuchicheos, de curiosidad. La marcha de esponsales de Mendelssohn parecía débil para celebrar tal unión, digna de los bronces de Wagner. Ante el altar, a pesar de las luces y de la figura del sacerdote, la pareja pujante de juventud sugería una visión pagana.

Ahora, apoyados lánguidamente contra la barandilla, la visión, libre de místicas trabas, adquiría fuerza plena. Lentamente el buque se alejaba y los pasajeros retirábanse de la borda para ir a ordenar las vidas provisionales que iban a comenzar. Cual si las miradas fijas en tierra fueran cadenas invisibles, al disminuir creció la velocidad del navío. Cuando ya no se veía el destellar del faro y el buque sólo era entre el cielo y el mar leve mancha salpicada de luces, en la ciudad hablábase de ella aún.

—¡Feliz la que logra ser querida así!— suspiraba la muchacha ojerosa.

Y el profesor, alzando de sus papelotes la vista para fijarla en su compañera que, al sentir el mirar, levantó la cabeza de la humilde labor de la aguja y sonrió dulcemente, pensó otra vez:

—El verdadero amor sólo surge de tarde en tarde . . . Lo demás son imitaciones despreciables, argucias del instinto en favor de la especie . . .

Durante ocho días la pareja constituyó para marinos y pasajeros un espectáculo donde el instinto ponía envidia y la inteligencia cólera. Medio tendidos en las sillas extensibles pasaban el día cara al mar, envueltos por la misma manta, con las cabezas muy juntas, las manos y los ojos entrelazados, y una dejadez melosa y ardorosa en todos sus movimientos. Desaparecían a la hora de la siesta, se retiraban muy temprano, y no volvían a surgir hasta el día siguiente. Las muchachas los miraban desde lejos; los jóvenes sonreían y cuchicheaban señalándoles; los oficiales, desde el puente, los atisbaban como otro peligro. Y un matrimonio inglés, viejo, que daba después de cada comida veinte vueltas en torno a la cubierta, no dejaba de pronunciar al unísono ni una sola vez la palabra *Shocking*, cuando se cruzaba con ellos.

La noche anterior a la llegada al primer puerto, mientras en el salón hervían las risas de la fiesta, se jugaba y bebía en el bar, y subía del sollado[4] el rumor de los emigrantes hecho de palabrotas ingenuas, de voces de niño y de cantos de acordeón y guitarra, la pareja feliz quedóse sola en el sitio de siempre. Fosforecía el mar y era dulce besarse en aquella inmensidad de silencio . . . De pronto, las cabezas se juntaron demasiado, hubo un crujido terrible, apagáronse todas las luces, y, tras un lapso de estupor, ayes, blasfemias y desorden, empezaron a brotar de las entrañas del buque.

En menos de dos minutos desnudáronse las almas y el egoísmo humano mostró su faz abominable. Los gritos imperativos de los oficiales naufragaban ya en el oleaje del pánico. Bajo la claridad estelar viéronse las corteses manos trocarse en garras y las sonrisas en muecas. Hachas frenéticas cortaron los sostenes de los botes prematuramente. En torno a cada salvavidas, a cada madero, riñóse una refriega; y antes de que

---

[4] sollado: *orlop, lowest deck.*

el mar causase la primera víctima, ya había sangre a bordo.

—¡Orden! ¡Calma! . . . ¡Cada uno a su bote, que hay tiempo de salvarse!

La reacción tardó en sobrevenir. El salvamento inicióse, y los niños y las mujeres empezaron a obtener sus derechos. Ante una escotilla[5] la vieja inglesa se negaba a separarse del compañero de toda su vida, y acabó por renunciar a dejar el buque y por abrazarse al anciano con suave y heroica firmeza. Una mujer alta, de boca de gula y ojos llenos de terror, donde hasta los ensueños tomaban imágenes carnales, reclamó presurosa su turno.

—¡Quiero vivir!—gritaba, enloquecida, en el hacinamiento del bote.

El pavor de la muerte habíale oscurecido la inteligencia por completo. Sólo mucho después, cuando el ritmo de los remos, al castigar el agua, impuso a las almas un sosiego atónito, recordó que la catástrofe la había separado de alguien que, echándola a un lado, fue a disputarse a golpes terribles la posesión de un cinturón de corcho.

Miró hacia atrás y vio al buque encabritarse en un imponente esfuerzo para escapar, y hundirse en seguida entre torbellinos de espuma. En derredor quedaron despojos, gemidos dominados por el fragor del oleaje, puntitos ya móviles, ya inertes, que eran esfuerzo angustioso y resignación a sucumbir. «¡Allí estaría él!» Y, al pensarlo, la mano recogía la greca del vestido, para que no se mojara en el fondo del bote, y el ser íntimo se esponjaba en la cruel dulzura de ir proa a la vida, dejando el horror de la nada detrás.

Dos días después, los periódicos fueron revelando e hilvanando los episodios de la tragedia. Fuera de las mujeres y los niños, sólo un hombre que se arrojó al agua en el primer instante, consiguió salvarse. Gracias a su complexión hercúlea y al salvavidas, logró sostenerse hasta recibir auxilio.

Cuando se encontraron cara a cara en las oficinas de la casa consignataria, ambos bajaron la cabeza y palidecieron. Ahora que se conocían bien se saludaron casi como dos desconocidos. ¡Qué diferencia de aquel primer encuentro en el baile! Poco tiempo después, por divergencias fútiles, se separaron para siempre.

(Piedras preciosas, 1927)

---

[5] escotilla: *hatchway.*

﹏Manuel Rojas

CHILE, 1896–   Hard manual labor and broad human contacts have served to mold the mind and body of Chile's outstanding short-story writer of our time. Wholesome, strong, well-built, and weather-tanned, Manuel Rojas imparts similar characteristics of strength and vitality to the heroes of his vigorous tales. His emphasis on these qualities would appear at times to stamp him as indifferent to the fate of the weak and the troubled, and yet many of his stories reveal, too, a deep sensitivity and a warm understanding of the helpless and the unfortunate. Characters and situations are treated with such quiet assurance that one feels they must have been an integral part of the author's own experiences. Rojas is equally gifted at conveying the impression of rapid, intense action or at portraying an episode of a tragic inner struggle. Stories of the latter type are usually tinged with a subtle irony so artistically achieved that they may well be placed in a class by themselves. Restraint, vigor, balance, and sympathy, these are the qualities that distinguish his best stories. Settings are sharply outlined with a minimum of descriptive detail. Manuel Rojas writes with ease, a quality best revealed in scenes of intense dramatic character.

﹏EL DELINCUENTE

Yo vivo en un conventillo.[1] Es un conventillo que no tiene de extraordinario más que un gran árbol que hay en el fondo de su patio, un árbol corpulento, de tupido y apretado ramaje, en el que se albergan todos los 5 chincoles, diucas y gorriones del barrio; este árbol es para los pájaros una especie de conventillo; es un conventillo dentro de otro. Ignoro si la vida que se desarrolla en ese conventillo de ramas y hojas tiene algún parecido 10 con la que se vive en el mío. Bien pudiera ser. He leído que algunos sabios han encontrado analogías entre. la vida de ciertas aves y animales y la de los seres humanos. Si los sabios lo dicen, debe ser verdad. Yo, como soy peluquero, no entiendo de esas cosas.

Bien; a este conventillo, es decir, al mío, se entra por una puerta estrecha y baja, que tiene, como el conventillo, sólo una cosa extraordinaria: es muy chica para un conventillo tan grande. Se abre a un pasadizo largo y oscuro, pasado el cual aparece el gran patio de tierra, en cuyo fondo está el árbol de que le he hablado. Al pie del tronco de este

[1] conventillo: *tenement.*

724

árbol, en la noche, las piadosas viejecitas del conventillo encienden velas en recuerdo de un inquilino que asesinaron ahí un día dieciocho de septiembre. Con palos y latas han hecho una especie de nicho y dentro de él colocan las velas. De ahí se surten de luz los habitantes más pobres del conventillo.

Enfrente de este patio, y a la derecha del pasadizo, hay otro patio, empedrado con pequeñas piedras redondas, de huevo, como se las llama. En el centro hay una llave de agua y una pileta que sirve de lavadero. Alrededor de este último patio están las piezas de los inquilinos, unas cuarenta, metidas en un corredor formado por una veredita de mosaicos rotos y el entablado del corredor del segundo piso, donde están las otras cuarenta piezas del conventillo. A este segundo piso se sube por una escalera de madera con pasamanos de alambre, en los cuales, especialmente los días sábados, los borrachos quedan colgando como piezas de ropa puestas a secar.

Como usted ve, mi conventillo es una pequeña ciudad, una ciudad de gente pobre, entre la cual hay personas de toda índole, oficio y condición, desde mendigos y ladrones hasta policías y obreros. Hay, además, hombres que no trabajan en nada; no son mendigos ni ladrones, ni guardianes, ni trabajadores. ¿De qué viven? ¡Quién sabe! Del aire, tal vez. No salen a la calle, no trabajan, no se cambian nunca de casa, en fin, no hacen nada; por no hacer nada ni siquiera se mueren. Vegetan, pegados a la vida agria del conventillo, como el luche y el cochayuyo[2] a las rocas.

Bueno; veo que me he excedido hablándole a usted del conventillo y sus habitantes, cuando en realidad éstos y aquél no tienen nada que ver con lo que quería contarle.

Discúlpeme; es mi oficio de peluquero el que me hace ser inconstante y variable en la conversación.

Yo vivo en la primera pieza que hay a la entrada del patio, a la salida del pasadizo. Debido a esto, soy el primero que siente a las personas que entran desde la calle. Conozco en el paso a todos los habitantes del conventillo; sé cuándo vienen borrachos y cuándo sin haber bebido, cuándo alegres y cuándo de mal humor, cuándo la jornada ha sido buena y cuándo ha sido mala. De noche, echado en mi cama, los cuento uno a uno. Y la otra noche, día sábado, como a eso de las doce y media, en momentos en que estaba por acostarme, oí las voces de dos personas que discutían a la salida del pasadizo. Me sorprendí, pues no las había sentido entrar y desconocía las voces. Escuché. Una voz era alta y llena, sonora; la otra delgada, empezaba las palabras y no las terminaba o las terminaba sin que se entendieran.

—¡Ah!—me dije—. He ahí dos compadres, uno más borracho que otro, que han entrado al conventillo equivocadamente y que ahora discuten si éste es o no es el conventillo donde viven.

Diciéndome estaba estas palabras, cuando uno de los amigotes dio con su cuerpo contra mi puerta y casi la abre hasta atrás. Juzgué prudente intervenir en la discusión y abrí la puerta, saliendo en mangas de camisa al patio. En ese mismo momento un carpintero que vive en el segundo piso, el maestro Sánchez, venía entrando de la calle. Me tranquilicé al verlo venir, y digo me tranquilicé porque la mirada que eché a los dos compadres no me produjo ningún sentimiento de confianza. Debajo del chonchón de parafina que hay a la salida del pasadizo, chonchón que el mayordomo enciende solamente los días sábados, veíase a dos personas, dos hombres; uno muy delgado, con sombrero de paja echado hacia atrás; los ojos azules, pero un azul claro, trémulo, desvanecido, un color de llama de alcohol; la frente muy alta; la nariz larga y delgada, un poco roja en la punta. La cara, es decir, la nariz y los ojos, era lo único notable en ese individuo. Lo demás iba vestido con un traje oscuro y calzado con unos zapatos largos y puntiagudos. Todo él daba la impresión de una persona que se iba andando de puntillas, con aquellos ojos azules, esa nariz delgada y larga y esos zapatos puntiagudos . . . ¡Ah!, además

---

[2] luche y el cochayuyo: *edible seaweeds.*

llevaba un enorme cuello que parecía no ser de él y una corbata negra con un nudo muy grande. Hablaba con una voz que no tenía nada que ver con su débil aspecto físico, ni con sus ojos ni con su nariz, una voz enérgica, 5 fuerte, constructiva, parecía persuadir . . .

Este individuo sostenía, haciendo un gran esfuerzo, a su acompañante, que, en contraste con él, daba la impresión de algo que se quedaba, que no se iba a ninguna parte. 10 Más alto que el otro, ancho y derecho de hombros, grueso todo su cuerpo, llevaba un sombrero claro, achatado de copa y de alas cortas; rostro moreno, con bigote negro hacia abajo; camisa sin cuello, traje oscuro, zapatos 15 manchados de cal o de pintura. Toda su persona parecía saturada o llena de algo que no lo dejaba moverse.

Cuando el hombre delgado me vio aparecer, hizo un movimiento como para soltar al 20 otro y marcharse, pero la presencia del maestro Sánchez lo detuvo. Yo seguí examinándolos hasta que el carpintero llegó donde estábamos. Dio una mirada al grupo y preguntó: 25

—¿Qué pasa, maestro Garrido?

—Lo ignoro; me estaba acostando, sentí discutir a estas dos personas y he salido a ver lo que sucedía. Este señor nos lo dirá.

El hombre de la nariz delgada retrocedió y 30 pareció hundirse en la muralla, al mismo tiempo que el gordo, al ser soltado por su compañero, se dobló violentamente hacia el suelo. Lo sujetamos, enderezándolo. Estaba borracho hasta la idiotez. 35

—¿Qué pasa? Conteste—dije al hombre delgado.

Se encogió de hombros, sonriendo, y estiró una mano que parecía una ganzúa, larga y fina. 40

—Nada, pues, señor; ¿qué va a pasar? El maestro que me convidó a su casa, diciéndome que había unas niñas que cantaban y ahora se está echando para atrás.

El gordo resoplaba ruidosamente, como si 45 el vino ingerido luchara dentro de él con el aire que aspiraba. Lo sacudí por un brazo; enderezó la cabeza, abrió un ojo y haciendo un esfuerzo poderoso buscó dentro de sí algo

que no estuviera saturado de alcohol y que le permitiera responder. Por fin, dijo con una voz de falsete:

—Sí, échale no más . . .

La frase fue más larga, pero no le entendimos más que eso; lo demás se enredó y ahogó entre su bigotazo negro, haciendo un ruido de borboteo.

En ese momento el maestro Sánchez dijo:

—¡Bah! ¿Y esto?

Y acercándose al hombre gordo tomó un pedazo de cadena que pendía de su chaleco.

—¿Y esto?—repitió, mirando al hombre del ojo azul desvanecido.

Éste retrocedió un paso más y abriendo los brazos contestó.

—¡Chis! ¿Qué sé yo?

Nos quedamos un instante silenciosos. Yo, francamente, no tengo nervios para soportar esos momentos expectantes que se alargan y me estaba sintiendo molesto.

—¿Qué hacemos?—pregunté al maestro Sánchez.

Le tomaba el parecer nada más que por cortesía y por el interés que demostraba. Al estar solo hubiera procedido de la siguiente manera: habríale dado un puntapié al hombre delgado, diciéndole:

—¡Vete, ladrón!

Y otro al gordo, agregando:

—¡Ándate, idiota!

Y entrándome al cuarto me habría acostado, quedándome dormido tan ricamente. Pero el maestro Sánchez, que es demócrata, no tiene iniciativas ni ideas propias y prefiere siempre acogerse a lo acostumbrado. Contestó:

—Vamos a buscar un guardián y se los entregaremos. Acompáñeme, maestro . . .

Estuve tentado de echarlo al diablo, meterme en mi cuarto y cerrar la puerta; pero, no sé si se lo he dicho: soy un hombre tímido; mis iniciativas, al encontrarse en oposición con otras, quedan siempre en proyecto; no sé discutir ni me gusta imponer mis ideas.

—Bueno; espérese . . .

Entré a mi cuarto, me eché un revólver al bolsillo trasero del pantalón—ignoro por qué motivo hice esto, ya que el arma estaba descargada y tampoco la necesitaría—, me puse el saco, desperté a mi mujer, y después de decirle que iba a salir y que tuviera cuidado con la puerta, me reuní con el maestro Sánchez, quien estaba parado en medio del pasadizo, dominando con su alto y musculoso cuerpo a los dos pobres diablos que allí estaban.

—Vamos, en marcha, y si intenta arrancarse le daré un puntapié que le va a juntar la nariz con los talones.

Al oír esta terminante declaración, el hombre delgado pareció encogerse. En seguida, malhumorado, tironeó de un brazo al borracho, y éste, desprevenido, dio una brusca media vuelta y se fue de punta al suelo. Lo levantamos como quien levanta un barril de vino, mientras gimoteaba, quejándose amargamente de que la policía procediera de ese modo con él, que era un obrero honrado y trabajador.

¿Para qué voy a contarle, detalle por detalle, paso por paso, el horrible viaje de nosotros tres, el maestro Sánchez, el ladrón y yo, en la noche, en busca de un guardián, empujando a aquel hombre borracho que caía y levantaba, gritando y quejándose como un niño, con aquella voz que parecía no pertenecerle? Teníamos el aspecto de descargadores de mercaderías. Yo tuve que quitarme el paletó; sudaba como un jornalero.

Anduvimos cuatro o cinco cuadras de ese modo, sin encontrar un solo policía. Hubo un momento en que los tres, sentados en el cordón de la vereda, descansando, olvidamos el martirio de nuestra diligencia y conversamos como viejos camaradas, hablando de los inconvenientes de beber hasta ese extremo. El borracho, tirado sobre los adoquines, roncaba plácidamente, como si estuviera durmiendo en su cama.

Eran ya como las dos de la mañana. Quise proponer que dejáramos al borracho sentado en el umbral de una puerta y los demás nos lanzáramos cada uno a su casa, pero en el momento en que iba a hacerlo, el maestro Sánchez se levantó y dijo:

—Iremos hasta la comisaría . . .

—¿A qué?—pregunté, distraído; pero en seguida repuse—: ¡Ah, sí! . . .

Me parecía tan estúpido todo aquello, y tan triste; las calles solitarias, oscuras, llenas de hoyos, con unas aceras deplorables y los tres cansados, sudorosos, los tres aburridos de aquella faena extraordinaria que nos había tocado. Sentía ira y desprecio contra aquel cuerpo inerte, fofo, tendido entre nosotros, que resoplaba como un fuelle agujereado, inconsciente, feliz tal vez, y que obligaba a tres hombres a andar a esas horas por las calles, llevándolo con tanta delicadeza como si se tratara de un objeto de arte o de un mueble frágil.

La comisaría quedaba a ocho cuadras de distancia. ¡Ocho cuadras! Eso era la fatiga, la angustia, el desmayo . . . En fin, andando, andando. Levantamos al borracho, que se despertó gritando y protestando que ni en su casa lo dejaran descansar tranquilo. Recurrimos a las buenas palabras.

—Camina, pues, ñatito;[3] ya vamos a llegar.

—Ya, hermanito; váyase, por aquí.

Entre dos lo tomamos de los brazos y otro marchó detrás, sujetándolo por la espalda. Resbalaba, se tumbaba ya a un lado, ya a otro, se echaba hacia atrás, se inclinaba. ¡Dios mío! Eran inútiles las buenas palabras y los cariñosos consejos. De pronto ocurrió algo inaudito: el maestro Sánchez, de ordinario tan paciente y tan constitucional, largó al borracho, echó un tremendo juramento y le soltó un puntapié, gritando:

—¡Camina, animal!

Yo quedé helado. En cambio, el ladrón se puso a reír a gritos. Reía con una risa asnal, estruendosa. Me contagió esa risa y de repente nos encontramos riendo los tres a grandes carcajadas y dándonos, unos a otros, golpecitos en la barriga y en los hombros.

—¡Ja, ja, ja!

Con la risa se nos espantó el cansancio; pero volvió de nuevo cuando reanudamos la marcha con aquella preciosa carga. Nuestro viaje no tenía ya sentido real. Nadie se acordaba de lo sucedido en el conventillo.

---

[3] ñatito: *flat-nose*.

Allí no había ni ladrones ni hombres honrados. Sólo un borracho y tres víctimas de él.

—¿A dónde me llevan?—preguntó de improviso el ebrio.

—¿A dónde? Al Hotel Savoy, viejo mío— contestó el ratero.

—Sí. Allí te servirán una limonada y en seguida te acostarás en una cama con colchones de pluma—agregó el maestro Sánchez.

Nos sentamos los tres a reír, dejando al borracho afirmado en un farol.

Así marchamos, unas veces silenciosos, otras riendo, pero ya mecánicamente, sin ganas de nada. Nos sentíamos vacíos de todo.

Llegamos por fin a la comisaría. Estaba cerrada. Golpeamos. Se sintieron pasos, alguien abrió una pequeña ventanilla y por ella asomó un casco y un rostro de guardián. Nos echó una mirada de inspección.

—¿Qué quieren?

¿Qué queríamos? Ninguno supo qué contestar.

—Abra usted; ya le explicaremos.

Se oyó el descorrer de una barra y la puerta se abrió pesadamente. Apareció un ancho zaguán y más allá de él un patio amplio y oscuro; ruido de cascos de caballos.

—Adelante. ¡Cabo de guardia![4]

Acudió un hombre alto y moreno.

—Pasen por aquí.

Nos introdujo en un cuarto en el que había un escritorio, delante de éste una barandilla de madera y varias bancas afirmadas en la pared. Una luz en el techo.

—Vamos a ver, ¿qué pasa?

Yo tomé la palabra y conté lo acaecido. Había encontrado a esos dos hombres en tal y cual circunstancia y no sabiendo qué resolver, decidimos venir a la comisaría para que la autoridad tomara conocimiento y resolviera el caso. El cabo guardó silencio; después dijo:

—Mi inspector no está aquí en este momento; ha salido de ronda. Tendrán que esperar un rato.

Después, con voz de trueno, gritó:

—Y vos, siéntate en ese rincón. Tienes cara de pillo. ¿Cómo te llamas?

—Vicente Caballero, mi cabo.

—Caballero . . . ¡Miren qué trazas de caballero! ¿Has estado preso alguna vez aquí?

—Nunca, señor.

—¡Hum! Eso lo vamos a ver. Espérate que llegue el inspector.

Hizo ademán de retirarse, pero yo lo detuve.

—Dígame, ¿qué hacemos con este hombre?

—¿Con el borracho? Déjenlo ahí sentado que duerma.

Y salió. Sentamos en una de las bancas al borracho, que inmediatamente se tumbó, subió las piernas a la banca y se dispuso a dormir. Procedía como persona acostumbrada.

Y ahí nos quedamos los otros tres, mirándonos, examinándonos, viéndonos a plena luz por primera vez en esa noche, tomando cada uno la impresión que el otro le producía.

Todo quedó en silencio en la comisaría. Pasó una media hora, marcada minuto a minuto en un gran reloj colgado en la pared. Nadie hablaba; los tres pensábamos en nuestros asuntos, indiferentes al sitio donde nos encontrábamos y al motivo de nuestra estada allí.

Pasó otra media hora. Las tres y media de la mañana. Ya no podía más. Tenía los ojos pesados y el cuerpo todo dolorido. El maestro Sánchez empezó a cabecear. Solamente el ladrón, aquel hombre delgado, de ojo azul, permanecía imperturbable. Parecía acostumbrado a las largas y pacientes esperas y a los amaneceres sin sueño. Sentado, con las espaldas afirmadas en la pared, los brazos cruzados, miraba, parpadeando rápidamente, el reloj, las tablas del techo, las del suelo, la ampolleta eléctrica, parecía contar una y otra vez los barrotes de la ventana que daba a la calle y los travesaños de la barandilla de madera.

El cansancio y el sueño me rendían. Pensé fumar para distraerme y busqué en mis bolsillos el paquete de cigarrillos que siempre guardo en ellos; no los encontré. Con el apresuramiento de la salida se me habían olvidado encima de la mesa de mi cuarto.

[4] cabo de guardia: *corporal of the guard.*

El ratero, que me vio hacer todos esos movimientos, se incorporó preguntando:

—¿Qué quiere, patrón? ¿Cigarrillos? Aquí tiene.

Se levantó y avanzó hasta donde yo estaba, ofreciéndome sus cigarrillos; pero en ese momento una voz terrible salió de la oscuridad del zaguán y dijo:

—¿Para dónde vas? Siéntate ahí.

Detenido por aquella voz, el hombre quedó inmóvil en medio de la oficina, con el brazo extendido.

—Voy a darle un cigarrillo al caballero—explicó.

—Siéntate ahí, te digo.

Retrocedió el ladrón, aturdido y confuso. Yo quedé silencioso, avergonzado por aquel hecho, doliéndome de que mi calidad de hombre honrado impidiera a otro hombre acercarse a mí y convidarme un cigarrillo.

Patrón, uno procede siempre por estado de ánimo y no por ideas fijas. A veces les tengo rabia a los ladrones; otras, lástima. ¿Por qué los ladrones serán ladrones? Veo que siempre andan pobres, perseguidos, miserables; cuando no están presos andan huyendo; los tratan mal, les pegan, nadie puede estar cerca de ellos sin sentirse deshonrado. Cuando le roban a uno, le da rabia con ellos; cuando los ve sufrir, compasión. Lo mismo pasa con los policías; cuando lo amparan y lo defienden a uno, les tiene simpatía y cariño; cuando lo tratan injustamente y con violencia, odio. El ser humano es así, patrón; tiene buenos sentimientos para con el prójimo, pero siempre que ese prójimo no le haga nada.

Así nos quedamos, mirándonos y sonriéndonos con simpatía. Él, entonces, sacó un cigarrillo del paquete y me lo tiró por el aire, y como le hiciese señas de que tampoco tenía con qué encenderlo, hizo lo mismo con una caja de fósforos. Pité, patrón, con ganas, gozando, echando grandes bocanadas de humo, regocijado, agradecido. ¡Aquel ladrón era muy simpático! Tan de buen humor, tan atento con las personas, tan buen compañero. Claro es que si me pillara desprevenido me robaría hasta la madre, y si yo lo pillara robándome le pegaría y lo mandaría preso, pero en aquel momento no era éste el caso. Yo estaba alegre fumando y esa alegría se la debía a él. Lo demás no me importaba.

Las cuatro. Y en el momento en que el reloj las daba, se sintió en la calle el paso de un caballo que se detuvo ante el portón. Abrieron y el caballo avanzó por el zaguán, deteniéndose ante la oficina. Una voz gritó:

—¡Cabo de guardia!

Se sintió correr a un hombre. Yo toqué en el hombro al maestro Sánchez, quien despertó e incorporóse sorprendido, diciendo:

—¡Ah! ¿Qué pasa?

Pero después de mirar hizo un gesto de hombre desilusionado y se sentó de nuevo. El cabo de guardia entró a la oficina y detrás de él el inspector, un joven alto, rubio, muy buen mozo. Se detuvo en medio del cuarto y mientras daba una mirada circular, examinando a todos los que allí estábamos, se quitó el quepis y los guantes. Después avanzó, abrió una puertecilla que había en la baranda de madera y se sentó ante el escritorio.

—Vamos a ver. ¿Qué pasa, señores?

Avancé y recité de nuevo la estúpida letanía: este hombre y aquél, etc. Luego que hube terminado, volví a mi sitio, y el oficial, estirando los brazos, juntó las manos sobre la mesa con un gesto de satisfacción.

—¡Ajá! Muy bien.

El asunto pareció interesarle. Después, sin mirar a nadie y levantando la voz, dijo:

—A ver, vos, ven para acá.

Cualquiera de los tres hombres despiertos que allí estábamos podía ser el llamado; pero el único que se movió fue el ladrón. Avanzó hasta quedar frente al oficial.

—Sácate el sombrero—dijo el oficial con una voz muy suave—. ¿No sabes cómo debes estar en una comisaría?

El infeliz, sacándose el sombrero, murmuró:

—Disculpe, señor . . .

Y descubrió su cabeza, una cabeza pequeña, calva hasta la mitad, con unos pocos pelos claros atravesados sobre ella; una cabeza humilde y triste.

El oficial le dirigió una mirada aguda, fina, que lo recorrió por entero.

—Tú eres Juan Cáceres—le dijo—. Alias "El Espíritu," ladrón, especialidad en conventillos y borrachos. ¿No es cierto?

El hombre delgado bajó la cabeza y estuvo un momento silencioso, mirando la copa de su sombrero, como si viera en ella algo que le llamara la atención. Cuando levantó el rostro, su expresión había cambiado. La pequeña y alargada cabeza pareció llenarse de malicia y astucia, y los ojos azules, a la luz del alba que entraba por la ventana, achicados, tenían un tinte más oscuro.

Abrió los brazos y dijo:

—No, señor; yo me llamo Vicente Caballero, clavador de tacos de zapatos; no soy ladrón ni tengo ningún apodo.

—Bueno, eso lo dirás mañana en la Sección de Seguridad. ¿Dónde están el reloj y el pedazo de cadena que le faltan a ese hombre?

—No sé, señor.

—¿No sabes, no?

—No, señor; y para que el señor inspector vea que soy inocente y que no he intentado robar a ese hombre, le pido que ordene su registro. Ustedes me acusan del robo de un reloj, sin saber si ese reloj ha sido robado o no.

—¡Hum! Tú conoces demasiado las leyes para ser un hombre honrado . . . Cabo de guardia, registre a ese borracho.

El cabo tomó de un hombro al borracho y lo sentó. El hombre gordo, a quien el sueño dormido había espantado bastante la embriaguez, abrió los ojos y preguntó estupefacto:

—¿Qué pasa?

Eran sus primeras palabras conscientes. Hizo ademán de resistirse al registro, pero al ver el uniforme del que lo registraba, se quedó callado, con los brazos abiertos, observando sorprendido todos los movimientos del cabo. Éste sacóle del ojal el pedazo de cadena que de allí colgaba y lo depositó en el escritorio. El borracho, al ver el resto de su cadena, dijo:

—¡Bah!

Y se miró el chaleco. En los bolsillos interiores del saco no tenía nada, ni una cartera, ni un papel, ni una caja de fósforos. Por fin, el cabo dijo:

—Aquí hay un reloj.

Y de un bolsillo exterior sacó un reloj negro, de acero, con un trozo de cadena colgando.

El ratero lanzó una exclamación de triunfo:

—¿No ve, señor, no ve? ¿Qué le decía yo?

Pero estas palabras fueron dichas de un modo tan exagerado y con un tono tan falso, que todos los que allí estábamos sentimos esa especie de vergüenza que produce el oír mentir descaradamente a una persona que se sabe que está mintiendo, y que ella misma lo sabe.

Este sentimiento nuestro alcanzó a ser percibido por el ratero. Miró nuestros rostros y viendo que en ellos no había sino compasión y piedad, se encogió de hombros, dejó caer el brazo que había extendido en demanda de aprobación y de ayuda y retirándose a un lado pareció entregarse.

—Cabo de guardia, registre a ese hombre.

El cabo de guardia puso una mano sobre el hombro de aquel pobre diablo y haciendo una pequeña presión sobre él lo hizo girar, y él giró con una condescendencia automática. Había perdido ya toda voluntad propia y el cabo de guardia hizo con él lo que quiso.

—Levanta los brazos.

Levantó los delgados brazos, seguramente tan ágiles y diestros en su oficio, pero en esos momentos tan tiesos como si hubieran estado sostenidos por resortes a los débiles hombros.

—Date vuelta.

A cada orden obedecida, el hombre empequeñecía más, perdiendo ante nuestros ojos, poco a poco, sus últimos restos de dignidad humana.

Una vez registrados todos los bolsillos, el cabo le ordenó nuevamente levantar los brazos, que había dejado caer cansados, e hizo correr sus manos a lo largo del cuerpo del ratero con un suave movimiento palpatorio, deteniéndose debajo de los brazos, hurgando alrededor de la cintura, entre las piernas. Y aquel movimiento recordaba el que hacen las lavanderas al estrujar una gran pieza de ropa, una colcha o una sábana, empezando por una punta, retorciendo, apretujando la tela hinchada de agua, que se estira, enroscándose, hasta reducirse a su mínimo volumen.

Cuando el cabo llegó a los zapatos, preguntó:

—¿Qué es esto?

—La llave de mi cuarto, señor.

—¿Llevas la llave de tu cuarto en los zapatos? Es una ganzúa, mi inspector.

—Colóquela sobre el escritorio.

Puso el cabo sobre la felpa verde del escritorio una ganzúa larga y fina, que brilló a la luz como un pececillo plateado al sol.

Hízose a un lado el cabo y en medio de la oficina sólo quedó Juan Cáceres, alias "El Espíritu," ladrón, especialidad en borrachos y conventillos. Los mechones de pelo castaño que detenían en mitad de la cabeza el avance de su calva, habían resbalado hacia abajo y aparecían estirados, pegados por el sudor sobre la alta frente. Los ojos habíanse redondeado y oscurecido, y la nariz, larga y colorada en la punta, avanzaba grotescamente, como pegada con cola a los pómulos demacrados. Con los forros de los bolsillos hacia afuera, el sombrero en la mano, el delgado pescuezo emergiendo del enorme cuello, el esmirriado cuerpo estrujado por las manos duras y hábiles del cabo, aquel ser no era ya ni la sombra del hombre que era cuando veníamos por la calle, alegres o fatigados, empujando a aquel otro hombre, el borracho, que sentado en la banca miraba la escena con ojos asombrados y tenía en el rostro la expresión del que oye narrar un cuento de ladrones y criminales.

El inspector dijo:

—Muy bien, compañero Cáceres, lo hemos pillado sin perros.

Después, dirigiéndose a mí, dijo:

—Podremos en el parte que este individuo fue sorprendido en momentos en que robaba a otro y que al ser registrado se le encontró encima el reloj de la víctima y una llave ganzúa. Con eso tiene para un rato. ¡Cabo de guardia!

—Mande, señor.

—Sáquele a ese hombre el cuello y la corbata y échelo a un calabozo. Mañana irá con parte al juzgado.

El cabo despojó al ratero de su enorme cuello y su gran corbata negra.

—¡Andando!

Y el hombre del ojo azul desvanecido salió, seguido del cabo, como resbalando en la luz cruda del alba.

Después que el ratero hubo salido, se levantó el borracho y preguntó al oficial:

—Señor, ¿qué piensa hacer de mí?

—Espérate, borracho indecente.

Volvió el cabo.

—A este individuo métalo al calabozo junto con el otro. Le haremos parte por ebriedad y escándalo.

—¡Andando!

Y el hombre gordo fue a reunirse con el hombre flaco.

—Ustedes pueden retirarse, señores . . .

Salimos silenciosos de la oficina. Un policía, que dormitaba afirmado en el portón del zaguán, al vernos preguntó hacia adentro:

—¿Y estos individuos?

—Déjelos salir; van en libertad—contestó la voz del oficial.

Salimos.

Y después, el regreso en el alba, patrón, el regreso a la casa; cansados, con los rostros pálidos y brillantes de sudor, sin hablar, tropezando en las veredas malas, con la boca seca y amarga, las manos sucias y algo muy triste, pero muy retriste, deshaciéndose por allá dentro, entre el pecho y la espalda.

(El delincuente, 1929)

~~~~~Eduardo Mallea

ARGENTINA, 1903–   Eduardo Mallea has distinguished himself both
in the field of prose fiction and in the essay. Indeed, his novels and short
stories are permeated with philosophical overtones which link them
closely with the essay form and cause a definite diffuseness which sometimes makes for hard reading. One must be interested in ideas to enjoy
Mallea; to this author ideas are always more important than persons or
actions.

In one of his novels, *La bahía de silencio* (1940), Mallea has the protagonist (perhaps the author's alter ego) state that the complexity of our
world demands a complex literature. The old system of narrative and
unilateral notation of episodes is a medium that has necessarily been
abolished; the preceptive and rhetorical principles of Aristotle have
today ceased to rule; the present stormy, human autumn demands to be
represented by a man in whom, like that complex atmosphere, a multi-
tude of divergent and contradictory forces live, whose coexistence is
recorded by words forced into no synthetic formula. Today's art cannot
be simple, standardized, and balanced; it must be an art like a hurricane.
That is, militant explosiveness surrounding a central germ, rather than
elaborate craft and nice balance.

Reared in a home presided over by an aloof and cold father figure
(the mother in the family was dead), Mallea at an early age sensed that
anguish was at the heart of life. His writings all seek to exteriorize that
anguish in the unending quest for peace. In 1937 he summarized his
feelings as follows: "Lo que afirma Aristóteles respecto al fin purgativo
del ánimo propio de la tragedia griega me ha parecido siempre una
tremenda revelación, no sólo como juicio estético, sino como sentido de
las necesidades del alma."

The constant insistence on this theme of human desperation may make
the reading of Mallea's works somewhat depressing unless one is able to
utilize them as a catharsis or examine them with an objective esthetic
eye. The author's torment is always visible, and can easily infect the
reader. The absence of a stated deity to be placated or a specific sin to be
atoned for, the aimless torture and dread of the lonely soul, recall Kafka,
who is one of the men whom Mallea most admires, both as a person and
as a writer.

In Mallea's thinking, man is alienated from man by "la infructuosidad, el desierto, el vacío, y la soledad." Each person represents an individual wilderness. "¿Qué valor tienen las palabras?" he writes in *Todo verdor perecerá* (1941). "No están hechas para entenderse las palabras. Están hechas para que nos comentemos, no para que nos entendamos." This inability of man to communicate is the crux of Mallea's spiritual isolation.

EL INVIERNO DE LAS IDEAS

* * * Los hombres que nacimos con los primeros años de esta centuria hemos sido, en efecto, los silenciosos acompañantes de un terrible cambio de clima en el mundo. No habíamos salido todavía del primer sueño de la infancia cuando se nos llamaba ya a un tremendo insomnio, al tocar el mundo de Occidente el punto crítico de su desgarramiento central; este desgarramiento dejó un estéril campo universal librado al peor invierno, un vasto dominio humano habitado por conciencias en dispersión y masas exigentes. Nada de otoño: el verano racional de nuestros padres no declinaba en su natural trayecto hacia el invierno, sino que acababa de hacer quiebra, y sobre la gran comunidad de los hombres no caían las hojas del entretiempo, sino que se abría de pronto afligente, la visión del páramo. (T. S. Eliot, *The Waste Land*).[1] Primero se manifestó esta aridez repentinamente sobrevenida en el terreno de las conciencias, bajo la forma de un cansancio, de una estupefacción de los confiados en el progreso positivo del hombre, y de un grande y fundamental desconcierto. La humanidad se veía encarada con algo que tenía la apariencia de la quiebra misma. En realidad, lo que había quebrado era un estilo de inteligencia y de existencia, junto con las esencias que embriagaban a la una y a la otra.

Nuestra conciencia, pues, se formó en pleno ambiente de dispersión. A los dieciséis años, cuando por lo general las generaciones abren los ojos a un cuadro de gozosa y clara proyección, nos hallábamos nosotros frente a los comienzos no de una era pacífica al cabo de una guerra, sino de ese "crepúsculo gris e informe" cuyo advenimiento aterraba a Max Scheler[2] y del que iba a surgir, según él mismo, un creciente abandono de las libertades y la pérdida de la sensibilidad, con la consiguiente ruina para la condición primordial de la cultura. Era menester improvisarse una suerte de aire interior, construirse las defensas contra semejante estado de desolación, atravesar las tierras confusas y llegar al pleno horizonte. Era menester acabar con los colgajos de cierta ideología racionalista y estúpida, destruir los aparatos de la razón ensoberbecida y señalar al espíritu rutas ignoradas. Era menester, en una palabra, reconstruirse, o sea reconstruir un estado de fe.

Pero, ¿qué es reconstruir un estado de fe? ¿Acaso tienen esos términos el valor de una adquisición espontánea e inmediatamente posible? ¿O bien se trata de la consumación de un proceso?

Sin duda. Y más. No sólo la consumación de un proceso, sino la estructuración misma del alma. Hacerse el alma de nuevo. Esto implica grandes destrucciones y grandes sacrificios. El sacrificio, tal vez, de una generación entera.

Nuestra generación nació así a la primera lucidez de la adolescencia con un convencimiento neto: el de que tenía que darse a sí misma, antes que nada, tormento; su gloria

---

[1] T. S. Eliot (1888–1964), American-born poet who lived in England from 1914 until his death. His *The Waste Land* (1922) was one of the most influential poems of this century.

[2] Max Scheler (1874–1928), German philosopher and professor.

consistiría en el modo de padecerlo y en la causa y modo como lo empeñara y como lo sufriera. Tal vez, por la mejor providencia de Dios, en verlo, en ver ese tormento, allá muy tarde en el camino de la generación, definitivamente glorificado en un orden, en un nuevo tipo de vida, en un gozo universal y común del que se hubieran al fin desalojado esos elementos de auto indulgencia que esgrimidos por los hombres acaban por aherrojarlos en una cadena de pequeñas depravaciones y grandes inmoralidades.

He aquí cómo de pronto, al cabo de los tiempos, traído en la espalda de los años, misteriosa y trágicamente, recogía nuestra generación, para detenerla y pesarla, la frase de Arturo Rimbaud,[3] que había pasado ya por una muerte: "Yo soy de la raza de los que cantan en el suplicio." He ahí el hermoso destino con que nuestra generación entró en el sentimiento de las cosas humanas y en la inteligencia de las otras, mucho más incalculables: Trayendo el suplicio bajo la forma de un canto. Yo no sé que pueda darse para una juventud responsabilidad y grandeza más grandes.

Veamos el cuadro ante el cual nuestra generación se encontraba.

Es demasiado conocida, aunque no por eso indigna de ser evocada una vez más, la apoteosis del cientificismo y el racionalismo liberal en que se sumergía el mundo de Occidente hacia la fecha de los prolegómenos europeos del 14: Por un lado, plétora de cierto humanismo crudamente empírico, apogeo típico de la burguesía, preparación de la levadura colectiva que culminaría más tarde en la primera revolución proletaria de tipo marxista; por otro lado, falacia total del sentimiento heroico del espíritu humano, sumisión a ciertas comodidades normativas, prosperidad de un tipo de civilización eminentemente conservadora bajo su apariencia intrépidamente liberal, adiós a todos los fundamentos específicamente religiosos de la existencia. Todo lo cual venía a ser, debido a su esencia fuertemente racionalista, una extrema habilitación de las ideas en su faz pragmática y positiva. Era, propiamente dicho, el verano de las ideas, la estación inicial de las ideologías. El globo del progreso continuaba su camino ascendente; el siglo comenzaba siendo a semejanza del hidrópico, hinchado abdomen de un riente y próspero burgrave.[4] Pero los hartazgos[5] traen las apoplejías. Los canales arteriales estallan, y con la fuerza de un rompimiento cismático, nos hallamos entonces, tras los últimos festejos brutales del armisticio, en plena desolación del planeta.

Lo que nos importa ahora es examinar el carácter de semejante decadencia glacial y las alternativas de tiniebla y voluntad que suscita en conciencias e inteligencias, desde el momento en que se inicia hasta su cúspide presente o terrible "climax."

Ha habido para nuestra generación, además, otro cuadro. Quisiera poder arrancar de mi imaginación este otro, el cuadro con que el mundo actual se me presenta vez tras vez, teñido de los colores más yertos.[6] Es el cuadro de un bosque poseído por los hielos inmóviles y cruzado por los vientos diurnos y nocturnos de tantas furias desatadas que trae constantemente al ánimo una insuperable aflicción; aflicción tal, que la necesidad de una solidaridad humana nos invade hasta hacerse un dolor mucho más que de la carne, un dolor flúido y central, un dolor, categóricamente hablando, de la sangre. La escena de esta tremenda alegoría de desamparos y espantos frenéticos parece una de esas imágenes que los pintores medievales proponían como advertencia o castigo a la atención de los donadores, campos de desastre con el suelo poblado por los muertos helechos de Dios. Veamos cómo se organizan las fuerzas negativas de este cruel episodio en el que todos nos movemos con arreglo a quién sabe qué desacomodación nefasta. Si quisiéramos transportar a una reducción pictórica la imagen de nuestro tiempo, veríamos ante todo, en la

---

[3] Arthur Rimbaud (1854–1891), French poet identified with the symbolists. He wrote most of his work before he was twenty, and led a wild vagabond life.

[4] burgrave: *burgher.*
[5] hartazgo: *stuffing one's self with food.*
[6] yerto: *stiff.*

vasta selva de invierno, los grandes árboles yertos, símbolos de los males convocados: la ira, la persecución, la muerte, el fraude, la invasión y el cinismo principal. Bajo el seco y árido ramaje de esos árboles se mueve el ⁵ mundo contemporáneo en medio de un fuerte actuar de masas, agitación cuyo carácter más visible es *la brutal aceleración* de su ritmo sensorial y vital. No cabe duda que el ritmo de la actividad interior es hoy en un ¹⁰ hombre medio considerablemente superior al de la actividad del mismo hombre en cualquier momento anterior del curso de la historia. *El ritmo actual es un ritmo abusivo.* Las condiciones de serenidad y permanencia que ¹⁵ acompañan específicamente a toda meditación sistemática o creación libre o cultura esencial se ven medularmente trastornadas. La humanidad sufre un vicio de precipitación. Todo es, en la selva invernal del ²⁰ planeta, precipitación; precipitación de las ideologías, las místicas, las acciones; precipitación pública y privada, mental y profesional, en el hecho y en el derecho; precipitación de las tiranías, los imperialismos, las ²⁵ depredaciones, las agresiones y los predominios; precipitación del conocimiento—intelectual, filosófico, científico—en numerosos sentidos, cada vez menos puros; precipitación de las conciencias; precipitación en ³⁰ grupos, asociaciones, sectas, hermandades social-políticas, teorías, clubs. Y todas estas precipitaciones, aparte de asumir un carácter colectivo, poseen una doble faz vuelta hacia afuera y vuelta a la vez hacia adentro, una ³⁵ faz ofensiva y una faz defensiva. Y no contento el hombre de nuestros días con precipitarse en ésta o la otra secta, en ésta o la otra fronda, asiste (lo que señala su diferenciación radical con aquel que tomaba furiosa- ⁴⁰ mente partido en los antagonismos bifrontes de otros tiempos) a una precipitación más importante que todas las demás, *su precipitación interior.* Contra las asechanzas de una disolución instaurada por los elementos ⁴⁵ tóxicos de la vida contemporánea, que ha acabado (por las vías de la electricidad y de la radiotelefonía) en ser, toda, una vida por

excelencia ciudadana, el ánimo no ha tenido tiempo de preparar sus defensas, de cambiar sus contravenenos, y de este modo el panorama moral de la especie pasa por su hora más crudamente crítica.

El panorama a que asistimos con los ojos de la entraña es, pues, entendámoslo bien, *un panorama de hombres precipitados.* ¿Qué quiere decir precipitación? Precipitar a alguien no es tan sólo despeñarlo o derribarlo de un lugar ¹⁰ alto—nos lo dirá cualquier enciclopedia— sino incitarle, exponerle a una ruina temporal o espiritual. Y el grito de la época es el grito de la gente que se precipita, que clama por aferrarse, temporal o espiritualmente, a ¹⁵ una rama, una ventana, una roca, a un elemento cualquiera de salvación.

¡Qué civilizada selva de plantas que se secan, el mundo actual, de semblantes aparentemente felices que se descomponen ²⁰ por dentro, de libertades arrebatadas, criaturas perseguidas, ensañamientos cesáreos,[7] violencias sueltas, prisiones sin muros, ahogos urbanos, silencios forzados, propagandas ordenadas, actitudes violentadas y espíritus que ²⁵ se ven confinados en la amargura de la represión y el desaliento! ¡Qué civilizada selva de mandatarios en los que ciertas inconfesadas opresiones se vengan oprimiendo! Y las grandes masas de hombres exaltadas o ³⁰ desconcertadas, precipitándose, sin apenas tiempo de deliberar a solas con sus almas, en un sitio adonde no llegue el grito del furor público, o el llamado al arrebato, o la comunicación secreta o las noticias inquietantes que, en el plato de los micrófonos, el cinematógrafo, los informativos y la prensa, son, en lugar de las nutriciones que nos faltan, el pan nuestro de cada día.

¿Cuál es la respuesta del siglo ante las violencias y las depredaciones que quieren llamarse un orden? Improvisarse la salvación de que hablábamos, *asirse.* Pero las salvaciones temporales no bastan: en el fondo de una ⁴⁵ naturaleza no hay lugar para justificarse mediante las ignominias y la sangre. Al cabo de unos años de guerra el combatiente ya no se engaña a sí mismo: cada vez que siente la

---

⁷ ensañamientos cesáreos: *Caesaristic sadisms.*

mano ensangrentada siente en la boca el gusto de su propia sangre. (Sólo las guerras de liberación—de pueblos o de principios esencialmente humanos—acompañan secretamente a la mano de cierto motor eterno en el que ya se empieza a perdurar antes de empezar a morir). La criatura contemporánea busca oscuramente salvaciones intemporales: tiene ya poco crédito puesto en la palabra humanidad y sólo la ayuda a manifestarse y a manifestar la esperanza en otra que difiera sustancialmente de lo que hoy es. Más allá de muchos ímpetus ostensibles vemos dormir opacos desencantos. Todo se vuelve secreta aspiración intemporal. ¿Pero en qué, sobre qué poner la mano dentro del grande y temible territorio de las salvaciones abstractas? Cunde un pavor bastante profundo, bastante vago, bastante subterráneo por los pisos fundamentales del cuerpo social. Todo se vuelve metafísico y el que tenga los sentidos alerta podrá derivar conclusiones asaz interesantes de algunas evidencias groseramente expuestas en la corteza de la vida cotidiana de Occidente. En efecto: ni la medicina es ya medicina, ni la filosofía es ya filosofía, ni la física es ya física, ni los conocimientos se pliegan ya a la experiencia empírica. Todas esas ciencias se vuelven tentadoras metafísicas. El adivino y el astrólogo se apoderan de la clientela del médico. El ademán del filósofo al regresar a ciertos sistemas de sentido existencial, por contraposición a los anteriores esenciales, no es más que una caída en la metafísica religiosa, un modo de tentalear ante Dios. Los físicos avanzan en un territorio misterioso y Mr. Arthur Eddington[8] sostiene que el mundo externo de la física se ha vuelto un mundo de sombras. En tanto que el psicoanálisis y los estudiosos del organismo interior buscan el modo de aproximarse, mediante una expedición cada vez más profunda a los subterráneos del ser, a una zona que trasciende al hombre mismo y está directamente comunicada con el misterio y, por consiguiente, con la materia eterna . . .

He ahí cómo el mundo presente se halla situado en una posición de aterramiento real. Casi, en la universalidad de los casos, sin saberlo. Intuyéndolo, sí, más del modo menos lúcido. Lejos de elevarlo sobre sí, sus propias invenciones lo aterran más (no olvidemos que *aterrar* es el verbo del que se ha precipitado, del que está en la tierra, pero caído). Y, al aterrarse, el mundo se dispersa en su fondo. La diáspora grita en pos de una nueva unidad.

Entre los choques, los desastres, las vociferaciones, las demagogias, las petulancias, los histrionismos, vemos a nuestro alrededor una gran confusión de criaturas que echan una mano insegura en el territorio de lo desconocido, que avanzan como apestados del alma en los campos de una esperanza que los prolongue, los mejore o los trascienda, en ese dominio que parece reservarles una aparente evasión pero donde es sin embargo más fácil que se hunda aquel que no lleva el paso seguro, los ojos orgánica e intrépidamente despiertos.

Nuestra generación se ha encontrado—así—con esta realidad, la de millones de seres humanos poseídos de una fuerte violencia de actitud y un gran desconcierto de fondo, seres mediocremente convencidos de que abrazar tal o cual secta es abrazar la verdad, grandes gritadores de muchas causas sin voz. Y los que tal vez abrigábamos en la primera adolescencia, con el nacimiento natural de las aspiraciones, una vocación de creación libre y poética, hemos visto, poco después, que la única vocación que podíamos permitirnos era una vocación de humanidad.

Mucho más grave y compleja en virtud de pertenecer nuestra generación a una familia temporal en la que el humanismo no podía ya tener crédito, pues la sangre de que nuestro espíritu llegaba secretamente alimentado era una sangre pura de gérmenes racionalistas. El mismo extraño designio por el que traíamos adentro una aspiración de fe, comunidad y eternidad, venía a comandarnos cierto grande e imprevisto sacrificio.

---

[8] Sir Arthur Stanley Eddington (1882–1944), English astrophysicist, author of *The Nature of the Physical World* (1928).

Y éste era el de servir a un estado general de penuria con una asistencia totalmente desprovista de ese rasgo tan frecuente en el artista y que consiste en la aplicación a la materia de un egoísmo transformador y creador; el de servir mediante un compromiso no de la inteligencia o la sensibilidad desgajados según su mera expresividad potencial, sino compromiso de espíritu y cuerpo. El sacrificio de no evadirse, sino de venir a morir con su tiempo, sólo que dando a esta muerte la forma, la categoría y el sentido de un canto. Esto es: de una esperanza activa y segura de sí.

Vocación de humanidad, vocación de hacerse uno, por la inteligencia y la entraña, con el pueblo fundamental, del que todo sale cuanto es viviente irrigación, siembra de goce o dolor. Hacerse uno con esa materia ardiente a fin de hacerse, en consecuencia, su verbo—lo cual equivale a decir: a fin de hacernos nuestra propia justificación; porque aquel que no ha hecho de su pasión y de su intelecto un instrumento de liberación común, ni ha tenido verdaderamente pasión ni ha tenido verdaderamente intelecto.[9]

La forma de una naturaleza creadora debe ser igual a la del árbol, que abarca por donde se nutre como por donde exhala, la misma vasta porción de materia viva.

¿Qué quiere decir esto? *Que la inteligencia ha de cambiarse hoy de pensamiento pasivo en pensamiento activo, y que este pensamiento actuado no es lo que llamaba Nietzsche un acto cultural sino un acto eminentemente ético y humano.*

El alimento de nuestra estética se transforma cada vez más en una nutrición estrictamente moral. Y si esta nutrición moral no constituye por sí en él un hondo yacimiento religioso, el artista de nuestro siglo es un descastado puro o una mente subalterna.

Era, por lo demás, necesario—y cómo—este regreso a la inspiración trágica por el camino de una existencia comprometida y jugada. Desde los tiempos de la tragedia griega el fondo grandioso de la literatura no se renovó esencialmente sino con los grandes consumidores personales de tragedias como un Bjoernson,[10] un Kierkegaard,[11] un Dostoievski o un Gorki,[12] y los más grandes espíritus creadores de nuestra edad son hoy aquellos que viven con un tormentoso viento en el alma, con un lúcido sobrecogimiento, desde un Péguy[13] y un Lawrence[14] hasta un Frank,[15] un Malraux[16] y un Eliot.[17]

Espíritu e inspiración deben servir hoy al que los entrañe para sostener en la calle con peligro de la vida, sus leyes universales, su voz, su validez.

He ahí nuestro destino, el destino de una generación: no salvarse sino enfrentando la destrucción y el orden con el mismo expuesto y desnudo rapto del habitante más oscuro—pero también más castigado—de la tierra. Ni estética ni delicia, sino una ética creadora. Una moral llevada a hacerse verbo por lo intenso y encendido de su ardor, por su belleza activa, por la llama de su expresión inmediata, cada vez más despojada de retórica, más rica de medios simples, más grande de sustancia y fundamento, no de palabras, ni de argucias, ni de cálculos, porque todos éstos son los expedientes de un ocio y el ritmo de nuestra edad carece de él hasta lo indecible. Una moral combatiente. El "amor fati," la lucha encarnizada con las bestias del tiempo, la disposición de espíritu que se tiene cuando todo se ha dado a un combate y nada importa conservar vida y hábitos sino darlos, quemarlos, meterlos en el pasto colectivo del siglo a ver si en el fuego y la muerte no dan más que muerte o dan otra

---

[9] Mallea's long footnote points out that power based on robbery, division or conquest is illusory, while he who refuses to divide maintains his inner plenitude and dignity and embraces humanity much more completely than any Caesar.

[10] Bjornstjerne Bjornson (1832–1910), Norwegian playwright.

[11] Soren Kierkegaard (1813–1855), Danish philosopher.

[12] Maxim Gorki (1868–1936), Russian short-story

writer and dramatist.

[13] Charles Péguy (1873–1914), French poet and nationalist.

[14] D. H. Lawrence (1885–1930), English poet, essayist, novelist.

[15] Waldo Frank (1889–1967), North American novelist and critic greatly admired in Latin America.

[16] André Malraux (b. 1901), French writer and critic.

[17] T. S. Eliot: see page 733, note 1.

cosa más rica y extraña, como está escrito de un insigne poeta inglés en la piedra de un pequeño cementerio de Roma. No escatimar, no guardar el verbo en bodegas; llevarlo en los labios, adecuado al movimiento vivo del espíritu, siempre pronto, al lado de unos ojos que nada pierdan del formidable proceso terrestre. Sí, una moral combatiente.* * *

(El sayal y la púrpura, 1941)

$\sim\!\sim\!\sim\!$Alejo Carpentier

Cuba, 1904–   Dame Edith Sitwell has characterized Carpentier as "one of the greatest living writers," and J. B. Priestley praises his novels as being outstanding in our generation. Similar high praise has been bestowed on the author from many other quarters, and his works have been translated into ten languages. Carpentier's novel, *Los pasos perdidos* (1953), from which the following passage is taken, brings "the abstractions of anthropology under the significance-creating form of the novel," and gives them a dramatic immediacy. The reader may recall such provocative works as Malraux's *The Walnut Trees of Altenberg* (1943) and *The Voices of Silence* (1953).

Commenting on *Los pasos perdidos* Ralph Ellison writes: "I found it especially attractive that its hero is obsessed by those resonant questions which the Sphinx always puts to the Hero when old certainties are being shattered by change and the citadels of the mind have been shaken ajar to chaos: What is the meaning of human society? How must one live and act to achieve the creative life? What, really, when he's stripped of the garments, the conceits and prejudices of his class and culture, is man? . . ."

The author himself in his prologue to the novel states that *Los pasos perdidos* emerged from his own archaeological experiences and travels in "little known and rarely, if ever, photographed places." He specifies some of these places in the Venezuelan hinterland. The novel itself, however, is much more than reminiscence. In it imagination has clothed reality with a mythical symbolism which is artistic and universal. The novel's hero (perhaps Carpentier himself) is, during this odyssey, in search of the meaning of human life, of history, and of the place of the individual within history. The author-*anthropologist* sees time as the crucial dimension of history and recognizes that civilization itself is the creation of historic forces operating within time. The author-*artist*, on the other hand, has put together a work of art by dissolving the barriers that fragment time into past, present, and future. He believes that contemporary man will be able to find the meaning and value of his present life only if he understands the forces that for centuries have been at work constructing the present level of culture. "Past and present must be brought together in a meaningful now." However, man cannot live and *be* in two different epochs (stages) at the same time, and the basic values of life are rooted in a past that is gone: spontaneous creativity, understanding, tolerance, authentic love. In the novel the protagonist's existence had become absurd because he had lost these fundamental values. Perhaps it is an impossible adventure for man to return into the past to recover these *pasos perdidos*, but the creative artist, on his divine mission, may retrace the journey for all mankind.

∾LOS PASOS PERDIDOS

XXII

* * * Al salir de la choza en busca de lianas para atar, observé que un alboroto inhabitual había roto el ritmo de las faenas de la aldea. Fray Pedro se movía con ligereza de danzante, entrando y saliendo de la churuata,[1] seguido de Rosario, en medio de un corro de indias que gorjeaban. Frente a la entrada había dispuesto, sobre una mesa de ramas tornapuntadas, un mantel de encajes, muy roto, remendado con hilos de distintos grosores, entre dos jícaras rebosantes de flores amarillas. En medio, plantó la cruz de madera negra que le colgaba del cuello. Luego, de un maletín de cuero pardo, muy raído, que siempre llevaba consigo, sacó los ornamentos y objetos litúrgicos—algunos muy mellados—, mordidos por negras herrumbres, a los que frotaba con el vuelo de las mangas antes de disponerlos sobre el altar. Yo veía con creciente sorpresa cómo el Cáliz y la Hostia se dibujaban sobre la Piedra de Ara; cómo el Purificador se abría sobre el Cáliz, y el Corporal se situaba entre las dos luminarias rituales.[2] Todo aquello, en semejante lugar, me parecía a la vez absurdo y sobrecogedor. Sabiendo que el Adelantado se las daba de espíritu fuerte, lo interrogué con la mirada. Como si se tratara de una cosa distinta, que poco tuviera que ver con la religión, me habló de una misa prometida en acción de gracias durante la tempestad de la noche anterior. Se acercó al altar, ante el cual se encontraba Rosario. Yannes, que debía ser hombre de iconos pasó a mi lado mascullando algo acerca de que Cristo era uno solo. Los indios, a cierta distancia, miraban. El Jefe de la Aldea, a medio camino, observaba una actitud respetuosa—todo arrugado en medio de sus collares de colmillos—. Las madres acallaban los chillidos de sus críos. Fray Pedro se volvió hacia mí: "Hijo: estos indios rehusan el bautismo; no quisiera que te vieran indiferente. Si no quieres hacerlo por Dios, hazlo por mí." Y apelando a la más universal de las dudas, añadió, con acento más áspero: "Recuerda que tú estabas en las mismas barcas y también tuviste miedo." Hubo un largo silencio. Luego: *In nómine Patris, et Filií et Spiritus Sancti. Amén.* Una dolorosa sequedad se hizo en mi garganta. Aquellas palabras inmutables, seculares, cobraban una portentosa solemnidad en medio de la selva—como brotadas de los subterráneos de la cristiandad primera, de las hermandades del comienzo—, hallando nuevamente, bajo estos árboles jamás talados, una función heroica anterior a los himnos entonados en las naves de las catedrales triunfantes, anterior a los companarios enhiestos en la luz del día. *Sanctus, Sanctus, Sanctus, Dominus Deus Sabaoth . . .* Troncos eran las columnas que aquí hacían sombra. Sobre nuestras cabezas pesaban follajes llenos de peligros.

---

[1] churuata: *hut.*

[2] el Cáliz . . . rituales: *the Chalice and Host were taking their place on the Altar; the Purificator unfolded over the* Chalice, *and the Corporal-cloth laid between the two ritual candles.*

Y en torno nuestro estaban los gentiles, los adoradores de ídolos, contemplando el misterio desde su nartex de lianas. Yo me había divertido, ayer, en figurarme que éramos Conquistadores en busca de Manoa. Pero de súbito me deslumbra la revelación de que ninguna diferencia hay entre esta misa y las misas que escucharon los Conquistadores del Dorado en semejantes lejanías. El tiempo ha retrocedido cuatro siglos. Ésta es misa de Descubridores, recién arribados a orillas sin nombre, que plantan los signos de su migración solar hacia el Oeste, ante el asombro de los Hombres del Maíz. Aquellos dos—el Adelantado y Yannes—que están arrodillados a ambos lados del altar, flacos, renegridos, uno con cara de labriego extremeño, otro con perfil de algebrista recién asentado en los Libros de la Casa de la Contratación, son soldados de la Conquista, hechos a la cecina y a lo rancio, curtidos por las fiebres, mordidos de alimañas, orando con estampa de donadores, junto al morrión dejado entre las yerbas de acres savias. *Miserere nostri miserere nostri. Fiat misericordia*—salmiza el capellán de la Entrada, con acento que detiene el tiempo—. Acaso transcurre el año 1540. Nuestras naves han sido azotadas por una tempestad y nos narra el monje ahora, a tenor de la sacra escritura, cómo fue hecho en el mar tan gran movimiento que el barco se cubría de las ondas; mas Él dormía, y llegándole sus discípulos le despertaron diciendo: *Señor, sálvanos que perecemos*; y Él les dice: *¿Por qué teméis, hombres de poca fe?*, y entonces, levantándose, reprendió a los vientos y a la mar y fue grande bonanza. Acaso transcurre el año 1540. Pero no es cierto. Los años se restan, se diluyen, se esfuman, en vertiginoso retroceso del tiempo. No hemos entrado aún en el siglo XVI. Vivimos mucho antes. Estamos en la Edad Media. Porque no es el hombre renacentista quien realiza el Descubrimiento y la Conquista, sino el hombre medieval. Los enlistados en la magna empresa no salen del Viejo Mundo por puertas de columnas tomadas al Palladio, sino pasando bajo el arco románico, cuya memoria llevaron consigo al edificar sus primeros templos del otro lado del Mar Océano, sobre el sangrante basamento de los teocalli. La cruz románica, vestida de tenazas, clavos y lanzas, fue la elegida para pelear con los que usaban parecidos enseres de holocausto en sus sacrificios. Medievales son los juegos de diablos, paseos de tarascas, danzas de Pares de Francia, romances de Carlomagno, que tan fielmente perduran en tantas ciudades que hemos atravesado recientemente. Y me percato ahora de esta verdad asombrosa: desde la tarde del Corpus en Santiago de los Aguinaldos, vivo en la temprana Edad Media. Puede pertenecer a otro calendario un objeto, una prenda de vestir, un remedio. Pero el ritmo de vida, los modos de navegación, el candil y la olla, el alargamiento de las horas, las funciones trascendentales del Caballo y del Perro, el modo de reverenciar a los Santos, son medievales—medievales como las prostitutas que viajan de parroquia a parroquia en días de feria, como los patriarcas bragados, orgullosos en reconocer cuarenta hijos de distintas madres que les piden la bendición al paso—. Comprendo ahora que he convivido con los burgueses de buen trago, siempre prestos a catar la carne de alguna moza del servicio, cuya vida jocunda me hiciera soñar tantas veces en los museos; he trinchado los lechoncillos de tetas chamuscadas, de sus mesas, y he compartido la desmedida afición por las especias que les hicieron buscar los nuevos caminos de Indias. En cien cuadros había conocido yo sus casas de toscas baldosas rojas, sus cocinas enormes, sus portones claveteados. Conocía esos hábitos de llevar el dinero prendido del cinturón, de bailar danzas de pareja suelta, de preferir los instrumentos de plectro, de echar los gallos a pelear, de armar grandes borracheras en torno a un asado. Conocía a los ciegos y baldados de sus calles; los emplastos, solimanes y bálsamos curanderos con que aliviaban sus dolores. Pero los conocía a través del barniz de las pinacotecas, como testimonio de un pasado muerto, sin recuperación posible. Y he aquí que ese pasado, de súbito, se hace presente. Que lo palpo y aspiro. Que vislumbro ahora la estupefaciente posibilidad de viajar en el tiempo, como otros viajan en el espacio . . . *Ite misa est, Benedicamos Dómino, Deo Gratias*. Había concluido la misa, y con ella el Medioevo. Pero las fechas seguían perdiendo guarismos. En fuga desaforada, los años se vaciaban, destranscurrían, se borraban, rellenando calendarios, devolviendo lunas, pasando de los siglos de tres cifras al siglo de los números. Perdió el Graal su relumbre, cayeron los clavos de la cruz, los mercaderes volvieron al templo, borróse la estrella de la Natividad, y fue el Año Cero, en que regresó al cielo el Ángel de la Anunciación. Y tornaron a crecer las fechas del otro lado del Año Cero—fechas de dos, de tres, de cinco cifras—, hasta que alcanzamos el tiempo en que el hombre, cansado de errar sobre la tierra, inventó la agricultura al fijar sus primeras aldeas en las orillas de los ríos, y, necesitado de mayor música, pasó del bastón de ritmo al tambor que era un cilindro de madera ornamentado al fuego, inventó el órgano al soplar en una caña hueca, y lloró a sus muertos haciendo bramar un ánfora de barro. Estamos en la Era Paleolítica. Quienes dictan leyes aquí, quienes tienen derecho de vida y muerte sobre nosotros, quienes tienen el secreto de los alimentos y tósigos, quienes inventan las técnicas, son hombres que usan el cuchillo de piedra y el rascador de piedra, el anzuelo de espina y el dardo de hueso. Somos intrusos, forasteros ignorantes—metecos de poca estadía—, en una ciudad que nace en el alba de la Historia. Si el fuego que ahora abanican las mujeres se apagara de pronto, seríamos incapaces de encenderlo nuevamente por la sola diligencia de nuestras manos.

XXIII

(Jueves, 21 de junio)

Conozco el secreto del Adelantado. Ayer me lo confió, junto al fuego, cuidando de que Yannes no pudiese oírnos. Hablan de sus hallazgos de oro; lo creen rey de antiguos cimarrones, le atribuyen esclavos; otros se imaginan que tiene varias mujeres en un selvático gineceo, y que sus solitarios viajes se deben a la voluntad de que sus amantes no vean otros hombres. La verdad es mucho más hermosa. Cuando me fue revelada en pocas palabras, quedé maravillado por el vislumbre de una posibilidad jamás imaginada—estoy seguro de ello—por hombre alguno de mi generación. Antes de dormirme en la noche del colgadizo, donde el leve balanceo de nuestras hamacas arranca un acompasado crujido a las cabuyeras, digo a Rosario, a través de los estambres, que proseguiremos el viaje durante algunos días. Y cuando temo encontrar alguna fatiga, algún desaliento, o una pueril preocupación por regresar, me responde un animoso consentimiento. A ella no importa adónde vamos, ni parece inquietarse porque haya comarcas cercanas o remotas. Para Rosario no existe la noción de *estar lejos* de algún lugar prestigioso, particularmente propicio a la plenitud de la existencia. Para ella, que ha cruzado fronteras sin dejar de hablar el mismo idioma y que jamás pensó en atravesar el Océano, el centro del mundo está donde el sol, a mediodía, la alumbra desde arriba. Es mujer de tierra, y mientras se ande sobre la tierra, y se coma, y haya salud, y haya hombres a quien servir de molde y medida con la recompensa de aquello que llama "el gusto del cuerpo," se cumple un destino que más vale no andar analizando demasiado, porque es regido por "cosas grandes" cuyo mecanismo es oscuro, y que, en todo caso, rebasan la capacidad de interpretación del ser humano. Por lo mismo, suele decir que "es malo pensar en ciertas cosas." Ella se llama a sí misma *Tu mujer*, refiriéndose a ella en tercera persona: "*Tu mujer* se estaba durmiendo; *Tu mujer* te buscaba" . . . Y en esa constante reiteración del posesivo encuentro como una solidez de concepto, una cabal definición de situaciones, que nunca me diera la palabra *esposa*. *Tu mujer* es afirmación anterior a todo contrato, a todo sacramento. Tiene la verdad primera de esa *matriz* que los traductores mogigatos de la Biblia sustituyen por *entrañas*, restando fragor a ciertos gritos proféticos. Además, esta definidora simplificación del léxico es habitual en Rosario. Cuando alude a ciertas intimidades de su naturaleza que no debo ignorar como amante, emplea expresiones a la vez inequívocas y pudorosas que recuerdan las "costumbres de mujeres" invocadas por Raquel ante Labán. Todo lo que pide *Tu* *mujer* esta noche es que yo la lleve conmigo adonde vaya. Agarra su hato y sigue al varón sin preguntar más. Muy poco sé de ella. No acabo de comprender si es desmemoriada o no quiere hablar de su pasado. No oculta que vivió con otros hombres. Pero éstos marcaron etapas de su vida cuyo secreto defiende con dignidad—o tal vez porque crea poco delicado dejarme suponer que algo ocurrido antes de nuestro encuentro pueda tener alguna importancia—. Este vivir en el presente, sin poseer nada, sin arrastrar el ayer, sin pensar en el mañana, me resulta asombroso. Y, sin embargo, es evidente que esa disposición de ánimo debe ensanchar considerablemente las horas de sus tránsitos de sol a sol. Habla de días que fueron muy largos y de días que fueron muy breves, como si los días se sucedieran en tiempos distintos—tiempos de una sinfonía telúrica que también tuviese sus andantes y adagios, entre jornadas llevadas en movimiento presto. Lo sorprendente es que—ahora que nunca me preocupa la hora—percibo a mi vez los distintos valores de los lapsos, la dilatación de algunas mañanas, la parsimoniosa elaboración de un crepúsculo, atónito ante todo lo que cabe en ciertos tiempos de esta sinfonía que estamos leyendo al revés, de derecha a izquierda, contra la clave de *sol*, retrocediendo hacia los compases del Génesis. Porque, al atardecer, hemos caído en el habitat de un pueblo de cultura muy anterior a los hombres con los cuales convivimos ayer. Hemos salido del paleolítico— de las industrias paralelas a las magdalenienses y aurignacienses, que tantas veces me hubieran detenido al borde de ciertas colecciones de enseres líticos con un "no va más" que me situaba al comienzo de la noche de las edades—, para entrar en un ámbito que hacía retroceder los confines de la vida humana a lo más tenebroso de la noche de las edades. Esos individuos con piernas y brazos que veo ahora, tan semejantes a mí; esas mujeres cuyos senos son ubres fláccidas que cuelgan sobre vientres hinchados; esos niños que se estiran y ovillan con gestos felinos; esas gentes que aún no han cobrado el pudor primordial de ocultar los órganos de la generación, que *están desnudas sin saberlo*, como Adán y Eva antes del pecado, son hombres, sin embargo. No han pensado todavía en valerse de la energía de la semilla; no se han asentado, ni se imaginan el acto de sembrar; andan delante de sí, sin rumbo, comiendo corazones de palmeras, que van a disputar a los simios, allá arriba, colgándose de las techumbres de la selva. Cuando las aguas en creciente les aíslan durante meses en alguna región de entrerríos, y han pelado los árboles como termes, devoran larvas de avispa, triscan hormigas y liendres, escarban la tierra y tragan los gusanos y las lombrices que les caen bajo las uñas, antes de amasar la tierra con los dedos y comerse la tierra misma. Apenas si conocen los recursos del fuego. Sus perros huidizos, con ojos de zorros y de lobos, son perros anteriores a los perros. Contemplo los semblantes sin sentido para mí, comprendiendo la inutilidad de toda palabra, admitiendo de antemano que ni siquiera podríamos hallarnos en la coincidencia de una gesticulación. El Adelantado me agarra por el brazo y me hace asomarme a un hueco fangoso, suerte de zahurda hedionda, llena de huesos roídos, donde veo erguirse las más horribles cosas que mis ojos hayan conocido: son como dos fetos vivientes, con barbas blancas, en cuyas bocas belfudas gimotea algo semejante al vagido de un recién nacido; enanos arrugados, de vientres enormes, cubiertos de venas azules como figuras de planchas anatómicas, que sonríen estúpidamente, con algo temeroso y servil en la mirada, metiéndose los dedos entre los colmillos. Tal es el horror que me producen esos seres, que me vuelvo de espaldas a ellos, movido, a la vez, por la repulsión y el espanto. "Cautivos—me dice el Adelantado, sarcástico—, cautivos de 'los otros que se tienen por la raza superior, única dueña legítima de la selva." Siento una suerte de vértigo ante la posibilidad de otros escalafones de retroceso, al pensar que esas larvas humanas, de cuyas ingles cuelga un sexo eréctil como el mío, no sean todavía *lo último.* Que puedan existir, en alguna parte, cautivos de esos cautivos, erigidos a su vez en especie superior, predilecta y autorizada, que no sepan roer ya ni los huesos dejados por sus perros, que disputen carroñas a los buitres, que aúllen su celo, en las noches del celo, con aullidos de bestia. Nada común hay entre estos entes y yo. Nada. Tampoco tengo nada que ver con sus amos, los tragadores de gusanos, los lamedores de tierra, que me rodean . . . Y, sin embargo, en medio de las hamacas apenas hamacas—cunas de lianas, más bien—, donde yacen y fornican y procrean, hay una forma de barro endurecida al sol: una especie de jarra sin asas, con dos hoyos abiertos lado a lado, en el borde superior, y un ombligo dibujado en la parte convexa con la presión de un dedo apoyado en la materia, cuando aún estuviese blanda. Esto es Dios. Más que Dios: es la Madre de Dios. Es la Madre, primordial de todas las religiones. El principio hembra, genésico, matriz, situado en el secreto prólogo de todas las teogonías. La Madre, de vientre abultado, vientre que es a la vez ubres, vaso y sexo, primera figura que modelaron los hombres, cuando de las manos naciera la posibilidad del Objeto. Tenía ante mí a la Madre de los Dioses Niños, de los totems dados a los hombres para que fueran cobrando el hábito de tratar a la divinidad, preparándose para el uso de los Dioses Mayores. La Madre, "solitaria, fuera del espacio y más aún del tiempo," de quien Fausto pronunciara el sólo enunciado de *Madre,* por dos veces, con terror. Viendo ahora que las ancianas de pubis arrugado, los trepadores de árboles y las hembras empreñadas me miran, esbozo un torpe gesto de reverencia hacia la vasija sagrada. Estoy en morada de hombres y debo respetar a sus Dioses . . . Pero he aquí que todos echan a correr. Detrás de mí, bajo un amasijo de hojas colgadas de ramas que sirven de techo, acaban de tender el cuerpo hinchado y negro de un cazador mordido por un crótalo. Fray Pedro dice que ha muerto hace varias horas. Sin embargo, el Hechicero comienza a sacudir una calabaza llena de gravilla—único instrumento que conoce esta gente—para tratar de ahuyentar a los mandatarios de la Muerte. Hay un silencio ritual, preparador del ensalmo, que lleva la expectación de los que esperan a su colmo. Y en la gran selva que se llena de espantos nocturnos, surge la Palabra. Una palabra que es ya más que palabra. Una palabra que imita la voz de quien dice, y también la que se atribuye al espíritu que posee el cadáver. Una sale de la garganta del ensalmador; la otra, de su vientre. Una es grave y confusa como un subterráneo hervor de lava; la otra, de timbre mediano, es colérica y destemplada. Se alternan. Se responden. Una increpa cuando la otra gime; la del vientre se hace sarcasmo cuando la que surge del gaznate parece apremiar. Hay como portamentos guturales, prolongados en aullidos; sílabas que, de pronto, se repiten mucho, llegando a crear un ritmo; hay trinos de súbito cortados por cuatro notas que son el embrión de una melodía. Pero luego es el vibrar de la lengua entre los labios, el ronquido hacia adentro, el jadeo a contratiempo sobre la maraca. Es algo situado mucho más allá del lenguaje, y que, sin embargo, está muy lejos aún del canto. Algo que ignora la vocalización, pero es ya algo más que palabra. A poco de prolongarse, resulta horrible, pavorosa, esa grita sobre un cadáver rodeado de perros mudos. Ahora, el Hechicero se le encara, vocifera, golpea con los talones en el suelo, en lo más desgarrado de un furor imprecatorio que es ya la verdad profunda de toda tragedia—intento primordial de lucha contra las potencias de aniquilamiento que se atraviesan en los cálculos del hombre—. Trato de mantenerme fuera de esto, de guardar distancias. Y, sin embargo, no puedo sustraerme a la horrenda fascinación que esta ceremonia ejerce sobre mí . . . Ante la terquedad de la Muerte, que se niega a soltar su presa, la Palabra, de pronto, se ablanda y descorazona. En boca del Hechicero, del órfico ensalmador, estertora y cae, convulsivamente, el Treno—pues esto y no otra cosa es un *treno*—, dejándome deslumbrado con la revelación de que acabo de asistir al Nacimiento de la Música.

XXIV

(Sábado, 23 de junio)

Hace dos días que andamos sobre el armazón del planeta, olvidados de la Historia y hasta de las oscuras migraciones de las eras sin crónicas. Lentamente, subiendo siempre, navegando tramos de torrentes entre una cascada y otra cascada, caños quietos entre un salto y otro salto, obligados a izar las barcas al compás de salomas de peldaño en peldaño, hemos alcanzado el suelo en que se alzan las Grandes Mesetas. Lavadas de su vestidura—cuando la tuvieron—por milenios de lluvias, son Formas de roca desnuda, reducidas a la grandiosa elementalidad de una geometría telúrica. Son los monumentos primeros que se alzaron sobre la corteza terrestre, cuando aún no hubiera ojos que pudieran contemplarlos, y su misma vejez, su abolengo impar, les confiere una aplastante majestad. Los hay que parecen inmensos cilindros de bronce, pirámides truncas, largos cristales de cuarzo parados entre las aguas. Los hay, más abiertos en la cima que en la base, todos agrietados de alvéolos, como gigantescas madréporas. Los hay que tienen una misteriosa solemnidad de *Puertas de Algo*—de Algo desconocido y terrible—a que deben conducir esos túneles que se ahondan en sus flancos, a cien palmos sobre nuestras cabezas. Cada meseta se presenta con una morfología propia, hecha de aristas, de cortes bruscos, de perfiles rectos o quebrados. La que no se adorna de un obelisco encarnado, de un farallón de basalto, tiene una terraza flanqueante, se recorta en biseles, afila sus ángulos, o se corona de extraños cipos que semejan figuras en procesión. De pronto, rompiendo con esa severidad de lo creado, algún arabesco de la piedra, alguna fantasía geológica, se confabula con el agua para poner un poco de movimiento en este país de lo inconmovible. Es, allá, una montaña de granito casi rojo, que suelta siete cascadas amarillas por el almenaje de una cornisa cimera. Es un río que se arroja al vacío y se deshace en arcoiris sobre la cuesta jalonada de árboles petrificada. Las espumas de un torrente bullen bajo enormes arcos naturales, acrecidos por ecos atronadores, antes de dividirse y caer en una sucesión de estanques que se derraman unos en otros. Se adivina que arriba, en las cumbres, en el escalonamiento de las últimas planicies lunares, hay lagos vecinos de las nubes que guardan sus aguas vírgenes en soledades nunca holladas por una planta humana. Hay escarchas en el amanecer, fondos helados, orillas opalescentes, y honduras que se llenan de noche antes del crepúsculo. Hay monolitos parados en el borde de las cimas, agujas, signos, henderuras que respiran sus nieblas; peñascos rugosos, que son como coágulos de lava—meteoritas, acaso, caídas de otro planeta. No hablamos. Nos sentimos sobrecogidos ante el fausto de las magnas obras, ante la pluralidad de los perfiles, el alcance de las sombras, la inmensidad de las explanadas. Nos vemos como intrusos, prestos a ser arrojados de un dominio vedado. Lo que se abre ante nuestros ojos es el mundo anterior al hombre. Abajo, en los grandes ríos, quedaron los saurios monstruosos, las anacondas, los peces con tetas, los laulaus cabezones, los escualos de agua dulce, los gimnotos y lepidosirenas, que todavía cargan con su estampa de animales prehistóricos, legado de las dragonadas del Terciario. Aquí, aunque algo huya bajo los helechos arborescentes, aunque la abeja trabaje en las cavernas, nada parece saber de seres vivientes. Acaban de apartarse las aguas, aparecida es la Seca, hecha es la yerba verde, y, por vez primera, se prueban las lumbreras que habrán de señorear en el día y en la noche. Estamos en el mundo del Génesis, al fin del Cuarto Día de la Creación. Si retrocediéramos un poco más, llegaríamos adonde comenzara la terrible soledad del Creador—la tristeza sideral de los tiempos sin incienso y sin alabanzas, cuando la tierra era desordenada y vacía, y las tinieblas estaban sobre la haz del abismo.

᷾ᴬgustín Yáñez

Mexico, 1904– Agustín Yáñez, from the state of Jalisco, Mexico, is perhaps the outstanding representative of the stylized poetic novel in Spanish America today. His *Al filo del agua* (1947), from which the passage which follows was taken, is one of the most beautifully written pieces of prose ever produced in that area. The first edition of this work is illustrated with marvelous engravings by Julio Prieto. Yáñez says that the title of the novel might be *El antiguo régimen*, or *En un lugar del Arzobispado*, "cuyo nombre no importa recordar." In other words, the village he describes is not geographic, but psychical and symbolic. With very few changes it could be placed in the Andalusia of García Lorca as well as in the Mexico of Agustín Yáñez.

Antonio Castro Leal, in his prologue to the second edition of the novel, refers to it as "una serie de cuadros de la vida triste, conventual, hipócrita, estrecha y sombría de un pueblo del Bajío en que el cura, el jefe político y las principales familias mantienen la vida de la comunidad dentro de convenciones y conveniencias que, sin beneficiar a nadie, no hacen tampoco la felicidad de ninguno. Uno de tantos pueblos perdidos en los valles y las serranías de la República, en donde la inercia y los prejuicios, una religión hecha de supersticiones y una moral erizada de tabús no han dejado encontrar ni la cultura ni la verdad, ni siquiera la vida con su limpia y gozosa alegría. Un pueblo que, como todos los de su clase, ahoga o expulsa a los que quisieran marcarle un camino hacia el progreso o a los que piensan que deben de ser otras las normas de la existencia en común."

The striking thing about the novel is that the author assumes a poetic and psychologic rather than a social point of view. He does not make a great issue of economic poverty, nor does he blast off against landowner, government or Church in the typical "revolutionary" manner. He is more interested in what is going on inside his characters than in what is going on outside. Dreams, the subconscious mind with its Freudian overtones, repressed feelings of sex, guilt, violence and hostility—all these are grist for the novelist. In an evocative, almost hypnotic style, which suggests a kind of liturgy of the prison-pent human psyche, these dark currents are delineated with consummate skill and understanding. The following *Acto preparatorio*, which sets the mood for *Al filo del agua*, is characteristic of the author's best writing.

ᴀᴌ FILO DEL AGUA

ACTO PREPARATORIO

Pueblo de mujeres enlutadas. Aquí, allá, en la noche, al trajín del amanecer, en todo el santo río de la mañana, bajo la lumbre del sol alto, a las luces de la tarde—fuertes, claras, desvaídas, agónicas—; viejecitas, mujeres maduras, muchachas de lozanía, párvulas; en los atrios de iglesias, en la soledad callejera, en los interiores de tiendas y de algunas casas—cuán pocas—furtivamente abiertas.

Gentes y calles absortas. Regulares las hiladas de muros, a grandes lienzos vacíos. Puertas y ventanas de austera cantería, cerradas con tablones macizos, de nobles, rancias maderas, desnudas de barnices y vidrios, todas como trabajadas por uno y el mismo artífice rudo y exacto. Pátina del tiempo, del sol, de las lluvias, de las manos consuetudinarias, en los portones, en los dinteles y sobre los umbrales. Casas de las que no escapan rumores, risas, gritos, llantos; pero a lo alto, la fragancia de finos leños consumidos en hornos y cocinas, envuelta para regalo del cielo con telas de humo azul.

En el corazón y en los aledaños el igual hermetismo. Casas de las orillas, junto al río, junto al cerro, al salir de los caminos, con la nobleza de su cantería, que sella dignidad a los muros de adobe.

Y cruces al remate de la fachada más humilde, coronas de las esquinas, en las paredes interminables; cruces de piedra, de cal y canto, de madera, de palma; unas, anchas; otras, altas; y pequeñas, y frágiles, y perfectas, y toscas.

Pueblo sin fiestas, que no la danza diaria del sol con su ejército de vibraciones. Pueblo sin otras músicas que cuando clamorean las campanas, propicias a doblar por angustias, y cuando en las iglesias la opresión se desata en melodías plañideras, en coros atiplados y roncos. Tertulias, nunca. Horror sagrado al baile: ni por pensamiento: nunca, nunca. Las familias entre sí se visitan sólo en caso de pésame o enfermedad, quizás cuando ha llegado un ausente mucho tiempo esperado.

Pueblo seco, sin árboles ni huertos. Entrada y cementerio sin árboles. Plaza de matas regadas. El río enjuto por los mayores meses; río de grandes losas brillantes al sol. Áridos lomeríos por paisaje, cuyas líneas escuetas van superponiendo iguales horizontes. Lomeríos. Lomeríos.

Pueblo sin alameda. Pueblo de sol, reseco, brillante. Pilones de cantera, consumidos, en las plazas, en las esquinas. Pueblo cerrado. Pueblo de mujeres enlutadas. Pueblo solemne.

La limpieza pone una nota de vida. Bien barridas las calles. Enjalbegadas[1] las casas y ninguna, ni en las orillas, ruinosa. Afeitados los varones, viejos de cara cenceña, muchachos chapeteados, muchachos pálidos, de limpias camisas, de limpios pantalones; limpios los catrines, limpios los charros, limpios los jornaleros de calzón blanco. Limpias las mujeres pálidas, enlutadas, pálidas y enlutadas, que son el alma de los atrios, de las calles ensolecidas, de las alcobas furtivamente abiertas. Nota de vida y de frescura, las calles bien barridas bajo el sol y al cabo del día, entre la noche. Mujeres enlutadas, madrugadoras, riegan limpieza desde secretos pozos.

En cada casa un brocal, oculto a las miradas forasteras, como las yerbas florecidas en macetas que pueblan los secretos patios, los adentrados corredores, olientes a frescura y a paz.

Muy más adentro la cocina, donde también se come y es el centro del claustro familiar. Allí las mujeres vestidas de luto, pero destocadas, lisamente peinadas.

Luego las recámaras. Imágenes. Imágenes. Lámparas. Una petaquilla cerrada con llave. Algún armario. Ropas colgadas, como ahorcados fantasmas. Canastas con cereales. Algunas sillas. Todo pegado a las paredes. La cama, las camas arrinconadas (debajo,

---

[1] enjalbegadas: *whitewashed.*

canastas con ropa blanca). Y en medio de las piezas, grandes, vacíos espacios.

Salas que lo son por sus muchas sillas y algún canapé. No falta una cama. La cama del señor. En las rinconeras, las imágenes principales del pueblo y del hogar, con flores de artificio, esferas y tibores. La Mano de la Providencia, el Santo Cristo, alguna Cruz Milagrosa que fue aparecida en algún remoto tiempo, a algún ancestro legendoso.

De las casas emana el aire de misterio y hermetismo que sombrea las calles y el pueblo. De las torres bajan las órdenes que rigen el andar de la casa. Campanadas de hora fija, clamores, repiques.

Pueblo conventual. Cantinas vergonzantes. Barrio maldito, perdido entre las breñas, por entre la cuesta baja del río seco. Pueblo sin billares, ni fonógrafos, ni pianos. Pueblo de mujeres enlutadas.

El deseo, los deseos disimulan su respiración. Y hay que pararse un poco para oírla, para entenderla tras de las puertas atrancadas, en el rastro de las mujeres con luto, de los hombres graves, de los muchachos colorados y de los muchachillos pálidos. Hay que oírla en los rezos y cantos eclesiásticos a donde se refugia. Respiración profunda, respiración de fiebre a fuerzas contenidas. Los chiquillos no pueden menos que gritar, a veces. Trepidan las calles. ¡Cantaran las mujeres! No, nunca, sino en la iglesia los viejos coros de generación en generación aprendidos. El cura y sus ministros pasan con trajes talares y los hombres van descubriéndose; los hombres y las mujeres enlutadas, los niños, les besan la mano. Cuando llevan el Santísimo, revestidos, un acólito—revestido—va tocando la campanilla y el pueblo se postra; en las calles, en la plaza. Cuando las campanas anuncian la elevación y la bendición, el pueblo se postra, en las calles y en la plaza. Cuando a campanadas lentas, lentísimas, tocan las doce, las tres y la oración, se quitan el sombrero los hombres, en las calles y en la plaza. Cuando la Campana Mayor, pesada, lentísimamente, toca el alba, en oscuras alcobas hay toses de ancianidad y nicotina, toses leves y viriles, con rezos largos, profundos, de sonoras cuerdas a medio apagar; viejecitos de nuca seca, mujeres y campesinos madrugadores arrodillados en oscuros lechos, vistiéndose, rayando fósforos, tal vez bostezando, entre palabras de oración, mientras la Campana ronca da el alba con solemne lentitud, pesadamente.

Los matrimonios son en las primeras misas. A oscuras. O cuando raya la claridad, todavía indecisa. Como si hubiera un cierto género de vergüenza. Misteriosa. Los matrimonios nunca tienen la solemnidad de los entierros, de las misas de cuerpo presente, cuando se desgranan todas las campanas en plañidos prolongados, extendiéndose por el cielo como humo; cuando los tres padres y los cuatro monagos vienen por el atrio, por las calles, al cementerio, ricamente ataviados de negro, entre cien cirios, al son de cantos y campanas.

Hay toques de agonía que piden a todo el pueblo, sobre los patios, en los rincones de la plaza, de las calles, de las recámaras, que piden oraciones por un moribundo. Los vecinos rezan el "Sal, alma cristiana, de este mundo . . ." y la oración de la Sábana Santa.

Cuando la vida se consume, las campanas mudan ritmo y los vecinos tienen cuenta de que un alma está rindiendo severísimo Juicio. Corre una común angustia por las calles, por las tiendas, entre las casas. Algunas gentes que han entrado a ayudar a bien morir, se retiran; otras, de mayor confianza, se quedan a ayudar a vestir al difunto, cuando sea pasado un rato de respeto, mientras acaba el Juicio, pero antes de que el cuerpo se enfríe.

Las campanas repican los domingos y fiestas de guardar. También los jueves en la noche. Sólo son alegres cuando repican a horas de sol. El sol es la alegría del pueblo, una casi incógnita alegría, una disimulada alegría, como los afectos, como los deseos, como los instintos.

Como los afectos, como los deseos, como los instintos, el miedo, los miedos asoman, agitan sus manos invisibles, como de cadáveres, en ventanas y puertas herméticas, en los ojos de las mujeres conlutadas y en sus pasos precipitados por la calle y en sus bocas contraídas, en la gravedad masculina y en el silencio de los niños.

Los deseos, los ávidos deseos, los deseos pálidos y el miedo, los miedos, rechinan en las cerraduras de las puertas, en los goznes resecos de las ventanas; y hay un olor suyo, inconfundible, olor sudoroso, sabor salino, en los rincones de los confesionarios, en las capillas oscurecidas, en la pila bautismal, en las pilas del agua bendita, en los atardeceres, en las calles a toda hora del día, en la honda pausa del mediodía, por todo el pueblo, a todas horas, un sabor a sal, un olor a hume- dad, una invisible presencia terrosa, angus- tiosa, que nunca estalla, que nunca mata, que oprime la garganta del forastero y sea quizá placer del vecindario, como placer de penitencia.

En las noches de luna escapan miedos y deseos, a la carrera; pueden oírse sus pasos, el vuelo fatigoso y violento, al ras de la calle, sobre las paredes, arriba de las azoteas. Camisas de fuerza batidas por el aire, con- torsionados los puños y las faldas, golpeando las casas y el silencio en vuelos de pájaro ciego, negro, con alas de vampiro, de tecolote o gavilán; con alas de paloma, sí, de paloma torpe, recién escapada, que luego volverá, barrotes adentro. Los deseos vuelan siempre con ventaja, en las noches de luna; los miedos corren detrás, amenazándolos, imprecando espera, chillando: vientos con voz aguda e inaudible. Saltan los deseos de la luz a la sombra, de la sombra a la luz, y en vano los miedos repiten el salto. Dura la vieja danza media noche. Pasa el cansancio. Y a la madrugada, cuando hay luna, cuando la campana toca el alba, recomienza el brincar de los deseos jugando con los miedos. La mañana impone la victoria de los últimos, que ya por todo el día serán los primeros en rondar el atrio, las calles, la plaza, mientras los deseos yacen tendidos en las mejillas, en los labios, en los párpados, en las frentes, en las manos, tendidos en los surcos de las caras o metidos en oscuras alcobas, transpirando sudor que impregna el aire del pueblo.

En las noches de luna, en casas de la orilla, quién sabe si en lo hondo de alguna casa céntrica, rasguean guitarras en sordina, preñadas de melancolía, lenguas de los deseos. En las noches de luna, cantan en las cantinas vergonzantes una canción profana, canción de los terrores, jinetes de los deseos. En las noches de luna hay dulce tristeza en los pilones exangües de la plaza, cuyas piedras reverberan melancolía por un ausente pensa- miento nazareno y una emoción samaritana, también ausente. Nunca estas pilas, ni en las noches de luna, quién sabe si ni en las más negras noches, han oído un diálogo de amor; nunca vienen a sentarse más que deseos en soledad; nunca sobre sus bordes una pareja estrechó las manos con resortes de fiebre. Secas pilas pulidas por el tiempo.

En las tardes cargadas de lluvia, en las horas torrenciales, en las tardes cuando ha llovido y queda el olor de las paredes, maderas y calles mojadas, en las noches eléctricas cuando amenaza tormenta, en las mañanas nubladas, en los días de llovizna interminable y cuando aprieta el agobio veraniego, en las noches de intenso frío cuando la transparencia del invierno, salen también los deseos y se les oye andar a ritmo bailarín, se les oye cantar en cuerda de gemido una canción profana, invisibles de- monios que a vueltas emborrachan las cruces de las fachadas, de los muros, de las esquinas, de las garitas, y la gran cruz en el dintel del camposanto. Los miedos alguaciles, loqueros, habrán de sujetarlos con camisas negras y blancas, con cadenas de fierro, al conjuro de las campanas y a la sombra de los trajes talares.

Pueblo de perpetua cuaresma. Primavera y verano atemperados por una lluvia de ceniza. Oleo del *Dies irae* inexhausto para las orejas. Agua del *Asperges* para las frentes. Púas del *Miserere* para las espaldas. Canon del *Me- mento, homo*, para los ojos. Sal del *Requiem aeternam* para la memoria. Los cuatro jinetes de las postrimerías, gendarmes municipales, rondan sin descanso las calles, las casas y las conciencias. *De profundis* para lenguas y gargantas. Y en los lagrimales, la cuenca de vigilia tenaz, con dársenas en las frentes y en las mejillas.[2]

Pueblo de ánimas. Las calles son puentes de necesidad. Para ir a la iglesia. Para desahogar estrictos menesteres. Las mujeres enlutadas llevan rítmica prisa, el rosario y el devocionario en las manos, o embrazadas las canastas de los mandados. Hieráticas. Breves, cortantes los saludos de obligación. Acaso en el atrio se detengan un poco a bisbisear, muy poco, cual temerosas. (Pero habrá que fijarse bien, mucho, para ver cómo algunas veces llegan a las puertas, lentamente, y se diría que no tienen ganas de que les abrieran, y entran con gesto de prisioneras que dejan sobre la banqueta toda esperanza. Habrá que fijarse bien. Quizá suspiran cuando la puerta vuelve a cerrarse.) Hay, sí, hombres en las esquinas, en las afueras de los comercios, en las bancas de la plaza; son pocos, y parcos de palabras; parecen meditantes y no brilla en sus pupilas el esplendor de la curiosidad que acusara el gozo de la calle por la calle. A la noche habrá pasos obsesionados y sombras embozadas bajo las oscilaciones de los faroles municipales; y a la media noche o muy de madrugada podrían oírse bisbiseos junto a las cerraduras de las puertas o entre las resquebrajaduras de las ventanas. ¡Ah! es el gran misterio, triunfante sobre los cuatro jinetes; la vida que rompe compuertas; pero entre sombras, con vieja discreción, como lo exige —y lo permite—la costumbre del pueblo. Mientras duermen las campanas. Y es mejor, más recomendable, más honesto, el lenguaje escrito: guardan las tiendas con cautela de mercancía vergonzante ciertos pliegos ya escritos, capaces de reducirse a toda circunstancia; pero también hay hombres y mujeres emboscados que pueden redactar misivas especiales, para casos difíciles o perdidos.

No se ven, pero se sienten los cintarazos de los cuatro jinetes en las mesnadas de los instintos, al oscurecer, a las altas horas de la noche. Rechinan los huesos, las lenguas enjutas y sedientas.

Jinetes misteriosos de carne y sangre transitan en horas avanzadas, rumbo a las afueras, por los caminos aledaños. El pueblo amanece consternado, como si un coyote, como si un lobo dejara huellas de sangre por todas las banquetas, muros, puertas y ventanas; como si todos los vecinos se sintieran cómplices del rapto. Allí engéndranse, con futuras vidas, futuras venganzas y muertes. No hay dolencia en el pueblo como la del honor mancillado: preferibles todas las agonías, todas las miserias y cualquier otro género de tormentos ¡Cuán difícil aceptar los hechos consumados! En las máquinas paternas ha sido para siempre rota la cuerda más sensible, y aunque de los males el menos, ya el próximo matrimonio, ya los próximos nietos habrán de ser frutos para siempre amargos, arrancados a la fuerza. Y no es frecuente tal resignación, antes la venganza sin cuartel o el desconocimiento de por vida, inflexible, hacia la hija frágil, hacia el yerno execrado, hacia los extraños nietos, que ni quien los miente si se quiere guardar la amistad del ofendido.

Aun las pretensiones en forma, las relaciones cautelosas y bajo todos los respetos y disimulos, aun los pedimentos por boca del cura y apadrinados por vecinos de influencia, caen como centellas devastadoras, hienden el ánimo paterno, hacen llorar a las familias, ponen luto en las casas, ojeriza en los hermanos, cuarentena para el responsable, por ventajosos que parezcan, por esperados que hayan sido. La novia es una yerba bamboleante y mal tratada; pararrayo de desprecios e invectivas; ¡qué gloria familiar si cediera y a tiempo se arrepintiese! Cuando se obstina, qué pálida llega a la parroquia en el forzoso amanecer de la ceremonia nupcial y cómo no se atreve a mirar a quien le da las

[2] Oleo . . . mejillas: *Anointing oil of the perpetual Day of Judgment for the ears. Water from the aspergillum (sprinkler of Holy Water) for the forehead. Barbs of the "Miserere" (Lord, have mercy on us, miserable sinners) for the shoulders and back. Canon of the "Remember, man, that thou art dust" (prayer said when ashes placed on brow) for the eyes. Purifying salt of the "God help this soul to eternal rest" prayer for the memory. The four horsemen of the final stages of man (death, judgment, hell, heaven), municipal police, restlessly patrol the streets, the homes and the consciences. The prayer "Out of the depths" (hear us, O Lord, and redeem this soul) for the tongues and throats. And in the tear ducts, the socket of ceaseless vigil, with its harbors on the forehead and on the cheeks.*

arras y le ciñe el anillo. Qué vergüenza los primeros días. No quiere salir con el marido ni a la iglesia. Cuán externa vergüenza de sentirse madre, brújula de miradas e íntimos comentarios. Qué calvario del matrimonio bajo la hostil, cerrada extrañeza colectiva, tradicional. También los hombres se sienten señalados, marcados por invisibles manos, por miradas capciosas, por reticencias, en los primeros meses matrimoniales, y evaden hablar de sus goces, de sus problemas, de su mujer, como si fueran ladrones prófugos; tiemblan las púberes cuando los ven venir, porque han oído vagas conversaciones que les ponen espanto, vagas conversaciones que los hacen odiosos, temibles, aunque allá muy en el fondo del terror bullan informes inquietudes ávidas, como las de los adolescentes varones que quisieran hablar con los recién casados, y la vergüenza los contiene, los aleja de quienes fueron compañeros de andanzas y juegos.

Pueblo de templadas voces. Pueblo sin estridencias. Excepto los domingos en la mañana, sólo hasta medio día. Un río de sangre, río de voces y colores inunda los caminos, las calles, y refluye su hervor en el atrio de la parroquia y en la plaza, tiñe las fondas, los mesones y los comercios; río colorado cuyas aguas no se confunden o impregnan el estanque gris; pasada la misa mayor y comprados los avíos de la semana, los hombres de fuertes andares y gritos, las enaguas de colores chillantes—enaranjadas, color de rosa, solferinas, moradas—, crujientes de almidón, los zapatos rechinadores, los muchachitos llorones, las cabalgaduras trepidantes, toman el rumbo de sus ranchos y dejan al pueblo con su tarde silenciosa, con sus mujeres enlutadas, con sus monótonos campaneos, y lleno de basuras, que los diligentes vecinos barrerán presurosos. Ya toda la semana fondas y mesones bostezarán.

Fondas y mesones vacíos de ordinario. El pueblo no está en rutas frecuentadas. De tarde en tarde llega un agente de comercio, un empleado fiscal, o pernocta un "propio" que trae algún recado, algún encargo, para vecinos de categoría. No hay hoteles o alojamientos de comodidad. La comodidad es un concepto extraño. La vida no merece regalos.

La comida es bien sencilla. Ordinariamente, caldo de res, sopa de pasta o de arroz, cocido y frijoles, al medio día; en la mañana y en la tarde, chocolate, pan y leche. El pan es muy bueno; su olor sahuma las tardes.

Las gentes viven de la agricultura. Se cultiva mucho maíz. Hay una sola cosecha en el año. Carece la comarca de presas y regadíos. Una constante zozobra por malos temporales deja su huella en el espíritu de las gentes. Panaderos, carpinteros, unos cuantos herreros y curtidores, varios canteros, cuatro zapateros, un obrajero, tres talabarteros, dos sastres, muchos curanderos, algunos huizacheros, cinco peluqueros, completan el cuadro de la economía. Pero no se olviden las manos de los usureros; hay muchos y parecen sepulcros blanqueados.

Los más pobres vecinos van pasándola bien, aunque con agobios. Nadie se ha muerto de hambre por estas tierras. Los ricos miserables y estoicos, estoicos los pobres, igualan un parejo vivir. La conformidad es la mejor virtud en estas gentes que, por lo general, no ambicionan más que ir viviendo, mientras llega la hora de una buena muerte. Entienden la existencia como un puente transitorio, a cuyo cabo todo se deja. Esto y la natural resequedad cubren de vejez al pueblo, a sus casas y gentes; flota un aire de desencanto, un sutil aire seco, al modo del paisaje, de las canteras rechupadas, de las palabras tajantes. Uno y mismo el paisaje y las almas. Foscura luminosa, como de prolongado atardecer, como de rescoldo inacabable. Así en los ojos, así en las bocas, en las canterías, en las maderas de puertas y ventanas, en la dura tierra parda. Pardo el mirar y pardos los ademanes. Tardo el resolver, el andar, el negociar, el hablar. Tardo, pero categórico.—"Toda la noche lo he pensado . . ."—"Hablaremos mañana con despacio . . ."—"El año que entra . . ."— "Para las secas . . ."—"Para las aguas, Dios mediante . . ."—"Si para entonces no nos morimos . . ."

Pueblo seco. Sin árboles, hortalizas ni

jardines. Seco hasta para dolerse, sin lágrimas en el llorar. Sin mendicantes o pedigüeños gemebundos. El pobre habla al rico lleno de un decoro, de una dignidad, que poco falta para ser altanería. Los cuatro jinetes igualan cualesquier condiciones. Vive cada cual a su modo, para sentirse libre, no sujeto a necesidades o dependencias.—"Éste no me quiere de mediero, con otro lo conseguiré."—"Aquél me despreció, aquí la cortaremos."—"Guárdese su dinero y yo mi gusto."—"Más vale paz que riqueza."

Pueblo seco. Pero para las grandes fiestas —Jueves Santo, Jueves de Corpus, Mes de María, Fiesta de la Asunción, Domingo del Buen Pastor, Ocho y Doce de Diciembre[3]—, las flores rompen su clausura de patios y salen a la calle, hacia la iglesia; flores finas y humildes: magnolias, granduques, azucenas, geranios, nardos, alcatraces, margaritas, malvas, claveles, violetas, ocultamente cultivadas, fatigosamente regadas con agua de profundos pozos; nunca otros días aparecerán en público estos domésticos, recónditos tesoros, alhajas de disimulada ternura. Distanciamiento y adustez también se rompen cuando llegan las horas graves de la miseria humana: enfermedades, muertes, tristezas, reveses; brazos y manos mueven sus goznes, humedécense las palabras y los ojos, las casas se abren, las gentes se visitan. Y transcurrido el motivo, las manos y las almas vuelven a cerrarse, impasiblemente.

Muchas congregaciones encauzan las piadosas actividades de grandes y chicos, hombres y mujeres. Pero son dos las más importantes, a saber, la de la Buena Muerte y la de las Hijas de María; en mucho y casi decisivamente, la última conforma el carácter del pueblo, imponiendo rígida disciplina, muy rígida disciplina, en el vestir, en el andar, en el hablar, en el pensar y en el sentir de las doncellas, traídas a una especie de vida conventual, que hace del pueblo un monasterio. Y es muy mal visto que una muchacha llegada a los quince años no pertenezca a la Asociación del traje negro, la cinta azul y la medalla de plata; del traje negro con cuello alto, mangas largas y falda hasta el tobillo; a la Asociación en donde unas a otras quedan vigilándose con celo en competencia, y de la que ser expulsadas constituye gravísima, escandalosa mancha, con resonancia en todos los ámbitos de la vida.

La separación de sexos es rigurosa. En la iglesia, el lado del Evangelio queda reservado exclusivamente para los hombres, y el de la Epístola para el devoto femenino sexo. Aun entre parientes no es bien visto que hombre y mujer se detengan a charlar en la calle, en la puerta, ni siquiera con brevedad. Lo seco del saludo debe extremarse cuando hay un encuentro de esta naturaleza, y más aún si el hombre o la mujer van a solas; cosa no frecuente y menos tratándose de solteras, que siempre salen acompañadas de otra persona.

Caras de ayuno y manos de abstinencia. Caras sin afeites. Labios consumidos. Pálidos cutis. Mas los varones tostados, consumidos por el sol. Manos rudas, de las mujeres, que sacan agua de los pozos; de los varones, que trabajan la tierra, lazan reses, atan el rastrojo, desgranan maíz, acarrean piedras para las cercas, manejan caballos, cabrestean novillos, ordeñan, hacen adobes, acarrean agua, pastura, granos.

Entre mujeres enlutadas pasa la vida. Llega la muerte. O el amor. El amor, que es la más extraña, la más extrema forma de morir; la más peligrosa y temida forma de vivir el morir.

---

[3] Jueves Santo . . . de Diciembre: *Holy Thursday* (before Easter), *Corpus Christi* (a variable feast after Pentecost), *Month of Mary* (May), *Feast of the Assumption* (August 15), *Sunday of the Good Shepherd* (a variable feast), *the Eighth and Twelfth of December* (December 8 is the Feast of the Immaculate Conception and December 12 is the Day of the Virgin of Guadalupe, Mexico's patron saint).

ᏇᏇᏇJuan José Arreola

Mexico, 1918– Arreola is the inventor of a new kind of fantastic short story which is not inspired by reality or observation but finds its roots in literary readings and in the imagination. In 1943 his story *Hizo el bien mientras vivió* gained for the author an immediate recognition; his *Varia invención*, 1949, and *Confabulario*, 1952, cemented this reputation. "Arreola nació adulto para las letras," writes the Mexican critic Emmanuel Carballo, "salvando así los iniciales titubeos. Poseedor de un oficio y de una malicia, dueño de los secretos mecanismos del cuento, rápidamente se situó en primera línea."

A subtle and ironic humor pervades all of Arreola's pages. He moves from the absurd to the logical and back again to the absurd with convincing strokes and a clear, balanced style. He is especially successful in making the unreal have the appearance of reality. He loves the mysterious and the incongruous, the grotesque and the startling aspects of imagination and of human life. His stories may be taken as fables, as sociological sketches, or as pure literary invention. It does not greatly matter. The author's view of the world is what is important, and it is a view which sees man and the natural forces of the universe unfolding themselves in a series of grotesque confrontations. In the background, usually distorted but invariably evident, is man's awkward and unending search for ultimate truth. Reading the stories of Arreola is a stimulating and exciting verbal adventure. It may also be an exciting adventure for the intellect and for the emotions.

ᏇᏇEL SILENCIO DE DIOS

Creo que esto no se acostumbra: dejar cartas abiertas sobre las mesas para que Dios las lea.

Perseguido por días veloces, acosado por ideas tenaces, he venido a parar en esta noche, como en una punta de callejón sombrío. Noche puesta a mis espaldas como un muro y abierta frente a mí como pregunta inagotable.

Las circunstancias me piden un acto desesperado y no puedo hacer otra cosa que poner esta carta delante de sus ojos, que lo ven todo. Sepa usted que vengo retrocediendo desde toda la vida, desde la infancia, aplazando siempre esta hora en que he caído por fin

No piense usted que trato de aparecer a sus ojos como el más atribulado de los hombres.

Nada de eso. Cerca o lejos debe haber otros que también han sido acorralados en noches como ésta. Pero yo le pregunto: ¿Cómo han hecho para seguir viviendo? ¿Han salido siquiera con vida de la travesía?

Necesito hablar y confiarme, y sólo le tengo a usted como destinatario para este mensaje de naufragio. Quiero pensar en que usted lo recogerá. Mi carta no va a flotar en el vacío, abierta y sola, como sobre un mar inexorable.

¿Es poco un alma que se pierde? Millares caen sin cesar, faltas de apoyo, desde el día en que se alzaron para pedir las claves de la vida. Pero yo no quiero saberlas. No pretendo que me dé usted la razón del universo. No voy a buscar en esta hora de sombra lo que no hallaron en espacios de luz los sabios y los santos. Mi necesidad es breve y personal.

Quiero ser bueno y solicito unos informes. Eso es todo. ¿Me los dará usted? Estoy balanceado en un vértigo de incertidumbre, y mi mano, que sale por último a la superficie, no encuentra una brizna para detenerse. Y es poco lo que me falta, sencillo el dato que necesito. Escuche usted:

Desde hace algún tiempo he venido dando un cierto rumbo a mis actos, una orientación que me ha parecido razonable, y estoy alarmado. Temo ser víctima de una equivocación, porque todo me ha salido, hasta la fecha, muy mal.

Me siento sumamente defraudado al comprobar que mis fórmulas de bondad producen siempre una masa explosiva. Mis balanzas funcionan mal. Hay algo que me impide elegir con claridad los ingredientes del bien. Siempre se adhiere una partícula malvada, y el resultado estalla en mis manos.

¿Es que estoy incapacitado para la elaboración del bien? Dígamelo usted. Me dolería reconocerlo, pero confieso que soy capaz de un aprendizaje.

No sé si usted se habrá dado cuenta, pero yo paso la vida cortejado por un afable demonio que me sugiere delicadamente maldades. No sé si tiene la autorización de usted, el caso es que no me deja un momento. Sabe dar a la tentación atractivos insuperables. Es agudo y oportuno. Como un prestidigitador, saca cosas horribles de los objetos más inocentes, y está siempre provisto de extensas series de malos pensamientos que proyecta en la imaginación como rollos de película. Se lo digo a usted con sinceridad: nunca voy al mal con pasos deliberados; él facilita los trayectos, pone todos los caminos en declive. Es el saboteador de mi vida.

Por si a usted le interesa, pongo aquí el primer dato de mi biografía moral:

El dieciocho de julio de 1924 la vida me pone en contacto con unos niños que saben cosas secretas, atrayentes, que participan con misterio.

Naturalmente, no me cuento entre los niños felices. Un alma infantil que guarda pasados secretos es algo que vuela mal, es un ángel lastrado que no puede tomar altura. Mis días de niño, que decoraron suaves paisajes, ostentan a menudo manchas deplorables. El maligno, con apariciones puntuales de fantasma, daba a mis sueños un giro de pesadilla y puso en los recuerdos pueriles un sabor punzante y criminoso.

Cuando supe que usted miraba todos mis actos, traté de escondérselos por obscuros rincones, ¿recuerda? Pero después, por indicación de mayores, mostré abiertos mis secretos para que fueran examinados en tribunal. Supe que entre usted y mi conciencia había seres comisionados para fungir de intermediarios, y durante algún tiempo tramité por su conducto mis asuntos, hasta que un día, pasada la niñez, quise atenderlos personalmente.

Entonces se suscitaron problemas cuyo examen fue siempre aplazado. Empecé a retroceder ante ellos, a huir de su amenaza. A vivir días y días cerrando los ojos, dejando al bien y al mal que hicieran conjuntamente su trabajo. Hasta que una vez, volviendo a mirar, quise delimitar sus funciones y tomar el partido de uno de los dos trabados contendientes.

Con ánimo caballeresco, me puse al lado del más débil. Vea usted el resultado de nuestra alianza.

Hemos perdido todas las batallas. De todos

los encuentros hemos salido invariablemente apaleados, y aquí estamos batiéndonos en retirada durante esta noche memorable.

Dígame usted, ¿por qué es el bien tan indefenso? ¿Por qué tan pronto se derrumba? Apenas se elaboran cuidadosamente unas horas de fortaleza, cuando el golpe de un minuto viene a echar abajo toda la estructura. Cada noche me encuentro aplastado por los escombros de un día destruido, de un día que fue bello y amorosamente edificado.

Siento que una vez no me levantaré más, que decidiré vivir entre ruinas como una lagartija. Esta noche, vea usted, mis manos se hallan cansadas para el trabajo de mañana. Y si no viene el sueño, siquiera el sueño como una pequeña muerte a saldar la cuenta pesarosa de este día, en vano esperaré mi resurrección. Dejaré que fuerzas obscuras vivan en mi alma y la empujen, en barrena, hacia una caída acelerada.

Pero también le pregunto: ¿se puede vivir para el mal? ¿Cómo se consuelan los malos de no sentir en su corazón el ansia tumultuosa del bien? Y si detrás de cada acto malévolo se esconde un ejército de castigo, ¿cómo hacen los malos para defenderse? Por mi parte, he perdido siempre esa lucha, y bandas de remordimiento me persiguen como espadachines hasta el callejón de esta noche.

Muchas veces he revistado con satisfacción un cierto grupo de actos bien disciplinados y casi victoriosos, y ha bastado el menor recuerdo enemigo para ponerlos en fuga. Me veo precisado a reconocer que muchas veces soy bueno sólo porque me faltan oportunidades aceptables para ser malo, y recuerdo hasta dónde pude llegar en cierta ocasión cuando el mal se puso con todos sus atractivos a mi alcance.

Entonces, para conducir con certeza el alma que usted me ha confiado, pido, con la voz más necesitada, un dato, un signo, una brújula.

Comprenda usted, el espectáculo del mundo me ha desorientado. Sobre él desemboca el azar y lo confunde todo. No hay lugar para recoger una serie de hechos y confrontarlos. La experiencia va brotando siempre detrás de los actos que hemos solventado, inútil como una moraleja.

Veo a los hombres en torno de mí, llevando vidas ocultas, inexplicables. Veo a los niños que beben aguas contaminadas, y a la vida, como una nodriza criminal, que los alimenta de venenos. Veo pueblos que se disputan las palabras eternas, que se dicen predilectos y elegidos. A través de los siglos, se ven hordas de sanguinarios y de imbéciles, y de pronto, aquí y allá, un alma que parece señalada con un sello divino.

Miro a los animales que soportan dulcemente su destino y que viven bajo normas distintas, a los vegetales que se consumen después de una vida misteriosa y pujante y a los minerales duros y silenciosos.

Enigmas sin cesar caen en mi corazón, cerrados como semillas, que una savia interior hace crecer.

De cada una de las huellas que su mano admirable ha dejado sobre la tierra, distingo y sigo el rastro. Pongo agudamente el oído en el rumor informe de la noche, me inclino al silencio que se abre de pronto y que un sonido interrumpe. Espío y trato de ir hasta el fondo, de embarcarme al conjunto, de sumarme en el todo.

Pero quedo siempre aislado. Ignorante, individual, siempre a la orilla.

Desde la orilla entonces, desde el embarcadero, dirijo a usted esta carta, que, sin duda, irá a perderse en el silencio . . .

*   *   *

Efectivamente, tu carta ha ido a dar al silencio. Pero sucede que yo me encontraba allí en tales momentos. Las galerías del silencio son muy extensas, y hacía algún tiempo que no las visitaba. Varios miles de años acaso.

Desde el principio del mundo, tengo mandado que vengan a parar aquí todas estas cosas. Una legión de ángeles especializados se ocupa en recoger impresiones de todo lo que se escribe, se habla o se piensa de mí sobre la tierra. Después de ser cuidadosamente clasificados, los mensajes humanos se guardan en unos ficheros dispuestos a lo largo del silencio.

Yo vengo de cuando en vez a revisarlos. Después de leídos, los voy colocando otra vez en los inmensos anaqueles. Me hallaba en esta labor cuando recibí en mis manos la impresión de tu carta. Quise examinar el original, y aquí estoy haciendo en él algunas modificaciones.

Cosa muy simple: estoy ordenando de otro modo las palabras, haciéndolas resbalar sobre el papel, desmontando muchas de ellas que suenan mal, para componer otras más bellas y armoniosas. En una palabra, estoy contestando a tu carta con tus propias letras.

Mientras tú duermes y olvidas, yo realizo este trabajo de cajista, para que al despertar te encuentres con una vida más apacible.

No te sorprendas porque contesto a tu carta, que según la costumbre debería quedar depositada en el silencio. Como atinadamente expresas en tu carta, no voy a poner en tus manos los secretos universales, sino a darte algunas indicaciones de provecho. Creo que serás lo suficientemente sensato para no conducirte desde mañana como un iluminado o para juzgar que me tienes definitivamente de tu parte.

Cada pasaje de mi carta te irá diciendo la interpretación que tienes que dar a su conjunto. Respecto al uso que puedes hacer de la misma, te concedo todas las libertades. No tiene un carácter de revelación o milagro y puedes mostrarla a cuantas personas gustes. Como nadie creerá que yo la escribo, no me perjudicas en lo más mínimo.

Por lo demás, esta carta va escrita con tus palabras, que, dicho sea de paso, no son de las mejores que se pueden encontrar. Material evidentemente humano, tal cual son las letras, mi intervención no deja en ellas el uso que corresponde y creo poder darles una soltura de que en tu carta carecían. Acostumbradas al manejo de cosas más espaciosas, estos pequeños signos, resbaladizos como guijarros, resultan poco adecuados para mis manos.

Para expresarme a mi gusto necesitaría crear un lenguaje especial, condicionado a mi substancia. Pero entonces volveríamos a nuestras eternas posiciones, y tú quedarías sin entenderme. Así, pues, no busques en mis frases atributos excelsos. Son tus propias letras incoloras y naturalmente humildes que mis dedos manejan sin experiencia.

Hay en tu carta un acento que me gusta. Acostumbrado a oír solamente recriminaciones o plegarias, tu carta me trajo un timbre de novedad. El contenido no es nuevo, pero hay en ella sinceridad, una voz de hijo doliente y una falta de altanería.

Comprende que los hombres se dirigen a mí de dos modos: bien el éxtasis del santo, o bien las blasfemias de los ateos. La mayoría utiliza también para llegar hasta aquí un lenguaje sistematizado en oraciones mecánicas que generalmente quedan sin archivar, excepto cuando un alma conmovida las reviste de nueva emoción.

Tú me hablas tranquilamente, y sólo te podía reprochar el que hayas dicho con tanta resignación que tu carta iba a parar al silencio. Como si lo supieras de antemano y provocaras con ello una contestación de mi parte. Ya has visto cómo fue una casualidad el que yo me enterase de tu carta cuando acababas de escribirla. Si retardo un poco mi visita a los ámbitos del silencio, cuando leyera tus apasionadas palabras ya no existiría sobre la tierra ni el polvo de tus huesos.

Quiero que veas al mundo tal cual yo lo contemplo: como un grandioso experimento. Hasta ahora los resultados no son muy claros, y confieso que los hombres han destruido ya mucho de lo que yo tenía presupuestado. Pienso que no sería difícil que acabaran con todo. Y esto gracias a un poco de libertad mal empleada.

Tú apenas rozas problemas que yo examino a fondo con amargura. Hay el dolor de los animales y el de los niños, que se les parecen tanto en su pureza. Veo sufrir a los niños y saber cosas impropias a su edad y quisiera salvarlos siempre. Sin embargo, debo esperar y espero confiadamente. Sobre esto me gustaría que consultaras las tablas de mortalidad infantil.

Si tú tampoco puedes soportar la brizna de libertad que llevas contigo, cambia la posición de tu alma y sé solamente pasivo, humilde. Acepta con emoción lo que la vida ponga en tus manos y no intentes los frutos celestes. No vengas tan lejos.

Respecto a la brújula que me pides, siento decirte que no puedo dártela. En el balanceo de tu vida está el mérito de tu alma. El equilibrio que consigas será tu mejor indicador. Lo que yo puedo darte, ya te lo he concedido. Ahora me es imposible acudir para salvarte, del mismo modo que no pude hacerlo el dieciocho de julio de 1924.

Quizás te convendría reposar en alguna religión, pero esto también lo dejo a tu criterio. Yo no puedo recomendarte alguna de ellas porque no soy el indicado para hacerlo. De todos modos, piénsalo, y decídete si hay en ti una voz profunda que lo solicita.

Lo que sí te puedo recomendar, y lo hago muy ampliamente, es que en lugar de ocuparte en investigaciones amargas, te dediques a observar más bien el pequeño cosmos que te rodea. Registra con cuidado los milagros cotidianos y acoge dentro de tu corazón a la belleza. Recibe sus mensajes inefables y tradúcelos en tu lengua.

Desgraciadamente, esto no te proporcionará ningún beneficio económico. Debes de buscar alguna ocupación que satisfaga a tus necesidades y que te deje algunas horas libres. Toma esto con la mayor atención, es un consejo que te conviene mucho. Al final de un día laborioso no suele encontrarse con noches como ésta, que por fortuna estás acabando de pasar profundamente dormido.

En tu lugar, yo me buscaría una colocación de jardinero o cultivaría por mi cuenta un prado de hortalizas. Con las flores que habría en él y con las mariposas que irían a visitarlas tendría suficiente para alegrar mi vida.

Quiero que me escribas. Me interesa este juego de las palabras que ganan y pierden significados con sólo cambiarse de lugar. Al ir destrabando tus frases para construir las mías,

he penetrado en los secretos de la expresión, y me gustaría seguir practicando ese mágico ejercicio.

Escríbeme si es que renuncias claramente a tratar temas desagradables y a usar palabras que yo me vea precisado a desarmar. Son tantos los temas de que nos podemos ocupar, que seguramente tu vida va a alcanzar para muy pocos. Escojamos los más hermosos.

No hables de ese compañero diabólico que sólo existe en tu imaginación. Lo has inventado para responsabilizarlo de tus fracasos y para atribuirle tus propias creaciones; por ejemplo, esos rollos de película que tú mismo has filmado.

Aquí te digo algo muy importante: si te sientes muy solo, busca la compañía de otras almas y frecuéntalas. Pero no olvides que cada alma está especialmente construida para la soledad.

Habría querido puntuar mejor mis oraciones, pero me ha hecho falta un buen número de puntos y comas, lo mismo que unos subrayados que dejo a tu discreción. En cambio, he dejado sin usar una media docena de signos de interrogación. Te ruego no emplearlos más.

Me quedan ya muy pocas letras y aún tengo muchas cosas por decir. Es curioso, gasto las palabras restantes en decir que se me están acabando.

Veo que mi carta no tiene otro mérito que el de estar escrita con un restringido número de palabras. Tuve que tomar precauciones para que al final no quedasen puras consonantes.

Quiero ver pronto otras cartas sobre tu mesa. En lugar de firma, y para acreditar esta carta, te ofrezco lo siguiente:

Voy a mostrarme a ti durante el día de un modo en que puedas fácilmente reconocerme, por ejemplo . . ., pero no, tú solo, solo habrás de descubrirlo.

(Varia invención, 1949)

$\sim\sim\sim$Juan Rulfo

MEXICO, 1918–   Juan Rulfo is one of the most popular of the younger *cuentistas* of Mexico. His first book of stories, *El llano en llamas* (1953), from which the selection below is taken, won immediate attention for the author from the élite reading public of his native land. Luis Leal, in his *Breve historia del cuento mexicano*, writes of this collection: "Los personajes y el ambiente descritos por Rulfo son los de Jalisco, su estado natal, del que posee un conocimiento directo. Su método favorito para contar la historia es el de permitir a un personaje que hable, ya sea como simple monólogo interior, o como reminiscencia, comenzando o terminando con las palabras 'de esto me acuerdo.' En cuanto a los temas, predominan los cuentos a base de venganzas, asesinatos y, en general, lo violento, tanto en las acciones como en las emociones."

Besides using the interior monologue Rulfo also uses most effectively "la simultaneidad de planos, la introspección, el paso lento." Time is obliterated and human character emerges as a living ghost in somewhat the same manner that characters emerge in history, long after they are dead, when one goes back in his mind to relive their lives, and imposes them against his own present moment. This aspect of Rulfo's writing is particularly notable in his widely praised but somewhat abstruse novelette, *Pedro Páramo* (1955), in which the reader is taken "through the normal barriers of existence into a world that is deathless because it is already dead . . . People emerge with the intense and unique quality of the figures that accosted Dante in the *Inferno*." Terse, highly suggestive dialogue, couched in the pungent local idiom, heightens greatly the impact of what the author has to say.

$\sim\sim\sim$No oyes ladrar los perros

—Tú que vas allá arriba, Ignacio, díme si no oyes alguna señal de algo o si ves alguna luz en alguna parte.

  —No se ve nada.

  —Ya debemos estar cerca.

  —Sí, pero no se oye nada.

  —Mira bien.

  —No se ve nada.

  —Pobre de ti, Ignacio.

  La sombra larga y negra de los hombres
5 siguió moviéndose de arriba abajo, trepándose a las piedras, disminuyendo y creciendo

758

según avanzaba por la orilla del arroyo. Era una sola sombra, tambaleante.

La luna venía saliendo de la tierra, como una llamarada redonda.[1]

—Ya debemos estar llegando a ese pueblo, Ignacio. Tú que llevas las orejas de fuera, fíjate a ver si no oyes ladrar los perros. Acuérdate que nos dijeron que Tonaya estaba detrasito del monte. Y desde qué horas que hemos dejado el monte. Acuérdate, Ignacio.

—Sí, pero no veo rastro de nada.

—Me estoy cansando.

—Bájame.

El viejo se fue reculando hasta encontrarse con el paredón y se recargó allí, sin soltar la carga de sus hombros.[2] Aunque se le doblaban las piernas, no quería sentarse, porque después no hubiera podido levantar el cuerpo de su hijo, al que allá atrás, horas antes, le habían ayudado a echárselo a la espalda. Y así lo había traído desde entonces.

—¿Cómo te sientes?

—Mal.

Hablaba poco. Cada vez menos. En ratos parecía dormir. En ratos parecía tener frío. Temblaba. Sabía cuándo le agarraba a su hijo el temblor por las sacudidas que le daba, y porque los pies se le encajaban en los ijares como espuelas. Luego las manos del hijo, que traía trabadas en su pescuezo, le zarandeaban la cabeza como si fuera una sonaja.[3]

Él apretaba los dientes para no morderse la lengua y cuando acababa aquello le preguntaba:

—¿Te duele mucho?

—Algo—contestaba él.

Primero le había dicho. "Apéame aquí . . . Déjame aquí . . . Vete tú solo. Yo te alcanzaré mañana o en cuanto me reponga un poco." Se lo había dicho como cincuenta veces. Ahora ni siquiera eso decía.

Allí estaba la luna. Enfrente de ellos. Una luna grande y colorada que les llenaba de luz los ojos y que estiraba y oscurecía más su sombra sobre la tierra.

—No veo ya por dónde voy—decía él.

Pero nadie le contestaba.

El otro iba allá arriba, todo iluminado por la luna, con su cara descolorida, sin sangre, reflejando una luz opaca. Y él acá abajo.

—¿Me oíste, Ignacio? Te digo que no veo bien.

Y el otro se quedaba callado.

Siguió caminando, a tropezones. Encogía el cuerpo y luego se enderezaba para volver a tropezar de nuevo.

—Éste no es ningún camino. Nos dijeron que detrás del cerro estaba Tonaya. Ya hemos pasado el cerro. Y Tonaya no se ve, ni se oye ningún ruido que nos diga que está cerca. ¿Por qué no quieres decirme qué ves, tú que vas allá arriba, Ignacio?

—Bájame, padre.

—¿Te sientes mal?

—Sí.

—Te llevaré a Tonaya a como dé lugar.[4] Allí encontraré quien te cuide. Dicen que allí hay un doctor. Yo te llevaré con él. Te he traído cargando desde hace horas y no te dejaré tirado aquí para que acaben contigo quienes sean.

Se tambaleó un poco. Dio dos o tres pasos de lado y volvió a enderezarse.

—Te llevaré a Tonaya.

—Bájame.

Su voz se hizo quedita, apenas murmurada:

—Quiero acostarme un rato.

—Duérmete allí arriba. Al cabo te llevo bien agarrado.

La luna iba subiendo, casi azul, sobre un cielo claro. La cara del viejo, mojada en sudor, se llenó de luz. Escondió los ojos para no mirar de frente, ya que no podía agachar la cabeza agarrotada entre las manos de su hijo.

—Todo esto que hago, no lo hago por usted. Lo hago por su difunta madre. Porque usted fue su hijo. Por eso lo hago. Ella me reconvendría si yo lo hubiera dejado tirado allí, donde lo encontré, y no lo hubiera recogido para llevarlo a que lo curen, como estoy haciéndolo. Es ella la que me da

---

[1] llamarada redonda: *round burst of flame.*

[2] se fue reculando . . . hombros: *backed up against the wall and got a better grip on his load.*

[3] le zarandeaban . . . sonaja: *jiggled his head as if it were a rattle.*

[4] a como dé lugar: *somehow, one way or another.*

ánimos, no usted. Comenzando porque a usted no le debo más que puras dificultades, puras mortificaciones, puras vergüenzas.

Sudaba al hablar. Pero el viento de la noche le secaba el sudor. Y sobre el sudor seco, volvía a sudar.

—Me derrengaré,[5] pero llegaré con usted a Tonaya, para que le alivien esas heridas que le han hecho. Y estoy seguro de que, en cuanto se sienta usted bien, volverá a sus malos pasos. Eso ya no me importa. Con tal que se vaya lejos, donde yo no vuelva a saber de usted. Con tal de eso . . . Porque para mí usted ya no es mi hijo. He maldecido la sangre que usted tiene de mí. La parte que a mí me tocaba la he maldecido. He dicho: "¡Que se le pudra en los riñones la sangre que yo le di!" Lo dije desde que supe que usted andaba trajinando por los caminos, viviendo del robo y matando gente . . . Y gente buena. Y si no, allí está mi compadre Tranquilino. El que lo bautizó a usted. El que le dio su nombre. A él también le tocó la mala suerte de encontrarse con usted. Desde entonces dije: "Ése no puede ser mi hijo."

—Mira a ver si ya ves algo. O si oyes algo. Tú que puedes hacerlo desde allá arriba, porque yo me siento sordo.

—No veo nada.

—Peor para ti, Ignacio.

—Tengo sed.

—¡Aguántate! Ya debemos estar cerca. Lo que pasa es que ya es muy noche y han de haber apagado la luz en el pueblo. Pero al menos debías de oír si ladran los perros. Haz por oír.[6]

—Dame agua.

—Aquí no hay agua. No hay más que piedras. Aguántate. Y aunque la hubiera, no te bajaría a tomar agua. Nadie me ayudaría a subirte otra vez y yo solo no puedo.

—Tengo mucha sed y mucho sueño.

—Me acuerdo cuando naciste. Así eras entonces. Despertabas con hambre y comías para volver a dormirte. Y tu madre te daba agua, porque ya te habías acabado la leche de ella. No tenías llenadero.[7] Y eras muy rabioso. Nunca pensé que con el tiempo se te fuera a subir aquella rabia a la cabeza . . . Pero así fue. Tu madre, que descanse en paz, quería que te criaras fuerte. Creía que cuando tú crecieras irías a ser su sostén. No te tuvo más que a ti. El otro hijo que iba a tener la mató. Y tú la hubieras matado otra vez si ella estuviera viva a estas alturas.

Sintió que el hombre aquel que llevaba sobre sus hombros dejó de apretar las rodillas y comenzó a soltar los pies, balanceándolos de un lado para otro. Y le pareció que la cabeza, allá arriba, se sacudía como si sollozara.

Sobre su cabello sintió que caían gruesas gotas, como de lágrimas.

—¿Lloras, Ignacio? Lo hace llorar a usted el recuerdo de su madre, ¿verdad? Pero nunca hizo usted nada por ella. Nos pagó siempre mal. Parece que, en lugar de cariño, le hubiéramos retacado el cuerpo de maldad. ¿Y ya ve? Ahora lo han herido. ¿Qué pasó con sus amigos? Los mataron a todos. Pero ellos no tenían a nadie. Ellos bien hubieran podido decir: "No tenemos a quién darle nuestra lástima."[8] ¿Pero usted, Ignacio?

Allí estaba ya el pueblo. Vio brillar los tejados bajo la luz de la luna. Tuvo la impresión de que lo aplastaba el peso de su hijo al sentir que las corvas[9] se le doblaban en el último esfuerzo. Al llegar al primer tejabán,[10] se recostó sobre el pretil de la acera y soltó el cuerpo, flojo, como si lo hubieran descoyuntado.[11]

Destrabó difícilmente los dedos con que su hijo había venido sosteniéndose de su cuello y, al quedar libre, oyó cómo por todas partes ladraban los perros.

—¿Y tú no los oías, Ignacio?—dijo—. No me ayudaste ni siquiera con esta esperanza.

(El llano en llamas, 1953)

---

5 Me derrengaré: *I'll break my back.*
6 Haz por oír: *Try to listen.*
7 No tenías llenadero: *You couldn't be filled.*
8 No tenemos . . . lástima: *Nobody cares about us.*

9 las corvas: *the bend of the knees.*
10 tejabán: *tile-roofed shed.*
11 descoyuntado: *dislocated all the joints.*

~~~Mario Benedetti

URUGUAY, 1920–   Mario Benedetti of Uruguay is one of the most popular of the younger generation of city *cuentistas* of the River Plate. His best stories and novels all have to do with daily life in Montevideo, but there is very little that might be called regional in them. The lives he depicts are ordinary city lives without heroic proportions, lives that might be found in almost any large urban center of the western world. There is a tendency among the citizens of Montevideo to regard their metropolis as just another average city where nothing happens that might deserve a place in the pages of literature. In spite of this widespread belief Mario Benedetti shows an uncanny ability to make his nondescript characters seem very much alive, and he is able to catch and to pass on to the reader those qualities which demonstrate their uniqueness, their human condition. Benedetti humanizes even the insignificant, the anodyne and the mediocre traits of personality so that they become redeemable for art.

Benedetti is also a literary critic of note. In his *Literatura uruguaya siglo XX* (1963) he comments pungently on recent literary criticism, which many believe has not done Uruguayan literature justice: "Unos la escriben, otros la leen, otros la sufren. Aunque pueda resultar una paráfrasis ya gastada, habría que decir que cada país y cada cultura, y además, cada momento de un país y de una cultura, tienen siempre la crítica que se merecen . . . Por eso, cuando le pregunto al lector y me pregunto a mí mismo: ¿Qué hacemos con la crítica?, me gustaría que pudiéramos estar de acuerdo en que la respuesta adecuada fuese: 'Merecer una mejor.'" Benedetti is one of the writers of his country today whose works will undoubtedly help very much to bring just this about.

~~~FAMILIA IRIARTE

Había cinco familias que llamaban al Jefe. En la guardia de la mañana yo estaba siempre a cargo del teléfono y conocía de memoria las cinco voces. Todos estábamos enterados de que cada familia era un programa y a veces cotejábamos nuestras sospechas.

Para mí, por ejemplo, la familia Calvo era gordita, arremetedora, con la pintura siempre más ancha que el labio; la familia Ruiz, una pituca[1] sin calidad, de mechón sobre el ojo; la familia Durán, una flaca intelectual, del tipo fatigado y sin prejuicios; la familia Salgado, una hembra de labio grueso, de esas que convencen a puro sexo. Pero la única que tenía voz de mujer ideal era la familia Iriarte. Ni gorda ni flaca, con las curvas suficientes para bendecir el don del tacto que nos da Natura; ni demasiado terca ni demasiado dócil, una verdadera mujer, eso es: un carácter. Así la imaginaba. Conocía su risa franca y contagiosa y desde allí inventaba su gesto. Conocía sus silencios y sobre ellos creaba sus ojos. Negros, melancólicos. Conocía su tono amable, acogedor, y desde allí inventaba su ternura.

Con respecto a las otras familias había discrepancias. Para Elizalde, por ejemplo, la Salgado era una petisa[2] sin pretensiones; para Rossi, la Calvo era una pasa de uva;[3] la Ruiz, una veterana más para Correa. Pero en cuanto a la familia Iriarte, todos coincidíamos en que era divina, más aún, todos habíamos construido casi la misma imagen a partir de su voz. Estábamos seguros de que si un día llegaba a abrir la puerta de la oficina y simplemente sonreía, aunque no pronunciase palabra, igual la íbamos a reconocer a coro, porque todos habíamos creado la misma sonrisa inconfundible.

El Jefe, que era un tipo relativamente indiscreto en cuanto se refería a los asuntos confidenciales que rozaban la oficina, pasaba a ser una tumba de discreción y de reserva en lo que concernía a las cinco familias. En esa zona, nuestros diálogos con él eran de un laconismo desalentador. Nos limitábamos a atender la llamada, a apretar el botón para que la chicharra sonase en su despacho y a comunicarle, por ejemplo: "Familia Salgado." Él decía sencillamente "Pásemela" o "Dígale que no estoy" o "Que llame dentro de una hora." Nunca un comentario, ni siquiera una broma. Y eso que sabía que éramos de confianza.

Yo no podía explicarme por qué la familia Iriarte era, de las cinco, la que lo llamaba con menos frecuencia, a veces cada quince días. Claro que en esas ocasiones la luz roja que indicaba "ocupado" no se apagaba por lo menos durante un cuarto de hora. Cuánto hubiera representado para mí escuchar durante quince minutos seguidos aquella vocecita tan tierna, tan graciosa, tan segura.

Una vez me animé a decir algo, no recuerdo qué, y ella me contestó algo, no recuerdo qué. ¡Qué día! Desde entonces acaricié la esperanza de hablar un poquito con ella, más aún, de que ella también reconociese mi voz tal como yo reconocía la suya. Una mañana tuve la ocurrencia de decir: "¿Podría esperar un instante hasta que consiga comunicación?," y ella me contestó: "Como no, siempre que usted me haga amable la espera." Reconozco que ese día estaba medio tarado, porque sólo pude hablarle del tiempo, del trabajo y de un proyectado cambio de horario. Pero en otra ocasión me hice de valor y conversamos sobre temas generales, aunque con significados particulares. Desde entonces ella reconocía mi voz y me saludaba con un "¿Qué tal, secretario?," que me aflojaba por completo.

Unos meses después de esa variante me fui de vacaciones al Este. Desde hacía varios años, mis vacaciones en el Este habían constituido mi esperanza más firme desde un punto de vista sentimental. Siempre pensé que en una de esas licencias iba a encontrar a la muchacha en quien personificar mis sueños privados y a quien destinar mi ternura latente. Porque yo soy definidamente un sentimental. A veces me lo reprocho, me digo que hoy en día vale más ser egoísta y calculador, pero de nada sirve. Voy al cine, me trago una de esas cursilerías[4] mexicanas con hijos naturales y pobres viejecitas; comprendo, sin lugar a dudas, que es idiota, y, sin embargo, no puedo evitar que se me haga un nudo en la garganta.

Ahora que en eso de encontrar la mujer en el Este, yo me he investigado mucho y he hallado otros motivos no tan sentimentales.

---

[1] pituca: *skinny girl.*
[2] petisa: *short and fat.*

[3] pasa de uva: *a dried-up grape, raisin.*
[4] cursilería: *cheap and mawkish movie.*

La verdad es que en un balneario uno sólo ve mujercitas limpias, frescas, descansadas, dispuestas a reírse, a festejarlo todo. Claro que también en Montevideo hay mujeres limpias; pero las pobres siempre están cansadas. Los zapatos estrechos, las escaleras, los autobuses, las dejan amargadas y sudorosas. En la ciudad uno ignora prácticamente cómo es la alegría de una mujer. Y eso, aunque no lo parezca, es importante. Personalmente, me considero capaz de soportar cualquier tipo de pesimismo femenino, diría que me siento con fuerzas como para dominar toda especie de llanto, de gritos o de histeria. Pero me reconozco mucho más exigente en cuanto a la alegría. Hay risas de mujeres que, francamente, nunca pude aguantar. Por eso, en un balneario, donde todas ríen desde que se levantan para el primer baño hasta que salen mareadas del Casino, uno sabe quién es quién y qué risa es asqueante y cuál maravillosa.

Fue precisamente en el balneario donde volví a oír su voz. Yo bailaba entre las mesitas de una terraza, a la luz de una luna que a nadie le importaba. Mi mano derecha se había afirmado sobre una espalda parcialmente despellejada que aún no había perdido el calor de la tarde. La dueña de la espalda se reía y era una buena risa, no había que descartarla.[5] Siempre que podía yo le miraba unos pelitos rubios, casi transparentes que tenía en las inmediaciones de la oreja, y, en realidad, me sentía bastante conmovido. Mi compañera hablaba poco, pero siempre decía algo lo bastante soso como para que yo apreciara sus silencios.

Justamente, fue en el agradable transcurso de uno de éstos que oí la frase, tan nítida como si la hubiera recortado especialmente para mí: "¿Y usted qué refresco prefiere?" No tiene importancia ni ahora ni después, pero yo la recuerdo palabra por palabra. Se había formado uno de esos lentos y arrastrados nudos que provoca el tango. La frase había sonado muy cerca, pero esta vez no pude relacionarla con ninguna de las caderas que me habían rozado.

Dos noches después, en el Casino, perdía unos noventa pesos y me vino la loca de jugar cincuenta en una última bola. Si perdía, paciencia; tendría que volver en seguida a Montevideo. Pero salió el 32 y me sentí infinitamente reconfortado y optimista cuando repasé las ocho fichas naranjas de aro que le había dedicado. Entonces alguien dijo prácticamente en mi oído, casi como un teléfono: "Así se juega: hay que arriesgarse."

Me di vuelta, tranquilo, seguro de lo que iba a hallar, y la familia Iriarte que estaba junto a mí era tan deliciosa como la que yo y los otros habíamos inventado a partir de su voz. A continuación fue relativamente sencillo tomar un hilo de su propia frase, construir una teoría del riesgo y convencerla de que se arriesgara conmigo, a conversar primero, a bailar después, a encontrarnos en la playa al día siguiente.

Desde entonces anduvimos juntos. Me dijo que se llamaba Doris, Doris Freire. Era rigurosamente cierto (no sé con qué motivo me mostró su carnet)[6] y, además, muy explicable: yo siempre había pensado que las "familias" eran sólo nombres de teléfono. Desde el primer día me hice esta composición de lugar: era evidente que ella tenía relaciones con el Jefe, era no menos evidente que eso lastimaba no menos mi amor propio; pero (fíjense qué buen pero) era la mujer más encantadora que yo había conocido y arriesgaba perderla definitivamente (ahora que el azar la había puesto en mi oído) si yo me atenía desmedidamente a mis escrúpulos.

Además, cabía otra posibilidad. Así como yo había reconocido su voz, ¿por qué no podría Doris reconocer la mía? Cierto que ella había sido siempre para mí algo precioso, inalcanzable, y yo, en cambio, sólo ahora ingresaba en su mundo. Sin embargo, cuando una mañana corrí a su encuentro con un alegre "¿Qué tal, secretaria?," aunque ella en seguida asimiló el golpe, se rio, me dio el brazo y me hizo bromas con una morocha de un *jeep* que nos cruzamos, a mí no se me escapó que había quedado inquieta, como si alguna sospecha la hubiese iluminado. Des-

---

[5] descartar: *repulse.*

[6] carnet: *identity card.*

pués, en cambio, me pareció que aceptaba con filosofía la posibilidad de que fuese yo quien atendía sus llamadas al Jefe. Y esa seguridad que ahora reflejaban sus conversaciones, sus inolvidables miradas de comprensión y de promesa, me dieron finalmente otra esperanza. Estaba claro que ella apreciaba que yo no le hablase del Jefe; y, aunque esto otro no estaba tan claro, era probable que ella recompensase mi delicadeza rompiendo a corto plazo con él. Siempre supe mirar en la mirada ajena, y la de Doris era particularmente sincera.

Volví al trabajo. Día por medio cumplí otra vez mis guardias matutinas junto al teléfono. La familia Iriarte no llamó más.

Casi todos los días me encontraba con Doris a la salida de su empleo. Ella trabajaba en el Poder Judicial, tenía un buen sueldo, era el funcionario-clave de su oficina y todos la apreciaban.

Doris no me ocultaba nada. Su vida actual era desmedidamente honesta y transparente. Pero ¿y el pasado? En el fondo a mí me bastaba con que no me engañase. Su aventura—o lo que fuera—con el Jefe no iba por cierto a infectar mi ración de felicidad. La familia Iriarte no había llamado más. ¿Qué otra cosa podía pretender? Yo era preferido al Jefe y pronto éste pasaría a ser en la vida de Doris ese mal recuerdo que toda muchacha debe tener.

Yo le había advertido a Doris que no me telefoneara a la oficina. No sé qué pretexto encontré. Francamente, yo no quería arriesgarme a que Elizalde o Rossi o Correa atendieran su llamada, reconocieran su voz y fabricaran a continuación una de esas interpretaciones ambiguas a que eran tan afectos. Lo cierto es que ella, siempre amable y sin rencor, no puso objeciones. A mí me gustaba que fuese tan comprensiva en todo lo referente a ese tema tabú, y verdaderamente le agradecía que nunca me hubiera obligado a entrar en explicaciones tristes, en esas palabras de mala fama que todo lo ensucian, que destruyen toda buena intención.

Me llevó a su casa y conocí a su madre. Era una buena y cansada mujer. Hacía doce años que había perdido a su marido y aún no se había repuesto. Nos miraba a Doris y a mí con mansa complacencia, pero a veces se le llenaban los ojos de lágrimas, tal vez al recordar algún lejano pormenor de su noviazgo con el señor Freire. Tres veces por semana yo me quedaba hasta las once, pero a las diez ella discretamente decía buenas noches y se retiraba, de modo que a Doris y a mí nos quedaba una hora para besarnos a gusto, hablar del futuro, calcular el precio de las sábanas y las habitaciones que precisaríamos, exactamente igual que otras cien mil parejas diseminadas en el territorio de la república, que a esa misma hora intercambiarían parecidos proyectos y mimos. Nunca la madre hizo referencia al Jefe ni a nadie relacionado sentimentalmente con Doris. Siempre se me dispensó el tratamiento que todo hogar honorable reserva al primer novio de la nena. Y yo dejaba hacer.

A veces no podía evitar cierta sórdida complacencia en saber que había conseguido (para mi uso, para mi deleite) una de esas mujeres inalcanzables, que sólo gastan los ministros, los hombres públicos, los funcionarios de importancia. Yo: un auxiliar de secretaría.

Doris, justo es consignarlo, estaba cada noche más encantadora. Conmigo no escatimaba su ternura; tenía un modo de acariciarme la nuca, de besarme el pescuezo, de susurrarme pequeñas delicias mientras me besaba, que, francamente, yo salía de allí mareado de felicidad y, por qué no decirlo, de deseo. Luego, solo y desvelado en mi pieza de soltero, me amargaba un poco pensando que esa refinada pericia probaba que alguien había atendido cuidadosamente su noviciado. Después de todo, ¿era una ventaja o una desventaja? Yo no podía evitar acordarme del Jefe, tan tieso, tan respetable, tan incrustado en su respetabilidad, y no lograba imaginarlo como ese envidiable instructor. ¿Había otros, pues? Pero ¿cuántos? Especialmente, ¿cuál de ellos le había enseñado a besar así? Siempre terminaba por recordarme a mí mismo que estábamos en mil novecientos cuarenta y seis y no en la Edad Media, que ahora era yo quien importaba para ella, y me dormía abrazado a la almohada como en un basto anticipo y débil sucedáneo de otros abrazos que figuraban en mi programa.

Hasta el veintitrés de noviembre tuve la sensación de que me deslizaba irremediable y graciosamente hacia el matrimonio. Era un hecho. Faltaba que consiguiéramos un apartamiento como a mí me gustaba, con aire, luz y amplios ventanales. Habíamos salido varios domingos en busca de ese ideal, pero cuando hallábamos algo que se le aproximaba, era demasiado caro o sin buena locomoción o el barrio le parecía a Doris apartado y triste.

En la mañana del veintitrés de noviembre yo cumplía mi guardia. Hacía cuatro días que el Jefe no aparecía por el despacho; de modo que me hallaba solo y tranquilo, leyendo una revista y fumando mi rubio. De pronto sentí que, a mis espaldas, una puerta se abría. Perezosamente me di vuelta y alcancé a ver, asomada e interrogante, la adorable cabecita de Doris. Entró con cierto airecito culpable, porque—según dijo—pensó que yo fuese a enojarme. El motivo de su presencia en la oficina era que al fin había encontrado un apartamiento con la disposición y el alquiler que buscábamos. Había hecho un esmerado planito y lo mostraba satisfecha. Estaba primorosa con su vestido liviano y aquel ancho cinturón que le marcaba mejor que ningún otro la cintura. Como estábamos solos se sentó sobre mi escritorio, cruzó las piernas y empezó a preguntarme cuál era el sitio de Rossi, cuál el de Correa, cuál el de Elizalde. No conocía personalmente a ninguno de ellos, pero estaba enterada de sus rasgos y

anécdotas a través de mis versiones caricaturescas. Ella había empezado a fumar uno de mis rubios y yo tenía su mano entre las mías cuando sonó el teléfono. Levanté el tubo y dije: "Hola." Entonces el teléfono dijo: "¿Qué tal, secretario?," y aparentemente todo siguió igual. Pero en los segundos que duró la llamada y mientras yo, sólo a medias repuesto, interrogaba maquinalmente: "¿Qué es de su vida después de tanto tiempo?," y el teléfono respondía: "Estuve de viaje por Chile," verdaderamente nada seguía igual. Como en los últimos instantes de un ahogado, desfilaban por mi cabeza varias ideas sin orden ni equilibrio. La primera de ellas: "Así que el Jefe no tuvo nada que ver con ella," representaba la dignidad triunfante. La segunda era, más o menos: "Pero entonces Doris . . .," y la tercera, textualmente: "¿Cómo pude confundir esta voz?"

Le expliqué al teléfono que el Jefe no estaba, dije adiós, puse el tubo en su sitio. Su mano seguía en mi mano. Entonces levanté los ojos y sabía lo que iba a encontrar. Sentada sobre mi escritorio, en una pose provocativa y grosera, fumando como cualquier pituca, Doris esperaba y sonreía, todavía pendiente del ridículo plano. Era, naturalmente, una sonrisa vacía y superficial, igual a la de todo el mundo, y con ella amenazaba aburrirme de aquí a la eternidad. Después yo trataría de hallar la verdadera explicación, pero mientras tanto, en la capa más insospechable de mi conciencia, puse punto final a este malentendido.[7] Porque, en realidad, yo estoy enamorado de la familia Iriarte.

Montevideanos, 1959)

---

[7] malentendido: *misunderstanding*.

Index of titles and authors